トゥールのグレゴリウス

杉本正俊……訳

フランク史

［新訂］

一〇巻の歴史

新評論

GREGORIVS EPISCOPVS TVRONENSIS

HISTORIA FRANCORVM

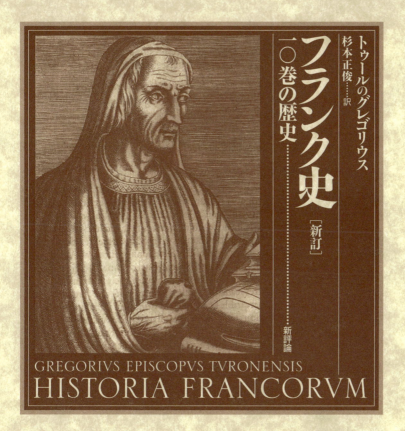

無名無爲
誰知其形

——古事記——

DIXITQUE DEUS : FIAT LUX

——BIBLIA VULGATA——

HISTORIA FRANCORVM
GREGORIVS EPISCOPVS TVRONENSIS

archetypum ipsius operis

MONVMENTA GERMANIAE HISTORICA
SCRIPTORES RERVM MEROVINGICARVM
TOMI I PARS I

GREGORII EPISCOPI TVRONENSIS HISTORIARVM LIBRI X

EDITIONEM ALTERAM CVRAVERVNT
BRVNO KRVSCH ET WILHELMVS LEVISON
MCMLI
Hahnsche Buchhandlung
Unveränderter Nachdruck 1993

訳者まえがき

「トゥールのグレゴリウス」の名で知られる作者（五三八～五九四）は、ガリアのアルヴェルヌス（今日のフランスのクレルモン・フェラン）の名門の家に生まれた。八歳のころに聖職の道に入った彼は、五七三年トゥールの司教職を受け継ぎ、以後没年まで同職にとどまった。

彼の時代、ローマ帝国の秩序が崩壊して以来政治的空白地帯であったガリアの地に政治的統一をもたらしつつあったのは、ゲルマン民族の一派フランク人であった。その名は現在の「フランス」という国名となって残っている。

このトゥールの司教の手によって、当時のラテン語で書かれた本書『フランク史』は、ヨーロッパにおいては古来、六世紀のガリア（今日のフランス）を知る重要な記述として折に触れて参照され、愛読に値する名作として親しまれ、人間に関する珍しい観察の記録として賛嘆され、くり返し近代諸国語に翻訳されて来た。

本書は全一〇巻からなる大作であるが、全巻合計四四三個の独立した短編の集まりでもある。それぞれの短編はゆるやかなつながりを持ち、一編が前編の続編であることもあれば、独立した挿話である場合もあり、ひとつの話の続きがかなり後の一編の中で語り継がれる場合もある。

作者は神の天地創造のそもそものはじめから筆を起こし、次第に下って作者当時の「現代の記述」へまで及ぶ。そして、この長大な「歴史」（historia）書の大半を占める作者の同時代の記述の部分では、作者は自分が見聞し、あるいは自ら関与し得た同時代のおびただしい事件を、およそ興味本位からと思われるほどに、特定の価値の尺度からは自由に集めて書き留めた。

その個々の挿話の舞台は、確かに作者の属する上流階級に偏してはいるものの、彼の目線は時に薄暗い路地裏の一角にたたずむ怪人物や、たかりのような偽《にせ》聖者の上にもそそがれ、話の舞台はガリアを中心に西はヒスパニアから東はアルメニアに達し、そのテーマは、政治、戦争、宗教論争から農事、天候、天変地異、また恋愛物語から殺人事件にまで及び、およそ当時の世界の、一作者の感覚と知識の及ぶ限りの森羅万象を尽くしている。

その筆致は素朴を極め、彼の時代に先行する輝かしい古典古代の文芸の価値基準による評価をさして気にしないばかりか、彼自身が深く信仰するキリスト教のイデオロギーとはまったく無縁の人々にも共感を引き起こしそうな、いわば特定の思想などに束縛されぬ、人間の原始的な好奇心にじかに訴える何かを持っている。

作者が生きていたのは実に特異な時代であった。そこには古代世界の堅牢な建造物が廃墟となって横たわり、新しい緑の芽吹く混沌とした大地の上を、絶えず不安を孕んだ風が吹き交《か》っていた。「ガリア諸市より自由文芸が衰退し、今や消滅に瀕《ひん》し、」という作者の嘆きの言葉（この作品の「最初の前言」）は、時代を象徴的に表す言葉としてよく知られている。

だが古代社会の貴重な遺産はこの時代に死滅したのではなかった。この時代は、それを一養分として成長する新たな文化や社会の諸制度の揺籃期であった。そしてこの作品にはこの時代の刻印がくっきりと押されている。

「その時期は、時の一人物として、得がたい天賦の資質にめぐまれた一史家にめぐり合った。彼は人と物とのカオス、古い文明の避けがたい衰頽がその中で推し進められていったあの罪劫と破局との、聡明な目撃者、傷心の目撃者であった。人物を舞台にのせ、対話で描写してゆく手腕にかけてトゥールのグレゴリウスに匹敵する語り手を見いだすためにはくだってフロワサール（一四世紀の年代記作家）の世紀までこなければならない」（オーギュスタン・ティエリ、小島輝正訳『メロヴィング朝史話』岩波文庫）と後世フランスの一史家は述べている。

日本史、日本文学が『古事記』『日本書紀』を無視しては語れないように、フランス史、フランス文化は本書抜きにしては語れないと、私は思う。他方またドイツの史学界はつとに本書を重んじ、ドイツで刊行されている膨大な中世歴史資料集シリーズ（ゲルマニア歴史資料典：ＭＧＨ）の一冊として刊行された本書の校訂者ブルーノ・クルシュは、「本書はＭＧＨシリーズのなかでも最も古く、最も内容豊かで、第一の地位を占めるべきものである」と述べている。そして作品の主な舞台となる地域の今日のヨーロッパにおける重要さに思いを致すならば、本書は、ヨーロッパの草創期の雰囲気を捉える貴重な一冊であり、ヨーロッパ全体の理解のための不可欠の一書と言って過言はないのである。

わが国においても本書は古くから知られ論じられ、対訳付き全原テキストも発行された（東海大学出版会版）。にもかかわらず本書のテキストは、この日本では、一般人の愛読の対象となり得るように提供され、語られたことはなかったのではないか。

しかしこの名作を、まさに名作として世に知らしめ、この作品の持つ意義をしっかりと人々に認知してもらうためには、解説からではなく、訳文そのものから原作の名作たるゆえんがじかに感じられるような新訳がぜひ必要である。そのような訳が存在して初めて、本作品は、わが国に、ようやく正当に紹介されたと言えるのではないだろうか。また古典は折にふれ、何度も訳しなおされてゆくものでもある。

非才をも省みずあえて本訳書を世に問うゆえんである。

訳　者

二〇〇七年七月

地図1　6世紀のガリア

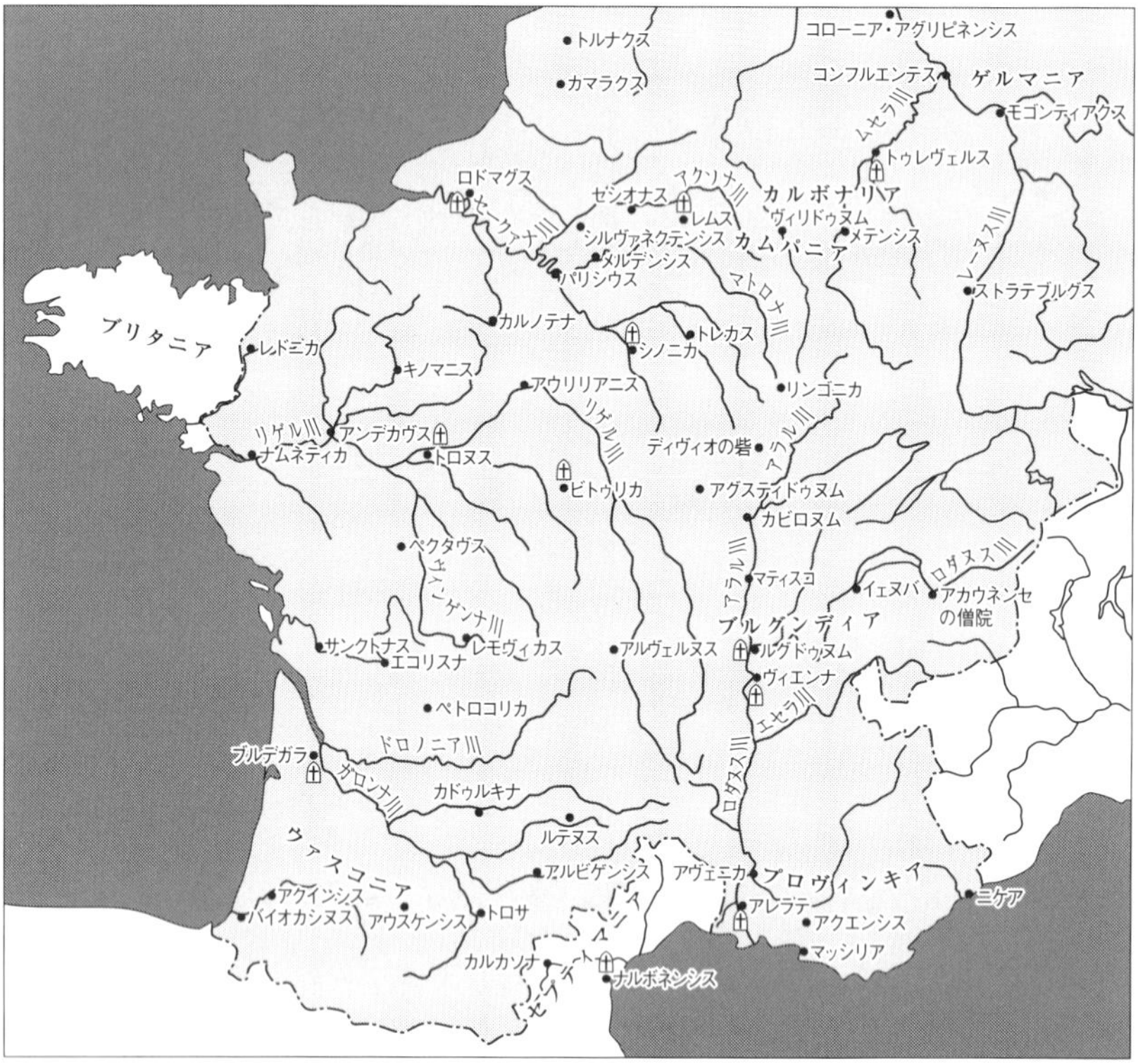

☨ 首座司教座所在地

地図２　　ローマ世界

ブリタニア
ゲルマニア
アウリリアニス
パリシウス
トロヌス
ベクタヴス
ガリア
ラエティア
ノリクム
サバリア
ルグドゥヌム
メディオラネンシス
パンノニア
ダキア
ガリキア
シスキエンシス
セプティマニア
ボノーニア
ダルマティア
黒海
カエサルアウグスタ
イタリア
モエシア
トリドゥム
トラキア
ヒスパニア
ローマ
コンスタンティノポリス
アルメニア
マケドニア
ニカエア
カッパドキア
新カルタゴ
ニシビス
キリキア
メソポタミア
アンティオキア
マウリタニア
ヌミディア
大カルタゴ
シリア
地中海
カエサレア
アスカロ
キュレネー
アラビア
エジプト
紅海

系図 1　メロヴェクスの家系図（メロヴィング朝初期）

注 1）この家系図は本書の内容をもとに訳者が作成した。
2）太線＝親子関係，二重線＝婚姻関係，（　）内数字＝生没年・在位（在任）期間，［　］内数字＝本書中の初出の巻章，†＝死亡記事の巻章，△＝不詳の母。
3）枠外の矢印とローマ字は女性の実家もしくは嫁ぎ先を表す。「←Bg」＝ブルグンドから嫁ぐ。「←L」＝ランゴバルディーから嫁ぐ。「←Br」＝ブリタニアから嫁ぐ。「→G」＝ゴートへ嫁ぐ。「→I」＝イタリアへ嫁ぐ。
4）細字の人物は，本文中には名前が出てこないが，M. Heinzelmann, "Gregor von Tours „Zehn Bücher Geschichte"" の表（nach E. Ewig, in : Francia 18/1, 1991, S. 21-69），Krusch 原書の索引，Thorpe 英訳と Bordier 仏訳の注から名を補った。
5）生没年，即位年は上の Heinzelmann 本，M. Hartmann, "Aufbruch ins Mittelalter", 下津清太郎『世界帝王系図集』, Buchner 独訳付き原書と Thorpe 英訳と Bordier 仏訳の注を参照した。

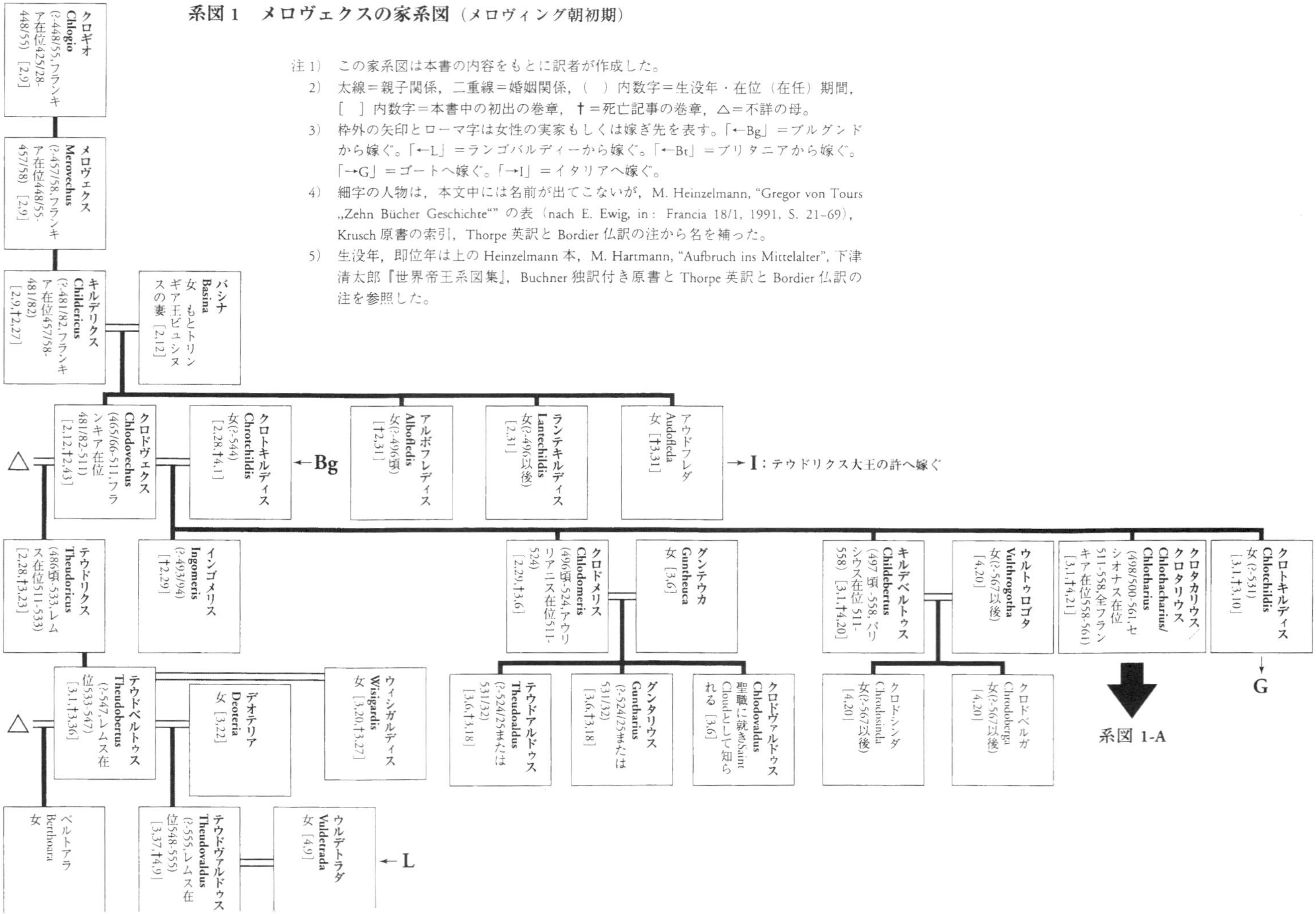

【系図 1–A】

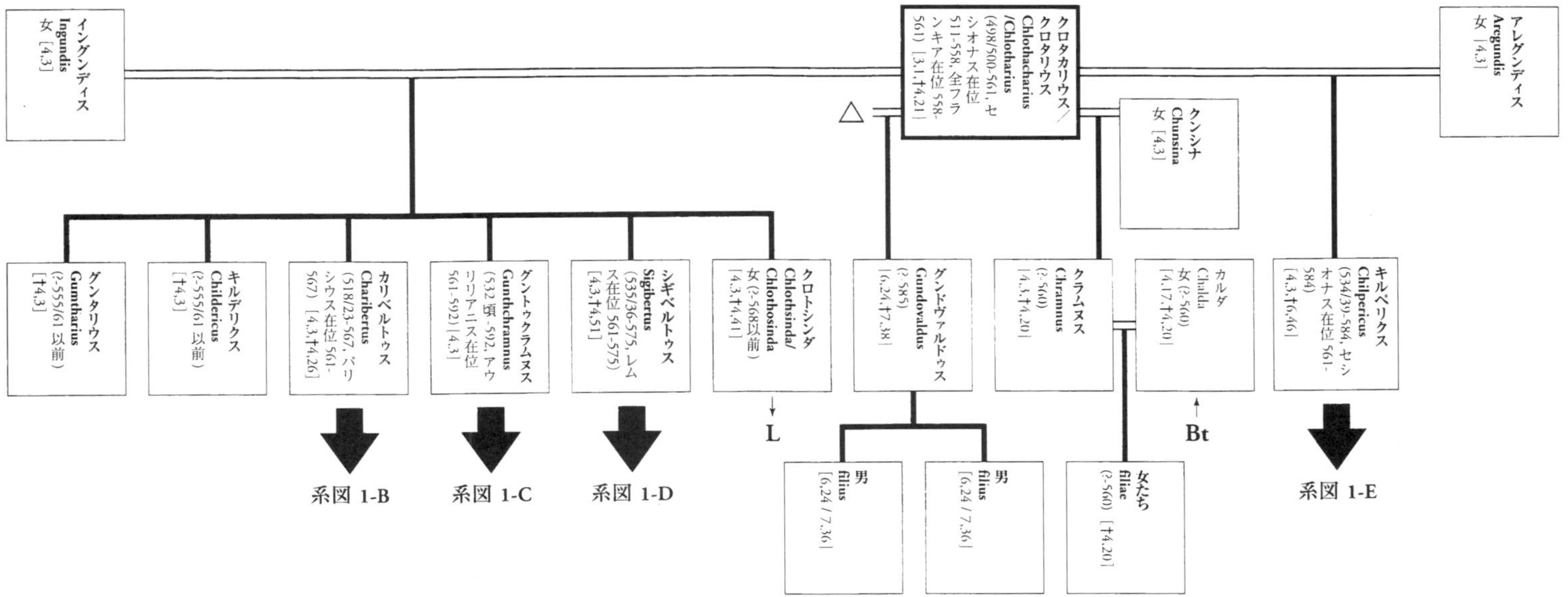

【系図 1–B】

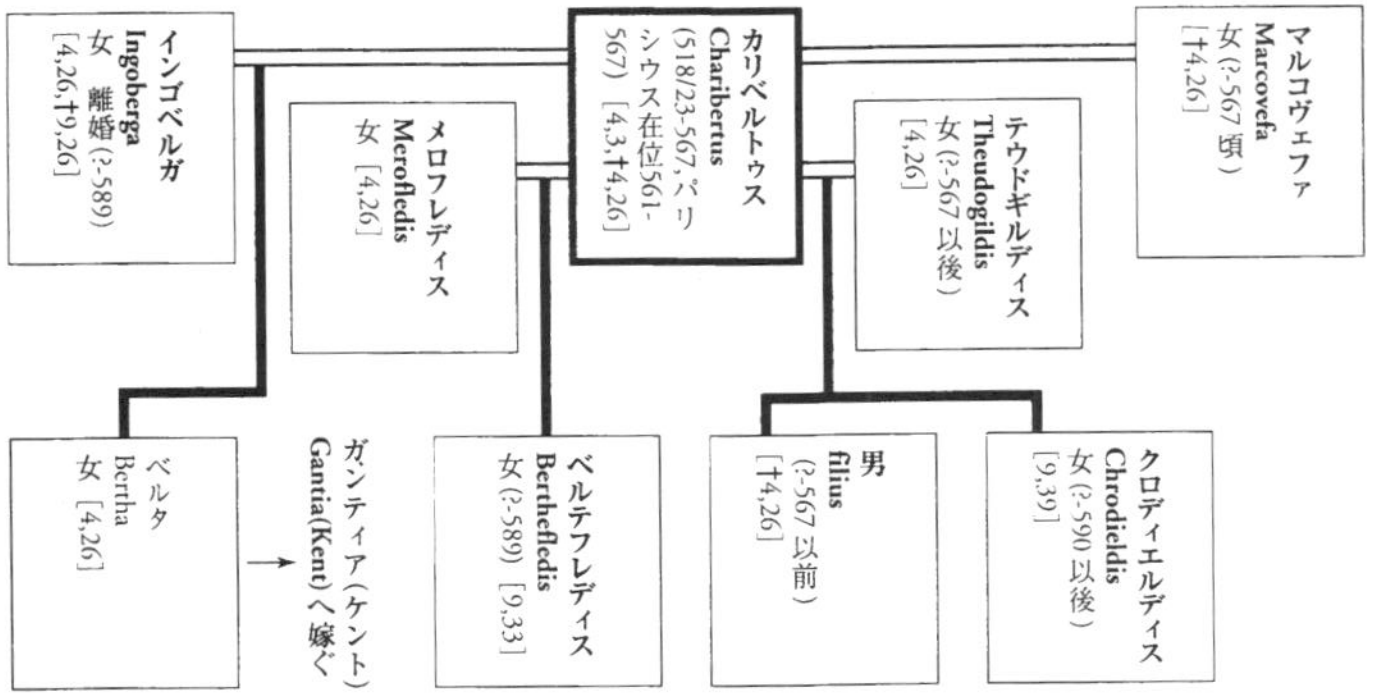

【系図 1–C】

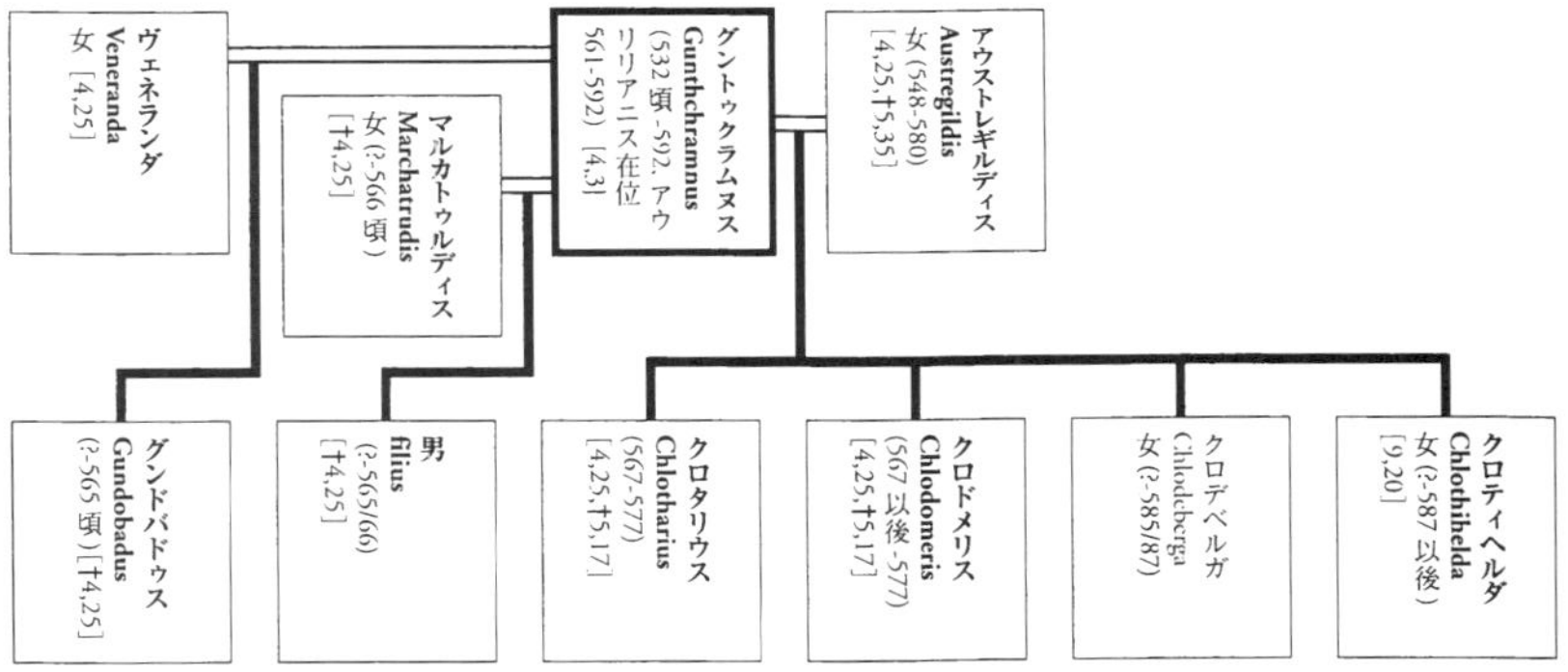

【系図 1–D】

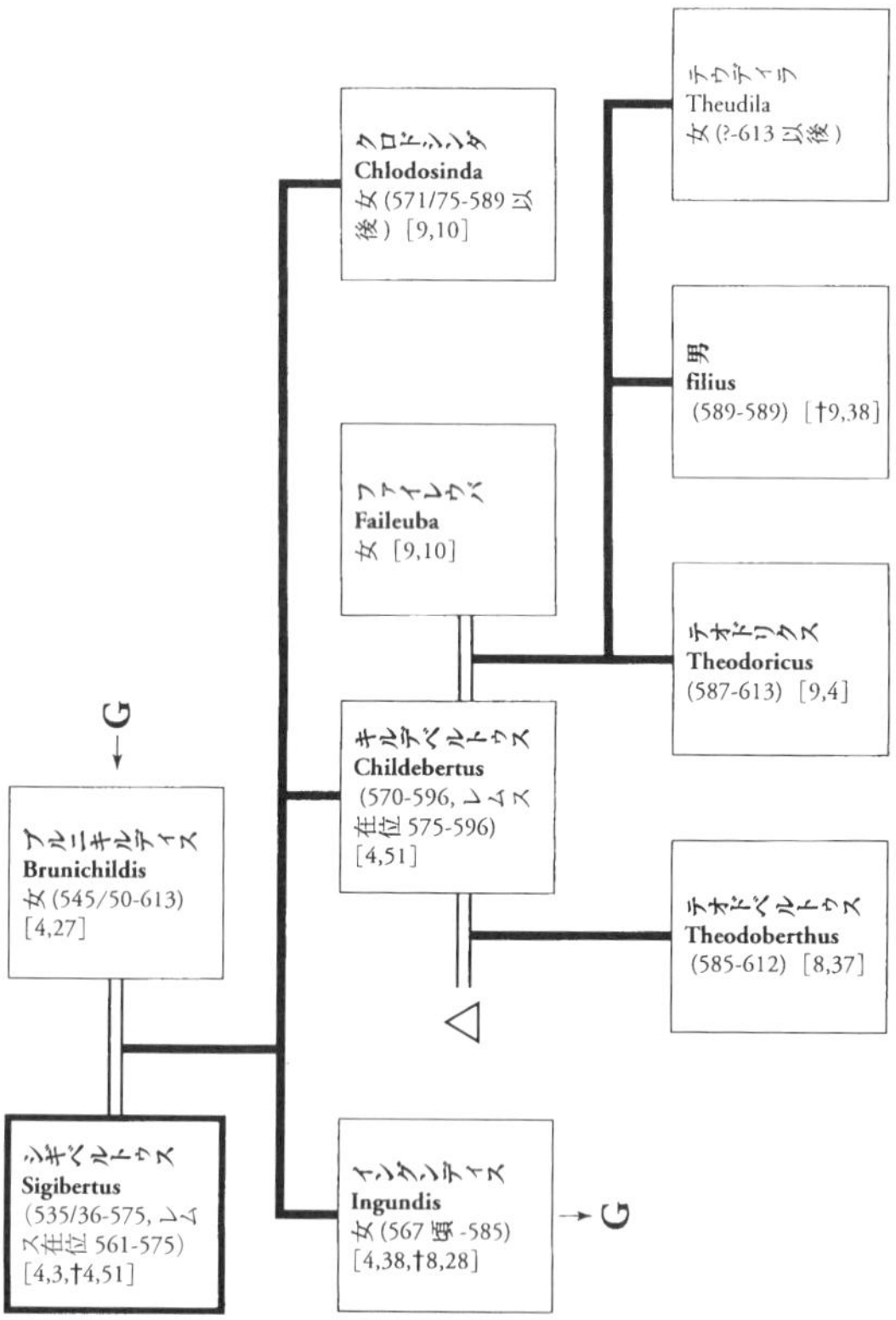
シギベルトゥス
Sigibertus
(535/36-575, レムス在位 561-575)
[4,3,†4,51]
ブルニキルディス
Brunichildis
女 (545/50-613)
[4,27]
←G
イングンディス
Ingundis
女 (567 頃 -585)
[4,38,†8,28]
→G
キルデベルトゥス
Childebertus
(570-596, レムス在位 575-596)
[4,51]
△
ファイレウバ
Faileuba
女 [9,10]
クロドシンダ
Chlodosinda
女 (571/75-589 以後) [9,10]
テオドベルトゥス
Theodoberthus
(585-612) [8,37]
テオドリクス
Theodoricus
(587-613) [9,4]
男
filius
(589-589) [†9,38]
テウディラ
Theudila
女 (?-613 以後)

【系図 1–E】

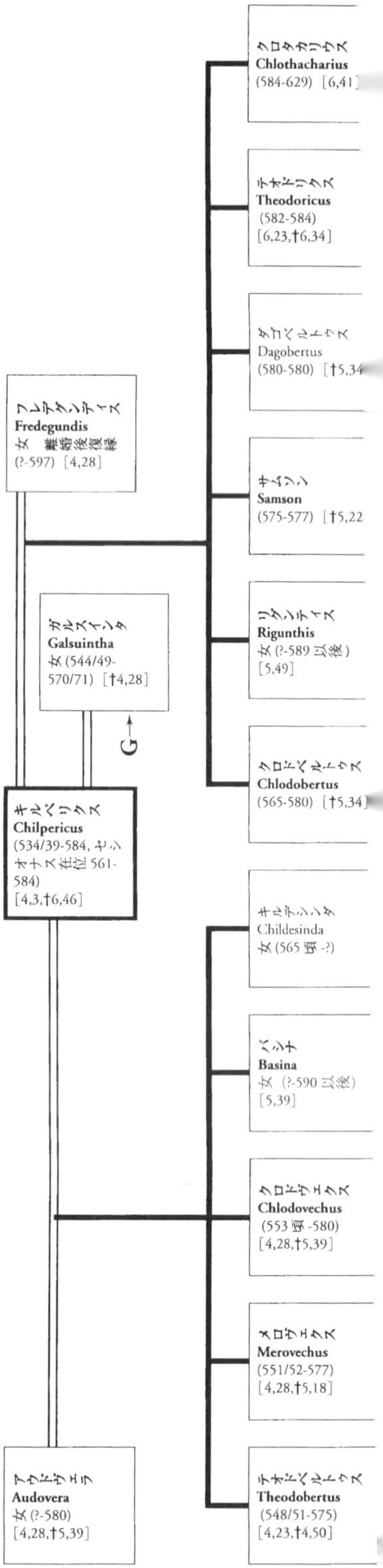
アウドヴェラ
Audovera
女 (?-580)
[4,28,†5,39]
キルペリクス
Chilpericus
(534/39-584, セッソナス在位 561-584)
[4,3,†6,46]
ガルスインタ
Galsuintha
女 (544/49-570/71) [†4,28]
G→
フレデグンディス
Fredegundis
女 離婚後復縁
(?-597) [4,28]
テオドベルトゥス
Theodobertus
(548/51-575)
[4,23,†4,50]
メロヴェクス
Merovechus
(551/52-577)
[4,28,†5,18]
クロドヴェクス
Chlodovechus
(553 頃 -580)
[4,28,†5,39]
バシナ
Basina
女 (?-590 以後)
[5,39]
キルデシンダ
Childesinda
女 (565 頃 -?)
クロドベルトゥス
Chlodobertus
(565-580) [†5,34]
リグンティス
Rigunthis
女 (?-589 以後)
[5,49]
サムソン
Samson
(575-577) [†5,22
ダゴベルトゥス
Dagobertus
(580-580) [†5,34
テオドリクス
Theodoricus
(582-584)
[6,23,†6,34]
クロタカリウス
Chlothacharius
(584-629) [6,41]

系図2　トゥールのグレゴリウスの家系図

注 1）この家系図は，系図 1 の注 4）に挙げた Heinzelmann 本を主とし，同じ注に挙げた Buchner 本と Thorpe 英訳の注，および Krusch 原書の「前書き」を参照して作成した。

2）太線，二重線，（　）内数字，［　］内数字は系図 1 に同じ。破線＝親族関係。

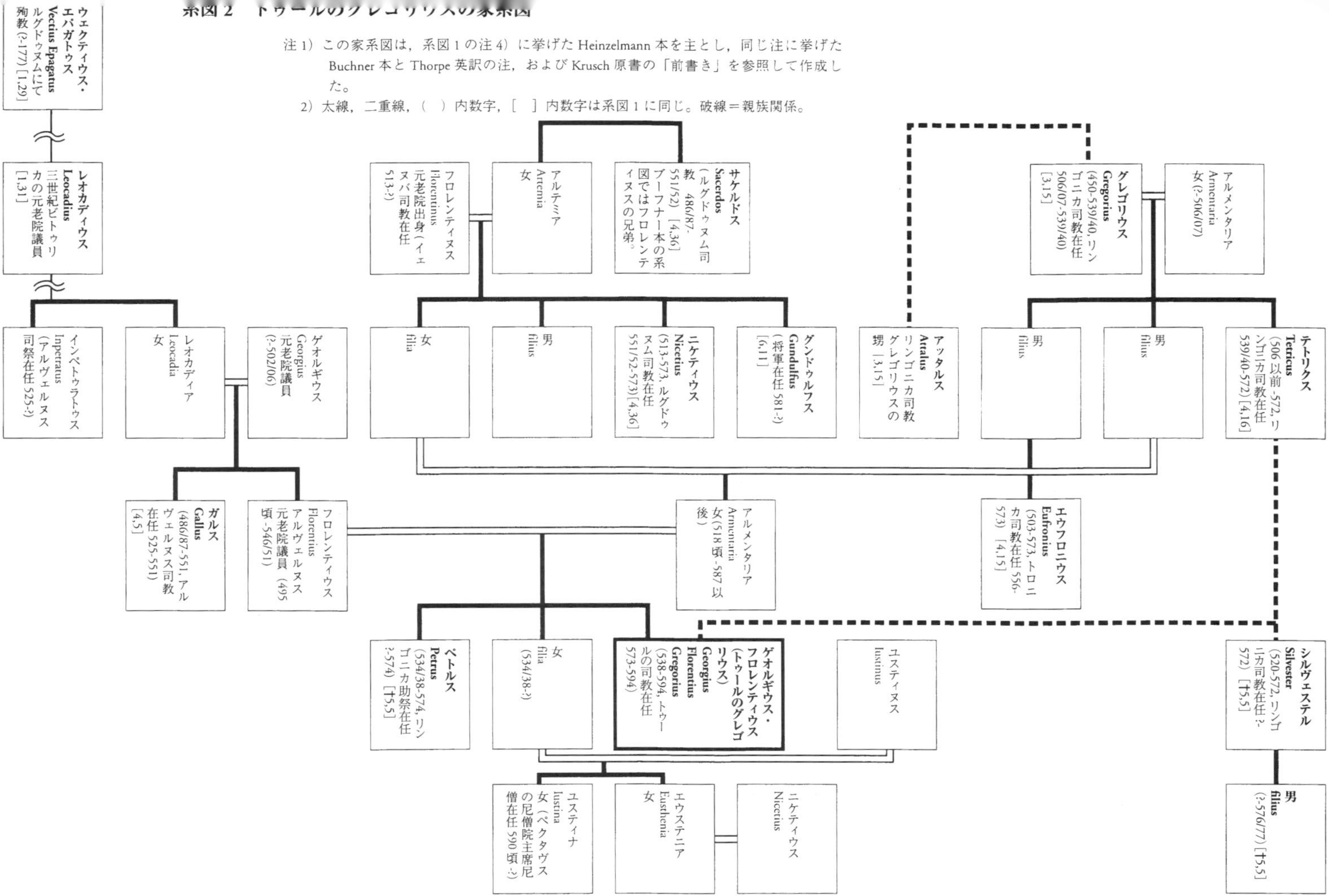

フランク史年表

＊王，女王名は，イタリア（東ゴート）のテウドリクス大王以外はすべてフランクの王，女王。
＊［　］内の数字は本文の巻章を表す。

A.D.
301 （このころ）トロニクム（トゥール）最初のキリスト教布教者，聖カティアヌスの死［1，30］
378 ハドリアノポリス（トルコのエディルネ）でローマ軍，ゴート軍に破れる［1，41］
392 キリスト教がローマ帝国の国教になる［1，42］
397 聖マルティヌスの死［1，48］
454 パトリキウスのアエティウスの死［2，8］
476 西ローマ帝国滅亡
496 クロドヴェクス王，アラマニー人を破る［2，30］
クロドヴェクス王のカトリック改宗［2，31］
511 クロドヴェクス王の死［2，43］
526 イタリア（東ゴート）のテウドリクス大王の死［3，31］
533 テウドリクス王の死［3，23］
538 **ゲオルギウス・フロレンティウス（後のトゥールのグレゴリウス），アルヴェルヌス（クレルモン・フェラン）の地に生まれる（11月30日）**
539 テウドベルトゥス王のイタリア遠征［3，32］
544 クロトキルディス女王の死［4，1］
548 テウドベルトゥス王の死［3，36］
558 キルデベルトゥス王の死［4，20］
561 クロタカリウス王の死［4，21］
565 ユスティニアヌス帝の死［4，40］
567 （このころ）カリベルトゥス王の死［4，26］
566/67 （このころ）ブルニキルディス，シギベルトゥス王に嫁す［4，27］
568 （このころ）ランゴバルディー人，イタリア侵入［4，41］
569 （このころ）ランゴバルディー人，ガリア侵入を繰り返す［4，42］
573 **グレゴリウスがトロニカ（トゥール）の町の司教になる**
574 シギベルトゥス王，キルペリクス王と戦う［4，49］
575 シギベルトゥス王の死［4，51］
578 ユスティヌス帝の死［5，30］
582 ティベリウス帝の死［6，30］
583 グントゥクラムヌス王，キルペリクス王と戦う［6，31］
584 リグンティス，ヒスパニアへ出発［6，45］
キルペリクス王の死［6，46］
585 グンドヴァルドゥス一味滅亡［7，38］
グントゥクラムヌス王のアウリリアニス入城［8，1］
587 ラデグンディスの死（8月13日）［9，2］
アンデラウスの条約（11月28日）［9，11］［9，20］
589 ペクタヴェンセ（ポワティエ）の尼僧院の反乱［9，39］
590 グレゴリウス1世，ローマ教皇になる［10，1］
591 僧院長アレディウスの死［10，29］
592 グントゥクラムヌス王の死
594 **トゥールのグレゴリウスの死（11月17日）**

［新訂］フランク史　一〇巻の歴史……………目次

フランク史　一〇巻の歴史

コラム一覧

フランク史

一〇巻の歴史

〔新訂〕

凡例

一、本書は、Monumenta Germaniae Historica（ＭＧＨ：ゲルマニア歴史資料典）シリーズの一冊 B. Krusch & W. Levison（校注）, Gregorii Episcopi Turonensis Historiarum Libri X (1951), Unveränderter Nachdruck 1993 のテキスト部分の全訳である。若干の個所については右原書脚注に挙げられた諸写本の異文を採り、原テキスト校注者とは異なる解釈をした。またタイトルは通称を取って『フランク史』とした（タイトルについては「解題」の「五　本訳について」参照）。

二、聖書からの引用は、日本聖書協会文語訳『舊新約聖書』（一九七二）によったが、かなづかいと難解な字句を改め、平易を心がけた。出典は（　）で示し、文字通りの引用でない場合には、「～より」とした。例：（マタイ伝、一、一より）。

三、和訳聖書に引用対応個所がない場合、BIBLIA SACRA iuxta VULGATAM CLEMENTINAM から引用個所を示し、その際は（ウルガタ訳による）などの形でその旨を記した。聖書からの引用はすべて文語訳のスタイルで統一した。

四、地名表記の下には可能な限り（　）で現代地名を記した。その際、例えば「クレルモン・フェラン」の場合、「アルヴェルヌス（クレルモン）」などと、現代地名は略称で示した。現代地名の正式名称は巻末地名索引に示した。

五、前記二、三、四の例を含め、テキスト中の（　）内の言葉はすべて訳者による、テキストを読むのに必要な簡単な注記である。より詳しい注釈が必要な場合は適宜欄外のコラムに記した。

六、本文およびコラム等の（巻一、二四）、[1, 24] などの参照表記は、本文の巻章（例：第一巻二四章）を表す。

七、地図、家系図、年表、写本系図、訳語対照表、挿絵、コラムは右原書とは別に、また索引は右原書の索引を参照して、新たに訳者の責任に於いて作成ないし付加した。

最初の前言と

第 1 巻

殉教のステファヌス。ステファヌスは最初のキリスト教殉教者として知られ，エルサレムで説教をした時，人々の怒りを買い，町の外で投石により殺された（使徒行伝，7)。右手の椅子の人物は改宗して使徒パウルスとなる迫害者サウルスである。(『ベリー公の美しい時禱書』のランブール兄弟による写本画，15世紀初め，ニューヨーク，メトロポリタン美術館）〔1，26〕

グレゴリウスの最初の前言始まる

ガリア諸市より自由文芸が衰退し、今や消滅に瀕《ひん》し、非道と正義が交錯し、民族の蛮風が吹き荒れ、諸王の狂乱は激化し、異端が教会を攻撃し、カトリックが教会を守り、あまたの人の心にキリスト信仰は燃え、また少なからぬ人の信仰心はゆるむ。教会は篤信の人々から寄進をうけ、不信のやからに簒奪《さんだつ》される。

しかしかかることどもを、散文の筆や韻律のわざで活写する、言語の大家が見当たらぬ。このため人々なげいて曰《いわ》く、

「ああ文芸のわざの亡んだわれらの日々の悲しいこと、民草の中にわれらの諸事を紙にしるして示す人なし」

こうした声を常に耳にし、過去の記憶を未来の見聞に達せしめんと、未熟な言辞をもってではあるが私はここに、無恥のやからの騒乱も義人の営みも、包み隠さず述べてみた。とりわけ、

「学者の巧言を理解する人は少なく、田舎者の物語を理解する人は多い」

との皆の発言に幾度も励まされ、うながされて。年月計算のため、そもそものこの世の始めから第一巻を始めたい。以下にその目次を綴る。

第一巻の目次始まる

キリストの御名により第一巻の目次終わる

キリストの御名により『歴史』の第一巻始まる

王と敵、殉教者と異教徒、教会と異端の戦いを述べよう。それに先立ち、本書の読者が私の信仰の正しさを疑わないよう、ここにわが信条を告白したい。加えて近づくこの世の終末におののく人々のため、今までの年月の歴史と記録をとりまとめて、この世の成立からどれほどの年があったかを明白に説明しよう。

しかしまず、私の未熟な文章や綴りの書き誤りは大目に見ていただきたい、と読者のご好意をお願いする。私は何のいつわりも心の躊躇《ちゅうちょ》もなく、ただ教会の信仰が命ずる所を守って行くのみなのである。たとえ過失は犯しても、純粋な信仰を保っているならば神のご加護がいただけること、私は承知している。

私は信ずる、父なる神の全能の力を。私は信ずる、イエス・キリストは神のひとり子であり、われらの主であり、父より生まれ、作られたものでなく、時間の後に来たのではなく、全ての時間に先立ち、常に父とともにあったことを。

子なくば父は語られ得ず、父なくば子は子たり得なかった。「かつてキリストのいない時があった」などと語る者を私は呪い拒絶し、教会から追放することを誓う。私は信ずる、キリスト、この方はすべてを創りたまいし神の御《み》言葉であることを。かれは受肉せる言葉であり、その受難により世界はあがなわれ、受難せしは神性でなく人性たりしことを、私は信ずる。私は信ずる、彼が三日後に復活し、失われし人々を救い、昇天して父の右手に座を占め、やがて来たって生者と死者を裁かんことを。

私は信ずる、聖霊は父と子とより出《い》でて下位のものではなく、以前にはなかったのではなく、父と子と等しく常にあり、永遠の神性であり、本性上同質であり、等しく全能であり、永遠不変の本質を持ち、父と子なくばなく、父と子より下位のものではないと。私は信ずる、聖なる三位一体には個体《ペルソナ》の区別あり、父と子と聖霊の個体《ペルソナ》はそれぞれ別のものであることを。しかも三位一体の中では神性はひとつであり力はひとつであり本質はひとつであることを、私は告白する。

私は信ずる、幸多きマリアは出産より以前処女であり出産の後も処女であったと。私は信ずる、霊魂は不滅であるが、神性の一部ではないことを。そしてニカエアの宗教会議の三一八司教の決議を私はことごとく心より信ずる。この世の終末に先立ってアンチ・キリストが現れるとの先人の教えに私は同意する。アンチ・キリストは先ず割礼を与え、次いでエルサレムの神殿に自分の立像を置いて人々に拝《おが》ませる。主が、「荒らす憎むべき者が聖なる処に立つを見る」(マタイ伝、二四、一五)と語りたまうたごとく。そしてそのことが何日に起きるか誰にもわからぬこと、主ご自身が「その日その時を知る者なし。天にある使者たちも知らず、子も知らず、ただ父のみ知りたまう」(マルコ伝、一三、三二)と述べておられる通りである。

しかしもし異端の輩《やから》が、「この日を知らぬとは、子は、父に劣るものだ」などとわれらを攻撃するならば、この「子」とは、「キリストの民」の謂《い》いであると、我々は答えたい。神意によって、「われは彼の父となり彼はわれの子となるべし」(サムエル後書、七、一四)と予言されたごとく。

つまりもしここ（マルコ伝、一三、三二）で「神のひとり子」のことが言われているのなら、「使者」の方が先に言われるはずがない。「天にある使者たちも知らず、子も知らず」という述べかたで、ここでは「神のひとり子」でなく、「養子となった民」を指すことが示されているのだ。

我々の目標はキリストご自身である。彼は、我々が心を彼へと向けるならば、あふれるご好意で我々に永遠の命を与えてくださる。

この世の時間計算は、カエサレアの司教エウセビウスと司祭ヒエロニムスの年代記が明白に与え、連続する全年月を出している。さらにはオロシウスが入念にこれを求め、世界の始めから自分の時代までの全年月をひとつにまとめた。ヴィクトリウスも復活祭の記録を求めてこれを行なった（本書、巻一〇、二三参照）。ゆえに我々もまたこれらの先例にならい、もし神が援助を惜しみたまわぬのであれば、いちばん初めの人間の状態からはじめ、我々の時代に至るまでの全年月を一続きに示したい。アダム自身から開始するのがよいと思う。

一

初めに神は一切の始原、つまり彼の息子であるキリストの中に天と地を創りたまうた。彼はすべての世界の要素が成った後、もろい土塊《つちくれ》を取り上げて彼の姿に似せて人を形作り、その顔面に命の息吹をふき込んだ。かくてそれは「活《い》けるものとなれり」（コリント前書、一五、四五）。この者が眠っている間、その肋骨から妻エヴァが成った。

この最初の人アダムは疑いなく過失以前にはまったく我々の主、かの贖罪者（キリスト）のお姿そのままであった。すなわち主が受難の眠りに落ちた時、彼の脇腹から水と血が引き出され、汚れなき処女の教会が建てられたのだ。血であがなわれ、流れに清められ「汚点なく皺《しわ》なく」（エペソ書、五、二七）。汚点は泉で洗い流され、皺は十字架に張られのばされた。

かくしてふたりの始原の人間は、優美な楽園で幸せに暮らした後、蛇の狡智にまどわされ、神の掟《おきて》にそむいて天使の座を追われ、地上の労苦を身にひきうけた。

二

夫のものとなった妻は妊《はら》み二人の息子を産んだ。しかし神はそのひとり（アベル）の供物を丁重にうけ取り、もうひとり（カイン）は羨望《せんぼう》に身を焼き激昂《げきこう》し弟（アベル）の血を流して、ここに初めて兄弟殺しが起きた。兄は弟を襲い、負かし、殺した。

三

以来人間の種族全体は呪うべき悪業の中にあったが、正しきエノクのみ例外だった。彼は神の道を歩き、主自ら正義のゆえに彼を拾いたまい、罪なす民の中から救いたまうた。我々がかく読むごとく、「エノク神とともに歩みしが神かれを取りたまいければ失《う》せにけり」（創世記、五、二四）

四

ここに神は主の小径《こみち》を歩まぬ不当な民に怒りを発し、大洪水を起こして、生ける魂をことごとく氾濫《はんらん》により大地の表面から一掃した。しかし、主の最も忠実な僕《しもべ》であり主の似姿《にすがた》であるノアとその妻およびその三人の息子の妻たちとは子孫再生のため箱舟の救済を受けた。

ここで異端者が、なぜ聖書は神が怒ったと述べたかなどとわれらを攻撃するならば、神の怒りは人間のものとは異なることを知ってもらいたい。神は畏怖させるために激し、呼びもどすため追放し、正すために怒りたまう。また私は躊躇《ちゅうちょ》なく述べたい、かの箱舟の姿は母なる教会の姿であったと。それは、時代の洪水と岩礁のただなかを乗り越え、襲い来る悪に対し、われらを母なる乗物で包み、敬虔な抱擁と庇護で守ってくれる。

アダムからノアまで連続一〇世代あった。アダム、セツ、エノス、カイナン、マハラレル、ヤレド、エノク、メトセラ、レメク、ノア、である。この一〇世代の間、二二四二年であった。アダムは、かつてエブロンと呼ばれたエナキムに葬られた。『ヨシュア記』（一四、一五。ウルガタ訳による）は明確にこれを誌《しる》す。

五

洪水の後ノアにセム、ハム、ヤペテの三人の息子がいた。ヤペテから諸種族が生じ、ハム、セムからも生じた。「全地の民はこれらより出でて拡がれり」（創世記、九、一九）と古書に見えるとおり。

ハムの長男はクシである。彼は悪魔になじみ、あらゆる魔術と偶像崇拝の創立者となった。彼は悪魔にそそのかされてその肖像を立て、いつわりの力で星と火を天から降らせてみせた。彼はペルシア人たちの所へ行き、彼らからゾロアスターと呼ばれた。これは「生ける星」の意である。彼から拝火の習慣が広まり、天の業火に焼かれた彼自身は、神として祭られた。

六

人間が増殖しあまねく大地に広がった時、彼らは東方より出て、牧草豊かなシナルに来、ここに町を築き天に達する塔を建てようとした。しかし神は彼らの空虚な考えと、その言語、および彼ら自身をうち砕き、彼らを広大な全世界の大地に散らばらせた。この町は「バベル」と呼ばれる。それは「混乱」の意であり、それは神が彼らの言語を乱したからである。これがクシの子、巨人ニムロデにより建てられたバビロニアである。

オロシウスの『歴史《ヒストリア》』が述べるごとく、それは広い平原の上に巨大な四角形に置かれ、その壁はアスファルトで固めた焼き煉瓦で、五〇クビトゥスの幅、二〇〇クビトゥスの高さ、四七〇スタディアの周囲を持っていた。一スタディウムは五アリペネスである。各々の側面には二五の門が、したがって全部で百の門があった。その扉は驚くべく巨大で、青銅で鋳出されていた。この町については他にも多くのことが同じ歴史家によりつけ加えられている。「建物がかくも壮麗であったにもかかわらず、それは征服され、破壊された」（オロシウス）

度量衡Ⅰ　クビトゥス cubitus（肘）は，肘《ひじ》から中指の先までの長さ。スタディウム stadium（複数形スタディア stadia）≒190 m。アリペニス aripenis（複数形アリペネス aripenes）≒4 m。

七

ノアの長子はセムであるが、彼から一〇世代後、アブラハムが生まれた。すなわちノア、セム、アルバクサデ、シラ、エベル、ペレグ、リウ、セルグ、テラ、と続き、テラがアブラハムを生んだ。

ノアからアブラハムまで、連続して九四二年を数える。この時代には、ニネヴェとも呼ばれるニヌスの町の建設者ニヌスが世を治めていた。その町の広がりの幅は三日の行程であると預言者ヨナは定めている（ヨナ書、三、三）。このニヌスの第四三統治年にアブラハムは生まれた。

アブラハムは我々の信仰のはじまりである。彼が神との契約をうけ取り、我らの主キリストは彼に対して、ご自分が将来生まれてわれらに代わって犠牲の受難にあうことを示したまうた。『福音書』のなかで主が、

「アブラハムはわが日を見んとて楽しみ、かつこれを見て喜べり」（ヨハネ伝、八、五六）

と述べたまうのがそれである。この犠牲とは、主が十字架にかかり身を供えたまうた髑髏《カルヴァリア》（ヘブライ語ではゴルゴタ。ヨハネ伝、一九、一七）の丘の全燔祭《ぜんはんさい》（ホロコウストゥム＝ユダヤの生贄祭《いけにえさい》）のことである、とセウェルスは年代記に記しており、エルサレムの都では今日なおそのように語り伝えられている。この丘に、贖罪者がかけられ、その清らかな血が流れ出た聖なる十字架が立っていたのだ。

さて、アブラハムは割礼のしるしをうけ取り、彼がこれを肉体に担うのは、我々がそれを心に担うためであることを示した。預言者は言う、「汝ら自ら割礼をおこないエホバに属《つ》き、おのれの心の前の皮を去れ」（エレミア記、四、四）、「他の神に従いこれに仕うるなかれ」（エレミア記、三五、一五）。また、「すべて心に割礼を受けざる異邦人はわが聖所に入るべからず」（エゼキエル書、四四、九より）。神は彼の名前に一文字を加えてアブラハムとし、彼を諸種族の父と呼んだ。

♔アブラハムの名　アブラハムは旧名をアブラムと言った。神の示唆により「あまたの人の父」を意味するアブラハムと改名した（創世記，17，5）。

八

アブラハムは一〇〇歳の時、イサクを生んだ。このイサクが六〇歳の時、その妻リベカから双子の息子が生まれた。最初にエサウが生まれた。またの名をエドム、これは「大地の人」の謂《い》いである。彼は自分の食道楽のためその長子権を売った。エサウはエドミ人の祖となり（創世記、三六）、その第四世代にヨバブが生まれた。すなわち、エサウ、リウエル、ゼラ、ヨバブと続き、ヨバブがヨブである。彼は二四九年生きたが、八九歳の時、ようやくその艱難から解放され、その後一七〇年生き、以前に倍する財産を得、失った子供と同数の子に再び恵まれた。

九

イサクの二人めの息子ヤコブは、神に愛された。神は預言者を通じ、「われはヤコブを愛しエサウを憎めり」（マラキ書、一、二〜三）と言った。ヤコブは天使との相撲《すもう》の後イスラエルと名乗り、イスラエル人の祖となった。

ヤコブは一二人の族長を生んだ。その名は、ルベン、シメオン、レビ、ユダ、イッサカル、ゼブルン、ダン、ナフタリ、ガド、アセルで、その後、ヤコブは齢《よわい》九一にして妻ラケルよりヨセフを生んだ。この子を彼は他の子供たちよりも愛した。彼はさらに同じ妻より末子ベニヤミンを得た。

ヨセフは、一六歳の時にはすでに贖罪者（キリスト）の相貌を備えていたが、夢を見て兄たちにその内容を語った。畑で穀物の束を結んでいると兄たちの束

エサウの食道楽　ある時エサウが狩から帰ってくると，弟ヤコブが赤い羹《あつもの》を煮ていた。エサウがそれを飲ませてほしいと言うと，ヤコブはそのかわり家督を譲ってほしいと言った。家督の意味を解さなかったエサウは承知してヤコブのもてなしを受けた（創世記，25）。

ヨブの艱難　ヨブはさまざまな艱難に見舞われ，次々とあらゆるものを失うが，神への信頼を捨てなかったため最後には失ったあらゆるものを得る（ヨブ記）。

ヤコブと天使の相撲　ヤコブは妻をめとるために母の実家へ行き，長年留まった（創世記，28〜31）のち，ふたりの妻と財産をもってカナンの地へ帰った。その途次，ヤボクの渡しを過ぎ，兄エサウへの贈物を持たせた一行を先に送ったヤコブはひとり留まって夜明けまで天使と相撲をとった。天使が「われを去らせよ」と言うとヤコブは「なんじわれを祝せずば去らしめず」と言った。そこで天使は，あなたは，人（母の実家）と神に勝ったのだからこれからはイスラエルと名乗るがよいと言った。

が自分の束を拝んだ（創世記、三七、六）と。また、日と月が一一の星とともに自分の前に来た（同、三七、九）、などと。

このことは兄たちの憎しみを招いた。嫉妬に燃えた兄たちは彼を銀貨三〇枚で、エジプトへ向かうイシマエル人に売り渡した。しかし飢饉に襲われて彼らがエジプトへ下った時、ヨセフ（エジプトの宰相となっていた）は彼らを認めたが、彼らはヨセフに気づかなかった。ヨセフは兄たちにさまざまな労苦を課し、同じ母から生まれたベニヤミンをつれて来させた上で自分の正体を明かした。

その後全イスラエル人がエジプトへ下り、ヨセフを通じてファラオの恩恵にあずかった。ヤコブは息子たちを祝福したのちエジプトで死に、ヨセフによってカナンの地の彼の父（イサク）の墓に葬られた。ヨセフとこのファラオが死んだ後、全血族が奴隷状態に置かれた。モーセがエジプトの一〇の災難を経て（出エジプト記）種族を解放し、ファラオを紅海に沈めた。

一〇

この渡海に関しては多くのことが語られている。その位置と渡海のことに関して若干のことを書いておこう。

よく知られていることだが、ナイルはエジプトを流れ下り、氾濫して大地を水浸しにする。このためエジプトの人々はナイルの民とも呼ばれる。今日ナイルの岸辺は聖なる僧院に満ちていると、かの地を訪れた多くの遍歴者は語る。この川辺には、我々が前に言及したあのバビロニアでなく、ヨセフが見事な造《つく》りのいくつもの穀倉を建てた別のバビロニアがあった。

この穀倉は、方形の石とセメントで、基底部が広く、先端部が誠にせまく建てられており、極めて小さい孔から小麦が注ぎ入れられた。この穀倉は今日も見ることができる（ピラミッドのこと）。

この町から王は、戦車隊とあまたの歩兵部隊を率いて、ヘブライ人を追跡した。このナイル川は日の出の方角から日没の方角、紅海に面した地方へと向う。また日没の方からはひとつの流れあるいは紅海の腕が日の出の方へ進むが、これは長さ五〇ミリア、幅一八ミリアのものである。この海峡の端にクリュスマの町が建てられている。それは土地の肥沃さのゆえにではなく――ここほど不毛の地はないだろう――良港の故にである。インドから渡来する船舶はここに港の便を得て休らう。そこに集積された商品は全エジプトに出回る。

荒野を抜けてこの流れの辺まで来たヘブライ人は、紅海に至り、真水のある所を見つけてそこに滞留の幕張《まくはり》をした。彼らは海と荒野にはさまれた狭い地域にとどまったのである。『聖書』によれば、「ファラオは彼らが荒野と海に囲まれて出口なしと聞き、彼らのあとを追えり」（出エジプト記、一四）。エジプト軍が迫って来た時、民はモーセに向かって非難を浴びせた。モーセは神の命に従って杖《つえ》を海上にさしのばし、海は割れ、彼らは乾いた所を進んだ。『聖書』によれば、水の壁が両側に立って堵《かき》となり、彼らはモーセに導かれて全員無事、シナイ山に向かう対岸にたどりつき、エジプト人たちは溺れ死んだのだった。

この渡海については既述のとおり多くのことが語られている。ただここで、確かにかの地に足を運んだ人々や、分別ある人々から聞き知ったことを少々書き加えたい。彼らは、戦車の轍《わだち》の跡が今もそこに残っており、視力の許す限り、海底に見分けることができると言う。たとえ一時的に海の活動がこれを覆っても、神意により波が引けば再びもとあった通りに回復するとのこと。ある者は、彼らは、海の中でくるり向きを変えて元の岸辺へ戻ったのだという。また他の者は、彼らはひとつになって進んだと言い、別の者は、それぞれの部族に別の道があったと言い、その論拠として『詩篇』（一三六、一三）の「紅海を区分に分割したもの」（ウルガタ訳による）という句を用いる。

しかし我々はこの「区分」という語を、霊的に解するべきであり、文字通りに取ってはならない。

♔**度量衡Ⅱ**　ミリア milia はミルレ mille の複数形。英語のマイル mile に相当。1 ミルレ＝1000 パスス passus，1 パスス≒1.5 m，1 ミルレ≒1.5 km。

♔**古代の昼時間**［1，10］（16 頁）　日の出から日没までを 12 等分する。したがって 1 時間の長さは季節によって異なる。

つまり、比喩的に「海」と称されるこの俗世には数多の「区分」が存し、全ての人が同じ道をたどって「命」に達する訳ではない。

ある者は第一時（夜明け）に出発する。この者は洗礼を受けて再誕生し、肉の汚れを知らぬままこの生の終りにまで達する。別の者は第三時に出発する。この者は年長けてから改悛する。第三の者は第六時に（ローマの時間では正午）出発し、放蕩の炎という重荷をしっかりと背負う。そして、どの時間に出発した者も、福音書作者が述べているように、それぞれの信仰に従って、主のぶどう畑の仕事へと導かれるのだ。渡海時の区分というのはこのようなものだった。

彼らが海まで来て引き返し支流の岸に営を置いたということについては、主はモーセにこう語っている。「巡りて、ミグドルと海のあいだなるヒバヒロテの前にあたるバアルゼボンの前に幕を張らしめよ」（出エジプト記、一四、二）

この渡海と「雲の柱」（「昼は雲の柱をもてかれらを導き夜は火の柱もて彼らを照らし」出エジプト記、一三、二一）が、われらの洗礼の印であることに疑いはない。使徒パウロは述べている。

「我なんじらがこれを知らぬを好まず。すなわちわれらの先祖はみな雲の下にあり、みな雲と海とにてバプティスマ（洗礼）をうけてモーセにつけり」（コリント前書、一〇、一～二）

「火の柱」は、聖霊のしるしであった。

アブラハムからイスラエルの子らのエジプト脱出と紅海渡海——この時モーセは八〇歳だった——まで、四六二年を経た。

一一

この時から四〇年間、イスラエルの民は砂漠生活をした。法律を教わり、試され、天使の食物で養われた。そして法律を受け取った後、ヨシュアとともにヨルダン川を渡り、神との約束の地を受け取った。

一二　ヨシュアの死後、神の掟《おきて》をないがしろにした彼らは、しばしば外国の奴隷にならねばならなかった。しかし人々が心から悔い改めた時には、神は彼らを許し、強腕の勇士たちが彼らを外国から解放したのだった。その後、彼らはサムエル（預言者）を通じ、他の種族のように王を望み、最初サウル、次いでダビデを得た。

アブラハムからダビデまでは連続一四世代、すなわちアブラハム、イサク、ヤコブ、ユダ、ペレヅ、エスロン、アラム、アミナダブ、ナアソン、サルモン、ボアズ、オベデ、エッサイ、ダビデである。ダビデはバテシバによってソロモンを生んだ。ソロモンは預言者ナタンと、自分の兄と母とによって王位を得た。

一三　ダビデが死に、その息子が統治を始めると、神が彼に現れ、何をかなえてほしいかと尋ねた。彼は地上の富には心を向けずむしろ智恵を望んだ。それは神の心にかない、彼は神の声を聞いた。

「汝は地上の王国もその富も求めず、智恵を求めしゆえにそれを受け取るべし。汝のさきにもあとにも汝のごときものなし」（列王紀略、三、一二）

それは後に、ひとりの子供を取りあうふたりの女の間で生じた裁きで確認された。このソロモンは、驚異の立派さを誇る神の名の神殿を建てた。そこにはおびただしい金、銀、青銅、鉄が投入され、これに匹敵する建物はかつてこの世には建てられたことがないと言われた。

イスラエルの子らのエジプト脱出から、ソロモン王統治の七年目の神殿建設までに、四八〇年の年月があったこと、『列王紀略』（六、一）に見える。

♔ソロモンの即位　ダビデが年老いた時，長子アドニヤは既に王気取りであったが，預言者ナタンと母バテシバの援助で即位したソロモンはこの異母兄のアドニヤを殺した（列王紀略，1）。

一四　ソロモンの死後、王国はかたくななレハベアム（ソロモン王の子）の時に二つに分裂し、二部族がレハベアムの下につきユダ王国と呼ばれ、他方一〇の部族がヤラベアムについてイスラエル王国と呼ばれた。かくてその後、彼らは偶像崇拝へ傾き、預言者のことばも、自分の破滅も、祖国の災いも諸王の没落すらも、その慢心を矯《た》めることができなかった。

一五　ついに怒った主は彼らに対しネブカデネザルを派遣した。ネブカデネザルは彼らを捕え、神殿のすべての装飾品と一緒にバビロニアへ連行した。ライオンの穴の中で無傷だった偉大な預言者ダニエルも、炎の中で露に守られた三人の若者もこの捕囚に加わった。またこの捕囚のなかでエゼキエルは預言をし、預言者エズラは生まれた。

ダビデから神殿の破壊とバビロニアへの移住まで一四世代である。すなわちダビデ、ソロモン、レハベアム、アビャ、アサ、ヨサバテ、ヨラム、ウジャ、ヨタム、アハズ、ヒゼキヤ、マナセ、アモン、ヨシアである。この一四世代の間に三九〇年が経過した。民はこの捕囚からゼルバベルによって解放された。彼はその後神殿と町を再建した。しかしこの捕囚は、罪を犯した魂がこうむる捕囚のしるしを

♔預言者ダニエル　バビロニアが滅んだのち，ダリウス王の時，王以外のものを崇拝する者はライオンの穴に投げ込まれるという法が制定され，ダニエルはその罰を受けたが，無事だったため許された（ダニエル書，6）。

♔3人の若者　ネブカデネザル王の下で事務官だった3人の若者は王の黄金像を拝まなかったため熱い炉で焼かれることになったが，無事だった。王は彼らの宗教を許した（ダニエル書，3）。

♔エゼキエルとエズラ　エゼキエルはバビロニア捕囚で故国を追われた後，ユダヤ人に神の言葉を伝えた（エゼキエル書）。エズラはバビロニア滅亡後，イスラエルへ帰還するユダヤ人のためモーセの律法を伝え，捕囚たちの，他民族との間になされた婚姻を解消させた（エズラ書，7〜）。

♔ゼルバベル　ペルシアのクロス王の元年，ユダヤ人はエルサレムへ帰り神殿を建てることを許された。7月，それぞれ別の町に住んでいたイスラエルの子孫がエルサレムへ集まり，エシュアとその兄弟，ゼルバベルとその兄弟のもとで祭壇を築いて，モーセの律法に従って燔祭をささげ，翌年2月，ゼルバベル，エシュアとともにおおぜいの人がエルサレムへ帰った（エズラ書，1〜3）。

帯びていると私は思う。この魂はキリストの別名であるゼルバベルが解放しない限り、無残な追放から戻ることはない。主ご自身、『福音書』で述べておられる。

「子《こ》もし汝らに自由を得さすなら、汝ら自由とならん」（ヨハネ伝、八、三六）

と。願わくは主ご自身、われらの内に住処たる神殿を建てたまわんことを。そこで信仰は黄金の輝きを放ち、説教の言葉は銀のごとく瞬《またた》き、かの可視の神殿の飾りはことごとくわれらの感覚のなかで栄誉の光を得る。主御自らわれらの良き意図にかなう結実を与えたまわんことを。なぜならば、「御自ら家を建てたまうにあらずば、建《たつ》るものの勤労はむなし」（詩篇、一二七、一）いのだから。この捕囚は七〇年続いたという。

一六

このように、ゼルバベルによって帰還した彼らは、神に対し不平をつぶやき、偶像のもとへかけ込み、諸外国の行う恐ろしいことを模倣し、神の預言者を軽蔑し、外国に売り渡され、その軛《くびき》につながれ、没落した。しかしやがて主ご自身が族長や預言者の声に応《こた》え、処女マリアの胎内に滑降し、かくこの民族と全ての民族の贖罪のために生まれ出《い》でんと決心したまうのである。

バビロニアへの移住からキリスト生誕までは一四世代、すなわち、エコニア、サラテル、ゼルバベル、アビウデ、エリヤキム、アゾル、サドク、アキム、エリウデ、エレアザル、マタン、ヤコブ、マリアの夫ヨセフである。マリアからイエス・キリストが生まれた。このヨセフは一四代目の人にあたる。

一七

我々がヘブライ人というたった一つの民族の知識しか持たないと思われないように、このイスラエル史と同時代にあった他の王国について述べよう。アブラハムの時代、アッシリア人をニヌスが治めていた。シキョニア（ペロポネソス半島東北部の古文化の中心地）人をエオロプスが、またエジプトには彼らの言葉でディナスティア（ギリシャ語の「王朝」）と呼ばれる一六番目の王国があった。モーセの時代には、アルギウィー人を七番目の王トロパスが、アッティカを最初の王ケクロプスが、エジプト人をその王朝の一二番目の支配者で紅海で死んだセンクリスが、アッシリア人たちを一六番目の王アガタディスが、シキョニア人をマラティスが治めていた。ソロモン王がイスラエルを支配していた時、ラティーニー人を五番目の王シルウィウスが、ラケダイモン人をフィストゥスが、コリントス人を二番目の王オクシオンが治め、エジプト人たちを一二六年間テーベ人が支配し、アッシリア人にはエウトロペスが、アテナイ人には二番目の王アガサストゥスがあった。アモンがユダヤ王国を支配し、バビロニア捕囚が始まったころ、マケドニア人の先頭にアルゲウスが立ち、リュディア人をギュゲスが、エジプト人をウァフレスが、バビロニアを、ヘブライ人を捕虜にしたネブカデネザルが治めていた。ローマ人には六番目の王セルウィウスがいた。

一八

これら支配者の後に最初のイムペラートル（命令者）、ユリウス・カエサルが、支配の全権を手にした。二番目はユリウス・カエサルの甥オクタウィアヌスで、アウグストゥスと呼ばれ、その生月もまたアウグストゥス（英語のAugust＝八月）と呼ばれる。その統治の第一九年にガリアのルグドゥヌム（リヨン）が創立されたことを我々は明白に認める。この町は後に殉教者の血で明るく輝き、その名声を高める。

一九

アウグストゥスの統治四三年目、われらの主、イエス・キリストが、前述のごとく、処女マリアより、肉の掟に従って、ダビデの町ベツレヘムに生まれた。東方からその巨大な星を認めた三博士が贈物をたずさえて訪れ、跪《ひざまづ》いて贈物を差し出し、その子を拝んだ。ヘロデ王は自分の王国が奪われることを恐れ、神キリストを追跡しようと志して幼児たちを殺害した。そして後に神の裁きに討《う》たれる。

二〇

主にして我々の神イエス・キリストが悔い改めを説き、洗礼の恵みを与え、天の王国をすべての民に約束し、奇蹟としるしを人々の間に起こし、水をワインに変え、熱を冷まし、盲人に光を与え、死者をよみがえらせ、悪霊に取りつかれた者を解放し、癩病《らいびょう》にかかった人の悲惨な皮膚を再生し、他にも多くのしるしでまぎれもなく明らかに人々に自分が神であることを示したので、ユダヤ人たちの怒りは燃えあがり、嫉妬が荒れ狂い、預言者の血を糧とする彼らの心はこの正義の人を不正に除こうと画策した。

かくて、古い預言者の言葉が満たされるために、主は弟子に裏切られ、祭司長らに裁かれ、ユダヤ人にもてあそばれ、悪人どもとともに磔刑《たっけい》に遭《あ》い、息を引き取った後、番兵の見張りをつけられた。

これが起きた時、暗闇が全世界を被いつくし、多くの人が嘆息とともに改心し、イエスが神の子であったことを告白した。

二一

イエスを没薬《もつやく》で葬り、墓所に安置したヨセフ（アリマタヤのヨセフ。ヨハネ伝、一九、三八）は、捕えられ、牢獄へ入れられ、祭司の長老たち自身によって見張られた。皇帝ティベリウスに送られたピラトゥスの報告（Gesta Pilati）の述べるところでは、ヨセフは主ご自身よりももっと憎まれたため、主には兵士の見張りがついただけだったが、彼には祭司たち自身がついて見張っていたのだった。しかし、主が復活し、見張りが、墓の中に何も発見できず、天使を見ておののいた夜、ヨセフの入れられた牢獄の壁がまい上がり、天使に助けられて彼は解放され、壁はもとの場所におさまった。

そして祭司たちが見張りの兵をののしって、聖なる遺体を即座に返すように言った時、兵士たちは彼らに言った、

「ではあなた方はヨセフを戻してください。さすれば我らもキリストを返しましょう。でも本当を言えば、あなた方は神の善行者を戻せないし我々も神の子を返せない」

こう言われて祭司たちは混乱し、兵士たちは持ち場を離れた。

二二　使徒ヤコブスは、磔架《はりつけ》に死んだ主を見たとき、自分は主が復活するのを見ない限り決してパンを食べないとかたく心に誓った。すると三日後、主が、高らかに冥府を克服して戻って来、ヤコブスの前にあらわれて言った、

「立て、ヤコブス、食べよ、すでに私は死者たちから復活したのだから」

これは、主の兄弟と言われる正しき人ヤコブスである。彼はヨセフの他の妻から生まれた息子であった。

二三　我々は、主の復活を、他の人々のように（週の）七日目ではなく、（週の）最初の日に起きたと信じている。そして彼の聖なる復活にちなみこの日を特に「主の日」（日曜日）と呼んでいる。この日は初めて光を目にした日であり、また最初に墓から復活した主を見た日にあたる。エルサレムの占領と神殿の破壊からわれらの主イエス・キリストの受難の年――それはティベリウス帝の第一七統治年だったが――まで、六六八年があった。

二四　復活した主は、なお四〇日間、弟子たちとともに神の国について論究し、それから弟子たちが見守る中、雲にはこばれて天へ昇り、栄光に包まれて父の右手に座を占めた。ピラトゥスはティベリウス帝に報告を送り、キリストの受難と復活およびその偉業について報告した。この報告は今日なお我々のところに保管されている。

ティベリウスはそれを元老院に提出した。しかし元老院は、この報告はそもそも元老院に宛てたものではないと言って受け取りを拒否した。ここからキリスト教徒に対する最初の憎悪が芽吹いた。

しかしピラトゥスは、彼の邪悪な冒瀆《ぼうとく》、すなわちわれらの主イエス・キリストの流血に対し罰を受けずには済まなかった。彼は自らの手で命を断った。多くの人は、次の『福音書』の記述から彼がマニ教徒だった（時代的には

ありえない）と考えている。「ある人々来たりて、ピラトゥスがガリラヤ人らの血を彼らの犠牲にまじえたりしことをイエスに告げたれば」（ルカ伝、一三、一）
ヘロデ王もまた、主の使徒を迫害し、この悪業に対し神の鉄槌を受けた。彼の身体には蛆《うじ》が湧き膨《ふく》れ上がった。そしてこれを除去するためにナイフを受け取ると、彼はわが手でわが身に打撃を与えた。

二五

使徒聖ペトルスは、アウグストゥスから四代目のクラウディウス帝のローマに来、そこで布教し、数々の善行を通じてキリストが神の子であることをまことに明らかに証明した。このころからローマの町にキリスト教徒が存在し始めた。そしてキリストの御名が人々の間に次第に広まって行くと、これに対し、古い蛇の嫉妬が頭を擡《もた》げ、皇帝の心に恐ろしい悪意を吹き込んでいった。

かの放蕩者、無頼漢で傲慢なネロは男どもの愛人でありかつ男どもの狩人で、母、姉妹、身の回りの女性たちの最も忌むべき陵辱者《りょうじょくしゃ》であったが、自分の悪業の完成を求めて、キリスト礼拝に敵対し、最初の信者迫害者になった。彼にはシモンという魔術師がいた。あらゆる奸智《かんち》にたけた男で、正真正銘すべての魔術を使いこなすことができた。彼は主の使徒ペトルスとパウルスによって追放された男だった。ふたりはキリストを神の子と説き、偶像崇拝を排斥したためにネロの憤激を買った。ネロはペトルスを磔《はりつけ》で、パウルスを剣で殺すよう命じた。しかし彼もまた、自分に向けられた反乱から脱出を試み、都から四里塚行ったところで自らの手で死をとげた。

♔魔術師シモン　彼は使徒の権威を金で買おうとしてペトルスに退けられる（使徒行伝, 8）。
♔里塚 lapis　1ミルレ mille（1.5 km）の距離ごとに路上に置かれた石。lapis はもともと「石」という意味だが，別に，「里塚」には miliarium という言い方もある。

二六　そのころ、主の兄弟のヤコブスと福音書作家のマルコがキリストの御名において殉教の栄誉の花環で飾られた。しかしこの道に最初に足を踏み入れたのは、助祭《レーウィータ》の殉教者ステファヌス（使徒行伝、七）だった。

ヤコブスの死後大きな災いがユダヤ人を襲った。ウェスパシアヌス（後に皇帝となる）が到来し、神殿が放火され、六〇万人のユダヤ人がこの戦いで、或いは刃に、あるいは飢えに倒れた。ドミティアヌス帝はネロに続くキリスト教徒迫害者になった。

彼は使徒ヨハネをパトモス島に追放し、人民に対し種々の暴虐を働いた。帝の死後、使徒にして福音書作家の聖ヨハネは流謫《るたく》から還《かえ》って来、神の信仰に包まれた完璧な日々を過ごして高齢に至り、生きながら墓所に身を横たえた。彼は、主が裁くために再来するまでは死を味わわないと言われており、主ご自身、『福音書』の中で、「我《われ》の来るまでかれがとどまるを欲す」（ヨハネ伝、二一、二二）と述べたまう。

二七　ネロの後の三人目のキリスト教徒迫害者はトラヤヌス帝だった。彼のもとで、ローマの三人目の司教、幸多きクレメンスが受難し、クレオパスの息子、エルサレムの司教聖シメオンもキリストの御名のもとで磔《はりつけ》についたと伝えられる。またアンティオキアの司教イグナティウスはローマに連行されて獣にゆだねられた。トラヤヌスの下ではかかることが行われた。

二八　トラヤヌスの後、アエリウス・ハドリアヌスが帝位に就いた。エルサレムは、アエリウス・ハドリアヌスの名を取ってアエリアとも呼ばれた。ドミティアヌスに続いて即位した彼（正しくはドミティアヌス、トラヤヌス、ハドリアヌスの順）は、エルサレム再建者だったから。

多くの聖者たちの受難の後には、敵方は信仰なき者をキリスト信者に対してけしかけるだけでは満足しなくなった。彼らはキリスト教徒間の分裂をも利用した。異端が掘り起こされ、カトリックの信仰は分解され、分置された。アントニヌス帝の下で、悪質なマルキオンとヴァレンティニアヌスの異端が起こった。哲学者ユスティヌスはカトリック教会のための諸著作を書いた後、キリストの御名のもとで殉教の花環で飾られた。

アジアでもまた迫害が起きた。使徒にして福音書作家のヨハネの弟子、最も幸多きポリカルプスは齢八〇にしてあたかも全燔祭（本書、巻一、七）の純粋な生贄のごとく火によって神に捧げられた。しかしまたガリアにおいても、多くの者がキリストの御名のために殉教を通じて天の宝石で飾られた。これらの受難の物語は今日の我々にまで忠実に伝えられている。

二九

かのルグドゥヌム（リヨン）の最初の司教ポティヌスもまたこれらの人々のひとりだった。彼は高齢に及んで、さまざまな拷問を受けてキリストの御名のために受難した。この殉教者の後継者、最も幸多きイレネウスは聖ポリカルプス（巻一、二八）によってこの町に派遣されたが、驚くべき善行によって輝いている。すなわち彼は偉大な説教によってたちまち町全体をキリスト教に帰せしめたのである。

しかし、迫害が起こり、悪魔が暴君を通じてこの町に戦いを引き起こし、主の御名の告白により夥《おびただ》しいキリスト教徒が殺されて、平原の中を彼らの血の川が流れた。彼らの数も名も我々は知ることができない。しかし主は「命の書」のなかにかれらを書き込みたまうた。刑吏は自分の眼前において聖イレネウスに種々の

♔マルキオンとヴァレンティニアヌス　初期キリスト教会最大の脅威（C.ドーソン）とも言われるグノーシス主義の流れを汲む諸派の創立者。ともに2世紀の人。マルキオン派は6世紀まで存続してマニ教と混同された。なお本書ではヴァレンティニアヌスと呼ばれている名は正しくはヴァレンティヌス。

♔ウェクティウス・エパガトゥス Vectius Epagatus［1，29］（26頁）この名前は，ギリシャ語で書かれたエウセビウス（263頃–399）の『教会史』第5巻に引用されたガリアのキリスト共同体からの書簡のなかでは，Οὐέττιος Ἐπάγαθος（ウェッティオス・エパガトス）というギリシャ語形で記載されている。それによると彼は若い名望家であったが，ルグドゥヌムでキリスト教徒迫害の嵐が吹き荒れていた時，裁かれようとする彼らを敢然と弁護し，自らもキリスト教徒であることを告白して，殉教の列に加わった。

拷問を加え、彼を殉教による主へのささげものとした。彼に続き、四八名の殉教者が受難した。彼らの最初の人がウェクティウス・エパガトゥス（著者トゥールのグレゴリウスの遠い先祖）であったことを我々は書物に読む。

三〇

デキウス帝のもとで多くの反キリスト教戦争が勃発した。余りに多くの信者が倒れたのでその名を挙げることは到底不可能である。ウルバン、プリリダン、エポロンの三人の少年とともにアンティオキアの司教バビラスが、またローマ教会の司教クシストゥスと主助祭のラウレンティウスおよびヒッポリトゥスが、主の御名《みな》の告白の故に殉教の犠牲となった。

ヴァレンティニアヌス（巻一、二八）とノヴァティニアヌスが当時の異端を代表しており、激しい敵愾心《てきがいしん》に燃えて我々の信仰とぶつかりあっていた。殉教者聖サトゥルニヌスの受難史の述べるところでは、そのころ、七人の男が司教に任じられて布教のためガリアに派遣された。「いまだ記憶に確かに残っているが、デキウスとグラトゥスが執政官《コンスル》（一年任期の政務官の職名。共和政ローマでは元首、帝政時代には栄職となる）の年、トロサ（トゥールーズ）の町は最大にして最初の聖職者、聖サトゥルニヌスを得た」と同受難史は述べている。

すなわちガリアの地のトロヌス（トゥール）の人々へはカティアヌスが、アレラテンシス（アルル）の人々へはトロピムスが、ナルボナ（ナルボンヌ）へはパウルスが、トロサへはサトゥルニヌスが、パリシウス（パリ）の人々へはディオニシウスが、アルヴェルヌス（クレルモン）の人々にはストレモニウスが、レモヴィカス（リモージュ）の人々へはマルティアリスが、それぞれ司教に任じられて派遣された。このうちパリシウスの人々の司教ディオニシウスは、キリストの御名のためさまざまな呵責《かしゃく》に耐え、現世の命を敵の刃で断たれた。

サトゥルニヌスは、すでに殉教の心が定まった時、彼の二人の司祭に向かって、

「『今そなえものとして血を注がんとす、わが去るべき時は近づけり』（テモテ後書、四、六）。私が務めを果たし終えるまで、決して私から離れないでほしい」

と言った。しかし彼が捕えられて異教の神殿の丘《カピトーリウム》（ジュピターの神殿）へ引き立てられた時、ふたりの司祭は逃亡し、彼はひとりで連行された。自分が見捨てられたことを知ると、彼はこう祈願したという。

「主イエス・キリストよ、天よりわが願いを聞き届けたまえ。今後一切、この教会がこの町の市民から司教を得ぬように」

今日までこの町ではそのとおりであることを我々は知っている。彼は雄牛の足に縛りつけられて神殿の丘からつき落とされ命を終えた。

カティアヌス、トロピムス、ストレモニウス、パウルス、マルティアリスは、高度の聖性に包まれて生き、至る所で教会の人々を獲得しキリスト信仰を広めた。前に述べた人々は殉教を通じて、これらの人々は告白を通じて、この地上を離れ、等しく天で結ばれた。

三一

これらの使徒のうちの誰か（聖ウルシヌス）がビトゥリカの町（ブールジュ）を訪れ、人々に、主キリストによるもろびとの救いの知らせを伝えた。当地の人のうち幾人かが信仰を得、聖職につき、賛美歌の歌い方を学び、教会の建て方と全能の神の典礼の仕方を教えられた。しかし彼らにはそれまで建物を建てる資財が不足していたので、誰か市民の家を教会にするよう求めた。しかし土地の元老院議員たちと他の名望家はなお異教崇拝につながれており、主がユダヤ人を非難して

「取税人と遊女とは汝らに先だちて神の国に入るなり」（マタイ伝、二一、三一）

と言ったように、信仰ある者は貧乏人のみだった。

彼らは、求めた所から家を得ることができず、ガリアの第一級の元老院議員のレオカディ

♔ノウァティニアヌス　デキウス帝の時，棄教した人々の受け入れを拒否するノウァティニアヌス派の教会を創立した。ローマ公会議（A.D. 251）で破門され殉教の死をとげた。
♔古代の年号　ローマの伝統的な過去の年の特定法は，1年任期の執政官（コンスル）ふたりの名を挙げることであった。
♔元老院議員　当時のガリアには，ローマ帝国以来の，「元老院（議員）senator」の称号を持つ由緒ある家系があり，聖俗の有力者を輩出した。本書の著者もその出身者である。

ウスという人に頼った。この人は、我々がルグドゥヌムでキリストの御名のもとに受難したと述べた（巻一、二九）あのウェクティウス・エパガトゥスの末裔であった。彼は彼らの懇願と信仰の両方をうけ取り、

「もしビトゥリカ（ブールジュ）の町のわが家がそれにふさわしいならば私は否やは申しますまい」

と答えた。それを聞いた彼らは彼の足元に身を投げ出して、銀の皿に盛った三〇〇枚の金貨を差し出し、その家はその任務にまったくふさわしいものですと言った。彼はそこから祝福のため三つの金貨のみを取り、残りは寛大にも手をつけず、これまで異教崇拝の迷妄に包まれていた私はキリスト教徒になりましたと言って、自分の家を教会にしたのだった。これは今ビトゥリカの町の第一の教会で、立派な建物であり、殉教者の元祖ステファヌス（巻一、二六）の聖遺物で輝いている。

三二

ローマ皇帝中二七番目にあたるウァレリアヌスとガリエヌス（彼らは父子で共同統治者だった）は、その統治期間、キリスト教徒に対し厳しい迫害を行った。当時ローマにはコルネリウス、カルタゴにはキュプリアヌス（共に高名な聖職者）がいて、幸多い血の輝きを放った。

同じころアラマニー人（ゲルマンの一派）の王クロクスは軍を率いガリアへ侵入した。このクロクスはひどく傲慢な男だったという。色々と非道を働いたあげく悪い母のそそのかしに乗って――といわれているが――上述のようにアラマニー人を集め、全ガリアを荒し回り、昔からの建物を片っ端から破壊して行き、アルヴェルヌス（クレルモン）に来て、ガリアの言葉でヴァッソー・ガラテ（Vasso Galate＝ヘルメス神に擬せられる）と呼ばれる寺院に放火し、打ち毀し、倒壊させた。それは驚嘆すべき見事で堅牢な建物だった。二重の壁を持ち、内側の壁は小さい石で固められ、外側の壁は四角く彫り出した石材で張られていた。この壁は三〇ペデスの厚みを持ち、内部は大理石とモザイクで多彩に装われていた。床に

度量衡Ⅲ　ペデス pedes はペース pes≒30 cm の複数形。

も大理石が敷かれ、屋根は鉛でふいてあった。

三三　この町の傍に、リミニウスもアントリアヌスも殉教者として眠っている。同所でカッシウスとヴィクトリヌスはキリスト崇敬の兄弟愛で結ばれて自らの流血により等しく天の王国に入った。古来の伝承によれば、ヴィクトリヌスは前述の寺院の神官《サケルドス》の奴隷であったが、キリスト教徒迫害の目的で絶えずキリスト村と呼ばれた集落を訪れているうちキリスト教徒カッシウスと出会い、彼の説教と奇蹟に動かされてキリスト信仰に入った。そして狂信の汚れを脱して洗礼を受け、有徳の働きで偉大な輝きを放った。それから暫くして前述のように、地上で結ばれたふたりは殉教して等しく天国へ向かった。

三四　アラマニー人がガリアへ侵入した時、ガバリタナの町（ジャヴォル）の司教、聖プリヴァトゥスはメマティンシス（マンド）の山の洞窟《クリュプタ》で、断食と祈りの最中に発見された。住民はグレドネンセ（グレーズ）の砦にこもっていた。この善良な牧者が羊たちを狼にひき渡すことを拒んだ時、彼は悪魔の生贄にされることを余儀《よぎ》なくされた。それを拒みしりぞけると、彼は棍棒で殴打され続け、ついに気絶したかに見えた。実際この打撃が原因で数日後息を引き取った。

クロクスはガリアのアレラテンシス（アルル）の町近くで捕えられ、様々な拷問を加えられ、剣で打たれて死んだ。それは彼が神の聖者たちに加えた仕打ちにふさわしい報いだった。

三五　三三番目のローマ皇帝ディオクレティアヌスのもとで、キリスト教徒に対する迫害は四年にわたり熾烈《しれつ》を極めた。ある時は復活祭という最も聖なる日に多くのキリスト教信者が、真実の神への礼拝を理由に殺された。

この時、シスキエンシス（クロアチアの町シサク）教会の司祭（「第一巻目次」には「司教」とある）クイリヌスはキリストの御名により殉教の栄光を担った。残忍な異教徒は彼の首に碾臼《ひきうす》を結びつけて流れの渦の中へ放り投げた。彼が渦の中に落ちた時、彼は神のご加護により、長く水面に漂っていた。罪の重荷のない彼を水は飲み込まなかった。まわりに立っていた多くの人はこれを見ると、荒れ狂う異教徒を無視して司祭を助けに走った。司祭はこれを認めたが、殉教の道から離れようとはせず、天を仰いで、

「御父の右手に栄光の座を占める主イエスよ、われをこの競技場から遠ざけず、わが魂を受け取り、永遠の平安の裡にわれを汝の殉教者の列に加えたまえ」

と言った。こうして彼は息を引取った。彼の遺体はキリスト教徒に引取られ、丁重に墓に葬られた。

三六

三四番目にコンスタンティヌスがローマの帝権を得、三〇年間つつがなく統治した。ディオクレティアヌスが死んで教会に平和が戻ったこのコンスタンティヌスの一一年目の統治年、パンノニア（ハンガリー）のサバリア（「地図2」参照。現ソンバトヘイ）の町に、最も幸多き教主マルティヌスが、貧しくはない異教の両親のもとに生まれた。

コンスタンティヌスは、その二〇年目の統治年、帝国への反逆のかどで息子クリスプスを毒殺し、妻ファウスタを熱湯につけて殺した。

同じころに、皇帝の母ヘレナの努力によって尊い主の十字架の材木が発見された。その場所を教えたのは、洗礼の後はクイリアクスと呼ばれたヘブライ人ユダであった（キリアクス『聖十字架の発見』より）。

この時までの事件は歴史家エウセビウスが年代記に記している。帝の統治二一年目以降のことは、司祭のヒエロニムスがつけ加えている。彼は、司祭のユウェンクスが皇帝の依頼を受けて福音書を詩に作り直したことを伝えている。

三七

コンスタンス（コンスタンティヌスの三男）の統治下にニシビス（トルコのヌサイビン）のヤコブスがいた。寛大な神は彼の懇願に耳を傾け多くの危険から町を救った。トゥレヴェルス（トリーア）の司教マキシミヌスもあらゆる聖なる営みに力を発揮した。

三八

コンスタンティヌス二世（コンスタンティウス二世の誤り）の統治一九年目に修道僧アントニウスが一〇五歳で亡くなった。ペクタヴス（ポワティエ）の司教、最も幸多きヒラリウスは異端者の使嗾《しそう》により追放の刑に処せられたが、配所でカトリック信仰のための著作をあらわしてコンスタンティウスに送った。帝は四年にわたるヒラリウスの流罪を解いてやり、彼は故郷へ帰った。

三九

そのころ既にわれらの日は昇り、そのあかりの新しい光線がガリアを照らしていた。このころ幸多きマルティヌスがガリアでの説教を始め、彼は多くの奇蹟でもって、キリストが神の子で、真の神であったことを示し、異教徒の邪心を翻《ひるが》えさせていた。彼は寺院を毀《こぼ》ち、異端を抑圧し、教会を建設し、多くの善行で輝きながら、自分の評判の名声を一段と高めるべく、三人の死者をよみがえらせた。

ウァレンティニアヌス帝とウァレンス帝（共同統治）の第四統治年、ペクタヴス（ポワティエ）のヒラリウスは聖なる事蹟と信仰に満たされ、あまたの善行による生を完成して天へ召された。彼も死者を復活させた由《よし》、書物に見える。

♔コンスタンティヌスの３人の息子　第34代ローマ皇帝コンスタンティヌスの死後，長男コンスタンティヌス２世（在位 337–340）が帝国西部，三男コンスタンス（在位 337–350）が中央，次男コンスタンティウス２世（在位 337–361）が東部を継いでアウグストゥスの称号を得た。後にコンスタンティウス２世が統一。

四〇　ローマの住人で高貴な婦人のメラニアは、息子のウルバヌスをローマに残しエルサレムへ祈願の旅に出た。彼女はあらゆる善良さと聖性の人であることを万人に示し、住民からはテクラの名で呼ばれた。

四一　ウァレンティニアヌスの死後、ウァレンスが全帝国の継承者となり、修道僧に兵役を課すように命じ、従わない者には棒打の刑を加えるよう指示した。その後、ローマ人はトラキアで、最も苛烈《かれつ》な戦争を行なった。そこで大打撃を受けたローマ人は、騎兵を失って徒歩で逃げた。ゴート人による殲滅戦《せんめつせん》で大部分の兵が倒れ、矢傷を受けたウァレンスは、小さな小屋に逃げ込み、迫り来た敵は、彼の上で小屋を焼き払った。帝には、ふさわしい埋葬も与えられなかった。かくて、彼が流した聖者の血に対する神の復讐が成就したのだった（A.D. 378 アドリアノープルの戦い）。
ここまでの記述はヒエロニムスによる。これ以降の時代はオロシウス司祭が書き継ぐ。

四二　かくてグラティアヌス帝は国家の救い難さを認識し、テオドシウスを共同統治者に任じた。テオドシウスはすべての希望と信頼を神の憐れみに置き、多くの民族を剣によらず、夜の勤行《ウィギリア》と祈りによって統治し、国家の基礎を堅めた。彼は勝利者としてコンスタンティノポリスに入城した。

四三　マキシムスは、圧政によってブリタニー人をおさえて勝利者となり、兵士たちから皇帝に選ばれた。彼はトゥレヴェルス（トリーア）に本拠を定め、グラティアヌス帝を罠に

♕テオドシウス　東帝ウァレンスの死後，西帝グラティアヌスは有能なテオドシウスを東帝とした。グラティアヌスは，ブリタニアの軍司令官マキシムスに殺されたが，テオドシウスはマキシムスを殺して帝国を統一，すべての古代宗教を禁じ，神殿を閉じ，キリスト教を国教とした。ローマ建国以来燃え続けたウェスタの火がここに消えた。

かけ、包囲して殺した。このマキシムスのもとへすでに司教だった幸多きマルティヌスが来た。グラティアヌスに代わって、すべての希望を神に置くテオドシウスが帝国の全権を得た。彼は神の呼びかけを確信し、マキシムスの権を奪い彼を殺した。

四四

アルヴェルヌス（クレルモン）では司教で説教者のストレモニウスの後、元老院の家の出身で改宗者のウルビクスが司教になった。彼は妻帯者だったが、妻は教会の習慣に従って、司教の僧団からは離れて、尼僧として生きていた。彼らは、祈りと布施と善行に生活をささげていた。そうこうするうち、女の心に、常に清浄を厭うあだし心が芽生えた。それが彼女の男狂いに点火し、彼女を新しいエヴァにした。欲望にもえた女は罪の暗闇に包まれ、夜闇の中を教会の家へ走った。

そこですべてが閉じているのを認めると、教会の扉を叩いてかく声をあげて呼ばわり始めた。

「いつまで寝ているんですか司教さん、閉じちゃった入口はもう開けないの？　なぜあなたの下女を退《しりぞ》けるのですか？　なぜあなたの堅い耳はパウロの説教を聞かないの？　お互いのところへ戻りなさい、悪魔が汝らを試さないように（コリント前書、七、五）って言うじゃないの。ねえ、私は、あなたの所へ帰って来たのよ、他所の人のところじゃなく、自分のいれもののところよ」

こんなことを長く叫んでいたので、ついに司教《サケルドス》の堅固な心もゆらいだ。彼は彼女を寝室へ通すよう命じ、彼女と共寝し、去るように命じた。それから彼はわれに返ったが遅過ぎた。なしとげた冒瀆に心が痛み、懺悔をするために彼の司教区の僧院を訪れた。そこで呻吟し涙を流しつつおのがなしたことを洗いざらい話し、自分の町へ帰った。彼は歳満ちてこの世を去ったが、この抱擁からひとりの娘を得た。彼女は生涯を敬虔のうちにとどまった。この司教は、妻と娘と一緒にカンタベネンシス（シャントワン）の公道の脇の地下聖堂《クリュプタ》に葬られている。彼の後、レゴヌスが司教に選ばれた。

四五

レゴヌスも亡くなると聖イリディウスがあとを継いだ。優れた聖性と卓越した徳行の持ち主で、この顕著な聖性の名声は遠い外国にまで轟いていた。このため彼は請《こ》われて、トゥレヴェルス（トリーア）の皇帝（マキシムス）の娘を悪霊から解放した。

この事件についてては、イリディウスの人生を記した書物（教父伝、二）で述べておいた。伝承によれば彼はまことに、「老いて歳満ちて」（創世記、三五、二九）、善行に満ちて、彼の幸福な生涯の人生行路を終えて、キリストのもとへ旅立ち彼の町の郊外の地下聖堂《クリュプタ》に葬られた。

彼にはユストゥス（正しき人）という名の、その名のとおりの主助祭がいた。彼もその善行に満ちた人生行程を終えて師と同じ墓所に葬られた。幸多き告白者イリディウスの死の後、彼の栄光に満ちた墓所には数々の不思議が現れたが、全部を書き切ることはできないし、覚えきれない。彼のあとをネポティアヌスが継いだ。

四六

ネポティアヌスはアルヴェルヌス（クレルモン）の四人目の司教になった。このころトゥレヴェリー人の所（トリーア）からスペインへ使節が送られた。そのなかのアルテミウスという大変聡明で美しく、若い盛りの人が熱に冒され、、他の人は旅を続けたが彼ひとり病でアルヴェルヌスに留まった。

そのころ彼はトゥレヴェルス（トリーア）では婚約の束縛を持っていた。しかしこのアルヴェルヌスの地でしばしばネポティアヌスの訪問を受け、聖油を塗ってもらい、主の憐れみにより健康を取り戻した。彼はこの説教者の聖なる言葉を聞くと、地上の婚約者もおのれの財産も忘れ、聖なる教会と結ばれて聖職者になり、聖性に於いて卓越して幸多きネポティアヌスの後継者となり、神の子羊の群の牧者になった。

四七

このころアルヴェルニー人（アルヴェルヌスの住民）の元老院の家族にインユリオーススという資力の大きな人がいて、自分と同程度の資産家の娘に求婚し、すでに結納金を支払い、結婚の日取りも決めていた。かれらは共に両親のひとりっ子だった。

さてその日が来て結婚式が祝われ、慣習通り一つ寝床に入った時、娘は顔を曇らせて壁の方に身を向け、激しく泣いた。男は彼女に、

「どうしたの？　ねえ、僕に言ってよ」

と言ったが、彼女が黙っているので、彼はつけ加えた、

「神の子イエス・キリストにかけて君に頼む、何がつらいのか、わかるように言ってほしい」

すると彼女は彼の方に身を向けて言った。

「もし一生ずっと泣き暮らしたとしても、この心の大きな苦しみを洗い流すのに涙が足りるでしょうか。私は、キリストのため、この小さな体を男に触れて汚させまいと決心したのです。ところが何てことでしょう、私は主に見捨てられました。私が願ったことは叶わず、生涯始めから守ってきたことが、この見たくなかった新しい日に失われたのですから。私に楽園の結納を約束した不死のキリストは私を見捨て、私は死すべき人間に添わされるのです。永遠に萎《しぼ》まない薔薇《ばら》のかわりに枯れた薔薇が、私を飾るのではなく、戦利品として辱めているのです。私は楽園の四つに分かれる子羊の川のほとりでいつまでも純潔のストラ（婦人用寛衣）を身に着けているべきでした。この婚衣は、私には栄誉ではなく重荷です。

でも、もうこれ以上、何と言ったらいいのでしょう。私は不幸な女です。本来なら天へ昇るはずでしたのに、私は深淵へ沈んで行きます。ああ、私の将来がこんなだったらいっそ、私の最初の日が最後の日であれば良かった。いっそ私は栄養の乳を飲む前に死の門をくぐればよかった。ああいっそ、優しい乳母たちが遺体に接吻してくれたら良かったのに。私にはこの地上の幻影などいとわしいものなのです。この世の命とひきかえに穴を穿《うが》たれた

贖罪者《しょくざいしゃ》の両手を私は仰ぎ見るのです。心の中で茨の冠を賛えるかぎり、私には巨大な宝石に輝く冠などは見えません。楽園の美しさを熱望する私には、あなたの四方に広くひろがった地所もいりません。また星空のかなたにまします主を仰ぎ見るかぎり、私にはあなたのソーラーリウム（屋上日光浴室）も全然おもしろくありません」

かく涙ながらに述べた彼女の敬虔さに打たれて若者は言った。

「アルヴェルニー人の最上流家庭の僕たちの両親には、僕たちしか子がない。そして次の世代を生み育てて行くためにこの結婚を望んだんだ。自分たちがこの世からなくなっても財産が他人の手に落ちないように」

すると彼女は言った。

「現世は無です。富も無です、この世の華美も無ですし、私たちがこれから楽しむ人生も無です。それらではなく、時間を限る死によって閉じられていない命こそ求めるべきものです。それは堕落によって弱められず、没落して終わることもなく、そこでは人は永遠の至福にとどまり、いつも光の中にいます。なにより素晴らしいのは、主ご自身の傍でいつもお顔を拝見できることです。天使の地位が与えられて、枯れることのない喜びを味わい続けるのです」

すると彼女に向かって彼は言った。

「君の素晴らしい話を聞いていると、永遠の命が大きな光のように輝き出した。で、もし君が肉の欲を遠ざけたいと思うなら、僕もその君の心を引き受けたくなった」

彼女はそれに答えて言った。

「男性にとって女性のこの願いを叶えることは難しいことです。けれどもし、私たちが一生汚れないまま過ごすことがあなたにおできになるのなら、私が下女として花嫁としてお仕えすることにした私の花婿《はなむこ》、主イエス・キリストが私に約束してくださった結納の一部をあなたにさしあげましょう」

そこで彼は十字のしるしで身を武装させると言った。

「君の言うとおりにしよう」

そして二人は右手を与え合って（誓約のしるし）休んだ。

それ以後の長い年月、二人は同じ寝床で身を横たえながら、誉むべき純潔のままだった。彼らの最期の時そのことがわかった。人生の戦いを果して少女がキリストの所へ赴いた時、男は少女を墓所に横たえ葬いを終えると言った。

「われらが永遠の主なる神よ、主イエス・キリストよ、あなたに感謝します、あなたからお預かりした宝物を、このように無傷のままあなたの愛へお返しできることを」

すると少女は微笑んで言った。

「何をおっしゃっているの? 誰も尋ねなかったわよ」

彼女を葬ってしばらくすると彼もあとに続いた。それぞれの墓所は隔たった壁で仕切られていたが、彼らの純潔を表明する新しい奇蹟が起きた。明け方人々が墓地に行ってみると、お互いかなり離れていた墓が一緒になっていた。つまり、天の結び合わせた者を彼らの墓の構築がひき離すことのないようにである。当地の人は今でも彼らを「愛するふたり」と呼びたがる。彼らのことは奇蹟の書物（告白者の栄光の書、三二）に書いておいた。

四八

アルカディウスとホノリウスの統治二年目、徳力と聖性に満たされ、か弱い人々に多大の援助を与えたトロニキー人（トゥールの人々）の司教聖マルティヌスが、司教職の二六年目、八一歳の高齢で、自分の司教区の村コンダテンシス（カンド）においてキリストのもとへみまかった。主の日（日曜日）の深夜で、アッティクスとカエサリウスの執政官《コンスル》の年であった。

多くの人が彼の逝去時、天の賛歌の声を聞いた。私はそれを、彼の徳力について書いた私の本の第一

♔アルカディウスとホノリウス　共にテオドシウス帝の子で，A.D. 395 年，兄アルカディウスが東帝，弟ホノリウスが西帝に即位して，ローマ帝国の分裂は決定的になった。

巻（聖マルティヌス司教の徳力、巻一、四〜五）でくわしく説明した。

さて、前述のようにコンダテンシス村で神の聖者が病の床についた時、トロニキー人の他にペクタヴィー人（ポワティエの人々）も、彼の臨終に立ち会おうと集まって来た。彼が亡くなると両人民の間に激しい口論が沸き起こった。

すなわちペクタヴィー人が、

「彼は我々の修道僧であり、我々の所の僧院長だった。我々は預けたものを返してもらいたいと思う。あなた方にとっては彼がこの世で司教であった限り、彼の説教を聴き、宴席を共にし、祝福による堅信を受けただけで十分ではないか。おまけに数々の徳力にあずかっているのだから、これらすべてで十分ではないか。我々にはせめて命のない遺体を返していただきたい」

と言うと、トロニキー人は答えた。

「もしあなた方が、我々が十分彼の徳力にあずかったと言われるのなら、あなた方のほうがむしろ彼の恩恵にあずかるところが大きかったと我々は言いたい。他のことはさておいても、彼はあなた方の所では二人の死者を甦らせたが、こちらではひとりに過ぎぬ。ご自身も、自分は司教になる前の方が徳力があったと言っておられた。だから、彼がこちらで生前し残したことを、死んでからしてもらわねばならない。彼はあなた方の所から運ばれて、神によってこちらに与えられたのだ。それに古来の習慣によっても、司教はその任地で神の命により葬られるべきなのだ。またあなた方が僧院の特権を持ち出すなら、彼の最初の僧院はメディオラネンシス（ミラノ）の町にあったことを知るべきだ」

双方が譲らず、日が沈み夜の帳《とばり》が降り、戸口には閂《かんぬき》がかけられ、遺体を真ん中に置いたまま、両人民が見張っていた。

ペクタヴィー人は夜明けとともに強引に遺体を運び出す算段をしていた。しかし全能の神は、トロニカの町

（トゥール）がその守護聖人を失うことを望みたまわなかった。真夜中になるとペクタヴァ（ポワティエ）の集団に眠気が襲い、この多数のなかの誰一人としてそれに打ち勝って起きていた者はいなかった。トロニキー人は、彼らが眠り込んだのを見届けると聖なる身体のむくろをつかみ、ある者が窓からそれを放り投げ、別の者が外でそれを受け取った。そしてそれを船の中に安置すると全員でヴィンゲンナの川（ヴィエンヌ川）を下って行き、リゲル（ロワール川）の流れに入り、大声で賛歌や雅歌を歌いまくりながらトロニカの町を目指した。この声に目覚めたペクタヴィー人は見張っていた宝物を失い、がっくりと肩を落として故郷へ帰って行った。

もし誰か、なぜ司教カティアヌスの死から聖マルティヌス司教の死までに、トロニカの町にはたったひとりの司教、それはリトリウス司教なのだが、この人しかいなかったのか、と尋ねるならば、異教徒の妨害の激しいトロニカの町には長い間聖職者の祝福がなかったことを知らねばならない。当時はキリスト教徒と見做された人々は人目を忍んで隠れ家で神への奉仕を行っていた。もしキリスト教徒が異教徒に見つかるとむごい暴行を受けるか首を切られた。

主の受難から聖マルティヌスの逝去まで、四一二年が流れた。

第一巻を終わる。この世の始めから聖マルティヌスの逝去まで、五五九六年と計算される。

第 2 巻

クロドヴェクスの洗礼（『フランス大年代記』の写本画，1375–1379 年頃，パリ，国立図書館）［2，31］

第二巻目次始まる

一四、トロヌス（トゥール）のエウストキウス司教とペルペトゥウス司教と聖マルティヌスの聖堂
一五、聖シムポリアヌスの聖堂
一六、司教ナマティウスとアルヴェルナ教会
一七、その妻と聖ステファヌスの聖堂
一八、キルデリクスがアウリリアニスへ、オドヴァクリウスがアンデカヴスへ来たこと
一九、サクソネス人とローマ人の戦い
二〇、ヴィクトリウス将軍
二一、エパルキウス司教
二二、シドニウス司教
二三、聖シドニウスの聖性と神の復讐で正された彼への不正
二四、ブルグンディアの飢饉とエクディキウス
二五、迫害者エオリクス
二六、聖ペルペトゥウスの死およびヴォルシアヌスとヴィルスの司教職
二七、クロドヴェクスが王国を得たこと
二八、クロドヴェクスがクロトキルディスを得たこと
二九、洗礼を受け聖衣を身につけて死んだ彼らの最初の子
三〇、アラマニー人に対する戦い
三一、クロドヴェクスの洗礼
三二、グンドバドゥスに対する戦い
三三、ゴディギシルスの最期

目次終わる

第二巻始まる

時間の順序に従って、聖者の徳力と諸民族の没落を一緒に並べて書きたい。幸多き人々の立派な人生と、悲惨な者らの最期とを交互に述べることになるが、これはやむを得ない。これは筆者の自由になる事柄ではなく、時の流れが決めることだ。

興味のある人には、イスラエル諸王の歴史書で、正義の人サムエルの時に瀆神者《とくしん》ピネハス（サムエル前書、四、一一）が殺され、「強い手」と言われたダビデの時に異国人ゴリアテが倒れた話（サムエル前書、一七）を読んでほしい。

また、意のままに雨を遠ざけ枯れた大地に雨をそそぎ、祈禱により貧困の未亡人を豊かにしたかの非凡な預言者エリヤの時代（列王紀略上、一七）、いかに多くの民族が没落し、いかに飢饉や旱魃が憐れな大地を襲ったか、神より一五年の寿命の増益《ぞうやく》をいただいたヒゼキヤ（列王紀略下、二〇、六）の時代にも、エルサレムにはいかに多くの災難があったか、死者をよみがえらせたり他の多くの奇蹟を人々に示した預言者エリシヤの時代（列王紀略下、三〜）にもいかに色々の殺戮や災難がイスラエルの人民を圧《お》しつけていたか、これらの事柄を思い出していただきたい。

同様に、エウセビウス、セヴェルス、ヒエロニムスらもその年代記において、またオロシウスも、諸王の戦いと殉教者の徳力《ウィルトゥース》とを同等に書き込んで行ったのである。我々の時代に至るまでの諸世紀の順序と年月の計算がすべて容易になされるように、我々のこれまでの（第一巻の）記述方法も同様のものであった。我々は前述の著作者の歴史書に依拠してここまで来たが、後に起こった出来事に関しては神の指示に従って論究する。

一

最高にして較べる者なき人、トロニカ（トゥール）の町の司教、幸多きマルティヌス——我々の所には彼の徳力に関する書物がたくさんあるのだが——彼の司教職を継いだのはブリクティウスだった。このブリクティウスは若かりしころ、安易なことばかりに心を向けると、まだ生きて肉の裡《うち》にあったかの聖者に叱られてばかりいたために、かの聖者に対し色々と意地悪をしかけた。

ある日、ある病弱の人が幸多きマルティヌスから治療をしてもらおうとして、まだ助祭だったブリクティウスに路上で出会い、話しかけてみた。

「もしもし、私は幸多きお方を待っておりますが、その人がどこにいて、何をしているのか知らないのです」

これに対しブリクティウスは言った。

「あの頓珍漢《とんちんかん》をお訪ねなら、かしこの遠くを見てご覧なさい。ほうら、いつものようにあほみたいに天を睨んでござる」

この病人が司教に会って、自分の求めていたものを得たあとで、幸多き人は助祭ブリクティウスに話しかけた、

「ブリクティウスよ、わしゃ、頓珍漢《とんちんかん》に見えるかね?」

ブリクティウスが混乱して自分の発言を否定した時、聖なる人は言った、

「あんたが遠くでそれを言った時、わしの耳があんたの顔の方を向いていなかったかね。誠に誠に、あんたに言っておくが、わしは神様にあんたがわしのあと司教の栄誉を得るよう頼んだのじゃ。しかしあんたは司教座に就いても逆風にさらされることを知るべきだ」

ブリクティウスはこれを聞くと微笑んで言った、

「あなたは時々頓珍漢《とんちんかん》なことをおっしゃいません?」

さて彼が司祭になった後も、彼は幸多き人を種々の非難で困らせた。しかし市民一同の賛同のもとに司教職を担った時には、祈りに一身をささげた。傲慢で浅薄ではあったが、肉体の貞潔は守っていると思われていた。

彼の司教職の三三年目、とある過失のため、彼に対して嘆かわしい事柄が起きた。すなわち彼の侍従たちが司教の服の洗濯を頼んでいた女が、見かけは宗教生活に没頭して俗服を尼僧服に代えた生活を送っていたが、突然妊娠し、出産した。全トロニキー人(トゥールの人々)が怒りに燃えて立ちあがり、司教の罪を糾弾し、全員で彼を投石で殺そうとした。彼らは言った、

「長いこと、あんたは聖者の衣の下にあんたの放蕩をすっぽり隠してござった。しかしこれ以上あんたの汚い手で我々が汚されることを神様はお許しにならない」

これに対し彼はきっぱりと否定して、

「そんなら」と言った、「子供をここへ連れて来なさい」

生まれてまだ三〇日の子供が連れて来られると、司教は子供に言った、

「全能の神の子、イエス・キリストにかけて君に誓う。もし私が君の父親だったら、公衆の面前でそれを公表したまえ」

すると子供は、

「いや、あなたはぼくの父ではない」

と言った。そこで人々が、では一体、父親は誰なのだ、と尋ねると、司教は言った。

「それは私の問題ではない。私は自分に向けられた問題については配慮した。もしあんたらに問題があるならば、あんたらで解決しなさい」

これに対して人々は、これらは悪魔のしわざだと言い、心を一つにして彼に立ち向い、彼を引っ張り出して、

「これ以上、インチキ牧者の名のもとに我々の世話を焼くな」

と言った。すると彼は、人々への弁明のために焼けた石炭を自分の緋色の衣《ころも》（聖職服）に当てて、自分にぐっと押し付けた。そしてそのまま騒ぐ人々といっしょに幸多きマルティヌスの墓所へ行き、墓の前へ石炭を投げおろし、少しも焼けていない衣を示し、このように続けた、

「その衣が火に対し大丈夫だったのを見たでしょ、同じく私の身体も女性との接触によっては汚れていないのですよ」

彼らはこんな言葉は信ぜず、反駁を加え、彼をひきずり回し、糾弾して投げ出した。これは、「あんたは司教座に就いても逆風にさらされることを知るべきだ」というかの聖者の言葉が成就されるためであった。

彼が追放されると、人々はユスティニアヌスを司教座につけた。ついにブリクティウスはローマの都の教皇の所を目指し、泣きかつ嘆いて言った。

「私は当然のむくいを受けました。神の聖者に悪戯《いたずら》を働き、しばしば彼を頓珍漢《とんちんかん》の馬鹿呼ばわりしたのですから。彼の徳力を目にしながら、それを信じなかったのです」

彼がいなくなるとトロニキー人たちは彼らの司教に向って言った。

「彼の後を追い、あなたの仕事をひきうけなさい。もしも彼のあとを追わないのなら、私たち全員あなたを軽蔑

して蔑みますよ」

するとユスティニアヌスは本当にトロヌス（トゥール）を出て行き、イタリアのヴィルケリス（ヴェルチェリ）の町に行き、神の裁きに打たれて外国人として死んだ。

トロニキー人たちは彼の死の知らせを受けても片意地をはり通し、その後任にアルメンティウスをつけた。しかしブリクティウスはローマへ行き、心の内をすべて教皇に打ち明けた。そしてこの使徒の座に腰を下ろしてそこで常にミサ・ソレムニス（正式ミサ）に参加し、神の聖者に対して行った過失を泣きながら悔いた。七年が過ぎ、彼は教皇の許可をいただいてローマを去り、自分のトロヌス（トゥール）の町に帰ろうと思った。そして、町から六里塚の距離にあるラウディアクス（モン・ルイ）という村に滞在した。アルメンティウスはそのころ熱に冒され、真夜中に息を引取った。するとブリクティウス司教にはそれが幻視によってすぐにわかった。彼は従僕に、

「すぐに出立しよう。我々の兄弟のトゥロニクス（トゥール）の司教の葬式にまにあうように」

と言った。彼らが町の門の所へ来て、入ろうとすると、丁度、人々がかの死んだ人を他の門から運び出していた。埋葬が終わって、ブリクティウスは司教座に返り咲き、それから七年、幸せに暮らした。司教職を四七年務めて死んだ彼のあとに立派な徳行の聖エウストキウスが続いた。

二

これらのことがあった後、ヴァンダル人（ゲルマン人の一派）がその本拠地を出、グンデリクス王に率いられてガリアへ突進してきた。そこを荒しつくすとスペインを目指した。続いてスエビー人（ゲルマン人の一派）が来た。これはアラマニー人と呼ばれる人々で、ガリキア（イベリア半島北西部。「地図2」参照）に腰をすえた。それから幾らもたたぬうち、両者は喧嘩を始めたが、これは互いに近くあり過ぎたからである。さて彼らが軍装を整えて戦場に臨み、これからすぐに戦《いくさ》を始めようという時、アラマニー人の王が言った。

「この戦、いかに長く両族間で続くことか。双方の軍陣の勇士があまた倒れないよう、それぞれから武装した一

名の戦士を戦場に出し、このふたりに闘わせてはいかがか。戦士の勝った方の側が戦わずしてこの領域を占めることにしてはどうか」

全軍が刃の切っ先の餌食にならないように、両軍がこれに賛成した。そのころグンデリクス王は死んでおり、トラサムンドゥスがその地位にあって王国を掌握していた。両戦士が闘うと、ヴァンダル人の方が負けて横たわった。それが殺されるとトラサムンドゥスは転出に決することを約束し、必要な旅装が調い次第、ヒスパニアの国境から退去すると言った。

この間、トラサムンドゥスはキリスト教徒迫害に精を出し、全ヒスパニアを拷問や種々の死刑で圧迫し、アリウス派の邪教信仰で染めあげようとした。この尋問に呼び出されたある篤信の少女は、資産家で、元老院の家柄という世俗の栄光に浴《よく》し、何よりも貴いことに、深くカトリックに帰依し、全能の神に申し分なく奉仕していた。しかしこのために彼女が王の前に導かれると、王は最初、甘い言葉で彼女を再洗礼（アリウス派の習性）へと誘き寄せた。そして彼女がこの毒槍を信仰の盾で駆逐すると、王は彼女の全財産を取りあげるよう命じた。彼女はすでに心に楽園の財産を築いていたのだが。次いで現世の全ての希望を奪う拷問を加えて彼女を苦しめるよう命令が下された。

これ以上何を言おうか。あまたの尋問を受け、この世の富の宝をはぎ取られても、聖なる三位一体を保持し通した彼女は、無理矢理再洗礼の場へひきずり出された。しかし彼女は、汚物の水槽に力ずくで浸されても、

「父と子と聖霊は同じ実質と本質であることを信ずる」

と公言し、水中に相応の香油を混ぜた。それは彼女の下腹部より放出されたものだった。それから彼女は法的尋問を受け木馬の拷問にかけられ、火にあぶられ、鉤で掻かれ、首をはねられて主キリストへのささげものとなった。アラマニー人の本拠地からトラドゥクタ（タンジールの古名だがここではスペイン南部の地名とも。未詳）まで追われて海を渡ったヴァンダル人は広くアフリカとマウリタニア（アフリカ北岸。「地図2」参照）に散らばった。

三

上述のごとく、この時代にはキリスト教徒迫害が猖獗《しょうけつ》を極めたが、ここで神の教会に対しなされたことや、迫害者どもの没落の次第をもう少し述べておこう。トラサムンドゥスは神の聖者に対して行なった種々の悪業の末に死に、もっと心の残忍なホノリクスがアフリカの王国を取り、ヴァンダル人の選挙によりその王位についた。

彼の時代、いかに多くのキリスト教の人々が聖なるキリストの御名そのもののために倒れたか、人間の悟性をもってしては把握し難いほどである。彼らを産出したアフリカと、彼らを不滅の宝石で加冠したまうたキリストの右手はその証人なのである。我々は、我々の約束を果たすため、我々が読んだ殉教者の受難の話から再録すべきものを取る。

そのころキロラは誤って司教と呼ばれ、異端者の偉大な代弁者と見做されていた。王がキリスト教徒迫害にあちこちに人を派遣した時、迫害者は司教聖エウゲニウスを発見した。彼は言辞につくしがたい聖なる人であり、際立った賢さで有名であり、彼の町の郊外に住んでいた。彼は、信者の一団を勇気づける言葉を残す余地のないように不意打ちで逮捕された。しかし、彼は自分が連行されることを悟ると、カトリックの信仰を守るよう、市民に次のような手紙を書いた。

「神により私に委託された教会の、キリストの愛により最も親愛ないとしい息子たち娘たちへ司教エウゲニウスより。

王の名によるお触れが出、その命令によりカトリックの信仰を育てる私たちは、カルタゴの地へ去ることになりました。したがって、あなたたちから離れても神の教会を不決断の状態に、つまり懸念される状態に置き、牧者の務めを放棄して、キリストの子羊たちを沈黙に委ねないために、私は、私の代理としてこの手紙をあなたがた聖なる人々へ残していくことを必要と考えます。

ここで私は、神の尊厳にかけて、恐るべき審判の日にかけて、キリスト再来の畏怖すべき栄光にかけて、あなたがたがより強固にカトリックの信仰を守り、子は父に由来し、聖霊は父と子と等しい神性を持つことを確認なさるよう、涙をもってお願いし、促し、助言し、また幾重にもお頼みする次第です。

一回限りの洗礼の恩恵を守り、聖油の塗付を尊重してください。誰も、洗礼の泉で再誕生した後、泉から戻りまた泉へ赴く人はいません。神の命により塩は水から採られますが、もしまた水へ戻されたら、すぐにその形状を失ってしまいます。したがって主は適切にも『福音書』のなかで述べておられます、『塩もし効力を失わば、何をもてかこれに塩すべき』（マタイ伝、五、一三）と。一回で済むところを二度も薬味をふりかけるのは、台なしにすることに他なりません。またキリストは、『一度浴《よく》したる者は再度浴するを要せず』（ヨハネ伝、一三、一〇）とも述べられたではありませんか。

それ故、神における私の息子たち娘たち、私の不在を嘆いてはいけません。あなたがたがカトリックの教えを守るならば、私はどんなに隔っていてもあなたがたを忘れないし、死によってあなたがたから離されることもないのです。この戦いが私をどこへ運んで行こうと、勝利の棕櫚《しゅろ》の葉が私と共にあることを知ってください。追放されれば幸多き福音作者のヨハネが手本になりますし、死へ赴くのならば、『我にとりて、生くるはキリストなり、死ぬるは収益なり』（ピリピ書、一、二一）です。またもし帰って来ることがあるならば、その時は、神があなたがたの願いを満たしてくれるでしょう。しかし今はこれで十分でしょう。私は言うべきことは言いました。自分にできる限り助言し、指示しました。誰であれ滅びる者の血は、私の責任ではありません。各人が自分のなしたことに従ってつぐないをすべきキリスト再来の日、彼の法廷の前で、この手紙が彼らに対して読み上げられることを、私は知っています。

戻ってきたら、兄弟たちよ、今世で会いましょう。しかし、戻って来なかったら、未来に会いましょう。お元気で、みなさん、私たちのために祈ってください。そして、断食してください。断食と布施とはいつも同情に変わります。『福音書』の言葉を思い出してください、『身を殺して魂を殺し得ぬ者どもを恐るな、身と魂とをゲヘナにて滅ぼし得る者を恐れよ』（マタイ伝、一〇、二八）」

聖エウゲニウスは王の前へ連行されて、あのアリウス派の司教（キロラ）とカトリック信仰のための論戦を行なった。聖者が、聖なる三位一体の神秘に関して力強く彼を打ち破り、その上キリストも彼を通じて多くの徳力を示したまうたので、この司教なる者（キロラ）は嫉妬に燃えて激しい怒りに陥った。

このころ聖エウゲニウスとともに最も賢く聖なる司教ヴィンディミアリスとロンギヌスがいた。彼らは位階は同じだったが徳力においてもたがいに譲らなかった。聖ヴィンディミアリスはそのころ死者をよみがえらせたと言われていた。またロンギヌスは多くの病人に健康を分け与えた。エウゲニウスの方は、肉体の目の盲目だけでなく、心の盲目も追いはらった。

これを知っていたかのアリウス派のえせ司教は、やはり誤った信仰に生きるある人物を傍へ呼んで言った。

「わしはあの司教たちが民衆に色々なしるしを取り出して見せ、民衆が皆わしを無視して彼らに従うのが我慢できない。今からわしの言うことを承知して、この金貨五〇枚を受け取ってくれ。わしらが通る道路に座り、目を閉じて手で押さえ、わしが彼らを連れて通ったら、力一杯叫んで、『幸多きキロラ、我々の先導者よ、あなたに願い奉る、私を憐れみ、栄光と徳力を示し、私の盲《めし》いた目を開けて失った光を与えて下され』と言ってくれ」

男は指示通り道路に座り、異端の師があの三人の聖者と共に通りかかると、神を嘲笑しようと考えて、力一杯叫んで言った。

「聞いてくだされ、幸多きキロラ、聞いてくだされ、聖なる神の司教よ、私の盲目を憐れんでください。他の盲人が皆あなたからいただき、癩《らい》病人もそれで治り、死者にも効いたあの治療を私にもやってくだされ。あなたの持っている徳力にかけて、あなたが私の望んでいる光を与えてくださるようお願いいたします。私はひどい盲目で苦しんでいるのですから」

この時彼は自分が真実を言っていることに気づかなかった。なぜなら金銭欲が彼を盲目にして、彼は金貨のためなら全能の神の力をあざけっても良いなどと思い込んでいたから。さて異端者の司教はこの時、あたかも自分の徳力の勝利を確信するように、やや身を反らし、虚栄と傲慢にふくれ上がり、手を彼の目の上に置き、

「神を思う我らの正しき信仰力により、汝は目を開けよ」

と言った。すると、冒瀆が彼にたたり、嘲笑は悲泣に変わり、司教の欺瞞《ぎまん》が誰の目にも明らかになった。激しい痛みがこの哀れな者の両目を襲い、彼は目が弾け飛ばないよう指に力をこめて押さえ、大声をあげて、

「ああ、むごいことになった、神の掟の敵に誘惑されたのだ。ああひどい、金のために神をあざけり、この悪業をするために金貨五〇枚をうけ取ってしまった」

と言い、司教に向かって、

「あなたの金貨はお返しします。あなたのペテンで失った私の光を返してください。それからあなたがたキリスト教徒の最も栄光ある方々にもお頼みします。哀れな私を軽蔑しないで、早く死にそうな私を助けてください。今こそ、『神は侮るべき者にあらず』（ガラテア書、六、七）ということが骨身に染みました」

と言った。すると神の聖者たちは同情に動かされて、

「『もし信ずるならば、信ずる者には全ての事なし得らるるなり』（マルコ伝、九、二三）」

と言った。すると即座に男は、

「神の子キリストと聖霊とは父なる神と同じ実質、同じ神性を有すと信じない者には今日私に起きたことが起きるように」と言い、更につけ加えた、「私は全能の父なる神を信ずる、また聖霊は父と子と同質であり同じく永遠であると信ずる」

これを聞いていた三人の聖者は、お互いに相手の名誉を立てて譲らず、ついに、誰が盲人の目に幸多き十字のし

るしを与えるかで、聖なる争いが生じた。ヴィンディミアリスとロンギヌスはエウゲニウスに、エウゲニウスは彼らに、盲人に手を当てるように懇願した。ふたりが折れて彼らの手を盲人の頭にかざすと、エウゲニウスは盲《めし》いた目の前でキリストの十字を切り、

「我々が同質と全能を三つに認める真正の神、父と子と聖霊の御名において、汝の目は開けられよ」

と言った。すると男はただちに痛みから解放され、元の視力を取りもどした。

この盲人の一件を通じて、いかにこの異端の司教が、信仰ある目が真実の光を見ないように、かれの誤った教えで哀れな者の心の目を被っていたかが公然と明らかになった。おお、この哀れな者よ、入口より入らざる者よ。真の入口とはキリストである。子羊の番人でなく狼である者よ。この者は信ずる者の心で燃えるべき信仰の松明《たいまつ》を、不正な心において消そうとした。

神の聖者たちは他にも色々しるしを民衆に見せた。そして、民衆は声をそろえて言った。

「真の神たる父、真の神たる子、真の神たる聖霊は、同じ信仰でまつられるべきものだ。同じ恐れで畏れられ、同じ栄誉であがめられるべきものだ。キロラの主張が間違いであることは万人に明らかになった」

ホノリクス王は、聖者たちの栄光ある信仰によって自分の教条の正体が明らかにされ、この異端派が顕彰《けんしょう》されず、かえって打撃をうけたのを見ると、神の聖者たちを種々の拷問にかけ、木馬の責め具をあてがい、火であぶり、鉤《かぎ》でひっ掻いた後殺すよう命じた。幸多きエウゲニウスは斬首するよう命じた。ただ、彼の首に剣を置いても彼が異端派に改宗しない時には、キリスト教徒たちが彼を殉教者として祭り上げるかもしれないので、その時は彼を殺すのを中止し、追放の刑に処するよう条件をつけた。実際にもそうなったことが知られている。死を目前にして彼は、汝はカトリック信仰のため死ぬことに決したかと尋ねられて答えた。

「正義に死するは永遠の命なり」

そこで剣は止まり、彼はガリアのアルビゲンシス（アルビ）の町に流され、同処で生を終えた。彼の墓所では今

も色々の不思議が見られる。

聖ヴィンディミアリスは刺殺の刑に決し、事実そうなった。この闘争の中で、主助祭オクタヴィアヌスも、また何千人もの男女が正しい信仰を表明して殺され、不具にされた。しかし聖なる告白者たちにとっては、栄光への愛のためにはこんな拷問など問題ではなかった。彼らはこのわずかな苦しみで多くの幸福が得られることを使徒の言葉により知っていたのだ。「今の時の苦しみは、われらの上に現れんとする栄光にくらぶるに足らず」（ロマ書、八、一八）。

当時、多くの人が信仰を捨てて富を手にし、「さまざまの痛みをもて自ら己を刺しとお」（テモテ前書、六、一〇）した（現世の富が苦痛の原因であるから）。――まさにあの不幸なレウォカートゥス（撤回した者という意）という名の司教がカトリックの信仰を撤回したように。

そのころまた太陽が奇形になり、わずかにその三分の一が光っているのみだった。私は、これはかくもひどい瀆神と無辜《むこ》の聖者の流血が原因であると思う。

長いこと聖者の血を啜ってきたホノリクス王はこの悪業の後、悪霊にとりつかれ、わが身をかみくだいてのたうち回り、恥多い生にふさわしい決着をつけた。彼の後にキルデリクスが続き、その死後、ゲレシメリスが王国を掌握した。彼は（東ローマ）帝国に敗れて生命と王位とを失った。このようにしてヴァンダル王国は亡んだ。

四

当時は多くの異端が神の教会を迫害していた。そのたいていの者には天罰が下ったのであるが。ゴート人の王アタナリクスもひどい迫害を行なった。多くのキリスト教徒を、さまざまな拷問を加えたあと剣で刺殺し、少なからぬ者を追放して飢餓や種々の困窮で死なせた。それゆえに神の裁きが下り、正しい人の血を流したかどで王国を追放され、神の教会を攻撃した彼は、故国を離れてさすらった。しかし、我々の話の続きに戻ろう。

五

クニー（フン）人がガリアへ出現しそうだという噂があった。当時トゥングルス（ベルギーのトンゲレン）の町の司教アラヴァティウスは夜の勤行と断食の行に身をささげる顕著な聖性の人であったが、しばしば涙を流して、あのように不信心で神のお慈悲にはふさわしくない種族が決してガリアには来ないように、主の憐れみを懇願していた。しかし彼は聖霊を通じこのことが民衆の過誤のため叶えられぬことを感知し、それならばローマの町に赴いて、使徒の徳力の援助のもとで、切に主に望むところの憐れみを少しでも得易くしようとの計画を抱いた。

さて彼は使徒の墳墓に近づくと、数日物を食べず飲まずの徹底した断食に身を捧げる謙譲さで使徒の援助を乞い、その間、片時も祈りを停止しなかった。

そしてこのような難行がその場所で何日も続いた後、彼は使徒からの返事を得たという。

「なぜわしを煩わす、聖なる人よ、神の考量は決然と定まっていることを知らないか。クニー人はガリアへやって来て、そこは凄まじい嵐にさらされねばならぬのだ。されば忠告を受け入れよ、急いで故郷へ帰り汝の家を整えよ、墓を建てよ、上等の亜麻布を用意せよ。汝はまもなく肉体を去ることになっておるゆえ、クニー人がガリアでなすであろう悪事を汝の目が見ることはない。これが神のお告げじゃ」

この知らせを使徒からうけ取った司教は大急ぎでガリアへ取って返し、トゥングリー人の町（トンゲレン）まで来ると墓の整備に必要なことを手早く済ませ、町の僧たちと市民たちに別れを告げて、はらはらと涙をこぼし、これからはあんたがたは私の顔を見ることはないだろうと言った。すると彼らはわっと泣き叫んで、

「わしらを見捨てないでください、聖者様、わしらを忘れないでください、良き牧者様」

と言い、謙遜の懇願を繰り返して彼のあとについて行った。しかしどんなに泣いても彼の決心が変わらないので、皆は彼から祝福のキスをもらって帰っていった。彼は、トレイエクティンシス（マーストリヒト）の町に近づくと少

し発熱し、亡くなった。遺骸は信者によって清められて、街道の脇に葬られた。かれの遺骸が長い時間を経た後、いかに移動されたか、奇蹟についての書（告白者の栄光の書、七二）の中で述べておいた。

六

クニー人は、パンノニアの地を離れ、通過地を荒廃させつつ、伝承によれば聖復活祭の前の晩にメテンシス（メス）の町に到着し、町に火を投げ、剣の切先で住民を刺し殺し、清浄な祭壇の前で主の神官を殺害した。そして殉教者の元祖である助祭の幸多きステファヌス（巻一、二六、三一）の礼拝堂の他は町中ことごとく灰燼に帰した。

この礼拝堂について伝え聞いた所を述べるのを私は躊躇《ちゅうちょ》しない。それによると、この敵が襲来する前、ある信仰厚い男が幻視のなかで、幸多き助祭のステファヌスが使徒の聖ペトルス、聖パウルスとともに町の没落について論じ、

「わが主たちよ、何とかお力添えをいただき、敵がメテンシスの町を焼かぬようにしてはもらえないでしょうか。あそこには私の――取るに足りない者ですが――生前の遺物が残っているのです。私が主の神に取って何かだということを民衆に知らしめてやりたい。でももし民衆の悪業が祟って町の焼失は免れ得ないというのなら、せめて私の礼拝堂だけでも焼かれたくありません」

と話すのを見た。彼に向かって使徒たちは、

「安心しておられよ、親愛なる兄弟よ、そなたの礼拝堂は焼かれませんです。ただ町を守ることはできかねます、神のそれへの決定がなされてしまったのですから。つまり民衆の咎《とが》が増大して悪の叫び声が神の面前にまで届くようになったのです。したがって町は業火に焼かれねばならないのです」

と言った。このため、町が焼かれて礼拝堂が無事だったのは、使徒たちのとりなしによるのは疑いない。

七

クニー人の王アッティラは、メテンシス（メス）の町を離れ、あまたのガリアの町を打ち砕きつつ、アウリリアニス（オルレアン）に接近し、攻略のため城壁を破壁鎚で壊し始めた。当時この町には幸多き司教アンニアヌスがいた。彼は際立った智恵と誉むべき聖性の人で、その徳行は我々の所に正確に伝わっている。住民は、包囲されると彼に何をすべきか尋ねた。すると神を信頼する司教は、皆に、祈りに没頭し、涙とともに必要な時にはいつでも与えられる神の援助を乞うよう言った。人々が言われた通りに祈ると司教は、

「神の同情が来たかどうか町の城壁から覗いてごらん」

と言った。実は彼は、神の同情を通じ、アエティウス（ローマの将軍）が来るのではないかと思い、前もって将来を案じ、アレラテ（アルル）のアエティウスのもとを訪れていた。さて皆が壁から覗いても何も見えなかった。そこで司教は、

「祈りなさい」と言った、「心をこめて。主は今日にもあなたたちを救ってくださいますよ」

皆が祈ったところで彼は、

「もう一回見てごらん」

と言った。ところが皆が見てみても、誰も援助を運んで来てくれそうになかった。そこで彼はもう一度、

「もし心をこめて祈ったならば、主の援助は速やかに至ります」

と言った。皆は今度は涙を流し、声をあげて神の同情を哀願した。祈りが終わると老司教の指図で皆は三度目、壁から外を見た。

すると遠くの地面から雲が湧き上がっているようだった。それを告げられると司教は、

「あれは神の援助です」

と言った。その間、破壁鎚の打撃で城壁はふるえ、すでに崩れ始めていた。そこへ、アエティウス、ゴート人の王テウドルとその子トリスモドゥスが軍勢を率いて町に接近し、敵と衝突して撃破し、撃退した。かくして神の代

理人のとりなしで町は救われ、アッティラは逃走した。マウリアクス（トロワ付近）の野まで来ると彼は立ち止って戦《いくさ》のしたくを始めた。これを聞いたローマ軍も彼に対し雄々しく戦いに備えた。

これらの日々、ローマでは、アエティウスは敵軍に包囲されて苦境に立っている、との噂がしきりであった。これを聞いた彼の妻はいても立ってもいられず、熱心に聖使徒の聖堂を訪れて、彼女の夫が無事に軍旅より帰還するように祈った。

彼女は昼も夜もそうしていたが、ある夜、使徒聖ペトルスの聖堂の隅に、ワインに酔ったみすぼらしい男が寝ていた。習慣から夜には戸は閉じられるが、彼は番人に見つからなかったのだ。夜中に起き上がると、聖堂の全室に明かりがともっており、彼は外へ出るべく戸口を探した。しかしひとつひとつの扉の閂《かんぬき》をたたいて回り、全部閉じているのがわかると、地面に横になり、ふるえながら、朝になり人々が早朝ミサに集まって来る時にここから出ようと、待っていた。すると彼は、ふたりの人間が相互に恭しく挨拶を交わし、たがいの安寧を気づかうのを見た。年を取った方がこう言った。

「アエティウスの妻がこんなに長く泣いているのにもう耐えられない。熱心に、旦那がガリアから無傷で戻って来るよう頼むのだ。この点では、神意は別様に定めたまうたのだが、しかしわしは彼の命のためにひどく骨折ってやったぞ。そしてどうだ、今わしは彼を生きてかの地から連れ戻すべく急いでおる。しかしはっきり言っておく、これを耳にした者は黙っているように、ゆめゆめ神の秘密を漏らすなどせんように。もし無事にこの地上に留まっていたく思うならな」

これを聞いた彼は、口をつぐんでいられなかった。やがて夜が明けると家の妻に聞いたこと全部をうちあけた。そして、語り終えると目の光を失った。

さてアエティウスはゴート人、フランク人と共同してアッティラ軍と衝突した。アッティラは自

パトリキウス patricius　元来ローマはえぬきの貴族を意味したが，後に皇帝から与えられる名誉称号になる。本書に見える（［4，24］［4，42］など）ように後にフランク王国でもこの称号が用いられ，プロヴィンキア（プロヴァンス地方）の総督 rectus にその称号が与えられた。

軍が潰滅的打撃を受けたのを知ると、逃走に身をゆだねた。ゴート王テウドルはこの戦いで戦死した。このクニー軍の敗走には、前述の司教の尽力が関与していたことは、誰も疑えない。実際、パトリキウスの称号を持つアエティウスがトリスモドゥスとともに勝利を確保し、敵を撃退した。戦《いくさ》が終わるとアエティウスはトリスモドゥスに言った、

「急ぎお国に戻られよ、お父上のお国をご兄弟に奪われぬように」

これを聞くと彼は、あたかも兄弟を出しぬいて先に父の座に達しようとするかのごとく、急いで去って行った。アエティウスは同じ手を使ってフランクの王も追い払った。彼らが去ると、戦場の戦利品を集め、彼は勝利者として莫大な戦利品と共に故国へ凱旋した。

アッティラはわずかな者と逃げ帰ったが、暫くするとアクイレイア（北イタリアの町）を占拠し放火して壊滅させ、イタリア中をさまよって荒らした。前述のトリスモドゥスは、アラニー人との戦争に勝った後、兄弟との不和と争いに敗れ、斬殺されて命を落とした。

八

ここまで事柄の順序に従って述べて来たが、前述のアエティウスについて、レナトゥス・フリギレドゥスの『歴史《ヒストリア》』（この本は残存しない）が語っていることを無視するわけには行かない。

すなわち本書の一二巻は言う。神君ホノリウス帝の死後、やっと五歳になったばかりの幼児ウァレンティニアヌス（三世）が従兄弟のテオドシウスによって帝位につけられ、ローマでは簒奪者ヨハンネスが覇を唱えたが、彼の使者は帝の側から屈辱を受け、「そして、この恐ろしい知らせを携えて簒奪者のところへ帰った。これに驚いたヨハンネスは当時宮殿の大夫《たいふ》だったアエティウスに多大の金塊を持たせて、あるクニー人一団のもとに送った。この一団はアエティウスが人質として彼らのもとにあった時、かたい友情で彼と結ばれていた。アエティウスは次の内容の指令を携えていた。それは、最初に敵がイタリアに侵入する時には、彼らには背後か

ら立ち上がってほしい、自分は正面から立ち向う、というものだった。このアエティウスは、これからも何度か登場するので、その出自と性格についてここで述べておく。父ガウデンティウスはスキュキア（正しくはスキュティア＝スキタイ。黒海、カスピ海の北方）の上流の出で、親衛隊奉公から身を起こし騎兵指揮官のトップに立った。母は高貴裕福な家庭のイタリア人で、アエティウスは少年のころからすでに近衛兵であり、三年間アラリクス（西ゴート王）の人質となり次いでクニー人の人質となった。その後、引退した親衛隊長カルピリオの婿養子となり、ヨハンネスの宮殿の大夫《たいふ》になった。

彼は中肉中背で精悍な顔つきをし、物腰優美であった。痩せ過ぎてもいず太ってもおらず、気性快活、四肢強壮で、騎兵として卓越し、弓の上手、投槍の名手だった。戦《いくさ》上手だが、名だたる交渉の名人で、けちでなく欲はなく、常識に富み悪い助言者に惑わされず、不正には耐えぬき、仕事熱心で危険を恐れず、飢え、渇き、不眠を易々と克服した。少年時代から、いかに洋々たる運命が自分に与えられているか、彼には当然のごとくに言われていた。これについては適当な所で言及しよう」と上述の歴史家は述べている。

帝ウァレンティニアヌスは、成長すると、権謀家アエティウスによって帝位を簒奪されるのではないかと恐れ、さしたる理由もなく彼を殺した。その後暫くして、マルティウスの野（ローマ）で帝座から民衆に演説をしようとしたところ、アエティウスの戦友オッキラが歩み出て、帝を剣で刺し殺した。二人の最期はこのようだった。

九

フランク人の最初の王が誰だったのかを知る人は少ない。スルピキウス・アレクサンデルの『歴史《ヒストリア》』（この本は残存しない）は彼らについて多くのことを述べているけれども、彼らの最初の王のことは何も言わず、彼らには統率者（dux）がいたと述べるにとどまる。とはいえ彼らについてこの書の述べる所は再掲に値する。

それによればマキシムス（巻一、四三）は、帝権への全ての希望を失って、茫然自失の態《てい》でアクイレイア（北イタリアの町）に座っていた。

「当時ゲルマニアに、ゲノバウデス、マルコメリス、スンノに率いられたフランク人が出現し、帝国の境界を突破して多くの人民を殺戮し、肥沃な地帯を荒らし回って、アグリピネンシス・コローニア（ケルン）を恐怖のどん底に突き落とした。

この知らせがトゥレヴェルス（トリーア）に届くと、軍司令官のナンニヌスとクインティヌスは――この二人にマキシムスは彼の幼い息子とガリアの防衛をゆだねていた――軍隊を集めてアグリピナ（ケルン）へ急いだ。しかし地域の最肥沃地帯を荒らした敵軍は、再度の略奪のために自軍の一部をローマ側に残し、戦利品を満載してレーヌス（ライン川）を渡り去った。この残軍との衝突はローマ軍有利に傾き、カルボナリア（アルデンヌの森の一部）付近で多くのフランク人が殺された。

この成功に気を良くして、フランキア（フランク人の本拠地）を突くべしとの協議がなされたが、ナンニヌスは、敵も備えを怠ってはいまい、敵軍の本拠地にあってはむこうが有利と述べてこれに反対した。しかしこの意見はクインティヌスと他の諸将のいれる所にはならず、ナンニヌスはモゴンティアクス（マインツ）へ退《ひ》いた。

クインティヌスが軍隊とともにニヴィシウムの砦（デュッセルドルフ近郊）付近でレーヌス（ライン川）を渡って進み二晩を過ごしたころ、彼らは居住者のいない家々と住民の退去したかなり大きな集落に出くわした。フランク人は森の中へ退去することで相手に向けて自分たちに恐怖心があると見せかけ、森の周辺を逆茂木《さかもぎ》で堅めていた。破壊によって勝利の仕上げを行なう戦士特有の愚鈍さから、兵士たちはすべての家を焼きはらい、軍装を解かずに不安な夜を過ごした後、黎明《れいめい》とともにクインティヌスの統率の下、森林部へ入った。

正午ころ、彼らは迷路に巻きこまれてうろついていた。するといつのまにか周囲がびっしり柵で囲まれていて、森に接続する沼野に出ようとすると、粗朶《そだ》と逆茂木の背後に立って姿を見せぬ敵から、まるで城塞の櫓《やぐら》から投矢器で投入されるような勢いで、草の毒を塗った矢を浴びせられた。矢は急所をはずれて皮膚の表面をかすっただけで確実に殺した。

ローマ軍は敵の大群に包囲され、フランク人がわざと開けておいた空間の中に追い込まれた。最初に騎兵隊が人馬一体、折り重なって底なし沼に沈み、馬の重荷のない歩兵も泥に足を取られて歩行難渋し、つい最前かろうじて脱出した森に再び戻ってふるえつつ身を隠すありさまだった。戦線は崩壊し軍団（legio）は壊滅した。ヨヴィアニー軍団の司令官ヘラクリウス以下、ほとんど全ての指揮官が戦死し、ごくわずかな者だけが夜と森の片隅を利用して逃れた」、このようにこの書物の第三巻は述べている。

この書の第四巻は、簒奪者マキシムスの息子ウィクトゥルの殺害について、「当時は、ナンニヌスに代わってカリエットとシルスが司令官の地位につき、ゲルマニアに軍隊とともに駐留してフランク人と対峙していた」と述べる。

少し先の個所では、フランク人が戦利品を求めてゲルマニアから現れると、「何ものもアルボガスティス（ローマの宮廷で勢力のあったフランク人）を躊躇させなかった。彼は皇帝に、もしもフランク人が先年軍団壊滅の折に略取したものをすべてつぐない、平和を破った不誠実をとがめるべくその首謀者を引き渡さないならば、彼らにふさわしい罰を味わわせねばならぬと説いた」と述べる。

これらのことが行われた時、フランク側には統率者がいた、と著者は言う、

「数日後、マルコメリスとスンノが統治者（regales）であったが、取り急ぎ会談が行なわれ、習慣通りに人質が引き渡されて、越冬のためトゥレヴェルス（トリーア）へ引き上げた」

ここで統治者と呼ばれている者が、本物の王であったか単に王の立場に立つ者であったか、我々には定かではない。

著者はウァレンティニアヌス帝（二世）の苦境を述べつつ続ける。「東方、トラキアでさまざまなことがあったころガリアの情勢は混乱の極みにあった。君主（皇帝）ウァレンティニアヌスはヴィエンナ（フランス、ドフネ地方の町ヴィエンヌ）宮殿の部屋に閉じこめられて私人以下の状態を余儀なくされ、軍事はフランク人の衛兵がしきっていたし、民事はアボガスティスの仲間にゆだねられていた。兵役についている者のうち、あえて君主の個人的な会話や命令に耳を貸そうとする者はいなかった」

更に続けて、「同じ年、アボガスティスはフランク人の『殿様たち（subregoli）』スンノとマルコメリスを同族の憎しみに燃えて激しく追及し、極寒の季節にアグリピナ（ケルン）をめざした。この時期、木の葉が落ちて枝の枯れた森に待ち伏せ場所を設定することは不可能であり、フランク人たちはひっそりと静まり返って容易に火攻めで撃破し得ることを、彼はよく知っていた。軍勢を召集すると、彼はレーヌス（ライン川）を越え、最初に川岸のブリクテリー人を劫掠し、次いでカマヴィー人の集落を襲った。抵抗勢力はなかった。わずかにアムプシヴァリー人とカッティー人の一部を率いたマルコメリスがかなたの丘に姿を現したのみであった」。

さて著者が「統率者」とか「統治者」とかいう言い方ではなく、はっきりフランク人が「王」を持っていると言う個所があるのだがその名は挙げられていない。

「その後、簒奪者エウゲニウスは遠征の準備を整えてレーヌス（ライン川）の境界を目指した。アラマニー人やフランク人の王たちとの古い同盟を習慣に従って更新し、この厳しい季節に巨大な軍隊を蛮族たちに誇示するためであった」。かく、前述の歴史家はフランク人について述べている。

前述（巻二、八）のレナトゥス・プロフトゥルス・フリギレドゥスは、ゴート人のローマ占拠と劫奪について、「アラニー人の王レスペンディアルは、ゴアルがローマ側につくと、軍団をレーヌス（ライン川）から遠ざけた。ヴァンダル人がフランクとの戦闘に巻きこまれ、王ゴディギセルスが死に、およそ二万人もの将兵が陣中で命を失った。もしアラニー軍が折よく援助に駆けつけなかったら、ヴァンダル人は全滅していただろう」と述べる。

ここでも他の種族の「王」はきちんと述べられているのにフランクの「王」には言及がないのはなぜか、と我々は思う。

彼は、コンスタンティヌス（同名の大帝とは別人）が政権を簒奪し、息子コンスタンティウス（コンスタンスの誤り）をヒスパニアから呼び寄せるくだりを、「簒奪者だったコンスタンティヌスは同じく簒奪者だった息子コンスタンスを、国政の協議のために呼び寄せた。コンスタンスは宮殿と自分の妻をカエサルアウグスタ（「地図2」参照。現サラゴッサ）に置いてヒスパニア内部の一切をゲロンティウスにゆだねるとひたすら父のもとに急いだ。彼らが一緒に数日を過ごし、イタリアからの脅威も感じられぬと、コンスタンティヌスは胃袋を美食にゆだね、息子にヒスパニアに戻るよう示唆した。息子は軍団を先発させて自分はなおも父のところにいた。するとヒスパニアの情報が集まりゲロンティウスから、コンスタンスの子分の一人のマキシムス（巻一、四三および巻二、九のマキシムスとは別人）が命令権を手中に収め、蛮族どもにかつがれて彼の進攻に備えているとの知らせが来た。そこでコンスタンスと、以前の事務長官で今の地方総督《プレフェクトゥス》デキムス・ルスティクスは、エドベクスをゲルマニアの諸族へ使いにやる一方、自分たちはガリアへ向い、フランク勢、アラマニー勢などの全軍をひきつれて、できる限り速やかにコンスタンティヌスのもとに戻ってこようと努めた」と記述している。

また、彼は包囲されたコンスタンティヌスを描いて、かく言う、「コンスタンティヌスが包囲されて四か月になろうとするころ突然外ガリア（ガリアは外ガリアと内ガリアとに分かれていた）から知らせが入った。ヨヴィヌスが支配者の称号を帯び、ブルグンド人、アラマニー人、フランク人、アラニー人と全軍を率いて包囲軍に向って進撃してくるというものだった。事態は急転し、城門が開けられコンスタンティヌスが引き渡され、即座にイタリアへ護送された。君主（皇帝）からは刑吏が送られ、ミンティウス（ミンチオ）河畔で首を刎ねられた」

すこし後の個所で、「これら数日の間に、簒奪者たちの地方総督《プレフェクトゥス》だったデキムス・ルスティクス、ヨヴィヌスの前書記長のアグロエティウス、その他多くの貴族がアルヴェルヌス（クレルモン）で、ホノリウス帝の将軍たちによって残酷に殺害された。トゥレヴェリー人の町（トリーア）はフランク人の二度目の来襲によって略奪され、放火された」と彼は述べ、アステリウスが勅令によりパトリキウスに列せられるくだりでは、「同じ時期、親衛隊長カスティヌスがフランク人への遠征のためガリアに派遣された」と、つけ加えている。

このようなフランク人についての記述に対し、別の歴史家オロシウスは、自著の第七巻でかく語っている、「スティリコ（ローマのゲルマン人傭兵隊長）は、諸族の軍を集め、フランク人を粉砕して、レーヌス（ライン川）を渡り、ガリアを横断してピュレニー（ピレネー山脈）に到達した」

上述の歴史家たちはこのようにフランク人の情報を我々に伝えてはいるが、王の名は挙げられていない。多くの人の伝えるところでは、彼らはパンノニア（今のハンガリー辺り）から移って来て最初はレーヌス河畔に定住したが、次にレーヌスを渡ってトリンギア（チューリンゲン）へ移住した。そこで各集落や共同体に、長髪の王を、第一級の高貴な家族から選んで置いた。このことを後にクロドヴェクスの勝利が明らかにするが、我々は出来事の順序に従って述べて行く。

執政官《コンスル》（巻一、三〇［二六頁］参照）の執務記録を見ると、ある時、リキメリスという者の息子でフランクの王であるテウドメリスという者とその母親のアスキラが剣で刺し殺されたと書いてある。また当時、フランクの王は種族の最も高貴な出自の有能なクロギオで、トリンギー（チューリンゲン）人の領内のディスパルグムの砦に住んでいたという。

この地域は南方の一帯で、リゲル（ロワール川）まではローマ人が住んでおり、リゲルの彼方はゴート人が支配していた。アリウスの教説を信奉するブルグンド人はロダヌス（ローヌ川）の向うに住んでいたが、この地に接してルグドゥヌム（リヨン）の町がある。クロギオ王はカマラクス（北西フランスの町カンブレー）の町まで偵察隊を派遣し、一切合切を調べ上げた上で自身出撃し、ローマ人を撃破し、町を占領した。そこにしばらく滞在して、スメナ（ソンム）川一帯を占拠した。このクロギオの家系からメロヴェクス王が出たと記録作者たちは言う。メロヴェクスの息子がキルデリクスである。

一〇　この種族（フランク人）は以前には真の神を知らず、野蛮な宗教に従って暮らし、森、水流、鳥、獣、その他色々の物から象形を作り出してそれを神として崇め、それに犠牲のささげものをする習わしであったらしい。その時分、もしも彼らの心臓の筋に、モーセを通じて民に語りかけられたかの恐ろしい声が達していたらどうだったろうか。

「汝、わが顔の前にわれの他何物も神とすべからず。汝おのれのために何の偶像をも彫《きざ》むべからず、また上は天にあるもの下は地にあるものならびに地の下の水の中にあるものの何の形状をも作るべからず。これを拝むべからずこれに仕うるべからず」（出エジプト記、二〇、三〜四）。また、「汝の神エホバを畏れてこれに仕えその名を指して誓うべし」（申命記、六、一三）。

また、鋳物《いもの》の子牛を崇めたためにイスラエルの民にどんな復讐が行なわれたかを、彼らが知っていたらどんなだったろう。すなわち飲んで歌い、放逸に耽って踊りつつ、その汚い口で、かの彫刻について、「イスラエルよ、これは汝をエジプトの国より導きのぼりし汝の神なり」（出エジプト記、三二、四）と公言した彼らのうちの二四〇〇〇の人間が殺されたのだった。

また、バアルベオルを拝み、モアブ（エジプトを脱出したイスラエルの民の通過点に住んでいた民。バアルベオルはその民の神）の女たちと交わった者のうちどれほどの者が身内の者によって殺され、絶滅させられたことか。この災難に立ち向って神官ピネハス（モーセの下僚アロンの孫）は、ふたりの姦婦を突き殺して神の怒りを鎮めた。「ピネハスは万世までとこしえにこのことを義とせられたり」（詩篇、一〇六、三一）。

もしも、ダビデを通じて鳴り響いた主の御声が、彼らフランク人の耳に届いていたらどうであったか。すなわち、「もろもろの民のすべての神は悪鬼（daeminia）なり、されどエホバは天をつくりたまえり」（詩篇、九六、五）と。

また、「もろもろのくにの偶像はしろがねとこがねにして人の手のわざなり」（詩篇、一三五、一五）、「これを造るものとこれにたのむものとは皆これにひとし」（同、一三五、一八）、更に、「すべてきざめる像に仕えむなしきものによりてみずから誇るものは恥辱を受くべし」（同、九七、七）などの言葉。

また預言者ハバククの「彫像はその作者これを刻みたりとて何の益あらんや、また鋳像を造るとも、そは偽りの幻影なり。見よこれは金銀を着せたる者にてそのうちには全く気息なし。されどもエホバはその聖殿にましますぞかし全地その御前に黙すべし」（ハバクク書、二、一八～二〇）という言葉。

そしてまた、他の預言者の言葉、「天地を造らざりし諸神は地の上よりこの天の下より失せん」（エレミヤ記、一〇、一一）。

また次の言葉、「主は言う、エホバは天を創造せし者にして即ち神なり。また地をもつくりなしてこれを堅くし、いたづらにこれを創造したまわず、これを人の住所につくりたまえり（イザヤ書、四五、一八）。われはエホバなり、これわが名なり。われはわが栄光をほかの者にあたえずわがほまれをもとより死せる偶像にはあたえざるなり」（イザヤ書、四二、八）。

また次の言葉、「異邦の偶像のうちに雨を降らせうるものあるや」（エレミヤ書、一四、二二）。

またイザヤを通じた主の言葉、「われは始めなり、われは終りなり。わが知る限りわれのほかに神なし。偶像をつくるものはみな空しく、かれらが慕うところのものは益なし。そのあかしをするものは見ることなく知ることなし、かかるがゆえに恥をうくべし。見よ、そのともがらは皆恥じん、その匠工らは人なり。鉄匠は炭の火をもてこれをやき、鎚もてこれを鍛え、つよき腕もてこれをうちかたむ。同様、木匠はコムパスでえがき人の形にかたどり人の美しき姿にしたがいて造り、家のうちに安置す。また木を切りこれに彫琢して偶像を作り、神として拝み、釘と鎚もてこれを堅めて解かざらしむ。歩むことあたわざるによりて人にたずさえらる。残りの木は炉で燃やし人これをもておのが身をあたため、また他の木片より神像を作りておのが偶像となし、その前に跪き拝み、懇願し、

『われを救え、汝はわが神ゆえに。半ばは火にもやしその灰の上でパンと肉を焼きて食らい、残りの木を神となしたり。木の幹をわれは拝む。その一部は灰なり』と言う。愚かな心はこれを拝み、その魂は救われず、彼の右腕は誤てりとも思わず」（イザヤ書、四四、六〜より）

これらの事柄を最初フランク人は知らなかった。我々の物語がこれから述べるように彼らも後にはこれを知ったのである。

一一

アヴィトゥスは元老院議員で、よく知られているように、アルヴェルヌス（クレルモン）の市民であったが、ローマの帝位を望み（彼は実際に帝位についた）、放逸な暮らしを欲して元老院を追放になり、プラケンティア（北イタリアの町ピアチェンツァ）の司教におさまった。しかし、元老院がまだ彼を憎んでいてその命を狙っていることを知って、彼は、アルヴェルヌスの殉教者聖ユリアヌスの聖堂をあまたの贈物を携えて訪れようと思い立った。しかし、旅の途次人生のコースを終えて死に、遺体はブリヴァティンシス（ブリュード）村に運ばれ、前述の殉教者の足元に葬られた。彼の後（帝位）をマルティアヌスが継いだ。ガリアではローマ人エギディウスが軍司令官になった。

一二

キルデリクスは、法外な放蕩に身を沈めてフランク人の上に君臨していたころ、フランクの娘たちを誘惑し始めた。人民は怒って彼を王国から追放した。彼は、人々が彼を殺そうとしていることを知ってトリンギア（チューリンゲン）へ行くことにしたが、その時親しい人をひとり故郷に残しておくことにした。その人にはなるべく柔和な言葉で人々の怒りを鎮めてもらうことを頼み、また、自分が故郷へ帰れる時が来たら教えてもらう手筈を整えた。

彼らは一枚の金貨を半分に割り、一方をキルデリクスが持ち、他方は彼の友人が持ってこう言った。

「僕がこの半分を君に送ったら、君のと合わせてくれ。ぴったりひとつになったら君は安心して故郷へ戻っていい」

キルデリクスは、トリンギアへ行くと、王ビュシヌスとその妻バシナのもとに身を寄せた。フランク人たちは、彼を追放すると、一致して、帝国から派遣された前述の（巻二、一二）軍司令官エギディウスを自分たちの王に選んだ。彼が八年間フランク人の上に君臨するあいだ、かの忠実な友はひそかにフランク人をなだめすかし、時が来ると保持していた例の金貨の半分とともに知らせをキルデリクスのもとに送った。そこでキルデリクスは、フランク人たちが自分を望んでおり、再び求めていることの確かなしるしを認め、トリンギアから帰還して、自分の王国へ返り咲いた。

そのころ、前に述べたバシナが自分の夫を捨ててキルデリクスのもとへ走った。驚いた彼が、一体なぜそんな遠くからわざわざ自分の所に来たのか尋ねると、彼女は、

「それはあなたが有能だからです。あなたは強い。だから私は、一緒に住もうと思って来ました。もしも海のかなたにあなたよりも有能な男がいると知ったら、きっとその人との同棲を求めるでしょうね」

と答えたという。そこで彼は喜んで彼女を自分の妻にした。彼女は妊娠し、クロドヴェクスという名の男児を産んだ。彼は巨大であり、すぐれた戦士だった。

一三

アルヴェルヌス（クレルモン）の聖アルテミウス（巻一、四六）が亡くなりヴェネランドゥスが元老院から司教に選ばれた。これがどんな司教だったかパウリヌスが証言している、「もし今日主にふさわしい聖職者を見ようとするなら、トロサ（トゥールーズ）のエクススペリウス、ヴィエンナ（ヴィエンヌ）のシムプリキウス、ブルデガラ（ボルドー）のアマンドゥス、アルビガ（アルビ）のディオゲネアヌス、エコリスナ（アングレーム）のディナミウス、アルヴェルヌス（クレルモン）のヴェネランドゥス、カドゥルキー人の（所の）アリティウス、

あるいはさらに、ペトロコリー人の（所の）ペガシウス、これらは俗世にいかに悪徳がはびころうと、真実神への忠実と畏敬の守護者たちである」。

ヴェネランドゥスが亡くなったのはちょうど主の誕生日（クリスマス）の夜だったという。朝になり、恒例の祝いの行列は彼のとむらいの葬列に変わった。ところが彼の死後、司教の座をめぐり市民の間で醜い争いが起きた。ふたつに分裂した党派がそれぞれに別の者を立てようと望み、住民の大きな衝突になった。

さて主の日（日曜日）、二人の司教が座につくと、ヴェールを被った一人の尼僧が大胆にも彼らの所へ入ってきて、「神の奉仕者たち、聴いて下さい、この人たちが司教に選ばれることを神はお望みではありません。主ご自身が今日ご自分の司教をお選びになります。民を混乱させ、衝突させてはいけません。今しばらくお待ち下さい、主が、この教会の管理者をお定めになります」

皆がこの言葉に驚いていると、ルスティクスという名の、アルヴェルヌス司教区の司祭が到着した。彼女は幻視によってこの人が定められたのを知ったのだ。彼を見ると彼女は、

「主がお選びになった人です。あなたたちにどんな司教があたったかご覧なさい。そして彼を司教に選びなさい」

と言った。彼女がこう言うと、すべての人が争いを止めてこれこそふさわしく正しい司教だと叫んだ。彼はその座に坐り、人々の喜びのうちに当地の七人目の司教の地位を得た。

一四

トロニカ（トゥール）の町の司教エウストキウス（巻二、二）が司牧一七年目に亡くなると、ペルペトゥウスが聖マルティヌスから五人目の当地の司教に就任した。彼は聖マルティヌスの墓所がたえず霊験あらたかなのに気づき、その上に建てられたお堂はそのような奇蹟に対して余りにも貧弱でふさわしくないと思った。そこでそれを取り壊して、町から五五〇パススの地点に今日まで残る大きな聖堂を建てた。

それは奥行き一六〇ペデス、幅六〇ペデス、高さは丸天井まで四五ペデス、祭壇室は三二窓、歩廊は二〇窓および四一支柱、都合《つごう》五二窓、一二〇支柱。また入口は全部で八か所、祭壇室に三か所、歩廊に五か所であった。

この聖堂の式典は三重の意義を持っている。すなわち献堂式、ご遺体移転、聖司教(マルティヌス)叙任記念のそれである。それはユリウス月のノーナエの四日前(七月四日)に挙行される。また聖司教の命日は一一月のイードゥース三日前(一一月一一日)であることを読者はご存知であろう。もしこれら記念日を心よりお祝いすれば今世でも来世でも、必ず幸多き司教のご加護にあずかれるのだ。

この聖者の以前の墓所の建物の丸屋根はエレガントであったので、これを捨ててしまうのはもったいないと、ペルペトゥウス司教は思った。彼はこれを、幸多き使徒ペトルスとパウルスを祭った聖堂の屋根に取りつけた。彼は他にもたくさんの聖堂を建立し、それらはキリストの御名の下に今日まで存続している。

一五

このころ、アウグスティドゥネンシス(オータン)の殉教者、幸多きシムポリアヌスの聖堂がエウフロニウス司祭により建立された。エウフロニウス自身その後当市の司教に選出された。彼はまた幸多きマルティヌスの聖廟をおおう大理石を、大いなる献身の意をこめて寄贈した。

一六

このころアルヴェルヌス(クレルモン)のルスティクス(巻二、一三)のあとをついだ聖ナマティウスは、当地の八番目の司教であった。市壁の内部に今も存立する最

暦I　ローマの暦ではそれぞれの月の1日をカレンダエ Kalendae という。3，5，7，10月の7日目，その他の月の5日目をノーナエ Nonae という。また，3，5，7，10月の15日目，その他の月の13日目をイードゥース Idus という。これらの基準日より何日前の日かと数えて月日を特定する。その際その基準日もともに数えるので，「11月のイードゥース3日前」は11月11日にあたる。

古のものとされる教会は彼の尽力によるものだが、歩廊内部の奥行き一五〇ペデス、幅六〇ペデス、丸天井までの高さ五〇ペデスで、丸みをつけた後陣《アプシス》と両側の優雅な翼廊《アクシラ》を持っていて、建物全体は十字架の形にしつらえてあった。窓数は四二、支柱数七〇、入口八か所。そこには神の荘厳さと大いなる清澄さが漂っていて、春には敬虔な人々はそこに甘いアロマの香りをかぎわける。祭壇の壁は様々な種類の大理石で飾られていた。

一二年の歳月をかけてこの建物を完成させると、幸多き司教は、イタリアの町ボノーニア（ボローニア）へ、聖アグリコラと聖ウィタリスの聖遺物を求めて聖職者たちを派遣した。この二人の聖者が我々の神キリストの御名のもとに十字架にかけられたことは誰にも知られた事実である。

一七

この司教の妻は市壁の外の郊外に聖ステファヌスの聖堂を建てた。そこを多彩な絵で飾ろうと思ったので、常に胸に本を持ち、画家たちに、壁に描いてほしい古い物話《ヒストリア》を読んで聞かせた。ある日も聖堂に座って読んでいると、とある貧しい男がお祈りにやって来て、彼女が高齢ゆえに黒衣を身にまとっているのを目にし、物乞い女にちがいないと考えて、一切れのパンを取り出して彼女の膝の上に置き、去った。彼女は、彼女の正体を知らないこの貧者の贈物をはねつけず、礼を言ってうけ取った。それをとっておき、日々の食事の前に少しずつ祝福の言葉とともに食べ、やがて食べ終えた。

一八

キルデリクス（巻二、一二）はアウリリアニス（オルレアン）で戦争を行なった。オドヴァクリウスがサクソネス人を率いてアンデカウス（アンジェ）へ侵入した。当時ひどい疫病が人民を苦しめていた。軍司令官エギディウス（巻二、一一）もこの時死に、シアグリウス（巻二、二七）という名の息子を残した。エギディウスが死ぬとオドヴァクリウスはアンデカヴスその他の土地から人質を

アルヴェルナ（クレルモン）の教会図

取った。

ブリタニー人はゴート人によってビトゥリカ（ブールジュ）から追い出され、彼らの多くがドレンシス（デオル）村で殺された。司令官パウルスは、ローマ、フランク、ゴート勢を率いて戦い戦利品を獲得した。

オドヴァクリウスがアンデカヴスに来ると、次の日キルデリクス王が到着し、パウルス司令官の戦死の後、町を占領した。その日多くの教会の建物が灰燼に帰した。

一九

これに続きサクソネス人とローマ軍が衝突し、サクソネス側はくびすを反して逃走、ローマ軍に追撃されて多くの兵士が刃の餌食になった。サクソネス人が本拠とする（ロワール川中の）島々でも多くの人が殺され、島はフランク人によって占拠され、荒廃させられた。

この年の九月に地震があった。オドヴァクリウスはキルデリクスと同盟を結び、イタリアの一部へ侵入していたアラマニー人を屈服せしめた。

二〇

ゴート人の王エオリクスは、統治の一四年目、七つの町の上に将軍（dux）としてヴィクトリウスを置いた。彼はただちにアルヴェルヌス（クレルモン）へやって来て、この町も支配下に置くと宣言した。この時この地に地下聖堂《クリュプタ》が作られ、今日まで存続している。聖ユリアヌスの聖堂の建物の柱を立てるよう命じたのも彼だった。また彼はリカニアケンシス（サン・ジェルマン・ランブロン）村に聖ラウレンティウスと聖ゲルマヌスの聖堂を建立するよう命じた。彼はアルヴェルヌスに九年留まった。

彼はエウキリウスという元老院議員に罪を着せて投獄し、夜引き出して、古い壁に縛りつけ、その壁を彼の上に押し倒すよう命じた。

しかしヴィクトリウスは多くの女と放蕩にふけり、当地の人に殺されるのではないかと恐れて、ローマへと逃げた。ただしそこでも彼の行状は改まらず、彼は投石の刑に処せられた。彼の死後、エオリクス王は四年間統治した。彼の統治二七年目の年彼は死んだ。それは地震で大地が揺れた年であった。

一二

アルヴェルヌスの司教ナマティウス（巻二、一六）が亡くなり、エパルキウスがあとをついだ。彼は卓越した聖者で、敬虔な人柄だった。そのころ教会は市壁の内側に小さな地所を持つだけだったので、彼の住居は今日なら単に応接間と呼びたいほどの小さなものだった。彼はここで神に祈りを捧げる夜の時間に祭壇に向かった。

ある夜、彼がやはりそうしようとすると、教会が悪霊に満ちていた。悪霊の親玉が飾り立てた女の姿で司教の座に坐っていた。司教は彼女に向かって言った。

「おお、呪われた娼婦よ、汝は様々な汚物であらゆる者を汚すだけでは満足せず、その上神聖な主の玉座までも汝の醜い身体をくっつけて汚そうというのか。神の住居から去れ、これ以上ここを汚すな」

すると、

「私を娼婦とお言いだね」と彼女は言った、「それならお前のみだらな欲望を散々に試してやろうよ」

こう言って、彼女は煙となって消えた。そしてその後司教はしばしば肉欲の衝動にかられ試練を受けた。しかし十字架の印に守られて敵はついに彼を害することができなかった。

彼はまた、カントベニクス（シャントワン）の山の頂上に、今日礼拝堂として使われている僧院を建てたということである。そこで彼は四旬節《しじゅんせつ》（復活祭前の四〇日）断食の日々をこもり過ごし、主の正餐日（聖木曜日）には僧や市民と一緒に賛美歌を歌いながら彼の教会へ戻って来るのだった。

彼が亡くなると元地方総督《プレフェクトゥス》のシドニウスがその後継者になった。彼は世俗の身分の最も高貴な出で、ガリアの第一級の元老院の家柄であり、皇帝アヴィトゥス（巻二、一一）の娘を妻としていた。彼の時代、前述のヴィクトリウス（巻二、二〇）がアルヴェルヌス（クレルモン）に滞在していたが、この町の聖クイリクスの僧院の院長はアブラハムという名であった。彼は大昔のアブラハムの徳を再び輝かせた。彼について述べた本（教父伝、三）の中に書いたとおり。

二二　シドニウスは巧みな弁舌に恵まれていて、言いたいことはほとんど即興で、何の支障もなく極めて立派にやってのけた。ある日前述の僧院に招かれ、彼がいつも式典の辞を述べるのに使う小冊子を誰かに持って行かれてしまった。そこで彼は即席でお祝いの言葉を述べ、それは居合わせた人が皆、人間ではなく天使の言葉を聞いているのではないかと思ったほどの素晴らしい出来だった。

このことは、彼が起草したミサについて書いた本の序文で、もっと詳しく述べておいた（この本は残存しない）。顕著な聖性に恵まれ、前述のように元老院の家柄の出だったので、彼はしばしば細君に無断で銀の食器を家から持ち出しては貧民に施しをしていた。ある時それが細君にばれ、ひどく叱られた。彼は個々の食器は家に戻したものの、その対価は貧しい人々に支払った。

二三　このように神事に身をささげ、俗世の中で清らかに生きていたシドニウスに対し、二人の司祭が反抗し、彼から教会のものを管理する権利をすべて奪い、彼の生活を困窮に導き、彼にひどい屈辱を味わせた。しかし神のお慈悲はこの不正を長く放置してはおかなかった。

司祭の名に値しないこれらふたりの悪漢のうちのひとりがその前日の夕方、彼を教会からひきずり出すぞなどと脅し文句を並べていたが、当日の早朝ミサの鐘声を聞くやいなや神の聖者に対し腸が煮えくり返る思いで、前日考えたことを実行しようと立ち上がった。そして便所へ駆けこみ、下腹部を奇麗にしている間に息を引取った。下男が外で蠟燭を持って主人が出て来るのを待っていた。すでに夜が明け、共犯者のもう一人の司祭が、

「遅れずに来てくれ、昨日打ち合わせたことを一緒に実行しよう」と言ってよこした。しかし死者がいつまでも返事をしないので、下男が便所のカーテンを引き上げてみると、あるじが便座に腰かけて死んでいた。

彼の罪の大きさはかのアリウス（異端教説の祖）の場合にも劣らない。なぜならアリウスもまた便所で下腹部の内臓が飛び出して来たのだったから。教会にあって、羊の司牧をゆだねられた神の司教に逆らい、神からも人からも依託を受けない者が権力をふるうのは異端の所業でしかあり得ない。これ以来幸多き司教は、もう一人の敵は相変わらずいたのだが、その権力を回復したのだった。

その後しばらくして、シドニウスは高熱に見舞われ病の床についた。そこで彼は自分を教会へ運んでくれるよう信者たちに頼んだ。そこへ運ばれると彼の周りには多くの男、女、子供が集まってきて、泣きながら言った。

「なぜ私たちを見捨てるのですか、良き牧者よ、孤児同様の私たちをあなたは一体誰にゆだねて行かれるのですか。あなたがお亡くなりになれば私たちの命はどうなるのでしょうか。一体将来、私たちに智恵の塩をふりかけ、分別の計らいで神の恐れを思い出させてくれる人が現れるのでしょうか」

皆がこんなことを泣きながら言いつづけていると、ついに聖霊が司教の中に入り込み、彼は答えた。

「恐れないで、皆さん、私の兄弟のアプルンクルスがまだ生きていて、あなたたちの司教になってくれるでしょう」

しかし事情のわからない皆は、司教がうわごとを言っているのだと思った。

彼が死ぬと、あのふたりの司祭のうち生き残ったならず者は権力を渇望し、まるで自分が司教に

♔アリウス　アリウス司祭は，キリストの神との同一性を主張することは，唯一の神を信ずることとは一致しないと述べた。A.D. 325 年のニカエア Nicaea（現トルコのイズニク Iznik）の第 1 回全キリスト教公会議で異端とされたこのアリウスの教説は，ゴート，ランゴバルディーなどゲルマン諸族の間にひろまって長く信仰された。

なったかのようにあらゆる教会の権能を独り占めして言った。

「ついに神が私をご覧になったのだ、私の方が、かのシドニウスよりも上だとお認めになって、私にこの地位をお許しになったのだ」

そして傲慢にも町中を巡り回って、聖者の亡くなった次の主の日（日曜日）、宴席を設けて、市民を全員教会の建物へ招待するよう命じた。

当日、彼は年長者たちを見くだしながら自分が先に席に着いた。そこへ酌人が来て彼に杯を差し出して言った。

「ご主人様、私はある夢を見ました。もしお許しがいただけるならここでその話をいたしましょう。私は昨夜見たのでございます。それは大きな宮殿でございました。そこに玉座が設《しつら》えてありまして、そこに裁判官みたいな人が、他の人々よりも高い権能を持って坐っていました。彼の脇には白いガウンを着た僧侶たちがずらりと並び、無数の人々が無秩序に集まっていました。

私は不安な気持ちで辺りを見回してみますと、遠く、群集の中にシドニウスがいて、あなたと親しいあの数年前に亡くなった司祭と何か激しく争っていました。で、司祭の方が負けて、王は彼を深くて狭い牢獄へ投げ込むよう命じます。彼が連行されて去ると、シドニウスは今度はあなたを告発し、あなたのことを、今さっき彼が有罪になったその犯罪の共犯者だと言いました。そこで裁判官は誰をあなたの所へ送るべきかと熱心に探し始めました。私は、群集の中に紛れ、後ろ向きになりました。あなたのよく知っている私が送られることになるのではないかと考えたので。

そんなことを思って黙っていますと、皆は消えて、私ひとりその場に残りました。そして裁判官に呼ばれ、彼に近づきますと、徳と威厳に打たれて、私は恐怖におののき始めました。すると彼は、『怖がらずともよい、行って汝の司祭に伝えよ、シドニウスが汝を招来するよう切願してやまぬ故、弁明に来るようにとな』と言いました。あなたは直ぐに出発せねばなりません。王は私にきっぱりとした命令口調で、『もしこれを伝えねば最悪の死がおまえを待っている』と言ったのです」

彼はこれを聞いてひどく怯え、杯を手から落とすとそのまま息絶えた。死者は座から運び出され、かの仲間と地獄を共にするために葬られた。

こうして強情な聖職者に対する神の裁きがこの世に下り、ひとりはアリウスの死を、もうひとりは、使徒の祈りにより傲慢の頂点からまっさかさまに墜落し、魔術師シモン（彼は福音をお金で買った）の死を与えられた。こうして一緒に自分たちの司教に卑劣を働いたふたりは疑いなく地獄を共有することになった。

そうこうするうちフランク人の恐怖の噂がこの地にも聞こえてきた。誰しも彼らが支配することを願っていたのだが、リンゴニカ（ラングル）の町の司教アプルンクルスも同じ気持ちでいるのではないかとブルグンド人たちは疑っていた。彼に対する憎しみは日ごとに増大し、遂にひそかに彼を剣で殺すよう命令が出た。この知らせが彼のもとに届くと彼はディヴィオネンセ（ディジョン）の砦の壁を越えてアルヴェルヌス（クレルモン）に逃げた。こうして聖シドニウスの口を通して伝えられた神の言葉どおり、その地に一一人目の司教が与えられた。

二四

シドニウスの時代、恐ろしい飢饉がブルグンディア（ブルグンド人の本拠地）を襲った。人々は広大な大地の上に散って行き、貧しい人々に食物を施してゆく人など誰も居なかった。ここにシドニウスの血縁で元老院の家柄のエクディキウスという人は、篤《あつ》い信仰心から偉大な働きをしたという。

彼は飢饉が増大すると、欠乏に苦しむ人々を自分の所へ連れてくるよう、馬と荷車を備えた使用人を近隣の町に派遣した。彼らは出発し、見つけられる限りの貧しい人を彼の家へ連れてきた。そこで不毛な期間ずっと彼らを養って飢饉の脅威から彼らを救った。彼らの数は男女取り混ぜて四〇〇〇人以上だったと多くの人が言う。豊年が戻ると、彼は彼らの退出の手配をして各人を自分の本拠へ戻してやった。

皆が退去すると、天から声が降りて来て、

「エクディキウスよ、エクディキウスよ、おまえはわが言葉に従い、貧者の飢えを助けて我が飢えをも満たしてくれたから、おまえとおまえの子孫が今後パンに欠けることはないだろう」

と言った。このエクディキウスは恐るべき迅速の人であったと多くの人が証言している。ある時にはおおぜいのゴート人をたった一〇人でやっつけたという。

しかしルグドゥネンシス（リヨン）の司教パティエンスもこの飢饉で人々に同様の善行を施したという。我々の所には、言をつくして彼を誉めた幸多きシドニウスの書簡が今日なお存している。

二五

このころ、（スペインの）ゴート人の王エオリクス（巻二、二〇）もヒスパニアの国境を突破してガリア領内のキリスト教徒に苛烈な追害を行なった。至る所で自分たちの教説（アリウスの説）と一致しない者を殺し、僧を牢獄へ送り込み司教のある者は追放し、別の者は殺した。また教会の入口を茨の枝で封鎖した。滅多に中へ入れなければ信仰も忘れられるという趣旨である。とりわけノヴェムポプラナ（ガスコーニュ地方）諸都市とふたつのゲルマン人の町でこの嵐は激しかった。あのシドニウスがこの時バシリウス司教に送った貴い手紙が今日まで残っているが、それがこの有様を伝えている。しかし、追害者は間もなく神の復讐に撃たれて死んだ。

二六

この後、トロニカ（トゥール）の町の司教幸多きペルペトゥウス（巻二、一四）はその三〇年の司牧の歳月をまっとうして永遠の眠りについた。そのあとを元老院のヴォルシアヌスが継いだ。しかし彼はゴート人から嫌疑をかけられ、司牧七年目にヒスパニアに囚人同様連行されてまもなく死んだ。その後にヴィルスが続いたが、彼は幸多きマルティヌスの後七人目の司教であった。

二七

そのころキルデリクスが死に、その子クロドヴェクスが彼に代ってフランク人を束ねた。その統治五年目、エギディウスの子、ローマ人の王（実際には軍司令官）シアグリウス（巻二、一八）は、父と同じくセクソナス（ソワソン）に拠《きょ》をかまえていた。

クロドヴェクスは一族のラグネカリウス——彼も一国の王だった——とともに彼と対峙して、戦場を決めてほしいと要求を出していた。シアグリウスはためらわず、対決を恐れなかった。かくして両者間で戦《いくさ》となったが、シアグリウスは自軍不利を見ると向きを変えて逃亡し、トロサ（トゥールーズ）の王アラリクス（西ゴート）のもとへ駆け込んだ。

クロドヴェクスはアラリクスに使者を送り、彼を引き渡すよう要求した。さもない場合は彼をかくまったかどで攻撃を受けるであろうと。恐れることはゴート人の習いだが、アラリクスはシアグリウスゆえにフランク人の怒りを買うのを嫌がり、彼を縛ったまま使者に引き渡した。クロドヴェクスは彼を受け取ると監禁させ、その領土をわがものとした後、彼をひそかに剣で殺させた。

そのころクロドヴェクスはまだ異教の狂信者で、その軍隊はしきりに教会を強奪した。ある教会では、聖務の色々な装飾品とともにとりわけ大きく美しい壺を持って行った。その教会の司教は王のもとへ人をやり、他の聖器類はともかく少なくもこの壺は教会へお返し願いたいと言わせた。これを聞いた王は、

「さらば、我らとともにセクソナス（ソワソン）までお越しいただけまいか。そこで戦利品の分配をする手筈なのです。でこの壺がわしのものになったら、司教の要求は叶えたい」

と言った。

さてセクソナスに着き、戦利品の山が中央に積み上げられると、王は、

「諸君らに問いたい、最強の戦士たちよ、少なくもこの壺が」と例の壺を示して、「わしの取り分のほかにわしの手に帰するのを諸君らは拒むまいな」

と言った。すると、普通の心底の持ち主は異口同音に、

「我々が目にする物はどれも、栄ある王よ、あなたのものです。いや、この我々だってあなたの支配に服しているのではありませんか。あなたが良いと思うことをなさればよいではありませんか。我々はあなたのお力には逆らえません」

と言ったが、ある軽薄で嫉妬深い馬鹿者は、大声を張り上げ諸刃《もろは》の斧をふりあげて壺めがけてふりおろしつつ、

「まっとうな取り分でないものを取るべからず」

と叫んだ。これには誰しもびっくりしたが、王はこの不正を我慢強い平静さでおさえ、壺を取ると、胸の下に受けた傷を隠しつつ教会の使者の手に渡してやった。

年が改まり、完全武装の全軍が召集され、軍神マルスの月の恒例の観兵式（三月一日）でその威容が示された。王は全軍陣を検閲しつつかの壺を打った者の所に至ると、

「おまえの武器はどれもまともでないな。槍も剣も斧も役立たずだ」

と言って、彼の斧をつかむと地面へ投げ捨てた。彼がそれを拾うために少し前屈みになったところ、王は腕を振り上げて自分の斧で彼の頭を撃《う》ち、

「かく汝はセクソナスであの壺を打った」

と言った。彼が死ぬと王は残りの軍に退去を命じ、このことで大きな恐怖を呼び起こした。王は多くの戦《いくさ》をして、多くの勝利を得た。その統治一〇年目にはトリンギー人に戦争をしかけ、彼らを自分の支配の下に置いた。

二八

ブルグンド人の王グンデヴェクスは、既述のアタナリクス（巻二、四）の系統の者で、四人の男子、グンドバドゥス、ゴディギシルス、キルペリクス、ゴドマルスがいた。グンドバドゥスは兄弟のキルペリクスを剣で殺し、その妻の首に石を結びつけて水中に沈めた。ふたりの娘は追放された。姉は俗世の服を脱いで名

をクロナと言い、妹をクロトキルディスと言った。遥《はる》か彼方《かなた》からクロドヴェクスはしばしばブルグンディアへ使者を送り、少女クロトキルディスは彼らの目につく機会があった。彼らは彼女が優美で賢いことを見て取り、王家の出身であることを知ると、このことを王クロドヴェクスに報告した。躊躇なく彼は使者をグンドバドゥスのもとへ走らせ、彼女を自分の妻に乞うた。グンドバドゥスは拒絶するのを憚り、娘を使者に引き渡した。使者は少女を受け取ると、大急ぎで彼女を王にさし出した。王は彼女を見ていたく感激し、彼女と結婚した。この時、王には妾腹にテウドリクスという息子がいた。

二九

やがてクロトキルディスは最初の男子を産んだが、彼女はその子に洗礼を授けてやりたく思い、しきりに夫に説得した。

「あなたたちの崇める神々は無意味なものです。それは自分も他人も救う力を持っていないのですから。それは石や木や金属に彫られたものに過ぎません。そしてそこにつけられた名前は人間のもので、決して神の御名ではありません。たとえばサトゥルヌスは王国を失わないように自分の息子から逃れて身を守りました。あのユピテルなど、放蕩者の最たる者です。男たちを馬鹿にし、近縁の女性たちをかたっぱしからはずかしめていくではありませんか。自分自身の妹（ユーノー）との同衾すら平気で行ない、この妻は『ユピテルの妹にして妻』（アエネーイス、一、四五～四六）だと自分で言っているほどです。

マルスにしてもメルクリウスにしてもその力に何程のことがありましょう。それらは神威の所有者というよりむしろ魔術師なのです。これに対し、『天地と海とその中なるあらゆるものを』（詩篇、一四六、六）言葉によって、無から作りたまうたかのお方こそ礼拝されねばならぬのです。かのお方こそが、太陽に光を与え、天を星々で飾り、水を這うもので、地面を動くもので、天を飛ぶもので満たし、頷《うなず》くだけで地に豊作を、木に果物を、葡萄に房を与え、自らの手で人類を作りたまい、一切の被造物を従順に誠意を持って自ら作りたまうた人間に仕えるように仕向けた方なのです」

　彼女がかく言っても、王の魂は決して信仰には誘われず、

「我々の神々の命令ですべてができあがりそこにあるのさ。あなたがたの神の力はどこにも示されていない。それが神々の一種かどうかもわからん」

　などと言うのだった。やがて信仰厚い女王は息子を洗礼へ導いた。とは言え子供に布教をすることは不可能なので、教会をカーテンや絨毯で飾るよう命じ、このうるわしい神秘の力で子供を信仰に導こうとした。洗礼を受けた子はインゴメリスと呼ばれたが、再誕生のしるしである白い着物を着ているうちに死んだ。このため王は怒りの発作にかられ、女王に面と向かい怒鳴りつけた。

「もしも神々の名によるおはらいだったら、ずっと生きてただろうに、あなたたちの神の名による洗礼だったため、決して生きられなかった」

　これに対し女王は、

「すべてを作りたまうた神に感謝します。神は決して私を無価値のものとはお思いにならず、私の胎内より生まれた子をお受け取り下さったのですから。私はこの悲しみに堪えることができます。白い服でこの世から召された子は神に見守られながら養われることを知っているからです」

　と言った。その後彼女は再び男児を産んだ。その子は洗礼を受けてクロドメリスと呼ばれたが、すぐに病になった。王は言った。

「この子も前の子と同じ目に遭《あ》うに決まっている。あなたたちのキリストの名のもとに洗礼を受けた者はすぐに死ぬのだ」

　しかし、母の祈りの甲斐あって神の命により子供は回復した。

三〇

女王は夫が真の神を認めて偶像を否認するよう説いてやまなかった。しかし王の心を動かしてこれを信じさせることは決してできなかった。しかしある時アラマニー人を敵にまわして戦《いくさ》が起こり、王はこれまで否定してきたことを告白せざるを得なくなった。

両軍がぶつかり合いおびただしい死傷者が出、クロドヴェクスの軍隊は壊滅状態に陥った。これを見た彼は、心打ち砕かれて天をあおぎ、涙を流しながら言った。

「イエス・キリストよ、クロトキルディスはあなたのことを生ける神の子だと言う。またあなたは躓《つまず》く者に援助を、あなたを仰ぎ見る者には勝利をもたらすとも言われる。伏して願わくはなにとぞあなたのご助力の栄光をたまわらんことを。もしこの敵に勝利し、あなたの御名に身をささげた人々が保証するかのお力にあずかれたならば、私はあなたを信じ、あなたの御名において洗礼を受けましょう。私は私の神々の名を呼ばわったが、どうにも援助は来ませんでした。で私は、自分に従う人間を助けることができないような者には何の能力もないと思うのです。今私はあなたに呼びかけます。私は心からあなたを信じたい。この私の敵どもから逃れるために」

すると、アラマニー人はきびすを返して逃走し始め、彼らの王が倒れたのを認めると、身をクロドヴェクスの支配にゆだねて言った。

「これ以上、兵を倒さないでいただきたい。われらはすでにあなたのものなのだから」

こうして戦が終り、兵は平和を喜んだ。帰郷すると王は女王に、いかにキリストの名を呼ぶことで勝利を保持できたのかを物語った。王の統治の一五年目のことだった。

三一

そこで女王はひそかにレメンシスの町（ランス）の司教聖レミギウスを呼び寄せ、王に癒《いや》しの言葉を吹き込んでくれるよう頼んだ。司教は王を招き、二人きりになると、天と地を創りたまうた神を信じ、自分も他人も救うことができぬ偶像を否定するよう王に説得を始めた。すると王は言った、

「喜んであなたの言葉に従いたい、聖なる父よ、だが、問題がひとつある。わしに従う男どもが、彼らの神々を捨てることに耐えられるかどうか。しかし、行ってあなたの言葉に従って彼らを説得してみよう」

彼が彼らの所へ行くと、彼が口を開く前に神の力が働き、全員が異口同音に叫んだ、

「死すべき神々など追い出しましょう、敬虔な王よ、レミギウスの推奨する不滅の神に従いましょう」

この知らせを聞いた司教は大きな喜びに包まれ、入浴の準備をするよう命じた。表通りは彩色をした幕で飾られ、教会には白いカーテンが張られた。洗礼堂が設置され、バルサムがふりまかれ、かぐわしい蠟燭の光がゆれた。寺院全体に神々しい香りがただよい、神は居合わせた人々を、まるでパラダイスの香りに包まれているのかと思わせる程うっとりとさせたまうた。

最初に王が司教より洗礼を受けることを望んだ。彼は、古い病の傷痕と昔の汚れた行いの汚点を新鮮な水で洗い流すべく、新しいコンスタンティヌスとして洗礼所に進んだ。洗礼堂に入ると、神の聖者がかく能弁に話しかけた、

「そっと頭をお出しください、シガムベル（古代ローマに敵対したゲルマン族）の方よ、あなたが拒否していたものを大切に思い、大切に思っていたものを拒否しなさい」

この聖レミギウスはすぐれた知識人だったが特に弁論に習熟し、その聖性においてはかのシルヴェステルの徳行に匹敵した。ここに彼がひとりの死者をよみがえらせたと述べている、彼の生涯を書いた本が現存している。

こうして王は三位一体における全能の神を告白し、父と子と精霊の名に於いて洗礼を頂き、キリストの十字の印と共に聖なる塗油を受けた。彼の軍隊から、三〇〇〇人以上が洗礼を受け、彼の妹のアルボフレディスも洗礼を受けたがまもなく主のもとに召された。このため悲しみに沈んだ王に、聖レミギウスは慰めの手紙を送った。それはこのように始まる。

「良き思い出に満ちたあなたの妹様アルボフレディスが天に召され、あなたが悲しんでおられることが私をひどく苦しめます。でもあの方は、我々が、悼むよりは仰ぎ見るのにふさわしく逝かれました。ですから我々も慰めら

れます」

異端のアリウスの教説に傾倒していたランテキルディスという名のもうひとりの妹も改宗し、子と父と精霊の同等を告白して聖油を塗られた。

三二

このころグンドバドゥスとゴディギシルス兄弟はマッシリア（マルセイユ）の地方からロダヌス（ローヌ川）とアラル（ソーヌ川）流域一帯を支配していた。彼らも人民もともにアリウス派の邪教に服し、たがいに争いを繰り返していた。

さてゴディギシルスは、クロドヴェクス王勝利の報を聞くやひそかに彼に使いを送り、

「わが兄と干戈《かんか》を交えるに際し、こちらに援助をお寄せいただき、首尾よく兄を殺すか王国から追放できたあかつきには、そちらのお望みの額の貢納を毎年お支払い致します」

と言わせた。この条件を受け入れたクロドヴェクスは相手の所望の所へ援軍を送ると約束し、所定の時に、グンドバドゥスに対する軍を動員した。これを聞いたグンドバドゥスは弟の罠とは知らず、彼に使者を送り、

「フランク勢が我々に戦をしかけ、われらが領土を取らんものとはやっている。汝はわがもとへ援助に来《こ》よ。力を合わせて敵にあたり、他の部族のごとき、各個撃破される愚は味わうまいぞ」

と言わせた。すると弟は、

「わかった。わが軍を引き連れておまえの援助に向う」

と答えた。かくて三軍が出動し、クロドヴェクスが、グンドバドゥスとゴディギシルスと対峙する形になり、ディヴィオ（ディジョン）という名の砦をめぐる攻防となった。軍はオスカラ（ウーシュ）河畔で激突し、ゴディギシルスはクロドヴェクスと合流し、双方がグンドバドゥス勢を打ち砕いた。そこで彼はこれまで疑わなかった弟の罠を知り、敵に背を向けて逃亡し、ロダヌス川に沿って南下し、アヴィニオ（アヴィニヨン）の町に逃げ込んだ。

ゴディギシルスは、勝利を確保し、クロドヴェクスに領土の一部を約束し、平和のうちに戦場を離れ、さながら全領土を確保したかのごとき勢いで、ヴィエンナ（ヴィエンヌ）の町に入った。

クロドヴェクスは、兵力を増強し、グンドバドゥスを町から追い出して殺そうと努めた。これを知ってグンドバドゥスは、いつ不意の死に襲われるかと恐怖におびえた。

グンドバドゥスには活発で賢い有名なアレディウスという男がいた。王は彼を呼び寄せると言った。

「八方塞がりの状態だ。野蛮な敵がわれらを狙い、われらを殺して王国を転覆させようとしている。わしはどうしたら良いのかわからぬ」

するとアレディウスはこう言った。

「やられないためにはあの男の粗暴をなだめねばなりません。ようがす、もしお許しさえいただければ、私はあなたのもとから逐電し、彼の所に身を寄せるふりをしましょう。そして向うへ着いたら、あなたやあなたの王国が倒れないようにしてみましょう。ただ神の慈悲があなたのために良かれと働きたまうまで、私の計画通りに、向うが要求することをあなたにもしていただかねばなりませんが」

「しよう」と王は答えた、「何をそなたが要求しようと」

そこでアレディウスは主人に別れを告げて退去し、クロドヴェクス王のもとへ行き、

「最も敬虔なる王よ、卑しいやっこめが哀れなグンドバドゥスを見限って、あなたのもとへと参りました。もしも私をおかかえいただけるのであれば、私はあなたとあなたの子孫のため完璧で忠実な奉公人となりましょう」

と言った。王は喜んで彼を自分の郎党に加えた。それからアレディウスは、談話において面白く、助言において鋭く、判断において的確で、企画において忠実な家臣となった。

ある時、王とその軍勢がとある市壁のまわりを包囲した時、アレディウスは言った、

「もしも、おお王よ、王の気高さの栄光がわが卑小なる言葉を聞き入れたまうならば、王に助言などもとより不

要ではありますが、わたくしめ、忠実で完璧なご奉公が可能かと存じます。さすれば王にも、王が通過なさる諸都市にも利益になることでしょう。すなわち、なぜ、」と彼は続けた、「敵軍が堅固な位置によっている時に、わが軍をここに留め置かれるのでしょうか。王は畑を荒らし、牧草を馬に喰らいつくさせ、葡萄畑を切り砕き、オリーヴの園を破壊し、全領域の収穫を滅茶苦茶になさいます。それでいて相手には何の危害も加えてはおられません。むしろ使者をお立てになり、年々払うべき貢納をお定めなさいまし。さすれば領土も荒らされず、貢納も確保されて支配は永遠のものとなりましょう。もし、それで相手が拒むようなら、その時こそお好きなようになさいませ」

王はこの助言をいれて軍を自国の故郷へ帰すよう命じた。そして使者をグンドバドゥスのもとへ送り、年々彼に課される貢納を払うことを命じた。グンドバドゥスは今年の分を支払い、将来も払い続けることを約束した。

三三

その後グンドバドゥスは力を回復し、約束した貢納の支払いを無視し、弟ゴディギシルスに対し自軍を動員しヴィエンナ（ヴィエンヌ）の町にこもる彼を包囲した。身分の低い人々の食料が欠乏し始めた時、ゴディギシルスは飢えが自分にまで及ぶことを恐れ、低い身分の人々を町から出すよう命じた。この時外へ出た者の中に町の水道の管理を任された職人がいた。彼は、自分も他の人々と一緒に外へ出されたのが不満で、怒りながら、グンドバドゥスの所へ来て、いかにすれば市内に侵入して弟を攻撃できるかを教えた。彼を案内に立てた軍団は、鉄梃《かなてこ》を持った一隊を先頭に水道の中を通って進んだ。そこの通風孔は石でしっかり閉じてあった。

彼らは職人の指図で鉄梃を振るって石を取り除けると町の中へなだれ込んだ。敵はなおさかんに壁の上から矢を射ていたが、彼らは敵の背後を突いた。市の中央で合図のラッパが響き渡った。すると包囲軍は一斉に門の攻撃を開始し、ほぼ同時に各所から市内に突入した。両軍対峙にはさまれた市民は双方の攻撃をうけて倒れた。

ゴディギシルスは異端の教会へ逃げ込み、アリウス派の司教とともに殺された。ゴディギシルスを援助していたフランク兵はひとつの塔に集結していた。グンドバドゥスは彼らに危害を加えぬよう命じ、彼らを捕虜にすると、トロサ（トゥールーズ）のアラリクス王（西ゴート）のもとへ追放した。ゴディギシルスと同盟したブルグンド人と元老院議員たちは殺された。かくてブルグンディアと呼ばれた全域がグンドバドゥスの支配下に回復された。彼はローマ人を圧迫しないような穏やかな法律（ブルグンド法と呼ばれローマ人とブルグンド人の関係の調整に意を用いる）をブルグンド人に発布した。

三四

グンドバドゥスは、異端の教説の無意味さに気づき、ヴィエンナの司教聖アヴィトゥスからひそかに塗油を受けて神の子キリストと精霊と父との同等性の告白をしようと思った。司教は言った、「もしも主ご自身の教えをお信じになるなら、その教えに従うべきです。主は、『およそ人の前にてわれを告白する者を、われもまた天にいますわが父の前にて告白せん。されど人の前にてわれを否《いな》む者をわれもまた天にいます我が父の前で否まん』（マタイ伝、一〇、三二〜三三）とおっしゃり、またご自分の愛する聖なる幸多き使徒たちに将来の迫害の嵐をお示しになって、『人々に心せよ、それは汝らを衆議所に渡し、会堂にて鞭打たん。また汝ら我がゆえによりて、司《つかさ》たち王たちの前に曳かれん。これは彼らと異邦人とに証《あかし》をなさんためなり』（同、一〇、一七〜一八）と述べておられます。

あなたは王であり何人からも攻められない立場にあられながら、民の反抗を恐れてすべてのものの創造者の告白を公になさいません。妄想は捨てて、あなたが心に信じているとおっしゃることを民衆の前にお示し下さい。幸多き使徒も、『人は心に信じて義とせられ、口にいいあらわして救わるるなり』（ロマ書、一〇、一〇）と述べ、預言者も『われ大いなる集いにありて汝に感謝し、多くの民のなかにて汝をほめたたえん』（詩篇、三五、一八）、『主よ、われもろもろの民のなかにて汝に感謝し、もろもろの国のなかにて汝をほめうたわん』（同、五七、九）と言っています。王よあなたは民を恐れ、あなたが民の弱さに好意を示すより、あなたの信仰に民衆が従う方がより良いのだということをご存知ない。

あなたは民のかしらであり、民があなたのかしらなのではありません、もし戦《いくさ》となればあなたが軍の先頭に立ち、彼らはあなたが行くところへ従うのではありませんか。あなたが滅んで民が間違った教えにいつまでも留まるより、あなたが先頭に立ち皆が真実を認める方がずっとましではありませんか。『神は侮るべきものにあらず』（ガラテヤ書、六、七）です。地上の王国を愛する余り現世で神を認めない者を神は愛さないでしょう」

こう言われて自信を失ったグンドバドゥスは生涯の終りまで狂気の邪説にとどまり、決して公式に三位一体を告白しようとは思わなかった。

この時代、この聖アヴィトゥスの言論の力は偉大だった。われらの主イエス・キリストには神性がないと教えるエウティケスやサベリウスの異端説がコンスタンティノポリターナ（イスタンブール）の町に流行ってきたころ、アヴィトゥスは、グンドバドゥスの問いに応じて自らこの異端を反駁する手紙を書いた。この驚嘆すべき手紙は、以来異端を粉砕し、神の教会を建設しつつ今も我々の所に残っている。彼はまた説教の一巻本を書き、この世の始原から他の様々な状況を韻律に結んだ六巻書をものし、上記の手紙を含んだ九巻の書簡集を纏めた。

彼は、連禱《れんとう》に関するある説教の中で、我々が主の昇天を祝うのに先立って行なわれるあの連禱は、彼自身そこの司教であるヴィエンナの教会のかつての司教のマメルトゥスによって、町が相次ぐ怪奇現象によっておびえていたころ導入されたと述べている。

そのころ大地が振動し続け、鹿や狼といった野獣が市門を潜って入ってきて平気で町中を徘徊した。これが約一年続き復活祭の祝典の日々が近づくと、民衆は謙虚な気持ちで偉大な祝祭日がこの恐怖に終結をもたらしてくれることを期待した。しかし栄えある祝日の前夜のミサの挙行の最中に突然、市

♔エウティケスとサベリウス　キリストの本性の「神性と人性」を否定し，キリストは受肉した神の言葉であるとする「キリスト単性説 Monophysistismus」の代表者。この説は，A. D. 451 年カルケドン公会議で異端とされた。

内の宮殿が神の稲妻に打たれて燃えあがった。恐怖にふるえた人々は教会から出、町全体が火に飲まれるか地面が割れて粉砕されてしまうのではないかと思った。聖なる司教は祭壇の前に身を投げ出し、涙を流し嗚咽しながら神の哀れみを乞うた。するとこの著名な司教の祈りは天にとどき、溢れ出た涙の流れが屋敷の火を消した。

そうこうするうち前述の主の昇天日（復活祭四〇日後の木曜日）が近づいて来ると、司教は人々に断食の期日を定め、果たすべき祈りの文言、薬膳《やくぜん》の作法、喜捨の次第を示した。すると恐怖は止み、この出来事の噂が全地域に広まり、全聖職者がこの司教の信仰から出た勤めを模倣せずにはいられなくなった。こうしてこの勤行は今も全教会で、主の御名において、心の後悔と精神の悲嘆のうちに果たされている。

三五

ゴート（ヒスパニアの西ゴート）人たちの王アラリクスは、クロドヴェクス王が諸種族を次々征服するのを見、使者を立てて、

「もしも大兄さえおよろしければ、慈悲深い神のお許らいによりご尊顔を拝したてまつらばやと存ずる次第です」

と言わせた。クロドヴェクスはこれを容《い》れ、自ら赴いた。かくて彼らはトロニカ（トゥール）の市の領域にあるアムバキエンシス（アンボアーズ）村近くのリゲル（ロワール）川中島で落ち合い、飲食を共にして語り合い、互いに友好を約束し、平和裡《り》に別れた。この時すでにガリアの大半はフランク人の支配に服することを切に望んでいた。

三六

このために、ルテナ（ロデズ）の町の司教クインティアヌスが人々の憎しみを買って町から追放されるという事態が起きた。彼は人から、

「あなたはフランク人がこの地を支配することを願っているのだ」

と言われ、それから数日して彼と市民との間に衝突が起き、人々は彼がフランク人の支配を導入したがっている

と非難した。この町に住んでいるゴート人たちも嫌疑を抱き、遂には彼を剣で突き殺そうという決議が行なわれた。この知らせが神の奉公人（クインティアヌス）にもたらされると、「夜のうちに夙《つと》に起きて」（創世記、二〇、八）最も忠実な僕《しもべ》たちと共にルテナの町を出て、アルヴェルヌス（クレルモン）に到着した。当地の司教はディヴィオ（ディジョン）のアプルンクルス（巻二、二三）のあとを継いだエウフラシウスであったが、彼は一行を快く迎え入れ、住居、畑、葡萄畑を与えて彼らの身辺を整えてやり、

「ここの教会の資産でわれわれふたりを楽に養えますよ。幸多き使徒の述べたまうた『愛』（caritas）の精神が神の奉公者の間にはなければなりません」

と言った。ルグドゥヌム（リヨン）の司教も、アルヴェルヌスに持っていた自分の教会資産のなにがしかを彼に与えた。このクインティアヌスの話の残りは、彼が被った不正も彼を通じて主がなした事どもも、その生涯の書（教父伝、四）に書かれてある。

三七

クロドヴェクスは配下の諸兵に告げた。

「アリウス派の者がこのガリアの地を領しているのは誠に耐えがたい。いざ、神の援助を得て、敵の領土をわれらの支配に加えようぞ」

全員がこの言葉に納得し、彼らは軍を動員して、ペクタヴス（ポワティエ）へ向かった。そのころそこにはアラリクス（西ゴート王）が滞在していた。この時、軍の一部がトゥロニクム（トゥール）の領域を通過するので、王は、聖マルティヌスに対する崇敬の念から、この地域では、糧秣《りょうまつ》用の草と水以外のものを調達してはならない、との触れを出した。しかし軍のある者は、とある貧民から乾草の調達を始め、

「王は糧秣の調達は任せたまうた。他の物は駄目だが。で、見よ、」と言った、「これは糧秣である。これを取ったとて、どこに違反があろうぞ」

こうしてこの男は暴行を加え無理矢理貧民から奪い取った。この話は王の耳に入った。報告を受けるや否や王は剣を抜いてこの者を殺して言った。

「幸多きマルティヌスを侮辱して、われらに勝利の望みはない」

これは軍隊のこの地域のこれ以上の強奪を阻止するための見せしめだった。王はまた幸多き聖堂に使者を立て、「行け、もしや何か勝利の吉兆が聖堂にあるやもしれん」と言って、聖所にさし出す贈物を持たせ、「もしも主よ、汝が我らを守護したまい、常に汝に仇《あだ》なす不信心な輩《やから》をわれらが手にゆだねたまうご所存ならば、聖マルティヌスの聖堂参詣に際し、なにとぞわれらに愛憐《あいれん》を垂れたまい汝が汝の奉公人に好意を寄せたまう旨《むね》をば、しかとお示し下さるようお願い申し上げる」

と言わせた。使いの者が王命を帯びて急ぎ、聖堂に足を踏み入れると、そこの聖歌隊長が頌歌《アンティフォナ》を歌い始めた。「汝、戦いのために力を我におわしめ、我に逆らいておこり立つ者を我が下にかがませたまえり。我を憎む者を我が滅ぼしえんがために汝またわが仇の背をわれに向けしめたまえり」(詩篇、一八、三九〜四〇)。

これを聞くと、使者は神に感謝の言葉を述べ、神の告白者(聖マルティヌス)にささげものの誓いをし、喜んでこのことを王に報告した。

王がヴィゲナ(ヴィエンヌ)川に至ると、雨による増水のため容易に渡渉点を発見できなかった。その夜王が慈悲をもって川を渉《わた》る地点を示したまえと主に祈ると、朝、一匹の大きな雌鹿が流れの中へ入って行った。それが無事に渡ったので兵たちは渡渉点を知ることができた。

王がペクタヴス(ポワティエ)辺に至り、天幕に入っている時、聖ヒラリウスの聖堂から、燃えるような灯りが見えた。それはまるで王のもとに寄せ来る援軍のようであり、しばしばこの聖者と信仰を巡って衝突した異端の陣営は、この聖なる告白者ヒラリウスの光のもとで、より容易にうち砕かれ得るようになったようであった。全軍に対し、同所および途上での物資探索と強奪は厳しく禁止された。

その当時、マクセンティウスという顕著な聖性の僧院長がいて、神を恐れペクタヴス領域内の自分の僧院にこもり暮らしていた。その僧院の名はここには記さないが、今日までマクセンティウスの小房の名で知られている。敵の隊列が僧院に接近した時、修道僧たちはこの院長に小房を出て彼らの力になってほしいと頼んだ。彼が出ようとしないので、恐れに動転した僧たちは扉を開けて彼をつれ出した。しかし彼は平気で敵の前へ行き、平和を乞うべく話を続けた。兵の一人が剣を抜いて彼の首をはねようとした。すると、手が耳の辺へまっすぐ伸びて硬直し、剣は後方へ落ちてしまった。兵は聖人の足元に身を投げ出して、許しを乞うた。これを見た他の兵士たちは皆殺されることを恐れ、自軍へと引き上げた。幸多き告白者は兵の硬直した腕に聖油を塗り、十字の印を切ってもとに戻した。かく彼の庇護のもと僧院は無傷だった。彼は他にも多くの徳力を発揮したが、詳しく知りたい人は彼の伝記を読めば全てを知ることが出来る。これはクロドヴェクスの統治二五年目のことだった。

さてクロドヴェクス王は、ペクタヴス（ポワティエ）を去ること一〇里塚、ヴォグラデンシス（ヴュイエ）の野でゴート人の王アラリクスと対峙し、双方激突、烈しい接近戦となった。ゴート勢は習慣に従って背を向けて退却し、クロドヴェクス王は、神の加護を得て勝利を確保した。この時クロデリクスという名を持つ、足の悪いシギベルトゥスの息子が王の傍らに仕えていた。このシギベルトゥスは過《す》ぐるアラマニー勢とのトゥルビアケンセ（チュルピヒ）の要塞付近の戦において膝を打ち砕かれ足を引きずっていた。

さて、ゴート勢が崩れ、アラリクスが倒れた時、クロドヴェクスに向って二騎の兵が突進して来、両側から槍で突いた。王の鐙《あぶみ》と馬足の速さが倒落から王を救った。この戦闘にはアポリナリスを指揮官とするアルヴェルヌスの住民の大部隊が参加していた。元老院軍団がこれを率いていたが、大部分が討ち死にした。

アラリクスの子アマラリクスはこの戦いからスペインへ脱出して賢明にも王国を保持した。クロドヴェクスは息子のテウドリクスにアルビゲンシス（アルビ）とルテナ（ロデズ）の町を通過してアルヴェルヌス（クレルモン）まで行かせた。彼は進軍しつつゴート領からブルグンド人の領域までの諸都市をわが父の支配下に収めていった。アラリクスの治世は二二年間だった。クロドヴェクスはブルデガレンシス（ボルドー）で越冬し、トロサ（トゥールーズ）のアラリクスの宝物をすべて収納して、エコリスナ（アングレーム）へ向った。ここでも神の霊験はあらたかで、城壁は見る見る崩れ去った。ゴート人が追放され、町は彼の支配に帰した。こうして勝利を確保し、トロヌス（トゥール）に入城し、彼は幸多きマルティヌスの聖堂にあまたの贈物を奉納した。

三八　かくてクロドヴェクスは、（東ローマ帝国の）皇帝アナスタシウスから勅命をもってコンスルの栄誉を与えられ、幸多きマルティヌスの聖堂で緋色のトニカの上にギリシャ式陣羽織をはおり、頭には王冠を付け、それから馬に乗り、大広間《アトリウム》の入口（聖マルティヌス聖堂）から市の教会までのパレードで、左右に群れる市民たちに、自らの手で金銀をふりまいて大判振舞いをした。この時から彼はコンスルないしアウグストゥスと呼ばれた。トロヌス（トゥール）を出ると彼はパリシウス（パリ）へ行き、そこに王国の本拠を建設した。（息子の）テウドリクスもそこに来た。

三九　トロヌス（トゥール）の司教エウストキウスの逝去の後、リキニウスが、聖マルティヌス以降八代目のトロヌスの司教に選ばれた。この人の時代に前述の戦争があり、クロドヴェクス王がトロヌスに来た。この司教はかつてオリエントに旅し聖者ゆかりの地を訪問しエルサレムをも見、我々が福音書で読む受難の場所や主の昇天の地をしばしば訪れたということである。

四〇　クロドヴェクスがパリシウス（パリ）にいた時、彼はひそかにシギベルトゥスの息子（クロデリクス、巻二、三七）に使者を立て、

大広間《アトリウム》 atrium　建物前面に設置され，中庭，列柱などで装飾された屋外空間。

「ご尊父は年老いて、足弱り歩行もままならぬありさま。もしこの人に万一のことあらば」と言わせた、「ご尊父の領土はすなわち足下に帰すこと、我ら一同の友好のもとに保証する」

これを聞いてこの息子は欲望にかられ、父を殺さんものと画策した。偶々シギベルトゥスはコローニア（ケルン）の町を出、レーヌス（ライン川）を渡り、ブコニア（フルダ付近）の森を散歩しようと、昼ごろテントで眠り込んだ。この時息子は、父の領土を取るべく刺客を放って父を殺した。が、神の裁きにより、彼は、自分が父のために掘った穴に自ら落ちた。

彼は使者をクロドヴェクスのもとへ走らせて父の死を知らせ、こう言わせた。

「父は亡くなりました。父の財宝と王国は私のものです。あなたの代理の方をこちらへよこして下さい。父の財宝の中からお気に入りのものをさし上げましょう」

「ご厚志痛み入ります」とクロドヴェクスは答えた、「ただ、わが手の者がそちらに参ったならば、ご尊父の財宝はことごとくお見せいただきたい。その上で、そちらで引き続き所有するように」

さてクロドヴェクスの使者が到着し、息子は父の財宝を開示した。使者がそれらを検分していると、彼は言った。

「この箱に父は金貨をしまっておりました」

「それなれば」と使者は言った、「手を底までお入れください。そこに全部しまってあるでしょうから」

彼が言われた通りにし、前かがみになると、使者のひとりが両刃の斧をふり下ろして彼の脳天を打ち砕いた。かくて彼は父にしかけた罠にはまったのだった。

これを聞いたクロドヴェクスは、シギベルトゥスもその息子も殺されたことを知り、自らその場所へ赴き、同地の人民をことごとく集め、

「聞かれよ方々、わしが」と言った、「スカルディス（スケルデ）川を航行している間に、わが従兄弟の子クロデリクスは、わしが彼の父を殺そうとしているなどと吹き込んで自分の父をだまし、彼がブコニアの森に逃げていっ

た所へ殺人者を送り込んで彼を殺害した。そして自分も、父の財宝を開けた時に、わしの知らぬ誰かに襲われて命を落とした。わしはこれらのことにはまったく関与してはおらぬ。自分のいとこの血を流すなどということはわしのよくするところではない。そんなことをすればわしは人でなしということになる。とはいえ起きたことはもとへは戻らぬ。いかがなものか皆の衆、もしよければの話じゃが、今後はわしを頼り、わしの傘下に入ってはいただけまいか」

これを聞いた人々は盾をたたき歓声をあげて賛意を表し、彼を円盾にのせて担《かつ》ぎ回り自分たちの王とした。彼はシギベルトゥスの王国と財宝を手にし、その兵士たちも自分の配下に加えた。彼がまっすぐな心で神に向い神の目にかなう行ないに努めたので、神は日々ご自身の手で彼の敵を打砕きたまい、彼の王国はしだいに大きくなっていった。

四一

その後、クロドヴェクスはカラリクスに矛先を向けた。クロドヴェクスがシアグリウスと刃を交えた（巻二、二七）時、彼はカラリクスに援軍を頼んだ。しかしこの男は敵対する双方に距離を置きどちらの力にもならず成り行きを見守り、勝利の女神の微笑む方と友好を結ぼうと思った。このことがクロドヴェクスの怒りを買い、彼の攻撃を受けることとなった。

カラリクスはクロドヴェクスの罠にはまり息子と共に捕えられ両者とも頭を剃られた。カラリクスは司祭に、その子は助祭に任ぜられた。余りの惨《みじ》めさにカラリクスは愚痴をこぼして泣いた。すると息子は、「緑の木であれば」と言ったそうだ、「たとえ葉を刈り取られようと、決して干乾びたりはしないさ。また回復して成長できる。さあはやくこんなことをした奴をやっつけたい」

この言葉がクロドヴェクスの耳に達し、彼は彼らが毛を伸ばして自分を殺そうとしていることを悟った。そこで二人の首をはねさせた。両者が死んで、彼はその領土と財宝と人民を得た。

四二

カマラクス（カンブレー）の王ラグナカリウスは途方もない放蕩者で、その近親者でも滅多に彼の庇護にはあずからなかった。彼にはファロという悪業を共にする家来がいた。王には、食物、贈物、その他の提供物があると、これはわしとファロには十分じゃ、などと言う癖があったという。このため彼はフランク人の嫌悪の対象だった。

クロドヴェクスは、金の腕輪と剣帯を彼の配下の諸将（leudes）にプレゼントして、その王に対して軍を向ける工作をした。ちなみにこれらの品物は金メッキをした銅の贋作であった。さてクロドヴェクスが彼に対し戦《いくさ》をしかけると、ラグナカリウスは再三偵察隊を派遣し、報告を受けて、敵の勢いやいかにと問うた。すると偵察隊は、

「お味方はあなたとファロには十分です」

と答えた。クロドヴェクス軍は迅速に至り、味方が降伏したことを知って逃亡を図った彼を、自軍の兵が捕えて、後ろ手に縛って、兄弟のリカリウスと一緒にクロドヴェクスの面前に引き出した。クロドヴェクスは彼に、

「なぜ」と言った、「兵に汝を縛らせて、我ら王族の屈辱となったか。汝には死がふさわしかった」

そして王は斧をふり下ろして彼の首を打ち砕いた。次に彼はその弟に向い、

「もし汝が汝の兄を助けておれば、兄は縛られずに済んだものを」

と言って、同様に斧で砕いて殺した。二人が死んだ後、彼らの裏切り者はクロドヴェクスの贈物が贋作だと知り、王に文句を言った。すると王は、

「ぴったりの値打ちの」と言った、「金を受け取ったのさ、なにしろ自分から進んで自分の主人を死なせたのだから」

――汝ら生きているだけで有難く思え、本来なら主人の裏切りのつぐないとして残忍な処刑が待っているところだ。これを聞いた彼らは、生きていられるならそれで十分と言い、王の慈悲を乞うた。

聖マルティヌスの墓の前のクロトキルディス（『フランス大年代記』の写本画，1375–1379 年頃，パリ，国立図書館）

この王兄弟はクロドヴェクスに近い親戚であった。彼らの別の兄弟リグノメルは命令によりキノマニス（ル・マン）の町の近くで殺された。彼らが死んで、その全王国と財物がクロドヴェクスの手に帰した。彼はその他にもおびただしい王族や自分の近親者を殺したが、これは彼の領土を盗られないようにするためであった。こうして彼の王国は全ガリアに広がって行った。

しかしある時彼はとある事情で配下の者たちを呼び集め、自分が手にかけた近親者について語り出し、

「わしは今、異邦人に取り囲まれて暮らし、いざ何かことが起きた時わしを助けてくれたであろう親戚をなくしてしまった」

と言ったという。しかし本当に彼らの死を悼んでそう言ったのではなかった。こう言って彼らをだまし、まだ殺すべき人物を見つけようという魂胆だった。

四三

こうしたことの後、彼はパリシウス（パリ）で死に、女王クロトキルディスといっしょに自ら建立した聖使徒の聖堂に葬られた。ヴォグラデンシスの戦い（巻二、三七）から五年目に彼は逝《い》った。彼の全統治期間は三〇年であった。享年四五。マルティヌスの逝去からクロドヴェクスの死までは一一二年、それはトロニクス（トゥール）の司教リキニウスの司牧一一年目のことであった。クロトキルディスは夫の死後はトロヌス

(トゥール)へ行き、幸多きマルティヌスの聖堂の勤勉な奉仕者になった。貞潔と善行に生きて、全生涯をそこにとどまり、パリシウスへは滅多に行かなかった。

第二巻を終わる。

第 3 巻

クロドヴェクスの 4 人の息子たち（『フランス大年代記』の写本画，1375–1379 年頃，パリ，国立図書館）

第三巻目次始まる

目次終わる

キリストの御名により第三巻始まる

ここで読者のお許しをいただいて簡略に、いかに三位一体の告白者に幸福が訪れ、その破壊者たる異端者が破滅に陥ったかを論じたい。アブラハムがいかにそれを槲《かしわ》の木のそばで（創世記、一八、一）尊重していたか、ヤコブがそれを祝福のうちに公言し、モーセが茨の藪の中で（出エジプト記、三、二）それを認識し、民は密雲の中のモーセに示されてそれに従い、シナイ山の麓でそれを恐れ、いかにアロンがそれを胸の中に保持し、いかにダビデが『詩篇』において、直ぐなる霊によりて我を改めたまえ、清き霊をわれより奪いたまうなかれ、始原の霊によりわが志をかためたまえ（詩篇、五一、一〇～）と歌ったか、それは言うまい。

私はと言えば、預言者の声が聖霊を始原のものと名づけるのを大いなる神秘だと認めるのだが、異端は聖霊を（神よりも）下位のものとするのだ。前述のごとくそれは言うまい、我々の時代に戻ろう。

この不当な宗派の不当な創始者アリウスは、便所で下腹部が飛び出た後（巻二、二三）、地獄の業火にゆだねられた。不可分の三位一体の擁護者だったヒラリウスはそのために追放の憂目《うきめ》を見たが、後に故郷と楽園を回復した。クロドヴェクスは三位一体を告白して、聖ヒラリウスのご加護をいただき（巻二、三七）、異端を制圧して、自分の王国を全ガリアに拡大した。アラリクスはこれを否認して王国と人民を失い、もっと大切なもの、永遠の命自体を損なってしまった。

主は信ずる者には、たとえ彼が敵の奸策により何かを一時的に失うことがあろうとも、それを百倍にして返したまうのだ。異端者はこれに反し、どんなものも得られないばかりか、今持っていると思い込んでいるものさえ失う。祖国と同時に魂までも失ったゴディギシルス（巻二、三三）とグンドバドゥス（巻三、五）とゴドマルス（巻三、一二）の没落がこのことを証明している。

われらはただ一人の、目に見えぬ、手ではつかめぬ、周知の、常在かつ永遠の主なる神を告白する。父と子と聖霊の三つのペルソナの三位における一体性を、すなわち実質、神性、全能性、徳性における同質性のゆえの一体である三位一体を告白する。それは久遠《くおん》の聖性においてすべてを統《す》べる唯一の至高の全能の神である。

一

クロドヴェクスが死ぬと、四人の子、テウドリクス、クロドメリス、キルデベルトゥス、クロタカリウスは、父の王国を受けつぎ彼らの間で等分に分けた。この時テウドリクスにはすでにテウドベルトゥスという、容姿端麗で有能な息子がいた。彼らは頗《すこぶ》る優勢で、精兵に恵まれて強大だった。ヒスパニアの王、かのアラリクスの息子アマラリクスは、彼らの妹との結婚を所望し、彼らは快くこれを承諾し、きらびやかな装いを仕立てて自分たちで彼女をヒスパニア領まで送っていった。

二

トロニカ（トゥール）の町の司教リキニウス（巻二、三九）が死に、ディニフィウスがそのあとを継いだ。アルヴェルヌス（クレルモン）では幸多きアプルンクルスの逝去ののち聖エウフラシウス（巻二、三六）が当地の一二番目の司教になった。彼はクロドヴェクスの死後四年生き、その司牧二五年目に亡くなった。人々がルテナ（ロデズ）の町から追放された聖クインティアヌス（巻二、三六）をその後継者に決めた時、アポリナリス（巻二、三七）の妻と妹のアルキマとプラキディナという者が聖クインティアヌスの所へ来て、「聖なる人よ、ご高齢のあなたには、司教に選ばれただけで満足してはいただけないでしょうか」と言った、「あなたのしもべたるアポリナリスが栄光の地位を得ることをどうぞお許しいただけないものでしょうか。もしあのひとが自分の栄達を果たしたあかつきには、あなた様の御気に召しますことには何でも従います。もしも私たちのささやかな御願いにお慈悲に満ちたお耳をお貸しいただけますならば、かの者はあなたのお命じになることはいかなることといえども実行いたしましょう」

彼女らに対し彼は、

「わしには何も」と言った、「できませんのですよ。何の権限もない者ですから。祈りに身をささげ、教会がわしにあてがってくれるもので生きて行くだけです」

これを聴くと彼女らはアポリナリスを王のもとへ走らせた。彼は贈物をどっさりと用意して行き、司教の地位を手に入れた。彼は四か月その地位にあった後死んだ。

この知らせがテウドリクス王に届くと、王は即座に聖クインティアヌスを召喚するよう命じ、彼に教会の全権をゆだねて、

「このひとはわれらへの愛ゆえに町を追放になった」

と言った。ただちに知らせが発せられ、聖職者と一般市民が呼び集められて、クインティアヌスがアルヴェルヌス（クレルモン）の教会の司教座につけられた。彼は当地の一四人目の司教になった。この他の出来事、彼の徳行とその死の時については彼の生涯について書いた本（教父伝、四）の中で述べておいた。

三

こんなことがあった間、デーン人がクロキライクスという名の王の統率の下に船をくり出して海路ガリアを目指した。彼らは上陸するとテウドリクス王領のとある村を荒らして略奪し、戦利品と捕虜を船に満載すると舵を故郷へ向けた。彼らの船団が沖へ去った時、その王はまだ岸に留まっていた。彼は今からそのあとを追おうとしていた。

テウドリクス王のもとに、自領が外国勢に強奪された知らせが届いた時、王は軍装の良い精強な部隊を率いた息子のテウドベルトゥスを同地方へ派遣した。彼は敵王を殺し、その船団を海上で撃破して略奪物をすべて取り戻した。

四

そのころトリンギア（チューリンゲン）では三人の兄弟が自分の種族（トリンギー族）の領土を支配していた。すなわち、バデリクス、ヘルメネフレドゥス、ベルタカリウスである。さて、ヘルメネフレドゥスは兄弟のベルタカリウスを屈服させて殺した。その娘のラデグンディス（巻九、二、三九）と他の息子たちは孤児として残されたがこれについては後に語ろう。ヘルメネフレドゥスには邪悪で残忍なアマラベルガという妻がいて、兄弟争いの種をまき散らしていた。ある日夫が食事の席に来ると、食卓の半分だけ用意されていた。一体どういうつもりなのかと彼が尋ねると妻は、

「自領の半分を他人に任せているような人の食卓は半分だけにするのが適当でしょ」

と答えた。こんな言動に絶えずせき立てられて彼は自分の残った兄弟に対して戦いを準備し、ひそかにテウドリクス王のもとへ使いを送って自分の兄弟への攻撃に誘い、

「もし彼を殺したあかつきにはその領土は半々に分けましょう」

と言わせた。これを聞いてテウドリクスは喜び、軍勢をさし向けた。互いに誓約を取り交わして同盟し、彼らは戦場へ赴いた。バデリクスと激突してその軍隊を撃破し、彼を剣で殺して勝利を確保し、テウドリクスは故郷へ帰った。するとヘルメネフレドゥスは誓約を忘れ、テウドリクス王との約束を実行しなかった。このために彼らの間には大きなしこりが残った。

五

さて、グンドバドゥス（ブルグンドの王）が亡くなり息子のシギムンドゥスが父の王国を継いだ。彼は最大の努力を傾注して立派な僧房や聖堂を備えたアカウネンセの僧院（スイス、サン・モーリス修道院。「地図1」参照）を建立した。

彼はイタリア王テウドリクス（東ゴートの王で大王、同名のフランクの王とは別人）の娘である先妻に先立たれ新妻を迎えていた。先妻にはシギリクスという名の子がいたが、新妻は、継母の常でこの子をのけ者にしていじめ始めた。

ある儀式の日、この子は継母が死んだ実母の服を身につけているのに気づき、怒りにかられて彼女に向って言った。

「おまえはその服を着るのにふさわしい人じゃない。それはぼくの母でおまえの主人のひとの服だったんだ」

これに彼女も頭へ来て、毒ある言葉で夫を煽りたてた。

「あの邪悪な子はあなたの王国を所有したくてたまらないのです。あなたを殺して、領土をイタリアにまで広げようと企んでいます。あの子のお爺さん（テウドリクス大王）の保持した王国を自分も持ちたいのです。あなたが生きていてはそれが叶わぬことをあの子は知っています。あなたが倒れぬ限りあの子は行動できないのです」

こんな言葉にうっかり乗せられて、妻の思い通り、彼は邪悪な子供殺しを行なった。ある時ワインに酔った子供に午睡するよう指示した彼は、眠った子供の首の下に汗拭き布を敷き、それを顎の下で結んで、左右から二人の従僕に引かせて、絞殺した。事を実行すると後悔の念に襲われ、彼は死体の上に身を投げ出して泣き崩れた。するとひとりの老人が近づき、

「あなたのために泣くが良い」と言ったという、「つまらぬ讒言《ざんげん》にそそのかされて残虐にもわが子

テウドリクス大王　西ローマ帝国がゲルマン人の傭兵隊長オドアケルによって滅ぼされると，東帝ゼノからパトリキウスの称号をいただいた東ゴートの王テウドリクスはイタリアに侵入してオドアケルを殺し（A.D. 493），イタリアに安定をもたらし，大王と称される。この結果イタリアは東ゴート王国の領域になった。

を手にかけてしまったのだから。でも子供のために泣くには及びませぬぞ。この子は何も悪いことはせずに逝ってしまったのだから」

王はアカウネンセの聖者たちのもとを訪れ、何日も何も食べずに泣き暮らし、神の許しを乞うた。同所に常設の聖歌隊を設立して彼はルグドゥヌム（リヨン）へ帰ったが、神の復讐は彼のあとを追いかけて来た。彼の娘はテウドリクス王（フランク王）のもとへ嫁いだ。

六

女王クロトキルディスは、クロドメリスその他の息子たちに言った。

「親しい息子たちよ、私がおまえたちを育てたことを後悔しないように。私が受けた不正を怒り、私の父母の死（巻二、二八）の恨みを晴らしてもらえまいか」

これを聞くと、彼らはブルグンディアに出征し、シギムンドゥスとその兄弟のゴドマルスと対決した。軍隊を粉砕されたゴドマルスはきびすを返して逃げ、シギムンドゥスはアカウネンセの聖者たちを頼ろうとして、妻子とともにクロドメリスの手に落ち、連行されてアウリリアネンシス（オルレアン）の市内に繋留された。フランクの王たちが引き上げるとゴドマルスは死力をつくしてブルグンド勢をかき集め、王国を再建した。そこでクロドメリスは再度出征を企て、シギムンドゥスを殺害しようと決心した。彼に対し、幸多き僧院長アヴィトゥスは言った。

「もしも神を畏《おそ》れて、これら敵の人々を殺さぬようにご決心を変更なさるなら、神はあなたとともにあり、勝利は疑いなきものとなりましょう。しかしもしこの方々をお殺しになるのなら、あなたも敵の手に落ち、同じ目に遭うことになります。シギムンドゥスとその妻子に起こることはあなたの奥様とお子様たちに起こることになります」

この忠告に逆らって彼は、

「これから敵に向おうとしている時に、後ろに敵を残しておくのは愚かではありませんか。さすれば腹背に敵を受けて、窮地に陥ります。両敵が離れていれば勝利は容易に手に入ります、まず一方を殺せば他方も簡単に片付きましょう」

と言って、ただちにシギムンドゥスとその妻子を殺させ、アウリリアネンシス（オルレアン）のコロムナという村の井戸に投げ込むよう指図して、ブルグンディアを目指し、テウドリクスに援軍を頼んだ。

テウドリクスは自分の舅（巻三、五）の仇を取ろうとは思わず、出陣を約束した。そしてヴィエネンシス（ヴィエンヌ）の町のヴィソロンティア（ヴェズロンス）という所で両軍合流し、ゴドマルス軍と衝突した。ゴドマルスは軍とともにきびすを返して逃げ、クロドメリスは追いかけ、思わず自軍から遠ざかった。するとゴドマルス軍はフランク軍の合図を模してクロドメリスに呼びかけ、

「こちらへ、こちらへ、われらお味方でござるぞ」

と喚《わめ》いた。彼はそれを信じ、敵の真っ只中に突進した。彼の首が落とされ竿の先に刺されて高々と掲げられた。フランク勢はこれを見てクロドメリスの死を知ったが、頽勢《たいせい》を立てなおしてゴドマルスを退却に導いた。彼らはブルグンド勢を圧倒し、その国を彼らの支配下に置いた。

その後ただちにクロタカリウス（クロドメリスの弟）がグンテウカという名の兄の妻をわが妻とした。彼の子供たちは、喪が明けた後、クロトキルディスが引き取って養った。彼らのひとりはテウドアルドゥスと言い、他のひとりはグンタリウス、もうひとりはクロドヴァルドゥスと言った。ゴドマルスはブルグンディアを回復した。

七

テウドリクスはかつてトリンギー人たちの王ヘルメネフレドゥスから受けた不正（巻三、四）を忘れてはいなかった。彼は弟のクロタカリウスに援軍を頼み、もしも神の加護を得て勝利の贈物を手にしたあかつきには、戦利品の分け前を与える約束をして、出征の準備を整え、フランク勢を集めて言った。

「わしが受けた不正も、そなたらの父祖の最期も忘れられない。トリンギー人がわれらの先祖に襲いかかって加

えた悪事の数々を思い出そうではないか。われらの先祖は人質を立て、彼らとの平和を望んでいたのに、彼らは色々の方法で人質をなぶり殺しわれらの父祖に襲いかかった。財産をすべて奪い去り、男の子たちは足の腱で木から吊るされ、二百人以上の女の子が、二頭の馬の首にそれぞれ腕を結ばれ馬を棒でけしかけて別の方角へ走らせ身体を裂かせるという卑劣なやり方で殺された。他のものは路上の轍《わだち》の上に並べられ、杭にくくられて地面の上に置かれた。その上を荷物を満載した車がひいて行った。骨が砕け、死体は犬と鳥の餌食になった。このあいだもヘルメネフレドゥスは約束したものをわしにくれずにまったくの空約束を喰らわせおった。聞け、わしの言葉のどこが間違っておるか。されば神の加護を頼みこの敵に当たろうではないか」

これを聞いたフランク勢はかかる恥辱に怒りを新たにし、「心と気持ちを同じくして」（ヨシュア記、九、二）トリンギアを目指した。テウドリクスは弟のクロタカリウスとわが子テウドベルトゥスを援軍に恃《たの》み出撃した。トリンギー勢はフランク人の出陣を知ると罠をしかけた。すなわち合戦の想定される野に穴を掘り、その口をふさいで密集した芝を置き、平らな野に見せかけた。戦《いくさ》が始まると多くのフランクの騎兵がこの陥穽《かんせい》に落ち、味方は苦戦に陥った。しかし、しかけに気づいてからは皆気をつけるようになった。

ついにトリンギー勢は形勢が逆転したことを見て取り、王ヘルメネフレドゥスが逃げ出すと、軍は総崩れとなってオネストゥルディス（ウンストルート）川まで引いた。そこで多くのトリンギー人が倒れ、オネストゥルディスの川床は屍骸の山で埋められた。

フランク勢は橋を渡るようにその上を越えて向こう岸へ渡った。勝利を手にし、敵の領土をおさえ、それを自己の支配下に入れた。クロタカリウスは、ベルタカリウス王（ヘルメネフレドゥスに殺された）の娘のラデグンディス（巻三、四）を捕虜として連行し、自分の妻にした。また彼は後に彼女の兄弟を邪悪な人を使って殺害した。ラデグンディスは心を神に向けて俗服を脱ぎ、ペクタヴェンシス（ポワティエ）の町に尼僧院を建てた。そして祈りと断食と喜捨のうちに生きて世に知られ、人々に敬われた（巻六、二九）。

さてフランクの王たちがまだトリンギアにあったころ、テウドリクスはクロタカリウスを殺そうと計り、ひそかに武装兵を用意し、内密の相談事があると言って、彼を自分のもとへ呼び寄せた。彼は家の一部の一方の壁から他方の壁にかけて幕を垂らし、その後ろに武装兵を置くよう命じた。しかし、この幕が短かったので武装兵士の足が現れていた。クロタカリウスはこれに気づき自分の武装兵を連れて家に入った。

テウドリクスは、クロタカリウスがこれに気づいたと気づき、色々話題を変えて話をしながら、いかにして自分の罠をごまかそうかと考え、大きな銀製の皿を彼にプレゼントした。クロタカリウスは別れを告げ、贈物の礼を言って、自分の宿舎へ引き上げた。テウドリクスはさしたる理由もなく皿を失ったことを部下たちに嘆き、息子のテウドベルトゥスに、

「叔父さんの所へ行き、わしが贈ったものを返してもらって来てはくれまいか」

と言った。彼は出かけて行き目的のものを持って帰って来た。こうしたはかりごとにおいてテウドリクスはまったく油断ならない人物だった。

八

自国へ返ったテウドリクスはヘルメネフレドゥスに安全の保障を与えて呼び寄せ、色々栄誉の贈物をした。ところがある日トゥルビアケンシス（チュルピヒ）の町の城壁の上で会話をしている最中、ヘルメネフレドゥスは誰かに突き落とされ、高い壁から地面に叩き付けられて死んだ。誰がそれをしたか、我々は知らない。しかし多くの者がここにテウドリクスの罠が透けて見えると言っている。

九

テウドリクスがトリンギアにあったころ、アルヴェルヌス（クレルモン）では彼は戦死したとの噂が立った。当地の元老院議員のアルカディウスはキルデベルトゥス（テウドリクスの異母弟）にこちらの領土を取るようにと言って、自分の所へ招待した。キルデベルトゥスは躊躇せずアルヴェルヌスへ出かけた。たまた

まその日は霧が深く、三分の二ユゲルム（約二〇メートル）先の野も見えなかった。以前からこの王には、「一度アルヴェルナのレマニス（オーヴェルニュのリマーニュ）の野を見てみたいものだ。輝く美しさに満ちているそうじゃないか」

などと言う癖があった。けれども神がこのことを彼にお許しにならなかった。市門はすべて閉まっており、中へ通ずる通りもなかった。アルカディウスがある門の閂《かんぬき》を切り落として彼を市内へ入れた。このことがあった後、テウドリクスが無事トリンギアから帰還したとの知らせが届いた。

一〇

キルデベルトゥスはこれを知るとアルヴェルヌスを離れ、妹クロトキルディスのためにヒスパニアを目指した。彼女はカトリック信仰のために同地で夫アマラリクス（巻三、一）からさまざまな嫌がらせを受けていた。彼女が聖なる教会へ行くたびに、夫は彼女の前に糞尿、汚物をまき散らすよう命じた。ついに彼女はこのような非道に耐え切れなくなり、自分の血をにじませたハンカチを兄に送り届けたという。

キルデベルトゥスはこれを受け取って動揺し、ヒスパニアに出征した。アマラリクスはこれを聞いて逃亡の船を用意したが、キルデベルトゥスが近くに迫り、乗船の時になって、あまたの高価な宝石類を宝物庫に残したままなのに気づき、あわてて市内へ引き返した。しかし、市門が敵軍に占領されて脱出できず、キリスト教教会へ逃げ込もうと思った。が、聖なる敷地に達する前にひとりの兵が彼を槍で刺した。彼はその場に倒れて死んだ。

かくてキルデベルトゥスは多くの財宝と妹を手に入れて凱旋する手筈であったが、いかなる原因でか、この女性は旅の途中で亡くなり、パリシウス（パリ）に運ばれて、父クロドヴェクスの傍らに葬られた。キルデベルトゥスは残された財宝とともに教会の高価な聖器物をも得て帰った。六〇の高杯、一五の深

度量衡Ⅳ　ユゲルム iugerum は，広さの単位としては軛《くびき》につながれた2頭の牛が半日で耕す田の広さ。長さの単位としては約30 m。

皿、二〇の聖書箱で、全て純金と高価な石で飾られていた。これらの品々はつつがなく運ばれてきて、すべて諸教会と聖者の聖堂に分配寄贈された。

一一　この後、クロタカリウスとキルデベルトゥスはブルグンディア（ブルグンド人の本拠地）攻撃を策し、テウドリクスを援軍に頼んだが、彼は動こうとしなかった。彼に従うフランクの諸将は言った。

「もしもあなたがご兄弟と一緒にブルグンディアへ行くことを拒否なさるなら、われらはむしろあなたを離れ、ご兄弟を選びまするぞ」

しかし彼はアルヴェルヌス（クレルモン）の自分に対する不忠義（巻三、九に暗示されている）を考えながらこう言った。

「わしに従っていただけるなら、わしはお身たちをお望みのままに金銀取り放題のとある国へご案内致そう。かの地では家畜なり奴隷なり衣服なり溢るる程にござるぞよ。それゆえあちらには従いなさらぬよう」

この約束に誘惑されて諸将たちは考えを改めた。テウドリクスはかの地（アルヴェルヌス）攻略を策し、自軍に対し、かの地の財物と人間はすべて持ち帰って良い旨の約束を再三繰返した。クロタカリウスとキルデベルトゥスはブルグンディアを攻略してアグスティドゥヌム（オータン）を包囲した。ゴドマルスは逃亡し、ブルグンディアは彼らの手に落ちた。

一二　テウドリクスは軍と共にアルヴェルヌスに至り、全領域を荒らして粉砕した。この厄災を招いた張本人のアルカディウス（巻三、九）はビトゥリカ（ブールジュ）へ逃亡した。当時そこはキルデベルトゥスに属していた。アルカディウスの母プラキディナと父方の叔母アルキマはカドゥルクス（カオール）の町で捕えられ、所有物を取り上げられて追放に処せられた。テウドリクス王はアルヴェルナ（クレルモン）の町に迫り、その郊外の村に陣を敷いた。このころ幸多きクインティアヌス（巻三、二）が当地の司教だった。軍はこの憐れな全地域を巡ってすべてを破壊し、圧倒した。ある部隊は聖ユリアヌスの聖堂に至り、入口をたたき割り、門《かんぬき》を外して、そこに集まっていた貧乏人の持ち物を略奪し、散々悪事を働いた。けれどもその非道の張本人たちは汚霊に取り憑かれた。自分自身の歯で自分を嚙みさきながら、泣きわめいて、

「聖なる殉教者よ、なぜかく我々を苦しめるのか」

と言うのであった。このことは彼の徳行の書（殉教者聖ユリアヌスの受難と徳力、一三）の中で述べておいた。

一三

ロヴォラウトゥルム（クレルモン付近のヴォロール）の砦が攻略され、司祭のプロクルスが教会の祭壇の前で虐殺された。この司祭はかつて司教の聖クインティアヌス（巻三、二）に不正を働いた人物だった。またそれまで持ちこたえていた砦が邪悪な敵の手に落ちたのもこの人物のせいだったと私は信じている。敵はこの城を攻めあぐみ、故郷へひき返す寸前だった。これを知った城内には楽しい気分が充満し、皆は安心して労苦を忘れた。ちょうど使徒が「人々の平和無事なりと言うほどに、滅亡にわかに彼らの上に来たらん」（テサロニケ前書、五、三）と述べているようなぐあいだった。すなわちプロクルスの使用人が、安心しきっていた市民を敵の手に引き渡したのだった。城内が荒され捕虜が連行された後、三〇日間止んでいた雨がはげしく降った。

メロリアケンセ（マルラック）の砦の市民たちは、捕虜になった市民を買い戻した。この一件は彼らの油断から生じた。すなわちこの城塞は天然の要害であって、人工の城壁はなく、一〇〇ペデス（三〇メートル）以上の切り立った断崖で囲まれていた。中央には巨大な池があって流水に恵まれ、さらに別の側面にも豊かな泉がわき出、城門をくぐって新鮮な流れとなって下っていた。この要害の中は相当広く、市民は柵の内部の地面を耕して豊かな作物をたくわえていた。

この天険を恃《たの》んで、何かを調達して来ようと外へ出、敵に捕われた市民が五〇人もいた。彼らは後ろ手に縛られ

て近親者の目の前に並べられ、頭上に剣を振り上げられた。彼らが殺されないために、一人あて一トリエンス金貨を払って彼らを買い戻さねばならなかった。テウドリクスはアルヴェルヌスを離れるに当たり、近親者のシギヴァルドゥスを監視人として残しておいた。

そのころ身分の低いリュティギウスという者がいて、常日ごろ聖クインティアヌスに意地の悪いことをしかけ、司教が彼の足元に身を投げ出すということがあった。すると彼は司教を馬鹿にして、何かの折に妻に向かって聖者のなしたことを笑いものにした。夫よりものわかった妻はこれに驚いて言った。

「あの方がもしもう一度そんな風に地面に頭をすりつけなさったら、あなたの方こそ立ち上がれなくなるわよ」

それから三日後、王のもとより使者が来て、この男は妻子と共に縄をつけて連行され、再びアルヴェルヌスに戻ることはなかった。

一四

ムンデリクスは自分を王の親戚であると称し、それを鼻にかけて言った。

「テウドリクス王が何だ。わしだとてやつと同様王座に坐ってもおかしくはない。よし、出かけて行きわしの一味を集めてみよう。そして彼らにわしへの忠誠を誓わせ、わしもやつと同じ王だとテウドリクスに思い知らせてやる」

こうして彼は出かけて行き、

「わしは君主じゃ。このわしに従え。さらば『汝らさいわいならん』（列王紀略、

♔貨幣Ⅰ　トリエンス triens は「3分の1」を意味することばで，3分の1ソリドゥス solidus の金貨。

♔君主 princeps と王 rex　「王 rex」は「君主 princeps」とも呼ばれる。「君主」を意味するラテン語 princeps は，もともと「第一人者」の意味で，「皇帝」などをもさしうる他，多義である（「訳語対照表」参照）。他方著者がこの作品のなかで王の子供をも「王 rex」と呼んでいる場面［4，13］［9，20］があるが，これはあくまで特殊な事例であろう（「王 rex」の女性形 regina がかなり多義であることは「訳語対照表」参照）。

なお princeps は，英語とフランス語の prince，ドイツ語の Prinz などの語源だが，これら近代語は直接「君主（第一人者）」をさすのではなく「王子（第一人者の子）」の称である場合が多い。

などと言って人民を誘惑し始めた。田舎臭い一味が集まり、人間の弱さから起こりがちなことだが、忠誠の誓いをし、彼に王の栄誉を与えた。テウドリクスはこれを知ると彼のもとへ使いを送り、

「わがもとへおいでください。わが王国支配権の一部をお譲りせねばならぬものならば、そういたしましょう」

と言わせた。この言葉は罠だった。王は彼が来たら殺すつもりだった。しかしムンデリクスは行こうとはせず、

「帰って、君たちの王に言いたまえ、わしも彼と同じく王なのだとな」

と言った。そこでテウドリクスは軍を発し、力で彼を圧伏しようとした。ムンデリクスは自分がとてもかなわぬと知り、全財産を持ってヴィクトゥリアクス（マルヌ県のヴィトリー）の砦にこもり、彼が誘惑した一味とともにここで防戦しようとした。王の軍は砦を囲みここに七日間留まった。ムンデリクスは仲間とともに戦い、言った。

「頑張ろう、死ぬまで一緒に戦い、敵に身をゆだねまいぞ」

攻囲軍は投槍を放ってみたが効果はなく、このことは王に報告された。そこで王はアレギシルスという者を送った。あらかじめ彼に、

「見よ、きゃつは頑固に反逆を続けている。彼の所へ行き、安全の保障を与えて誘《おび》き出せ。そして出てきたところできゃつを殺し、その名を王国から抹殺するのだ」

などと言い含めておいた。アレギシルスは任地に着くと指図《さしず》通りに事を行なった。まず兵士たちに合図を教え、「わしがこうこうと言ったらすぐに奴に飛びかかって殺せ」と言って城内に入り、ムンデリクスに向かい、「いつまで居座るおつもりか、これじゃ『愚人のひとり』（サムエル後書、一三、一三）ですぞ。いつまでも王に歯向えるものではござらん。食料も底をつき、飢えがあなたを苦しめ、最後にはここを出ざるを得ず、敵の手に渡されて犬のように死ぬばかりではござらんか。それよりは、聞いていただきたい、今すぐ王に従いなされよ。あなたもお子たちも生き長らえるように」

と告げた。この言葉に弱気になったムンデリクスは、

「もし開城なんぞしたら、すぐに王に捕えられて殺されるだろう、わしも息子たちもわしに同心してくれた人々もな」

と言った。すかさずアレギシルスが、

「恐れなさるな、もし開城をお望みならば、咎《とが》を大目に見る保証をお受け取りになり王の前にお立ちになるがよかろう。恐れることはありません。あなたと王の関係は以前のままでありましょう」

と言うと、ムンデリクスは、

「保証をくだされ、私が死なぬという」

と言った。アレギシルスは聖なる祭壇に両手を置き、彼が無事開城できる旨《むね》を彼に誓った。

この誓約を得、ムンデリクスがアレギシルスの手を取って砦を出ると、兵士たちが彼を遠巻きにして眺めた。この時アレギシルスは合図を与えて、

「なにを緊張して見ているのか、兵士たちよ、このムンデリクスを見たことがないとでも?」

と言った。ただちに兵士が彼に襲いかかった。が、これを知ったムンデリクスは、

「はっきりわかった。今の言葉がわしを殺せという合図だな。だが、偽証でわしをだました汝を生きて見る者は今後いないのだ」

と言って槍でアレギシルスの背を刺し貫いた。彼は倒れて息を引き取った。ムンデリクスは剣を抜き、彼の一味とともに当たるを幸い殺しまくり、屍体の山を築いて息絶えた。彼の死後、彼の財産は国庫に没収された。

一五

テウドリクスとキルデベルトゥスは同盟を結び、互いに対して軍をさし向けぬよう誓約を交わし、この言葉を堅固にすべく人質を交換した。そのころ多くの元老院議員の子供が人質として供出されていたが、

王たちの衝突が度重なると彼らは公的奴隷に身を落とし、彼らを預った者が彼らを個人の奴隷として使っていた。多くの者は逃亡して故郷へ帰ったが、少なからぬ者が奴隷の身分に留まっていた。リンゴニカ（ラングル）の町の幸多き司教グレゴリウス（著者の先祖にあたる）の甥のアッタルスもそうした境遇にあって公的奴隷となり、馬の世話をあてがわれていた。すなわちトゥレヴェリクム（トリーア）の領域のある蛮人《バルバルス》（「訳語対照表」参照）に仕えていた。幸多きグレゴリウスは人を派遣して甥を求めしめた。使者は多額の代償を提供したが、アッタルスの主人はそれを断ってこう言った。

「そんなに由緒ある出自の人のあがないには一〇リーブレ（約三・二キログラム）の金《きん》は必要ですぜ」

使者が帰って来ると、グレゴリウスの家の台所の使用人のレオという者が、

「私にやらせていただけないでしょうか。彼を捕虜の境遇から救い出せると思います」

と言った。主人は大いに喜び、レオはそのままかの地に赴き、ひそかに奴隷を救出しようとしたが、うまく行かなかった。そこでとある人を傍らに誘って言った。

「おれと一緒に来て、おれを蛮人の家へ売ってくれないか。おれの代価は君のものとしてよいよ。おれはこれでおれの計画の端緒をつかみたいのだ」

するとその人は彼の誓いを受け入れてくれて、出かけて行き彼を一二枚の金貨で売り、立ち去った。彼を買った男は自分の新しい奉公人に、どんな仕事ができるか尋ねた。すると彼は、

「私はご主人さま方の食卓の御用は何でもやらせていただきます。この仕事ならよく存じておりまして、私ほどこの術に長けた者はいまいと自負しております。もし王者の宴会をお望みならば、それにふさわしい品を作ってお見せいたしましょう。どこにもひけは取りません」

と答えた。すると主人は言った。

「来たる日曜日（dies solis＝「太陽の日」の意）に」——蛮人は、主の日（日曜日 dies dominicus）を太陽の

♔**度量衡Ⅴ**　リーブラ libra（複数形リーブレ librae）は「秤《はかり》」の意だが，重さの単位としては約 0.32 kg。

日と呼ぶ習慣があった――「わしの隣人と親戚を招待してあるのだ。彼らがあっと驚いて、王の家でもこんなものにはお目にかかれまいという程のものが作れるかな」

　そこで彼は、「よろしゅうございます」と答えた。「では雛鳥を沢山ご用意下さいませんか。さすればお望みのものをこしらえましょう」

　さて使用人の言ったものが用意されて主の日（日曜日）が明け、立派な宴席が設けられてご馳走で満たされた。主人の親戚はみな食事を楽しみ、珍味を大いに賞賛して帰って行った。かくて使用人は主人の愛顧を得、主人の持ち物には何でも自由な裁量が許された。主人は彼を可愛がり、彼は同居人一同の食卓の用意を整えた。

　さて一年が過ぎて主人が彼に完全に心を許したころ、彼は馬の番をする従僕のアッタルスと家の近くの草原に出かけた。彼らは地面に寝転がり、話していることを他人に気づかれないよう、お互い離れて背中合わせになり、レオが従僕に話しかけた。

「そろそろ故郷へ帰る算段をせねばならぬ。今夜馬を厩《うまや》に入れたら眠らないで、おれが君を呼んだら来てくれ。一緒に出かけよう」

　その日は蛮人《バルバルス》の主人が親戚をおおぜい宴《うたげ》に招いていた。その中に主人の娘婿《むすめむこ》なる人がいた。深夜皆が宴席を立って眠りにつこうという時、レオは主人の娘婿の飲みなおしにつきあって彼の部屋でお酌をした。するとこの婿は、

「ねえ、わが舅《しゅうと》の信頼あつい君だが、いつわが舅殿の馬をかっぱらって国へ帰るのかな」

と冗談めかして戯言《ざれごと》を言った。彼の方も同様のふざけた調子で本当のことを喋り、

「今夜にも立とうかと思っていますわ。それが神のお望みなら」

と言った。婿は、

「じゃ、おれの奉公人どもにおれを守らせなくてはな。おれの物を持っていかれては困るからな」

と言った。ふたりは笑いながら別れた。

皆が寝静まったころレオはアッタルスを呼び、馬に鞍を置くと、剣は持っているかと尋ねた。すると、「私には小さな槍があるばかりです」という答えが返ってきたので、主人の住居に入り、その盾と投槍《なげやり》をつかむと、主人が、誰がいるのか、何をしているのかと尋ねたので、

「奉公人のレオです、アッタルスを起こして早く馬を野に連れて行かせます。奴は泥酔して寝ておりますんで」

と答えると、「すきにせい」と主人は言って、寝入った。

さてレオは外へ出るとアッタルスを武装させ、幸い大広間《アトリウム》の出口を見つけた。そこの門には夜になると馬が外に出ないように槌《つち》で閂《かんぬき》が打ち込まれるのだが、神のご加護でその時にははずれていた。彼らは神に感謝し、衣類を一包にまとめ、残りの馬を全部引き連れて去って行った。ムセラ（モーゼル）川まで来ると、人々に引き止められたので、馬と衣類を捨て、盾の上に身を横たえて流れを泳ぎ渡り、向こう岸に着くと夜闇に紛れて森に入り、身をひそめた。

三日目の夜が来た時、彼らは何も食べずに旅を続けていた。この時、神の助けで一般にプルーナ（李《すもも》）と呼ばれている果実のたわわに生《な》った木を見つけて飢えをしのぎ、辛うじて身を支えつつカムパニア（シャンパーニュ地方）路に入った。彼らが歩いていると駆け来る馬の足音が聞こえ、ふたりは、

「地面に伏せよう、やってくる者どもに見えないように」

と言い合った。するとちょうど大きな苺の灌木《かんぼく》が目に入り、彼らはそのうしろの地面に身を伏せて剣を抜いた。気づかれた時はさながら悪漢に対するようにただちに剣で身を守る覚悟だった。しかし追手はここまで来て茨の低木の前で立ち止り、馬が小便をする間、ひとりがこう言った。

「畜生、あいつらどこへ行きやがったか。見つけたらただではおかんぞ。一人は磔《はりつけ》にし、もう一人は剣でずたずたに切り刻ませてやる」

これを言ったのはレメンシス（ランス）の町を経由して彼らを追って来た蛮人《バルバルス》の主人自身だった。夜闇が守ってくれなかったら彼らは途中で見つかっていただろう。追手は馬を駆って去った。

その夜の間に彼らは町に達して中に入り、人を見つけて、司祭パウレルスの家の所在を尋ね、教えてもらった。道を歩いていると早朝ミサの鐘声が聞こえた。その日は主の日（日曜日）であった。彼らは司祭の家の戸を叩き、中に入り、奉公人が主人のことを物語った。すると司祭は彼に向かって、

「私の見たものは真実だったのだ。つまり、昨夜、私は二羽の鳩が飛んできて私の手に止まるのを見たのです。一羽は白く、一羽は黒かった」

と言った。そこで奉公人は、

「主が聖なる日（日曜日）の恵みを下さいますように。つまり、何か食べる物をいただけないでしょうか。パンやおかずを食べなくなってから四日目が来ようとしています」

と言った。これを聞いて司祭は彼らをかくまい、ワインとパンの入った汁物を与えて早朝ミサに出かけた。その後蛮人の主人がここまで追って来たが、司祭にはぐらかされて帰って行った。この司祭は、幸多きグレゴリウスの古くからの友人だった。ふたりはなお二日司祭の家に留まり、食物で力を回復した後、辞去してただちに聖グレゴリウスのもとへ赴いた。グレゴリウス司教は、ふたりを見ると、甥のアッタルスの首にしがみついて泣いた。レオは、一族全員と一緒に奴隷の身分から解放され、自分の地所をもらって妻子とともに生涯をそこで暮らした。

一六

アルヴェルヌス（クレルモン）にとどまったシギヴァルドゥス（巻三、一三）は、当地で散々悪事に耽った。さまざまな物品を強奪し、彼の奴隷どもも盗み、殺人、押込みその他の悪業をやめなかった。彼らの面前では誰しも口をつぐんだ。

シギヴァルドゥスはある時、恥知らずにも聖テトラディウス司教（在ビトゥリカ）がユリアヌスの聖堂に寄贈し

たブルギアテンシス（ボンジェア）の館に侵入した。が、館に入るや否や正気を失って寝台に倒れこんだ。僧侶の知らせで彼の妻が彼を駕籠《バステルナ》（ラバに引かせる）に乗せて他の別荘に運んだところ、彼は正気に戻った。妻は彼に身を寄せて、起きたことをすべて物語った。これを聞いた彼は幸多き殉教者に誓いをささげると、力で強奪したものを倍にして返却した。この出来事も聖ユリアヌスの奇蹟の書（殉教者聖ユリアヌスの受難と徳力、一四）の中に述べておいた。

一七

トロヌス（トゥール）の人々の司教ディニフィウス（巻三、二）が亡くなり、前述の（巻三、六）クロドメリス王が任命したオムマティウスが教会を三年間率いた。彼も死に、レオが七か月采配した。彼は指物師として有能な男だった。これも亡くなるとクロトキルディス女王の指図でブルグンディアからテオドルスとプロクルスの二人の司教が来て、三年間トロニカの教会を采配した。

彼らが役目を終えると元老院議員のフランキリオが役目を継いだ。三年その役職にあり、民への祝福に満ちた主の生誕の夜が輝き始めた時、この司教は夜の勤行《ウィギリア》に赴く前に酒杯を所望した。召使がすぐにそれをさし出し、司教はぐいっと飲んでそのまま息を引き取った。彼が毒殺されたことは疑いない。彼の死の後、市民のひとりであるインユリオーススが幸多きマルティヌス以来一五人目の聖堂の司教になった。

一八

女王クロトキルディスがパリシウス（パリ）にとどまっていたころ、キルデベルトゥスは自分の母が前述の（巻三、六）クロドメリスの子供たちを偏愛するのを見て嫉妬し、女王の寵愛を得て彼らが将来王国を分領するのではないかと恐れ、ひそかに弟のクロタカリウス王に使いを送り、

「我らの母は兄の子たちを育てて彼らに王国をまかせるつもりだ。急ぎパリシウスに来てほしい。そこで一緒に相談して彼らをどうすべきかを処理せねばならない。彼らの長髪（王者の印）を切り落として彼らを一般民とする

か、彼らを殺して兄の領土を我々の間で半分ずつに分けるか」

と言わしめた。これを聞いたクロタカリウスは喜んでパリシウスへやって来た。これに先立ちキルデベルトゥスは、この子たちに王国を与えるべく両王が会合するのだという噂を民の間にまき散らした。また二人はこの町に滞在する母に共同で使者を送り、

「お子たちをこちらへよこして下さい。彼らに王国をゆだねますゆえ」

と言わしめた。これを聞いた彼女は、彼らの姦計に気づかず、子たちに食べ物と飲み物を与えて言った。

「わたしはおまえたちがいなくなっても寂しがらないよ。おまえたちが息子の王国を引き継いでくれるならね」

彼らは出立すると、ただちに捕えられ、家来や養育者たちから切り離され、別の見張りの下に置かれた。そうしておいてキルデベルトゥスとクロタカリウスは前に述べたアルカディウス（巻三、一二）に鋏《はさみ》と抜き身の剣を持たせて女王のもとへ送った。彼はやってくると、両方を彼女に示して言った、

「栄えある女王よ、われらがあるじたる貴女《あなた》の息子たちが、この子供らをあなたがどうされたいか、知りたがっておいでです。髪を切って彼らを生かしておきますか、それとも彼らを切り殺しますか」

この知らせに驚いた彼女は、鋏と抜き身の剣の意味を知って余りに激昂し、苦しみに圧倒され、混乱して自分を制することができず、あっさりと言った。

「もしこの子らが王位に就けないのなら髪をおろされるのを見るより死んでくれた方がましだわ」

使者は彼女の混乱などに頓着せず、彼女が正気だったらどうするかなど考えもせず、すぐさま帰って報告した。

「女王がお認めになりましたぞ。とっかかった事を終えてください。彼女ご自身あなた方の企みが満たされることをお望みです」

躊躇せずクロタカリウスは上の子の腕をつかんで地面へ投げ倒し、小刀を腋《わき》にぐっとさし込んで残虐に殺した。この子が悲鳴を上げた時、その子の弟はキルデベルトゥスの足もとに身を投げ出し、彼の膝をつかんで泣きながら

言った。

「助けて、叔父さん、兄さんのようになりたくない」

そこでキルデベルトゥスは涙に濡れた顔で言った。

「弟よ、おまえの寛大な心に免じてこの子を許してやってくれないか。もし許してくれるなら、この子の命のかわりに何でもおまえの好きな物をあげるから」

するとクロタカリウスは、兄を非難して、

「そいつをこっちに渡すか、あなたが死ぬかです。だいたいあなたが」と言った、「このことを始めたのではありませんか。もう誓いを破るのですか」

これを聞いて、彼は子供を自分の所から弟の方へ押し出した。弟は子供を受け止めて、脇腹に小刀をつき刺し、上の子と同様に虐殺した。次いで彼らは子供の家来と養育者も片づけた。彼らを殺し終わるとクロタカリウスは甥殺しからまったく動揺を受けずに馬に乗って去った。キルデベルトゥスもまた郊外へ立ち退いた。

女王は子供のなきがらを担架に乗せ、おおぜいの合唱隊を用意して悲しみに暮れて

クロドメリスの子供たちを殺すクロタカリウスとキルデベルトゥス（『フランス人民の歴史』1866年から，J.E.ダルジャンによる木版画）

聖ペトルスの聖堂までつき添い、二人を一緒に葬った。ひとりは一〇歳、もうひとりは七歳だった。もうひとりのクロドヴァルドゥスという子供を捕まえることはできなかった。屈強の男たちが彼を助けて逃した。彼はこの地上の王国を軽蔑して主に心を向け、自ら髪を切って僧籍に入り、良い行いに心を傾け、司祭としてこの世を去った。キルデベルトゥスとクロタカリウスはクロドメリスの領土を自分たちで均等に分けた。

女王クロトキルディスは、誰からも尊敬を受ける生活をした。施《ほどこ》しに心がけ、夜通し祈りつづけ、純潔を守り、あらゆる善行を行ない常に身を清らかに保った。彼女は、教会や僧院など、聖なる施設の出費を見越して、進んで気前良く地所の寄贈を行なった。その当時には彼女は女王ではなく主ご自身の下女のように忠実に主に仕えているた思われていた。息子たちの王国もこの世のどんな野心や富も彼女を破滅に導かなかった。謙遜が彼女に恩寵をもたらしたのだった。

一九

そのころリンゴニカ（ラングル）の町の司教幸多きグレゴリウスは主の偉大な奉仕者で、しるしと徳行で有名だった。彼のことにはすでに言及した（巻三、一五）ので、ここでは彼が好んで滞在したディヴィオ（ディジョン）の土地について述べてみたい。この砦は、美しい平野の真ん中に堅固に築かれており、大地は豊饒肥沃で、一度鋤を入れて土を掘りかえし種をまけば、いくらでも実りが得られた。南方には魚に満ちたオスカラ（ウーシュ）川が流れ、北方から他の流れが門から市内に入り橋をくぐって貫流し、別の門から出て、城壁を巡っておだやかに波打ち、門の前では水車を勢いよく駆りたてている。

四つの門が四方に設けられ、三三の塔が外壁の構築物を飾り、高さ三〇ペデス、幅一五ペデスの城壁は、二〇ペデスの高さまでは方形の石で、それより上は小ぶりの石を積み上げて作られていた。これが町と呼ばれぬ理由を私は知らない。周囲にはみごとな泉がわき、西方には豊かな葡萄を産する山々が聳《そび》え、住民に素晴らしいワインを供給する。このワインはかのスカロヌム・ワイン（パレスティナ地方のアスカロ産。「地図2」参照）を顔色なからしめる。古老の話ではこの砦はアウレリアヌス帝によって築かれたものという。

二〇　テウドリクス王は息子のテウドベルトゥスをある王の娘ウィシガルディスと婚約させた。

二一　クロドヴェクス王の死後、彼が広げた多くの領土がゴート人によって奪還された。テウドリクスはテウドベルトゥスを、クロタカリウスは自分の息子グンタリウスをそれぞれ派遣してこれの回復に努めた。グンタリウスはルテヌス（ロデズ）まで来て、理由は不明だが、引き返した。テウドベルトゥスはビテリス（ベジェー）の町へ行き、デハス（ディォヨ）の砦を占領して略奪した。次いで使者をカプラリア（カブリエール）という名の他の砦に送り、もしも自分に従わないなら、火を放って同所を灰燼に帰せしめ住民を捕虜にすると言わしめた。

二二　そのころそこにデオテリアという名の有能で賢い既婚婦人がいた。夫はビテリス（ベジェー）の町に行っていたが、彼女は使者をテウドベルトゥスに送り、

「敬虔な主よ、あなたに刃向うことはできません。私たちはあなたが支配者だとよく心得ております。こちらにおいでになり、あなたのお心にお気に入られることをなさいませ」

と言わせた。テウドベルトゥスはさっそく砦に赴き、和議を結んで砦に入り、住民が自分に従うのを確認すると、そこでは何も狼藉は行なわなかった。デオテリアが彼に会いに来た。すると彼は彼女の美形を認めて愛にとらえられ、彼女を自分の寝所に伴った。

一三

このころテウドリクス王は自分の一族のシギヴァルドゥス（巻三、一六）を剣で斬殺し、テウドベルトゥスに、彼のもとにいるシギヴァルドゥスの息子のシギヴァルドゥス（父と同名）を殺すよう、ひそかに手紙を送った。しかし自分が洗礼の泉へ導いた彼を失いたくなかったテウドベルトゥスは父の手紙を彼にわたして読ませ、

「ここから逃げろ。おまえを殺せという父の指図《さしず》だが、親父が死んでおれが王になったと聞いたら安心して戻って来るがいい」

と言った。シギヴァルドゥスはこれを聞いて感謝し、別れを告げて去った。アレラテンシス（アルル）の町は当時ゴート人の手にあったが、テウドベルトゥスはそこから人質を得ていた。シギヴァルドゥスはそこへ逃げ、そこが自分にとって必ずしも安全でないとわかると、ラティウム（イタリア中部）を目指し、そこに身を隠した。

そうこうするうち、テウドベルトゥスに、父が重病で、彼が生きているうちに会うべく急がねば、叔父どもがテウドベルトゥスをしめ出して戻れなくしてしまうだろうとの知らせが届いた。彼はこれを聞いて一切をなげうって故郷を目指した。デオテリアとその娘はアルヴェルヌス（クレルモン）に残した。

彼が退去して数日後、テウドリクスがその統治二三年目にして亡くなった。キルデベルトゥスとクロタカリウスはテウドベルトゥスに対して立ち上がり、王国を略取しようとしたが、テウドベルトゥスは贈物で配下の諸将を手懐《てなづ》けて安全を計り、王国の安定を確保した。その後アルヴェルヌスに使者を送ってデオテリアを呼び寄せ、彼女と結婚した。

二四

キルデベルトゥスは、自分がテウドベルトゥスには敵し得ないのを見て取ると、彼のもとへ使者を送り、

「わたしには男子がなくあなたを息子として遇したい」

と言わせて、自分のところへ来るように伝えた。彼が来ると、誰もが驚くような豪勢な贈物を用意した。それら

は武具や衣服その他の装身具の王にふさわしい高価な品で、どれも三揃《みつぞろ》えでこしらえてあった。また馬と食器の贈物もあった。

シギヴァルドゥス（巻三、一三）は、テウドベルトゥスが父の王国を継承したと聞くと、イタリアから彼のもとへ帰還した。テウドベルトゥスは彼を喜んで迎え、愛情深く接吻し、叔父からもらった贈物の三分の一を与えた。また父テウドリクスが国庫へ没収した彼の父シギヴァルドゥスの財産をすべて彼に返すように命じた。

二五　テウドベルトゥスの支配が確立してくると、彼は偉大で「あらゆる善」（エペソ書、五、九）において卓越した王であることが明らかになった。彼は正義をもって国を治め、聖職者を敬い、教会に贈物を施し、貧者をいたわり、敬虔な優しい気持ちで多くの人に多くの善行を行なった。アルヴェルヌス（クレルモン）の諸教会から彼の国庫に入れられていた貢納物は寛仁の心で免除した。

二六　デオテリアは自分の娘が成人したのを見ると、王が娘に欲情を抱いて取るのではないかと恐れ、彼女を駕籠《バステルナ》にすえて荒牛につなぎ、橋からまっさかさまにつき落とした。娘は流れの中で落命した。これはヴィリドゥヌム（ヴェルダン）で行なわれた。

二七　七年経ってもウィシガルディス（巻三、二〇）が婚約者のままで、王はデオテリアがいるために彼女と結婚しそうにないので、全フランク人が、なぜ王は自分の婚約者をないがしろにするのかと王を非難した。これに動かされて王は、テウドヴァルドゥスという小さな男の子をもうけたデオテリアを離れ、ウィシガルディスを妻に迎えた。彼女はあまり長く生きなかった。彼女が死ぬと王は別の女性を迎え、デオテリアにはもはや二度と近づかなかった。

二八

キルデベルトゥスとテウドベルトゥスは軍を発し、クロタカリウスに対し出征を企図した。クロタカリウスはこれを聞き、この敵にはかなわないと思い、森に身を隠し、周囲を逆茂木《さかもぎ》で固め、自分の希望を神の慈悲につないだ。

女王クロトキルディスはこれを聞いて幸多きマルティヌスの墓所を訪れ、祈りつつ身を投げ出し、息子たちの間に内乱が起きないように念じて夜を明かした。

他方、軍勢を率いて出征したふたりはクロタカリウスを包囲すると、翌日にも彼を殺す算段を整えた。すると早朝、彼らの集合点に嵐がまき起こり、天幕を引きさき器物を破壊しすべてを吹き飛ばした。雷鳴が轟き稲妻が光り、彼らの上につぶてが降り注いだ。霰《あられ》に濡れた地面にうつ伏せになった彼らの上に落ちるつぶてで彼らはひどく痛めつけられた。小さな円盾の他には身をおおう物もなく、天から落下する火の直撃を受けるのではないかと彼らはひどく恐れた。馬は散り散りに逃げ、ようやく二〇スタディア先で何頭かは見つかったが、多くは戻らなかった。

かくてつぶてに打たれた彼らは地面にのびて後悔に襲われ、自分の血族に刃を向けたことに対し、神の許しを乞うた。クロタカリウスの上には一滴の雨も降らなかったし、雷鳴の轟きも聞こえず、そこには風の気配もまったくなかった。彼らはクロタカリウスに使者を送ると、平和と和解を求め、それが得られると各々の故郷へひきあげた。これが女王のとりなしによる幸多きマルティヌスの徳行によるものであることは誰も疑えない。

二九

その後キルデベルトゥス王はヒスパニアを目指し、クロタカリウスとともに進攻してカエサルアウグスタ（サラゴッサ）の町を軍勢で包囲し陣を張った。しかしこの地の住民は謙遜に神に心を向け、キリキアの粗衣を身にまとい飲食を節制して幸多き殉教者ヴィンケンティウスのトニカ（ローマ風の長い下着）を奉じ、賛歌を歌いつつ市壁を巡り歩いた。女たちも黒いマントを着て長髪を解いて灰をかぶり、まるで夫の葬式を行なっているような様子で泣き叫びつつあとに続いた。こうやって全市が神にのみ希望をつないでいたので、ここでニネベの断食（預言者ヨナの呼びかけでニネベの住人が麻布を着て断食を行なったこと。ヨナ書、三、五）が挙行されて、神の同情はこの懇願によって必ず得られるように見えた。

攻囲側は、住民の真意を測りかね、この壁の巡礼を見て呪いの一種だと考えた。そこで町から出てきた田舎者を捕まえて、これは何をしているのかと尋ねた。するとその者は答えた。

「聖ヴィンケンティウスのトニカを運んで神の憐れみを乞うているのです」

これを聞いて進攻者たちは恐れ、この町から退去した。とは言えヒスパニアの広い部分を占拠したので、戦利品をたくさんガリアへ持ち帰った。

三〇

ヒスパニアではアマラリクスの後テウダが王位に就いた。この人が殺されて、テウデギシルスが王位にあげられた。彼が友人たちと宴席について楽しんでいる最中に突然蠟燭が消え、彼は食卓用寝台（古代社会では寝台の上に身を横たえて食事を摂った）の上で敵に剣で刺されて死んだ。そのあとにはアギラが王国を継いだ。ゴート人には、自分の気に入らない王は剣で殺して自分の好みの者を王に立てるという忌わしい風習があった。

三一

イタリアのテウドリクス王（東ゴートの大王）はクロドヴェクスの妹と結婚していたが、死んで妻と幼い娘を残した。

この娘は成長するとさる王の息子を選んでくれた母の配慮を無視し、浮ついた心からトラグィラという名の自分の奴隷を愛人にし、彼とともに身をひそめようとある町に逃げた。母は娘への怒りに燃え、いつまでも自分の出自を卑しめるようなまねをせず、奴隷を捨てて自分と同等の、母の選んだ王族の人

♔キリキアの粗衣　キリキアは小アジアの地方（「地図2」参照）。この地方産の粗悪な羊毛で作られた衣を着ることは質素倹約の象徴とされる（「訳語対照表」cilicium 参照）。

物を受け入れるよう求めたが、娘は聞く耳を持たなかった。そこで怒れる母は娘に軍隊を差し向けた。兵士たちは彼らに襲いかかりトラグィラを剣で殺し、彼女も散々なぐられて母の家へ引き戻された。

彼らはアリウス派の信仰で生活し、祭壇では王族と低い身分の人々は別の杯を使う習慣があった。そこで娘は母の使う杯に毒を塗った。母は、それを使ってただちに死んだ。これが悪魔の所業であることに疑いはない。聖なる場所にさえ敵がはびこる、このことに対しかの異端者どもは何と答えるであろうか。我々完全な同等性と全能性における三位一体の告白者は、神の不壊性を備えた聖なる真実なる聖霊と子と父の名において、たとい致死の毒を飲んだとて何の害も受けぬ。

さてこの娘に我慢の度を越えたイタリアの人々はトゥスキア（トスカナ）の王テオダドゥスを招きおのが王とした。彼は、恋人の奴隷のために母を殺害したかの悪女の所業を知ると、浴室を過熱させて彼女をひとりの侍女とともにそこに閉じ込めるよう命じた。彼女は灼熱の煙の中に入るとすぐに石の床に倒れて憔悴して死んだ。

彼女の従兄弟にあたるキルデベルトゥスとクロタカリウスの両王とテウドベルトゥスは、彼女がかくも残虐な刑死に遭《あ》ったことを知り、テオダドゥスに使者を送り、彼女の死を非難して言わせた。

「もしもなしたことのつぐないをわれらに対し行なわないならば、われらは汝の王国を領取して汝を同様の目にあわせてやる」

これに仰天したテオダドゥスは彼らに五万枚の金貨を贈った。

キルデベルトゥスは常にクロタカリウスに対し屈折していて含むところがあったが、今回も甥のテウドベルトゥスと結託してこの金貨をふたりの間で分け、クロタカリウス王には一枚もやろうとしなかった。しかしクロタカリウスはクロドメリスの遺産をおさえて、彼らが横領したよりも多くの財宝を手に入れた。

三二一　テウドベルトゥスはイタリア遠征を試み多くの収穫を得た。が、かの地はうわさ通りに不衛生で、彼の軍隊はさまざまな熱病に悩み多くの者がその地で命を落とした。これを見て彼は軍を引いたが、彼と彼の部下はそこから多くの略奪品を運んで来た。この時彼はティキヌム（パヴィア）まで行ったと言われている。

彼はのちにかの地に再度ブッケレヌスを派遣した。彼は小イタリア（北イタリア）を占領して自王の支配下に置き、大イタリア（中南イタリア）を目指した。ここで彼はベルサリウス（イタリア奪回を目論む東ローマ帝国の将軍）と数回に渡り干戈《かんか》を交えよく勝利を保持した。皇帝はベルサリウスが敗北を重ねるのを見て彼を解任し、かわりにナルシスを送った。ベルサリウスは以前自分がその職にあった厩《うまや》の別当に任じられたが、これはまったく屈辱を受けたに等しい。

ブッケレヌスはこのナルシスとも何度も激しく戦った。そして全イタリアを押さえて海まで領土を拡大し、多くの財宝をイタリアからテウドベルトゥス王のもとへ送った。ナルシスはこの知らせを皇帝に送り、帝は報酬を払って諸種族の軍を募集し、ナルシスに援軍を派遣した。両軍衝突し、皇帝軍は負けて引いた。ブッケレヌスは続いてシシリアを占領しそこから貢納物を徴収して王に送った。このように彼の遠征は順調に進んだ。

三三　アステリオルスとセクンディヌスはテウドベルトゥス王の傍で重用された。ふたりとも頭が良く修辞学に長じていた。しかしセクンディヌスはしばしば王から皇帝への使者に立ったことを鼻にかけて何かと不可解な行動をした。

このため彼とアステリオルスとの間には猛烈な口論がわき起こった。それは単なる言葉ののしりあいを超えて、なぐりあいの大喧嘩に発展した。これは一旦は王の介入で収まったかに見えたが、セクンディヌスにはなぐられた痛みが忘れられず二人の間は再度緊張した。王がセクンディヌスの側に着いたのでアステリオルスは彼に従わねばならなくなった。彼は侮辱されてその地位を奪われたが王妃ウィシガルディスのとりなしで辛うじて旧に復することができた。が、王妃が亡くなるとまたもやセクンディヌスがのさばり始め、彼を殺してしまった。アステリオルスは死んでひとりの男の子を遺《のこ》した。この子が成長し青年になると父の受けた不正を糺《ただ》したくなった。セクンディヌスは恐怖に襲われて館《やかた》を渡り歩いて逃げ回っていたが、彼がどこまでも追及してくるのを知ってもはや逃れられぬと悟り、敵の手に落ちないように自分で毒を飲んで死んだと言われている。

三四

ヴィレドゥネンシス（ヴェルダン）の司教デシデラトゥスは先王テウドリクスから色々ないやがらせを受け、散々な目にあい、あげく罰せられ、ひどく翻弄された後、神のご加護によりもとの自由を回復し、今述べたヴィレドゥネンシスの司教座に返り咲いた。

司教は、当地の住民が貧しくて寄るべを持たないのを見て彼らを憐れみ、自分の財産はテウドリクスに取られたままで彼らを助ける何の資財もなかったが、テウドベルトゥス王が善良で、誰に対しても慈悲深いのを知って、彼に使いを送って言わせた。

「求める人々に援助を惜しまない立派な王の名声は全世界をおおっています。そこで、もしや我々を憐れんで下さり、お手元のおあしより、なにがしかを我々にお貸しいただけないでしょうか。そうすればわが市民が立ち行くように支えてやることができます。そしてもしわが市民らが他の町々の方々同様うまく生業を回すことができましたあかつきには、お貸しいただいたものには利子をつけてお返しできることと存じますが」

王は心を動かされ、七〇〇〇枚の金貨を供与した。司教はそれを市民に分配した。これにより彼らは産業に励み富を得、今日の繁栄を築いた。さてこの司教が借りた分を王に返そうとすると、王は答えた。

「その金は受け取る必要がないぞよ。君の頼みとわしの貸与で、欠乏に悩む貧乏人どもが君の分配を受けて立ち直ったのなら、わしも大満足なのだ」

かく王は代償を求めず、この市民たちを富ませてやった。

三五

前述の町の前述の司教が死に、市民のアゲリクスという者がその聖堂の後継者にあげられた。すると故デシデラトゥスの息子のシアクリウスは、自分の父が以前シリヴルドゥスなる者からテウドリクス王へ告発され、財産を奪われたばかりかひどい拷問まで受けたことを思い出し、武装した一団を使ってシリヴルドゥスを襲い、以下のごとくに殺した。

彼らは夜明け、闇は消えたがまだ濃い霧が立ち込めていて物の見分けがつかぬころ、ディヴィオ（ディジョン）領域内のフロリアクム（フリュレー）の館にやって来て、たまたま出て来た友人の一人をシリヴルドゥスだと思い込んで殺害して引き上げ、まるで敵をやっつけた気分でいると、家の召使のひとりが彼らが殺したのは主人ではなく家来だと密告した。そこで彼らは再度赴いて、彼を探し、彼がいつも眠る小部屋を発見して襲撃した。しかし入口で乱闘になりなかなか彼を倒せなかった。そこで横の壁を破って突入して剣で彼を殺した。これはテウドリクス王の死後に起きた事柄である。

三六

こうしたことがあったころ、テウドベルトゥス王は病気になった。医師団が色々手をつくしたが、病気はいっこう回復しなかった。主が王を呼び戻すよう命じたまうたのだった。彼は長いこと病床にあって次第に衰えて行き、ついに息を引き取った。

すると、王の生前に税の取り立てにあたっていたパルテニウスという男がフランク人の憎悪の的になりつけねらわれ始めた。彼は身の危険を察知して町から逃亡し、ふたりの司教に自分をトゥレヴェリカ（トリーア）の町へつれて行き怒り狂う人民を説教でなだめてほしいと手揉みして頼んだ。

この逃亡の途次、夜床についていると、この男は夢にうなされていきなり大声を挙げ、「わお、わお、誰か来てくれ、助けてくれ、わしはもうおしまいだ」

と叫んだ。この声に目を覚ました同行者が、一体どうしたのかと尋ねると、

「わしが殺したわしの妻のパピアニラと友達のアウサニウスがわしを裁きの席に呼んで『こっちへ来て、主の御前で我々と対決して申し開きをせよ』と言うんだ」

と言った。何年か前、彼は嫉妬に狂って無実の妻と友人を殺害したのだった。

つき添いの両司教が前述の町に行ってみると人民の騒ぎが耐え難い程であったので、ふたりは彼を教会内に隠そうとした。すなわち彼を櫃《ひつ》に入れてその上に教会で使われる衣類を広げて置いた。さて人民が侵入して教会内の隅々を探し回り、何も発見できなくて歯ぎしりしてひきあげる際、ひとりが疑念にとらわれて、

「あの櫃の中があやしい」

と言った。番人たちは、ここには教会の礼服が収めてあるだけだと言い張ったが、侵入者たちは櫃の鍵を要求し、

「さっさと開けないと、こちらでたたき割るぞ」

と言った。ついに錠が外され、衣類がはぎ取られ、彼は発見されて引きずり出された。彼らは喜んで、

「神はわれらの敵をわれらの手に渡したり」(士師記、一六、二三)

と言いつつ彼に暴行を加え、拳骨《げんこつ》でなぐったり唾《つば》を吐きかけたりした。そして両手を後ろ手に縛って柱に結び付け、彼を投石の刑に処した。

彼は食に貪欲で、食後、再び食べられるようにアロエを摂って消化を助ける習慣があった。そして他人がいてもかまわず公然と大音の屁をたれた。最後はこのようにして死んだ。

三七

その年は例年になく厳しい冬が来た。流れはかちかちに凍りつき地面のように渡ることができた。降雪は激しく鳥も寒さと飢えに衰弱し、罠なしで素手で捕えられた。

クロドヴェクスの死からテウドベルトゥスの死まで、三七年を数える。テウドベルトゥスがその統治一四年目に

亡くなると、その子テウドヴァルドゥス（巻三、二七）がそのあとを襲って治めた。

第三巻を終わる。

第 4 巻

シギベルトゥス王（『ジャン・ド・ティレ，フランス王選』の写本画，1566 年，パリ，国立図書館）

第四巻目次始まる

一四、クロタカリウスのサクソネス人に対する再三の軍旅
一五、聖エウフロニウスの司教職
一六、クラムヌスとその徒党、彼らの所業、彼がディヴィオに来た次第
一七、クラムヌス、キルデベルトゥスの側につく
一八、アウストラピウス将軍
一九、聖メダルドゥス司教の死
二〇、キルデベルトゥスの死とクラムヌスの最期
二一、クロタカリウス王の死
二二、彼の子供たちによる王国の分割
二三、シギベルトゥスのクニー人攻撃、キルペリクス、シギベルトゥスの諸都市を取る
二四、パトリキウスのケルスス
二五、グントゥクラムヌスの妻たち
二六、カリベルトゥスの妻たち
二七、シギベルトゥスがブルニキルディスと結婚したこと
二八、キルペリクスの妻たち
二九、シギベルトゥスの二度目の対クニー人戦争
三〇、アルヴェルヌスの住人がシギベルトゥスの命令でアレラテンシスの町の奪取に出かけたこと
三一、タウレドゥヌムの砦と他のしるし
三二、修道僧ユリアヌス
三三、僧院長スンユルフス

目次終わる

幸いにもここに第四巻始まる

一　かくてクロトキルディス女王は数々の善行をおこないつつ時満ちて、インユリオースス司教のトロニカ（トゥール）の町で、亡くなった。彼女の遺体は賛美歌とともにパリシウス（パリ）へと運ばれ、息子のキルデベルトゥスとクロタカリウス両王の手で、幸多き聖ペトルスの聖堂の内陣、夫クロドヴェクスの傍に葬られた。この聖堂は彼女が建てたもので、そこには聖女ゲヌヴェファ（この聖堂は後にこの聖女の名を冠した）も埋葬されている。

二　クロタカリウス王は、自分の領国内の全教会がその収入の三分の一を国庫に納めるよう命じた。全司教が心ならずも同意し、署名した際、かの幸多きインユリオースス（巻四、一）は男らしくそれをしりぞけ、署名を拒否して、

「もし神のものを取り上げようとなさるなら、主は速やかにあなたの王国を召し上げてしまいますよ。なぜならば、あなたは国庫で貧民を養うべきお立場の方のはず。貧民から取り上げたものであなたの国庫を満たそうなどは不正です」

と言って別れの挨拶もせず王の面前から退去した。驚いた王は幸多きマルティヌスの徳行を畏ればかり、使者に彼のあとを追わせて贈物をとどけ、許しを請い、前言を撤回して同時に、司教に、自分のためにマルティヌスのご利益《りやく》を懇願してほしいと頼んだ。

三　この王には数人の妻に七人の息子があった。イングンディスにはグンタリウス、キルデリクス、カリベルトゥス、グントゥクラムヌス、シギベルトゥスと息女クロトシンダ。イングンディスの妹のアレグン

ディスにはキルペリクス。クンシナにはクラムヌスがいた。

妻の妹を娶《めと》った事情は次のようだった。彼はすでにイングンディスを妻とし、彼女のみを愛していたが、ある時彼女がこんなことを言った。

「わが背《せ》の君はご自分の下女にお望みのことをなさり、私を寝所へとお誘いくださいました。いまあなたのしもべのお願いを満たしてくださいまし。わが背の君の王様、わたしの妹、あのあなた様の下女にも、有用で裕福な夫をあてがってやってはいただけないものでしょうか。そうなれば私も肩身の狭い思いをせず、大威張りであなた様にお仕えできることと存じます」

これを聞いて、もともと淫蕩なクロタカリウスはアレグンディスへの愛に燃え、彼女が住んでいた館へ向い、彼女と結ばれた。ことが終わるとイングンディスの所へ戻り、

「いとしいおまえの頼みだもの、何で叶《かな》えずにおられよう。おまえの妹と結ばれる金持ちで賢い男を捜したさ。で見つけたのは他ならぬこのわしじゃった。あれをわが妻としたことをどうか認めてほしい。これがおまえに気に入らぬとは信じないよ」

と言った。すると彼女は言った。

「あなた様のお目によいと映ることをなさいませ。あなたの下女にあなたの恵みがそそがれますように」

グンタリウス、クラムヌス、それにキルデリクスはこの父親が生きているうちに死んだ。クラムヌスの死は後に語ろう（巻四、二〇）。ランゴバルディー人の王アルボエヌスがこの王の娘クロトシンダと結婚した。トロニカ（トゥール）の司教インユリオーススがその司牧一七年目に亡くなり、クロタカリウス王の執事バウディヌスがそのあとを襲った。彼は幸多きマルティヌスの後一六番目の司教となった。

四

ブリタニー人（ブルターニュ半島の住民）の領主カナオは三人の兄弟を殺し、さらにもうひとり弟のマクリアヴスをも殺そうと計ってこれを捕え、鎖につないで牢に閉じ込めた。彼はナムネティカ（ナント）の司教のフィリクスのとりなしで死を免れ、兄に忠誠を誓った。しかし理由ははっきりしないが、彼はこの誓いを破ろうとし、兄はそれを感知して再び彼を追及した。彼は逃げ切れぬと悟り、コノモリスという名のこの地方の別の領主のもとへかけ込んだ。コノモリスは、追手が迫って来たのを知ると、彼を地中の穴に隠し、その上にふつうの墓土を盛り、呼吸《いき》ができるような小さな通風孔をあけておいた。追手は到着すると、

「見ろ、マクリアヴスは死んでここに埋められているぞ」

と言った。人々はこれを聞いて喜び、この墓土の上で酒盛りをして彼の兄に彼の死の報告をした。兄はそれを聞いて彼の領土を自分のものに加えた。

ブリタニー人は、クロドヴェクスの死後常にフランク人の勢力下にあり、そのあるじは王と呼ばれず領主《コメス》と呼ばれた。マクリアヴスは地下から出て来ると、ヴェネティカ（ヴァンヌ）の町を目指し、かの地で髪の毛をそり司教になった。しかし兄カナオの死後還俗《げんぞく》して髪をたくわえ、僧籍に入った時に別れた妻と兄の領地を同時に得て、司教団から破門された。彼の最期については後に述べる（巻五、一六）。バウディヌス（トゥールの司教）は司牧六年目に亡くなり、僧院長グンタリウスがマルティヌスの死後一七人目の司教としてそのあとを継いだ。

五

さて、前述の幸多きクインティアヌス（巻三、一三）がこの世を去った後、聖ガルス（著者の伯父）が、王の支持を得てその聖堂をうけ継いだ。彼の時代イングイナリア（下腹部ペスト）と呼ばれる疫病が各地で猛威を奮い、ことにアレラテンシス（アルル）地方で最大の被害を出した。聖ガルスはわが身よりも人々の身を案じて、自分の民が荒されるさまを目にすることなきように、日夜主に祈りを捧げた。

するとある夜白髪白衣の天使の幻影があらわれて彼に向い、

「おお司教、よくぞ汝が民草のために懇願をしてくれた。汝の祈りは聞き届けられたぞ。見よ、汝は民草とともにこの難儀《なんぎ》から解放された。汝がある限りこの地方ではただの一人もこの災いで倒れぬ。今汝は恐れることはない。八年後に恐れるがよい」

と言った。それでこれから八年後に彼が死ぬことがわかった。

彼は目覚めると、天の知らせによって自分の気持ちが固まったことに慰められて感謝し、四旬節《しじゅんせつ》（復活祭前の四〇日）の最中に幸多き殉教者ユリアヌスの聖堂まで賛美歌を歌いながらの徒歩巡礼を挙行することに決めた。それはおよそ三六〇スタディアの行程だった。

このころ突然、家々や教会の壁に十字の印が刻まれているのが観察された。これは無学な人々がタウ（τ＝救われる人々につけられるしるし。エゼキエル書、九、四）と呼んでいる文字であった。そして前述のごとく他の諸地方でこの疫病が猖獗《しょうけつ》を極める間、聖ガルスの介在するアルヴェルナ（クレルモン）の町は何の被害も被らなかった。もし牧人の立場に置かれた者が、主のご加護により、自分の羊たちが喰らいつくされるのを見ないで済んだとすれば、それは大きな恩恵と言うべきだと私は思う。

彼が亡くなり遺骸が洗い清められて教会に運ばれると、ひき続いて司祭のカトーが僧団の賛同を獲得した。かれははやすでに司教になったかのごとく、管理者と使用人を遠ざけて一切合切を自分で仕切りはじめた。

六

聖ガルスの葬式に参列した司教たちは彼の埋葬がすむとカトーに向って言った。

「民衆の大部分があなたを愛していることを我々は知っています。こちらにいらして我々に賛同してください。さすれば我々はあなたを祝福しあなたを司教にいたしましょう。王はまだ幼くあらせられるがあなたに何か咎《とが》が着せられるようなら我々は、テウドヴァルドゥス王（巻三、三七）の領国内の有力者たちと協力して、あなたが不正を受けぬようあなたを守り支えましょう。もしも何か損害をお受けになれば我々の持ち物でそれを補償してあなたのものはすべてお守りします。どうか我々を信頼してお任せいただきたい」

するとと彼は空虚な栄誉心の昂揚にあおられて言った。

「私は幼いころから宗教心が強かったんですって。断食にふけったり進んで喜捨をしたり、しばしばまんじりともせず徹夜の勤行《ウィギリア》にはげみ、賛美歌を唱えつつ夜番の勤めを果たしたそうです。こんな忠勤をはげんできた私の叙任を神も拒否はなさるまい。私は教会法の定めに従って僧の役職の諸段階を経て来ております。一〇年間講師でした、五年間副助祭の職を務め、一五年助祭をやり、二〇年の長きにわたり司祭の栄誉を保持しました。今やこの忠実な奉仕にふさわしい司教職を得ることの他に残された道はありますまい。では皆さん、どうぞお国にお帰りになり、もし必要な仕事があればそれにお励みください。私は正当にこの栄誉を得るのですから」

これを聞いた司教たちはこの空虚な名誉欲を呪いながら退去して行った。

七

さて彼は僧団全員の同意で次期司教に内定してはいたがまだ正式叙任されてはいなかったころから一切を自分で仕切り、主助祭のカウティヌスには色々な嫌がらせをしかけて、

「きさまなんぞ首にしてやる。馬鹿にしてやる。いっぱい人殺しをさせてやる」

などとほざいていたが、カウティヌスの方は、

「どうか私にもお目をかけていただきとうございます。さすればあなたのために大いに働いてご覧に入れます。あなたが何もなさらなくとも私は王のもとへ参上し、あなたの司教職のために一肌脱いでさしあげましょう。見返りは何もいりません。ただあなたにお目をかけていただきたいだけです」

と言った。しかしカトーはこれは彼が自分をだまそうとしているのだと取って取り合わなかった。そこでカウティヌスは自分が邪険《じゃけん》にされ疑われていることを悟り、病気と偽って出仕せずある夜町をぬけ出してテウドヴァル

ドゥス王のもとへ走り、ガルス司教の死を知らせた。王とその周りの人々はこれを聞くとメテンシス（メス）の町に僧団を召集し、主助祭のカウティヌスを司教に叙任した。

司祭カトーの使者が到着した時にはすでにこの叙任は終わっていた。そこで王の命令によりこの使者の一行と彼らが持ってきた教会関係の事物一切がカウティヌスの双肩にゆだねられ、彼は、司教団と近習《きんじゅ》たちにつき添われ改めてアルヴェルヌス（クレルモン）へ向ったのであった。市民たちは彼とこの僧たちを快く受け入れ、彼はアルヴェルヌスの司教になった。

この後司教とカトー司祭との間には大きなわだかまりが残った。誰もカトーに、司教に従うよう言えなかったし、僧たちの間にも溝ができて、ある者は司教カウティヌスにつき別の者は司祭カトーの側に立ち、この対立から生まれた損失は極めて大きかった。カウティヌスはいかなる手段をもってしてもカトーを従わせることができないと見て取ると、彼とその仲間と彼らの側に立つ人々から一切の教会の権利を剝奪し、彼らには何も残さなかった。しかし改心して自分の方についた者には失ったものを戻してやった。

八

ヒスパニアの王アギラが人民を非道な圧迫で苦しめていた時、皇帝（東ローマ）の軍隊がヒスパニアに侵入し幾つかの町を占拠した。アギラは殺されアタナギルドゥスがその王国（西ゴート）を継いだ。彼は皇帝軍と干戈《かんか》を交えしばしばこれを打ち破り、不当に占拠された町々の一部をそのくびきから脱せしめて取り戻した。

九

その間、テウドヴァルドゥスは成長してウルデトラダ（ランゴバルディーの王女）を妻に迎えた。このテウドヴァルドゥスは性質の悪い王だったと言われている。ある人が自分の財産を横領したと邪推して、作り話をこさえ、

「蛇がワインの入った瓶《びん》を見つけ、その入口から侵入し、中にあったものを貪欲に飲み干した。ところが身体がワインでふくれて入ってきた入口から出られなくなってしまった。そこへワインの持ち主がやって来て、出るに出られなくなった蛇に向って、『飲んだものを吐き出せ。そうすれば自由に出られるぞ』と言った」などと言って聞かせた。この話は彼に対する恐怖と嫌悪を引き起こした。

このころ全イタリアをフランク勢の支配下に収めたブッケレヌス（巻三、三二）がナルシスに殺され、イタリアは皇帝（東ローマ）の支配下に入った。その後イタリアを回復する人物はいなかった。

そのころサヴクス（ニワトコ）と呼ばれる木に蔓《つる》の接木《つぎき》なしに葡萄の房が生《な》ったのを我々は見た。この木の花は通常は黒い実をつけるはずなのに葡萄の房をつけたのである。

また五日月《いつかづき》の月面に対向方向から星が衝突するのが見えた。これは王の死を意味していたと私は思う。事実王は衰弱し、腰から下を動かすことができなくなった。彼はしだいに弱って行き、その統治七年目に死んだ。クロタカリウス王がその領土を受け取り、故王の妻ウルデトラダと自分の褥《しとね》で交わった。しかしこれは司教団の非難を招き、彼は彼女を将軍ガリヴァルドゥスに与え、アルヴェルヌスには自分の息子のクラムヌスを派遣した。

一〇　この年サクソネス人の叛乱があり、クロタカリウス王は彼らに対し軍を差し向け、その地の殆んどを破壊した。またトリンギー人がこの叛乱に加担したかどで、全トリンギア（チューリンゲン）を荒廃させた。

一一　さてトロニカ（トゥール）の町の司教グンタリウスが死去したのに伴い、一説によれば司教カウティヌスの尽力で、カトーがトロニカの町の教会を仕切るよう求められた。そこでトロニカでは殉教者聖堂司祭のレウバスティス僧院長を先頭に麗々しく行列をしたてた僧団をアルヴェルヌス（クレルモン）へ送り込んだ。彼らが王の意向をカトーに伝えると、彼は返事を数日ひき延ばした。そこで彼らは、

「あなたのお気持ちを伝えていただけないでしょうか。今後どうすれば良いか知りたいのです。さもなくば我々は故郷へ帰ります。我々があなたを望んだのではない。これは王のご命令なんです」

と言って帰ろうとした。するとカトーは空虚な自己顕示欲から貧者の一団を集めて、

「なんで私たちをお見捨てになるのですか、良き父よ、私たちはあなたが育てた子どもではありませんか。あなたが去れば私たちに食物、飲物を与える人はいなくなります。私たちの養育者よ私たちを見捨てたまうな」

などと叫ばせた。そして彼はトロニカの僧団の方に向き直り、

「ご覧になりました？　親愛なる兄弟たちよ、いかに多くの貧しい人々が私を愛していることか。彼らを捨ててあなた方と出発なんて不可能なのですよ」

と言った。この返事を受け取ると彼らはトロヌスへ引き返した。

カトーはクラムヌス（巻四、九）と友好を結んで、クロタカリウス王の死のあかつきにはただちにカウティヌスを司教座から下ろして彼を教会の主にしてもらう約束をしていた。だが幸多きマルティヌスの教会をかくも軽んじては彼の望みはとげられなかった。事は、「恵むことをたのしまず。この故にめぐみおのれに遠ざかれり」（詩篇、一〇九、一七）とダビデが歌うとおりになった。

彼は壮大な高慢さで昂揚し、聖性において自分よりまさる者はいないと考え、ある時、お金で女を雇って教会の敷地内で叫ばせた。彼女は狂人を装い、カトーは偉大な聖者で神のお気に入りだが、あらゆる犯罪の冒瀆に染まったカウティヌスには司教座を占める資格などなかったと告白するのだった。

一二

このカウティヌスは司教になると過度にワインに溺れて人々の恐怖の的になった。しばしば泥酔して四人がかりで宴席から運ばれていった。その結果癲癇《てんかん》の発作を起こすようになり、このことは一般人の目にも隠しおおせなかった。

またひどい物欲のとりこになり、彼の土地と境を接する不動産の所有者の所から横取りする口実がない場合には死ぬほど悔しがった。身分ある者からは訴訟や醜聞ねたの脅迫によって、身分のない者からは暴力によって略奪した。われらのソリウス（ソリウス・アポロナリス・シドニウス。巻二、二二）の記すところでは彼はそうしても鐚一文《びたいちもん》払わなかったし、また証書のたぐいも無視して受領しなかった。

そのころアナスタシウスという名の司祭がいた。彼は元来自由人《インゲヌウス》で、栄光に輝く今は亡き女王クロトキルディスの許可状によって地所を保有していた。司教は再三彼にかの女王の許可状を自分に渡し地所を譲るよう持ちかけた。けれども司祭は言を左右にしてこれに応じず、司教はある時は甘言をもってせまり別の時には脅迫してすごみ、最後には無理矢理彼を町に連行してそこに抑留することを指図し、もしもかの証書をよこさぬのなら、あらゆる無礼を加えて最後には飢え死にさせるよう命じた。しかし司祭は断然男らしさをもってこれに耐えて決して証書を譲らず、子孫に憂き目をみせるくらいなら一時の断食の消耗などむしろ好むところだと言い放った。そこで彼は司教の命令で、証書を出さぬのであれば飢え死にさせるよう番兵に引き渡された。

さて殉教者聖カッシウスの聖堂に、極めて古い人目につきにくい地下聖堂《クリュプタ》があった。そこにファルス島の大理石でできた大きな墓塚があってその下に誰か高齢の人の遺体が安置されていた。司祭はこの墓塚の下の遺体の上に生きながら置かれて、先程までこの石棺の蓋だった石をかぶせられた。入口の前には番兵が見張っていた。しかし番兵らは司祭は石でつぶされたと思い込み、冬だったので火をたき、燗《かん》をしたワインを飲んで眠くなりぐうぐう寝てしまった。

♔地下聖堂《クリュプタ》 crypta　殉教者の教会の祭壇の下に設置された半地下の墓。ふつう外から見えるような窓がついていた（「訳語対照表」参照）。
♔「陰府《よみ》の腹の中」のヨナ［4，12］（154頁）　神からニネヴェの町に警告を発するよう求められたヨナは，神の声から逃れるため船に乗るが，船は海上で大嵐に遭い，ヨナは海に投げ出され大魚に呑みこまれ，その腹の中で神に深い感謝の言葉を捧げる。やがて魚はヨナを吐き出し，ヨナは神の声に従う（ヨナ書）。

司祭は、「陰府《よみ》の腹の中」(ヨナ書、二、三)のヨナの如く、墓塚の下に密封されて神の慈悲を乞うた。この石棺は前述のように大きかったので完全に身体《からだ》を回すことはできなくても、手を自分の望む所へ伸ばすことはできた。彼が後に述懐したところでは、死者の骨から耐えがたい悪臭が漂ってきて外の感覚器官ばかりか内部の内臓までひどい苦痛に浸した。彼が外套で鼻の穴をふさぎ息を止めている間は彼は苦痛を感じなかった。しかし窒息を恐れて少し外套をずらすと、鼻や口ばかりか耳からも悪臭が押し入ってきた。

さて、私が信ずるところでは、神が憐れみたまうたその時、彼は右手を石棺の縁《ふち》に伸ばした。すると蔽い蓋《ぶた》が落ちた時、蓋と棺の縁との間にはさまっていた梃子《てこ》が手にふれた。それを少し動かしてみると、神の援助を得て、蔽い蓋が動くのが感じられた。そこで頭を隙間から出せるほど蓋を動かした後、全身を出せるように大きく出口をこじ開けた。あたりを夜の帳《とばり》がおおっていたがまだ日中の残滓が残っていた。彼は地下聖堂の別の出口を探した。すると、強度の閂《かんぬき》と堅い錠で封鎖されていたが、張り板の隙間からわずかに外をのぞき見できる出口があった。

司祭がそこへ頭をくっつけてみると道を通り過ぎる人が見えた。彼は声をひそめて彼に呼びかけた。するとその人はその声を聞き取り、ただちに手にした斧で閂を支えていた木の杭《くい》を切り落として司祭に出口を開いてやった。彼は夜の間に家路をたどろうと思い、助けてくれた人にはこのことを誰にも言わぬようくれぐれも頼んだ。そして家に着くとすぐくだんの女王からいただいた書状を探し出し、クロタカリウス王のもとへ持参して、司教がいかに自分を生きながら墓塚の下に密封したかを物語った。すると並みいる人々は驚き呆れ、生きた人を墓塚に埋めるなどネロもヘロデもよくなし得なかった所業だと言った。

カウティヌス司教はあとからクロタカリウス王のもとへ赴いたが、司祭から告発されて敗訴となり、取り乱して退出して行った。司祭は王からの保証をもらって自分の財産を望みどおりに守り通し、首尾よく子孫に残すことができた。カウティヌスには聖性もなければ存在感も薄かった。彼は教会関係の書物も世俗の書物も読まなかった。彼はユダヤ人と親しく彼らにはよく尽くした。がそれも聖職者の務めを果たして彼らを改宗させるためではなく、彼らが彼にあてがう鼻薬のせいだった。彼らはおべっかを使って彼に取り入り、白々しくへつらいながら、商品を通常価格よりも高価に彼に売りつけていた。

一三

このころクラムヌス（巻四、三）はアルヴェルヌス（クレルモン）に拠を定めていたが、色々理由をつけて悪業をくりかえし、このため早く命を落とすことになった（巻四、二〇）。彼は民衆にはひどく評判が悪かった。彼は善良で有益な助言を与えてくれそうな人間を愛さず、身のまわりには青春の力にあふれた下品な人間を集め、彼らを愛し、その謀議に加わり、元老院の家の娘たちを命令によって無理矢理召し上げた。またフィルミヌスという当地の領主に屈辱を与えてその地位を奪い、代わってエウヴォディウスの息子サルスティウスをその地位にすえた。フィルミヌスは義母とともに教会に庇護を求めた。ちょうど四旬節のころでカウティヌス司教は前述の聖ガルスの定め（巻四、五）に従い、ブリヴァティンシス（ブリュード）教区まで賛美歌行を挙行しようとしていた。司教は町を出発しても途中で何か不穏事に遭遇するのではないかとひどく怯《おび》えていた。クラムヌス王は司教をも脅迫していた。司教一行が出発すると王は自分の側近のイムナカリウスとスカプタリウスに、「行け、フィルミヌスとその義母のカエサリアを教会からしょっ引いて来い」と言い、彼らを送り出した。

さて前述の賛美歌の一行が途上にある間に、このクラムヌスの手下どもは教会に忍び込んでフィルミヌスとカエサリアに色々手管《てくだ》をしかけて懐柔しようと試みた。彼らは教会内を歩き回りながら長いこと様々な話をした。そしてここへ逃れて来た二人がうっかり話に気を取られているすきに彼らは教会の建物の玄関に接近した。この玄関の門は外されていた。不意にイムナカリウスがフィルミヌスを、スカプタリウスがカエサリアを、腕に抱えて教会から放り出した。外には従者が待ちかまえていて二人を受け取った。ただちに両人は連行された。しかし翌日彼らは番人が眠っている間に逃亡して幸多きユリアヌスの聖堂に逃げ込み、拉致から身を脱した。とはいえ彼らの財産は国庫に没収された。

司教カウティヌスは、この旅の間に自分にも難がふりかかるのではないかと疑い、鞍《くら》を置いた馬を用意していたのだが、背後から騎馬の人々がこちらに向って駆けて来るのを目にすると、

「うわあ、クラムヌス王がわしを捕えによこした追手だ」

と叫んで馬にまたがり、賛美歌の行列を置き去りにし、両踵《りょうかかと》の迫車《はくしゃ》を駆り立てて魂消《たまげ》たようにひとりで聖ユリアヌスの聖堂の歩廊に逃げこんだ。

ここで私は歴史を記述する人間を非難する人々に対して言われたサルスティウス（巻七、一）の言葉を思い出す。彼はこう言っている、「歴史を書くことは難しいことだと思う。第一には起きた事柄を言葉で再現しなければならない。第二にはほとんどの人は過失として非難したことを悪意や嫉妬から述べられているのだと勘違いする」（カティリナの陰謀、三）と。ま、我々の記述に戻ろう。

一四

テウドヴァルドゥスの死（巻四、九）後、クロタカリウス王がフランクの王国を束ね、その全域を巡回した。この時王は各地で、サクソネス人が立ち騒いでやまず、王に叛意《はんい》を持って年々払うべき税の納入をないがしろにしていると耳にした。

この不審を糺《ただ》すため、王は彼らのもとへ向った。彼がサクソネスの領域に入ると彼らは彼の所へ使者を立ててこう言った。

「我々はあなたをないがしろにするものではありません。あなたの兄上や甥御様にお支払いしていた分はもとより、それ以上のものも、お望みならばさしあげましょう。ただひとつのことをお願い申し上げます。平和をいただきたいのです。あなたの軍隊と我々の人民が衝突しないように」

これを聞いたクロタカリウスは諸将に向い、

「彼らの申し状は神妙である。彼らを襲って神のご意志にそむいてはなるまい」

と言った。しかし諸将は、

「サクソネス人は嘘つきです。彼らが約束を守ったためしはありません。襲撃あるのみですぞ」

と言うのだった。サクソネス人たちは再び訪れ、持ち物の半分を差し出して平和を求めた。クロタカリウスは諸将に向い、

「この人々にはお手を触れられぬようお頼み申す。神の怒りをわが身に招かぬようにな」

と言った。しかし諸将は静まろうとしなかった。サクソネス人はまた現れて、衣類と家畜と全財産をさし出して言った。

「これらすべてと我らの領土の半分をお取りください。ただ我らの妻たちと幼い子供たちはご容赦くださいまし。我々の間に戦《いくさ》が行なわれないように」

これでもフランク人たちは納得しなかった。そこでクロタカリウス王は彼らに言った。

「頼むから、企みをやめてくれい。われらは良くないことを話しておる。身を滅ぼす戦には行ってはならぬ。だがどうしてもやめられぬのならご随意に。わしは従わぬ」

すると彼らはクロタリウス王（ここから以降クロタカリウスは「クロタリウス」と書かれることがある）に憤激して王に向って襲いかかり、彼のテントを引きさき、罵声をあびせて彼を侮辱しつつ引きずりまわして、もし彼らに従わぬのなら殺してしまうと言った。そこで王もしぶしぶ彼らと行動を共にした。ところが戦が始まると、フランク勢は潰滅的な打撃を受けた。双方に多数の犠牲者が出、死者の数を数え損害を算定することが不可能なほどだった。クロタリウスは和議を求め、もともとわしはこの戦はやりたくなかったのだなどとほざき、ようやく講和を得て、ほうほうの体《てい》で自国にひきあげた。

一五　トロヌス（トゥール）の人々は、王がサクソネス人との戦争から帰還したと聞くと、エウフロニウスを司教に選出する決議書を携えて王のもとを訪れた。この話題が出されると王は、

「わしはすでにカトー司祭をかの地の司教に任命したが、なぜわが命令が無視されるのだ」

と尋ねた。

「彼には来て下さるようお頼みしたのですが、来てくださらなかったのです」

と彼らは答えた。こんなやり取りがなされているところへ突然カトーが姿を現し、王に、カウティヌスを解任して自分をアルヴェルヌス（クレルモン）の司教に任命してくれるよう懇願した。王が取りあわないでいると、それならば以前には拒絶したトロヌスの司教職がほしいと頼みこんだ。

「わしははじめ汝をトロヌスの司教職に選出した。だがわしが聞いた限りでは汝はそれをあなどって拒絶したそうじゃな。これゆえ汝がその職を得ることはない」

と王は言った。カトーは混乱して去った。聖エウフロニウスについて王が尋ねると、この人物は、前述（巻三、一九）の幸多きグレゴリウスの孫である由だった。王は答えて、

「家柄は申し分なく立派じゃ。神と幸多きマルティヌスがお望みならば、この選出は叶えられるじゃろう」

と言った。こうして王の命令が出、聖エウフロニウスは幸多きマルティヌス以来一八番目の司教に叙任された。

一六　アルヴェルヌス（クレルモン）のクラムヌスは前述（巻四、一三）のように色々悪業をくりかえし、司教のカウティヌスには不快な感情を抱いていたが、そのころ重病にかかり高熱におかされて毛髪が抜け落ちた。側近中アルヴェルヌスの住人のアスコヴィンドゥスは高邁《こうまい》な善意の人物で、このクラムヌスを悪業から遠ざけるために尽力したが及ばなかった。

別の側近でペクタヴス（ポワティエ）の住民のレオはあらゆる罪業への誘惑者で、その名（ライオンの意）の示すとおりすべての快楽を残酷に貪《むさぼ》りつくした。彼はある時、主の告白者たち、マルティヌスとマルキアリスは国庫には有用なものをひとつも残さなかったと言ったと伝えられている。彼はただちにこの告白者たちから罰を喰らって聾唖《ろうあ》になり精神を病んで死んだ。この男は事の重大さに気づいた時あわててトロヌス（トゥール）のマルティヌスの聖堂に詣《もう》で、徹夜の勤行《ウィギリア》にはげみ喜捨を行なったが何の霊験にもあずかれず、来た時同様病身をひきずって退去した。

クラムヌスは、アルヴェルヌスを出、ペクタヴスに拠《きょ》を移した。同地でも勝手気儘に振舞い、性《たち》の悪い助言に惑わされて父に叛逆の心をはぐくみ、伯父のキルデベルトゥスに接近を試みた。伯父の方は本来このような父への敵対は諫止《かんし》すべき立場にあったが、悪だくみに身をゆだね甥に援助を約束した。両者は秘密裏に使者を通わせて謀議を重ねクロタリウスに対立することで心をひとつにした。

キルデベルトゥスはこれまでしばしば弟に敵対しながら常に痛い目に遭《あ》ってきたことを忘れていた。クラムヌスはこの同盟に成功するとレモヴィキヌム（リモージュ）の領域に戻り、かつては父の領土として巡回した部分を自領に加えてしまった。

このころアルヴェルヌスの住民は市壁の中に包囲され、様々な病気の襲来を受けて弱り果てていた。事ここに及んでクロタリウス王はふたりの息子カリベルトゥスとグントゥクラムヌスをクラムヌスに対してさし向けた。彼らはアルヴェルヌスに来て、クラムヌスがレモヴィキヌムに滞在することを聞き出し、ニゲルの山（サン・ジョルジュ・ニグルモン）に軍を進め、彼の在処《ありか》をつきとめて天幕を張って対陣し、使者をつかわして、不当に占拠している父の領分を返還すべきこと、さもなくば戦あるのみであることを伝えた。

するとクラムヌスは父に従うふりをして、

「私が巡回した限りの土地はもはや手放せません（領土巡回はゲルマン支配者の風習だった）。父上のお慈悲をいただき私の主権をお認めいただきたく存じます」
と言った。そこで彼らは戦いにことの決着を求め、物々しい軍装備をしたてて隊列を動かし、あわや激突という瞬間、突然激しい稲妻と雷鳴を伴う嵐に見舞われて戦を中止した。彼らが各自の陣へひきあげると、クラムヌスは異国人を使って兄弟たちに父が死んだと偽りの報せを告げさせた。このころクロタリウスは、前述のごとく(巻四、一四)サクソネス人との戦の最中だった。

事を恐れたふたりは大急ぎでブルグンディアへ帰っていった。クラムヌスはそのあとを追跡してカヴィロネンシス(シャロン)を包囲占領し、そこからディヴィオネンセ(ディジョン)の砦を目指した。そこへ到着したのは主の日(日曜日)だった。ことの次第を述べよう。

当時同地の司教はテトリクスで、彼については前巻の中で述べた(正しくは前巻ではなく、巻五、五)。僧たちは祭壇に三冊の書、『預言者の書』、『使徒の書』、『福音書』を置き、クラムヌスの身に起きること、彼に幸運が恵まれるかどうか、彼が支配者になるかどうかが神の力によって示されるよう、主に祈りをささげていた。同時に、彼らは、各人が書物の最初に開いた個所をミサの時に読んで神の慈悲を請うことにした。最初に『預言者の書』が開かれた。すると、「その壁を取り去り、荒廃にまかせむ。葡萄を作るべき所に野ぶどうが生えた故」(イザヤ書、五、四～五)とあった。『使徒の書』を開くと、「汝らは主の日、盗人の夜きたるがごとくに来たることを、自ら詳細に知る。人々の平和無事なりと言うほどに、滅びにわかに彼らの上に来たらん。妊《はら》める女に苦しみの臨むがごとし。のがるる事かなわず」(テサロニケ前書、五、二～三)と出ていた。

また『福音書』を通じて神は、「わが言葉をききて行なわぬ者を、砂の上に家を建てたる愚かな人になぞらえん。雨降り流れみなぎり、風吹きてその家を打てば倒れてその倒れはなはだし」(マタイ伝、七、二六～二七)と告知したまうた。

クラムヌスは教会でこの司教に迎えられ、そこでパンを食べてキルデベルトゥスのもとを目指した。しかし彼はディヴィオネンセ（ディジョン）への入城を拒否された。そのころクロタリウス王は勇敢にサクソネス人と戦っていた。サクソネス人は前年フランク人に敵対して彼らの本拠地を離れ、フランキアへ来てディヴィティア（ケルンのライン川右岸地区）の町に至り略奪をほしいままにし、暴虐の限りをつくした。これはキルデベルトゥスにそそのかされた結果だということである。

一七　クラムヌスはウィリアカリウスの娘を妻としていたが、パリシウス（パリ）に来て、父クロタリウスとはきっぱりと敵対することを誓ってキルデベルトゥス王と信義と信頼の絆を結んだ。キルデベルトゥス王はクロタリウス王がサクソネス人と雌雄を決している間にレメンシス（ランス）の野に出てレムス（ランス）の町に侵入し、略奪と放火をほしいままにし、弟がサクソネス人に討ち取られたと聞くと、全土を自領に加えられると踏んで、行ける限りの大地を荒らし回った。

一八　アウストラピウス将軍はクラムヌスを恐れてマルティヌスの聖堂に逃げ込んだ。そこで彼は非常な窮地に陥ったが、神のご加護をいただいた。クラムヌスは、誰の差し入れも許さぬほど隙間《すきま》なく彼を包囲するよう命じ、水のくみ出しも不可能にして、将軍が弱りはてて聖堂の建物から出てくるのを待った。誰かがそれをかいくぐって半死のアウストラピウスに飲み水の入った杯をさし出した。彼がそれを手にした時、この地の裁判官がすばやく駆けつけ彼の手からそれをひったくって地面に水をふりまいた。すると神の復讐と幸多き聖人の奇蹟が速やかに続いた。裁判官は、それをなした日に高熱におかされて深夜に息をひき取り、彼が聖者の聖堂で逃亡者から杯を取り上げた翌日の同じ時刻にはもうこの世の人ではなくなっていた。この奇蹟のあと誰もが将軍に必要な物をたっぷり提供した。

クロタリウス王が帰還すると王は将軍を賞賛し、彼をペクタヴァ（ポワティエ）の司教区内のセレンセ（シャントソー）の砦の司教に叙任し、現ペクタヴァの司教のピエンティウスが逝去した場合には彼がそのあとを継ぐように決めておいた。ところがカリベルトゥス王（クロタリウスの息子）はこれとは意見を異にしていた。ピエンティウスが亡くなった時、カリベルトゥス王の命により、聖ヒラリウスの聖堂の院長だったパスケンティウスがパリシウスの町でその後継者に叙任された。アウストラピウスはその地位を自分に戻してくれるよう抗議したが、彼が何を言ってももはや無駄だった。

彼が自分の町に戻ると、彼の圧政に苦しんで来たテイファリー人（ゴート人の一派）が叛乱を起こし、彼は槍に突き刺されて無残な死を遂げた。こうして彼の司教区は元通りペクタヴァ（ポワティエ）の教会に編入された。

一九

クロタリウス王の時代、神の聖者メダルドゥスは自分の善事業を完成し、時満ち、聖性に包まれてこの世を去った。クロタリウス王は彼を記念してセシオナス（ソワソン）の町に彼を葬りその地の聖堂建設に着手した。後に彼の息子のシギベルトゥスがこの事業をうけ継ぎ、聖堂を完成し守った。私はこの幸多き墓所に、ひき裂かれ砕かれた足枷と鎖が置かれてあるのを見たことがある（関連する話が『告白者の栄光の書』、九三に見える）。これは奇蹟の証明として今日までこの幸多き墓所に保存されている。しかし我々は我々の話に戻ろう。

二〇

キルデベルトゥス王は病み始めた。長くパリシウス（パリ）の病床にあって亡くなり、自ら建立した幸多きヴィンケンティウスの聖堂に葬られた。クロタリウス王はその王国と財産を受け取り、王妃ウルトゥロゴタと二人の王娘を追放した。クラムヌスは父に帰順したが後にそむき、逃れること叶わぬと知るとブリタニア（フランス・ブルターニュ地方）を目指し、同所のブリタニー人領主コノオベルのもとに妻、娘たちと一緒に隠れ住んだ。

彼の舅《しゅうと》のウィリアカリウスは聖マルティヌスの聖堂に逃げた。この時この聖堂は、ウィリアカリウスとその妻が引き起こしたいざこざと人々の過失から放火された。私はこのことを重い嘆息とともに書きしるす。しかしトロニカ（トゥール）の町自体その一年前すでに焼失して、そこの諸教会はすべて灰燼に帰していた。幸多きマルティヌスの聖堂はクロタリウス王の命令で即座に再建され、錫《すず》で葺《ふ》かれて以前と変わらぬ優美さを取り戻した。

このころふたつのイナゴの大群が出現、アルヴェルヌス（クレルモン）とレモヴィキヌム（リモージュ）を突破してロマニアクスの野（クレルモン付近の野）に至ったという。そこで両群が戦い大方死んでしまった。クロタリウス王はクラムヌスに対し、歯をきりきりと鳴らして怒り、軍勢を発して彼を求めてブリタニアへ進攻した。しかし彼の方も父との対決を恐れなかった。両軍は野に相まみえ、クラムヌスはブリタニー勢とともに父の前で戦陣を構築した。そこで夜の帳《とばり》が下り、両軍は矛を控えた。

するとその夜ブリタニー勢の領主コノオベルがクラムヌスに向い、

「お父上と対決なさるのはよいことではありません。今夜私どもに王への襲撃をお許しください。軍勢もろとも彼を倒してご覧に入れます」

と言った。主のお力が働いたのだと思うが、クラムヌスはこれを許さなかった。

翌朝、両軍は動き始め、決戦へ急行した。クロタリウス王は新たなダビデとして己が子のアブサロムと闘おう（サムエル後書、一八）というのだった。彼は哀泣して言った。

「主よ、天よりわがわざを見守りたまえ。私は不当にも息子の不正をこうむるものです。主よ、見守りたまえ、そして正しく裁きたまわんことを。かつてアブサロムとその父ダビデのあいだに置きたまいしお裁きをこのたびも置きたまわんことを」

両軍激突し、ブリタニー人の領主は背を向けて逃げ討たれた。次いでクラムヌスも逃亡を図った。彼は海へ出る船を用意していたが、妻と娘たちの救出に手間取り、父の軍勢に押さえられ、囚われて縛《いまし》められた。

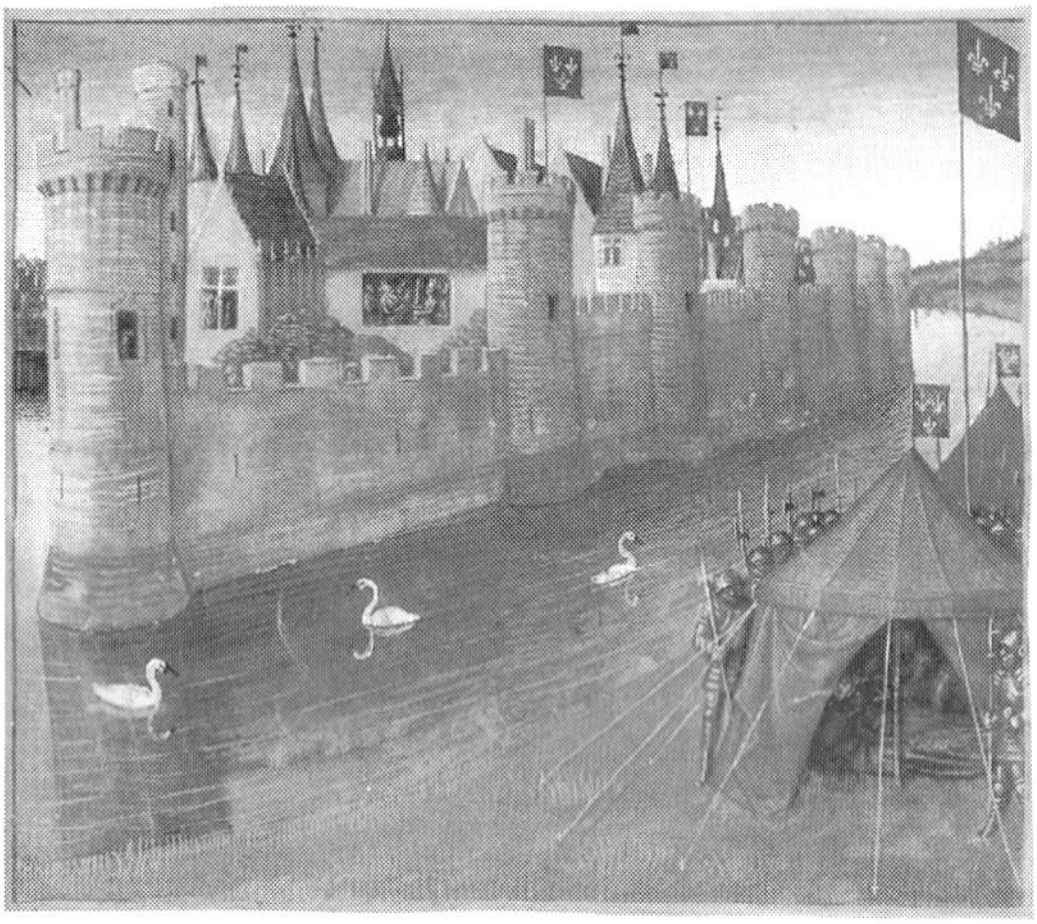

クロタカリウス王の死（『サン・ドニ年代記』のジャン・フーケによる写本画，15 世紀，パリ，国立図書館）

この知らせを受け取ると、クロタリウス王は彼を妻娘とも火刑に処するよう命じた。彼らはとある貧しい女のあばら屋に幽閉され、クラムヌスはそこのベンチに寝かされて手布で扼殺された。その後小屋に火がつけられ、妻と娘たちとともに始末された。

二二

クロタリウス王はその統治五一年目にたくさんの贈物を持って幸多きマルティヌスの聖廟を訪《とぶら》うことを思い立ち、トロヌス（トゥール）のこの司教の墓に参拝し、彼がそれまでに心ならずも犯してしまったすべての行為を反省し、重い溜息を漏らして、幸多き告白者マルティヌスが、自分の咎《とが》のために主の憐れみをとりなしてくれるよう、また自分の愚かな過失を寛大な心で許したまうようにと祈った。そこから帰還して、その統治五一年目、彼はコティア（キュイーズ）の森で狩をしている最中熱に冒され、コンペンディウム（コンピエーニュ）の館へ戻った。そこで重い熱に苦しんで言った。

「ああ、諸君らどう思う？　偉大な王者をかくもあっさりと殺せるとは、かの天なる王は何と巨大であることよ」

この病苦の中で彼は息を引き取った。王の遺体は四人の息子によって荘重にセシオナス（ソワソン）へと運ばれ、幸多きメダルドゥスの聖廟に葬られた。彼はクラムヌスの殺害からちょうど一年目の日に死んだ。

二二　父を埋葬した後、キルペリクスが、ブリナクス（ベルニー）の館に集められたその財物を手に入れた。やがて彼はフランク人の有力者とのつながりを求め、気前良く贈物をふりまいて彼らを味方につけた。やがて彼はパリシウス（パリ）に入り故キルデベルトゥス王の居城に居座《いすわ》った。

だがこの占拠は長く続かなかった。彼の兄弟たちが団結して彼をそこから追い出した。そこで改めて彼ら四人、カリベルトゥス、グントゥクラムヌス、キルペリクス、シギベルトゥスが正式に王国を分割した。カリベルトゥスにはキルデベルトゥスの王国とパリシウスの居城が割り当てられた。グントゥクラムヌスにはクロドメリスの王国とアウリリアネンシス（オルレアン）の居城が、キルペリクスには、父クロタリウスの王国とセシオナス（ソワソン）の座所が、シギベルトゥスにもテウデリクスの王国とレメンシス（ランス）の居城が与えられた。

二三　クロタリウス王が死ぬとクニー（フン）人がガリアへ侵攻した。これに対しシギベルトゥスは軍をさし向け彼らと戦い、勝って彼らをしりぞけた。しかしクニー人の王はその後使者をよこしてシギベルトゥスと和議を結んだ。

シギベルトゥスが彼らと事をかまえている間に、兄弟のキルペリクスがレムス（ランス）を押さえ、シギベルトゥスの諸都市を奪った。このために彼らの間に内乱が勃発して事態は紛糾の様相を呈した。シギベルトゥスはクニーの勝利者として帰還するとセシオナスを占領し、同地にいたキルペリクスの子テオドベルトゥスを捕えて監禁した。その後彼はキルペリクスに向い決戦をいどみ、勝って彼をしりぞけ、自分の諸都市を回復した。

王は、兄弟の子テオドベルトゥスを一年間ポンティコ（ポンティオン）の館に幽閉するよう命じたが、寛大であったので、後に土産をつけて彼を無事に父親のもとに送り返してやった。その際テオドベルトゥスは二度と彼にそむかぬという誓いを立てたのだが、後に重大な過失を犯してこの誓いを破った（巻四、四七）。

二四

グントゥクラムヌス王は、兄弟たち同様自分の領土を治めていたが、アグロエコラからパトリキウスの地位を剥奪してそれをケルススに与えた。この者は肩幅の広い偉丈夫で、腕力に秀で、言辞に巧みで、答弁に長け、法知識豊かであったが、しだいに物欲に溺れて、教会の財産を横領するようになった。ある時教会で預言者イザヤの書が読まれていた。「禍いなるかな、彼らは家に家を建て連ね、田畑に田畑をまし加えて予地を余さず」（イザヤ書、五、八）という個所を聞いた彼は、

「違う、これはおれと息子たちのことじゃない」

と叫んだという。彼はひとりの息子をあとに残したが、その息子には子孫がなく、父ケルススが教会から横領した財産のほとんどを教会にのこした。

二五

善良なグントゥクラムヌス王は最初配下の者の下女のヴェネランダを妾として寝床をともにしていた。この同棲から息子グンドバドゥスが生まれた。後に彼はマグナカリウスの娘マルカトゥルディスを妻にもらい、息子グンドバドゥスをアウリリアニス（オルレアン）へ送った。しかしマルカトゥルディスは自分にも男児が生まれると嫉妬心をふくらませてグンドバドゥスの死を願い、飲物に毒を入れて彼のもとに届けたという。こうして彼を亡き者にすると神の裁きが下り自分の子供も失うはめになり、その上王の怒りを買って離縁され、ほどなく自分も死んだ。王は後添《のちぞ》えにボビルラという綽名《あだな》のアウストレギルディスをもらい、二人の息子を得た。兄をクロタリウスと言い、弟をクロドメリスと言った。

二六

さて、カリベルトゥス王はインゴベルガを妻とし、ひとり娘を得た。この娘は後に結婚してガンティア（ケント）へもらわれて行った。当時インゴベルガにとある貧乏人のふたりの娘が仕えていた。姉をマルコヴェファといい、尼僧であった。妹はメロフレディスといった。王はこの二人を愛した。彼女らは羊毛業者の娘

だった。

インゴベルガは二人が王に愛されるのを嫌い、彼女らの父にわざわざ仕事をさせて王にその正体を知らしめ、その娘たちへの嫌悪感をかきたてようとした。かくて父に仕事をさせて王を呼んだ。王は何事かと思って来、遠くに男が羊毛を整えている様子を目にした。これを見ると王は怒りに囚われてインゴベルガを離縁しメロフレディスを妻に迎えた。彼には別に、テウドギルディスという名の牧人の女、つまり羊飼いの娘がいた。彼女は男児を出産したと言われている。その子は生まれ出てほどなく葬られた。

この王の時、司教レオンティウスはサンクトニカ（サント）の町に自分の管区《プロヴィンキア》内の司教を糾合《きゅうごう》し、教会法による正式叙任を受けていないエメリウスをその司教座から追放した。彼は管区の首座司教が不在であったので、その同意なしで叙任を受けるように、先代のクロタリウス王より指示をもらっていた。彼が追放されると、当時ブルデガレンシス（ボルドー）の司祭だったヘラクリウスが全員一致の推挙を受け、その決議書は司教たちの自筆の署名を得て、この司祭自身によってカリベルトゥス王のもとに運ばれていった。

さて彼はトロヌス（トゥール）へ来て幸多きエウフロニウス（巻四、一五）に事情を説明し、決議書にご署名をいただきたい、と頼んだ。するとこの神のしもべはそれをきっぱりと断った。そこで司祭はパリシアカ（パリ）の都の門を潜り、王にあいまみえて言った。

「偉大な栄光の王よ、使徒の座が陛下に幾重にもご挨拶いたしたく存じます」

「何事じゃ」と王、「そなたは、ローマへ行って、かの地の教皇殿よりわしらに挨拶を運んできたのか」

などと彼に言った。

「ご挨拶申し上げますのは陛下の教父のレオンティウスとその管区の司教たちです。すなわちキムルスが」――エメリウスは幼時にはそう呼ばれていた――「教会法の規定を無視してサンクトニカの司教座を求めたために追放されました。このため、他の者がその後任につくよう関係者の一致した決議書を持参した次第です。背馳者《はいちしゃ》が教会法により正しく罰を受け、御国が永久に栄えますよう」

と司祭は答えた。すると王は歯をきりきり鳴らして怒り始め、自分の眼前から彼を遠ざけるよう命じ、茨《いばら》を満載した荷車に彼を横たえて追放するよう指図《さしず》し、

「わが父の任じたもうた者をわれらに断りもなくしりぞけるとは、クロタリウスの息子たちにはもはや父の業績を守る者なしとでもお考えか」

と言った。ただちに王は聖職者たちを派遣して追放された司教を復職させ、近習の一団を送り込んでレオンティウス司教から金貨一〇〇〇枚を取り上げ、他の司教たちにも資産相応の罰金を課した。こうして君主への無礼は糺《ただ》されたのだった。

その後王はメロフレディスの姉のマルコヴェファをも結婚の床へと導いた。これが原因で姉妹は聖ゲルマヌス（パリシウスの司教）から破門されてしまった。しかし王はなおもマルコヴェファを離そうとしなかったので、彼女は神の裁きに撃たれて死んだ。まもなく王も彼女の後を追って亡くなった。

王が死ぬと王妃の一人テウドギルディスは使者をグントゥクラムヌス王へ送り、自分を娶《めと》ってほしいと申し出た。王は使者に答え、

「彼女が財産を持ってわがもとへ来るのは苦しゅうない。彼女もわしのものになれば民草の尊敬を受けよう。死んだわしの兄よりわしの方がより大きい栄誉を与えられると思うからな」

と言った。これを聞いて彼女は大喜びで財産をまとめて王のもとへ出立した。これを知った王は、

「その財産は、不当にも兄と枕を交わした女よりは、このわしが持つのがふさわしい」

と言って、彼女から大部分の持ち物を奪ってわずかなものだけを残してやり、彼女をアレラテンシス（アルル）の尼僧院へ放り込んだ。

ここで彼女は断食と徹夜の勤行のつらさに耐え切れず、ひそかにとあるゴート人と連絡を取り、自分と結婚して

ヒスパニアへ連れて行ってくれたら、財産を持ってこの尼僧院を出てあなたについて行きますと言い送った。彼は何の疑いも抱かず承諾した。彼女の方も荷物をまとめ急いで尼僧院をぬけ出す算段をしていると、尼僧院長がそれを嗅ぎつけ、彼女の脱出を阻止し、彼女をさんざん打ちこらしめた後しっかり見張るように言いつけた。以後彼女は容赦ない仕打ちに耐えつつ死ぬまでここで暮らした。

二七

シギベルトゥス王は、兄たちが身分不相応な妻を娶《めと》り、自分の尊厳を顧《かえり》みずに下女と結ばれたのを見、使者に多大な贈物を持たせてヒスパニアへ派遣し、（西ゴートの）アタナギルドゥス王（巻四、八）の王女ブルニキルディスに求婚した。彼女は物腰優美で、見目愛らしく、一挙一動に威儀と典雅さが溢れ、思慮深く、会話に愛嬌《あいきょう》があった。

父は彼女を喜んで与え、たくさんの宝物をつけて娘をくだんの王のもとへ送り出した。王は自国の宿老を集めて祝宴を催し、歓喜にわき立ちながら彼女を妻に迎えた。彼女はアリウス派の慣習に馴染んでいたが、司教たちの説教と王の意向に沿って改宗し、幸多き三位一体を告白して信仰し、塗油の式をうけてキリストの御名によるカトリックを堅持した。

ブルニキルディス（グワシュ画法の彩色版画，1791年，ルーアン，セーヌ・マリティーム県立美術館）

二八

これを見たキルペリクス王は、すでに何人かの妻を所有していたが、自分にふさわしい、王家からの配偶者を得たあかつきには他の女は全部離縁すると約束して、ブルニキルディスの姉妹のガルスインタに求婚した。

彼女の父王はこの約束をうけ入れ、ブルニキルディスの時と同様たくさんの財宝を持たせてキルペリクスのもとへ嫁がせた。ガルスイン

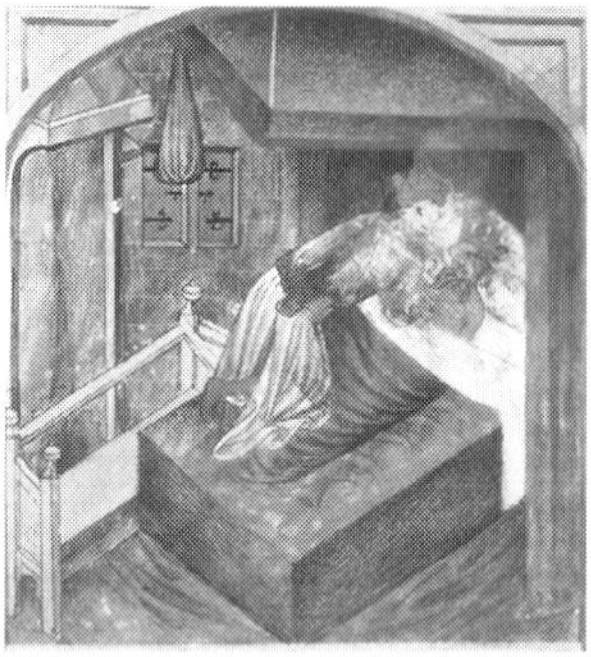

ガルスインタ暗殺（『サン・ドニ大年代記』の写本画，1420年頃，トゥールーズ市立図書館）

タはブルニキルディスより年長であった。彼女はキルペリクス王の所に至ると礼をつくした出迎えを受け王と結ばれた。王は彼女を愛した。また彼女は莫大な富をもたらしてくれた。

しかし、以前妻だったフレデグンディスを王がいつまでも愛するのを知って二人の間にはいさかいが絶えなかった。ガルスインタはすでにカトリックに改宗し塗油の式をうけていた。彼女は王に、自分が絶えず屈辱を受けていると嘆き、自分にはこの結婚は荷が重いので、一緒に持ってきた財宝は置いて行くからここを去り故郷に戻ることを許してほしいと頼んだ。王は言を左右にして話題をそらし、甘言をもって彼女をなだめたが、とうとう下男に彼女を扼殺するよう命じ、彼女の死体が寝所で発見された。

この殺人の後、神の大なる義心が示された。彼女の墓所で綱でつるされて燃えていたランプが誰も触れぬのに綱から落ちて床石に衝突した。すると舗石は堅さを失い、ランプは粉々に砕けずに、何か柔らかい物に沈むように床に半分のめり込んだ。これは見た者には偉大な奇蹟にしか思えなかった。

王は彼女の死を悼んで泣いたが、数日後にはフレデグンディスを再び妻に迎えた。その後、彼の兄弟王たちは、この王女の死は彼のさしがねだと判断し、彼を王国中ののけ者にした。当時、このキルペリクスには以前の妃のアウドヴェラとの間にできた三人の息子がいた。それは前述のテオドベルトゥス（巻四、二三）と、メロヴェクス、クロドヴェクスである。しかし、話を戻そう。

二九

クニー（フン）人が再びガリアへ侵入した。シギベルトゥス王は屈強な兵士の大軍を率いて出陣した。両者激突と思いきや、魔術に長けたクニー勢はフランク軍に対し幻影を作り出しつつこれを翻弄した。

シギベルトゥスの軍勢が散り散りになった時、彼は危うく捕虜になりかけた。しかし彼は後に巧みな外交手腕を発揮して、戦では得そこなったものを気前の良さで手に入れた。すなわち彼は相手の王に贈物を進呈し、今後命のある限りお互い戦争はしないと約束してクニー人との同盟を結んだ。

このことは王にとって恥辱にはならずむしろ王の評価は高まった。クニーの王もまたシギベルトゥス王に多大な贈物をした。この王はガガヌス（汗）という称号を持っていた。この種族の王は全員この名で呼ばれる。

三〇

シギベルトゥス王はアレラテンシス（アルル）の町をわがものにせんとして、アルヴェルヌス（クレルモン）の町に兵の動員を命じた。当時の町の領主フィルミヌス（巻四、一三）は軍の先頭に立って出陣した。また他の地区からはアドヴァリウスも軍を率いて加わった。彼らはアレラテンシスへ入るとシギベルトゥス王への忠誠を要求した。

この動きを見たグントゥクラムヌス王はパトリキウスのケルスス（巻四、二四）に軍勢を持たせて派遣した。ケルススは出征し、まずアヴェニカ（アヴィニヨン）の町を奪取し、アレラテンシスに接近して同市を包囲し、市壁に拠《よ》るシギベルトゥス軍の攻撃を企図した。

この時、町の司教のサバドゥスが守備軍に向い、

「外へ出て戦いなされ。壁に頼って荏苒《じんぜん》として時を過ごすばかりでは我々も町の周辺も敵の手に落ちましょうぞ。もし神のご加護をいただいて勝利なされたあかつきには、お約束した忠誠はお守り申す。がまた敵が優勢となった時にも、市門を開いてお助け申す。城内へかけ込めば容易には負けません」

と言いつくろった。これに欺かれて守備軍は城壁を出、戦備を整えた。しかしケルスス軍に破れて散り散りになり、町まで逃げたが城門はかたく閉ざされていた。守備兵たちは背後より投槍をくらい町からは投石をあびせられてロダヌス（ローヌ川）まで逃げ、円盾を舟にして向う岸を目指した。しかし川の激流が多くの者の命を奪った。

この時ロダヌス川は、アルヴェルヌス勢に対し、昔シモイス川がトロヤ勢に対してなしたのと同じことをした。

（川は）……波の下にさらい
盾も兜も勇士の体もまき込んだ（アエネイス、巻一、一〇九行）
泳ぎ手の姿は渦に呑まれてほとんど見えぬ（同、一一八行〜）

かろうじて盾に頼って泳ぎ向う岸の地面に上がった者も、すべてを失い馬にも逃げられ、ほうほうの体《てい》で故郷へ帰り着いた。フィルミヌスとアドヴァリウスは一命を取り止めたが、アルヴェルヌスの多くの男が激流に呑まれて命を落とし、あるいは敵の刃《やいば》にかかって倒れたのだった。こうしてグントゥクラムヌス王はかの町を取り返した。彼はいつもの善良さからアヴェニカの町をシギベルトゥスに返してやった。

三一

ガリアではタウレドゥヌムの砦（未詳）に異変が起きた。この城はロダヌス（ローヌ）川畔にそびえていたのだが、ここで六〇日以上奇妙なとどろきが聞こえた。それから山が裂けて隣の別の山から離れ、人間、教会、財産、家々もろともロダヌス川中に没した。川の両岸が切り立っていたため、水は逆流した。この川は山に挟まれた隘路《あいろ》を急流となって下っていた。上流では水が氾濫して両岸にある物をさらって行った。水はふくれあがって下りつつ不意に人間に襲いかかり、上流でしたごとくにあまたの人命を奪い、家を転覆させ、家畜をさらい、岸辺にある一切合切を押し流し、ほとばしり溢れ、破壊しつつイェヌバ（ジュネーブ）の町におし寄せた。

多くの人が、水の巨大なかたまりがこの町の壁を易々と乗り越えたと伝えている。前述のごとくこの川は山隘を流れていたため他方へ転ずることができなかった。このため山が崩れると一度にあらゆるものをぬぐい去ったのである。

この災難の後三〇人の修道僧が、要塞の崩れた跡へ来て、山の倒壊の残りの土を掘り返し青銅や鉄器を発見した。その間彼らは以前のような山の轟音を耳にしたが、激しい欲にかられてその場を去らなかったため、山のまだ残っていた部分が崩れて覆いかぶさり彼らを殺した。その後彼らは発見されなかった。

また、アルヴェルナ（クレルモン）の疫病の前にも不思議な異変がその領域に恐怖を与えていた。しばしば太陽の周りに三重四重のコロナが現れ、無知な人々はそれを太陽だと思い、

「ありゃ、天に三つ四つの太陽が出た」

などと言った。

ある時、それは一〇月一日だったが、太陽は暗くなってその四分の一にも足らぬ部分のみが光り、皮袋のようにみにくく色あせた。また、剣のように長い尾を持ったコメーテース（彗星）と呼ばれる星が一年中アルヴェルヌスの上空にとどまり、天は燃えるように見え、他にも多くのしるしが現れた。

アルヴェルナの教会で、ある記念日に早朝の勤行が催されていた時、我々がアラウダ（雲雀《ひばり》）と呼んでいるコレダルス（ギリシャ語のκορυδός コリュドス［雲雀］より）という鳥が飛び込んできてつばさで素早くすべての明りを消してしまった。まるで一人の人間の手がそれらを水に沈めたような具合だった。鳥はさらにカーテンをくぐって内陣へ進み御灯明《おとうみょう》を消そうとしたが、寺男にさえぎられて殺された。幸多きアンドレアの聖堂でも別の鳥が灯ったあかりに同じような事をした。

やがて疫病が襲来して同市の全域で猛威をふるい、数え切れない人々が命を落とした。このため棺桶や板材が不足して、ひとつの墓穴に一〇人かそれ以上の死人が葬られた。ある主の日（日曜日）、幸多きペトルスの聖堂では亡くなった人の遺体が三〇〇人を数えた。

この死は突然やって来た。下腹部かわき腹に蛇のかみあとのような傷ができると翌日かその次の日には息を引き

取るのだった。またこの傷は人間から感覚を奪っていった。

司祭のカトー（巻四、五〜）もこの時死んだ。多くの者がこの疫病から逃げたのに彼は死者を葬り一人ひとりに祈禱をとなえてその地を去らなかった。この司祭は本当に心から貧しい人々を愛していた。彼には確かに傲慢な所もあったがこのことは十分彼の弁明になると私は思う。

司教のカウティヌスは災いを恐れて各地を渡り歩いたが、同市へ戻って、この病にかかり、主の受難の金曜日に死んだ。彼の従兄弟《いとこ》のテトラディウスも同じ時間に死んだ。この時、ルグドゥヌム（リヨン）、ビトレクス（ブールジュ）、カビロヌム（シャロン）、ディヴィオ（ディジョン）などの諸都市もまたこの厄災で荒廃した。

三二

このころアルヴェルナ（クレルモン）の町の領域のランダネンセの僧院に高徳で名高いユリアヌスという司祭がいた。彼は清貧に生き、ワインも肉料理も口にせず、常にトニカ（ローマ風下着）の下にキリキアの粗衣（巻三、二九）を着、徹夜《ウィギリア》の勤行と祈禱にあけ暮れていた。彼にとっては、悪魔つきを治し、盲人に光を与え、その他の不具を、主の御名を唱え十字の印を切ってなおすことなど朝飯前のことだった。常に立ち続けていたため彼の足は鬱血して炎症を起こしていた。

どうしてそんなに無理をして身体を痛めるのかと尋ねられると、彼は明るい冗談口調で、

「わしが動ける間はこの足も働き続けるのですわ。神のご命令ですからこの足がわしを見捨てることはございませんです」

と答えるのが常だった。

我々はある時、実際彼が幸多き殉教者ユリアヌスの聖堂で言葉をかけただけで憑《つ》かれた人を治すのを目にした。彼はしばしば四日熱やその他の熱病を祈禱で治した。そして、この疫病が猖獗《しょうけつ》をきわめた日々、彼は忙しく活躍し、歳《とし》満ちてこの世から安息へと召されていった。

三三

その僧院の院長が亡くなりスンユルフスがそのあとを継いだ。彼は純朴と慈悲の人だった。客人があると自らその足を洗い、自らの手でそれをふいてやった。自分に任された僧団を、恐怖ではなく、謙譲で支配した。

しばしばこんな話をして聞かせた。ある時彼は幻影によって火の川のほとりに立っていた。一方の岸では、まるで蜂の巣に群がる蜂のように人々が川へ身を沈めていた。ある者は腰の辺まで、別の者は腋《わき》の下まで、他の者はあごまでひたりながら、あついあついと泣き叫んでいた。この川の上に、ちょうど足ひとつ置ける程度の幅のせまい橋がかかっていた。向う岸には外側を白く塗った大きな家が見えた。彼が傍らの人々に、これは一体どういうことですかと尋ねると、彼らは言った。

「僧団を育成すべくゆだねられながら怠っているとわかった者はこの橋よりつき落とされます。勤勉につとめた者は安全に橋を渡り、ご覧になっているあのかなたの家に迎えられるのですよ」

これを聞いて彼は夢から覚めたが、以来修道僧たちには以前より厳格に接するようになったという。

三四

これはそのころとある僧院(目次ではブルデガレンシス)に起こった出来事である。この僧は存命するがゆえにその名は書くまい。書かれたことを知ったら、彼は虚名に浮かれて堕落するかもしれないから。とある若者が僧院に来てそこの院長に、神に仕えたいと申し出た。この道場の勤めは厳しいですぞ、課せられた事をすべて果たすのはまず無理でしょうと院長は言った。若者は神の御名を唱え、全部果たして見せましょうと約束した。こうして彼はうけ入れられ、謙遜と敬虔のうちにすべてをこなし、二、三日経ち、修道僧たちが歳《とし》の収穫の穀物束を、およそ三コルス(一コルスは約五〇〇ℓ)、天日に干すため納屋から運び出して地面に置き、彼はその番をするように言われた。

さて僧たちは引きあげ彼だけが穀物番に残った。すると突然天が暗くなり風がうなり、激しいにわか雨が穀物束に接近した。これに気づいた若僧はとっさにはどうして良いかわからなかった。が、たとえ他の僧たちを呼びに行ってもこの多量の穀物を無事に納屋に戻せる訳はないと判断した彼は、一切をなげうって、祈禱に身をゆだねた。彼は小麦の上には一滴の驟《しゅう》雨《う》も落ちないようにと神に願った。そう祈りつつ身を大地に投ずると、雲が割れて、穀物束の周辺には雨が降り注ぐものの、小麦の上を――それを言わねばならぬが――一滴の雨も濡らすことがなかった。院長と他の僧たちは急いで収穫物を取り入れようと決心して戻って来て、この不思議を目にし、番人を探すと彼は遠からぬ大地に身を横たえて祈っていた。院長はこれを見て自分も彼の後ろに身を投げ、驟雨が過ぎ、祈禱を終えると、立ち上がるよう言った。そしてこの若僧を捕えて鞭でこらしめるよう命じ、

「息子よ、汝は神への畏れと奉仕のうちに謙遜に育たねばならぬ。ゆめゆめ怪異と奇蹟の栄光に酔ってはいかん」

と言った。こうして彼は小房に閉じ込められ、何の障害もなく空しい名声から逃れられるように、まるで罪人のように七日間の断食を言い渡された。こうして彼は、信頼できる筋から聞くところでは、徹底した節制に身をささげ、四旬節断食行の間には、三日に一度の粗挽《あら》き大麦粥《び》一皿以外、パンなどは全く口にしないという。彼が望むままの人生を終えることを神が叶えたまうよう、われらはお願い申す。

三五

前述（巻四、三二）のごとくアルヴェルヌス（クレルモン）のカウティヌス司教が世を去ったので、多くの者がその後釜にすわろうとし、賄賂や口約束が飛び交った。

亡くなった元老院議員エウヴォディウス（巻四、一三）の息子エウフラシウス司祭は、自分の功績によっては手に入れ難いこの地位を贈物で入手しようと、ユダヤ人から多くの珍品を手に入れ親戚のベレギシルスを通じてそれを王に献上した。彼は社交の名人ではあったが、素行が純粋でなく、蛮人どもに酒をふるまいこそすれ、貧しい

人々にはめったに援助しなかった。私は彼が神によらず人間を通じてこの栄誉を手に入れようとしたために失敗したのだと信ずる。

神が聖クインティアヌス（巻三、二）を通じて述べたまうた、「ホルティンシウスの末裔からは神の教会の支配者は現れない」という言葉は決して変えることができなかったのだ。

聖職者たちはアルヴェルナ（クレルモン）の教会に集結してこの問題を協議し、主助祭のアヴィトゥスが、全員一致の決議書を得て王のもとへ向った。かれには必ずしもよい見込みがあったわけではなかった。

アルヴェルヌスの領主のフィルミヌス（巻四、一三）はこれを妨げようと思った。彼自身は動かなかったが、この問題に関与した彼の友人たちが王に、少なくも今度の主の日（日曜日）には叙任を行なわないでほしい（このような叙任はふつう主の日に挙行された）、そう公表していただけるなら金貨一〇〇〇枚を王に差し上げますと、申し込んだ。王はこれを拒んだ。

かくてアルヴェルヌスの市民たちは一か所に集合し、前述のごとく当時主助祭だった幸多きアヴィトゥスが聖俗両側から司教の座に選出された。王は彼の栄誉をことのほか喜び、教会法にはやや抵触するものの彼を王臨席のもとで叙任するよう命じ、

「彼の手から聖餐のパンを受け取りたいのじゃ」

と言った。こうしてアヴィトゥスはメテンシス（メス）の町で叙任式を受ける栄誉に浴《よく》した。司教として彼はすべての面で偉大さを示した。市民には正義を、貧民には援助を、未亡人には慰みを、孤児には最大の支援を惜しまなかった。異邦人がやって来ても、彼を見れば父かと思いそこを故郷かと思うのだった。

彼が徳行の花を咲かせ、神の御意に叶うことを全霊をもって守り、すべての人の心から不当な放埒《ほうらつ》

♕ホルティンシウスの呪い　ある時アルヴェルナの町の路上を兵士たちが不当に占拠していた。クインティアヌス司教はこの封鎖を解くよう申し入れたが聞き届けられないので，親王のホルティンシウスの家へ老体の自分の身を運ばせて呪いをかけた（教父伝，4，3）。

を追放し、そこへ神の正しい貞節の種をまかんことを。

三六

（パリシウスの）司教サファラクスが追放されるという波乱のあったあの公会議（於パリシウス）の後、ルグドゥネンシス（リヨン）の司教サケルドゥスがパリシウスで亡くなり、私がその生涯を書いたことがある（教父伝、八）聖ニケティウス（著者の母の伯父）が後継者に選出された。

彼は完全に卓越した聖性の持ち主で、その処身は純潔であった。彼は、使徒ができ得るかぎりすべての人に示せと命じた愛を、あらゆる側面において完璧に実行した。そのため、彼の胸には神ご自身のお姿が認められるほどであった。彼が誰かの怠慢を責めることがあっても、その人が悔い改めた場合には、少しのこだわりもなくその人を迎え入れた。彼は過誤の矯正者であり、悔恨者の慰め人であり、施す人であり、休みなき活動者だった。教会を設立し、家を建て、畑に種をまき、葡萄畑の開墾に力をつくした。

こうした活動をする一方で彼はまた熱心に祈りに身をささげた。二二年の司教活動の後、彼は主のもとへ召された。その後彼は自分の墓で懇願者たちに大いなる奇蹟を示した。すなわち彼の墓で毎日点火される灯明が盲人に光を与え、悪魔を憑依《ひょうい》された者の身体から追放し、不具の四肢をちゃんともとへ戻してやった。これはかの困難な時代にあってはすべての虚弱者の良き支えだった。

しかし彼の後継者のプリスクス司教は、妻のスサンナと共に、この神の奉仕人と親しかった人の多くを迫害して殺した。その人たちには何の咎もなく、何の犯罪も指摘されず、またその人たちが窃盗現場で捕縛されたのでもなかった。ただその人たちが前任の司教をあつく信頼したことが彼の下司の心を刺激して、彼を嫉妬させたのだった。彼は妻と一緒になって先の神の聖者の悪口をさんざん言いふらした。またこれまで長いことどの司教も教会の家の中へ妻を入れたことがなかったが、この女は、下女たちをひきつれて、あの幸多き人が休んでいた小部屋に乗り込んできた。

しかしついに神の威光がプリスクス司教一家に罰を下した。すなわちこの妻に悪鬼が取りつき、彼女は髪を振り乱して町中をかけ回り、正気の時には決して認めようとしなかったかの神の聖者がキリストの友であることを告白し、自分を罰しないでほしいなどと叫ぶのであった。司教も四日熱を患い身体をがたがたふるわせた。熱が引いても震えは取れず、愚鈍の状態になった。ひとり息子も、また奉公人たちも生気を失って痴愚の状態に陥った。これがあの聖者のたたりによることは誰の目にも疑えなかった。司教とその家族はたえずあの神の聖者に対し悪態をついていたし、彼を非難する者は誰でも自分たちの仲間だなどとほざいていた。彼は自分が司教職に就任した時、教会の住居の建物を高くするよう命じた。

さて、神の聖者がまだ存命していたころに姦通などの不品行で聖者からしばしば破門され、いつも鞭打ちをくらって更生の余地がないと思われていたある助祭がこの屋根にかけ上がって屋根を踏みやぶりつつ、

「イエス・キリストよ、あんたに感謝します。傲慢なニケティウスの死後、この屋根を足蹴《あしげ》にできるのだから」

と言った。この言葉が口を突いて出るや否や彼の足の下の梁《はり》が外れ、彼は地面に落ちて破裂して死んだ。こうしてこの司教とその妻が理性に反した営みを重ねていたころ、くだんの聖者がある人の夢枕に立ち、

「プリスクスの所へ行き、悪業から足を洗い、善《よ》い行ないに勤めるように言いなさい。また司祭のマルティヌスにも、いっしょに悪事を重ねるならば、おまえもこらしめられるぞ、不条理を改めないならば、死ぬことになるぞと言え」

と言った。その人は目が覚めてこの話をとある助祭にし、

「あんたは司教一家と仲いいそうだから、行って、今の話を、司教かマルティヌス司祭にしてくれんか」

と頼んだ。助祭は、一旦は承知したが、あとで思い直してしないでいると、夜眠ったあとで彼に聖者が現れて、

「おまえは院長の話をなぜ伝えんのだ」

と言い、拳《こぶし》を丸めて彼ののどを突いた。朝になり、咽《のど》のはれあがった彼は後悔の念に苦しんで司教と司祭の所

へ行き、聞いた話を全部打ち明けた。しかし彼らはこの話を軽視し、そんなのは夢のざれごとだと言った。ところがマルティヌス司祭はやがて熱病にかかり、それは治ったが、司教へのおべっかは直らず、いっしょに悪業を重ね、聖者への悪態をはき続けた。そして熱病が再発して死んだ。

三七

聖ニケティウスと同じころ、聖性において優れ、卓越した行為と高貴な生涯の人、聖フリアルドゥスが、時満ちて逝去した。彼の奇蹟については、彼の生涯を書いた本（教父伝、一〇）の中で述べておいた。彼が亡くなった時、フェリクス司教（ナムネティカの司教）が到着すると小部屋が振動した。彼の逝去の場所がこのようにふるえたのは天使の働きがあったからだと私は信ずる。フェリクス司教は彼の遺体を洗い、清浄の衣服に包んで葬った。

三八

さて、歴史の記述に戻らねばならぬが、ヒスパニアではアタナギルドゥス王（巻四、八）が死んで、レウヴァとその兄弟のレウヴィキルドゥスが王国（西ゴート）をうけ継いだ。その後レウヴァは死に、レウヴィキルドゥスが単独の支配者になった。彼の妻が亡くなったので、彼はブルニキルディス王妃の母グンスインタを後妻に迎えた。

彼には最初の妻との間に二人の息子がいた。そのひとりはシギベルトゥスの娘と、もうひとりはキルペリクスの娘と結婚した。王はふたりに王国を均等に分けてやり、王を殺しそうな人物はことごとく殺して、壁に小便をひっかける者（男性の意。列王紀略上、一六、一一のウルガタ訳）を残さなかった。

三九

パラディウスは領主の故ブリティアヌスとカエサリアの子で、シギベルトゥス王の後楯でガバリタナ（ジャヴォル）の町の領主職を得たが、パルテニウス司教との仲が悪く、人々の苦痛の種となった。

彼は司教にさまざまの非難中傷、悪口雑言を浴びせ、教会の財産を横領し司教関係者のものを奪った。ことが深刻になると、両者は君主の御前《ごぜん》に呼び出され、互いに相手を激しく非難し、パラディウスは司教をふにゃふにゃした女の腐ったような奴と呼び、

「きさまがいちゃついている愛人どもはどこにいるんだ」

と叫んだ。しかし司教へのこの言葉にはすぐに神罰が下された。翌年パラディウスは領主職を免ぜられてアルヴェルヌス（クレルモン）へと戻った。

ロマヌスは領主職を求めてその後釜にすわろうと思っていた。ある日このふたりがアルヴェルヌスの路上でぱったり鉢合わせになり、この領主の地位を巡って口論となった。この時パラディウスは自分がシギベルトゥス王によって死をたまわる運命にあると聞かされた。これはロマヌスによる作り話だとあとでわかったのだが、その時パラディウスはひどく狼狽して激しく落ち込んでしまい、われとわが手で自分を扼殺しようとしたほどであった。

そこで彼の母と親戚のフィルミヌスが、彼が鬱状態の時にやりそうなことを実行しないよう注意して見張っていたが、母とて常に彼の傍らにいるわけに行かず、ふとした隙《すき》に寝室に引きこもって一人になると、彼は剣を鞘《さや》から抜き、柄《え》を足で固定すると尖端《せんたん》を胸に突き立てた。剣は上から体重を受けて乳首から入り背中の肩甲骨の所から出た。彼はふたたび身体を起こすと剣をもうひとつの乳首に突き刺して倒れ死んだ。

この行為には悪魔が関与した気がしてならない。このことを成就するのに悪魔の手助けが欠けていたら、彼は一度の打撃で息絶えていただろう。あわてた母が駆け込んできて愛《いと》しい息子の亡骸の上に身を投げた。それから家族全員大声で泣いた。彼の遺体はクロノネンセ（クルノン）の僧院へ運ばれ埋葬されたが、キリスト教徒の遺体と並んで置かれなかったし、ミサ・ソレムニス（正式ミサ）もあげてもらえなかった。司教に不正を働いたのでなかったら、明らかにこんなことにはならなかった。

四〇

コンスタンティノポリターナ（イスタンブール）の都ではユスティニアヌス帝が亡くなりユスティヌスが帝位を継いだ。万事につけてけちな男で、貧乏人を軽蔑し、元老院議員を収奪し続けた。けちが嵩《こう》じ、鉄の箱を作らせてその中に鋳造金貨をたくさんためこんでいた。

彼はまたペラギウス派の異端に相当いれこんでいたと言われている。まもなく精神に異常をきたし、諸州《プロヴィンキア》防衛のために副帝《カエサル》ティベリウスを置いた。この男は義侠心《ぎきょうしん》あつく、慈悲にあふれ、公平な判断ができ、よく勝利を保持し、そしてどんな徳にもまして純正のキリスト教徒であった。

シギベルトゥス王は平和を求めユスティヌスに使者を立てたが、それはフランク人のワルマリウスとアルヴェルヌス（クレルモン）のフィルミヌスだった。彼らは海路コンスタンティノポリターナの町に入り、皇帝と会談し、所期の目的を達して翌年ガリアへ帰国した。

その後、エジプトのアンティオキア（正しくはシリアの都市）とシリアのアパミエといった大都市がペルシア人の襲撃を受け、人民が虜囚として連行され、アンティオキアの殉教者ユリアヌスの聖堂が炎上して灰燼に帰した。

するとユスティヌス帝のもとへたくさんの絹織物の贈物を携えたペルシア領内のアルメニア人が訪れて、帝の友好を求め、自分たちにとってはペルシアの皇帝は仇《かたき》だと述べた。彼らが言うには、ペルシア帝の使者が彼らの所へ来て、

「諸君らがわが帝との同盟をきちんと保持してくれるかどうか帝にはいたくご心配であらせられる」

と言うので彼らが、お約束は全部ちゃんと守っておりますと答えると、使者は、

「諸君らが帝との友好を守っているかどうかは、諸君らが、帝と同様、火を崇拝するかどうかにかかっているのである」

♕ペラギウス派の異端　ペラギウスは4，5世紀の人。原罪と予定説を否定し，人間の自由意志と，恩寵に支えられた自力救済を唱えた。これに対しアウグスティヌスは恩寵のみによる救済を唱えてペラギウスと対立した。A.D. 415年，ペラギウスは異端とされた。

などと言った。皆が、そんな変なことはできませんと答え、その場にいた司教が、「火を拝めとは、火の中にどんな神性があるのでしょうか？　神は火を人間の道具として作りたまうたので、火は点火すれば燃え上がり、水によって鎮《しず》まり、燃料を加えれば燃え、放って置けば弱まります」などと滔々と述べ出したので使者はかっとなって罵声《ばせい》をあびせ棍棒で司教をなぐり倒した。司教が血に染まっているのを見た人々は使者の一団に襲いかかり彼らを倒して片づけてしまった。そして、前述のごとくこちらの帝の友好を求めて来た。

四一

ランゴバルディー人たちの王アルボエヌスはクロタリウス王の娘クロトシンダ（巻四、三）を妻としていたが、自分の故郷（パンノニア）を捨てて全一族を引き連れてイタリアを目指した。すなわち軍勢を率い妻子とともにかの地に住もうと決心したのである。

イタリアに入ると七年の歳月各地を放浪し、教会を強奪し聖職者を殺し、この地を自分の支配下に置いた。アルボエヌスは、妻のクロトシンダが死ぬと他の女を娶《めと》ったが、その少し前にこの女の父を殺していたので、女は常に夫を憎み、父のうらみを晴らす機会をうかがっていた。そして使用人の一人を愛人にして夫を毒殺した。それから二人で逃げたが捕えられて二人とも殺された。その後ランゴバルディー人は別の人を自分たちの王に置いた。

四二

またの名をムモルスというエウニウスは、グントゥクラムヌス王からパトリキウスの称号をいただいた。彼の履歴をさかのぼって述べてみたい。

彼の父ペオニウスはアウディシオドレンシス（オーセール）の町の住民で、この地方都市の領主であったが、この地位を更新するにあたり、王に届ける贈物を息子に託した。ところが息子はこの父の贈物で父の地位を得ようと計り、本来自分が支えるべき父親の地位を奪い取った。

ここから出発して彼はしだいに自分の地位を上げ、ついに頂点を極める。ランゴバルディー人がガリアへ侵入した際には、ケルスス（巻四、二四）のあとを継いだばかりのパトリキウスのアマトゥスがこれに当たったが、決戦に至り、敗走して戦場に倒れた。ランゴバルディー勢はブルグンド勢を徹底的に蹂躙《じゅうりん》し、斃《たお》れた者数知れずと言われた。彼らは略奪品を満載してイタリアへ引揚げて行った。

彼らが去ると、ムモルスとよばれたエウニウスが王に呼ばれ、パトリキウスの称号をいただいたのであった。ランゴバルディー人が再びガリアを侵し、エブレドネンシス（アンブラン）付近のムスティエ・カルメス（未詳）に接近すると、ムモルスはブルグンド勢とともに軍を率いて同所へ赴いた。ランゴバルディー軍は包囲され、逆茂木《さかもぎ》に退路をふさがれ、道なき森の奥へ追い込まれた。全軍突撃して多くのランゴバルディーを殺し、少なからぬ兵を捕虜として王のもとへ輸送し、王はそれを各地に分散させて見張るよう命じた。少数の者が脱出して故郷へ逃れ、異変を知らせた。

この戦いで、サロニウス、サギッタリウス兄弟は、ふたりとも司教だったが天の十字架で装備せず世俗の甲冑《かっちゅう》を身にまとい、さらに悪いことに、多くの者を手にかけて殺したということである。

これがムモルスの戦場での最初の勝利だった。その後、ランゴバルディーと一緒にイタリアへ移住していたサクソネス人がまたも突然ガリアに現れ、レゲンセ（リエーズ）領下のスタブロ（エストゥブロン）の館の近くに布陣し、付近の諸市の館々を荒らし回り、物品を強奪し人間を拉致《らち》し、一切を破壊して行った。知らせを受けたムモルスは軍を駆って彼らを襲撃し、幾千もの敵を殺し日が落ちても殺戮を続け、夜に及んでようやく戦いを止めた。

この時彼は気づかれずに接近し、敵の不意を突いたのだが、朝になるとサクソネス勢は戦陣をかためていくさに備えた。しかしここで双方軍使を立てて和議が結ばれ、ムモルスは贈物をうけ取った。

サクソネス勢は捕虜と略奪品をすべて放棄して退却した。彼らは、ガリアへ戻ってこちらの王に従い、フランク人のために働くと約束した。かくてサクソネス人は一旦イタリアへ引揚げ、シギベルトゥス王の指定した彼らの故地へ戻るべく、妻子と家財道具一切をまとめて出発した。

彼らは、ふたつの楔《くさび》形陣形を取って進んだ。そのひとつはニケア（ニース）の町を向き、もうひとつはエブレドネンシス（アンブラン）の町を向き、前年進んだのと同じ進路を取った。両隊はアヴェニクム（アヴィニヨン）の領内で合流した。ちょうど収穫の季節に当り、各地は大地の実りに満ちていた。住民たちはそれを戸外にさらし、少しも屋内に隠そうとはしなかった。そこへサクソネス人が接近し、作物を自分たちで分配し、集めたものを脱穀して全部食べ、額に汗して働いた者には何一つ残さなかった。

こうして実りを食べつくすと彼らはロダヌス（ローヌ川）のほとりに至り、激流を越えてシギベルトゥス王領に入ろうとした。

すると彼らの前にムモルスが現れ、かく呼ばわった。

「川を渡るのはお待ちいただきたい。いやはや、わがあるじの王領をよくも荒らしてくれたことよ。作物は集める、家畜は奪う。家には放火し、オリーヴ園と葡萄畑も目茶目茶にしてくれた。諸君らが奪いつくした人民に対してつぐないを支払わない限り、この川は越えられませんぞ。さもなくばこの手が、諸君らの妻子をわが剣の餌食にして、わがあるじグントゥクラムヌス王に対しなされた不正を糺《ただ》すまで諸君らを離さぬものとこころえられよ」

そこで彼らは大いに恐れて自分たちの行為のつぐないに何千枚もの鋳造金貨を支払い、川を渡る許可を得た。

こうして彼らはアルヴェルヌス（クレルモン）領内に至った。それはちょうど春の時節だった。その地で彼らは金の代わりに彫りを入れた青銅の短冊を製造した。それを見た者はそれが検査測定

♕楔形陣形 cuneus　先頭に1人の兵を立てその後ろに2人の兵を立てその後ろに3人の兵を立て，後方に行くにしたがって厚く作る陣形をこう呼ぶ。その名 cuneus とは「楔《くさび》」のことである。タキトゥスは「（ゲルマン人たちは）戦列を楔形陣形に作る acies per cuneos componitur」（『ゲルマーニア』）と述べている（「訳語対照表」参照）。

済みの本物の金の延べ棒であることを疑わなかった。それには特殊な技術で黄金色の塗装が施されていた。少なからぬ者がこの詐欺にひっかかり、金と青銅を交換して損害をこうむった。彼らはシギベルトゥス王のもとに至り、以前に出発した場所に落ち着いた。

四三

シギベルトゥス王領ではプロヴィンキア（プロヴァンス）の総督《レクトル》ヨヴィヌスが廃され、代わりにアルビヌスが立った。このことが彼らの間に大きな禍根《かこん》を残した。

ある時マッシリエンシス（マルセイユ）の波止場に航海を終えた船団が到着した。主助祭ヴィギリウスの配下の者たちが、一般にオルカという名で呼ばれる油や他の流動物の容器の大樽七〇個を盗んだ。犯人たちの主人はそのことを知らなかった。商人は品物が盗まれてなくなっているのに気づき、その所在を求めて精力的な捜査を開始した。その結果、それが主助祭ヴィギリウス配下のしわざだとどこからか聞き出した。このことは主助祭の知るところとなり彼が調べてみるとその通りであることがわかった。が彼はことを公表せず、配下をかばって、

「うちからはそんな大それたことをする者は出ませんよ」

などとうそぶいた。主助祭がこの調子なので商人は総督アルビヌスの所へ行き、事の次第を説明し、主助祭も共犯のかどで告発した。ちょうど主の生誕の日（クリスマス）で、司教が教会へ到着し、主助祭は白衣をまとって、礼式通り時間が来たら生誕日の式典を始めるべく、司教を祭壇へ誘《いざな》った。

この時、アルビヌスは立ち上がると主助祭を捕えて外へつれ出しなぐる蹴るの暴行を加えて倒した後、牢獄へ監禁した。司教も市民たちも、列席の高官たちも、大声で叫ぶ民の声も、この場はとりあえず保証人を立てて他の人々と一緒に主助祭にこのめでたい日を祝ってもらい、告訴は他日に回す、という風にはことを運び得なかった。総督は主の祭壇のしもべを強奪するほどに、このおごそかな年中行事への畏敬の念を欠いていたのだ。

総督は主助祭にソリドゥス金貨四〇〇〇枚の賠償を命じた。しかしヨヴィヌスが上告したため、事件はシギベルトゥス王の御前で審議され、総督自身がその四倍もの賠償金を支払う結果になった。

四四

その後ランゴバルディーのアモ、ザバン、ロダヌスの三将軍がガリアへ侵入した。アモはエブレドネンシス（アンブラン）を通ってアヴェニクム（アヴィニヨン）領内のマカオ（未詳）の館に接近し、そこに布陣した。この館はムモルスが王より拝領したものであった。ザバンはデインシス（ディ）の町を抜けてヴァレンティア（ヴァランス）に至り同地に陣営を置いた。ロダヌスはグラティアノポリターナ（グルノーブル）の町に襲いかかりそこに天幕を張った。

アモはアレラテンシス（アルル）の地方およびその近隣の諸市を荒らし回り、マッシリエンシス（マルセイユ）の町に隣接するラピデウス（ラ・クロ）の野に出て、家畜と人間を強奪した。更にアクエンシス（エクス）攻撃に備えたが、同市より二二リーブラ銀貨を受け取って軍を返した。ロダヌスとザバンも行く先々で同様の所業に耽った。

この異変の知らせがムモルスに届くや、彼は軍を駆り、グラティアノポリターナの町を攻撃中のロダヌスに向った。彼の兵がエセラ（イゼール）川渡渉《としょう》に難渋した時、神の合図で一匹の獣が川を越え浅瀬を示してくれた。このために兵たちは容易に対岸に達した。

これを見ていたランゴバルディー勢はただちに剣を抜き、彼らに向けて突撃した。決戦の火蓋が開きランゴバルディー人は多く討たれ、槍傷を負ったロダヌスは山の高処へと敗走した。そして生き残った五〇〇人の手勢とともにそこを脱出し、道なき道を抜け、ヴァレンティア攻撃中のザバンの眼前に突然現れて、身に起きたことの一部始終を物語った。そこで彼らは戦利品を平等に分けてエブレドネンシスの町へ戻り、そこで無数の大軍を擁したムモルスを迎え撃った。戦端が開かれ、ランゴバルディー陣は完膚《かんぷ》なきまでに粉砕され、将軍たちはわずかの兵とともにイタリアに逃れた。

さて彼らがセグシウム（スーザ）の町まで逃げてきた時、この町には皇帝（東ローマ）の軍司令官シシニウスが滞在していたため、住民の彼らに対する対応は殊更冷やかだった。この時ムモルスの使いになりすました者が、ザバンの面前でシシニウスに手紙を渡し、ムモルスの名を口に出して挨拶を伝え、

「あるじは、もうすぐそこまで来ております」

と言った。これを聞いたザバンは素早く町を出て一目散に逃げ、アモは戦利品を満載して出発したが途中雪にたたられてその大部分を放棄し、わずかの物を持ち帰ったに過ぎない。彼らにはそれほどムモルスの強さが身に染みていた。

四五

ムモルスの勝利したいくさは数え切れない。カリベルトゥス王の死後、規約によればシギベルトゥス王に属するはずのトロヌス（トゥール）とペクタヴス（ポワティエ）がキルペリクス王に強奪された時、シギベルトゥス王はグントゥクラムヌスと結んでムモルスを抜擢し、両市の奪還に当たらせた。ムモルスはトロヌスに至るとキルペリクスの息子のクロドヴェクスを追い払い、人民の誓約を得て同市をシギベルトゥス王に帰順させ、それからペクタヴスに接近した。同処では市民のバシリウスとシガリウスが、多勢《たぜい》を恃《たの》んで抵抗を試みた。ムモルスは包囲して数か所から攻撃し、制圧して彼らを殺した。かくてペクタヴスに入城して住民の誓約を取った。ムモルスの話はさしあたりここまで。後にまた話そう。

四六

アンダルキウスの死について語る前にその出自と出身地を述べたい。彼はフェリクスという元老院議員の奴隷であったと言われている。彼は主人への奉公のため主人といっしょに学問させられ、成績が非常に良かった。彼はウェルギリウスの作品、テオドシウスの法典と算術によく精通していた。

ところがその学識を鼻にかけて主人をあなどり始め、ルプス将軍がシギベルトゥス王の命令でマッシリエンシス

（マルセイユ）の町に来た時に庇護を求め、将軍は同地を離れるに際し彼を同伴した。将軍はアンダルキウスを熱心にシギベルトゥス王に推挙し、ついには彼を王の奉公人の中に入れた。王は彼を各地につかわし、諸実務を行なわしめた。

かくして彼はひとかどの名士のような顔つきをしてアルヴェルヌス（クレルモン）に来ると、同市の市民のウルススという者と友情を結んだ。ところが生来の粗忽者《そこつもの》で、ウルススの娘と結婚したくてたまらなくなり、伝承によれば、ふつう書類を入れる文箱《ふばこ》に革鎧《ローリーカ》を入れておいてウルススの細君に向い、こう言った。

「この中に入った一万六〇〇〇枚以上の金貨は、もしあなたのお嬢さんをわが妻にいただけるならば、そっくりさしあげてもようござんす」

……死すべき者の心をかり立てぬことがあろうか、
なんじ、いまわしき黄金への飢餓よ（アエネーイス、三、五六～）

妻は単純にもころりとだまされて夫の不在の時、娘を嫁にやると約束した。そこで彼は一旦王の所へ帰り、この娘は自分と結婚すべしという王令を当地の裁判官に提出した。

「何せ、持参金を支払ったもんでして」

と彼は言った。ところがウルススはこれを否定し、

「あんたがどこのどういう素性のお方か、わしらには見当がつきかねますでな」

と言い返した。こうして両者の間の確執《かくしつ》が次第にたかまり、ついにアンダルキウスはウルススを王の御前に召喚するよう要求した。

♔**テオドシウスの法典**　テオドシウスの法典は，東ローマ帝テオドシウス２世（在位 408–50）が，コンスタンティヌス大帝以来の法律を体系的にまとめさせたものである。ローマ法の継承展開は，東ローマ帝国の業績のひとつだが，この法律制度はフランクの社会にも大きな影響を与えた。当時ガリアにはローマ法とゲルマン法が混在していた。

そうしておいて彼はブリナクス（ベルニー）の王館へ行き、ウルススという名の別人を探し出してひそかに祭壇の前へ連れ出し、誓いを行なわせて、

「この神聖な場所と幸多き殉教者の聖遺物に懸けて、もしもわが娘をあなたに嫁がせない場合には、ソリドゥス金貨一万六〇〇〇枚はそっくりあなたにお返しいたします」

と言わせた。この内陣には、身を隠してこの言葉を聞いている証人たちがいた。彼らには祭壇で喋っている人物の姿は見えなかった。他方アンダルキウスはウルスス本人を、言葉巧みになだめて王にまみえることなく故郷へ帰した。そしてこの誓いを誓約書の形にし、ウルススが去った後それを王に提出して、

「この誓約書はウルススがわたくしあてに作成したものです。これゆえにわたくしは彼の娘をわが妻とする旨の王の栄えある命令書をたまわりたく存じます。彼がそれを拒むなら彼の財産はわたくしのものであり、わたくしは一万六〇〇〇枚のソリドゥス金貨の弁償を得ないではこの訴訟を取り下げられません」

などと述べた。そしてまんまと王の命令書を入手してアルヴェルヌス（クレルモン）に戻り、裁判官にこの王令を提出した。

ウルススはヴィラヴム（ル・ヴレ）の地方に出かけていた。彼のものを合法的に自分の財産にしてしまったアンダルキウスもヴィラヴムに赴き、ウルススの家のひとつに入り、自分のために食事を用意し、身体を洗うための湯を沸かすよう命じた。

しかし家の召使たちは誰もこのにわか主人への給仕をしなかったので、彼は棍棒と鞭をふりまわし、多くの者が頭をなぐられ、血が飛び散った。こうして従僕たちは惨々な目にあって食事を用意し、湯をわかし彼は身体を洗った。それから彼はワインに酔って床についた。彼はわずか七人の従者を連れていたが、皆ワインと眠気で正体を失ってぐっすり寝てしまった。

すると家の召使たちが集まって、木の板でできた家の戸をすべて閉じて鍵を手許にしっかりと確保し、うずたか

く積まれた穀物を崩して家の周囲に置き、束ねてあった穀物を屋根に積んで家を完全におおいつくし、数か所火を放った。建物が燃えて不幸な者たちの上に崩れ落ちた。驚いた彼らは大声を放ったがその声は誰にも聞こえなかった。こうして火は家と彼らを呑み込んでしまった。

ウルススは驚愕して聖ユリアヌスの聖堂に頼り、また王に贈物をさしだして自分の財産を無事とり戻した。

四七

キルペリクスの息子クロドヴェクスはトロニクス（トゥール）から追放され（巻四、四五）、ブルデガラ（ボルドー）へ向い、暫らくブルデガレンシス（ボルドー）城内に落ち着いていた。するとシギベルトゥス王に与力するシグルフスなる者が彼の対抗者として現れ、まるで鹿を逐《お》うようにトゥバ（ラッパ）や角笛を吹き鳴らして逃げる彼を追い回した。このため父の所へもどる退路の確保が困難だったが、アンディガヴス（アンジェ）を抜けて帰って行った。

その後グントゥクラムヌスとシギベルトゥスの間に確執が生じ、グントゥクラムヌス王はパリシウス（パリ）に自分の領内の全司教を集めてどちらの言い分に理があるのかを言わせようとした。しかし内乱の緊張は急速に昂《たか》まり、両者とも僧侶の言葉などを聞こうとはせず、罪業に身をゆだねた。

キルペリクスは怒りにかられて自分の長子テオドベルトゥスをシギベルトゥス王の諸市攻撃に派遣した。その目標はトロヌス（トゥール）とペクタヴス（ポワティエ）、その他リゲル（ロワール）川南岸の諸市だった。このテオドベルトゥスはかつてシギベルトゥスに捕えられて彼への忠誠を誓っていた（巻四、二三）。彼がペクタヴスに至るとグンドヴァルドゥス将軍が彼を迎え撃った。結局グンドヴァルドゥス側が負けて退却し、大勢の土地の住民が殺された。トロニカ（トゥール）領内の大部分も戦火に焼かれ、ここの住民が早目に降服しなかったら全領域が壊滅したかもしれない。

彼は軍を駆り、レモヴィキヌム（リモージュ）、カドゥルキウム（カオール）とその近隣諸領域を荒らし回り、略奪し、壊滅させた。教会に放火し、聖器類を運び出し、聖職者を殺し、男子の僧院を壊し、尼僧院で暴行を働き、一切合切を潰して行った。この時代の教会の嘆きはディオクレティアヌス帝の迫害の時より悲惨だった。

四八

どうして彼らにかかる災難がふりかかったのか、我々には今なお不思議であり謎である。しかし彼らの父祖たちの行動と彼らの所業とを較べてみよう。父祖たちは聖職にある者の説教を聞き異教礼拝から教会へ身を転じた。しかし彼らは毎日教会から略奪品を運び出した。父祖たちは心の底から聖職者を尊敬し、その言葉に耳を傾けた。しかし彼らはそれを聴かぬばかりか、聖職者を迫害した。父祖たちは僧院や教会を富ませたが彼らはそれを壊し倒した。ラッタの僧院での物語には解釈の言葉は不要であろう。そこには幸多きマルティヌスの聖遺物が安置されている。

この僧院へ敵の軍団がやって来て、そこを略奪するため、近くを流れる川を渡ろうとした。修道僧たちは彼らに向い、

「こなたへ渡ってはいけませぬぞ、異教の方々、ここは幸多きマルティヌスの僧院でござれば」

と呼びかけた。これを聴いた多くの者が神への畏れから退去したが、彼らのうちの二〇人は神を畏れず、幸多き告白者を敬わず、舟に乗り川を渡り、邪悪な心に駆られて修道僧を殺し、院内を荒らして器物を略奪した。そして荷物をまとめて舟に置き、川に漕《こ》ぎ出すと舟はぐらぐらと揺れ、あちらこちらをさまよった。櫂《かい》も流されてしまったので槍の柄を川底にしっかりと突き立てて帰還を試みたが、彼らの足の下で舟が裂け、各人が自分の方に向けて立てていた槍の穂先が胸をつらぬき、全員が自分の槍で命を落としたのだった。

彼らの中のひとりは彼らにかかる悪業をせぬようにと叫びつつこの難を免れて無事だった。もしこれを単なる偶然の結果と取るものあらば、この大勢の犯罪者のなかでこのひとりだけが無罪の者だったことに思いを致すべきである。彼らが溺れ死ぬと修道僧たちは彼らの死骸と自分たちの財産を川底から引きあげ、死者を葬り、器物は院内

に戻した。

四九

その間、シギベルトゥス王は、レーヌス（ライン）川彼岸の種族を動員し、内乱を誘発しても自分の兄弟のキルペリクス王と対決する決心をした。これを聞いたキルペリクス王は兄弟のグントゥクラムヌス王に使者を送った。こうして彼らは、兄弟同士助けあうよう同盟の絆を固めた。シギベルトゥス王は前述の種族を率いて出陣し、キルペリクスも軍と共に出陣してこれと対峙した。シギベルトゥスは、兄弟を攻めようにもセークァナ（セーヌ）川を渡るすべなく、兄のグントゥクラムヌスに使者をやり、

「貴領を通過してこの川を渡ること、お許しなくば、全軍をもって兄上を襲い参らせん」

と言わせた。グントゥクラムヌスはこれにおどろき、彼と同盟を結んでその領内通過を許した。キルペリクスはグントゥクラムヌスが自分を捨ててシギベルトゥス側についたことを察知し、陣を引払い、カルノテンシス（シャルトル）領内のアヴァロキウス（アヴェリュ）村へ移った。シギベルトゥスはこれを追い、野戦の準備を整えた。キルペリクスは、両軍衝突によって、自分たちの国家までもが危殆に瀕することを懼《おそ》れて和議を求め、テオドベルトゥス（彼の息子）がひどく荒らしてしまった（巻四、四七）シギベルトゥスの諸都市を返還し、彼が不当な放火と軍刃で制圧して寝返らせたそこの住民たちを罰しないようにと切に頼んだ。

当時、パリシウス付近の村々も大部分戦火に焼かれていた。家々も他の財産も兵の略奪にさらされ、人民は捕虜として拉致された。王（シギベルトゥス）は、かかることのないようにと厳重注意を出したが、レーヌス（ライン川）彼岸の種族の凶暴を押さえることはできなかった。そこで彼は自分の城に帰るまで一切の事柄を辛抱強く我慢した。

この種族の中には、自分たちが戦争をしなかったことに対し王に不満を漏らす者が大勢いた。そんな時王は大胆にも馬に乗って彼らに向い、穏やかな言葉で彼らをなだめた。しかし後には彼らの多くの者を投石の刑に処するよ

う命じた。

王たちが干戈《かんか》を交えず和議に至ったことは、幸多きマルティヌスのご聖徳なしにはなかったであろうこと疑いない。この和議が成った日に、三人の足の利かない者が幸多き聖堂でぴんと足を伸ばした。そのことの記述は、神の命に従い、続く諸巻の課題としよう（本書には記載なし。『聖マルティヌス司教の徳力』巻二、五〜七に記載）。

五〇

この内乱のことを述べると心が痛む。一年後、キルペリクスは再度使者をグントゥクラムヌスに送り、「こちらまでご足労いただきたい。われら心をひとつにして共通の仇《あだ》シギベルトゥスを倒さんと欲《ほっ》す」と言わしめた。そのとおり事が運び、両者は会見して贈物を交わし、キルペリクスは軍を駆り、すべてを焼き払い、略奪しつつレムス（ランス）に接近した。知らせを受けたシギベルトゥスはまたも前章（巻四、四九）で述べたあの種族を動員してパリシウス（パリ）へ出、自分の兄弟と対決する臍《ほぞ》をかためてドゥネンセ（シャトーダン）とトロニクム（トゥール）の住民にテオドベルトゥス（キルペリクスの息子）と対峙するよう使者を派遣した。しかし彼らが言を左右にして動かないので、それを叱咤《しった》すべく王はゴデギセルスとグントゥクラムヌス（グントゥクラムヌス・ボソ。王とは別人）の二将軍を派遣した。両者は軍を指揮してテオドベルトゥスを襲撃した。

テオドベルトゥスは部下に見捨てられて少数の者とともにとどまっていたが、躊躇《ちゅうちょ》せず戦場へ赴いた。いくさが始まり、テオドベルトゥスは負けて戦野に倒れた。痛ましいことだが敵兵がその死骸に略奪行為をおこなった。アウヌルフスという者が彼の遺体を収容して洗い清め、王族にふさわしい衣装を着せてエコリシネンシス（アングレーム）の町に葬った。キルペリクスはグントゥクラムヌスがまたもシギベルトゥスと和したと知って、妻子とともにトルナケンシス（トゥルネー）の町の壁の内部にこもった。

五一

この年、空に光が現れて駆け行くのが見られた。先代クロタリウス王の死の前にも同様のことがあった。シギベルトゥス王は、パリシウス（パリ）周辺の諸都市を確保したもののそれを敵前に放置したままロトマゲンシス（ルーアン）の町へ向おうとした。しかし部下たちに諫止《かんし》されて思いなおして引き返し、パリシウスへ入った。そこへブルニキルディスと子供たちが来た。

さて、かつてキルデベルトゥス（先代クロタリウス王の兄）に仕えていたフランクの宿老たちが使者をシギベルトゥス王によせて、もしもこちらに来ていただけるならわれらはキルペリクス王から離れあなたを王として推戴《すいたい》いたしましょうと言ってきた。彼はこれを聞いて、前章（巻四、五〇）で述べた町にこもる自分の兄弟を圧迫すべく兵を派遣し、自分もそこへ急行することを決心した。すると聖ゲルマヌス司教が彼に、「お出でになってご兄弟を殺そうとなさらなければ生きて勝者としてご帰還になるでしょう。でも別のお考えなら、お命に関わります。主がソロモンを通じ、『兄弟を狙う穴には汝が落ちん』（箴言、二六、二七）と示したまうたごとくです」と諭《さと》したが、罪業深き王はこれを無視し、ヴィクトリアクス（パ・ド・カレ県のヴィトリー）という名の館に身を置き、全兵力をそこへ集めた。

兵士たちはシギベルトゥスを円盾に載《の》せて彼らの王に立てた。この時ふたりの従僕が、何か用件があるような様子で、民衆がスクラマサクスと呼んでいるがっしりした小刀に毒を塗って両側から王に接近して刺した。彼らは（キルペリクスの）妃フレデグンディスから不当な扱いを受けていた者だった。王は声をあげて倒れ、まもなく息を引き取った。

王の推戴　「クロドヴェクス以降は，王が男性の嫡子を残しているかぎり，部族の集会での自由フランクの民による王の選出の習慣は廃止された。王位は通常世襲になった。しかし，後継者がいなかったり，戦争や簒奪によって突然家系が断絶したりすると，時々民の集会による王選出の古代の伝統が復活した。シギベルトゥスはキルペリクスを追い出したあとセシオナス（ソワソン）の王として居座るべく招かれてやってきて，ヴィクトリアクスで円盾に載せられ集会をまわった。この場合には合法の王もその嫡子も健在であったので，派手な儀式でセシオナスの新王選出を祝う必要があった」（本書の英訳者ダルトン Dalton の解説文）。同じことは［2，40］［7，10］の場面にもあてはまる。

この時カレギセルスという彼の侍従も殺された。また、ゴート出身のシギラは、ひどい暴行を受け、その後キルペリクス王に引き渡された。彼は真っ赤に焼けた焼き鏝《ごて》で関節をばらばらに切断されて悲惨な死に方をした。カレギセルスは、処世は軽く、欲望は大きいといった男だった。卑賤の出だが、おべっかを通じ王のもとで重きをなした。他人の財産を競って奪い、遺言を簒奪した。しかし他者の遺言を奪うことにはたけていたが自分はあまりに急に亡くなり遺言書を作成する暇がなかった。キルペリクスは逃れられるか滅亡するか見極めがつかずに逡巡していたが、兄弟の死の知らせが来て、妻子とともにトルナクス（トゥルネー）を出、シギベルトゥスにふさわしい衣装を着せてランブルス（ランブル）村に葬ってやった。

後に彼の遺体はそこからセシオナス（ソワソン）の聖メダルドゥスの聖堂に移され、父クロタリウス王の側に葬られた。この聖堂はシギベルトゥス自ら完成させたもの（巻四、一九）であった。彼はその統治一四年目に四〇歳で死んだ。先代テウドベルトゥス（テウドリクスの子）の死からシギベルトゥスの最期まで二九年を数える。彼の死と甥のテオドベルトゥスの死との間には一八日しかなかった。シギベルトゥスが亡くなると彼の息子のキルデベルトゥスが彼に代わって統治した。

天地創造から大洪水まで二二四二年が経過した。大洪水からアブラハムまで九四二年が経過した。アブラハムから、イスラエルの子らのエジプト脱出まで四六二年、イスラエルの子らのエジプト脱出からソロモン王の神殿建設まで四八〇年、神殿建設からその解体とバビロニア移住まで三九〇年、この移住から主の受難まで六六八年、主の受難から聖マルティヌスの逝去まで四一二年、聖マルティヌスの逝去からクロドヴェクス王の死まで一一二年、クロドヴェクスの死からテウドベルトゥスの死まで三七年、テウドベルトゥスの死からシギベルトゥスの最期まで二九年。全部で五七七四年の年月があった。

第四巻を終わる。

第 5 巻

キルペリクス王とプレテクスタトゥス司教（『フランス大年代記』の写本画，14 世紀末，リヨン市立図書館）［5，18］

第五巻目次始まる

一四、メロヴェクス剃髪して聖マルティヌスの聖堂に逃げる
一五、サクソネス人とスアヴィー人の戦争
一六、マクリアヴスの最期
一七、復活祭の疑問、カイノニンシス（シノン）の教会、グントゥクラムヌス、マグナカリウスの息子たちを殺し、自分の息子たちを失いキルデベルトゥスと同盟する
一八、プレテクスタトゥス司教のこと、そしてメロヴェクスの最期
一九、ティベリウスの喜捨
二〇、サロニウス司教とサギッタリウス司教
二一、ブリトン人ウィノクス
二二、キルペリクスの息子サムソンの死
二三、怪奇現象
二四、グントゥクラムヌス・ボソが自分の娘たちを聖ヒラリウスの聖堂から連れ出す、キルペリクスのペクタヴス（ポワティエ）攻略
二五、ダッコとドラコレヌスの最期
二六、ブリタニー人へ向けて軍の出動
二七、サロニウスとサギッタリウスの追放
二八、キルペリクスの課税
二九、ブリタニー人の劫略
三〇、ティベリウスの帝国
三一、ブリタニー人の奸計

第五巻始まる

フランク人とその王国をひどく痛めつけたこの内乱の様相に言及するのは気が重い。残念ながらこの時代に、主が予言した苦難時代の始まるのを我々はすでに見た。「父は子に、子は父に、兄は弟に、親戚は親戚に、刃《やいば》を向ける」（マタイ伝、一〇、二一より）のだ。内部分裂を起こして敵に征服された古代の王国の実例が彼らに恐怖を与えるべきであった。都《みやこ》の中の都（ローマ）、全世界のかしらでさえ、内乱によって幾度も倒壊した。それは倒壊する度にまた大地より身を起こしたのだったが。

願わくは王たちよ、戦うならば汝らの父祖たちが汗を流した戦いを戦いたまえ。汝らの団結によって異民族が汝らの力に屈服するように。汝らの勝利の創業者クロドヴェクスが何をなしたかを思い起こせ。彼は敵王を殺し、仇《あだ》なす諸族を討滅し、祖国を創造してそれを無欠のまま汝らにのこしてくれたではないか。彼はそれをなした時、今汝らの宝物庫にあふれている金銀を持たなかった。

汝らは何をなし、何を求めるのか。汝らにははや全てのものが満ち足りてあるのではないか。家は享楽でむせかえり、貯蔵庫にはワイン、小麦、オリーヴ油があふれ、宝物庫には金銀がうずたかく積まれている。だが汝らにはひとつ足りないものがある。汝らには平和が欠けている故に、神の恩寵が与えられぬ。なぜ他人の財産を取り上げ、ひとの物をほしいと願うのか。「もし互いに嚙み、喰らわば相共に滅ぼされん」（ガラテヤ書、五、一五）という使徒の言葉に耳傾けてほしい。

古代の書物に尋ねれば、内乱が何を生むかがわかるだろう。七〇〇年の繁栄の後に滅んだカルタゴ人の都市と国土の滅亡について述べたオロシウスは、「何がかくも長くかの市を栄えさせたか。協和の心だ。ではその後何がこの市を破壊させたか。不和の心だ」とつけ加えた。

汝らと汝らの人民を滅ぼす内乱と不和に警戒せよ。もしも汝らの軍隊が倒れれば、汝らには頼るものなく、汝らは敵に破れて滅びる以外ない。おお、王よ、そんなに内乱にふけるより、使徒が人としてなすべしと教えること、肉に対決して精神を熱望し、徳によって悪徳を倒すよう努めるがいい。そうすれば一度はしっかりと悪の根に隷属して奉公していた汝が、汝のかしら——それはキリストだが——に奉仕するに至るだろう。

一

シギベルトゥスがヴィクトリアクス（パ・ド・カレ県のヴィトリー）の館で命を落とした時、王妃ブルニキルディスは息子たちとパリシウス（パリ）にいた。この知らせをうけ取った時、彼女は苦痛と悲嘆に心乱れ、何をして良いかわからなかった。グンドヴァルドゥス将軍（巻四、四七）が幼子キルデベルトゥス保護を引き受け、彼をひそかにつれ出して暗殺の危険から遠離《とおざ》けた。そして父王が支配していた王国内の諸種族を集めて彼を王に推戴《すいたい》した。彼はまだ五歳になったばかりで、主の生誕の日（クリスマス）にその統治を開始した。

この幼王の統治の最初の年、キルペリクス王がパリシウスに来てブルニキルディスを捕えてロトマゲンシス（ルーアン）の町に退去させ、彼女がパリシウスへ運んできた宝物を押収し、彼女の娘たちをメレドゥス（モー）の町に抑留するように命じた。

そのころロコレンススがキノマニス（ル・マン）の住人を率いてトロヌス（トゥール）に至り、略奪と犯罪を重ねた。この悪業の数々に対し幸多きマルティヌスの聖徳がいかに彼を罰し、滅亡へ導いたか、後に語ろう。

二

キルペリクスは自分の息子メロヴェクスに軍隊を与えペクタヴス（ポワティエ）へ送った。しかし彼は父の命に逆らってトロヌスへ来てそこで聖なる復活祭の日々を過ごした。その間彼の軍隊はその領域を荒らし回った。そして彼は自分の母の所へ行くと称してロドマグス（ルーアン）へ行き、ブルニキルディス女王と恋に落ち、彼女と結婚した。

叔父の妻と結婚することは習俗にも教会法にも反した行為なので、キルペリクスはこれを聞いて赫怒《かくど》し、ただちに自ら前述の町へ赴いた。メロヴェクスは王が自分たちを別れさせる決心をしたと知って、彼女と一緒に、町の城壁の上にそびえる木造の聖マルティヌス聖堂へと逃げた。王はそこへ到着すると種々に甘言を弄して彼らをそこから誘き出そうとしたが、彼らはそれを罠だと思って応じなかった。そこで王は、

「もしもこれが神のご意志であるのなら、わしは彼らを別れさすまい」

と彼らに誓った。彼らはこの誓いを受けいれて聖堂を出た。王は彼らに接吻し、礼をつくして迎え、彼らと宴席を共にした。数日後、メロヴェクスを許した王は一緒にセシオナス（ソワソン）へ帰還した。

三

しかし彼らがまだロドマグス（ルーアン）にいた当時、何者かがカムパニア（シャンパーニュ）に集まり、セシオナス（ソワソン）の町を襲って王妃フレデグンディス（巻四、二八）とキルペリクスの子クロドヴェクスをそこから追放し、同市を自分たちの支配下に置こうとした。

これを聞くとキルペリクスは軍を率いて同所へ向い、向うが不当な攻撃をしかけて双方の軍が損害をこうむらぬように使者を送った。しかし敵軍はこれに応じず戦備を整えたので、両軍激突し、キルペリクス側が勝って敵陣を壊滅させ、多くの強壮で有用な勇士を殺した。残りの者は逃亡し、キルペリクス軍はセシオナスに入城した。

この事件の後、王はブルニキルディスと結婚した自分の息子メロヴェクスに疑いを抱き、この戦闘の背後には彼の陰謀があるのではないかと言った。そして彼を武装解除させて見張りをつけて彼に行動の自由を許したまま見張るよう命じ、さて彼に対しいかなる処置を取ろうかと考えた。

ところがこの戦争の首謀者は、シギベルトゥスの側からキルペリクスの方に身を乗りかえて彼からたくさん褒美をもらったゴディヌスという男だと判明した。彼はすでに戦闘に敗れてまっ先に逃亡していた。王は、自分の財産から彼に与えたセシオナス領域の諸館をすべて没収して幸多きメダルドゥスの聖堂に寄進した。ゴディヌス自身それからまもなく突然の死に襲われた。

ゴディヌスの妻はラウキングスが娶《めと》った。彼はあらゆる虚栄に満ち、傲慢で膨れ上り、尊大わがままな人間だった。奉公人に対しては人間性のかけらもなく、度を越した悪意と愚かさで虐待しぬき、非道の数々を重ねた。たとえば食事の時に彼の前で灯《あか》りを持つ係の者は脛《すね》を露《あらわ》にし、そこに押しつけられた蠟燭を消えるまで我慢させられた。再び点灯されると蠟燭は燃え続けやがて支えている奉公人の脛が焦《こが》されていった。奉公人が声を放ちその場から逃げようと試みると彼は剣を抜いておどし、泣き叫ぶ奉公人の側で嬉しそうな笑い声を放つのだった。

よくあることだがその当時、彼の奉公人の少年と少女が相愛の仲になったという。この愛の関係が二年かそれ以上続き、彼らは手に手を取って教会に庇護を求めた。これを知ったラウキングスは土地の司　祭《サケルドス》を訪れ、今までの彼らの行為には目をつぶるからただちに自分の奉公人を返してほしいと告げた。すると司祭は彼に向って言った。

「教会を統《す》べる神にはいかなる尊敬を払うべきか、ご存知でしょう。この結ばれた二人の絆が永遠であり、またこの二人にはどんな体罰も加えられぬとお誓いになるまではふたりをお返しする訳には行きません」

ラウキングスは長いこと黙って考えていたが、ついに司祭の方に向き直り、手を祭壇の上に置いて誓い、それから言った。

「絶対にふたりを離しませんよ、ずっと一緒にしておきまさあね。そりゃ、わしの同意なしの結婚など面白くありませんが、男がよその女をめとったり女が他へ行かなかったりしたのはこっちにも好都合ですからね」

単純にも司祭はこの浮気者の約束を信じてしまい、逃亡の罪を許されたふたりを戻してやった。彼はふたりを受けとり礼を言って自宅へ帰った。帰るやただちに彼は木を切り枝を落として柱にし、その天辺に楔《くさび》で裂け目をつけるように命じた。また三、四ペデスの深さの穴を掘ってその中に棺を置き、少女を死人のように寝かせて置き、その上に少年を横たえるように命じた。そして棺にふたをして穴を土でふさいで二人を生き埋めにし、

「やつらを離さずにずっと一緒にするわしの誓いはこれで守られた」

などと言った。これを聞いた司祭は大急ぎで駆けつけてくだんの男を叱りつけ、ようやく棺のふたを取りのけて

みた。すると男の方は生きて外へ出されたものの女の方はこと切れていた。こうした事柄において彼は非道卑劣で、悪ふざけや欺瞞などあらゆる倒錯した事柄以外には何の役にも立たぬ男だった。生前こんなことを行なった彼の最期は、それゆえ、決して不当なものではなかった。だがそれを語るのはあとにしよう（巻九、九）。

シギベルトゥス王のもとでその印璽指輪（背に印璽がついた指輪）を預っていた伝奏《レフェレンダリウス》（請願書受取などを行なう高官）のシッゴもキルペリクス王から召喚されて、シギベルトゥス王時代と同じ役職を務めていたが、シギベルトゥスの息子のキルデベルトゥス王の側へ移った。彼がセシオナス（ソワソン）で拝領した領地はアンソヴァルドゥスがもらった。このようにシギベルトゥスの領域からキルペリクスの側へ移った多くの者が、またもとの所へ戻って行った。シッゴの妻はそれからまもなく亡くなったが、シッゴは別の女性と再婚した。

四

そのころ、ロコレンススがキルペリクスから派遣されてトロヌス（トゥール）に至り、尊大な言辞を弄しつつリゲル（ロワール）川対岸に布陣し、我々（このころ著者はすでにトゥールの司教であった）のもとへ使者をよこして、テオドベルトゥス（キルペリクスの子）に死をもたらしたゆえに当時追及されていたグントゥクラムヌス（巻四、五〇）を聖堂から外へ出すように言ってきた。我々がそれを拒むならば、町も郊外も丸焼けにしてくれよう、と言った。

我々は彼の所に人を送り、そんな要求が通るなどは前代未聞の事柄である、聖堂が暴行を受けるのは決して許されてはならない、もしもそんなことが起これば、あなたにもこれを命じた王にも良いことはありません、昨日もうちの聖者の徳力で足の不自由な人の足が治ったばかり

教会の庇護権　いかなる罪人も一旦教会で庇護された場合には，いかなる権力者もこの罪人に手をつけることができなかった。これはほぼ絶対のルールとして守られたこと，この作品の中にしばしば見える（[4，13］[5，14］[6，17］[7，21］[7，22］[8，6］[9，38]）。また権力者が思わずこのルールを破ってしまい，その失点回復につとめる様子も本書に描かれている（[9，12]）。

だが、この聖マルティヌスの聖性をこそ恐れるべきですよ、と言わせた。ところが彼はそれを恐れるどころか自分が陣屋に使用したリゲル川対岸の教会の建物を解体させた。彼に同行したキノマニス（ル・マン）の住人たちが建物に使用されていた釘を袋に詰めて運び去った。彼らは穀物を荒らし、あらゆる暴行を繰り返した。

しかしそうしている間にロコレンススに神罰が下り、彼は黄疸《おうだん》にかかりサフラン色に染まった。しかし彼は傲慢な命令を送付して、

「もし今日中にグントゥクラムヌス将軍を聖堂から出さぬなら、町をとり巻く耕地をことごとく、鋤の手入れにちょうど良くなるまで荒らしまくるぞ」

と言った。そうこうするうち主の公顕日《エピファニア》（一月六日の東方の三博士による幼児キリスト礼拝の祭）が到来し、彼の病苦は深刻さを加えた。

そこで彼は部下の忠告をいれて川を越えて町に入った。そこではちょうど人々が賛美歌を唱しつつ教会を出て聖者の聖堂を目指していた。幾本もの旗を先頭に立て十字架を掲げた行列の後ろから彼も騎馬で一緒について行った。そして、聖堂に入ると、やがて彼の狂った心が次第に静まって行った。その日それから教会へ行き、彼は何も食べることができなかった。

そこから彼は非常に衰弱してペクタヴス（ポワティエ）へ行った。ところが聖なる四旬節が来て彼は兎の肉を一杯食べた。そして、マルス（軍神）の月（三月）一日にペクタヴスの住民に鉄槌を下して厳しい罰を与える指図をしながら、その前日息を引き取った。こうして彼の傲慢尊大はようやく鎮《しず》まった。

五

当時ナムネティカ（ナント）の町の司教フェリクスが罵詈雑言に満ちた手紙を私に送った。そこには私の兄（リンゴニカの助祭）は司教座を欲して司教を殺したゆえに、殺されたのだなどと書かれてあった。しかし彼がこの手紙を書いたのは私の教会のとある館がほしい下心があったからである。私がそれを拒否したため

に、彼はこんなに狂ったように私を攻撃する言葉を吐き出したのだ。私は彼にこう答えたものだ。『災いなるかな、彼らは家に家を建てつらね、田畑に田畑を増し加え、おのれ一人国のうちに住まんとす』（イザヤ書、五、八）という預言者の言葉を思い出して下さい。あなたはマッシリア（マルセイユ）で司教になればよかった。そうすれば船はオリーヴ油も香料も運んで来ずに、あなたが善良な人々をもっとたくさん誹謗するようパピルスだけを持って来るでしょう。紙がなければお喋りも終りですから」

彼の貪欲《とんよく》と法螺《ほら》は相当ひどかった。しかし私もその同類と思われないようこの話は終りにする。

私の兄がいかに天に召されたか、兄の殺害者にいかにすばやい神の復讐が下ったのかを述べよう。リンゴニカ（ラングル）の教会の司教《サケルドス》の幸多きテトリクス（巻四、一六）が高齢に達した時、彼は教会事務を任せていた助祭ラムパディウスを解任した。私の兄は、ラムパディウスが搾取していた貧しい人々を援助するためにこの処罰に同意して彼の怨みを買った。

まもなくテトリクスは卒中の発作を起し、医者の治療も思わしくなかった。僧たちは牧者（司教）を失って困り、ムンデリクスを司教に求めた。彼は王の承諾を得て剃髪し、テトリクスがまだ生きている間はテルノデリンセ（トネル）の砦の主司祭としてそこにとどまり、司教にもしもの事があったらそのあとを継ぐという条件で、この司教座をひきうけた。ところが彼はこの砦にいる間に王の不興を買った。すなわち彼は、シギベルトゥス王が兄グントゥクラムヌスと対峙した時、シギベルトゥスに食料と贈物を提供したのだと噂された。

そこで彼は砦から連行されてロダヌス（ローヌ）川の対岸の狭い屋根のない塔に幽閉された。そこで二年間の苦難の時を過ごし、幸多きニケティウス司教（巻四、三六）のとりなしで許され、ルグドゥヌム（リヨン）に来て司教のもとに二か月いた。しかし最初にいた地位に戻る許可が王から得られず、彼はある夜、逃亡してシギベルトゥス側の領域に移り、アリシテンシス村（未詳）の司教の地位を得、一五の司教区をその下に束ねた。この地域は元々がゴート人のものであったが、今ではルテネンシス（ロデズ）のダルマティウス司教の管理下にある。

ムンデリクスが駄目になるとリンゴニカの町の人々は私の家と幸多きテトリクスの血縁につながるシルヴェステルを司教に求めた。これを促したのは私の兄だった。そのうちに幸多きテトリクスは亡くなり、シルヴェステルが剃髪して司祭に任ぜられ、教会の全権を得た。彼はルグドゥヌム（リヨン）の司教の祝福を得るため旅に出た。ところが、彼はもともと癲癇《てんかん》持ちだったため、こんなことをしているうちにその発作に襲われ、二日間意識朦朧としてうめき続け、三日目に息を引き取った。

この時、すでに述べたように名誉と権能を奪われたラムパディウスが助祭のペトルス（著者の兄）を憎む余り、シルヴェステルの息子に、父はペトルスの陰謀で殺されたのだと作り話をして信じ込ませ、ふたりは結託した。この息子はまだ若かったので簡単に彼にだまされ、わが兄を父殺しのかどで告訴した。兄はこれを聞くと、私の母の叔父の聖ニケティウス臨席の下の裁判のためにルグドゥヌム（リヨン）に赴いた。そこで彼は司教シアグリウスの他、あまたの司教と世俗の諸侯の面前で宣誓し、自分は決してシルヴェステルの死には関与していないと述べた。

それから二年経ち、またもラムパディウスにそそのかされたシルヴェステルの息子が路上でペトルス助祭を襲い、槍で彼を突いて殺した。殺された兄の遺体はそこからディヴィオネンセ（ディジョン）の砦に運ばれ、我々の曽祖父の聖グレゴリウス（巻三、一五）の側に葬られた。

シルヴェステルの息子はキルペリクス王の庇護を求めて逃げ、その財産はグントゥクラムヌス王の国庫に没収された。しかし彼はその犯した犯罪のゆえにあちこちさまよい歩き、決して定住の地を得ることができなかった。そしてついに、それは無実の血が天に訴えたためだと信ずるが、彼は旅先のある所で、剣を抜いて罪のない人を殺害した。死者の肉親と親戚の人々がこの殺人に激昂して徒党を組み、彼を襲って切り刻み手足をばらばらにしてしまった。かくてこの憐れな男は神罰による死をうけ取った。無実の近親者を殺した者は罪深い身を長らえることがない。かくて彼はあれから三年目に自分の死に遭遇したのだった。

シルヴェステルの死の後、リンゴニカの町の人々はまたも司教を探し、かつてアウグスティドゥネンシス（オータン）の主助祭だったパポルスがこれを引き受けた。彼には色々良からぬ噂があったが、過度に同業者の悪口は言うまい。ただ彼の最期は書いておこう。

彼の司牧八年目、司教区と教会の館を巡回中、夜の睡眠の間にテトリクスが厳しい顔つきで彼の夢枕に立った。故司教は彼に向い、

「汝がパポルスか。汝はなぜわが座を汚すのか。なぜ教会を荒らし、わが胸にゆだねられた羊の群れを乱すのか。この地を離れよ。司教座を去れ、ここから遠くへ移動せよ」

と言いつつ手に持った若木の枝で彼の胸を強くたたいた。彼は夢から覚め、一体これはどうしたことかと考えていると、たたかれた個所がひどく痛み、激しい苦痛が襲った。彼は飲食物をうけつけなくなり、すでに死を待ち受けていた。そして三日目に口から血を吐いて息を引き取った。遺体はリンゴニカに運ばれて葬られた。

彼の後、ボヌス（善人）という呼び名を持つ僧院長ムモルスが司教職を継いだ。彼には賞賛の声が絶えない。彼は貞潔で、思慮深く、慎重であり、善行にはすばやく、正義を愛し、全身全霊慈悲に溢れた人だという。彼は司教になると、ラムパディウスが教会の財産をたびたび横領し、庶民からは畑や葡萄畑や家僕を取り上げていることを知り、彼の全財産を没収し、この地を去るよう言い渡した。彼は今や没落してわが手で生活の糧を求めている。この話はここまで。

六

シギベルトゥスが死に、その息子キルデベルトゥスが統治を開始したあの年、幸多きマルティヌスの聖廟ではあまたの不思議が見られた。私はそれらを彼の奇蹟をまとめた本（『聖マルティヌス司教の徳力』）の中に記しておいた。私の言葉はひどい田舎訛《いなかなま》りだが、私は自分が見たことや信頼すべき筋から聞いたことを黙っておられなかった。ただここでは、最初は天上の徳力に頼りながら、その後地上の治療法を求めた軽率者の例を述べることにする。治療の恵みを受けることにも愚行の罰を受けることにも、等しく天上の徳力が現れていると思う

からだ。

ビトゥリクス（ブールジュ）の主助祭レオナスティスは白内障を患い目の光を失った。色々な医者にかかってみたが視力を回復することができず幸多きマルティヌスの聖堂に頼った。二、三か月同所にとどまって再び光を得ることを願って断食に努めた。そして聖者の祝日が来ると視力が戻って物が見えはじめた。そこで家へ戻り、目の回復を促進させるため、とあるユダヤ人を呼び寄せて吸子玉（血を吸い出す器具）を両肩に当てる治療をさせた。すると血の気が失せて行って、彼は元の盲目に逆戻りしてしまった。

こんな訳で再び聖者の神殿を訪れ、そこに長く留まったが、光はいっかな戻ってこなかった。このことは、以下のような主のお言葉に勘案すると、彼の過失が原因でそうなったのではないかと思われる。「持てる人は与えられていよいよ豊かならん。されど持たぬ人はその持てる物をも取らるべし」（マタイ伝、一三、一二）、また、「見よ、汝癒《い》えたり、さらなる災いに遭《あ》わぬよう、悪事を犯すな」（ヨハネ伝、五、一四）。

彼が聖なる徳力に重ねてユダヤ人などに頼らなければ、彼の目は治っていたのではないか。使徒のひとりは、「不信心者と一緒になるなかれ。正義と不正には共通点なし。光と闇には交際なし。キリストとベリアルと調和なし。信者と不信心者とはかかわりなく、神の神殿と偶像とにも何の一致なし。汝らは生ける神の神殿なり。このゆえに彼らのうちより外へ出、彼らから遠ざかれと神は述べたまう」（コリント後書、六、一四〜一六より）と戒め、さとしている。この事例は、キリスト教徒各人に、いったん天上の治療を受けたならば、もはや地上の医学に頼ってはならぬと教えている。

七

この年、誰が、どんな人々が主に召されたかを示したい。かくして我々の地上から神の楽園に迎えられた人は神の心にかなう偉大な人だと私は思う。

私が述べるのはトロヌス（トゥール）にとどまりそこで天に召された福多きセノク司祭のことである。彼はトロニカで僧籍に入り、古い壁をくりぬいて作った小房にこもり、修道僧を集めて長い間壊れたままになっていた礼拝堂を再建した。テイファリー人（ゴート人の一派。巻四、一八）出身の人であった。彼は身体弱き人々に大いに徳力を発揮したが、そのことは彼の伝記（教父伝、一五）の中に書いておいた。

八

この年にはパリシウスの司教幸多きゲルマヌス（巻四、五一）も亡くなった。彼の葬礼の時ひとつの奇蹟が起きて、彼が生前に行なった徳力に確証を与えた。すなわち囚人たちが助けを求めて泣き叫ぶと、路上の彼の柩《ひつぎ》がにわかに重くなった。囚人たちが解放されると、再び柩は苦もなく持ち上がった。解放された人々は葬礼に参加して彼が葬られた聖堂までついて行った。

この墓所にも神のお力が働いて、信ずる者はあまたの奇蹟を体験した。望んだことが正しければそれはただちに叶えられた。彼が生前に示した徳力をくわしく知りたいと思う者は、フォルトゥナトゥス司祭の手になる彼の伝記（『聖ゲルマヌス伝』Vita Sancti Germani）を読めばその一切を知ることが出来る。

九

隠者カルパもこの年に亡くなった。彼は幼時より常に信心篤く、アルヴェルヌス（クレルモン）領域内のメリテンセ（メアレ）の僧院に入った。そして信仰の兄弟たちとともに謙譲な人生を送った。彼の伝記（教父伝、一一）にしるした通りである。

一〇

ビトゥリグム（ブールジュ）の領域にパトロクルスという名の隠者が住んでいた。司祭の職を得ていたが聖性と篤信にすぐれ、徹底した節制をつらぬき、しばしば度を越した断食に耐えていた。ワイン、林檎酒、「その他酔わせる飲物は一切」（レビ記、一〇、九）摂《と》らず、蜂蜜を少々入れた水を飲んでいた。また肉も一切食べず、水に浸したパンに塩をふりかけて命をつないでいた。

彼の目は決してかすむことがなかった。祈禱のうちに時を過ごし、偶々《たまたま》それをしていない時は、読むか書くかしていた。熱病患者、はれ物に悩む者その他の病人を祈禱で治してやった。その他にも色々な力を発揮したがそれをきちんと述べれば長い叙述になろう。彼は常にキリキアの粗衣を身にまとっていた。齢《よわい》八〇に達した時、この世を去ってキリストのもとに赴いた。我々は彼の生涯の小さな本（教父伝、九）を書いた。

一一

我々の神は常にその神官《サケルドス》の栄光を欲したまう。その年にアルヴェルヌス（クレルモン）のユダヤ人たちに起った事柄を述べよう。

幸多きアヴィトゥス司教（巻四、三五）はユダヤ人たちがモーセの掟のヴェールを取り去り、書かれたものの真意を理解し、心をむなしくして聖書を読み、預言者と掟の権威によって約束された生ける神の子、キリストを知るようにたえず彼らに働きかけていた。私に言わせればユダヤ人の心の中でモーセの顔を隠すものは単なるヴェールと言うよりは壁であるが。

さてこの司教が、ユダヤ人たちが書物のヴェールを破り捨て、主へと心を向けるよう説教すると、ひとりのユダヤ人が聖なる復活祭のころ洗礼を求め、洗礼の誓いで神の御許に生まれ変わるべく、白衣（洗礼の時に着る）を着た他の人々とともに自分も白衣を着て行列に加わった。一行が市門をくぐり町へ入るとユダヤ人のひとりが悪魔にそそのかされてこの改悛したユダヤ人の頭にくさい油をふりかけた。激昂した人々はその男を投石で追い払おうとしたが司教は彼らをおさえた。

ところがキリストが人間としてのあがないを終えて栄光に包まれて天へ召された幸多き日（主の昇天日。復活祭より四〇日後）、司教が教会から聖堂まで聖歌隊を導いていると、後ろに続いた群集がシナゴーグ（ユダヤ聖堂）を襲撃し土台から破壊して更地に近い状態にしてしまった。他日司教はユダヤ人たちに使者を送ってこう言わせた。「私は神の子の告白者になれと強制はしません。私は教え、あなた方の心に知識の塩をふりかけるのみです。私は主の子羊の牧人なのです。我々のために受難したまうたかの真の牧人であるお方は、あなた方について、ご自分の羊舎の中以外にも羊がいて、いつかひとりの牧人の下のひとつの群れとなるように、それらをも導くのだとおっしゃいました（ヨハネ伝、一〇、一六）。あなたがたに私と信仰を同じくする気持ちがおありなら、どうぞ、私を牧人とするひとつの群れにはいってください。でももしそうでないならば、この地を離れていただきたい」

ユダヤ人たちは長いこと迷い疑っていた。私はこの司教の力なればこそだと思うのだが、彼らは全員まとまって三日目に司教の所に返事をよこして言った。

「我々は生ける神の子イエスを信じ、預言者の声を通じてなされた約束を信じます。我々が過失から逃れられるように洗礼のお清めをお願いいたします」

司教はこの知らせを喜び、五旬節の日（復活祭より五〇日後）の前夜の神事を勤め終えて市壁の外の洗礼堂へ赴いた。そこでおおぜいのユダヤ人が彼の前に身を投じて洗礼を乞うた。司教は歓喜の涙にくれて水による洗礼をほどこし、塗油の式を終えて、彼らを母なる教会のふところに迎え入れた。この時蠟燭は燃え松明《たいまつ》は輝き、市内が白衣で埋めつくされた。この時の喜びは聖霊が使徒たちの上に降った時のかのエルサレムのそれにも劣らぬものであった。この時洗礼を受けた者の数は五〇〇人を下らない。洗礼を拒否した者は町を出てマッシリア（マルセイユ）へと赴いた。

一二　これらの事の後、マナテンシス（メナ）の小房で僧院長ブラキオが亡くなった。彼はトリンギー人で、かつてはシギヴァルドゥス将軍の狩猟官を務めた。ある所（教父伝、一二）に書いた通り。

一三　我々の主題に戻ろう。キルペリクス王は息子のクロドヴェクスをトロヌス（トゥール）へ派遣した。彼は軍をまとめてトロニクム（トゥール）、アンデカヴス（アンジェ）を通過してサンクトナス（サント）に至り同所を占領した。

グントゥクラムヌス王のパトリキウスを務めるムモルスは大軍を擁してレモヴィキヌム（リモージュ）に至り、キルペリクス王の将軍デシデリウスに対し戦闘をしかけた。このいくさでムモルス軍の五〇〇〇人が戦死し、デシデリウス側は二万四〇〇〇人を失った。デシデリウス自身はかろうじて戦線を脱出した。パトリキウスのムモルスはアルヴェルヌスの領域を通って帰還しその軍隊は同所をあらし回った。こうやってムモルスはブルグンディアへ帰った。

一四

これらの事件の後、父から監視を付けられていたメロヴェクス（巻五、二）が剃髪し僧服に着替えて司祭に任じられ、僧侶としての教育を受けるためキノマニクム（ル・マン）のアニンソラ（サン・カレ）という名の僧院へ送られた。

これを耳にしたグントゥクラムヌス・ボソは、前述のごとく（第五、四）そのころ聖マルティヌスの聖堂に滞在していたが、副助祭のリクルフス（巻五、四九）という者をメロヴェクスのもとに派遣して、ひそかに聖マルティヌスの聖堂に身をよせるようにという助言を送った。

そしてメロヴェクスが外出した時、反対側からメロヴェクスの従者のガイレヌスという者がやって来、少人数に護衛された彼を救い出し、頭におおいをして俗人服に着替えさせ、幸多きマルティヌスの神殿へつれて来た。ちょうど我々がミサを挙行している最中で、門が開いており、彼は聖堂に入ってきた。

ミサが終わると彼は我々に聖餐のパンを要求した。そこには聖ゲルマヌスのあとを継いだパリシアカ（パリ）の司教ラグネモドゥスが居あわせた。我々が要求を拒否するとメロヴェクスは大声でわめきはじめ、我々聖堂の者が同業の兄弟団の意見も聞かずに共同体の祝福を拒否するのは不正だと言った。そこで彼の主張をいれて居あわせた兄弟の同意を得、教会法に抵触しないことを確認して彼に聖餐のパンを与えた。

私は、もし彼を共同体から拒否すれば多くの人を殺す結果になるのではないかと心配した。彼は我々の共同体から容れられなければ我々の幾人かを殺してやるなどと叫んでいた。

この出来事はトロニカ（トゥール）の地域に色々な災いを招いた。そのころ私の姪の夫のネケティウスにキルペリクス王に会う用件があった。彼はメロヴェクスの逃亡の件を王に報告するために我々の助祭を同道した。この王の会見に同席した王妃フレデグンディスが、

「この者らは、メロヴェクスに報告を持って行くため、王のなすことを探りに来た密偵どもじゃ」

と言った。彼女はただちに彼らの身ぐるみ剝《は》いで牢にぶち込むように命じた。彼らが解放されたのは七か月後であった。キルペリクス王は我々のもとへ使者を送り、

「かの背信者を聖堂から追放せよ。さなくばそちらの全土を火で燃やしてしまうぞ」

と言わせた。我々はこれに答え、異端の時代にもなかった無法がキリストの時代にまかりとおる訳はありません、と言い送った。すると王は軍を発動してこちらに向ってきた。

それはキルデベルトゥス王（シギベルトゥス王の子）の統治二年目であった。メロヴェクスは父の意図を悟るとグントゥクラムヌス将軍と一緒にブルニキルディスの所へ行こうと図り、

「私が居ることで聖マルティヌスの聖堂に狼藉が及び、私ゆえに聖堂の領域が占領されてはならない」

と言い、夜の勤行《ウィギリア》が行なわれている聖堂に入って来て、自分が所持してきた物を幸多きマルティヌスの墓所にそなえ、聖者が自分を守りたまい、王国を自分の手に与えたまうよう祈りをささげた。

さて、王妃フレデグンディスの寵愛《ちょうあい》を得ていた領主のレウダスティス（巻五、四七）は、メロヴェクスに対し種々のいやがらせをしかけ、ついにメロヴェクスの二人の従者が村に出た時にこれを待ち伏せ包囲して剣で殺した。彼はメロヴェクス本人をもすきあらば殺そうと狙っていた。

メロヴェクスの方でもグントゥクラムヌスと共謀して反撃を試み、侍医のマリレイフスが王の所から退出して来

た所を捕えるように仕組んだ。そして彼にさんざん暴行を加え、金銀その他の所持品を取り上げてすっ裸にした。もし彼が襲撃者の手を逃れ教会の助けを求めなかったら彼は殺されていただろう。我々は彼に服を着せ、生命の保持を確保してペクタヴス（ポワティエ）へ送り届けた。

メロヴェクスは、父と継母の犯罪行為について語って止まなかった。たとえこの父の話に真実が含まれていたとしてもそれを息子が語ることは神のお気に召さなかったと思う。このことはやがて明らかとなった。ある日私は彼から食事の招待を受けた。我々が同席していると彼は何か心の糧になるようなものを読んでほしいとしきりにせがんだ。私はソロモンの書を開いて最初に目にした文句を読んだ。それは次のようだった。

「父に嫌悪の目を向ける者の目は谷の烏がこれを抜き出だし」（箴言、三〇、一七）

彼にはわからなかったが、私にはこの文句が神の告げたまうところに思えた。

そのころグントゥクラムヌスはカリベルトゥス王の時代からの知り合いで占いの心得のある女の所へ従僕を派遣して、一体この先自分に何が起るかを尋ねさせた。この女は、カリベルトゥス王が亡くなる前に、その死亡年ばかりか日時までも彼に言いあててみせたという。彼女は従僕を通じて、

「キルペリクス王は今年亡くなります。他の王子たちをさし置いてメロヴェクス殿が全領土を取ります。あなたは五年間将軍の地位を保ち、六年目にリゲル（ロワール）川右岸の町の司教職に迎えられ市民の熱烈歓迎を受けます。それから老齢になり時満ちて世を去るでしょう」

と答えた。帰宅した従僕が主人にこれを知らせると彼はたちまち有頂天になってすでにトロニカ（トゥール）の教会の伽藍のあるじの座についたような気分で私にこの話を聞かせた。私は彼の愚かさを嗤《わら》い、

「こうした相談は神様となされよ。悪魔の約束は信じてはいけませんよ。悪魔はもともと『嘘つきで真実の中に立たず』（ヨハネ伝、八、四四）ですよ」

と言った。彼は混乱して去ったが、私はこんな戯言を信じようとする人間を笑わずにはいられなかった。

それからある夜、私が聖者の聖堂で夜の勤行《ウィギリア》をつとめていて椅子に身を沈めてうとうとした時、私は天使が空中を飛んで行くのを見た。彼は聖堂の上空を通過し、大声で、

「うわあ、ひどい、神様がキルペリクスとお子たち全員を討伐された。王の脇腹から飛び出た王子たちのうちには誰も王国を永遠に保持する者はいない」

と叫んだ。王には当時、姫たちを別にして、腹ちがいの四人の王子がいた。この天使の言が後に実現した時、私は占いのたぐいが誤りであることをはっきりと知ったのだった。

まだメロヴェクスもグントゥクラムヌスも聖マルティヌスの聖堂にいたころ、王妃フレデグンディスがこのグントゥクラムヌス・ボソの所へ使いをよこした。彼女は彼がテオドベルトゥスを殺してくれた（巻四、五〇）のでひそかに彼に心を寄せていたのだ。使いを通じ彼女は、

「もしメロヴェクスをこの聖堂から出して殺せるようにしてくれたら私からどっさり贈物をさしあげます」

と言った。そこでグントゥクラムヌスは刺客が間近に来ているにちがいないと思い、メロヴェクスに向い、

「どうしてぐずぐずここに留まって聖堂にひそみ、何もなさらないのですか。馬を引かせようではありませんか。鷹狩でもやってみましょう。犬と一緒に狩をやって、広々とした景色を楽しみましょうよ」

と言った。彼はメロヴェクスを聖堂から出すためにこんなずるい手を使ったのだった。グントゥクラムヌスはあらゆる面で有能で、偽誓を上手に使いこなした。友達にした誓約はすぐ破ってしまう男だった。さて二人は聖堂を出て町に隣接するヨクンディアケンシス荘（未詳）に入った。しかしメロヴェクスへの刺客は現れなかった。

グントゥクラムヌスは既述のごとくテオドベルトゥスの死（巻四、五〇）のことで追及されていた。キルペリクス王は聖マルティヌスの墓所に書簡を寄せ、グントゥクラムヌスを彼の聖堂から出さねばならぬものかどうか、幸多きマルティヌス様のご返事がいただきたいと書いた。この手紙を携えて来た助祭のバウデギセルスは、運んで来た手紙に白紙の紙を添えて聖者の墳墓にそなえた。それから三日間待ったが何の返事も来なかったのでそのままキ

ルペリクスの所へ帰った。そこで王は役人を派遣して、グントゥクラムヌスが王に無断では聖堂を出ないという誓約を取らせた。グントゥクラムヌスは祭壇の幕を証人にして、王の指図《さしず》なくば決してここから出ないと平然と宣誓した。

メロヴェクスはあの女占いの言葉を信じてはいなかったので、聖者の墓前に『詩篇』、『列王紀略』、『福音書』の三冊の本を置き、徹夜の勤行に励みつつ、幸多き聖者が、これから彼の身に起きることを示したまい、自分が王国を持つことができるのかどうかを、主の御言葉で伝えたまうようにと念じた。

それから彼は三日間断食をして祈り続け、ふたたび幸多き墳墓に行って『列王紀略』を開いて見ると、目にした最初の語句は、「汝らは汝らの主の神をすて、他の神々を渡り歩き、主の御前で正しき事をなさざりき。このゆえに汝の主の神は汝らを汝らの敵の手に渡したまいき」（列王紀略、九、九より）だった。

また『詩篇』を開くと、「なんじ（神）彼らがなした欺きゆえに彼らに災いを降らせ、彼らを高めし後に投げ捨てき。かく彼らは見捨てられ衰亡せり。彼らは自らの不正で身を滅ぼしき」（詩篇、七三、一八～一九）とあった。『福音書』には、「汝らの知るごとく、二日後は過ぎ越しの祭なり、人の子は十字架につけられんために売らるべし」（マタイ伝、二六、二）とあった。

この答えに混乱したメロヴェクスは幸多き司教の墓前で長いこと泣いていた。

しかしそれからグントゥクラムヌス将軍と五〇〇人かそれ以上の武人をひきいて去った。こうして聖者の聖堂を離れ、アウディシオドレンセ（オーセール）の領内を通過中、彼はグントゥクラムヌス王の将軍エルポに捕えられ抑留された。しかし詳しい事情はわからないが、彼はこのいましめから身を脱して聖ゲルマヌスの聖堂に入った。

これを聞くとグントゥクラムヌス王はかんかんに怒ってエルポに金貨七〇〇枚の罰金を課してその地位を剝奪し、言った。

「貴公が捕えたのは、わが兄弟が仇とする者じゃ。貴公にその気があったら貴公はきゃつをまずもってわしの所へ連れて来るべきであった。でなければ、貴公は監禁する気のない人間を捕縛すべきではなかった」

キルペリクス王の軍勢はトロヌス（トゥール）に至るとその領域を略奪した。征服し荒らし聖マルティヌスの遺産も容赦せず、神への畏敬も恐れもなく手に触れる物を奪い取っていった。

メロヴェクスは二か月間前述の聖堂にいたが、再び逃げ、女王ブルニキルディスのもとにたどり着いた。しかしアウストラシア（ガリア北東部のキルデベルトゥス王領）の人々は彼の受け入れを拒否した。父王は、息子はカムパネンシス（シャンパーニュ）の住民の中にひそんでいるものと考えてその方向に軍を送った。しかし彼を害することも、彼を発見することもできなかった。

一五

アルボエヌスがイタリアに侵出した（巻四、四一）時、クロタカリウス王（実際はすでに没していた）とシギベルトゥス王はその遺領にスアヴィー人（スエビー人。巻二、二）その他の種族を移り住まわせた。さてアルボエヌスと行動を共にしながらシギベルトゥス王の時代に戻ってきた人々（サクソネス人。巻四、四一）は、自分の旧領から新住人を追い出して始末してしまおうと考え彼らと対立した。スアヴィー人の方は、

「一緒に紛争なく暮らしましょうよ」

と言い、領土の三分の一の提供をサクソネス側に提案した。しかし彼らはこれはもともと全部が自分たちのものであったと言って聞かず、決してスアヴィー人と妥協しようとしなかった。そこでスアヴィー人は領土の半分を提案し、次いで自分達の取り分三分の一を残して、三分の二を提案したものの、サクソネス側は折れず、スアヴィー人側は戦争を回避するため、領土に加えて家畜をすべてさしあげますと言った。しかしサクソネス側はそれでも満足せず、あくまで決戦による解決を求めた。そしていくさに先立ち、どうやってスアヴィー人の女を分配し、誰が誰の死後の女房をもらうかを討議し合った。敵の死をまるで確定事項のように扱ったのである。

しかし正義を行なう神の同情心は彼らの欲望を真っ向から粉砕した。両軍が衝突するとサクソネス二万六〇〇〇

の兵のうち二万人が討たれた。他方スアヴィー軍六〇〇〇〇の兵のうち四八〇人が倒れ、生き残った兵はよく勝利を保持した。

サクソネスの生き残り兵は復讐戦に勝つまでは髯も髪も生やしたままにすると誓った。しかし二度目の決戦で彼らは完膚《かんぷ》なきまでにたたきつけられここにようやくいくさは止んだのである。

一六

ブリタニー人たちの所でこのようなことがあった。ブリタニー人の領主マクリアヴス（巻四、四）とボディクスは、二人のうち長生きした方が相手の子供たちを引き取って育てようという誓約を取り交した。ボディクスは亡くなりテウデリクスという名の男の子を残した。するとマクリアヴスは誓約を忘れてこの子を故国から追放し、この子の父の領土を手に入れた。

テウデリクスは長いあいだ異国をさまよい歩いた。最後に神は彼を憐れみたまい、ブリタニアの武人たちが彼の周囲に集まった。そこで彼はマクリアヴスを襲撃して彼とその子のヤコブを剣で殺し、王国の、かつて父が治めていた部分を自分の支配下に置いた。王国の他の部分はマクリアヴスの息子のワロクスの手に帰した。

一七

グントゥクラムヌス王はマグナカリウス（巻四、二五）の二人の息子を剣で殺した。二人は王妃アウストレギルディス（巻四、二五）とその子供たちを絶えず非難し罵倒していたというのだ。王は二人の財産を国庫に没収した。ところが王は自分の二人の男の子を急病で失い、その死に完全に打ちのめされた。これで王は子なしの人間になってしまった。

この年は復活祭の日がはっきりしなかった。わがガリアでは多くの都市が五月一日の一四日前（四月一八日）に聖復活祭を祝った。しかし他の所ではスペイン人とともに四月一日の一二日前（三月二一日）に祝っていた。神の合図でわき出るかのスペインの泉（殉教者の栄光の書、二三）は我々の復活祭日にわき出たということである。

トロニクム（トゥール）の領域のカイノ（シノン）村で、ちょうど主の復活の日のミサが挙行されていた時、教会の建物が激しく震えた。人々は、教会が倒れるぞ、と口々に叫んで扉をこじあけ、全員外へのがれた。その後ひどい病災が住民を襲った。

これらの事の後、グントゥクラムヌス王は甥のキルデベルトゥス（シギベルトゥスの子）に使者を送って平和を求め、一度お目にかかりたいと言った。そこでキルデベルトゥスはおもだった人々を連れて伯父のもとへ出向いた。両者は岩橋《ペトレウス》（ポンピエール）と呼ばれる橋の所で会い、挨拶をかわし接吻をしあった。グントゥクラムヌス王は、「わしは自らの過ちで子のない人間になっており申す。これからは甥のそなたをわが子とも思いたい」と言って、キルデベルトゥスを自分の王座に坐らせ、彼に全王国を譲り渡して、「われらをひとつの円盾、ひとつの槍が守らんことを。よしやわれに子の恵まれることがあろうとも決してそなたを粗略には思いませぬぞ。神かけて今そなたにお約束する敬愛をそなたにもわが子にも同様に持ちましょうぞ」と続けた。キルデベルトゥス側のおもだった人々もそれに相当する約束をした。彼らは飲食を共にしてふさわしい贈物を交わし、盟約を結んで別れた。

それから彼らはキルペリクス王のもとに使者を送って、キルペリクスが彼らから奪った領土を返還するよう求め、さもなければ戦争も辞さずと言わせた。キルペリクスはこれを無視し、セシオナス（ソワソン）とパリシウス（パリ）で円形見世物小屋《サーカス》を張って大衆に娯楽を提供するようにと命じた。

一八

これらの事の後、キルペリクスは、ロトマゲンシス（ルーアン）の司教プレテクスタトゥスが贈物をばらまいて人心を王から離反させることに努めていると耳にし、彼を連行するように命じた。そして尋問の結果、ブルニキルディス女王の財産が彼に委託されていることを突き止め、それを没収して彼を司教会議の日まで拘留するよう命じた。

さて会議が開かれると彼はその場に連れ出された。この会議のために司教たちはパリシウス（パリ）の聖使徒ペトルスの聖堂に集合した。そこで王は彼に向って言った。

「本来わが息子であるべき敵のメロヴェクスをその叔母――つまりはあれの叔父の妻じゃが――と一緒にさせてやるなどとは、司教よ、あなたは一体何をお考えなのか。あなたは、これが教会法に照らして禁ぜられておるのをご存知なかったのか。あなたの咎《とが》はこれだけではありませぬぞ。あなたはきゃつと手を組んで贈物をばらまいてわしを殺そうと図った。あなたは息子を父の仇《かたき》にし、民衆をお金で誘惑して王への忠誠心を奪い、わが王国を別人の手に引き渡そうとした」

王がこれを述べた時、フランクの武人たちは大騒ぎになり、聖堂の扉を蹴破って司教を引きずり出して石投げの刑に処せんばかりの勢いになった。王はこれをなだめた。

プレテクスタトゥス司教がこれを否定した時、偽《にせ》の証人たちがさまざまな物品を示しながら言った。

「あなたはこれらの品を我々に与えてメロヴェクスへの忠誠を誓わせたのです」

これに対し司教は答えた。

「これらの品々が私からの贈物だというあなたの言葉は本当です。しかしそれは王の支配を奪うためのものではありません。あなた方は私に最上の馬やその他色々のものを下さいました。私にはあなたがたにそれにふさわしいお返しをするより他にできることはなかったのです」

王が自分の宿所に引揚げると、我々司教は幸多きペトルスの聖堂の納堂に集まった。そこで色々相談を交わしていると突然、パリシアカ（パリ）教会の主助祭のアエティウスが入って来て、我々に挨拶すると言った。

「ここにお集まりの神の司教の方々、どうかお聞き下さい。今はあなた方のお名をあげ、すばらしい名声を後世に輝かす絶好の機会です。もし今ご自分の保身をお考えになり、ひとりの我々の兄弟を失うような事態を招いては、もはやあなたがたは神の司教とは言えますまい」

これを聞いて、聖職者たちは誰も返事をしなかった。皆王妃（フレデグンディス）の怒りを買うことを恐れていた。この会議の開催には彼女の意向が強く働いていたのだ。

しかし誰も用心して何も言わないので、私が口を開いた。

「私の言うことをお聞き願いたい、神にお仕えする皆さん。とりわけ王様と親しい方々にはよくお聞き下さい。王様が神の召使いに対して腹を立て、神の怒りにふれて没落し、その王国も栄光も失うことがないように、王様には聖職者にふさわしい司教の助言をしようではありませんか」

私の発言の間も誰も何も言わなかった。私は続けた。

「司教の皆さん、使徒の言葉を思い出して下さい、『監視人もし人の不正を見て何も言わざれば、魂の喪失のとがは監視人にあり』（エゼキエル書、三三、六より）と言うではありませんか。だから、黙っていてはいけません。口を開き、王の目の前に彼の過ちを置いてやりましょう。王に何か悪いことが起きて皆さんが彼の魂の喪失の責任を引き受けてはたまりません。最近の出来事をよく覚えておられるでしょう。クロドメリス王がシギムンドゥスを捕えて牢に監禁した時、僧院長アヴィトゥスは『彼を手にかけて殺さないように。そうしてブルグンディアへ遠征すれば勝利まちがいありません』と言いました。ところが彼はこの聖職者の忠告を無視して去り、シギムンドゥスとその妻子を殺してブルグンディアへ赴き、そこで敵軍の手に落ちて殺されました（巻三、六）。また皇帝マキシムスはどうだったでしょう。この皇帝は幸多きマルティヌスにとある人殺しの司教との交際を強要しました。幸多きマルティヌスは死に定められた人々を解放するためにこの不敬な皇帝の言に従いました。マキシムスは永遠の王の判決を受けて帝位を追われみじめな死の憂き目に逢いました（巻一、四三）」

私の発言の間、ひとりとして口を開く者はなく、皆黙っておののいていた。

これを述べるのは苦痛だが、彼ら司教の中のふたりの追従者《ついしょうしゃ》が王に告げ口をして、この件に関して、私は王の最大の障害だと言った。ただちに家臣のひとりが急派され私に出頭するよう告げた。

私が出頭すると王は木の枝で編んだ小屋の前に立っていた。王の右側にはベルトラムヌス司教が、左側にはラグネモドゥス司教が立っていて、彼らの前の小卓にはパンや様々な料理の皿が並んでいた。私を見ると王は言った。

「やあ、司教殿、あなたの正義は皆に分けねばなりませんぞ。わしはまだそのおこぼれにあずかっておりませぬ。これは不公平だとお思いにはなりませぬか。『烏は烏の目は穿《うが》たぬ』ということわざはあなたのためにあるようなものですな」

これに対し私は言った。

「王よ、私どものひとりが正義の小径《こみち》を踏み外そうとするとあなたから罰を受けます。ですが王たるあなたが過《あやま》つ時には誰があなたを糺《ただ》すのですか。私どもがものを申し上げると、王はお聞き下さる時はお聞き下さいますね。でも王がお聞き下さらぬ時にあえてものを申し上げるのは、正義心が黙っていないからです」

しかし王は追従者の影響を受けていたので、

「わしは司教全員に正義を発見したのにあなたの正義だけは発見できぬのですよ。だが、わしは、あなたが人々から指弾されてあなたがあらゆることにおいて不正であると思われるためにはどうすればよいかを知っていますぞ。わしはトロヌス（トゥール）の人々を呼び寄せて、『グレゴリウスに対する怨嗟《えんさ》の声をあげよ、やつは不正のやからであり誰にも正義を示したためしがないとな』などと言ってやる。そこで彼らが叫び始めたらわしは『王たるわしもきゃつの正義を発見できぬのじゃが、汝ら下々の者どもは発見できるかな』と言ってやるのだ」

などと言った。これに対し私は言った。

「私が不正なのかどうか王はご存知ありません。ただ神だけが私が自分の良心に従っているかどうかご存知なのです。神の御前では心の秘密を隠すすべがありませんから。それに、たとえ人々があなたに踊らされていつわりの声をあげたとて、あなたに踊らされてそうしているだけだということは自分でよくわかりますから、そんな行為はまったくの無駄です。そんな大騒ぎで非難を受けるのは私ではなくむしろあなたになりそうですよ。いかがですか。

王には世俗法や教会法があるのだから、それをよくお調べくださる必要があります。これらの規定をお守りにならぬ時は、神の裁きが下ることを知ることになります」

すると彼は私をなだめるように――その狡《ずる》さが私にはわからぬと思ったらしい――前に置かれたスープの方を向いて言った。

「このスープはあなたのために用意したものです。この中には鳥とエジプト豆以外のものは入っておりません」

私の気を引きたい彼の意図がよくわかっていたので、私は言った。

「私どもの食事は神のご意志を実現するものなのです。決しておいしい料理で楽しむものではありません。神の掟はどんな時にも忘れてはなりません。他人の不正をとがめる王は、ご自身がまず世俗法、教会法にもとらぬことをお約束になるべきです。そうなさってはじめて私はあなたが正義を求めておられることを信じます」

すると王は右手を前へかかげて全能の神に対し、世俗法と教会法の教える所にはいかなる場合にも違反しないと誓った。彼がそうしたので私はパンを食べ、ワインに口をつけて帰った。

その夜、夜の賛美歌が終ったころ、我々の宿所の入口をたたく重い音が響いた。従僕をやると、王妃フレデグンディスの使者たちが来たということだった。彼らを招じ入れると、彼らは女王からの挨拶を伝え、係争中の件で、反対側に立たないで欲しい、もしも私の尽力でプレテクスタトゥスが失脚したら、二〇〇リーブラの銀をお約束しよう、と提案し、

「すでに我々は全司教の約束をもらっています。あなただけ反対に走らないでいただきたい」

と言った。これに対し私は答えた。

「たとえ一〇〇〇リーブラの金銀をいただこうとも、主が指図《さしず》なさること以外の事をすることはできません。ただ、他の人々が教会法の規定に従って一致して決議したことには従いますとお約束します」

すると使者たちは私の真意を理解しないで、礼を言って立ち去った。朝になると何人かの司教がやって来て同じ

ような申し出を行なった。これに対し私はやはり同じ答えで応じた。

我々が聖ペトルスの聖堂に集まると、早朝王が現れて言った。

「教会法の規定によれば、窃盗《せっとう》で捕まった司教は司教座を追われるのですな」

我々が窃盗の嫌疑を受けたその司教とは誰なのかと尋ねると、王は言った。

「皆さんも彼が横領した品々はご覧になりましたよ」

王が、貴重品や装飾品の二つの包みを我々に見せたのは三日前だった。これらの中味はソリドゥス金貨三〇〇〇枚を下らないと思われた。他に約二〇〇〇枚の金貨の入った袋があった。王はこれは司教が自分から盗んだものだと言った。これに対しプレテクスタトゥス司教は答えた。

「そうではない事はわかっていただけるものと思います。ブルニキルディス女王がロトマゲンシス（ルーアン）の町を去った時、五つの荷包みが私に託されて残っていることを、私は王のもとへ出向いて報告いたしました。その後しばしば女王の使者が返却を求めてきたのですが、私は王の承諾なしに渡すのは嫌でした。ところが王よ、あなたは、『それはあなたが持つべきでない。女王に自分の物を返してやりなさい。わしとわが甥のキルデベルトゥス（女王とシギベルトゥス王の息子）との間に事が起きてはめんどうじゃ』とおっしゃいました。そこで私は町に帰り、包みのひとつを使者に持たせてやりました。それ以上は運べなかったのです。ところが使者が戻ってきて残りの荷物を要求しましたので、私はまたも王のご意向をお伺いいたしました。すると王よ、あなたは、『返すべし、返すべし、この件を紛糾《ふんきゅう》させんでくれい』とおっしゃいました。そこで私はさらに二つの荷を使者に渡し、あと二つの荷が私の所に残りました。王よ、あなたは私を讒訴《ざんそ》して窃盗罪を主張なさいますが、これは窃盗ではなく預りと解するべき性質のものではありますまいか」

これに対し王は尋ねた。

「もしそれが、預りであなたの所にあるのなら、なぜあなたはその荷のひとつをほどき、金の糸を織り込んだ帯を解いてばらばらにし、わしに陰謀を企む輩《やから》にそれを配ったのじゃ」

プレテクスタトゥス司教はこれに答え、

「もう以前にも申し上げました。あの人たちから贈物をいただいたのですが、返す物が手許《てもと》になかったので、この荷から取ってそれを贈物のお返しに配ったのです。それは私が再誕の洗礼から取り上げたわが息子メロヴェクスのものだったので、自分の物のように思ってしまったのです」

と言った。キルペリクス王は策略で司教を陥れることはできないと思い、良心に悩まされて黙り込み、我々のもとを離れると、自分の追従者たちを呼び寄せ、

「司教の言葉を聞けばこちらの負けを認めざるを得ぬ。あいつの言うことは本当だとわしは知っておる。じゃが、ではわが妻の意向はどうしたものかな」と言い、「行って司教に接近し、汝ら自身の企てにみせかけてこう言え、『ご存知のように、王は敬虔であらせられ、良心に苦しめられて悲惨にさいなまれておられます。どうかここはお譲り下さり、王から非難されている件をなさったとお認め下さい。そうすれば我々全員王の足元に身を投げ出してあなたのためにお慈悲のとりなしをいたします』とな」

と続けた。プレテクスタトゥス司教はこの誘惑に負けた。彼は提案通りにすることを約束した。

翌朝我々が例の場所に集まると王が到着して司教に向い、

「もし贈物のお返しとしてこれらの品を人々に配ったのなら、どうしてメロヴェクスへの忠誠の誓いをお求めになったのです」

と尋ねた。すると司教は、

「告白いたします。私は、メロヴェクスのために彼らの友誼《ゆうぎ》を求めました。私はかなうことならば、人間のみならず天上の天使も呼び寄せて彼の味方にしたかった。彼は、何度も申し上げますが、洗礼で結ばれた私の心の息子なのです」

と答えた。プレテクスタトゥス司教はこの熱弁に熱中するあまり床に身を投げ出し、『われ、天と汝の前で過《あやま》てり』（ルカ伝、一五、一八）。おお王よ、私は呪われた人殺しです。私は、あなたを殺してあなたの息子をあなたの玉座に上げようと望みました」

と言い放った。彼がこう述べると王は司教たちの足元に身を投げ出して叫んだ。

「聞かれよ、いとも敬虔な司教たちよ、この呪われた犯罪を告白する者を」

我々が泣きながら王を床から助け起こすと、王はプレテクスタトゥス司教を聖堂から追放するよう命じた。それから王は宿所に戻り、教会法の書物を送ってよこした。それには使徒法に似た新規定を書いた四つ折紙がはさんであった。そしてそこには、「殺人、姦通、偽証で捕えられた司教は司教座を去るべし」という文言があった。これが読み上げられる間、プレテクスタトゥスは呆然と立っていた。ベルトラムヌス司教が言った。

「聞かれたか、わが兄弟の司教よ、王の慈悲は得られぬのじゃ。そして、王の好意なくしてはわれらの与力もあり得ぬ」

これらの事の後、王は、彼の僧衣を引きさくとか、イスカリオテのユダの呪いを含む詩篇第一〇八を彼の頭上で唱謡するとか、あるいは有罪の判決を書き記すかして、彼を永遠に共同体から追放するよう求めた。私は、教会法に違反しては何事もなさないという王の約束を盾に取りこれらの事をなすことに反対した。

プレテクスタトゥスは我々の目の前で逮捕され、牢につながれた。そしてある夜、脱獄を試みてひどい鞭打ちの刑を与えられ、コンスタンティナ（クータンス）の町の近くの海中の島に移された。（続きは巻七、一六）

その後、メロヴェクスが再び聖マルティヌスの聖堂を目指しているという噂が流れた。キルペリクスは聖堂に見張りを置きすべての出入口を閉じるよう命じた。そこで少数の僧侶が聖務で出入りするひとつの入口の他は全ての出入口が見張りによって閉ざされた。このことは一般住民にはかなりの迷惑を与えた。

我々がパリシウスに滞在していたころ、天にしるしが現れた。北の空に二〇の光線が輝き東方から上空へ昇って行き西方へ進んだ。そのなかのひとつが他のものより長く尾を引き立派だったが、天空高く達するとやがて衰えて行った。するとそれに続いていた他の光線も消えて行った。これはメロヴェクスの滅亡の予兆だったと私は思う。

メロヴェクスはレメンシス（ランス）の野にひそんでいたが、在所のアウストラシアの人々と馴染まず、こちらへ来てくれたらキルペリクスの支配を離れてお味方いたしましょうと言うタラブランネンシス（テルアンヌ）の住民たちにたぶらかされ、屈強の武人を従えてタラブランネンシスの人々のもとへ出向いた。

彼らはわなを用意して待っていた。彼がとある館に入った所で入口を閉じて武装兵に館を包囲させ、使者をその父（キルペリクス王）のもとへ走らせた。王は知らせを受けるとそこへ急行することを決心した。

館に閉じ込められたメロヴェクスは、敵の手にかかればどんな仕打ちを受けるかわからぬと思い、従者のガイレヌス（巻五、一四）を呼び寄せて言った。

「我々は心をひとつにし、考えもずっと同じだった。おれを敵の手には渡さないでくれ。この剣でおれを刺し殺せ」

ガイレヌスは躊躇せず剣を手にして彼を刺した。その後王が到着し死んだ息子を発見した。その当時は、今述べたメロヴェクスの言葉は王妃（フレデグンディス）の作り話で、本当は彼は王妃の命令でひそかに殺されたのだ、と言う人々がいた。

さてガイレヌスは逮捕され、手足を切り落とされ、耳鼻をそがれ、その他さまざまな拷問を受けてむごい死に方をした。グリンディオ（という従者）も車にはりつけられて空中高く掲げられた。シギベルトゥス王の宮廷の廷臣だったキウキロは首を刎《は》ねられた。その他、メロヴェクスと行動を共にした多くの人々が種々残虐な殺され方をした。

この裏切りの首謀者はエギディウス司教とグントゥクラムヌス・ボソだった、というのが当時の人々の噂だった。グントゥクラムヌス・ボソはテオドベルトゥス（キルペリクス王の子）を殺したことでひそかにフレデグンディス王妃の寵愛を得ていたし、エギディウスももう長いこと彼女のお気に入りだった。

一九

皇帝ユスティヌス（東ローマ帝）が正気を失って混迷の底に沈み、帝国の命運が帝妃ソフィアの双肩にかかっていた時、既述のごとく（巻四、四〇）人民は副帝《カエサル》としてティベリウスを選出した。この人は活動的で賢知に富み、よく施しをし、無力な人々の最良の保護者だった。ユスティヌスが貯めた財産を気前良く貧乏人に分配したので、時々、例の帝妃が、このままでは帝庫が空になると騒ぎ、

「私が長年かかって貯めた物をあなたは見る見る浪費してばらまいておしまいになる」

などと言うのだった。すると副帝は、

「ご心配には及びませんよ。貧しい人々が施しを受け、捕虜になった人々が自由を得ればそれで良いのです。それが本当の宝なのです。『なんじら宝を天に積め、かしこは銹《さび》と蟲《むし》とが損《そこ》なわず、盗人うがちて盗まぬなり』（マタイ伝、六、二〇）と主は述べておられます。神の与えたまうものを我々は貧しい人々を通じて天に貯えるのです。さすれば主も現世の我々の繁栄を欲したまうでしょう」

と答えるのだった。既述のように（巻四、四〇）、彼は偉大で真実のキリスト教徒だったので、かれが快活に貧民に助力を提供する間に、主もますます彼に援助を与えたまうた。

ある時、彼が宮殿を散歩していると、室内の床に主の十字架が刻まれた大理石の板が敷かれているのが目に入った。彼は、

「主よ、あなたの十字架を我々は我々の額と胸の守りとします。それなのにここでは足で十字架を踏みつけるとは」

と言い、すぐさまそれを取り去るように命じた。そして床がはがされて持ち上げられると、その下に別の床がありそこにも十字架がきざまれていた。その報告を受けると彼はそれもはがすように命じた。さてそれをはがしてみ

るとさらに別の床があり、彼の命によりそれもはがされた。

するとその下から大きな宝物庫が現れ、その中には一〇〇〇ケンテナリア（ポンドに相当する重量単位）を下らない金が詰まっていた。それを手にすると彼は習慣に従って一層気前良く貧者に施しをしてやった。この善意のゆえに神は彼に不如意《ふにょい》の思いを一切させなかった。その後も主が彼にどんな援助をしたか、私は語らずにいられない。

かのイタリアにおける将軍ナルシス（巻三、三二）はとある町に大きな家を所有していた。かれは財宝をどっさりたくわえてイタリアを去りこの町に来たのだが、ひそかに自分の家に大きな地下穴を掘り、その中に何千ケンテナリアの金銀を入れ、秘密を知った者を殺してこれを秘密を守る誓いをしたただひとりの老人に託した。やがてナルシスは亡くなり、この宝は地下にうもれた。ところがこの老人はティベリウスの不断の施しを知っていたので、彼の所へ出頭して言った。

「もしご褒美がいただけるなら、カエサルよ、あなたにいいことをお知らせいたしましょう」

「思うことを述べるがよい。もしわれらに利益あることを述べるなら褒美は欠くまいぞ」

とティベリウスは言った。

「ナルシス将軍の秘密の宝をわたしは持っています。人生が終わってまでもそれを隠している訳にはいきません」

と老人は言った。副帝ティベリウスは喜び、その場所へ人を派遣した。老人が先導すると人々は大喜びでついて行った。そしてかの地下穴に至ると覆いをのけて中に入り、そこに莫大な金銀を発見した。それは何日かかって運び出してもなかなか尽きぬほどの量であった。そこから副帝は快活にますます多量の施しを貧しい人々に配るのであった。

二〇

サロニウスとサギッタリウスの兄弟司教（巻四、四二）に対し騒乱が持ち上がった。彼らはルグドゥネンシス（リヨン）のニケティウス司教（巻四、三六）の薫陶《くんとう》を受けて助祭の地位を得ていたのだが、この司教の存命中に、サロニウスはエブレドネンシス（アンブラン）の司教に、サギッタリウスはヴァピンシス（ガプ）の司教に任じられた。

しかし彼らは司教の地位を手にすると万事を自分の意のままにし、狂乱風に吹かれて、押込み、流血、殺人、姦通などあらゆる悪事に手を染め、ついにはトゥリカスティニー人たちの所（サン・ポール・トロワ・シャトウ）の司教ヴィクトルが自分の誕生日の式を挙行していた時、弓と剣で武装した一団を送って彼を襲わしめた。彼らは式の現場に侵入して司教の服をずたずたに引裂き、使用人を殺し食器など正餐《ディナー》の道具を全部奪い司教にひどい屈辱を味わわせた。

これを知ったグントゥクラムヌス王はルグドゥネンシスの町に公会議を召集するよう命じた。そこで幸多き首座司教ニケティウスの下に全司教が集まり、討議の結果、この醜聞に関し両者は有罪であるという結論に達し、かかる悪事を惹起した以上は両者を司教座の誉れから追放すべきであるという規定を発布した。

しかしふたりはそれまでの王の愛顧《あいこ》を恃《たの》み、王に接近して自分たちは不当に追放されるのだと訴え、自分たちがローマの教皇のもとへ行けるようなお計らいをいただきたいと頼みこんだ。王は彼らの懇願をいれて彼らに手紙を託して教皇のもとへ出立させてやった。

彼らは教皇ヨハネスの面前に進み出ると、自分たちはまったく身に覚えがない理由で司教座を追われたと訴えた。そこで教皇は王に手紙を送り、二人をもとの座に戻すよう命じた。王は二人に色々忠告はしたが教皇の命令をただちに実行した。

しかしあきれたことに、これで事態は何ら変わらなかった。彼らは襲撃に送り出した一団の身柄を引き渡して、ヴィクトル司教に許しを乞うた。司教は「悪をもて悪に報いず」（ロマ書、一二、一七）との主の御言葉を思い出して、彼らに罰は与えず放免してやった。

ところがヴィクトル司教は、自分の仲間の司教たちに訴えを出しておきながら、まだ判決も出ていないのにひそかに被告人を許したという理由で、後に聖職界から追放されてしまった。彼は王の愛顧によって再び共同体に戻ることができた。

かの二人の方は毎日以前にも増してひどい悪業に耽っていた。そして前に述べたように（巻四、四二）、ムモルスがランゴバルディー人に対して行なった戦争では、俗人のまねをして甲冑に身を固め多くの人を手にかけて殺した。また自分の町では怒りにまかせて棍棒をふり回し、流血騒ぎが絶えなかった。

そこでついに再び彼らに対する怨嗟《えんさ》の声が王のもとへ届き、王は、あらためて彼らを呼び寄せるように命じた。彼らがやって来ると、王は、彼らが王の御前に出るにふさわしい無実の人物であるのかどうかの取り調べが終わるまでは彼らに会いたくないと言った。

サギッタリウスはこの措置をひどいと思い、かんかんに怒り、軽率で空虚で馬鹿なお喋りだけはとめどもなく出て来る性質の男だったので、王のことをあれこれ言い始め、王の子供たちは結局王国を継承できない、母親は、もとはマグナカリウスの一家にいたものを王の寝所にひきずりこんだものだもの、などと喋った。彼は、今日では王が生んだ人間ならば母親の素性とは関係なく王の子と呼ばれることを知らなかったのだ。

これを聞いて王は怒りにかられ、彼らの馬と使用人と所持品を取り上げて、彼らを深く反省させるために互いに遠く隔たった僧院に入れて監禁するよう命じた。そしてそれぞれにたった一人の僧をつき添わせ、当該の地方の判事には、両者にどんな訪問者も接近しないよう、武装兵を立てて見張らせるよう厳しく言い渡した。

そのころにはまだ王のふたりの息子が生きていた（巻五、一七）。ところが上の子が病みはじめると、王の家僕たちがやって来て、王とこんなことを話した。

「もし王様に、私ども奴隷の言葉が聞くに耐えるものと思っていただけるのでしたら、私どもにはお耳に入れたきことがございます」

「思うがままに話せ」

「もしや司教様がたには無実の罪を被って流罪になり、結局王様の咎《とが》が増大し、このためにたいせつなお子様が失われるなどということにならなければ良いのですが」

「速やかに出立せよ。かの司教たちを解放し、われらが小さき者のために祈ってくれるようお願いするのじゃ」

こうして家僕たちは出発し両司教は解放された。彼らは僧院を出ると再会を果し、長いこと逢っていなかったので接吻を交わした。彼らはそれぞれの町に戻ったが、深い自責の念を抱いて、常に詩篇を誦《とな》え、断食に勤め、施しに励み、昼にはダビデの書を唱《うた》い上げ、夜には瞑想しつつ賛美歌と読書に身をゆだねた。

しかしこの完全な励勤は長く続かなかった。彼らは再びもとの悪習へと戻って行った。しばしば夜通し飲食に耽り、僧たちが早朝ミサをあげている時間に杯を持って来させ、酒をくんだ。神のことはまったく口にしなくなった。日々の課業は完全に無視された。暁光が輝き初めると宴席より身を起し、柔らかな衣服に身を包んで眠気と酔いに身を任せ、昼の第三時まで起きなかった。また、身体を汚す女共にも不自由しなかった。彼らは目を覚ますと浴室で身を洗い、宴席に身を横たえた（古代社会では宴席で身体を横たえる）。夕刻、宴席を離れ、そして食事に耽りそのまま前述のごとく早朝に及んだ。来る日も来る日もこんなありさまで、ついに神の怒りが彼らを襲った。これについては章を改めて綴ろう（巻五、二七）。

二一

そのころ、極端な禁欲生活を送るブリトン人ウィノクスがブリタニー人の所（ブルターニュ）からトロヌス（トゥール）へとやって来た。彼はエルサレム巡礼を熱望し、羊皮の織物以外は身につけることがなかった。我々はこの信心あつい人を我々の所に引き止めるために彼に司祭の地位を与えた。

さて、尼僧のインギトゥルディスは、聖マルティヌスの墓所の水を集める習慣のある人であったが、その水が少なくなってきた折、ワインの入った容器を持って、かの幸多き人の墓所に行き、一晩を過ごした後それをこのウィノクス司祭の面前に持って来るように人に頼んだ。その器が運ばれて来ると、彼女は司祭に言った。

「このワインをあけて、そこへ残り少ないこの祝福の水のほんの一滴を注ぎあそばせ」

彼がそうすると、まことに驚くべきことに、半分ほどに減っていた容器が、たった一滴の降下で満杯になった。二度、三度空にして同じことを行なってもやはりたった一滴の水で満杯になるのだった。ここにも幸多きマルティヌスの徳力が働いていたに違いない。

二二

このような事の後、キルペリクス王の下の子のサムソンが赤痢にかかり高熱を発して世を去った。この子はキルペリクス王がトルナクス（トゥルネー）で彼の兄弟に包囲されていた（巻四、五〇）時に生まれた。母親は死の恐怖に囚われており、この子を遠ざけて亡き者にしようとした。しかしそれを果たさないうちに王から叱責を喰らい、子供に洗礼を施させた。この子は司教によって洗礼の盥《たらい》から取り上げられてから五年も生きてはいなかった。母親のフレデグンディスもそのころ大病を患ったが回復した。

二三

その後、ある夜、それは一一月イードゥースの三日前（一一月一一日）のことであったが、幸多きマルティヌスの夜の勤行を務める我々の面前に怪異が出現した。月の中央で明るい星が光を放っているのが見え、月の上と下にもすぐ近くに星が現れた。また、しばしば雨を知らせるあのコロナが月のまわりに現れた。ただこれが何の知らせか我々にはわからない。

この年、月はしばしば黒くなって主の生誕日の前には激しい雷鳴が轟いた。またアルヴェルナ（クレルモン）の病災の前の出現として以前に言及（巻四、三一）したあの無知な人々から太陽と呼ばれた光が、今回も太陽のまわりに現れた。そして海が異常に膨れあふれたという。他にも種々のしるしが現れた。

二四

グントゥクラムヌス・ボソはわずかな手勢を率いてトロヌス（トゥール）へ襲来し、聖者の聖堂に置いておいた自分の娘たちを力ずくで奪い彼女たちをペクタヴス（ポワティエ）の町へ連れて行った。ペクタヴスはキルデベルトゥス王（シギベルトゥスの息子）の支配下にあった。しかしキルペリクス王もペクタヴスへ襲来し、彼の甥（キルデベルトゥス王）の兵はキルペリクスの軍勢によって追い出された。

エノディウスは領主職を剥奪されて王の面前に引き出され、追放の宣告を受け、その財産は王庫に没収された。しかし一年後には帰国を許され、財産を戻してもらった。グントゥクラムヌス・ボソは自分の娘たちを幸多きヒラリウスの聖堂（在ペクタヴス）に残してキルデベルトゥス王のもとに移った。

二五

キルデベルトゥス王の統治三年目、それはキルペリクス王とグントゥクラムヌス王の統治の一七年目にあたるが、今は亡きダガリクスという人物の息子ダッコがキルペリクス王のもとを去りあちこちさまよい歩いていた時、インドゥストゥリウス（がむしゃら）とも呼ばれた将軍ドラコレヌスが彼をだまして捕縛した。彼はダッコに、王のもとでの彼の命は保証しようと約束して、彼を縛ったままブリナクス（ベルニー）のキルペリクス王の前に引き出した。

しかし将軍は約束を守らず、ひどいことを述べ立てて主君が彼に死を与えるようにしむけた。ダッコは縛られたまま抑留されたが、自分がもはや逃れられないと悟ると王には内緒で司祭に悔悟を告白することを望んだ。彼は望みを達成して死んだ。

さてドラコレヌスは急いで自分の領地へ帰って行ったが、そのころちょうどグントゥクラムヌス・ボソがペクタヴス（ポワティエ）から娘たちを連れ出そうとしていた。

噂を聞いたドラコレヌスは彼を襲撃した。けれどもボソ側でもそれに備えて抵抗し、防御を試みた。グントゥクラムヌスは自分の友輩のひとりを呼んで頼んだ。

「ドラコレヌスのところへ行き、こう言ってほしい、『我々は盟約を交わしたではありませんか。私を追いかけてこないでください。私の財産はいくらでもさしあげます。私を無一文にしてでも娘たちと一緒に行きたいところへ行かせてください』とな」

しかしドラコレヌスは自惚れが強く軽薄な男だったので、

「見よ、これは俺があまたの罪人を引っくくって王の所へつれて行った紐だ。今日はやつをこれで縛って連行せねばならん」

などと言いざま、馬を拍車で蹴り、ボソに向ってまっすぐ突っ込んで来た。しかし彼を狙った打撃は外れ槍は折れ、剣は地に落ちた。

グントゥクラムヌスは死が目前に迫ったのを感じ、主の御名を唱え幸多きマルティヌスの聖徳をたたえて槍をふり上げた。槍はドラコレヌスの咽喉《のど》をつらぬき、彼を馬から上へつり上げた。そして倒れた彼の脇腹をボソの友輩のひとりが槍で刺し殺した。ドラコレヌスの兵は逃亡し、彼の遺体は身ぐるみはがれ、グントゥクラムヌスは娘たちを連れて自由に脱出した。

その後、ボソの義父セヴェルスが息子たちによって王の所に重罪の告発を受けるという事態が持ち上がった。これを聞いたセヴェルスは贈物をたくさん用意して王の所へ出向いたが、途中で捕縛されて所持品を奪われ、監禁されてみじめな最期を迎えた。彼のふたりの息子たち、ブルゴレヌスとドドは、大逆罪の告発を受けて死刑を宣告された。ひとりは兵士の襲撃で倒れ、もうひとりは逃亡したが捕えられて手足を切られて死んだ。父の財産も子供たちの財産も国庫に没収された。彼らは莫大な財宝を持っていた。

一六

さて、トロニキー人（トゥールの住民）、ペクタヴィー人（ポワティエの住民）、バヨカシニー人（バイユーの住民）、キノマニキー人（ル・マンの住民）、アンデカヴィー人（アンジェの住民）その他多数の軍勢が、キルペリクス王の命令で、ブリタニア（ブルターニュ）へ侵入し、故マクリアヴスの息子ワロクス（巻五、一六）と、ヴィキノニア（ヴィレーン）川をはさんで対峙した。ワロクスは、夜、計略を用いてサクソネス勢の一派バヨカシニー人を襲撃し、その大部分を殺した。

しかし三日後、彼はキルペリクス王の将軍たちと和を結んで息子を人質にさし出し、キルペリクス王に忠誠を誓った。彼はヴェニトゥス（ヴァンヌ）の町も返還したが、その際、貢税や年々支払うべきものを、督促を受けずとも支払うという条件で、同市の統治権は確保した。ことが終了すると、軍勢はブリタニアから引き上げていった。

その後キルペリクス王は、貧民と、教会と聖堂の使用人たちが出征しなかったという理由で、彼らを追放処分にするよう命じた。彼らがこうした公的義務を果さねばならぬ習慣はなかったのだが。

さて、後にワロクスは自分の約束を忘れ、結んだ条約を破ろうと欲してヴェネティカ（ヴァンヌ）の町の司教エウニウスをキルペリクス王の所へ派遣した。王は怒りにかられて司教を叱り飛ばし、彼を追放するよう命じた。

一七

キルデベルトゥス王の統治四年目、グントゥクラムヌス王とキルペリクス王の統治一八年目、君主グントゥクラムヌスの命により、カビロヌム（シャロン）で公会議が開催された。種々の件につき討議が行なわれたが、サロニウスとサギッタリウス両司教の悪業（巻五、二〇）に関するあの古い件が再び取り上げられ、彼らの犯罪が逐一述べられ、姦通罪のみならず殺人の告発がなされた。

これらの罪業は悔恨の行によりすでに贖罪されているというのが司教連の一致した意見だった。そこで他に大逆罪と祖国に対する叛逆罪が追加された。この理由によりふたりは司教職を解かれマルケルスの聖堂に抑留された。彼らはそこから逃亡してさまざまな土地を渡り歩いたが、その間に彼らが司教職を務めた町では別の司教が任命された。

二八　キルペリクス王は自分の全領土の新たな重い課税の台帳の作成を命じた。このために多くの人々が故郷の町や自分の所有地を離れて他の王国へ赴いた。彼らはこんな苦難に逢うくらいなら異郷をさまよった方が良いと思ったのだ。

一アリペニスの土地につき一アムフォラのワインを納める規定が定められた。また葡萄畑以外の土地や所有奴隷に対してもさまざまな税がかかり、それらをきちんと支払うことはとうてい不可能だった。

レモヴィキヌス（リモージュ）の人々もこの重税のことを知り、徒党を組んで、三月一日にこの命令を実行するよう命じられていた伝奏《レフェレンダリウス》のマルクスを殺そうと謀《はか》った。もし司教のフェレオルスが危機一髪この暴動から彼を救出しなかったら彼はやられていただろう。暴徒は課税台帳を奪い、全部まとめて燃やしてしまった。

これにはなはだ立腹した王は自分の側近を現場に派遣して莫大な罰金を住民に課し、拷問でおどし見せしめの処刑を行なった。この時、僧院長や司祭も柱に縛られてさまざまな呵責《かしゃく》を加えられたという。彼らは台帳焼きの一味に加わっていたと役人から讒訴《ざんそ》されたのである。この事件の後に課税は一層苛烈になった。

二九　ブリタニー人はレドニカ（レンヌ）の領域を荒らし回り、放火、略奪、拉致を繰り返した。

彼らは敵を打ち破りつつコルヌティウス（コル・ニュ）の村に至った。

そこでエウニウス司教が追放から（巻五、二六）呼び戻され、アンデカヴス（アンジェ）の領域に身を寄せるべく送られたが、自分のもとの町ヴェネティカ（ヴァンヌ）に帰ることは許されなかった。ブリ

♔**度量衡Ⅵ**　アリペニス aripennis は，120×120 ペデス（約 1300 m²）の広さ。アムフォラ amphora は，本来取っ手のふたつある古代の壺で，約 25 ℓ の容量を表す。

タニー勢に対しては、ベッポレヌス将軍が派遣された。彼はブリタニアのあちこちを放火と剣で荒らしまくり、人々の憤激はつのる一方だった。

三〇

ガリアの情勢は以上のごとくであったが、皇帝ユスティヌス（東ローマ帝）は、一八年目の統治年に、その狂気に襲われた生涯の幕を閉じた。彼の弔いが終わるとすでに実質的に帝国を統治していた副帝《カエサル》ティベリウスが彼のあとを継いだ。

人々は新皇帝が慣習に従って円形競技場での催しに出るものと思い待っていたが、彼はユスティヌスの甥にあたるユスティニアヌスの側からの陰謀を恐れて聖堂へ入った。そこで祈禱を済ませ、主都の大司教（papa）を呼び寄せ、執政官《コンスル》たちと地方総督《プレフェクトゥス》たちを従えて宮殿に入った。そして紫衣に着替え、帝冠をつけ、玉座に身を置いて盛大な観乎の声に迎えられ、帝権を確保した。

陰謀の一味は競技場で待っていたが、ことの次第を知るとおのが不明を恥じて何もせず退散した。神に望みを置く人間には何も逆らうことができない。数日後、ユスティニアヌスは帝を訪《おとな》い帝の足元に身を投げ出して、彼の愛顧を得るために一五ケンテナリアの金の贈物をさし出した。帝は忍耐深かったので彼を許し、宮殿の側近に加えた。

皇太后のソフィア（巻五、一九）は以前にティベリウスとかわした約束を忘れて彼に対し陰謀を企んだ。帝室の習慣に従って帝が別荘に赴いて三〇日間の葡萄収穫祭を楽しんでいる間、ソフィアはひそかにユスティニアヌスを呼んで彼を帝位につけようとした。これを知ったティベリウスは大急ぎでコンスタンティノポリターナの町に取って返し、皇太后を逮捕してわずかにその日暮らしが出来るだけのものを残して彼女の全財産を没収した。また彼女の側近を追放して自分が信の置ける者のみを彼女の側に置き、以前仕えていた者は誰も彼女に近づけないように厳命した。

ユスティニアヌスも当然ひどく叱責されたが帝は後に彼を愛し、彼の息子と自分の娘の婚約を交しまた自分の息子には彼の娘をもらう手筈ができ上がった。ただこの約束は果されなかった。帝の軍勢はペルシア人（ササン朝）を打ち破って勝者として凱旋し、人間の欲望を満たし得るに十分な戦利品を持ち帰った。二〇頭の象が捕えられて皇帝のもとに連れられてきた。

三一　この年ブリタニー人はことに不穏な動きを見せ、ナムネティカ（ナント）とレドニカ（レンヌ）の町に居すわった。彼らは莫大な略奪品を持ち去り、畑をあらし回り、収穫の葡萄をすべて取り上げ人間を拉致して行った。彼らの所に使者としてフェリクス司教（巻五、五）が派遣され、彼らは賠償を約束はしたが、それを実行する気配はまったくなかった。

三二　パリシウス（パリ）である女の醜聞が流れた。彼女は夫を捨てて別の男と交際したなどと他人に散々言われた。そこで夫の親戚の者たちが彼女の父の所へ出かけて行き、

「おまえの潔白な娘を返してくれ。でなけりゃ、わが一族を不倫の汚名で汚さぬよう彼女にきっぱり死んで欲しい」

と言った。すると父は言った。

「私は娘の潔白をようく知っております。悪い人たちの言っていることは出鱈目《でたらめ》です。ですがお互い嫌疑があってはたまりませんから、娘の潔白は誓約をもって保証しましょう」

すると彼らは言った。

「もし潔白が本当なら、幸多き殉教者ディオニシウスの聖廟で誓いの堅《かた》めをしてほしい」

「いたしましょう」

と父は言った。こうして意見が一致したので皆で聖殉教者の聖堂へ赴き、父は祭壇に手をのべて娘には何の咎《とが》も

ないと誓った。ところが夫の側の者たちはこれに対して彼が偽証を行なったと騒ぎ始め、口論が持ち上がり、両者は剣を抜いてわたり合い、祭壇の前で殺傷を行なった。

彼らは元来高貴の生まれでキルペリクス王の下でも重要な地位を占める人々であった。剣により大勢が傷つき、聖者の聖堂には人間の血が飛び散った。戸口は槍剣でずたずたに裂かれ、聖墓そのものもこの不当な乱闘でひどく乱れた。そして乱闘がようやく鎮まっても、この所の聖務は放棄されたままになった。

しかしついにこの不祥事は王の耳に入り彼らはあわてて君主の御前に赴いたのだが、王の同情を得ることはできなかった。彼らは当地の司教預かりの身となり、彼らが教会の共同体に復帰するにはまずこの不祥事の無実の証明が必要とのお達しが出された。そこで彼らは自分たちの悪業をつぐない、パリシアカ（パリ）の教会を主宰するラグネモドゥス司教によって教会の共同体に迎え入れられた。

ところが当の女は何日もたってから裁判に呼び出され、首をつって命を終えた。

三三

キルデベルトゥス王の五年目の統治年、アルヴェルヌス（クレルモン）の領域を巨大な洪水が襲った。一二日間雨が止まずレマニス（リマーニュ）の野は水浸しになり、多くの人々が種まきを妨害された。リゲル（ロワール）川、エラクリスの異名を持つフラヴァリス（アリエ）川、その他この川に注ぐ支流も氾濫し、これまで水に浸かったことのない地方にまで水があふれた。家畜が死に耕地は荒され家屋は倒壊し大損害が出た。同様にロダヌス（ローヌ）川とアラル（ソーヌ）川も合流点で岸を越え、人々に大きな損害を与えた。ルグドゥネンシス（リヨン）の町の市壁の一部は倒壊した。雨がやみ木々が生気をとり戻した時は九月になっていた。

この年、トロニクム（トゥール）の領域では早朝太陽が昇る前に電光が大空をよぎって東方に墜ちて行くのが見えた。またこの地方全域に木々が倒壊するような音が響いたがそれは木の倒れる音とは思えなかった。なぜならその音は一五ミリア以上の広域で聞かれたからである。

同じ年ブルデガレンシス（ボルドー）の町を大地震が襲い市壁は倒壊寸前まで行った。全市民は死の恐怖におびえ、逃げ出さなければ町と一緒に地面に呑まれてしまうだろうと思った。多くの人が他の町へ移って行った。

この地震は近隣の町にも広がりスペインにまで及んだがそれはそれほど大規模ではなかった。それでもピリネイ（ピレネー）の山々では巨大岩石が崩れ家畜と人間を押しつぶした。さらにブルデガレンシス（ボルドー）領内のとある村を神意による出火が灰燼に帰せしめた。ここでは突然の点火で家々も農作物の入った脱穀場も燃えつきてしまった。外部の火が移った形跡がないので、恐らくこれは神の御意思で起きたのであろう。

アウリリアネンシス（オルレアン）の町もひどい出火で燃え、裕福な人々もすべてを失ってしまった。もし誰かがこの火事から何かを救出し得たとしてもそれをつけ狙う泥棒の餌食になった。カルノテヌス（シャルトル）の領域ではパンを割ったところ本当の血があふれ出てきた。ビトゥリカ（ブールジュ）の町はひどい雹《あられ》に見舞われた。

三四

これらの怪異に続いて重い疫病が襲来した。王たちが闘争に明け暮れ、またしても内乱の準備を進めていた矢先、赤痢がほとんどガリア全域に拡がった。嘔吐と激しい熱に襲われた人々は腎臓に耐えがたい痛みを感じ、頭と首が重くなった。

病人は口からサフラン色（黄色）ないし緑色のものを吐き出した。多くの人々は知られざる毒にあたったのだと言った。無学な人々はこれを「サンゴ腫《ば》れ」と呼んでいた。その名には根拠がなくもなかった。肩ないし足に吸子玉をつけて吸い上げると、腫物が裂けて血膿が出て来、多くの人の病状は楽になった。また毒に効く薬草も服用されて、多くの場合に効果を挙げた。

この病は八月のはじめに始まって、最初は生育中の子供を襲い彼らを殺した。我々は膝に乗せてあやし、腕に抱きかかえて運び、食膳を用意し、細心の注意をもってわが手で育てたいとしくかわいい幼児を失っていった。だがわれらは涙を拭い幸多きヨブとともに言った、「主は与え、奪い、み心のままにかくなしたまう、主の御名はほむべきかな」（ヨブ記、一、二一）と。

この時キルペリクス王も重い病にかかった。彼が快復しつつある時、まだ水と精霊による再生（洗礼）をすませていない彼の下の息子が病み始めた。病状が進んだ時彼に洗礼が施された。この子が小康を得ると、今度はクロドベルトゥスという名の彼の兄がこの病に襲われた。彼が生死の境をさまよっていると彼の母フレデグンディスは後悔するのが遅過ぎたことを悟り、王に向って言った。

「長いこと悪業を重ねて来た私たちにもなお主の愛が注がれています。これまで疫病や色々な災いに襲われても私たちは行ないを改めたりはしませんでした。ああ、でも今私たちは息子たちを失いつつあります。貧しい人々の涙と未亡人の嘆きと孤児の溜息が今この子たちを殺すのです。

私たちにはもはや希望がありません。希望があったからこそ私たちは営々と蓄財に励んで来たのに。私たちは、誰のためだか知らないで財宝を集めまくっているのです。財宝は所有者のないままではありませんか、しかもそれにはこれを奪われた人々の怨念が満ちています。

貯蔵庫にはワインが溢れていました。納屋には作物が満ち、宝物庫は金銀宝石、首飾りや帝室の装飾品で一杯でしたね。でも私たちが持っていたこの美しいものを私たちは失うのです。

もしよかったら一緒においで下さい。あのよろしくない課税台帳を全部燃やしてしまいましょうよ。王庫は父クロタリウス王に十分だった分で足りるのではありませんか」

彼女は言い終わるとこぶしを丸めて胸を打ち、かのマルクス（巻五、二八）が諸都市より徴収した課税台帳を運んでくるよう命じ、それを火に投じて再度王の方に向き直って言った。

「あなた、何をぐずぐずしているの。私がしていることをあなたもなさい。たとえわがいとし子たちを失おうとも、永遠の罰はのがれねばなりません」

王は胸に痛みを覚え、全部の課税台帳を火に投じた。そしてこれら全てが灰になると彼は将来の課税をさし止める使者を送り出した。

その後下の子の病状が悪化し、ひどい苦痛に衰弱して死んだ。王家は悲しみにくれて彼のなきがらをブリナクス（ベルニー）の館からパリシウス（パリ）へと運び、聖ディオニシウスの聖堂に葬った。クロドベルトゥスの方は担架に乗せてセシオナス（ソワソン）の聖メダルドゥスの聖堂に連れて行った。彼を聖者の墓前に寝かせ、彼のために回復祈願を行なった。しかし彼は深夜に呼吸困難に陥り、弱って息を引き取った。彼は聖クリスピヌスと聖クリスピニアヌス両殉教者の聖堂に葬られた。全国民の悲嘆は大きかった。

悲しむ男たちばかりか女たちも、夫の葬式に着る喪服を着て葬列に参加した。後にキルペリクス王は教会と聖堂と貧しい人々のためにたくさんの施しを行なった。

三五

同じ時期に君主グントゥクラムヌスの妃アウストレギルディス（巻五、一七）もこの疫病にかかった。彼女は息を引き取る前に自分がもはや助からぬことを悟り、深い溜息をもらし、自分の葬式に際し、他人の弔いの嘆きも聞かれるよう、自分の死に他人も巻きぞえにしようと望んだ。

彼女はヘロデのように（ヘロデは自分の死後に多くのユダヤ貴人を殺すよう指示した。ヨセフス『ユダヤ戦記』）王に向って言った。

「不埒《ふらち》な医者どもの手にかからなければ、生き延びる希望もありましたのに。あの人たちの盛った毒が私から命を奪い、私にこの世の光を素早く消してしまったのですよ。私の死の不正が正されますように、私に誓って約束してくださいな。私がこの世の光から遠ざかるや否や彼らが刃で切り殺されるように。私はこれ以上生きられません。彼らが私の死後いい思いをすることがあってはなりません。わが友の悲しみと彼らの友の悲しみは同じであるべきです」

言い終わると彼女の不幸な魂は失われた。王は慣習に従って全国土を喪に服せしめ、その後、妻の不当な誓いに縛られてその不正な命令を実行させた。彼は王妃の治療に尽力した二人の医師を剣で屠殺するよう命を下した。この刑罰が過ちであったことは多くの賢明な人々の認めるところだった。

三六

エクオリシネンシス（アングレーム）の領主ナンティヌスもこの疫病に苦しみ、命を落した。彼は聖職者と教会に対し敵対行為を繰り返してきた人物なので、多少詳しく述べてみたい。

彼の叔父のマラカリウスは長くこの町の領主職にあった。その職をしりぞいて宗教界に入り僧侶になって司教の地位を得た。彼は熱心に教会を創立し、建物を建立し、司牧七年目に敵対者によって頭に毒を注入された魚を食べてあっさりと亡くなった。

この死にはまもなく神罰が下った。この陰謀に加担したフロントニウスがすぐに司教座をうけ継いだが、一年たったばかりで神の裁きを受けて死んだ。

その死後、昔先代のキルデベルトゥス王（クロドヴェクス王の子）の使者を務めたブルデガレンシス（ボルドー）の司祭ヘラクリウス（巻四、二六）が司教座をひき受けた。

ナンティヌスは、叔父の死の真相を突き止めるべく同じ町の領主職を求め、それを手にすると司教に対し種々のいやがらせを仕掛けて、

「あなたの所にはわが叔父の殺害者がたむろしてますな。一味に加わった司祭もあなたの食卓に招かれておる」

などと言った。両者の関係は険悪になり、彼は叔父のマラカリウスが遺言で教会に遺贈した諸館を力ずくで取り上げ、教会の僧たちが殺した人物の財産を教会が相続できるわけがないなどと言った。

このごたごたで何人かの俗人が命を落した後、ナンティヌスはひとりの司祭を捕縛して槍で刺した。彼が死ななかったので両腕を背中に回して縛り上げて杭《くい》にぶら下げ、一味に加わったかどうかを白状させようとした。司祭はそれを否定して傷口から大量の血を流して絶命した。

事の次第に驚いた司教は領主に対し教会の門戸を閉ざすよう命じた。それからサンクトナス（サント）の町に聖職者が集まったが、この折ナンティヌスは、不条理に横領した教会の財産の返却を約束しこれからは聖職者に対しては礼をつくすことを誓い、司教との和解を懇願した。司教は自分の同僚の取り決めを尊重し、領主の求めをすべて承認し、この司祭殺害の一件を全能の神の手にゆだね、領主を仁慈の心で迎え入れた。

ところが領主は自分の町へ帰ると、これまでに強引に横領した建物をとり押さえ、打ち毀して粉砕したあげく、

「この建物は教会に返してはやるが、むちゃくちゃにしてからだ」

と言った。この件がまたも司教を怒らせ、ナンティヌスは共同体から追放された。こんなことがあった後幸多き司教は神に召されてこの世を去った。ナンティヌスの方は大勢の司教に仲裁の贈物をし、お世辞をいっぱい使って共同体へ戻った。

だがそれから数か月して前述の病に襲われ、ひどい熱に焼かれて、

「うう、うう、俺はヘラクリウス司教に焼かれる、彼に責めさいなまれ、裁判の席へ呼ばれる。俺は自分の悪事をよく知っている、俺は司教にひどいことをしたんだ。この拷問にこれ以上苦しめられないよう早く死にたい」

と叫んだ。高熱の中でこんなうわごとを言いつつ彼は体力を消耗して死んだ。これが司教の復讐としてなされた証拠が残された。すなわち彼の亡骸はまるでまっ赤に燃えた石炭の上で焼かれたように黒ずんでいた。だれもこれを見て驚き、怪しみ、恐れねばならない。聖職者に悪事を行なってはならぬのだ。神に望みを置く神のしもべのためには神は必ず復讐をなしたまう。

三七

そのころガリキア（スペイン北西部）の幸多きマルティヌスが逝去し、大勢の民衆が嘆き悲しんだ。彼はパンノニア（ハンガリー）に生まれ、聖地巡礼のために東方へ赴いた人物で、諸学に通じ、当代並ぶ者なき知識人だった。

彼はその後ガリキアへ来て、ちょうど幸多きマルティヌスの聖遺物が運ばれた折に、司教に任じられた。およそ三〇年司教座を守り、徳行に満ちて主の御許《みもと》へ赴いた。聖マルティヌス聖堂の南の入口の上にかかげられた詩は彼の作品である。

三八

この年、ヒスパニアではキリスト教徒迫害が激しかった。多くの者が追放され、財産を奪われ、飢えに倒れ、牢獄に投ぜられ、鞭打たれ、さまざまな拷問で命を落した。

この悪業の首謀者は、アタナギルドゥス王の死後レウヴィキルドゥス王の妃となったグンスインタ（巻四、三八）だった。しかし神のしもべを卑しめた彼女を神の復讐が襲い、この事実は誰の目にも明らかになった。すなわち彼女の片一方の目に白い雲がかかり、彼女の心には元来光などなかったが、瞼からも光が去ってしまった。

さてレウヴィキルドゥス王には別の妻との間にふたりの息子がいたが、上の子はシギベルトゥス王の娘と、下の子はキルペリクス王の娘と婚約した。

シギベルトゥス王の娘イングンディスは華麗な身支度を整えてヒスパニアに嫁《とつ》ぎ、祖母（にもあたる）グンスインタに喜びのうちに迎えられた。しかし彼女はこの嫁がいつまでもカトリックのままでいることに耐えられなかった。そこで彼女が洗礼をしなおしてアリウスの異端に改宗するように甘言を弄《ろう》して誘ったが、彼女はそれをきっぱりと断って、

「私は原罪を洗い清めてくれたたった一度の洗礼を受けて、聖三位一体を告白することで十分に満足しています。私はそれを心から信じ、決してこの信仰にそむかないことを告白します」

と言った。これを聞いたグンスインタは怒りの狂乱に囚われ、彼女の髪の毛をつかんで彼女を床にたたきつけ、幾度となく踵《かかと》で蹴りあげた後、血塗れになった彼女をみぐるみはいで水槽に放り投げるよう命令した。しかし多くの人が語るには彼女の心が我々の信仰から離れることは決してなかった。

レウヴィキルドゥス王は新婚の二人に、そこに住んで支配するようにひとつの町を与えてやった。ふたりがそちらへ移ると、イングンディスは自分の夫（ヘルミニキルドゥス）に、誤った異端信仰を捨ててカトリックの御法《ごほう》の真実を認めるように説得を始めた。彼はずいぶんと拒んだが、やがて彼女の説教に動かされ、カトリックの御法に心を向け、塗油の式をうけてヨハニスと呼ばれた。

レウヴィキルドゥス王はこれを聞いていかに息子をこらしめようかと心を砕いた。息子はこれを知って皇帝（東ローマ）の側に走り、当時ヒスパニアで闘っていた帝の地方総督《プレフェクトゥス》と情誼《じょうぎ》を通じるべく使者を派遣した。レウヴィキルドゥスは息子に使者を立てて言わせた。

「早急に申し合わすべき事あり、わがもとへ来《こ》よ」

息子は言った。

「行かない。私がカトリックだからあなたは私の味方ではない」

そこでレウヴィキルドゥス王は帝の地方総督に、息子を援助しないようソリドゥス金貨三万枚を贈り、息子に向けて軍をさしむけた。息子のヘルミニキルドゥスはギリシャ人を集め、妻を町に残して父に対して出陣した。しかし父が彼に向って来るのを目にすると、地方総督の援軍も得られず、とうてい勝ち目がないことを悟り、近くの教会に身を寄せて言った。

「父が私に向って来ないように。子が父を殺すのも父が子を殺すのも非道だ」

これを耳にしたレウヴィキルドゥスは、ヘルミニキルドゥスのもとへ彼の弟（リカレドゥス）を派遣した。弟は、決して兄を辱めぬと誓い、

「もしあんたが自分で出て来て我々の父の足元に身を投ずるならば父もあんたの全てを許すだろうよ」

と言った。兄は父をこちらへ呼ぶよう求め、彼がやって来るとその足元に身を投じた。父は子を抱き取って接吻し、うまい言葉で彼をなだめて城へ連れていった。しかし王はそこで誓約を破り家臣に合図して息子を捕縛させ、

彼の衣服をはいで粗末な服を着せた。そして、トリドゥム（トレド）の町に帰ると息子の従者を取り上げ、たったひとりの家来をつけて彼を追放した。

三九

二人の息子をなくしたキルペリクス王は一〇月には悲しみに浸されて王妃（フレデグンディス）と共にコティア（キュイーズ）の森に滞在した。その時彼は奥方にそそのかされて息子のクロドヴェクス（巻四、二八）をブリナクス（ベルニー）へ派遣した。彼もまた同じ病《やまい》にかかって失われるようにという配慮からである。そのころ同所では、クロドヴェクスの異母兄弟を殺したあの病がまだ猛威をふるっていた。けれどもそこで彼の身には何の災いも降りかからなかった。そこで王はパリシアカ（パリ）の町のカラ（シェル）の館に行き、数日後、クロドヴェクスをそこへ呼んだ。

私はこれからクロドヴェクスの最期の様子を述べねばならない。彼は前述の館の父のもとにある時、未熟な言い方で、

「弟たちは死んでしまい、全王国がおれのもとに残された。将来は全ガリアがおれのものになる。運命がおれにこの地の全権を与えてくれたのだ。刃向う者共はおれの手の内でおれの思うようにしてくれる」

などとくどくど述べ始めた。彼は継母に関してもふさわしからぬことを憚《はばか》らず口にした。これが王妃の耳に入り、彼女の身体は怒りに震えた。

すると後日とある人物（女）が王妃に向い、

「あなた様がお子さま方をおなくしになったのはクロドヴェクスの陰謀によるものなのです。あのお方はあなた様の下女の娘に熱いまなざしを寄せているのでございますがね、この娘の母親の妖術があなた様のお子様たちを殺してしまったのです。ですからあなた様が当然お持ちになれた支配の希望は失われ、あなた様は、もはやそれ以上のものをお持ちになることはないでしょう」

と吹き込んだ。王妃は恐怖に身体をふるわせ怒りに燃え上がった。子を失った悲しみが新たによみがえり、彼女はクロドヴェクスが思いをよせる娘を捕えるとはげしい鞭打ちを加え、彼女の髪の毛を切り落として裂けた杭にぶら下げ、クロドヴェクスの宿の前に立てておくよう命じた。娘の母も捕えて拷問にかけ、あの言葉が本当であるという証言を吐き出させた。また王にも同様のことを色々聞かせてクロドヴェクスを処罰するよう求めた。

王は狩に出かけて行きクロドヴェクスに他人に知られず来るよう命じ、彼が出向いた所をデジデリウス（巻五、一三）、ボボの両将軍に命じて捕縛させた。彼は武器を取り上げられ衣服を脱がされて粗末な物を着せられ縛られたまま王妃の所へ送られた。王妃は彼に見張りをつけるよう命じ、自分が聞いたことが事実かどうか、誰の助言もしくは指図があったのか、またこの件の仲間の者共は誰かを白状させようとした。しかし彼は多くの仲間との交友は打ち明けたものの他の件はすべて否認した。

三日が過ぎた後王妃は彼を縛ったままマトロナ（マルヌ）川のかなたのノキト（ノワジ・ル・グラン）という名の館に監禁するよう命じた。彼はそこに監禁されて匕首《あいくち》で刺されて死に、その場に葬られた。

それから王のところへ使者が駆けつけて、王子は自分の小刀で自死した、小刀は彼が刺した傷の中にまだしっかり刺さっていると報告した。この言葉にだまされた王は、言わば、自分が奥方にそそのかされて死なせてしまった息子のために、まったく涙を流さなかった。

クロドヴェクスの従者たちは諸方へ追い散らされた。彼の実母（アウドヴェラ。巻四、二八）も残虐に処刑され、彼の妹（バシナ。巻九、三九）は王妃の従者のなぶり物にされた後に尼僧院に送られた。彼女は俗服を脱いで今もそこに留まっている。この人たちの財産は全て王妃が没収した。

クロドヴェクスを讒言《ざんげん》した例の女は判決の結果火炙りの刑を受けた。この憐れな女は刑場に引かれて行く間、自分は嘘を言ったのだと叫んだが何の助けにもならなかった。彼女は柱に縛られ、生きながら炎に焼かれた。クロドヴェクスに仕える内蔵丞《テサウラリウス》（財務担当者）は、厩《うまや》の別当クッパによってビトゥリグム（ブールジュ）から引き立てられ、縛られて王妃の所へ送られ、さまざまな拷問にかけられるところであった。しかし王妃は彼をさいなみと縛めから解きはなち自由に去らせるよう命じた。これは我々の王への働きかけが功を奏したのである。

四〇

これらの事の後、カタラウネンシス（シャロン・シュル・マルヌ）の司教エラフィウスが女王ブルニキルディス（故シギベルトゥス王の妃）の件で使者としてヒスパニアに派遣され、同地で高熱に襲われて息を引き取った。遺体はそこから彼の町まで運ばれて埋葬された。

エウニウス司教は、ブリタニー人の使者として来たと我々が以前述べた（巻五、二六）人物だが、自分の故郷に戻ることを許されず、王命によってアンデカヴス（アンジェ）に公費で滞在していた（巻五、二九）。彼はある時パリシウス（パリ）に来て聖なる主の日（日曜日）の行事を主催し、馬のいななきのような奇声を発して床に倒れた。口と鼻から血を噴出させて人々の手で運ばれて行った。この時は大事に至らなかったが、彼は過度にワインに溺れており、しばしば酔いの醜態をさらして歩行もままならぬ有様になった。

四一

ガリキア（スペイン北西部のスエビー人の居住地。巻二、二）の王ミルスがグントゥクラムヌス王に使者を派遣した。この一行がキルペリクス王の領内のペクタヴス（ポワティエ）を通過中、この知らせがキルペリクスに届いた。王は一行を捕えて連行しパリシウス（パリ）に抑留するよう命じた。

そのころペクタヴァ（ポワティエ）の町に森から一匹の狼が姿を現し、門をくぐって市内に入ってきた。人々は門を閉じ、城壁内で狼を追いつめて殺した。人々はこの時空が燃えるように赤かったと付け加えた。

♔度量衡Ⅶ　ユゲラ iugera はユゲルム iugerum（コラム「度量衡Ⅳ」参照）の複数形。

カレス（シェル川）の流れがリゲル（ロワール川）に流れ込んで川は前年より水嵩を増した。激しい南風《アウステル》が襲い、森をなぎ倒し家々をおしつぶし垣根を運び去り、人間をも転がすように巻きあげて殺した。その範囲は幅約七ユゲラ（約二三〇メートル）、全長は計り知れないほどの距離であった。またしばしば雄鶏が夜を迎えてかまびすしく鳴いた。月は曇り彗星が現れ、重い疫病が人々を襲った。

スエビー人の使者は一年後に放免になり自国に戻って行った。

四二

カドゥルケンシス（カオール）の司教マウリリオはひどい痛風《つうふう》に悩んでいた。この病の痛みに加え自分で自分をさいなんだ。すなわち彼はしばしば白熱した鉄を脛《すね》やふくらはぎにおしつけて自分に拷問を加えていた。

多くの者が彼の後釜を狙っていたが、彼自身は王妃ウルトゥロゴタ（故キルデベルトゥス王妃。巻四、二〇）の伝奏《レフェレンダリウス》だったウルシキヌスを選び、自分の生存中に彼が選出されることを望みながら世を去って行った。

この人は真の慈善家だった。また聖書に精通し、通常覚えるのが困難な旧約聖書に描かれたたくさんの氏族名をしばしば暗誦で唱えることができた。彼は裁判においても公正で、自分の教会の貧しい人々を悪い裁判官の魔手から救った。それはヨブの次のような言葉通りだった。

「われは貧しき人を権力者の手から守り、助力なき無力な人の救いとなる。未亡人の口は私をたたえる、私が盲人の目、足の利かない者の足、虚弱者の父ゆえに」（ヨブ記、二九より）

四三

レウヴィキルドゥス王（スペイン）はキルペリクスのもとへアギラを使者として派遣した。彼は知性のない粗野な人間として知られ、カトリックの御法《ごほう》に対して非常な敵意を抱いていた。彼がトロヌス（トゥール）へ立ち寄った時、彼は信仰に関して我々に論戦を挑み、教会の教義に挑戦状をたたきつけた。

「古代の司教たちが主張した父子同等の教義は間違いでした。大体、『父はわれよりも大なり』（ヨハネ伝、一四、二八）と言う人（キリスト）が父と等しいはずがないです。彼は自分の方が小さいと言い、父に死の悲しみを訴え、その後何の能力もない人間のように死んで、自分の魂を父にゆだねました。だから彼が年齢においても能力においても父に及ばないことは明らかです」

と彼は言った。これに対し私は、イエス・キリストが神の子であることはお信じになるでしょうか、彼が神と等しく智恵であり光であり真理であり命であることはお認めになるでしょうか、と尋ねた。すると彼は答えた。

「認めます。神の子はこれらすべてです」

そこで私は言った。

「それならば言ってください、かつて父に智恵、光、命、真理がなかったことがあったかどうか。これらなくば父の存在が不可能であるのと同じように、父には子の存在も不可欠なのです。これらは全て主の御名の神秘と深く結びついているのです。もし子というものがなかったら父であることはありえぬのです。ご指摘の『父はわれよりも大なり』という所ですが、これは主が、救済が全能によってはたされるのではなく、身を低くすることで得られるのだということを教えるために、自ら肉体を持ち身を低くしておっしゃったことばなのです。もしも『父はわれよりも大なり』ということばをおっしゃるのでしたら、どうぞ別の、『われと父とはひとつなり』（ヨハネ伝、一〇、三〇）という個所を思い出していただきたい。また、死を恐れたり魂を父に委託したりするのは壊れやすい肉体のなかにある以上はやむをえない事柄です。彼は真の神であったのと同じく真の人間であったと信ずべきなのです」

すると彼は言った。

「他の者の意志の実行者は意志の所有者よりは小さいものです。子は常に父には及びません。なぜならば子は父の意志の実行者だからです。父が子の意志の実行者だなんて誰が認めますか」

これに対し私は言った。

「父は子において、子は父において、同じ神性の中にあることを知らねばなりません。父は子の意志の実行者でもあることを知ってください。もしあなたが聖書の言葉を真剣にうけとるのなら、イエスがラザロをよみがえらすために来て言った言葉をお聞きください、『父よ、われに耳貸したまうを感謝す。常に聞きたまうをわれは知る。しかるにかく言うは傍らに立つ群集のためにして、汝のわれを遣わしたまいしことを群衆に信ぜしめんとてなり』（ヨハネ伝、一一、四〇～）と。

そして彼は受難が近づくと、『父よ、まだ世のあらぬ前にわが汝とともに持ちたりし栄光をもて、今御前にてわれに栄光あらしめたまえ』（同、一七、五）と言い、父は天より答えて、『我すでに栄光をあらわしたり。またさらにあらわさん』（同、一二、二八）と述べています。

ですから子は神性においては同等なのです。決して何か劣った所があるという訳ではありません。もしもわれらの主が神であることを告白なさるのなら、彼が完全な者であることを認め、何か欠けた所があるなどと告白すべきではありません。もし真の完全さを否定なさるなら、彼が神であることも信じないことになりますよ」

すると彼は言った。

「彼は人間になって、神の子と呼ばれはじめたのです。ということはそうでない昔があったことになります」

そこでまた私は言った。

「ダビデが父の名において語る言葉を聞いて下さい、『我は暁の明星の前に汝を産めり』（詩篇、一一〇、三）という。そして『ヨハネ伝』は、『初めに言葉ありき。言葉は神とともにあり、言葉は神なりき』（一、一）と述べています。また、『言葉は肉体となりて我らの中に宿りたまえり』（同、一、一四）、『よろずの物これによりて成り』（同、一、三）とも。なのにあなたがたは、邪説の毒に盲目となって、神にふさわしいものをなにも感じられなくなっておられる」

「それでは」と彼は尋ねた、「あなたは聖霊も神であり、父と子と同等だと言われるのか」

私は答えた。

「三者にはひとつの意志、ひとつの能力、ひとつの働きがあるだけなのです。三者でありつつひとつの神であり、ひとつにおいて三者なのです。三つの個体《ペルソナ》でありつつひとつの王国であり、ひとつの尊厳、ひとつの能力、ひとつの全能なのです」

するとと彼は言った。

「あなたが父並びに子と同等だと主張なさる聖霊は、この両者より劣ると解釈されます。なぜならば彼は子によって約束されて父より使者として派遣されたものです。誰も自分に従属したものでなければ約束しませんし、また誰も自分より下の者でなければ派遣などしませんよ。福音書で、彼自身が、『我去らずば、援助者なんじに来たらじ、我ゆかばこれをなんじらにつかわさん』（ヨハネ伝、一六、七）と述べています」

それに対し私は答えた。

「それは受難を前にした子のいみじくも正しい言葉です。なぜなら、彼が勝利者として父のみもとへ戻らず、この世をご自身の血であがない、人間の中に神にふさわしい住居を用意したまわなかったのなら、神に等しい聖霊が異教徒の胸や原罪で汚れた心の中に降下することは不可能なのです。『聖霊は虚偽を避ける』（知恵の書、一、五。ウルガタ訳による）とソロモンも述べています。あなたはもし本当に復活をお望みになるのなら、聖霊に逆らうようなことをおっしゃってはいけません。主のお言葉に従うなら、『言葉もて聖霊に逆らう者は、この世にても後の世にても許されじ』（マタイ伝、一二、三二）ですよ」

すると彼は言った。

「神は派遣する者であって派遣される者ではありません」

そこで私は、彼が使徒ペトルス、パウルスの教義を信ずるかどうか尋ねた。すると彼は、

「信じます」

と答えたので、私は言った。

「それではアナニアが地所のことでごまかしを行なった時（初期キリスト教徒は財産を共有していた）、使徒ペトルスが何と言ったかお聞き下さい。彼は『何故、汝、聖霊に対しいつわりて地所の値を隠したるぞ。なんじ人に対してにあらず、神に対していつわりしなり』（使徒行伝、五、三〜）と述べています。またパウルスは、天与の賜物の諸段階を区別して、『すべてこれらのことは同じひとつの聖霊の働きにして聖霊その心にしたがいて各人に分けあたえたまうなり』（コリント前書、一二、一一）と言っています。自分の欲することを行なう人が誰かに従属していることはありません。ところがあなたがたは先程も言ったように、三位一体については全く誤った見解を抱いています。あなたがたの宗派の間違いがいかにひどいものかは、その創設者アリウスの最期がよく示すところであります」

するとと彼はそれに対して言った。

「あなたがお信じにならない教えをののしらないでください。私たちは、あなたがたが信じていることを信じませんが、しかしそれをののしりはしません。なぜならば人が何を信じようがそれは犯罪とは考えられないからです。したがって我々は、異教の祭壇と神の教会の間を往来して両者に崇敬をささげる人がいたとしてもそれを悪事とは考えないと公言して憚りません」

私はここに彼の愚かさを認め、こう言った。

「私の見るところあなたは異教の守護者、異端の擁護者ですな。教会の教えを汚し、不潔な邪教を崇拝するよう説いておられるのだから。信仰の鎧があなたの心をしっかり武装してくれるとよいのですがねえ。

それはアブラハムが槲《かしわ》の木のそばで、イサクが羊の傍らで、ヤコブが石の上で、モーセが茨の藪の中で認識し、アロンが胸の中に保持し、ダビデが太鼓を鳴らして躍りつつ、ソロモンが叡智に満ちて、説きたまうたあの信仰なのです。

またその信仰は全ての族長たち、預言者たち、また御法そのものや神託が説き教え、犠牲をささげつつ守り育ててきたものなのです。そしてそれは今日では我々の代弁者たるマルティヌスが胸の中におさめ、行為の中に示したまうたものです。

あなたが心をあらためて不可分の三位一体を信じ、我々の祝福を受け入れられて悪い軽信の毒を胸からさっぱりと奇麗に洗い落とされたら、あなたの不都合な所もなくなるのですがねえ」

すると彼は感情を害したらしく、理由はわからぬが狂ったように歯ぎしりして叫んだ。

「あなたの宗派の坊さんから祝福を受け取るくらいなら、その前に魂がこの肉体の縛めから解放されたほうがましだ」

そこで私は言った。

「我々が主の聖なるものを犬に与えたり、信仰の高価な真珠を不潔な豚の前にさらして我々の宗教ないし信仰を台なしにするようなことは、主がお許しになるはずがありません」

ここで彼は議論を中断して立ち上がり出て行った。しかし、彼は後にヒスパニアに戻ってから身体を壊して心弱くなり、必要にせまられて我々の宗教に改宗した。

四四

この時代、キルペリクス王は、短い文書を作成し、その中で、聖なる三位一体は個々のペルソナに分けられるのではなくてただ単に神と称せられるべきであると述べ、神を肉体を持った人のようにペルソナと称するのは正しくないと言い、さらに、子たるものが同時に父たるものであり、父たり子たるものが、同時に聖霊なのであると述べた。

「神はこのように預言者たちや族長たちに顕現したまうたのだし、御法《ごほう》も彼をそう告知しています」と王は言い、私の前でそれを声高に読むよう命じて、「あなたも他の教会の先生がたもそれを信じていただきたい」とつけ加えた。私はそれに答えて言った。

「敬虔な王よ、こんな妄説はどうかおやめください。使徒たちの後、他の教会の学者たちが説き、ヒラリウスとエウセビウスが教えたまい、またご自身も洗礼で告知なされた教えに従うべきです」

すると王は気分を害し、

「この件に関してはヒラリウスとエウセビウスがわが強敵であることは自明の理だ」

と言った。私はそれに答えて言った。

「神や神の聖者を損なわないようになさることが必要です。個体《ペルソナ》においては父と子と聖霊はそれぞれ別なのです。父も聖霊も肉体をまといはしません。それを行なう者は子であり、父の子であったものが人間の贖罪《しょくざい》のために処女の息子となりたまうたのです。

父も聖霊も受難はしません。それをなしたまうたのは子であり、この世の肉体を身にまとい、ご自身をこの世にさし出されたのです。ペルソナというものは肉体的にでなく、どこまでも精神的に把握すべきものです。それゆえにこの三つのペルソナにおいて栄光はひとつであり、永遠もひとつであり、その力もひとつなのです」

すると彼は動揺し、

「あなたではなくもっと賢い人にこれを話して賛成してもらおう」

と言った。そこで私は、

「お説に従おうというような御仁《ごじん》は賢者ではなく馬鹿者ですよ」

と言った。これを聞いた王は歯ぎしりして黙ってしまった。

その後日アルビゲンシス（アルビ）のサルヴィウス司教がやって来た時、王は彼に自説を検討するよう命じ、またこの説に賛成してほしいと頼んだ。これを聞いた司教はきっぱりとそれを拒否した。仮にこの説が文書に書かれて彼に手渡されていたとしたら彼はそれをずたずたに破り捨てていただろう。こうして王は自説を引っ込めた。

だがこの王は他にも色々とセドリウス（五世紀の詩人）をまねたような詩文で書物を書いた。しかしそれらの短

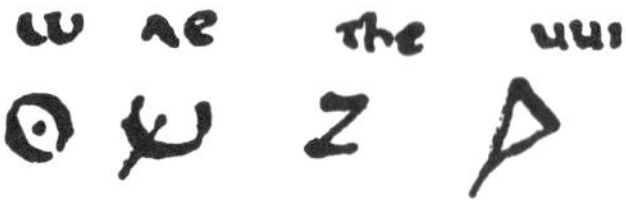

（これは原書の校訂者クルシュ Krusch が写本A_2から補ってテキスト中に置いたものである。「解題」の「四　書誌」参照）

詩は全く韻律の法則を無視したものであった。

また王は我々の文字に別の文字を付け加えた。ギリシャ人の使うようなωだったり、aeとかtheとかuuiなどであった。彼はそれを上記のような字体に作った。

王は、自分の支配する全都市へ書簡を送り、子供たちにはこれを教えるよう、また古代に書かれた書物は軽石でこすって書きなおすように命じたのだった。

四五

そのころカビロネンシス（シャロン）のアグロエクラ司教が亡くなった。彼は気品のある賢い人物で元老院の家の出身だった。町に多くの建物を建て、家を作り、教会を建造して円柱で支え、多彩な大理石で変化を持たせ、モザイクで飾った。彼は節制の人であった。朝食は摂らずほどよい時間に正餐《せいさん》の席につき、まだ太陽が照っている間に食席を離れた。教養《フマニタス》はあまり無かったが口はなかなか達者だった。彼はその司牧四八年目に亡くなったが享年八三歳だった。グントゥクラムヌス王の伝奏のフラヴスがその跡を継いだ。

四六

このころ、ルテナ（ロデズ）の町の司教ダルマティウスもこの世を去った。彼はあらゆる面で聖性に秀で、食欲と肉欲から身を遠ざけ、よく施し、すべての人に親切で、常に祈りと夜の勤行に励んだ。教会を建立したが改築のためにしばしば取りこわし、結局未完のままに残した。

彼が亡くなると例のごとく多くの人が司教職を求めたが、昔彼の主助祭だった司祭のトランソバドゥスは、当時の王（シギベルトゥスの子キルデベルトゥス二世）の養育者のゴゴに自分の息子を預けていたのを恃《たの》み、その地位を強く求めた。

しかし故司教は遺書を作成していて、その中で自分の死後に進呈すべき王への贈物を指定し、この教会を外国人や欲深い人、あるいは結婚の鎖につながれた人物にではなく、これらすべてから自由な、まったく神の賞賛のみに身をささげた人物にゆだねるようにと威嚇ともとれる誓約の言葉で指示していた。

さて一方、トランソバドゥス司祭は前述の町に聖職者を招いて宴会を催した。この時、宴席に列した司祭の一人が故司教を口汚くののしりはじめ、とめどなく非難し続けて彼を頭のいかれた大馬鹿野郎だと罵倒した。この発言の最中に酌人が回ってきて彼に杯をさし出した。彼がそれをうけ取って口に運ぶと、彼はふるえ始め、手から杯を落して彼の隣の人に頭をもたせかけて息を引き取った。彼は宴席から墓場に運ばれて地中に埋葬された。

この後、故司教の遺書はキルデベルトゥス王とその重臣たちの前で公開され、この町の主助祭の地位にあったテオドシウスが司教に任じられた。

四七

キルペリクス王は、レウダスティス（トロヌスの領主。巻五、一四）がトロニクム（トゥール）の諸教会と全住民に対して行なった悪業の数々を耳にし、アンソヴァルドゥスを当地に派遣した。彼は聖マルティヌスの祭日に同所に到着し、我々と住民に領主の選択権をゆだねたので、エウノミウスが選ばれた。レウダスティスは自分の領主権が剝奪されたことを知るとキルペリクス王の所へ出頭して言った。

「おお、慈悲溢れる王よ、私はこれまでトロニカ（トゥール）の町の管理職を預って参りましたが今やこの任務から外されてしまいました。かの地の現在のありさまをご覧ください。司教のグレゴリウスめはこの町をシギベルトゥス王の息子（キルデベルトゥス）にゆだねるつもりでいます」

これを聞いた王は、

「ふん、まさかそんな。汝は領主権を解かれたゆえに出鱈目《でたらめ》を言いおる」

と言った。すると彼は、

「あの司教めはとんでもないことを言います。王の奥方様がベルトラムヌス司教とねんごろにしておられるなどとぬかしております」

と言ったが、王は怒りを爆発させ、彼を拳《こぶし》と踵《かかと》で痛めつけて鎖につないで牢に閉じこめるよう命じた。

四八

さてそろそろ本巻も終りにせねばならない。ここで私はこのレウダスティスの行為について若干のことを述べたいと思う。最初に彼の出自と生れ故郷、彼の性格について述べておこう。

彼はペクタヴェンシス（ポワティエ）のグラキナ（未詳）という島に生れた。彼の父はその地の王領葡萄園の奴隷のレウカディウスという者だった。

彼はそこから出て奉公人になり王宮の台所に配された。しかし若い時に目を患い、煙が目に良くないので竈《かまど》まわりから捏桶方《こねおけがた》に回された。そこで彼は発酵した粉をねる仕事にいそしんでいるふりをして隙を見て逃亡し奉公人の仕事を捨てた。しかし捕えられては戻されることが二度、三度と重なり、これ以上逃亡が不可能なように片耳を切断された。

この肉体の瑕《きず》はどんな名医も取り除くことができなかったが、彼はかのカリベルトゥス王（巻四、二六）がその妹の寝床で愛した王妃マルコヴェファの所へ逃亡した。彼女は彼を喜んで手許に置いて愛用し、良馬の世話を彼に任せるまでになった。

そこで彼は自惚れと高慢にふくれあがり、厩《うまや》の別当の地位を望むようになった。そしてそれをまんまと手に入れると全ての人を見くだして軽蔑し、虚栄心を増長させ、贅沢に溺れ、欲望をふくらませた。彼は王妃の寵臣として彼女の用向きで絶えずあちこちに派遣された。そして彼女が亡くなるころには彼は相当不当な利益を得ており、今度は贈物攻勢をかけてカリベルトゥス王にとり入り始めた。

その後彼は、人民がそむいたトロヌス（トゥール）の領主に定められ、同地ではこれまで以上に栄光にふくれあがっていばり散らし、容赦ない略奪者、不和の張本人、そして姦通に汚れた者となった。彼はここに不和の種をまき、悪だくみに耽り、少なからぬ富を貯えた。

カリベルトゥス王が亡くなるとこの町はシギベルトゥス王（カリベルトゥスの弟）の側についたが、彼ひとりはキルペリクス王のもとに走り、彼が不正に蓄財した財宝はすべてシギベルトゥス王の臣下たちに差し押さえられてしまった。

キルペリクス王は息子テオドベルトゥスを派遣してトロニカ（トゥール）の町を占守せしめた（巻四、四七）。私はすでにこの町に着任していたが、テオドベルトゥスは私に対し、レウダスティスが以前に持っていた領主職を回復してやるようにと、執拗に求めた。レウダスティス本人も我々に対し卑屈なまでに謙譲な態度を取り、再三にわたり聖なる司教の墓所で、私個人の案件に関しても教会の事項についてもすべて誠実に努め、これからは決して理性に反した行動は取らぬと誓った。彼はこの町が再びシギベルトゥスの手に陥るのを恐れていた。これは実際そうなったのであるが。

しかしシギベルトゥスが死んで（巻四、五一）町がまたしてもキルペリクス王の手に帰してようやく彼は領主職に返り咲いた。ところが今度はメロヴェクス（キルペリクスの息子）がトロヌスに到着して（巻五、二）彼の財産を根こそぎ持って行ってしまった。

レウダスティスはシギベルトゥス王が統治していた二年間はブリタニー人の所に隠れていた。しかし前述のように領主職を回復すると軽薄さでふくれあがって、教会へ来る時も甲冑に身を固め、箙《えびら》を腰につけ、長柄を手に持ち、兜をかぶって登場するありさまだった。彼は誰とも敵対していたのでどこにいても身の安全を感ずることがなかったのだ。

ある時には俗界聖界のお歴々とともに裁判の席についていたが、そこで正義を求める人を目にすると矢庭に狂気の風に吹かれて市民たちに罵詈雑言を浴びせかけた。彼は司祭に手錠をかけてつれ去ったり兵士たちに棍棒の打撃を加えたり、言うも愚かな残酷さを発揮した。

彼の財産を奪ったメロヴェクスが去ると、彼は我々を讒訴《ざんそ》し、メロヴェクスは我々にそそのかされて彼の財産を奪ったのだなどと言った。

しかしこうして散々悪事を重ねながら、その後ではまたしても幸多きマルティヌスの墓の棺の蓋《おお》いを保証人に立てて我々には決して敵対しないと誓うのだった。

四九

彼の行なった偽証その他の悪業をいちいちあげていけばきりがない。そこは省略して、彼がいかに不当非道な讒訴で私を陥れようとしたか、そしてどんな風に神罰が彼の上に下ったかを述べてみよう。それはまさに「陥れる者はみな陥れらる」(エレミア記、九、四より)とか、「穴を掘る者、自らこれに陥らん」(箴言、二六、二七)とかいう言葉の成就であった。

彼は私とその縁者に対し散々悪事を働き、教会の財産を横領したあげく、自分と同類の悪党司祭のリクルフスと手を組んで、私が、王妃フレデグンディスの不貞を言いふらしていると言い張るまでに至った。彼は、私の主助祭のプラトーと私の友人ガリエヌスを拷問でしめ上げれば、私が確かにこんな言辞を吐いていることを白状するだろうなどと言うのだった。

前に述べたように(巻五、四七)、王は激怒して彼を拳《こぶし》と踵《かかと》で痛めつけ鎖で縛って牢獄へ閉じこめるよう命じた。そこで彼は、自分にはリクルフスという僧侶の証人がいる、自分が言ったことは彼から聞いたことであると述べた。

この副助祭のリクルフス(前述のリクルフス司祭とは別人。巻五、一四)は、やはり軽く安易な人間で、一年前からこの件でレウダスティスと謀議をめぐらしていた。彼は私と衝突してレウダスティスの側につくために争乱の種を探し、そしてついにそれを発見すると彼の側について、四か月間さまざまな陰謀を思い巡らし、落し穴を用意してからレウダスティスと一緒に私の所へやって来て彼から剝奪されたもとの地位へ彼を戻してくれるようにと私に切願した。正直に告白すると、私はそれを許してやった。そして隠れた敵を公然と家へ迎え入れたのである。

レウダスティスが辞去すると、リクルフスは私の足元に身を投げて、

「どうか私を助けて下さい、でないと私は終りです。私はレウダスティスにそそのかされて、言ってはならぬことを言ってしまいました。こうなったら私を他の王国へ送ってください。そうでないと王の役人たちが私を捕えて死刑にしてしまいます」

と言った。私は言った。

「あなた、筋の通ったことをおっしゃいよ。私自身が王の御前で嫌疑を受けないためには、そんな筋違いの頭の中身のまま、あなたを外国へ出すわけにはまいりませぬ」

この後レウダスティスは彼を告発し、自分のしゃべったことは副助祭のリクルフスから聞いたことなのだと言った。こうしてレウダスティスは釈放され、今度はリクルフスが捕縛されて監視下に置かれた。するとリクルフスは、この事はガリエヌスと主助祭のプラトーがいた同じ日に司教（著者）が言ったことなのだ、などと言った。

司祭のリクルフスの方は、すでにレウダスティスから司教の地位を約束されて大いにふくれあがり、魔術師シモン（使徒行伝、八、九）にも劣らぬ増上慢《ぞうじょうまん》になった。

彼は三度、いやそれ以上、聖マルティヌスの墓所で私に誓いを立てたにもかかわらず復活祭の六日目に私をののしり唾を吐きかけ、私は危うく彼になぐられるところであった。彼は用意してきた陰謀がうまく行くと思い込んでいたのだ。

その翌日は復活祭の安息日（復活祭から最初の土曜日）だったが、レウダスティスが何か用件のあるようなふりをしてトロニカ（トゥール）の町に乗り込んで来て主助祭のプラトーとガリエヌスを捕縛し、鎖で絡げて衣服をはぎ取り王妃の所へしょっ引くよう命じた。

これを聞いた私は教会の家の中にとどまり、恐れで心が混乱し、礼拝堂に入って、ダビデの詩篇を手に取った。これを開けば何か慰めになる詩句が見つかるのではないかと思った。すると、「（神は）彼らをともないて恐れなく

安からしめたまえり、されど海はかれらの仇《あだ》をおおえり」（詩篇、七八、五三）という文句が目に入った。

このころレウダスティスが二艘の小船を橋でつないで川に入った。レウダスティスを乗せた船は沈み、彼に遊泳術の心得がなければ彼は衛兵たちと一緒に溺れ死んでいただろう。しかし、捕われ人たちを乗せた連結船は、神のご加護をいただき、水面に浮かんでいた。彼らは縛られたまま王の前へ導かれ一旦は死罪に定められた。けれども王は後にこれを後悔して危害を加えず彼らを捕縛せず、それとなく見張りを立てて手元に留めて置いた。

トロヌス（トゥール）ではベルルフス将軍が領主のエウノミウス（巻五、四七）と一緒になってグントゥクラムヌス王がトロニカ（トゥール）の町を狙っているという話を捏造し、警備の抜かりがあってはならぬので、町に守備隊を配置すると言い立てた。こうして彼らは町の出入口を兵士で固めた。

彼らは町を警護するふりをして実は私を見張っていた。彼らは私の所へ人を派遣して、教会の貴重な財産を取りまとめてひそかにアルヴェルヌス（クレルモン）へ逃亡するように勧告した。私は従わなかった。

王は、王国中の司教を呼び集め、この件を徹底的に調査するよう命じた。副助祭のリクルフスは再三秘密の尋問を受け、私とその類縁の者をさまざまに誹謗してやまなかった。そこで大工のモデストゥスという人物が彼に向って言った。

「ご自分の司教をそんなに頑固に悪くお考えとは、不幸なおかただ。何もおっしゃらない方がずっとましです。司教の好意を求めなさい。彼の慈悲が得られるように」

しかし彼は大声でののしりはじめ、

「何だと、君は僕に真実を追求しないよう黙っていろと指図するのか。王妃に対してなされた中傷の真相追及を許さない者は王妃の敵だぞ」

と言った。この知らせは王妃に届けられてモデストゥスは逮捕されて拷問を受け、鞭でたたかれ、鎖に繋がれ、見張りをつけられた。彼は二人の警護兵の下で鎖で柱に縛りつけられていたが、深夜、警護兵が眠りに落ちると主に祈りをささげ、全能の神が彼を哀れとおぼし召したまい、罪無くして囚われた自分を教主マルティヌスと聖メダルドゥスの援助で救出して下さるようにと頼んだ。するとやがて鎖は砕け柱は折れ、閂《かんぬき》が開いて、我々が深夜の勤行を営んでいた時、彼は聖メダルドゥスの聖堂に到着した。

さてブリナクス（ベルニー）の館に司教たちが到着し、ひとつの建物の中に集められた。やがて王が到着して挨拶し、祝福を受けて着席した。そこで、王妃との不貞の嫌疑を受けたブルデガレンシス（ボルドー）の司教ベルトラムヌスがまず口火を切り、私から、王妃との仲を非難されていると言って私に釈明を求めた。私はそれを否定して、色々な人々がその話を聞いているが私がその話の張本人なのではない、と真実に基づいて述べた。

この時戸外で人々の大声で騒ぐ声が聞こえた。彼らは、

「なぜ神の奉仕人がこれを糾弾されているのか。どうして王はこんなことを追及するのか。一体司教のような人がたとえ奴隷についてでもこんなことを言うだろうか。ああ、ああ、主なる神よ、あなたの奉仕人に援助を与えたまえ」

と述べ立てた。この時王が言った。

「わが妻への非難はわしへの屈辱じゃ。もしも御僧たちが司教に対して証人喚問をお望みならば、彼らはやこの場にそろっており申す。がまたそれは必要でなく司教の言葉に信を置くのが適当とお決めになるならばそう言ってくだされ。こちらは御僧たちの取り決めに従う所存じゃ」

皆はこの王の言の賢さと寛大さに驚いた。そこで司教全員声をそろえて言った。

「卑しい人間が司教に対して何を言っても信ずることはできません」

そこでこの一件は、私が三つの祭壇でミサを唱え、誓約によってかの屈辱の言葉から身を清めることに落着した。このことは教会法には反した取り決めだったが王家の事件であったから特別に行なわれた。

ただ私はこのことを黙っている訳には行かない。すなわち王娘のリグンティスは私の苦痛に心を痛めて、自家の

召使一同と一緒に、私が案件を規定通り果したという知らせが届くまで断食を続けたのだった。さて司教たちは王の所へ赴いて言った。

「司教の課題はすべて果されました。こうなれば王よ、あなたが信仰の兄弟の告発者のベルトラムヌスとともに共同体から追放を喰らう番ではないですか」

すると王は、

「とんでもない、わしはただ聞いたことをしゃべったまでじゃ」

と言った。皆がそれをしゃべったのは誰かと追及すると、王は、自分はそれをレウダスティスから聞いたのだと言った。この男は、自分の目論んだ計画にぼろが出始めたのですでに逃亡していた。そこで全司教が一致して、尋問を逃れたかどで、この醜聞の張本人、王妃の中傷者、司教の告発者を、すべての教会からしめ出すことを決議した。このことは署名入りの書面でもって、会議に欠席した他の司教たちにも通達された。それから司教たちは自分の職場に帰っていった。

レウダスティスは事態を知ってパリシウス(パリ)のペトルスの聖堂を目指したが、王国内で彼を受け入れてはならぬという王の通達を耳にし、また、家に残してきた息子が亡くなったという知らせにも接し、ひそかにトロヌス(トゥール)へやって来て自分の高価な財産をビトゥリグム(ブールジュ)へ移した。しかし王の追手が迫ったので自分は行方をくらました。ただ彼の妻は捕えられてトルナケンシス(トゥルネー)の村に監禁された。

副助祭のリクルフスは死罪の宣告を受けた。私は何とか彼の命を奪う事態を回避させたが、彼を拷問から免れさせることはできなかった。この世界一哀れな男ほどひどく鞭打たれたらどんなものでも、金属でもひとたまりもなかっただろう。昼の第三時(午前)に後ろ手に縛られて木につるされ、第九時(午後)には降ろされて滑車のついた縄に身体を張りつけられ、棍棒、鞭、二重に束ねた革紐で散々なぐられた。一人二人が彼をなぐったのでなかった。このみじめな人間の四肢に接近できる人間は誰もがなぐった。そしてあわや命を落すかという瞬間についに真実を白状し、陰謀の全容をおおやけにしたのだった。

それによれば、王妃に嫌疑をかけて彼女を王国から追放させ、しかる後にクロドヴェクス（キルペリクスの子。その最期の記述は巻五、三九）が父と兄弟たちを殺害して王国を手に入れたあかつきにはレウダスティスは将軍職に、またすでに幸多きエウフロニウス司教（著者の前任のトロニカの司教。巻四、二六）の生きている時代にクロドヴェクスと仲が良かった司祭のリクルフスはトロニクス（トゥール）の司教職につき、またこの副助祭のリクルフスは主助祭になる約束ができていた。

我々が神の援助をいただいてトロヌスへ帰ってみると、教会は司祭のリクルフスによって滅茶苦茶にされていた。この男は貧しい家の生まれで、エウフロニウス司教の庇護の下で主助祭に出世し、やがて司祭の地位を得て故郷へ錦を飾った。彼は常に高慢でふくれあがった図々しい男だった。

私が王に呼ばれた不在の間に彼はすでに司教になったつもりで厚顔にも教会の建物内に陣取り、銀製品の目録を作成し、他の教会の財産を自己の管理下に移した。そして地位の高い人々に贈物をして葡萄園や牧草地を分け与えた。

彼は地位の低い人々には棍棒その他さまざまの痛打を加え、時には自分の手でなぐり、「おまえらは家の主人が誰であるかを思い知るがいい。俺は敵に勝ったのだ。俺の才覚でトロニカ（トゥール）の町をアルヴェルヌス（クレルモン）の回し者（アルヴェルヌス出身の著者）から解放してやったのだ」などと言った。哀れにも彼は、たった五人を除く歴代のトロニクムの全司教が我々の父祖の血統と繋がっていることを知らなかった。

彼はしばしば自分の使用人に向い、賢い人間をだますには偽誓を使うしか方法がないなどと言っていた。彼は私が帰還しても私を無視する態度を取り他の市民たちのように私の所へ挨拶に来ないばかりか私を殺しかねない態度を崩さなかった。

私は管区下の司教たちと相談した上で彼を僧院へ移すよう指図した。彼はそこに厳しくかくまわれたのだが、この一件で相手側に好意を持つフェリクス司教（巻五、五）が介入して使者を送りんで来、リクルフスは僧院長を偽誓でだましてまんまと逃亡に成功し、フェリクス司教のもとへたどり着いた。この司教は本来は彼を厳しく処断すべきであったのに喜んで迎え入れた。

レウダスティスの方は、ビトゥリグム（ブールジュ）の領域へ入って、貧乏人からまきあげた全財産を持ち歩いていた。ところがそれから暫くしてビトゥリグムの住民が土地の裁判官と一緒に彼を襲撃して彼が持ち歩いていた金銀その他のものすべてを奪い彼の身につけているもの以外のものはことごとく取り上げた。危うく命までも奪われるところだったが彼はかろうじて逃亡した。

しかし彼はその後、力を快復して何人かのトロヌス（トゥール）の住人と一緒になって襲撃の仕返しをして自分の財産を奪った者の一人を殺し、財産の一部を取り戻してトロヌスへ帰還した。これを聞いたベルルフス将軍は、彼を捕縛すべく武装した配下の者をさし向けた。自分がまもなく捕えられることに気づいたレウダスティスは財産を捨ててペクタヴェンシス（ポワティエ）のヒラリウスの聖堂を目指した。ベルルフス将軍は彼の財産を差し押さえて王のもとへ送った。レウダスティスは聖堂を抜け出て方々の家に押し入っては公然と略奪行為を繰り返した。それればかりか聖堂の歩廊で淫らな行為を行なっているところを何度か目撃されている。

神に捧げられた場所でのこのふるまいに怒った王妃は彼を聖堂から追放するよう命じた。彼はそこを追い出されるとビトゥリグムの知人の所へ行って自分をかくまってくれるよう頼んだ。

五〇

幸多きサルヴィウス（巻五、四四）との会話についてはもっと早く記すべきだった。私はそれを忘れていたのでそれを今記しても不当ではあるまい。私は公会議が終わると王に別れを告げたが、故郷へ帰る前にぜひこの司教に会って別れのキスをしたいと思った。

ブリナクス（ベルニー）の館を尋ねると彼はそこの大広間《アトリウム》にいた。私は彼に自分はこれから故郷へ帰るところだと言った。それから少し外へ出て話をした。この時彼はこう言った。

「あの屋根の上に私に見えるものがあなたの目には入るだろうか」

「屋根の上に蔽いがありますね。あれはこのあいだ王が取りつけをお命じになったのです」

と私は答えた。すると、

「その他には」と彼は尋ねた、「何もご覧になりませんか」

「他には何も見えませんが」と私は答えたが、彼が私をからかっているのではないかと疑いながらつけ加えた、

「もしその他にご覧になっているものがおありでしたらどうぞおっしゃってください」

すると彼は長い嘆息を漏らしながら言った。

「私には神の怒りの剣が抜身のまま屋根の上に垂れ下がっているのが見えるのです」

実際この司教の言葉は本当だった。それから二〇日して王の二人の息子が息を引き取った。この子たちの死についてはすでに述べた（巻五、三四）。


キルデベルトゥス王の統治五年目、第五巻を終わる。

第 6 巻

キルペリクス王とフレデグンディス王妃（『ジャン・ド・ティレ，フランス王選』の写本画，1566 年，パリ，国立図書館）

第六巻目次始まる

一、キルデベルトゥスがキルペリクス側につき、ムモルスが逃亡したこと
二、キルペリクスの使者東方より帰還
三、キルデベルトゥスのキルペリクスへの使者
四、ルプスがキルデベルトゥスの王国より逃亡した次第
五、ユダヤ人との論争
六、隠者聖ホスピキウス、その禁欲と奇蹟
七、ウケケンシス（ユゼス）の司教フェレオルスの逝去
八、エコリネンシスの隠者エパルキウス
九、キノマニス（ル・マン）の司教ドムノルス
一〇、聖マルティヌスの聖堂荒らさる
一一、テオドルス司教とディナミウス
一二、ビトゥリガ（ブールジュ）への進軍
一三、トロニカの町の住民ルプスとアムブロシウスの殺害

目次終わる

第六巻始まる。キルデベルトゥス王の統治六年目より開始する

一

キルデベルトゥス王の統治六年目、王はグントゥクラムヌス王との条約（巻五、一七）を破棄してキルペリクス王と手を結んだ。それから暫くしてゴゴ（キルデベルトゥスの養育者。巻五、四六）が死にワンデレヌスがその後釜にすわった。ムモルス（巻四、四二）はグントゥクラムヌスの王国から逃亡し、アヴェニカ（アヴィニヨン）の町の城壁内に身をひそめた。

ルグドゥヌム（リヨン）で司教の公会議が催され、さまざまな問題が処理され、法をないがしろにする者たちには罰が下された。それから公会議は王に託された。そこではムモルス将軍の逃亡に関して多くの意見が交わされた。最近の不安定な政情の話題も出た。

二

そのころ、三年前にティベリウス帝（東ローマ帝）の所へ出発したキルペリクス王の使者が戻って来た。ところがここで彼らは危険と困難に遭遇した。

彼らは王たちの騒乱（巻六、一一）の只中にあるマッシリエンシス（マルセイユ）の港にはあえて向わず、ゴート人の領内にあるアガテ（アグド）の町を目指した。しかし彼らが接岸をはたす前に船は風に流されて陸に衝突し、粉砕されてしまった。

使節団と従者たちは危機に瀕してあわてて板に取りつきかろうじて岸に辿りついた。多くの者が助かったが、幾人かの従者は行方不明になった。波が岸辺に打ち上げた品物は住民たちが拾い集めた。使者たちはその中から貴重な物を取り戻し、キルペリクス王のもとへ届けた。しかし多くのものがアガテンシス（アグド）の住民たちの所にとどまったままだった。

このころ私はノヴィゲントゥム（ノジェン）の館に出かけて王に会った。

王は我々に、金と宝石で造られた、重さ五〇リーブレの大きな盆を見せて、

「これはわしがフランク人に栄誉を与え称賛するためこしらえたものじゃ。わしにもっと命が恵まれたら、こうしたものをもっと造ろうと思う」

と言った。彼はまた我々に、皇帝から拝領した一枚一リーブラの金貨をたくさん見せた。その片側には皇帝の肖像が描かれ、次の文字が、丸く刻まれていた。

TIBERII CONSTANTINI PERPETUI AUGUSTI（永遠のアウグストゥス、ティベリウス、コンスタンティヌスのもの）

別の側には四頭立ての戦車に乗った御者の像と

GLORIA ROMANORUM（ローマ人の栄光）

の文字があった。王は、その他にも使者団が持ち帰った多くの物を見せてくれた。

三

王がこの館に滞在していた間に、レメンシス（ランス）の司教エギディウス（巻五、一八）が、キルデベルトゥス側の主だった人々と一緒に使者としてキルペリクス王のもとを訪れた。そこで両者は、グントゥクラムヌス王の領地を奪って自分たちの間に同盟を結ぶよう話を進めた。王は言った。
「わしは罪深さのゆえに息子どもを皆失ってしもうた。今わしに残された後継ぎとしてはわしの兄弟シギベルトゥスの息子がいるばかりじゃ。これすなわちキルデベルトゥス王のことよ。このお方はわしの力の及ぶ全領域の相続人である。とはいえわしが生きている間は何の疑義躊躇もなくこれらの全権はわしに任せられるように」

そこで使者たちは王のはからいに感謝し、話された事柄を誓約し、条約に署名して贈物をたくさんもらって帰った。

彼らが去るとキルペリクス王はレウドヴァルドゥス司教（バイヨカシニー人の所の）に自分の国の主だった人々を伴わせて使者に派遣した。彼らは誓約を取り交わし、条約を固めて贈物をもらって帰国した。

四

カムパネンシス（シャンパーニュ）の将軍ルプス（巻四、四六）は長期にわたり敵の圧迫を受け絶えず損害をこうむっていた。特にウルシオとベルテフレドゥスは手を結んでついには彼を倒すために軍隊を動員した。

これを知った女王ブルニキルディス（故シギベルトゥス王の妃）は自分の股肱《ここう》の臣が不当な迫害を被るのを憂え、雄々しく身支度をととのえると敵の戦線のまっただ中に現れて叫んだ。

「男どもよ、この悪業から手をお引きなさい。無実の者を追及するのをやめなさい。たったひとりの人間のためにいくさを起こして王国の安寧《あんねい》をおびやかすとは何事ですか」

彼女の呼びかけにウルシオが答えた。

「ご婦人はお引取り願いたい。殿方《とのがた》の下で王国をお支えの分にはさしつかえござらぬが、いまや貴女のご子息が王国を束ねておいでとは申せ、ご子息の王国はあなたのものではござらぬ。これはわれらの支持あってこそ保たれるものでござるぞ。いざわれらが馬の蹄に踏みつぶされぬよう、そこをおのきくだされい」

このような言葉のかけ合いが両者の間で長く続き、ついに王妃の熱弁はいくさを止めることに成功した。しかし敵たちはその場を立ち去るとルプスの屋敷に押し入って全財産を押収し、それを王庫へ納入するよう見せかけて自分たちの屋敷へと運んで行った。彼らはルプスをお

ルプス将軍を助けるブルニキルディス（グワシュ画法の彩色版画，1791 年，ルーアン，セーヌ・マリティーム県立美術館）

どして、

「生きてわれらの追撃から逃れられるなどと思うなよ」

と言った。そこで彼は心底恐怖を感じ、妻をルグドゥヌム・クラヴァトゥム（ラーン）の町の城壁内部の安全な所にかくまい、自分はグントゥクラムヌス王のもとへ亡命して温かく迎えられた。彼はそこにひそんで、キルデベルトゥス王が成年に達するのを待った。

五

キルペリクス王がまだ上述の館（ノヴィゲントゥム）に滞在し、荷物を整理して搬出するよう指示し、パリシウス（パリ）へ移動する算段をしていたころ、私は別れを告げに王のもとへ赴いた。その時、王の商品購入を任されているプリスクスという名のユダヤ人がやって来た。王はご機嫌を取るように手を彼の頭に乗せて、私に向って言った。

「こちらへおいで下さい、神のしもべよ、『お手をこの人の頭に置き』（マタイ伝、九、一八）たまわんことを」

ユダヤ人が嫌がると王は言った。

「何と頑《かたく》な、常に不信心な民族か。この人たちは自分たちの預言者の声を通じて神の御子《みこ》が約束されたことを知ろうとせず、その神の御子の犠牲の上に教会の神秘が建てられたことを知ろうとしないのです」

するとユダヤ人は答えた。

「神は結婚せず、子を持たず、王国の中に自分と同等の者を必要としません。神はモーセを通じ、『今こそは見よ、われこそは彼なり。われの他には神なし。殺すことと生かすこと、討つことと癒すことはすべてわれこれをなす』（出エジプト記、三二、三九）とおっしゃいました」

そこで王は言った。

「神は霊的子宮で永遠の御子《みこ》を産みたまうたのです。年齢において等しく、全能において劣らず、自ら『暁の前に胎より汝を産めり』（詩篇、一一〇、三）と述べておられます。神はあらゆる時代に先立って御子を産み、その御子を最新の時代の中へ、この世の救世主として送りたまうたのです。あなたがたの預言者が『み言葉をつかわしてこれを癒《なお》し』（詩篇、一〇七、二〇）と言っている通りです。

それでも神はご自分では産むことなどなさらぬ、とおっしゃるのならば、あなたがたの預言者が神の声で、『我は産ましめる者なるにいかでか産む事なさざらんや』（イザヤ書、六六、九）と述べているのをお聞き下さい。これは彼を通じ信仰によって再生する民族のことを述べているのですよ」

そこでユダヤ人は尋ねた。

「一体、神なるものが人となり、女より生まれ、鞭打たれ、死をこうむるなんてことがあり得ますか」

この言葉に王が黙り込んだので、私が口をはさんだ。

「神の御子、すなわち神が人となりたまうたのは、神の事情によるのでなくて我々人間の側の事情によるのです。というのは、人間が罪を犯し、悪魔に従属してしまった以上、神は人の姿を取らねば人間をあがない戻すことができなかったのです。

私はあなたが信じない福音書や使徒の言葉ではなく、あなたの聖書（旧約聖書）の言葉を引用しましょう。ダビデがゴリアテをそうやってやっつけたと書いてあるように、あなたがたの剣で攻撃しましょう。

神が人になるだろうとあなたがたの預言者が言っています。『神であり人である者、誰かこれを知らん』（エレミア記、一七、九）とね。

また別の個所には、『これこそ我らの神にましますなれ、彼にたぐうべき者なかるべし。彼は智恵のすべての道をしろしめし、これをそのしもべヤコブとその愛したもうイスラエルに与えたまえり。後に彼は地上に現れ、人々のうちに住めり』（バルク書、三、三五〜三七）とあります。

彼が処女より生まれたこともあなたがたの預言者の言葉に聞くことができます。『見よ、おとめ孕《はら》みて子をうまん。その名をイマヌエルととなうべし』（イザヤ書、七、一四）、『この名は、神われらと共にいますという意味なり』（マタイ伝、一、二三）と。

また彼が鞭打たれ、十字架に打ち付けられねばならず、また種々の不正にさらされさいなまれることも、他の預言者が、『わが手、わが足を刺しつらぬけり、またたがいにわが衣をわかつ』（詩篇、二二、一七〜一八）と述べ、また、『かれらは苦草《にがくさ》をわが食物に入れ、わが渇《かわ》ける時に酢を飲ませたり』（同、六九、二一）と述べています。

そして主が十字架にかかりつつ、悪魔の支配に屈して堕落したこの世を、ご自分の王国のうちに建て直したまうことをダビデは、『神は直き木（十字架）をもてこの世を統《す》べたまう』（同、九六、一〇）と述べています。主はそれ以前にも神の御許にあって、ともに統治の業をなしたまうてはいたのですが、ご自分の手で悪魔への隷属から解放したまうた民草を得て改めて、ご自身の王国を持ちたまうたのです」

するとユダヤ人は、

「どうして神たるものがそんな目にあう必要があったのですか」

と尋ねた。私は言った。

「すでに申しました。神は無垢な人間を創造したまうたのですが、蛇の邪知が人間をわなにかけたのです。こうして人間は罪ある者になり、楽園から追放されてこの世の労働を担うはめになったのです。人間が神と和解するためには神の一人子キリストの死が必要でした」

そこでユダヤ人は尋ねた。

「神は自ら人間の肉をまとわずとも、預言者か使徒をつかわして、人間を正道に戻すことができたのではありませんか」

私は答えた。

「人間という種族は最初から常に間違った道を歩いていたのです。大洪水もソドムの火災もエジプトの災難も、海やヨルダン川の分裂もまったく人に畏敬の念を起こさしめませんでした。人間は常に神の掟に逆らいました。人間は預言者の言葉を信じませんでした。いや、信じなかったばかりか、悔恨を説く彼らを殺しさえしたのです。

ですから、主自らあがないのために降りたまわずば、我々の救済が成就することはなかったのです。我々は主の降誕によって再生し、主の洗礼により清められ、主の傷によって癒され、主の復活によって立ち直り、主の昇天により栄光にあずかったのです。

主が我々の病をいやすべく降臨したまうことについてはあなたがたの預言者も、『そのうたれし疵《きず》によりてわれらは癒されたり』（イザヤ書、五三、五）と述べ、『彼は我々の罪を背負い、罪人のために祈りたり』（同、五三、一二）と言い、また、『彼は屠殺場にひかるる子羊のごとく毛を切る者のまえに黙す羊のごとくその口をひらかざりき。彼は虐待のうちに判決を受けたり。その代の人のうち誰が彼のために口を開きしや』（同、五三、七）、『その名は万軍の主エホバ』（同、五四、五）などと色々述べています。

また、あなたがたの誇りとするご先祖のヤコブが、自分の息子のユダを祝福する言葉、まるでキリストに向けられたようなあの言葉も、このことを述べているのです。

『汝の父の子ら汝の前にかがまん。ユダは獅子の子のごとし、わが子よ汝は萌芽より身を起こせり、獅子のごとく、獅子の子の如くに眠れり、誰か汝を起こさん。汝の目はワインより甘く、汝の歯はミルクより白し。誰か汝を起こさん』（創世記、五四、五）、とね。

主ご自身は、『われはわが命をみずから捨て、またこれを得る』（ヨハネ伝、一〇、一八）とおっしゃいますが、我々の方は、使徒パウロの言うように、『心にて神のこれを死人のうちよりよみがえらせたまいしことを信ぜざれば、救われざる』（ロマ書、一〇、九）存在なのです」

我々はその他にもまだ種々のことを話したが、この哀れなユダヤ人は決して改悛して信仰を持とうとはしなかった。彼が黙りこくってしまったので、王は言葉で彼を改宗させることはできないと見て取り、私に向い、別れの祝福をしてほしいと頼み、言った。

「別れを告げる天使に向い、ヤコブが、『汝われを祝福せずば去らしめず』（創世記、三二、二六）と言ったのと同じことをわしもあんたに言いたいのじゃ」

そう言いつつ王は手を洗う水を持って来るよう命じた。私は手を洗い、祝福を述べ、パンをいただくと神に感謝し、それを自分と王とに分け与え、生《き》のワインを口にして別れを告げた。王は馬に乗り奥方と王女と従僕一同を伴ってパリシウス（パリ）へ戻った。

六

このころニケンシス（ニース）の町にホスピキウスという名の隠者が住んでいた。極端な禁欲生活を送り、素肌の上に鉄の鎖を巻き、その上にキリキアの粗衣をまとっていた。彼は乾いたパンとわずかな棗《なつめ》の実の他には何も食べなかった。四旬節が来ると、商人が運んでくるエジプト草の根で身を養った。隠者は皆これを食べているのだが、最初にこの根の煮汁を飲みそのあとで根そのものを食べるのである。さて、主は彼を通じて大いなる徳行を望みたまうた。

ある時、聖霊が彼に下り、彼はランゴバルディー人のガリア侵入を予言して言った。

「ランゴバルディー人がガリア人を襲い、七つの町を荒らすでしょう。これらの町では、神の御前で堂々と悪事が行なわれています。誰も『神を知らず』（詩篇、一四、二）、神の怒りをなだめるために、『誰一人善を行なわぬ』（同、一四、二）のです。全住民が不実で、偽証を行ない、ひとの物を盗み、平気で殺人を犯しています。こんなところで正義がよい実を結ぶことはありません。そこでは十分の一税は滞納され、貧乏人は放っておかれ、裸の人をおおう物はなく、よそ者は歓迎されず食物の恩恵にあずかることもないのです。だからこの災いは襲って来ます。今から警告しておきます。あなたがたの全財産をまとめ、ランゴバルディー人にとられないよう、市壁の中側に移しなさい。あなたがた自身もどこか安全な所へ行って身を守りなさい」

これを聞いた人々は驚きあわてふためいて別れの言葉もそこそこに自分の地所へと引き上げて行った。修道僧たちに向っても彼は言った。

「あなたがたの持ち物を持ってここから逃れなさい。今言った種族がすぐ襲って来ます」

彼らが口々に、

「聖なる父よ、あなたを措いては行けません」

と言うと、彼は言った。

「私にかまうことはありません。私は害は受けますが命は取られません」

さて、修道僧たちは去り、かの種族が来た。彼らは目に入る物ことごとく荒らしつくすと、この神の隠者の住む所にやって来た。聖者は塔の窓から敵に姿を見せた。彼らは塔を取り囲み、彼の所へおし入る入口を探したが見つからなかった。そこでふたりの兵士が上から屋根をこわして侵入し、鎖を身に巻き、キリキアの粗衣を着た男を発見した。彼らは、

「これは悪人で殺人を犯し、こんな鎖に縛られて幽閉されているのだ」

と話し合った。早速通訳が呼び寄せられ、こんな風にくくられて閉じ込められているのはどんな悪事のむくいなのかと質問した。

しかし彼は自分で、自分は殺人者であり、あらゆる悪事に手を染めたのだと答えた。そこでひとりの兵士が剣を抜き彼の首をはねてくれようと右手をふりあげたところ、そのまま硬直し、手をふりおろすことができなかった。剣は手を離れて地面に転がった。これを見た仲間の兵は天に向って叫び声を発し、どうすれば良いか教えてほしいと聖者に懇願した。そこで彼は治癒のしるしを切り、その手をもとの状態へ戻してやった。その兵士はその場で改宗して髪を下ろし、現在では最も敬虔な修道僧として知られている。

聖者の言葉に従ったふたりの将軍は無事に故郷へ帰ったが、彼を侮った者たちはこの土地で悲惨な最期を迎えた。彼らの多くは悪霊にとり憑かれて叫んだ。

「おお、幸多き聖者よなぜ我々をかくも苦しめ追い回したまうのか」

そこで彼が手を置いてやると彼らは正気を取り戻した。

その後、アンデカヴェンシス（アンジェ）のとある住民が非常な高熱を出してものを言う力と聴力を失った。熱が引いても彼はしゃべること、聴くことができなかった。そのころその地の助祭が、ローマへ行くことになった。かの地を訪れて同所を守護したまう使徒たちや諸聖人の聖遺物を持ち帰るためである。

これを聞いたかの病人の家族は、助祭に、病人も一緒に旅に連れて行ってくれるように頼んだ。彼らは病人が幸多き使徒たちの墓所を訪れれば必ず治癒がもたらされると信じたのである。この旅の一行が幸多きホスピキウスの住む所を訪れた。助祭は聖者に挨拶してキスを交わし、旅の理由を説明し、ローマに出発する旨を述べて、聖者と親しい船主たちに自分を紹介してくれるようにと頼んだ。

そうこうしているうちに幸多き隠者は主の聖霊により徳力がみなぎるのを感じた。彼は助祭に向って言った。

「あなたの旅の道連れになる病人を私の前へつれて来てくださらぬか」

そこで彼がただちに病人の所へ駈けつけると彼は高熱で弱っていた。病人は耳鳴りがひどい旨を身振りで示した。彼は病人を起こして神の聖者の所につれてきた。すると聖者は手で頭髪をつかみ、彼の頭を窓穴にひき入れ、祝福で聖別した油を取り、左手で病人の舌を支え、口と頭頂に油をそそいで言った。

「わが主イエス・キリストの御名により汝の耳の開かんことを。かつて聾唖《ろうあ》の人間より悪魔を追放せしかの徳力が汝の口を開かしめんことを」

こうしておいて彼は病人に名前を尋ねた。すると彼は、

「これこれと申します」

とはっきり述べた。これを見た助祭は、

「キリストよ、あなたに絶大なる感謝をささげまする。あなたは、あなたの従者を通じてこの奇蹟を与えてくださいました。私はペトルスを求めパウルスを尋ね、ラウレンティウスや、ローマを自分の血で輝かせたその他の聖者たちを探しました。でも私はここでその人たち全員を見つけました。全員に出会いました」

と言い、大声で泣きながら話し続けた。しかし神のしもべはこの大袈裟な賛辞を否定し、

「お静かに、お静かに、親しい兄弟よ、これをしたのは私ではありません。それは無より天地を創造したまうたかのお方、我々のために人となり、盲人に光を与え、聾に聴力を与え唖に言葉を与えたまうたかのお方、癩病者にもとの皮膚を与え、死者に命を、そして全て病む人々に癒しを与えたまうかのお方のわざなのです」

と述べた。そこで助祭は感謝して別れの言葉を述べ同伴者と一緒に帰って行った。

彼らが去った後、ドミニクスという名の生来の盲者が、この奇蹟の徳力を試そうと思ってやって来た。彼が二、三か月僧院に滞在して祈禱と断食に専念したころ、かの神のしもべが彼を自分の所へ呼んで尋ねた。

「視力をお望みですか」

すると彼は言った。

「私は自分の知らないものを知りたいのです。私は光がどんなものか知りません。ただ皆がそれをたたえていることはよく知っています。私は生まれた時から今日まで全くものを見たことがないのです」

そこで聖者は祝福の油を注ぎつつ彼の目のうえに十字のしるしを切って言った。

「我らの救い主イエス・キリストの御名において汝の目の開かんことを」

するとただちに彼の目が開き、この世の神の御業《みわざ》を自分の目で見て知った。

その後、三匹の悪霊に取り憑かれたと称する女がこの聖者の所に連れて来られた。彼は彼女に触れつつ祝福の言葉を与え聖油を振りかけて彼女の額に十字を切った。すると悪霊は退散し彼女は清められて去った。また汚れた悪

魔に悩まされる別の少女も聖者の祝福で快復した。

逝去の時が近づくと聖者は僧院の主席僧を呼んで言った。

「鉄の鋤《すき》でこの壁を取り壊し、私を葬るために、町の司教を呼んでください。私はあと三日したらこの世を去り主が私に約束してくださった永遠の安息に入ります」

これを聞いて主席僧は事態を知らせるべく使者をニケンシス（ニース）の司教のもとへ走らせた。

そのあとでクレスケンスという男が窓辺に来て鎖で縛られ蛆《うじ》をわかしたこの聖者を見、

「おお、聖者よ、かくも厳しい呵責にどうしてそんなにしっかり耐えていられるのか」

と尋ねた。すると聖者は、

「私がその御名《みな》をたたえて耐えているお方が私に力を与えてくださるのです。でも私はもうじきこの縛めを解かれ永遠の安息に入ります」

と答えた。さてそれから三日経つと彼は身を縛っていた鎖を外し、祈りの言葉を唱えつつ身を伸ばした。そして長いこと泣きながら祈り、長椅子に身を横たえて足を伸ばし手を天へ向けて神に感謝の言葉を述べて息を引き取った。するとただちに聖者の手足に嚙みついていた蛆虫が消えた。それから司教のアウスタディウスが到着し、幸多き遺体を丁重に葬った。

私はこれら全ての事柄を聖者の力で聾啞を治してもらったあの男の口から聞いたのである。彼はこの隠者の徳力についてもっと色々語ったのだがすでに多くの人が彼の生涯について書いていると聞いているのでここに語るのは控えることにする。

七

このころウケケンシス（ユゼス）の司教フェレオルスが世を去った。彼は聖性に秀で、智恵と知識に富んだ人物で、シドニウスにならって何冊かの書簡集を纏《まと》めた。

彼の死後、前の地方総督《プレフェクトゥス》のアルビヌスがプロヴィンキア（プロヴァンス地方）の総督《レクトル》ディナミウスによって王の諮問を受けずに司教座についた。

しかし彼はまた同じその理由で、退任することが決定し、三か月その座にあっただけで死亡した。その後同じくプロヴィンキアの総督だったヨヴィヌス（巻四、四三）がその司教の地位を継ぐべく王の承諾を得ていたが、元老院議員フェリクス（巻四、四六）の息子のマルケルス助祭が彼を出し抜いて地区の司教連を集めディナミウスの支持を得て司教職を奪ってしまった。

彼はヨヴィヌスの反撃を受けて町に籠城し、武力で自己防衛をしようとしたがうまく行かず、贈物攻勢をかけて身を保った。

八

次いでエコレシネンシス（アングレーム）の隠者エパルキウスが世を去った。彼は偉大な聖性に浸《ひた》された人間で、神は彼を通じ種々の不思議を示したまうた。そのすべてを語ることはできない。ほんの少例だけを示そう。

彼はペトロコリカ（ペリグー）の町の住民であったが、俗界を離れて僧となりエコリスナ（アングレーム）に来て小さな僧房を建て、修道僧を集めて祈りに没頭する生活を送った。彼は金銀をお布施として入手することがあると、貧者の必要に用いたり囚人を買い戻したりして使ってしまった。

彼が生きていた間はこの僧房でパンが焼かれることもなく、必要が生ずると信者がそれを運んできた。彼は信者のお布施によって実に多くの人々を買いもどした。しばしば悪い腫物の毒を十字のしるしを切って治した。また悪霊の憑いた身体から祈禱によって悪霊を追放し、裁判官に頼んで罪人の許しを乞うた。彼はやさしい言葉で乞うのだがそれは頼みというより命令に等しかった。慈悲を乞う時あまりやさしい言葉を使うので裁判官たちもそれを拒むことができなかった。

ある時、窃盗罪で絞首台に連行された男がいた。彼は窃盗や殺人など他にも余罪があると住民から告発されていた。エパルキウスはこのことを知ると罪人の助命を嘆願すべくひとりの僧を裁判官の所へ派遣した。

しかし人民が大声でわめきののしり、もしもこの者が許されるようなことがあれば当地の役所も裁判官も今後は決定権を失うはめになると騒いだのでこの罪人を許すことはできなかった。罪人は拷問台に張られ鞭と棒でなぐられてから絞首台に連行された。

見ていて耐え難くなった修道僧が院長にこのことを知らせると、彼は言った。

「戻って遠くから見ておいで。人々が彼を戻したくなくても、主が贈物として我々に与えてくれます。彼が倒れるのを見届けたらすぐに彼をもらって僧房につれて来なさい」

修道僧は言われたとおりにした。院長はひざまずいて祈りに没頭し、涙を流しながら神に願いをささげた。やがて囚人の絞首台が壊れ、いましめがほどけ、つるされた人は大地に戻った。するとそれを例の修道僧が受け取り、生き返った人として院長の前へ連れて来た。

院長は神に感謝し、領主を呼ぶように命じ、

「いつもは寛大なお心で私の願いを聞いてくださるのに、どうして今日はかたくなに私の助命の願いをお許しにならなかったのですか」

と尋ねた。すると領主は答えた。

「そうしたかったのですよ、聖なる人よ、だが人民が騒いでそうさせてくれなかったのです。へたをするとこっちにとばっちりが飛んで来るのではないかと恐れたのです」

院長は言った。

「あなたが私の願いを聞いてくださらなくても、神が私の頼みをお聞きくださり、あなたが死に委ねた人物に命を戻してくれました。ご覧なさい、彼はあなたの前で無事生きています」

その時、生き返った人は領主の足元に身を投げ出し、領主は自分が死の破滅に追いやった人間がまったく無事なのを目にしてただ呆れるばかりだった。

私はこの話を領主自身の口から聞いた。この隠者は他にも多くの不思議を行なったが長くなるのでこれでやめておく。彼は四四年の隠者生活を送ったあと熱を出したかと思うとすぐに息を引き取った。遺体は僧房から運ばれて葬られた。前述した彼に救われた多くの人々が彼の葬列に加わった。

九

キノマニス（ル・マン）の司教ドムノルスが病気になった。彼はクロタリウス王（キルペリクスの父）の時代にはパリシウス（パリ）の聖ラウレンティウスの聖堂の僧団を率いていた。そのころにはまだ先代のキルデベルトゥス王（クロタリウスの兄）が存命しており、ドムノルスはクロタリウス王への忠節に励んで彼が偵察に派遣する使者をかくまったりした。

王も彼にふさわしい司教の地位を与えようと望んでいた。そしてアヴェニエンシス（アヴィニヨン）の司教が亡くなった時、王は彼にあとを継がせることを考えた。ところが聖ドムノルスはこの話を聞いて、王が祈禱に訪れた聖マルティヌスの聖堂に足を運び、夜通し勤行してから、王に同行した高官を通じ、自分を囚人のように御前から遠ざけないでほしい、こんな無知な人間を教養のあふれた元老院議員や学問のある裁判官たちと交際するような地位には置かないでいただきたい、と嘆願した。それを自分は栄誉どころか大変な迷惑に思うとつけ加えた。

王はこれを聞いて深く頷《うなず》いたが、キノマニスの司教のイノケンティウスが世を去ると彼をその教会の司教の地位につけた。ドムノルスは司教座に坐るとたちまち最高度の聖性を発揮して、不具の人には足を、盲人には光を与えた。

彼は司教を二二年務めた後、自分が黄疸で結石に悩む身体であることを認め、当地の僧院長テオドゥルフスを後継者に選んだ。王は最初この人選に承認を与えていたがまもなく気が変わって、自分の家宰のバデギシルスにその地位を与えることにした。バデギシルスは剃髪し、僧の位階を駆けのぼり、四〇日の後、司教が亡くなるとそのあとを継いだ。

一〇　そのころ聖マルティヌスの聖堂が窃盗団に荒らされた。彼らは誰かの墓の上の横木を後陣《アプシス》（巻二、一八）の窓にかけ、それをよじ登って窓ガラスをこわして侵入した。そして多くの金銀製品と純絹製のガウンを持ち去った。我々は聖者の墳墓には接吻をすることすら憚るのだが、彼らはその上に足を置くことを恐れなかった。しかし聖者の威徳は恐ろしい正義の力でこの無分別をあばき出した。彼らが犯罪を終えてブルデガレンシス（ボルドー）の町に行った時、彼らの間でいさかいが起き、一人が他の一人を殺した。こんなことから窃盗が発覚し、彼らの宿所からばらばらにこわれた銀器やガウンがでてきた。キルペリクス王は事件を知ると犯人を捕縛して御前に連行するよう命じた。私は、その生前にはしばしば死罪の人々の助命に奔走した人（聖マルティヌス）に関わる事件で人が殺されるのを恐れ、告発者たるべき我々が告発をしないのに彼らが処刑されることのないようにという趣旨の懇願の手紙を王に送った。

王は寛大な心でこれを聞き届け、彼らの命を助けてやった。王は粉砕された器具をきちんと元通り修復し、聖なる場所へ戻すよう命じた。

一一　マッシリエンシス（マルセイユ）の町ではプロヴィンキアの総督《レクトル》ディナミウスが司教テオドルスに対し種々の陰謀をたくらみ始めた。司教はたまらず王（キルデベルトゥス）の所へ赴こうとしたが総督に逮捕され町に抑留され、さんざんな目にあった後に解放された。

♔家宰 domus regiae maior　メロヴィング家のあとでフランクの王家になったカロリング家の先祖たちは代々この地位を占めた。すなわちカール大帝の父小ピピンは，王になる前この「家宰」の地位にあり，小ピピンの父のカールマルテルも同様であった。本書のここ［6, 9］（291 頁最終行）は，この語の初出個所とされる。

マッシリエンシスの町の僧団もディナミウスとぐるになり司教追放をたくらんでいた。司教がキルデベルトゥス王の所へ行こうとしていた時、前の地方総督《プレフェクトゥス》のヨヴィヌス（巻六、七）と司教とを拘留するようにというグントゥクラムヌス王の命令が出た。

これを聞いてマッシリエンシスの僧団は大喜びした。彼らは司教の逮捕と追放、そして彼が二度とマッシリア（マルセイユ）に復帰せぬことが決定的になったと思い込み、教会の建物を占拠し、聖器類の目録を作り、収納庫を開き、納戸を散らかし、司教がもはや亡き人ででもあるかのごとく教会の全財産を略奪して、司教の犯罪について種々の噂を流した。しかしそれらはキリストの援助により虚偽であることが判明した。

キルデベルトゥスはキルペリクスと盟約を取り交わした（巻六、一）後、使者をグントゥクラムヌス王の所へ送り、父（シギベルトゥス）の死後に（おそらく後見人たちによって）グントゥクラムヌス王に譲渡されたマッシリアの半分を返していただきたいと言い送った。そしてもしもそれがかなわぬのなら、この自分の父の遺領地の不当留保は彼グントゥクラムヌスにとって高くつくことになろう、と付言した。

しかしグントゥクラムヌスはこの領地返却要請に応じず、何人《なんぴと》も彼の王領を通り抜けることができぬように道々を閉鎖するようにと命じた。

これを知ったキルデベルトゥスは、自分のもとの執事で元老院の家の出身のグンドゥルフスを将軍に任命し、マッシリアへ向わせた。ところが彼はグントゥクラムヌスの領地をまっすぐ通過することをはばかり、トロヌス（トゥール）へやって来た。

私が彼を歓待すると、彼は私の母の伯父に当たることが判明した。私は彼を五日間引き止め、必要物資を与えて送り出した。

彼は前進したがディナミウスの抵抗に遭《あ》ってマッシリアには入れなかった。司教（テオドルス）はこの時すでにグンドゥルフスと合流していたがやはり自分の教会へは戻れなかった。ディナミウスは僧団と共に町の諸門を閉ざし、司教とグンドゥルフスを見下ししきりに嘲りの言葉を浴びせた。しかしついに将軍との会談に応じ、町の郊外に位置する幸多きステファヌスの聖堂へと赴いた。

さて聖堂の入口を門衛が固めていた。彼らはディナミウスが入るとすぐに両扉を閉じて、ディナミウスに続いて武装した軍団が中へ入ることを妨げた。ディナミウスはこれを知らぬまま祭壇の前で種々の話し合いを行ない、それから祭壇を離れて応接間に入った。そこで彼らは激しく威嚇しつつディナミウスに詰め寄った。この時ディナミウスは身辺に護衛を持たなかった。

総督の護衛団は、総督が閉じ込められた時、武器を鳴らしてどよめいたが、結局追い払われた。こうして将軍と司教は町の有力者を呼び寄せ、町への入城をはかった。

ディナミウスは情勢の変化を知ると、助けを乞い、将軍に多大の贈物をし、今後は司教とキルデベルトゥス王へ忠誠を誓うと宣言して取り上げられた装備を返してもらった。

かくて市門と聖所（教会）の門が同時に開き、将軍と司教は、盛んに打ち鳴らされる鐘の音と歓乎の声に迎えられ、種々の誉れの旗を掲げて入城した。

僧院長のアナスタシウスと司祭のプロクルスを首謀者とする叛逆した僧団一味は、ディナミウスの屋敷に逃げ込み、彼のとりなしと逃亡を求めた。彼らはもともとディナミウスのそそのかしに乗って一味となったのであった。彼らの多くは然るべき保証人を立てて保釈され、王のもとへの出頭を命じられた。かくてグンドゥルフスは町をキルデベルトゥス王の勢力下に確保し、司教を元の地位に戻してキルデベルトゥス王の所に帰った。

しかしディナミウスはキルデベルトゥス王への誓約を忘れてグントゥクラムヌス王に使いを送り、町の彼の領分が司教のために失われ、今司教を追放しなければマッシリアの町は永遠に彼の手から失われるであろうと訴えた。

王は怒りにとらわれて宗教の掟に反して至高の神のしもべを捕縛して王のもとへ引き立てるよう命じ、かく言い放った。

「わが王国の敵は追放されねばならぬ、われらがこれ以上損害をこうむらぬためにはな」
司教はこのことに薄々感づいていたので町から追い出されるようなすきを見せなかった。しかし市壁の外の田舎の礼拝堂の献堂式の日に、司教がその祝いのため町を離れ、同所へ急いでいると、いきなり武装した一団が武具を鳴らして隠れた場所から湧出し、聖なる司教を包囲した。彼らは司教を馬から突き落とし彼の同道者を追い払い、従者を捕縛し、僧たちをなぎ倒した。そして司教を惨めな駄馬に乗せて誰の同行も許さず、王の所へ引き立てて行った。

この一行がアクエンシス（エクス）の町を通りかかった時、同所の司教ピエンティウスは自分の信仰の兄弟を哀れに思い、何人かの僧を護衛につけてやり、必需品を持たせて出発させてやった。この間、マッシリアでは僧団がふたたび教会の建物を占拠し、部屋の隅々をさがし回り財産目録を作り、一部を自宅に持ち帰った。

司教は王の前へつれ出されたが、何の咎も発見されず、自分の町への帰還を許された。彼は市民たちに歓乎の声で迎えられた。この事件の後グントゥクラムヌス王と甥のキルデベルトゥスの間の確執は大きくなった。同盟関係は解消し、お互い相手のすきを窺っていた。

一二

キルペリクス王は自分の兄弟（グントゥクラムヌス）と甥との間に軋轢が生じているのを見て、デシデリウス将軍（巻五、三九）を呼び寄せ、グントゥクラムヌス王に嫌がらせをしかけるように命じた。彼は軍を率い、敵将ラグノヴァルドゥスを敗走せしめ、ペトロゴリクム（ペリグー）を奪取して誓約を取り、アギンヌム（アジャン）へ向った。

ラグノヴァルドゥスの妻は、夫が敗走し、この両都市がキルペリクス王の手中に陥ったと聞くと殉教者聖カプラシウスの聖堂によりどころを求めた。しかし彼女は同所からの立ちのきを余儀なくされ、財産も使用人も取り上げられ、保証人を立ててトロサ（トゥールーズ）へ向った。そこで聖サトゥルニヌスの聖堂に入りそこに留まった。

デシデリウスはこの地方（アクゥイタニア＝南西ガリア）のグントゥクラムヌス王勢力下の諸都市をことごとく平定してキルペリクスの支配下に置いた。ベルルフス将軍（キルペリクス配下。巻五、四九）は、ビトゥリグム（ブールジュ）の住人（グントゥクラムヌス勢力下）がひそかにトロニカ（トゥール）の町奪取を狙っていると聞き、軍を発して彼らの領域に至った。トロニクム領内のイシドレンシス（イジュール）とベラヴェンシス（バル）の両村は目茶目茶に荒らされた。しかしこの侵攻に参加しなかった人々は後に残虐な罰を受けた。

ブラダスティス将軍はウァスコニア（ガスコーニュ地方）に侵入し、軍勢の大部分を失った。

一三

トロニカ（トゥール）の町の住民ルプスは妻子を失い僧職につこうとして兄のアムブロシウスに阻止された。兄は、彼が僧籍に身を置けば、神の教会を財産相続人に指定するのではないかと恐れたのだ。そこで悪い助言者の兄は弟のために後妻を用意し、結納をおさめる日を指定した。ふたりはいっしょにカイノネンセ（シノン）の砦に赴いた。同所に彼らは家を持っていた。ところがアムブロシウスの妻は夫を嫌い、彼を裏切って間男との情愛にふけり夫を片づけようと狙っていた。兄弟はいっしょに宴席を楽しみ夜更けまでワインを飲んで酩酊し、同じ寝台に休んだ。するとその夜アムブロシウスの妻の姦夫が入って来て、よく見て行動するために麦藁に火をつけ、剣を抜いてアムブロシウスの頭にふり下ろした。剣は両眼から後頭部にかけて頭を切断した。この打撃に目を覚ましたルプスは、自分が血の海の中を転がっているのに気づき、大声で叫んだ。

「うわあ、うわあ、助けてくれ、兄が殺された」

刺客は、犯行を終えて立ち去ろうとしていたがこの声を聞いて寝台の所へ戻り、ルプスを襲った。そして抵抗するルプスを滅多刺しにして倒し、致命傷を与え、半殺しの状態にして去った。

♔ウァスコニア　ウァスコニア Vasconia（ガスコーニュ地方 Gascogne）は本来ウァスコネス人 Wascones（バスク人）の本拠地であった。

家の者は誰もこのことに気づかなかった。朝が来て彼ら全員この惨状を見て驚いたのだった。ルプスはまだこの時まで生きていて、行なわれたことを物語った後絶命した。裏切り妻はあまり長時間喪に服さなかった。数日すると姦夫と一緒になってどこかへ立ち去った。（続きは巻七、三）

一四

キルデベルトゥス王の統治七年目、すなわちキルペリクスとグントゥクラムヌスの統治二一年目、一月は雨に見舞われ、稲妻と激しい雷鳴に襲われた。木々は花をつけ我々がコメーテース（彗星）と呼んだ星（巻四、三一）が出現し、まわりに黒い大きな輪を持っていた。それは穴の中に置かれた何かのように闇の中で輝き、きらめき、尾をまき散らした。それは不思議に長い光線を放っていて、遠くから眺めると炎の煙が上がっているように見えた。その星は夜の第一時に西方の空を領していた。

聖なる復活祭の日、セシオナス（ソワソン）の空が燃えるように輝きふたつの火のかたまりがあるようだった。ひとつは大きくもうひとつは小さかった。二時間ほど経過してこのふたつは合体して巨大な火柱となって消えた。

パリシアクス（パリ）の領域では雲から本物の血が流れ多くの人々の衣服の上に降り注いでべたべたに汚し、恐怖に因われた人々はもはや自分の服でも着るのをはばかった。この町の三か所でこの怪異が現れた。

シルヴァネクテンセ（サンリス）の領域ではとある人の家で、明け方彼が起き上がると家の中に血がまき散らされていた。

それからその年、悪疫が人々を襲った。腫瘍と膿胞をともなう種々の悪性の症状が多くの人の命を奪った。多くの人々は十分に注意してこの病気を逃れた。ナルボネンシス（ナルボンヌ）の町はこの年

♔**夜の第一時（古代の夜時間）**　古代では，日没から夜明けまでを四等分し，それぞれの時間はウィギリア vigilia（夜番。「訳語対照表」参照）と呼ばれた。

下腹部ペストに荒され、ひとたびこの病にかかるともはや打つ手がなかったという。

一五

ナムネティカ（ナント）の町の司教フェリクス（巻五、四九）もこの疫病におかされ、病状が重くなった。そこで彼は近隣の司教たちを呼び集め、甥のブルグンディオのために作成した決議書に署名を書き入れて有効なものにしていただけまいかと頼んだ。そのことが行なわれた後、司教団はブルグンディオを私の所へさし向けた。

この時彼は二五歳ほどであった。彼は私の所へ来て、私に、ナムネタス（ナント）へ赴いて自分を剃髪し、叔父がまだ存命してその地位にある司教職に自分を就任させてくれるよう頼んだ。

私はその申し出を断った。私はそれが教会法とは一致しないことを知っていた。私は彼に助言して言った。「我々には教会法というものがあります。息子よ、誰も教会の役職の順序を無視していきなり司教職につくことはできません。ですから最愛の人よ、まずお国へお帰りになり、あなたを選出した方に剃髪をお願いして下さい。それから司祭の職につき教会のために働いて下さい。そうすれば神があなたの叔父さんをお召しになった後、あなたは簡単に司教の地位に登ることができるではありませんか」

しかしブルグンディオは帰国しても私の助言に従おうとはしなかった。フェリクス司教の病状が軽くなったように思われたからである。しかし熱が引いた後、司教の脛《すね》には悪性の膿胞が出来た。そこでハンミョウ（昆虫。磨り潰した粉末を薬に用いる）の膏薬を患部にはったところ、効きめが強過ぎて足が腐り、その司牧三三年目、齢《よわい》七〇にしてその生を終えた。彼の後継者は王の命により彼の従兄弟のノニキウスに決まった。

一六

パポレヌスはフェリクス司教（巻六、一五）の死を耳にすると、引き離されていた司教の姪を取り戻した。彼は以前、彼女と婚約していたが、フェリクス司教から結婚の賛成が得られず、おおぜいの仲間と一緒にやって来て彼女を礼拝堂から誘拐し、幸多きアルビヌスの聖堂に逃げ込んだ。フェリクス司教は赫怒《かくど》し、策略を用いて少女を恋人から引き離して、俗服を脱がせてヴァサテンシス（バザ）の町の尼僧院に入れた。しかし彼女はひそかに使いの者を走らせ、自分を閉じ込められた所から救い出してほしいと訴えた。

パポレヌスは承知して少女を尼僧院から連れ出し、彼女と結婚の絆で結ばれた。王の正式な承認証で守られていたので彼女の親戚のおどしを恐れる必要はなかった。

一七

キルペリクス王はこの年、おおぜいのユダヤ人に洗礼を施すように命じた。そして自らの手でも少なからぬユダヤ人をゆあみの泉へと導いた。しかし彼らの多くは形ばかりは改宗に従いながら心までは洗礼をうけず彼らの古い迷信に固執していた。彼らは神を欺いて主の日（日曜日）をたたえるふりをしつつ彼らの安息日（土曜日）を守っていた。

プリスクス（巻六、五）は決して理性に従って改心し真実を知ろうとはしなかった。そこで王は怒り、彼に自分の意志で信仰を持たせることが不可能ならば、彼を捕えて無理矢理従わせて信じさせるようにと命じた。しかし彼はいろいろの贈物をして、自分の息子がマッシリエンシス（マルセイユ）のヘブライ人の女性と結婚するまで猶予期間がほしいと言った。彼は、その後ならば王の命令に従いますといつわりの約束をした。

しかしその間、彼と改宗ユダヤ人のパティルとの仲が険悪になっていた。パティルは王自身の手による洗礼を済ませていた。とある安息日、プリスクスが身支度をととのえ、手には武器を持たず、モーセの掟を満たすべく静かな場所を求めていた時、忽然とパティルが現れて剣で彼と彼に同行していた仲間を殺害した。この殺戮の後、パティルとその手下は近くの路傍に建っていたユリアヌスの聖堂に逃げ込んだ。

彼らがそこにひそんでいると、王が、パティルの命は助けるが手下どもは聖堂から外へ出して殺せと言ったという話が伝わってきた。パティルはさっさと逃亡し、残った一味のひとりが剣を抜いて仲間を殺し、しばらくして剣を持って外へ出てきた。すると群集が彼に襲いかかって残虐になぶり殺した。パティルは、王の許可をもらって自分の出身地のグントゥクラムヌス王の領域へ戻ったが、日を経ぬうちにプリスクスの近親者によって殺された。

一八

当時、キルペリクス王が（王娘リグンティスの結婚の）結納あらためのためにヒスパニアへ派遣したアンソヴァルドゥス、ドメギセルスの両使者が帰還した。そのころヒスパニア王レウヴィキルドゥスは自分の息子ヘルミニキルドゥスと軍事対決し、息子からメリタ（メリダ）の町を奪取していた。この息子がティベリウス皇帝の将軍と誼《よしみ》を通じた様子は前に書いた（巻五、三八）。この事情のために使者の滞在が長引き、帰還が遅れたのだった。

私は帰還した彼らに会うとまっ先に、かの地に留まる少数のカトリック教徒が熱心にキリストの信仰を保持しているのかどうか、尋ねた。アンソヴァルドゥスは答えた。

「ヒスパニアのキリスト教徒はみごとにカトリックの信仰を守っております。されど王は再三新手の工夫を用いてそれをこわそうと躍起です。王は殉教者の墓所や教会へ行って祈るふりをするのです。その際王はこんなことを口にします、『キリストが父なる神と等しいことは明白じゃ、じゃが聖霊が神に等しいとはどうも信じられん。そんなことはどんな書物にも出ておらんじゃないか』などと」

これは何という間違った意見、有害な見解、ねじ曲がった精神だろう。主の御言《みこと》葉は、「神は霊なれば」（ヨハネ伝、四、二四）と明白に書かれてある。またペトルスがアナニアに述べた、「聖霊を試みるは良きことなりや、なんじ人に対してにあらず、神に対していつわりしなり」（使徒行伝、五、四）という言葉、また、パウルスが神秘の贈物について述べた、「これらのことは同じひとつの御霊《みたま》の働きにして御霊はその心に従いて各人に分け与えたまうなり」（コリント前書、一二、一一）という言葉も読むことができる。そもそも自分の心に従って分け与える者が何者にも従属していないことは明らかである。

アンソヴァルドゥスがキルペリクス王の前へ進み出ると、まもなくヒスパニア人の使節団が到着し、キルペリクス王に次いでキルデベルトゥス王を訪問してヒスパニアへ帰って行った。

一九

パリシアカ（パリ）の町のウルビア（オルジュ）の川にかかる橋のたもとにキルペリクス王は番兵を置いた。兄弟王（グントゥクラムヌス）の伏兵の被害を防ぐためである。これを察知した前将軍のアスクリピウスは夜襲をしかけて番兵を皆殺しにし、近隣の村をひどく荒らした。知らせを聞いたキルペリクス王は諸将軍、領主、その他おもだつ人々に使者を走らせ、軍を招集して兄弟の領土に侵攻するよう命じた。しかし思慮ある人々はこの措置をさし止めるよう助言して口々に言った。

「たとえ向うの措置が誤ったものであっても、こちらは賢明におふるまいあれ。まず使者を立てて、向うがこの損害をつぐなう意志があれば、衝突はおやめなされ。もし向うにその意志なくば、その時には御心のままになさるがよいでしょう」

王はこの助言を受け入れ、軍をさし止め、使者を兄弟へ送った。すると向うは、全損害をつぐない、完全な和解を求めて来た。

二〇

同年、クロディヌスが世を去った。彼は著しい善意と敬虔の人であった。惜しみない施しの人、貧者の頼みの綱、溢れんばかりの教会への喜捨人、僧たちの養い親だった。

彼は新たに農場を興し、葡萄畑を開墾し、住居を建て、畑を耕し、裕福でない司教たちを招いて宴会を催し、耕地と耕作人つきの家を気前良くプレゼントした。これに更に銀器、壁掛け、日用品、管理人に使用人までつけた。そして彼は、言うのだった。

「教会に与えられたもので貧しい人が潤えば、みんな神様の所で私のとりなしをしてくれるでしょう」

この人物については他にも色々聞いているが、長くなるので省く。彼は七〇歳で亡くなった。

二一

この年には他にも（巻六、一四）さまざまな怪異が見られた。月蝕があり、トロニクム（トゥール）の領域ではちぎったパンから本物の血がしたたり落ちた。セシオナス（ソワソン）の市壁が崩壊し、アンデカヴァ（アンジェ）の町では大地が揺れた。ブルデガレンシス（ボルドー）の城壁の内部に狼が入って来て犬を貪《むさぼ》り食い、全く人間を恐れなかった。天を火が駆け抜けて行った。ヴァサテンシス（バザ）の町は火災で倒壊し、教会の本堂も付属の建物も灰燼に帰した。しかし聖器類は運び出されて無事であったと聞いている。

二二

キルペリクス王は兄（グントゥクラムヌス）の諸市を占領（巻六、一二）して新領主を任命すると、都市からあがる貢税をすべて自分の所へ運ぶように命じた。そのことは実際そうなったと聞いている。

そのころレモヴィキナ（リモージュ）の町の領主ノニキウスが、ペトロゴリカ（ペリグー）の司教カルテリウスの署名の入った書簡をたずさえた二人の男を捕えた。その手紙は王に対する中傷に満ちていた。また他にも、自分の所の支配者がグントゥクラムヌスからキルペリクスに変わったが、まるで天国から地獄に落ちたような気分だなどと書かれていた。

ノニキウスはこの手紙と二人の男に厳重な見張りをつけて王のもとへ送った。王は慎重にことを運び、司教に不利なこの件の真相を確かめるため、まず司教を呼び寄せるべく人を派遣した。

カルテリウス司教が現れると王は彼に手紙と二人の男をひき合わせ、これは司教のお手紙かと尋ねた。司教がそのことを否定したので、王は男たちに、その手紙は誰から託されたのかと尋ねた。すると彼らはそれは助祭のフロントニウスからであると答えた。そこで王はこの助祭について司教に尋ねた。司教はその助祭は自分をひどく憎んでいるので、これが彼のしわざであることに疑いはない、彼はこれまでにもしばしば自分に対し悪だくみを働いたのだと答えた。

そこでただちに助祭が呼び寄せられた。王が尋問すると、助祭は司教について白状して、

「この手紙は司教の指示で、てまえが作成したものです」

と答えた。すると司教は大声をあげて、彼は自分を司教職から追放するためによくこんな企みをするのだ、と言った。そこで王は哀れみに捕われて、この件は神に委ねよう、と言い、ふたりを解放した。王は司教に助祭を寛大に取り扱うように言い、自分のために祈って欲しいと頼んだ。

司教は栄誉を得て帰国したのだった。二か月後、この醜聞の出発点であったノニキウスが卒中で死んだ。彼には子供がなかったので、王は彼の財産を方々に分け与えた。

二三

キルペリクス王はこれまでおおぜいの子供をうしなったが、その後ひとりの男児を得た。そこで王はすべての獄《ひとや》を解放し、捕囚者のいましめを解き、国庫に払うべき罰金を免除するよう命じた。しかしこの子は後にまた大きな苦痛を惹起したのだった（巻六、三四）。

二四

テオドルス司教（マッシリアの司教。巻六、一一）に対する新たな戦いがしかけられた。

グンドヴァルドゥスという人物がコンスタンティノポリスから帰還しマッシリア（マルセイユ）へ上陸したが、彼は自分は故クロタリウス（クロタカリウス）王の子だと称していた。ここで彼の略歴を述べておきたい。彼はガリアに生まれ大切に育て上げられ、フランクの王族として髪を束ねて背中にたらしていた。読み書きを習い、母によってキルデベルトゥス王（クロタリウスの兄）に紹介された。この時母は言った。

「ご覧くださいまし、この子はあなた様の甥、クロタリウス王の子です。父からは憎まれておりますが、どうぞ

お目をかけてやって下さいまし。あなた様の肉身ですもの」

王には子がなかったので彼を迎え入れて手許に置いた。ところがこのことがクロタリウス王の耳に入り、彼は兄王に使者を立てて言った。

「子どもを私のところへよこしてくれ」

キルデベルトゥスはただちに少年を弟王のもとへ送った。少年を見るとクロタリウスは彼の髪をそるよう命じ、

「これはわが子ではない」

と言った。クロタリウス王が死ぬとカリベルトゥス王（クロタリウスの子）が彼をひきうけた。その後シギベルトゥス王が彼をひき取ってふたたびその髪をそり、彼をアグリピネンシスの町へ送った。そこは現在コローニア（ケルン）と呼ばれている所である。

彼は同所を脱走して再度髪を伸ばし、当時イタリアを占領していたナルシス（東ローマの将軍。巻五、一九）のもとへ参じた。そこで妻を得て子をもうけ、コンスタンティノポリスへ渡った。

それから何年も経って、噂では誰かにガリアへ来るよう誘われて、彼はマッシリアへ上陸し、テオドルス司教に迎えられたという。彼は同司教から馬をもらうとムモルスの所へ赴いた。当時ムモルスがアヴェニカ（アヴィニヨン）の町にいたことはすでに述べた（巻六、一）。

将軍グントゥクラムヌス・ボソはテオドルス司教を捕縛し、外人をガリアへ呼び寄せてフランク人の王国を帝国（東ローマ）の支配下に入れようとしているという嫌疑で牢獄へ入れた。しかし人々の語るところでは、かの司教は、キルデベルトゥス王（シギベルトゥスの子）下の高官連の署名の入った書簡を持ち出して、

「我々の主人やお偉方がお命じになったこと以外、私は何もしておりません」

と言い張るのだった。しかし司教は小房に留置されて教会へ帰ることは許されなかった。

ある夜、司教がいつもより熱心に主に祈りをささげていると、小房が異様な明るさで輝いた。彼を見張っていた

番役人はあまりの恐ろしさに身体のふるえが止まらなかった。司教の頭上には大きな光の輪が、二時間のあいだ現れていた。朝になってこの番役人は居あわせた同僚にこの話を物語った。

その後司教は、ランゴバルディー人から逃れてマッシリアへたどり着いたエピファニウス司教と共にグントゥクラムヌス王の所へ護送された。エピファニウスにも共謀の嫌疑がかかっていた。二人は王のもとで取り調べを受けたが、何の犯罪も発見されなかった。しかし王は二人を監禁するよう命じ、エピファニウス司教は厳しい拷問を受けて死亡した。

グンドヴァルドゥスは、海上の島に逃れて成り行きを見守っていた。グントゥクラムヌス・ボソ将軍は、グントゥクラムヌス王下のとある将軍とグンドヴァルドゥスの所持品をわけ合い、噂によると、銀や金の塊その他おびただしい品物をアルヴェルヌス（クレルモン）へ持ち帰った。

二五

キルデベルトゥス王の統治第八年目、二月一日の前日（一月三一日）の主の日（日曜日）、トロニカ（トゥール）の町では早朝ミサの鐘が鳴り響き、人々が寝床から身を起こして教会へやって来たころ、空がかき曇り、雨とともに大きな火の玉が天から落下した。それが空中を相当距離走りくだる間、周辺は真昼のように明るくなりすべての物がくっきりと見えた。それから火の玉は雲に包まれ、あたりは暗闇になった。

川水がいつになく増えてシゴナ（セーヌ）、マトロナ（マルヌ）両川は洪水になってパリシウス（パリ）周辺を浸し、町と聖ラウレンティウスの聖堂の間でしばしば舟の難破が起きた。

二六

グントゥクラムヌス・ボソ将軍は、前述の財宝（巻六、二四）を持ってアルヴェルヌス（クレルモン）へ戻り、キルデベルトゥス王のもとへ出頭した。そこから妻女を連れて帰国したところをグントゥクラムヌス王によって逮捕監禁された。王は彼に向い、

「グンドヴァルドゥスは汝がガリアへ招いたものであろう。汝はそのため数年前、わざわざコンスタンティノポリスへ出かけておる」

と詰問した。彼は王に向い、

「あなたの将軍ムモルスが彼を出迎えてアヴェニオ（アヴィニヨン）に止め置いたのです。もしお許しがいただけますなら私が行ってムモルスを連れてきます。さすれば私にかけられた嫌疑はすべて晴れることと存じます」

と言った。しかし王は彼に、

「汝が犯した罪のつぐないをせぬ限り、退出はならん」

と言い渡した。将軍は身の危険を感じ、

「私は幼い息子をひとりつれて参りました。わがあるじの王に対します約束の証《あかし》としてこの子を人質にお取りください。もしもムモルスを連行することがなければわが幼な子を失ってもやむを得ません」

と言った。そこで王は彼の退出を許し、彼の子を手許に留めた。

さてグントゥクラムヌス将軍はアルヴェルヌス（クレルモン）勢、ヴィラヴム（ル・ヴレ）勢を率いてアヴェニオ（アヴィニヨン）に向った。しかしムモルスは策略を用い、ロダヌス（ローヌ）川にこわれ易い船を並べておいた。グントゥクラムヌス勢は不用心にそれに乗り、川の中央に来た時、船に水が入って来た。彼らは危険のただ中に放り出された。ある者は泳いで脱出し、別の者は船の破片にしがみついて岸にたどり着いた。だが多くの者は策もなく水に沈んでしまった。

とはいえ将軍グントゥクラムヌスはアヴェニオにやって来た。ムモルスの方はこれに備えて市壁の中へ入り、市のロダヌス川に囲まれていない少域にも川の支流を引っ張って来て全市に水流を巡らせ、そこに深い落し穴を掘って水でおおって見えなくさせていた。

さて、グントゥクラムヌスが到着するとムモルスは壁上に姿を見せ、

「そちらの心に真実があるのならば、岸に姿を見せよ。われもこちらの岸に立ち、ここで言葉を交わさん」と呼ばわった。こうして両者が川の支流の両側に立つと、グントゥクラムヌスが対岸に向い、

「許されるならそちらに渡りたい。内密に話し合いたいことがあるのだ」

と言った。

「来るがよい。さしつかえあるまい」

とムモルスは答えた。

そこでグントゥクラムヌスは仲間の一人と一緒に水の中に入ったが、仲間はたちまち鎧の重みで沈み、ちょうど落し穴の所だったので二度と浮き上がらなかった。グントゥクラムヌスも沈み勢いよく岸から流されたが、仲間のひとりが手で槍を伸ばし、彼を岸へ救い上げた。それから彼とムモルスはののしり合いながら別れた。

さて、グントゥクラムヌス将軍はグントゥクラムヌス王の軍隊を率いてアヴェニカ（アヴィニヨン）周辺に留まっていたが、この知らせがキルデベルトゥス王にもたらされると王は将軍が自分の命令によらないでこの挙に出たことに非常に立腹し、一度言及したグンドゥルフス（巻六、一一）を差し向けた。グンドゥルフスは町の囲みを解き、ムモルスをアルヴェルヌス（クレルモン）につれ出した。しかし数日後、ムモルスはアヴェニオに帰って行った。

二七

キルペリクス王は復活祭の祝いの前日、パリシウス（パリ）に向った。ただ、彼と彼の兄弟たちの間では誰も、彼らの中の誰かがそれを望まないのならばパリシウスには行かないという約束があったため、呪わしいことが起きるのではないかと考え、おおぜいの聖者の聖遺物を先頭に立てた。こうして町に入城し、復活祭の日は盛大に祝い、彼の幼な子に洗礼を施した。町の司教ラグネモドゥスその人が幼児を洗礼の泉へ導き、彼にテオドリクスという名を与えた。

二八

伝奏のマルクスのことは一度述べたことがある（巻五、二八）が、不正な方法で財物を貯えた後、突然脇腹の痛みを覚え、剃髪し、懺悔をして世を去った。彼の財産は国庫に没収されたが、その中には金銀その他ありとあらゆる商品があった。それらはすべて彼の魂を汚すものばかりだった。

二九

ヒスパニアから帰還した使節団は何ら確実な知らせを持って来なかった。王レウヴィキルドゥスが長男との軍事対決（巻五、三八）の真最中だったからである。

幸多き聖女ラデグンディス（巻三、七）率いる尼僧院では、アルビゲンシス（アルビ）の幸多きサルヴィウス司教（巻五、五〇）の姪、ディスキオラという少女が以下のように世を去った。彼女が病気になると同僚の尼僧たちは彼女の介護に励んだ。しかしいよいよ彼女が世を去る日が来て、およそ昼の第九時ごろ彼女は尼僧たちに言った。

「あら、私の体が軽くなったわ。痛みもなくなった。もう皆さんのお世話はいらなくなります。少し眠りたいので私を一人にしてください」

これを聞いた尼僧たちは大急ぎで小部屋を離れ、しばらくしてから戻って来た。彼女たちは少女の周りに立って彼女が何か言うのを待っていた。すると彼女は誰かから祝福を求めるように手をさしのべて言った。

「いと高き神の聖なるお使いの方、どうぞ私を祝福してくださいまし。あなたは今日、もう三度も私のために苦しまれたのですね。どうしてこんなつまらない女のためにそんなひどい目にお遭いになるのですか」

皆が一体誰に話しかけているのですかと尋ねても彼女は何も答えなかった。そしてしばらくして大声で笑いこの世を去った。

この時、当院に安置されている幸多き十字架の聖遺物からお清めをいただくためここに滞在していた悪魔憑きの男が髪の毛をかきむしり、床に身を投げ出して言った。

「うわあ、うわあ、何とひどいことになったものだ。明らかにもっと早く手を打っておくべきだった。この魂は我々の手の届かぬ所へ運ばれてしまった」

傍にいた人々が、何をお話しになっているのですかと尋ねると、彼は答えた。

「大天使ミカエルが少女の魂をうけ取って天へ運んで行ってしまったのです。皆さんが悪魔と呼んでおられる我々の親分は彼女に手を出すことができませんでした」

その後彼女の遺体を水で洗うと雪のように白く輝き、院長はそれよりも白く輝く亜麻布を用意することができなかった。結局清潔な亜麻布で遺体を包んで埋葬した。

この尼僧院の別の少女は幻覚を見て同僚の尼僧たちに物語った。旅に出ているようだった――と彼女は言った。彼女は命の泉へ行こうとしていた。しかしそこへどう行ったらよいかわからないでいるとひとりの男が彼女の前へ現れて、

「もし命の泉へ行こうとお望みならば私が先導いたします」

と言った。彼女は礼を言って先を行く男に従った。しばらく行くと彼らは大きな泉の所に来た。水は黄金のように輝き、草花は春の光の中でさまざまな宝石のような光線を放っていた。男は彼女に向い、

「これがあなたが苦労してお求めになった命の泉です。飲んで渇きを癒してください。そうすればこれは『永遠の命の流れの湧き出る泉』(ヨハネ伝、四、一四)になります」

と言った。彼女が熱心に泉の水を飲んでいると別の側から尼僧院長が現れ、彼女の服を脱がせて金や宝石のきらめく信じられないような美しい王女の衣装を着せて言った。

「あなたのお婿さんがこれをあなたに贈ったのですよ」

この幻覚を見てから彼女の心はひどくもろくなり、数日後、尼僧院長に自分がこもる小部屋を用意してほしいと頼んだ。院長がそれを用意して、

「さあ、小部屋が出来ました。で、どうしますか」

と尋ねると、彼女はこの中に籠《こも》ることを許してほしいと言った。その願いも叶えられ、乙女たちが賛美歌を歌いながら集まり、松明《たいまつ》に火がつけられ、幸多きラデグンディスが自ら手を取って彼女をその小部屋に導いた。彼女は皆に別れを言い、ひとりひとりにキスをし、中に入った。彼女の入った入口は壁でふさがれた。彼女は今もそこで祈りと読書に専念している。

三〇

この年ティベリウス帝（東ローマ）が世を去り、残された民衆は彼の死を嘆き悲しんだ。彼は非常に善意の帝であった（巻五、三〇）。気前良く施しをし、裁判では正義をつくし、判決は慎重に下した。誰をも軽んぜずすべての人を善意で包み、どんな人をも愛し、誰からも愛された。

彼は病み始めて余命いくばくもないことを悟ると皇太后（前帝の妃）ソフィア（巻五、三〇）を呼んで言った。

「もう私の最後の日が迫っているのを感じます。あなたのご意見をいただいて次に帝国を治める者を選びたいと思います。帝国の支配者には強者を選ばなくてはなりません」

すると彼女はマウリキウスを推薦して言った。

「彼は強いだけではなく智恵もあります。何度も帝国の敵と激しく戦い、そのつど勝利を収めました」

彼女は帝がこの世を去ったらこの男の妻におさまるつもりでこう言った。しかしティベリウスは、後継者の選択について皇太后との意見の一致を得たので、自分の娘に種々の帝国の栄誉を与え、マウリキウスを呼び寄せて言った。

「皇太后ソフィアの賛同をもらって汝を余の後継者に選ぶ。この選択を確実にするために余の娘を汝に与える」

娘が近づくと父は彼女をマウリキウスに引き渡して言った、

「この娘と共に帝国を汝に許す。幸せに治めるが良い。しかし常に公平と正義を愛する心を忘れるな」

マウリキウスは彼女を受け取ると自分の家へつれて行った。そして婚礼が祝われ、帝が亡くなった。国中が喪に服した後、マウリキウスは帝冠と紫衣を身につけて円形競技場に入り、盛大な歓乎の声に迎えられ、民衆に贈物をして帝国をわが手におさめた。

三一

さてキルペリクス王は甥のキルデベルトゥスからの使者を迎えた。この使節団の団長はレメンシス（ランス）の司教エギディウスだった。彼らは王の御前に招かれ、用件を尋ねられると口を開いた。

「あなた様の甥でありますわれらがあるじはあなた様との盟約の継続を求めています。あるじにはあなた様の兄上（グントゥクラムヌス）との友好は不可能なのです。なぜならば彼はわがあるじの父（シギベルトゥス）の死後マッシリア（マルセイユ）の一部を確保し、逃亡者たちを手許におさえて返してくれません。これゆえにあなた様の甥のキルデベルトゥスは今させていただいているあなた様との条約の全き継続を希望するものです」

これに対し王は言った。

「兄貴は色々良からぬことを働いてきた。わが子とも言うべきキルデベルトゥス殿が瞳を凝《こ》らしてよくご覧になれば、お父上殺害はわが兄の共謀によりなされたことがおわかりになろう」

この発言に対しエギディウス司教は答えた。

「もしあなた様があなた様の甥と同盟なさり、わがあるじもまた、あなた様と同盟いたしますならば、さっそく軍を起してなすべき復讐をなす段取りになります」

こうして誓約が固められ、人質が取り交わされて、使節団は退去した。

この誓約に基づきキルペリクスは軍勢を動員してパリシウス（パリ）に入城した。そしてそこに留まって住民に大きな厄災をもたらした。ベルルフス将軍はトロニキー（トゥール）勢、ペクタヴィー（ポワティエ）勢、アンデカヴィー（アンジェ）勢、ナムネティキー（ナント）勢を率いてビトリクス（ブールジュ）の領域に迫った。

デシデリウス、ブラダスティスの両将も自分にゆだねられた地方の全軍を率いて別の側からビトリクスの領域を包囲し、彼らが通過した地帯をひどく荒らした。

キルペリクスはせ参じた軍勢にパリシウス通過を命じ、通過が完了すると自分はメクレドネンセ（メラン）の砦に入り、周辺一切を放火にゆだねて灰燼に帰せしめた。彼の甥の軍勢はまだ彼のもとへ到着していなかったがその諸将と使者はキルペリクスのもとにいた。彼は使者を前述の諸将に派遣して命じた。

「ビトリクスの領域に侵入してその町に至り、われらの名のもとに忠誠の誓約を誓わせよ」

ビトリクス側は一万五〇〇〇人の兵をメディオラネンセ（シャトメアン）の砦に入れ、デシデリウス将軍に対し戦闘を開始した。激しい衝突が起こり、双方の側に七〇〇〇人以上の犠牲者が出た。残余の兵力を率いた諸将も町を目指し、一切を破壊し荒廃させた。これは古代にもその例を見ぬほどの暴虐だった。すべてが倒され放火され荒らされて家々も葡萄畑も木々もまったく残らなかった。教会からも聖器類が持ち去られ、建物は放火されて灰燼に帰した。

グントゥクラムヌス王は軍を率い、一切の希望を神の審判にゆだねて、自分の兄弟（キルペリクス）に向って行った。ある日、彼はすでに日が落ちてから軍勢をくり出し、兄弟の軍勢の大半を倒した。朝になって使者が行き交い、停戦条約が結ばれた。もしもどちらかが規定の範囲をふみ越えた行動を起した時には聖職者ないし人民の長老が定める補償を支払う、ということで双方納得して軍を引いた。

キルペリクスは自分の軍の略奪行為を止めることができなかったので、ロドマギンシス（ルーアン）の領主を剣で斬った。そしてすべての戦利品を放棄し、捕虜を解放してパリシウスへ戻った。しかしビトリカ（ブールジュ）の町を占領していた兵士たちは、自分の国に帰るよう命じられると、戦利品を一杯持ち帰り、彼らが引き上げた全領域からは人間も家畜もいなくなってしまった。

デシデリウス、ブラダスティス両将の軍はトロニカ（トゥール）の領域を通過したが、その際敵地で行なうのと同様の放火、略奪、殺人を繰り返した。兵たちは人々を連行し、身ぐるみ剝いでから放免した。

この厄災に続いて家畜の病気が蔓延した。どこかに何か一匹でも残っていればまだましで、若い牡牛か牝牛を誰かが目にすることはまったく珍しかった。

この間、キルデベルトゥス王は軍勢とともにずっと一か所に留まっていた。ある夜、軍に移動命令が出ると下級兵士たちはエギディウス司教と王の将軍たちに対する不満の声を挙げて騒ぎ始め、やがて公然と叫んだ。

「王の領土を売り渡し、その諸都市を他の支配に従属せしめ、その人民を別の君主の支配下に置く者どもを王の御前から取りのぞけ」

こうした大騒ぎのうちに夜が明けると彼らは武器を手に取り、司教と将軍たちを捕えて無理矢理おさえつけて暴行を加えたうえで剣で成敗しようと王の天幕に押し寄せた。

これを知ったエギディウス司教は馬に乗って逃亡し、自分の町を目指した。しかし兵たちは騒ぎながら彼を追い、彼の後ろから石を投げ、罵倒を浴びせた。ただ彼らに馬の用意がなかったことが司教に幸いした。供の者の馬が次々と疲労で倒れる中、司教だけは片方の長靴がぬげ落ちても拾う暇もなくふるえつつ一目散に駆けて行った。こうして自分の町にたどり着きレメンシス（ランス）の市壁の囲いの中に逃げ込んだ。

三一

これより数か月前、レウダスティス（巻五、四七〜四九）が、妻を受け取りトロニクム（トゥール）にとどまって良いという王の許可を持ってトロニクムへやって来た。彼はまた、彼を共同体へ受け入れるようにという諸司教の署名のある手紙を我々に見せた。

しかしこの男が共同体から追放された大きな原因であった王妃（レウダスティスはフレデグンディス王妃を中傷した）その人の一筆がない限り、私としては彼を受け入れる訳には行かなかった。そこで私は、

「王妃のお許しがあればすぐにでも彼を受け入れますよ」

と言い、王妃のところへ問い合わせてみた。すると向うからは、

「私としては大勢の人々からの要請で彼を放免せざるを得なかった次第です。こちらでこの件をどうすべきか考えがまとまるまで、どうかその男と和解なさったりお手から聖餐のパンをお与えになったりなさらないで下さいませ」

と書き送って来た。私はこの書簡を注意深く読んで、彼は殺されるのではないかと思った。そこで彼の舅《しゅうと》にあたる人を呼び寄せてこの件を知らせ、王妃の怒りがおさまるまでは用心するようにと注意した。

しかしレウダスティス本人は、これまで我々とは敵対した間柄だったので、私が神の御前で下心なく行なったこの行為を陰謀だと邪推し、すなおに従おうとはしなかった。このことは、ある老人の口から聞いた、「友にも敵にもつねに良い助言を与えよ、友はそれに従い、敵はそれをはねつける」という格言通りの結果になった。

彼は私の助言を無視し、直接王のもとへ赴いた。王は当時軍とともにメクレドネンセのほとりに逗留していた（巻六、三一）。彼はつてを求めて王へのとりなしを頼み、お目通りを求めた。そして種々のつてをたどり彼は王との面会の許しを得た。彼は王の足許に身を投げ出して好意を求めた。すると王は言った。

「しばらくお身を慎みなされ。わしが王妃に会い、いかにしてそなたが王妃の愛顧を取り戻せるかで意見が一致するまでじゃ。なにせそなたは王妃には相当ひどいことをしたんじゃ」

しかし彼は元来不用心で軽率な男だったから、王へのお目通りが叶ったことを恃《たの》み、王がパリシウスへ帰還すると、主の日（日曜日）に教会へ姿を現して王妃の足許に平伏して許しを乞うた。しかし王妃は歯をきりきり鳴らして彼の出現を呪い、彼を遠ざけると、涙を流して言った。

「わらわに対してなされた犯罪を解決してくれる筈のわらわの息子たちはひとりも残っていない。主イエスよ、この件の尋問はあなたにお任せします」と言い、王の足許に身を投げてつけ加えた、「こんな奴に目の前を自由にうろうろされて、本当に悔しゅうございます」

こうして彼が教会から追い出されてから、ミサ・ソレムニス（正式ミサ）が挙行された。

王と王妃が教会から出て来るとレウダスティスは路上でも彼らについて行った。身に起ることを予感もせず。そして商人の店をひやかしてまわり、商品をじろじろ眺め、銀の目方を測ったり（貨幣として銀貨の重さを測る）、種々の装飾品を吟味して、

「これもあれも全部買いますよ、わしの家には金銀がごろごろしていますんでね」

などと言うのだった。ところが彼がこんなことを言っていると突然王妃の従者たちが現れ、彼を縛ろうとした。彼も剣を抜いてひとりを打ち、怒った従者たちは盾と剣をふりかざして彼に襲いかかった。彼らのひとりの放った一撃は彼の頭皮と髪の毛の大部分をそぎ落とした。彼が市内の橋の上を逃げて行くと彼の足が橋の渡り板二枚の間にはさまって折れ、弱ったところを後ろ手に縛られて牢に連行された。

王は、まずレウダスティスの打撲傷が完治するまで医者に治療させ、それから彼を長時間拷問で苦しめるように命じた。そして彼はとある王領の館につれ出され、傷口が膿んで余命いくばくもなくなった時、王妃の命令で地面にあお向けに寝かされ首に太い丸太をあてがわれて反対側からのどに一撃を与えられた。こうして不実な人生を生きてきた彼は、それにふさわしい死を迎えた。

三三

キルデベルトゥス王の統治九年目、グントゥクラムヌス王は自らマッシリア（マルセイユ）の一部を自分の甥に返還した。キルペリクス王の使節がヒスパニアから帰還し、カルピタニア地方（トレド周辺）のイナゴの災害の報告をもたらした。木々も葡萄畑も森も穀物もおよそ緑のものはすべてイナゴに食い荒された。また彼らはレウヴィキルドゥス王とその息子との間の対立（巻五、三八）がますます激しくなったと報告した。

さらに疫病が地方を荒し回り、ナルボネンシス（ナルボンヌ）の町が特にひどくて病気襲来から三年目にしてようやく事態は沈静化した。しかし避難民は逃亡先から帰還すると再度病気に襲われた。

アルビゲンシス（アルビ）の町はこの病災に最もひどく苦しんだ。このころ深夜の北の空にまばゆい沢山の光線

が輝いて集まり、離れ散って消えて行った。大空の北方の領域が輝き渡ってまるで曙が訪れたようだった。

三四

このころ再度ヒスパニアの使節団が訪れた。彼らは贈物を運んで来て、キルペリクス王から、その息女（リグンティス）を昔の約定《やくじょう》に従ってレウヴィキルドゥス王の息子に嫁がせる同意をもらった。事はつつがなく遅滞なく取り行なわれて使節は帰国の途についた。

ところがキルペリクス王はパリシウス（パリ）を発ちセシオニクス（ソワソン）の村に入ると新たな悲しみに襲われた。前年この世に生をうけ洗礼の清めを受けたばかりの彼の子（巻六、二七）が赤痢にかかって死んでしまった。前章で述べたあの雲間から輝いた煌めきはその予兆であったのだ。

王家の人々は悲しみの涙に暮れてパリシウスに戻り王子を葬った。彼らはヒスパニアに送った使者に、引き返して一旦同意した約束を延期するようにと言い送った。

「わが家が悲しみに包まれている時にどうして娘の結婚の祝いなど出来よう」

と王は言った。しかし王はヒスパニアへは別の娘を嫁に出すつもりだった。その娘（バシナ。巻九、三九）はアウドヴェラ（巻四、二八）を母とし、ペクタヴェンセ（ポワティエ）の尼僧院（巻六、二九）に入れられていた。しかし彼女はこの提案に気が進まず、ことに幸多きラデグンディス（尼僧院長）は反対し、

「一旦キリストに捧げられた乙女が世俗の歓びに戻るのは良いことではありません」

と言うのだった。

三五

こんなことがあった時、王妃（フレデグンディス）は死んだ息子は魔術と呪いの犠牲になったのだという噂を聞いた。これにはかねて王妃の憎悪の的であった地方総督のムモルス（巻六、二四、二六のパトリキウスのムモルスとは別人）も関与していたという。

そんな折、その地方総督の家で催された宴の席で王の家臣のひとりが赤痢にかかった愛する息子の運命を嘆いた。するとと地方総督は言った。

「私が良い薬草を持っていますよ。赤痢にかかった人がこれを飲めば、たとえ症状が重くてもやがて快復します」

この話を聞いた王妃はますます地方総督への憎悪を募らせた。

パリシアカ（パリ）の町では何人もの女が逮捕されて拷問にかけられ、鞭打たれ、知っていることを白状させられた。彼女たちは、自分たちは魔女だと言い、多くの人を死に追いやったと証言した。それはまことに信じられない光景であった。彼女たちは王妃に告白した。

「地方総督ムモルスをお守りするためにあなた様の王子様をささげました」

王妃は女たちをさらに残酷な呵責にゆだね、ある者は扼殺し、他の者は火炙りで殺し、別の者は歯車に絡ませて背骨を砕いて殺した。

王妃は、コンペンディウム（コンピエーニュ）の館に王と一緒に出かけた時、この地方総督について聞いた事柄をすべて王に打ち明けた。王は直ちに捕吏を派遣し地方総督を連行させた。それから彼を取り調べ、鎖で繋ぎ拷問にかけた。地方総督は後ろ手に縛られて梁《はり》から吊り下げられ、どんな魔術を使うのかと尋問された。しかし彼はいま述べたような事については何ひとつ白状しなかった。しかしついに王と王妃の愛顧を得るためにこの女たちから塗薬と飲薬をしばしば手に入れていたと言った。梁から下ろされた時、彼は刑吏に声をかけて言った。

「わがあるじの王に知らせてくれ、わしはひどい拷問を受けたけれども何も痛みは感じませなんだとな」

これを聞いた王は言った。

「こんなに罰を喰らって少しもやられた様子がないとは、彼が魔術師だとは本当なのか」

そこで地方総督は滑車板に張りつけられて長時間三つ折りにした鞭で叩かれた。しかしやがて刑吏の方が疲れてしまった。その後、彼はとがった棒を手と足の爪の間に打ち込まれた。そして最後に斬首の剣が飛んで来た時、王妃の命令で命を救われた。

けれども彼には死よりもみじめな仕打ちが待っていた。彼は一切の財産を没収され、荷車に乗せられて生まれ故郷のブルデガレンシス（ボルドー）の町へ運ばれた。しかしあとわずかで終点という所で卒中の発作に襲われた。そしてそれからまもなく息を引き取った。

この後、王妃は愛する息子の持ち物はすべて、絹であれ他の羊毛のであれ服やその他の見つかる限りの物を全部集めて燃やしてしまった。それらは四台の荷車を満たす程の量だった。金銀の物は、息子を失った悲しみを思い出させぬように、原形をとどめぬよう炉に入れて熔《と》かした。

三六

リクソエンシス（リジュ）の司教アエテリウスのことは一度述べた（実際は未述）が、以下のような事情で自分の町を追われ再度迎えられた。

キノマニカ（ル・マン）の町のある僧侶が道楽にふけり女たちをたぶらかし食道楽や淫欲などあらゆる下劣な行為に手を出していたが、ある女と深い関係に陥り、一緒に異国へ行って、自分の淫行がばれないよう、彼女の髪をそり男装をさせていた。

この女は自由民の出身で良家の子女だった。ふたりはしばらくこうやって暮らしていたがやがてこのことが女の親類の知るところとなり、彼らは一族の恥をそそがんものとふたりを探し当て、僧侶を捕縛して監禁し、女を火炙りにして殺した（ゲルマンの風習）。そして「忌わしき黄金への飢餓」（アエネーイス、三、五七）からこの僧侶に値段をつけて売りに出した。彼らは、誰か買い取ってくれる人が現れるかさもなくばこの厄介者を殺して始末しようと考えた。

アエテリウス司教の所にこの話が持ち込まれると、司教は同情心に動かされて、金貨二〇枚でこの男を破滅の淵から買い戻してやった。

あやうく命拾いをしたこの男は自分には読み書きの心得があると言い、もし子供たちを任せてもらえたら自分が彼らに教えてやりたいと申し出た。司教はこれを聞いて喜び、町の子供たちを集めて生徒として彼の所へ送った。そのうちに彼は市民からの尊敬も得、司教から何がしかの地所と葡萄畑を贈ってもらい、また自分が教えている生徒の両親からは家へ招かれるようになった。

「犬はおのれの吐きたるものに帰り来たり」（ペテロ後書、二、二二）。彼は昔の自分の不始末を忘れてある生徒の母親に良からぬ欲望を抱いた。しかし廉直な母がこのことを公表したので、彼女の一族は結束してこの僧侶をこらしめ、殺そうとした。しかしまたしても司教が同情心にかられて彼を解放し、おだやかな言葉で彼に戒告し、彼の名誉を回復してやった。

ところが「生来の邪心者」（アエネーイス、二、五四）のこの男は善に心を向けられず、自分を再三死からあがない戻してくれた人の敵対者になった。彼はこの町の主助祭とぐるになり、自分には司教職につく能力があるなどと公言し、司教を殺そうと企んだ。

彼らは司教を斧で殺す仕事をする僧を雇い、動き回り、囁き合い、ひそかに徒党を組んで、司教殺害が成功し、彼が首尾良くその後釜に座ったあかつきには多大の報酬を出すなどと約束した。しかし憐れみ深い神は彼らの卑劣さをお見通しの上、悪人どもの謀略を迅速な愛で打ち破りたまうた。

司教が畑に鍬を入れるために作男たちを集めた時、例の雇われた僧が斧を持って、何も知らない司教をつけ狙った。司教はそれに気づいて尋ねた。

「なぜそんなに緊張して斧を持って私についてくるのですか」

すると僧は恐怖にふるえ、司教の膝元に身を投げ出して言った。

「ああ、『心を強く』（サムエル後書、一〇、一二）、神のしもべよ、私は主助祭とあの先生に、あなたを斧で打つよう雇われました。私はそうしようと思い何度も右手をふり上げました。しかしその度に私の目がくらみ耳がかすみ頭が恐怖でふるえ、手から力が抜けて、思ったことをやり通すことができないのです。手をおろすと、手はふつうに働いてくれます。そこで私は本当に、『あなたには神がついておわす』(ヨシュア記、一、九)ことを知ったのです。私はあなたに手を出すことができなかったのですから」

彼がそう言うと司教はさめざめと泣き、僧にはこのことは誰にも言わぬがよいと言って家へ帰り、食事の席についた。そしてそれが終わると自分の寝床に身を横たえた。彼の寝台のまわりにはたくさんの僧侶の寝台が並んでいた。

さて悪党どもは僧を雇っての謀略が失敗したので、新たな悪事を企み、力ずくで司教を除去するか或いは少なくもその職には居られぬようにする罪を司教に帰せようとした。そして皆が寝静まった深夜、悪人たちは司教の寝室に突進し、大きな声で騒ぎ立て、司教の寝室から女が走り出たぞ、だが司教の方に気を取られているうちに女を逃してしまった、と叫んだ。

何と狂った悪魔の所業であったことか。この企みにひっかかった司教は齢七〇に達していた。あの雇われた僧はただちに一味に戻った。司教は、彼が再三その首から縛めを取り去ってやった人の手で縛られ、彼が何度も汚い牢獄から救出してやった人によって厳しい監禁状態に置かれた。司教は今や敵の力が自分を圧伏したことを悟り、縛《ばく》について涙を流しつつ神の憐れみを乞うた。

するとやがて眠りが見張りの目を覆い、神意により縛《いまし》めが解けて、この悪党を何度も救ってやった人はまったく傷を負わずに脱出することができた。彼はそこから逃れてグントゥクラムヌス王の王国へ渡って行った。司教が町を離れると悪党どもはますます気儘に徒党を組んで、司教職を手に入れるためにキルペリクス王の所へ行き、司教が犯した罪についてある事ない事しゃべり立て、こうつけくわえた。

「栄えある王よ、我々の話したことはすべて本当です。司教は自分の悪業への報復の死を恐れてあなた様の兄上のお国に逃げていったのですから」

しかし王はこの話を信じないで、彼らに町へ帰るように命じた。この間、自分たちの牧者の不在を悲しんだ市民たちは、この司教の事件がすべて嫉妬と欲念の結果であることをよく知っていたので主助祭とその一味を捕えて暴行を加え、自分たちの司教が戻るようにしていただきたいと王に懇願した。そこで王は、使者を立てて、司教にはどんな犯罪も帰せられていない旨を、自分の兄に言い送った。

グントゥクラムヌス王は善良だったし、同情しやすい性質だったので司教にたくさん贈物を与え、神がご覧になっておられるのだからこの異国の司教に親切をつくすようにという自分の領域内の全司教にあてた書簡をつけてやった。司教は諸都市を訪れるとどこでも神のしもべの聖職者から歓迎を受け、着るものや黄金などどっさりもらったので、とうていすべてを自分の町へは運ぶことはできない程であった。

かくて、「神を愛する者にはすべてのこと相働きて益となる」（ロマ書、八、二八）という使徒の言葉が満たされた。異国滞在が富をもたらし、亡命が多大な財産を産んだのだった。こうして自国に戻ると司教は市民たちから盛大な歓迎を受け、皆は泣いて、教会にこんな立派な司教を帰してくれた神を賛えた。

三七

ガバリタナ（ジャヴォル）の町の殉教者聖プリヴァトゥスの聖堂の僧院長ルペンティウスはブルニキルディス女王に呼ばれて赴いた。彼は女王に不敬の言辞を弄したと、この町の領主イノケンティウスから告発を受けたのだった。しかし取り調べの結果彼の叛逆の嫌疑は晴れて彼は帰るように言われた。

ところが帰路、彼は今度はこの領主によって捕えられポンティコ（ポンティオン）の館に連行され、そこで暴行を加えられた。その後釈放され帰宅を許されたが、アクソナ（エヌ）の川縁に天幕を張ったところ、またしても敵に襲われ、力でねじ伏せられて首を搔かれ、その首は石の重りと一緒に袋詰にされて川に投げ込まれた。残りの遺骸は岩に縛りつけられて淵《ふち》に沈められた。

数日の後、羊飼いたちがその死体を発見して川からひきあげて葬ろうとした。しかし遺体の身元もわからず、首の所在も不明のまま埋葬の準備をしていると、突然一羽の鷲が川底から一個の袋を引き上げて岸辺に置いた。居合わせた人々は驚いて袋を取って開けてみると、中から切断された首が出てきた。かくて首と身体は一緒に葬られた。今でもその場所では神意の光が輝いているという。身体の弱い人がこの墓の所で真心を込めて祈れば丈夫な身体が得られるとのこと。

三八

ルテヌス（ロデズ）の司教テオドシウスは聖ダルマティウスの後継者だったが、ある日卒然と世を去った。その後この教会では司教職をめぐり争いやもめごとが絶えず、由緒ある聖器類やめぼしい品物はすべて持ち去られた。

そして司祭のトゥランソバドゥスがあとを継ぐことができず、ガバリタヌス（ジャヴォル）の領主イノケンティウスがブルニキルディス女王の力添えを得て司教に選出された。

しかし彼はその職を入手するとすぐにカドゥルキナ（カオール）の町の司教ウルシキヌスと争いを始めた。イノケンティウスはカドゥルキナ側はルテナに属すべき司教区をおさえていると主張し、この争いは長引いた。しかし何年か経て、首座司教がアルヴェルヌス（クレルモン）に自分の管区下の司教たちを集めて判定を行なわせ、誰もルテナに属した記憶のない司教区をカドゥルキナに戻すことにした。事はその通り行なわれた。

三九

ビトゥリグム（ブールジュ）の司教レミギウスが亡くなった。その後、同市の大部分が失火により灰燼に帰し、戦災（巻六、三一）を免れた地域も今回の火災で失われた。

その後スルピキウスがグントゥクラムヌス王の愛顧を得てこの町の司教座を手に入れた。このことを巡っては各方面から王のもとに贈物が届けられた。しかし王はそうやって司教座を得ようとする人々に対して言ったという。

「対価を取って司教座を売り渡すのはわが王国の習慣ではない。またそなたたちにとってもこれを物品で買うなどは良くない。そんなことをすればわしらは卑しい利益でわが身を汚し、そなたたちは魔術師シモンの同輩になってしまう。神のご覧になっている所で、スルピキウスがそなたたちの司教になるのじゃ」

こうしてスルピキウスは僧籍に入りこの町の司教になった。彼は高貴の生まれでガリアの第一級の元老院の家の子だった。自由文芸にすぐれた教養を持ち、韻文の技では当代並ぶ者のない名手だった。前章で述べたカドゥルキナ（カオール）司教区のために公会議を召喚したのはこの人だった。

四〇

ヒスパニアの使者オッピラが到着してキルペリクス王にあまたの贈物を持って来た。ヒスパニアの王はキルペリクスが、フランクの一族の女が受けた屈辱の復讐に戦《いくさ》をしかけるのではないかと恐れていたのだ。すなわちヒスパニア王の息子ヘルミニキルドゥスはキルデベルトゥスの姉（イングンディス。巻五、三八）を娶《めと》っていたのだが、自分の妻をギリシャ兵の所に置いたまま、父レウヴィキルドゥスによって監禁されていた。ヒスパニアの使者は聖復活祭の日にトロヌス（トゥール）に到着し、我々は彼に、我々と宗教を同じくするかどうか尋ねた。彼は、自分はカトリックの人々と同じ信仰であると答えた。しかし彼は我々と一緒に教会へ行ってミサ・ソレムニスに参加したが、我々と平和のキスを交わそうともせず、聖体拝受にも与ろうとしなかった。そこで我々は彼がカトリックであると言ったと取るのは誤りであると悟った。

彼は祝宴には参加してくれたので、私は彼の信仰について質問を向けた。すると彼は、

「私は、父と子と聖霊の同等の力を信じます」

と答えた。私は尋ねた。

「もしそうおっしゃるのでしたらば、どうして神へのささげものを一緒に受けようとなさらなかったのですか」

すると彼は言った。

「それは皆さんが賛歌《グローリア》を正しく唱えておられないからです。我々は使徒パウルスに従って『子による父の栄光』を賛えますが、あなたがたは『父と子と聖霊の栄光』を賛美なさるではありませんか。教会の学者たちは、父は子によってこの世に知らされたと教えています。パウルス自身の言葉を借りて申しますと、『願わくは万世の王、朽ちず見えざる唯一の神に世々限りなく名誉と栄光あらんことを（テモテ前書、一、一七）、イエス・キリストにより て栄光あらんことを（ロマ書、一六、二七）』ということでなければなりません」

これに対し私は言った。

「父が子によって知らされたことはカトリック信者の誰も否定はいたしません。ですが父は、子自身が神に等しい諸力を示すことでこの世に知らされたのです。父がこの世に知らされるためには子を送り出すことがどうしても必要でした。

この世の人々は預言者の言葉も族長の言葉も立法者モーセの言葉も信じなかったので、それならばせめて子の言葉は信じて、神を知ってほしいという願いからこうなっているのです。ですから神の栄光はペルソナ（人格）の形を取るのが必然なのです。それゆえ我々は、『子を送りたまいし父なる神に栄光あれ、血でこの世をあがないたまうた神なる子に栄光あれ、あがなわれた人間を聖別する神なる聖霊に栄光あれ』という風に言うのです。

だいたい、『子による父の栄光』というあなたがたの言い方では、まるで子は父をこの世に知らしめたがゆえに父ほどの栄光にはあずかれないと言っているみたいです。これでは、子から栄光を剝奪しているようなものです。よろしいかな、子は父をこの世に知らしめたまうたのです。だがこの時多くの人はそれを信じなかったのです。ヨハネ（福音作者）は、『かれはおのれの国にきたりしに、おのれの民はこれを受けざりき。されどその名を信ぜし者には神の子となる権をあたえたまえり』（ヨハネ伝、一、一二）と言いました。

あなたは使徒パウルスを曲解して、その真意を理解できないでいなさるが、彼が言葉を選んで、誰にでもわかるように述べているのをわかっていただきたいです。彼は信仰心のない種族の間で布教した時は難しいことは全然言っていないのですから。彼はその人々に向い、『われ汝らに乳のみ飲ませて堅き食物をあたえざりき。汝らその時喰らうこと能《あた》わざりしゆえなり、汝らは今も喰らうことあたわず（コリント前書、三、二）、堅き食物は成人の用うるものなり（ヘブル書、五、一四）』と言い、また別の人々には、『我はイエス・キリスト及びその十字架にかけられたまいしことのほかは汝らに何も示さざりき』（コリント前書、二、二）と言っています。

あなたはパウルスがキリストが十字架にかけられたことしか示さないので、主が復活したまうたことの方は信じない、とでもおっしゃるのでしょうか。それならあなたは異端者になってしまいますよ。

なおパウルスが信仰が堅いと思った人々に語った言葉から、彼がいかに慎重で、かつ賢明であったかに注意してください。『かつては十字架によりてキリストを知りしが、今より後はかくの如くして知ることをせじ』（コリント後書、五、一六）とね。もしもあなたがそんなにも頑固一徹にパウルスの言葉を受け取られるのなら、どうかキリストの磔刑《たっけい》も信じないでいただきたい。

ただ、まあ、そうはなさらず、よりよい考えを受け入れて下さい。疲れ目には目薬をうって下さい。そして使徒の教えの光を受け止めてください。パウルスは人々をそびえる信仰の高みへ引き上げるために人々の立っている低い所へ身をかがめました。そしてある所では、『われすべての人のために、すべてのものとなれり、これいかにもしていくばくかの人を救わんがためなり』（コリント前書、九、二二）と言っています。

父が天より一度ならず、二度、三度とたたえた子の栄光を死すべき人間がたたえられない訳がありません。主が洗礼者ヨハネの手から洗礼を受けたまうた時、聖霊が降り、天から声が聞こえました、それをお聞きください。『これはわが愛する子、わが喜びなり』（マタイ伝、三、一七）と。

もしもこれが聞こえないほどにあなたの耳がふさがれているのなら、山上でイエスが栄光のうちに変容し、モーセとエリヤと語りたまうたのを聞いた使徒たちの言葉を信じていただきたいものです。輝く雲間より父ははっきりと、『これはわが慈しむ子、わが喜びなり、汝らこれに聞け』（同、一七、五）と語られたのです」

この私の長広舌に対し彼は異端者として応答した。

「引用なさった諸文書でもすべて彼が父の子であることを証するだけで、父がその子の栄光を語っているとは言えないではありませんか」

私は言った。

「そうお取りになるのなら、父が子の栄光を述べたくだりも言わねばなりますまい。主が受難に赴きたまうた時、主は、『父よ、子が汝の栄光をあらわさんために、汝の子の栄光をあらわしたまえ』（ヨハネ伝、一七、一）と述べています。父はこれに何とお答えになったでしょうか。父は、『われすでに栄光をあらわしたり。また更にあらわさん』（同、一二、二八）と答えたのではなかったですか。

いかがですか。父はご自分の声で主に栄光を与えておられますよ。これでもあなたは彼の栄光をお認めにならないのでしょうか。どうもそうなさりたいようですが、実はそれがおできにはならない。

あなたはパウルスに文句を言いたいようですがどうかパウルスの中のキリストの声をお聞き下さい、『すべての舌、イエス・キリストは神の栄光のうちなる主なりと言い表わさん』（ピリピ書、二、一一）と。主は父と同じ栄光を持ち、父と同じ栄光のうちにあるので、あなたが主を栄光なき者と思いたくても、それは不可能なのです。大体、父と同じ栄光の下で天上で支配なさっておられるお方に、我々地上の人間たちの間での栄光がないはずがありません。我々は神の子なるキリストを真の神だと認めない訳に行かないのです。神性がひとつであるのならば栄光もやはりひとつなんですよ」

彼はこれを聞くと黙った。そして議論は終り、彼はキルペリクス王の所へ行きヒスパニアの王が彼に託した贈物をささげ、ヒスパニアへ帰って行った。

四一

キルペリクス王は、兄のグントゥクラムヌスが甥のキルデベルトゥスと和を結び、その助力でキルペリクスが武力でかすめ取った諸都市を取り戻そうとしていることを知ると、全財産を携えてカマラケンシス（カンブレー）の町に退き、価値のありそうなものは全部そこへ運んだ。

それから諸将、諸領主に使者を派遣し、城壁を修復し、財産と妻子を壁のなかに囲い、必要とあらば、敵側の脅威を取り除くためこちらから戦《いくさ》をしかけるように言い送り、またつけ加えた。

「もしもその際損害を受けるようなことがあっても、われらの復讐の折にはそれ以上の利益を挙げ得るものと心得られよ」

勝利の完遂がただ神の手のうちにのみあることを王は悟らなかった。その後しきりに軍を動かしたものの味方の領域外には出ぬように命じた。

こんな日々のうちに王にはひとりの男児が誕生した。彼は赤ん坊をヴィクトゥリアケンシス（ヴィトリー）の館で育てるように手配し、言った。

「もしもこの子を公衆の目にさらせば、何か悪いことが起きて命を落すのではないか」

四二

キルデベルトゥス王はイタリアへ侵入した。これを聞いたランゴバルディー人はフランク勢から痛い目にあうのを恐れ、その支配に服し多くの贈物を贈り、忠誠を守る約束をして臣従した。事が思いどおりに運ぶと王は軍をガリアへ帰し、改めて軍を徴集してヒスパニアに侵攻するよう命じたが、これは行なわれなかった。

キルデベルトゥス王は先立つ数年前、マウリキウス帝（巻六、三〇）から、ランゴバルディー人をイタリアから追放する約束で五万枚のソリドゥス金貨を受け取っていた。帝は、王がランゴバルディーと和したと聞くと、この金の返還を求めた。しかしキルデベルトゥスはおのが武力を恃《たの》み、この要求を無視した。

四三

ガリキア（スペイン北西部）では新たな出来事が起きた。先述（巻五、三八）の個所から語り起こそう。ヘルミニキルドゥスは父王と敵対して妻とともにとあるヒスパニアの町にいたが、皇帝（東ローマ）とガリキアの王ミロ（巻五、四一ではミルス）の援助を恃《たの》み、父が軍勢をひきいて自分のところに襲来することを知ると、これを迎えうって父を倒す計画を練った。

哀れにも彼は、異端とはいえ実の父に刃向えばどんな神の裁きを受けるか知らなかった。そしていよいよ臍《ほぞ》を固め、幾千の兵の中から三〇〇人を選抜して武装させオセルの砦にたてこもった。同所の教会には神意により湧き出る不涸の泉（巻五、一七）があり、大軍とはいえ下位に立つ父軍はさだめし恐れて攻めあぐみ、これを撃破するのは容易だと思ったのだ。

この策略を見抜いたレウヴィキルドゥス王は、あれこれ考えを巡らせ、

「もしも全軍をひきいて向えばわが軍は一か所に押し込められ、投槍の攻撃を受けて壊滅的打撃をこうむるだろう。かといって少数で向っても強力な敵兵を屈服させることはできない。それならここは、やはり全軍をひきいて行こう」

と、敵地に接近し、敵軍を破って砦を破壊した。ここまでの経緯はすでに述べた。

ヒスパニア王はこの勝利の後、ミロ王が軍勢を率いて自分に対峙していることに気づいたが、これを包囲して、屈服させ、将来の臣従を誓わせた。両軍は贈物を取り交わしそれぞれの国に引き揚げた。しかしミロ王は自分の国に帰ると日ならずして病の床について死んだ。彼にはヒスパニアの悪い水と澱んだ空気が災いしたのだった。

彼が亡くなるとその息子エウリクスがレウヴィキルドゥス王の承認を求め、父と同じ誓約を果たしてガリキアの王に就任した。ところが同年のうちに彼の姉妹と婚約していた親戚のアウディカが軍勢を率いて現れエウリクスを捕えて僧にし、彼を助祭あるいは司祭に任ずるように命じ、自分は舅《しゅうと》の妻をめとってガリキアの王国に君臨した。

レウヴィキルドゥスは捕えた息子のヘルミニキルドゥスを自分と一緒にトレトゥム（トレド）の町へ連行し、そこから遠国へ追放した。ただ、息子の妻をギリシャ兵の手から奪うことはできなかった。

四四

この年には、イナゴの大群が、五年にわたり荒らしつづけたカルピタニア地方（スペイン、トレド周辺。巻六、三三）から出発し、公道を進んで近隣地方に広がった。その範囲は長さ一五〇ミリア（約二二五㎞）、幅一〇〇ミリア（約一五〇㎞）だった。この年にはガリアでも様々な怪異が見られ、人民は散々な目に遭った。一月に薔薇の花が咲き、太陽のまわりを雨後の虹色のように多彩にかがやく輪がとりかこんだ。霜害が葡萄畑をひどく痛めた。それに続いて至るところ嵐が吹き荒れ、葡萄畑と作物を荒らした。かろうじて霜害を免れた作物は大旱魃《だいかんばつ》で台無しにされた。葡萄の房はやせていたが、まったく房をつけない所も多かった。人々は神に怒りのこぶしを上げた。そして葡萄畑の入口を開放して家畜や馬牛をなかに入れ、哀れにも自分で自分に害を加え、呪いの文句を吐いた。

「こんな畑には永遠に実がならなきゃいいや」

七月に果実をつけた木々は九月にもういっぺん実をつけた。家畜病が蔓延して、動物はほとんど死に絶えたようだった。

四五

さて九月一日にゴート人の大使節団が（キルペリクス王娘リグンティスをヒスパニアに迎えるため）キルペリクス王のもとに到着した。そのころ王はすでにパリシウス（パリ）に移っていたが、あちこちの王の屋敷からおおぜいの下僕を集めて車で運び集めるよう命じた。多くの者は行くのを泣いて拒んだが、王娘のお供をさせるために強制的にかり出され、見張りをつけられた。

この時、多くの者が親しい人々と別れるつらさに耐えかねて首吊り自殺をしたということである。息子は父から離れ、娘は母から離され、おいおい泣き声を上げ、呪いの言葉を口にしつつ連行されて行った。パリシアカ（パリ）の町は哀泣の声に満ちた。この声はかのエジプトの哀泣とくらべ得るものであった。

多くの良家の者は同行を強制されるにあたり、遺書を作成して自分の財産を教会に託した。彼らは、王娘がヒスパニア領内に入ったら、自分は埋葬されたものとして、この遺書をただちに開封するよう依頼した。

そのうちキルデベルトゥス王の使者団がパリシウスに到着し、キルペリクス王がキルデベルトゥス王の父（シギベルトゥス）からうけ継いだ諸都市のものは持って行かぬように、また相続した財産を娘の贈物にせぬよう、奴隷、馬、軛《くびき》に繋がれた牛などの類にも手をつけることのないように、キルペリクス王に確約を求めた。

この使者団のひとりがひそかに殺されたらしい。犯人はわからなかったが疑いは王に向けられた。キルペリクス王はそれらには手をつけぬと約束し、フランクの重臣たちやその他の忠臣たちを呼びあつめて娘の結婚を祝った。

さてゴート人の使節団は娘を受け取り、彼女には莫大な財産が譲られたが、その他にも彼女の母が金銀衣装など、王がこれを見てもはや手元には何も残らぬのではないかと考えたほど、たくさんのものを娘に与えた。王妃は王の心を読み取ってフランク人たちに向って言った。

「これらを歴代の王からうけ継いだ財産だとはお考えくださるな。ご覧の品々はすべて私のふところから出ているものばかりです。私には偉大なわが王からのたくさんのいただきものがありますし、私自身が稼いだものもあります。私がいただいている領地からのあがりや貢物もたくさんございますし、あなたがたからもいっぱい贈物をいただいております。あなたがたがご覧の品々はこういったものばかりなんですのよ。まったく私は国庫には手はつけておりません」

♔エジプトの哀泣　モーセに率いられたイスラエルの民がエジプトを脱出するに際し，神はエジプト中の長子を殺し，人々は嘆き哀しんだ（出エジプト記，12，30）。

王の心はこの言葉でころりとだまされたのだった。これらの金銀装飾品などの物品は莫大な量になり、これを運ぶ車は五〇台に達した。フランク人も多くの贈物を贈った。ある者は金を、別の者は銀を、多くの人が馬を、少なからぬ人々が衣装を、それぞれできる限りの贈物をさしだした。

こうして娘が泣きながら別れを告げて人々にキスをして門を出た時、彼女の乗った車の車軸のひとつが折れた。皆は、

「良くないことが起きた」

と言った。これを何かの予兆と取る人々もいた。パリシウスを出て八番目の里塚の所で、王娘は天幕を張るよう命じた。

すると夜に五〇人の男たちが、最上の馬一〇〇匹と同数の黄金の馬具、大皿二枚を盗んで逃亡し、キルデベルトゥス王のところへ走った。またおよそ旅の間中、逃げる機会を持った人は皆、盗める物を盗んで逃走してしまった。

旅程の途上の諸都市はこの一行のために高い出費を強いられた。王はこの旅のためには国庫からは鐚《びた》一文出さず、すべて貧しい人々の供出により賄うよう命じていた。そして、兄（グントゥクラムヌス）か甥（キルデベルトゥス）が途中で罠をしかけている疑いが王の脳裡から去らなかったので、行列は軍隊によって警護するよう指示されていた。

一行には、ムモルスの息子のボボ将軍が妻とともに新婦付添人として参加したのをはじめ、ドメギセルスとアンソヴァルドゥス（巻六、一八）、かつて領主としてサンクトナス（サント）を治めた家宰のワッドなど錚々《そうそう》たる顔ぶれが加わっていた。

行列に参加した人の数は四〇〇〇人を超えた。ほとんどの将軍や近習はペクタヴス（ポワティエ）まで同行して帰ったが、上述の人たちはもっと先まで随行した。

彼らは旅の途中で、言うも憚られる略奪と搾取を繰り返した。貧しい人々の小さな家が強奪の対象になり、葡萄

キルペリクス王の暗殺を見守るフレデグンディス王妃。王暗殺現場の背後に王妃が居るこの絵は我々のテキストとは一致しない。(『サン・ドニ大年代記』の写本画，1420年頃，トゥールーズ市立図書館)

畑からは房のついた蔓が切り取られ、家畜は持って行かれ、その他目に入るものはすべて取られ、一行の通り過ぎたあとには何も残らなかった。これは実に預言者ヨエルの言葉、「青虫の残せるものをイナゴがくらい、イナゴが残せるものをバッタがくらい、バッタの残せるものを黒穂病がおそえり」（ヨエル書、一、四）の通りであった。この時には、霜が残したものを嵐がおそい、嵐が残したものを旱魃《かんばつ》がおそい、旱魃が残したものを軍隊が取って行った。

四六

この略奪の一行が進んでいる間、我々の時代のネロ、ヘロデとも言うべきキルペリクスはパリシウス（パリ）から約一〇〇スタディア離れたカレンシス（シェル）の館に行き、狩に没頭した。ある日、狩から帰るとすでに夜闇が降りていた。王は馬から下りるため、下から支えてもらい、従僕の肩に手をおいた。すると誰かが走り寄り、小刀で脇の下を刺し、次いで下腹をぶすりとえぐった。大量の血が口と傷口から流出し、王はその業の深い一生を終えた。

彼の生涯の悪業についてはこれまで種々述べた通りである。彼は何度も広い国土を荒らし、放火し、それを悲しむどころかむしろ楽しんでいた。それは、宮殿に放火して悲劇を朗々と歌うネロの姿そのものだった。かれはしばしば人が資産家であるために不当に罪を着せた。またその統治時代には僧籍にある者が司教職を手に入れることは困難だった。彼は食のとりこであり、「おのが腹を神となし」（ピリピ書、三、一九）ていた。

彼は自分より賢い者はないと公言し、セドリウス（巻五、四四）を模倣した二冊の本を書いたが、無知のため、その詩行はでたらめな詩脚に分節されて、長音節の所に短音節が、短音節の所に長音節が置かれていた。また、賛美歌やミサなどの小品も書いたが鑑賞に耐え得るものではなかった。

彼は貧者について考えることを嫌い、神のしもべを絶えずあざけっていた。彼にとって気の置けない人々が集まった時には、教会の司教を馬鹿にし冗談の種にするのが何よりの楽しみだった。彼はある司教を軽薄だと言い、他の司教は傲慢、別の司教は浪費家、別の司教は享楽家、ある者はうぬぼれ、ある者は高慢と言い、教会ほど彼の憎しみの対象はなかった。彼はよくこんなことを言った。

「我々の国庫は空っぽだ。我々の富は教会へ持って行かれてしまった。司教でなければ国内統治も出来ない。我々の栄誉は消え、諸都市の司教が全部さらって行ってしまった」

こう言いつつ、彼は絶えず教会に託された遺書を無効にし、自分の父の遺命でさえ、もはや故王の遺志を守る者などいなくなったと言って、しばしば踏みにじった。

この王が実行に移さなかった快楽や放蕩を思いつくことはできない。彼は常に貧しい人々を苦しめる新しい工夫を探していた。最後には、誰か罰すべき人物を見つけるとその人の目をえぐり出すよう命じた。彼が用件のために裁判官に発送した書類には、

「もしも何人《なんぴと》か、われらの指図に背くことあらば、当人の目をえぐり出して処罰すべし」

と書き加えられていた。彼は誰をも本当に愛したことはなく、誰からも本当に愛されたことがなかった。それゆえ彼が亡くなった時、まわりの者は皆、彼から離れていった。

シルヴァネクテンシス（サンリス）の司教マルルフスは、この時天幕に伺候《しこう》していたが三日目になっても王に目通りができないでいた。彼は王が殺されたと聞いてそのもとにかけつけた。そして、遺体を清めて正装に着替えさ

せ、夜通し賛美歌を歌った後、王を舟に乗せ、パリシウスのヴィンケンティウスの聖堂に運び葬った。王妃フレデグンディスは教会に取り残された。

キリストの御名により『歴史』第六巻終わる。

神に感謝、アーメン。

第 7 巻

キルデベルトゥス王に槍を授けるグントゥクラムヌス王（『サン・ドニ大年代記』の写本画，1420 年頃，トゥールーズ市立図書館）［7，33］

第七巻目次始まる

一四、君主のグントゥクラムヌスへつかわされたキルデベルトゥス王の使者
一五、フレデグンディスの悪業
一六、プレテクスタトゥス司教の帰還
一七、プロモトゥス司教
一八、殺されぬようご用心と言われた王
一九、王妃への別邸引退勧告
二〇、彼女がブルニキルディスへ刺客を放つ
二一、エベルルフスの逃亡と見張り
二二、彼の悪業
二三、仲間と一緒に殺されたユダヤ人
二四、ペクタヴァの町の略奪
二五、マリレイフスの強奪
二六、グンドヴァルドゥスの諸都市巡回
二七、マグヌルフス司教への不正
二八、前進する軍勢
二九、エベルルフスの最期
三〇、グンドヴァルドゥスの使者
三一、殉教者セルギウスの聖遺物
三二、グンドヴァルドゥスの別の使者
三三、キルデベルトゥスの伯父王グントゥクラムヌス訪問

目次終わる

第七巻始まる

一

順次物語ってきた話の続きを物語る前に、今年世を去ったサルヴィウス（巻五、四四、五〇）の死について述べたい。これは私の彼への畏敬の念からである。

彼は、自ら語るところでは長く俗界に身を置いて、世俗の要人たちと世俗の用件を追求してきた。とはいえ若者の心が巻き込まれるような欲望に身を染めたことは決してなかった。そして神の芳香の息吹がはらわたに染みた時、彼は俗界の職務をなげうって僧院の門を叩いた。この時すでに彼は神に心をささげており、神への畏敬とともにある貧窮が、空しい世俗の富の追求にまさることを知っていた。

彼は長く僧院の父祖たちの規律の下で暮らした。そして知力も年齢も熟し切った時、僧院をひきいていた院長が亡くなり、僧団の育成が彼の肩にかかって来た。とはいえ教育者として公務につく立場にありながら、その役を引き受けると彼はますます身を遠ざけた。そして以前にもまして辺鄙《へんぴ》な所に僧房を求めた。自分で語るところ、彼はこれまですでに過度の節制に自分の皮膚をすり切らすこと、九度以上に及んだという。役職に就いても節度を守って祈禱と読書に明け暮れ、院長として公衆の面前に対するより修道僧の中にうずもれている方がずっとましだと常に繰り返した。

あげくの果て、彼は僧団と別れの挨拶を交わしてひきこもり、以前にもまさる禁欲生活にうち込んだ。そして慈悲の勤めに励んで、はるばるおとなう人があると祈りをささげ、感謝しつつ聖餐のパンを分け与えた。こうした営みで彼はおおぜいの病人に完全な健康を取り戻してやった。

ある時彼は高熱に病み疲れ、あえぎながら寝台に身を横たえた。すると突然僧房が明るい光で満たされて振動した。彼は手を天にのばし、感謝の動作をしつつ息絶えた。

僧たちと彼の母が哀泣しつつ彼の遺体を運び出し、水で清めて服を着せて担架に横たえ、泣きながら賛美歌を歌って更けゆく夜を過ごした。

さて朝になって皆が埋葬の準備をしていると担架の遺体が動きはじめた。そして頰が赤らみ、彼はまるで深い眠りから覚めた人のように身を起こし目を開けて手をのばし、

「ああ、慈悲深い主よ、私をこのほの暗い俗界の場所にお戻しになったのはなぜでしょうか。私には無益な現世の命より天上のあなたのお慈悲の方がずっとましなものですのに」

と言った。並みいる人々が驚いてこの不思議は一体どうしたことでしょうと尋ねたが彼は何も答えなかった。それから担架から離れ、あれほど苦しんだ病の気をまったく感じさせずに飲食を断って三日断食の勤行に入った。そして三日目、彼は僧たちと母を呼んで言った。

「みなさん、お聞き下さい。みなさんがこの世で目にするものは実に空しいものです。預言者ソロモンとともに語るなら、『一切皆虚《いっさいかいきょ》』（伝道の書、一、二）なのです。天上の神の栄光を知り得るようにこの世の物事を行なうことができる人は幸せです」

彼はこう言うと、その先を言おうかどうか迷い始めた。彼は黙ったが僧たちの、見てきたことを語ってほしいという願いにうながされて口を開いた。

「四日前、僧房が揺れて私が死んだことはご覧になりましたね。あの時私は二人の天使に支えられて天の高い所へ昇って行きました。この惨めな地上ばかりか、太陽も月も、雲も星も、私の足の下にあると私は思いました。それから私は光よりも明るい門をくぐってとある建物の中に導かれました。そこの床は金銀のように輝き、その美しさはとても口では表しがたく、その広大さはまったく言葉で表現できるものではありませんでした。その空間には男女の群れが満ち満ちていてこの集団の端《はし》が一体どこにあるのやらさっぱり解りません。

先に立つ天使たちが群集を分けて道を開いてくれ、私たちは遠くから目に入っていたある場所に着きました。そこにはどんな光よりまぶしい雲が垂れ込めていて、太陽も月も星も見えませんが、それらすべてにまさる自然の光がきらきらと輝いていたのです。

そしてまるで『多くの水の声のごとき声』（ヨハネ黙示録、一、一五）が雲間より響いてきました。すると僧服や世俗服を着た男たちが恭しくこの罪深い私に挨拶をしてくれました。その人たちは、私たちがこちらの世界で尊敬している殉教者や告白者たちだと案内の天使が教えてくれました。

私が指示された場所に立つと、極めて甘い香りが私を包み、一旦この香りの味を知った私は今でももはやこちらの飲食物は少しもほしくない程です。この時私に、『この者はわれらの教会に必要なゆえに世俗界へ戻るべし』と言う声が聞こえました。さて声は聞いたのですが、話している人の姿は全く見えませんでした。

私は泣きながら床に身を投げ出して、『ああ、ああ、主よ、なぜあなたはこれらのものを私にお示しになりながらこれを私に与えて下さらないのですか。あなたは今日私をあなたの御前から投げ返して脆いあの地上へ戻し、こちらへはもう帰って来れなくしておしまいになるのですか。ああ、どうか、私からあなたのお慈悲を取りあげないで下さい。ここに住まうことをお許しください、下へ墜落して失せることのないように』と訴えました。すると私に話しかける声は、『安心して行くが良い。われは汝をここへつれ戻すまで汝の守護者であるぞ』と言いました。そこで私は他の人たちと別れて泣きながら先程くぐった門を出てまたこちらへ降りて帰ってきました」

彼がこう言うとそこにいた人々は皆感歎の声を放った。しかし神のしもべはまた目に涙をうかべて話し始めた。「こんな神秘を口にするとはまた大それたことをしてしまった。あの聖なる場所からいただき、三日間、飲まず食わずの断食の間も失われなかった甘い香りがなくなってしまった。そして私の舌は重い傷でふくれあがり私の口をふさいだようだ。どうやらこの秘密を打ち明けたことが神のお気に召さなかったようだ。でも、われらの神よ、私はこれを『単純な心で行ない』(創世記、二〇、五)ましたので、決してひけらかしのつもりでしたのではありません。どうぞ私にお慈悲をくださりあなたのお約束通り私を見捨てないでください」

彼はこう言うと黙り、食物と飲物をうけ取った。

私はこの話は読者に信じてもらえないのではないかと思う。歴史の作家サルスティウス(巻四、一三)とともに語るならば、「あなたがたが良き人の善行や栄光について語る時、人は容易に実行できることは平静に聞いてくれるがそれを超えた事柄は作り話だと取る」(カティリナの陰謀、三)のである。それゆえ私は神に証人になっていただきたい。私はこの報告すべてを当人の口から知ったのだから。

長い時間が経ってこの幸多き人は司教に選ばれて彼の僧房を離れた。それは彼が望んだことではなかった。

それから一〇年ほど経った時だったと思う、あの下腹部の病《やまい》がアルビゲンシス（アルビ）の町を襲い、同所ではほとんどの住民が死んでしまい、ごくわずかの人がとどまっている状態になった。この時この幸多き人は、良き牧者としてその場所を離れようとはしなかった。

彼は常に残った人々に、一生懸命祈り、夜の勤行《ウィギリア》を真面目に果たし、善いことを行ない善いことを考えるように励まし、こう言うのだった。

「神様があなたがたをお召しになる時は、あなたがたが裁きの場ではなく安息の場に行けるよう、こうしたことを行なうのですよ」

それから神のお告げにより自分の召喚の時を知った彼は、自分で石棺を用意し、身体を洗い衣服を着替えて、常に憧れていた天国へ召されていった。

彼は聖性に秀で欲望少なく、金を持とうなど少しも思わず、そうしたものを持たされてもすぐに貧しい人々に施してしまった。彼の在任中、パトリキウスのムモルス（巻六、二六）が多くの捕虜を彼の町から連れて行ったが、彼はあとを追いかけて全員を返してもらった。神様のおかげで人々の間での彼の声望は非常に高かったので、捕虜を連れ去った人たちも彼からは代償を取ろうとはしなかったし逆に彼の方が何か贈物をもらってきたほどだった。彼はこうして故国の捕虜を解放しもとの境遇に戻してやった。私はこの人の善行はたくさん聞いているのだが、やり始めた歴史の記述に戻るため、大部分は省略する。

二

キルペリクス王が長い間かかって探し、たどりついた死の後、アウリリアネンシス（オルレアン）の住民とブレセンセス（ブロワ）人が結託してドゥネンセ（シャトーダン）を襲撃し、不意を突かれたドゥネンセ側を粉砕し、家や畑の収穫物など容易に運べないものはすべて焼き払い、家畜や簡単に運べるものは全部持って行った。

彼らがひきあげると、ドゥネンセ側はカルノテナ（シャルトル）の住民と一緒に彼らのうしろを追いかけて、自分たちがやられたのと同じことを彼らにやりかえし、家の中も家の外も家そのものもまったく容赦しなかった。しかしこの追い手の両者（ドゥネンセ勢とカルノテナ勢）が仲間割れしてはげしく争い始め、アウリリアネンシス側は武器をつかんで反撃した。

この時、領主たちが仲裁に入った。裁定が行なわれるまでの停戦が成立し、裁定の日には不正に暴行を働いた側が補償を支払うことになった。こうして戦いは止んだ。

三

またの名をアヴスというヴィダスティスは、数年前にルプスとアムブロシウスを殺害し（巻六、一三）、愛人関係にあったアムブロシウスの妻と結婚した。この女はアヴスの従姉妹《いとこ》だということであった。さてアヴスはペクタヴス（ポワティエ）の領域でもっぱら悪事を働いていたが、ある所でサクソン人のクルデリクスという者と刃傷事件を起こし、互いに罵倒を投げ合いクルデリクスの従者のひとりが槍でアヴスを突き刺した。彼は地面に倒れた所で滅多刺しにあい、おびただしい血を流して殺された。彼はわが手で無辜《むこ》の人の血を流したために恐ろしい復讐の女神の餌食になったのだ。

彼には窃盗、姦淫、殺人などお手のものだったが、それについては何も言うまい。ただこのサクソン人（クルデリクス）は彼の息子たちに殺人の賠償金を支払った。

四

未亡人になったフレデグンディス（キルペリクス王の妃）はパリシウス（パリ）に入り、市壁内に保管してあった財産を携えて教会へ駆けこみ、司教ラグネモドゥスの庇護を求めた。カレンシスの館（キルペリクス殺害の場所）に残してきた財宝は、最近作成されたあの盆（巻六、二）も一緒に、内蔵寮《くらりょう》の役人たちが、当時メルデンシス（モー）の町に滞在していたキルデベルトゥス王の所へ急いで運んで行った。

五

王妃フレデグンディスは側近の助言をいれてグントゥクラムヌス王に使者を送り、

「わがあるじの君にはこちらにご来駕賜り、ご兄弟の王国を領されんことを。わが幼き子も君のかいなに抱かせたく、この身はわがあるじの君のご庇護をつつしんでお受けする所存でございます」

と言わせた。兄弟（キルペリクス）の死を知るとグントゥクラムヌス王はさめざめと泣き、悲しみが鎮まると軍をパリシウスへと進めた。グントゥクラムヌス王が町壁の中に入ったころ、彼の甥のキルデベルトゥス王は別の側からパリシウスにやって来た。

六

しかしパリシウス（パリ）側はキルデベルトゥス王の受け入れを拒否したので、王は、グントゥクラムヌス王のもとへ使者を走らせて言わせた。

「敬虔な父よ、われら両名のあいだにはこれまでいかなる敵の障害が横たわっていたか、尊いお心には隠れもなき事実です。われらのどちらにも当然手にすべきものが手に入っていないのですから。ですからわが父逝去ののちにあなたと交わした誓約（巻五、一七）を今も有効なものとしていただきたくお願いにあがった次第です」

これを聞いてグントゥクラムヌス王は使者たちに言った。

「よくもぬけぬけと言いおるな、不実な者らよ、汝らの言葉に真実はなく汝らの約束は反古《ほご》に等しい。汝らはわしとの誓約をすべて踏みにじってキルペリクス王と誓約を取り交わし、わしを王国から追放して、わが諸都市を自分らで分け合おうとしたではないか。わしはその証文を持っておる。よく見るがいい、ここに汝らの合意を堅める汝らの署名があるではないか。汝らは、わが甥のキルデベルトゥス殿をわが敵《かたき》にしておきながら、一体どの面《つら》さげてこのわしに、キルデベルトゥス殿のために便宜を図ってほしいなどと頼めるのか」

するとと使者たちは言った。

「お怒りはごもっともながら、一旦あなた様の甥子様にお約束くだされし事柄のご配慮がいただけないのならば、せめて、故カリベルトゥス王（グントゥクラムヌス王の兄弟）の領地から、わが君の取り分までお取り上げになるのはおやめいただきたい」

そこで王は言った。

「では汝らにこの条約を見せてやろう。これには、わしら兄弟が他の兄弟の了承なしにパリシウスに入城した場合にはその取り分を失うとある。告白者の聖ヒラリウス、聖マルティヌスとともに殉教者ポリオクトゥスがこの条約の違反者を裁き、処罰を与えたまうのじゃ。わが弟のシギベルトゥスはこの誓約の後にパリシウスに入り神の裁きを受けて身を滅ぼし、その取り分を失った。キルペリクスも同じことをしたのじゃよ。両名はこうやって身を滅ぼしてその取り分を失った訳じゃ。彼らは神の裁定と条約にそむいた呪いによって身を滅ぼしたのだから、カリベルトゥス王の領土と財産は正当な理由によってわしがうけ取るのじゃ。何人《なんぴと》もわしの自由意志による以外にはここから何かをうけ取ることはない。わかったら、汝ら嘘つきの詐欺師どもよ、立ち去ってこのことを汝らの王に伝えるがよい」

七

彼らが立ち去ると、キルデベルトゥス王の別の使者がグントゥクラムヌス王を訪《とぶら》い、フレデグンディスの身柄を要求して言った。

「あの人殺し女をこちらにお引渡し願いたい、彼女はわが伯母（キルデベルトゥスの母ブルニキルディスの姉ガルスインタはキルペリクスに嫁いで殺された。巻四、二八）を扼殺《やくさつ》し、わが父（シギベルトゥス）を殺しわが伯父その人（キルペリクス）をも亡き者にし、わが従兄弟たち（キルペリクスの子メロヴェクスとクロドヴェクス。巻五、一八、三九）を剣で殺した」

しかし王はこう言っただけだった。

「それについてはいずれ話し合ってすべての取り決めを行なう時にとりあげよう」

そのころフレデグンディスは彼の庇護下にあり、王は、自分が彼女の最有力の保護者になる約束を口にしつつしばしば彼女を宴席に呼び出した。ある日もふたりは食事を共にしていたが、王妃が立ち上がり別れの挨拶を述べると王は彼女を引き止めて言った。

「まだ食べ物が残っておりますよ」

すると彼女は言った。

「ご免あそばせ。女の身に起こることがわらわを不自由にしておりますのよ。わらわは身重なんですの」

王は、彼女が男児を出産してからまだ四か月にしかならないことを知っていたので驚いたが、彼女の退去を許した。

アンソヴァルドゥス（巻六、一八）をはじめ故キルペリクスの王国の重臣たちはクロタリウス（クロタカリウス）という名のまだ四か月にしかならない遺児のもとに集結し、以前キルペリクスの勢力下にあった諸都市にグントゥクラムヌス王とその甥クロタリウスへの忠誠を誓わせた。グントゥクラムヌスは、キルペリクス王の臣下たちが各方面から勝手に奪い取った財産一切を正当な権利にもとづいて返却し、また教会へ多額の寄付を行なった。さらに教会を相続者に指定しながらキルペリクスによって無効とされた故人の遺言状の効力を再興してやった。こうして彼は各方面に気前の良さを示し、貧者にも多くの施しをした。

八

しかし王はなおも自分が身を置いているパリシウスの住民に信が置けず、常に武器を携行し、教会その他の場所へ出かける時は必ず厳重な警護兵につき添わせた。

ある主の日（日曜日）、助祭がミサに耳を傾けるように民衆に静粛を要請すると王は会衆に身を向けて言った。

「お集まりの紳士淑女の方々、この私には絶対の忠誠をお寄せいただくように、お願い申す次第です。ゆめ私をば、わが兄弟たちが最近こうむったように、むざむざ殺してしまうことのないように。私が養子に引き取った甥たちを育てるためにはあと三年は欲しいところじゃ。私が殺されればあのいとけなき者たちもどうなるかわからん。そうなったらそなたたちを守護するはずのわが家の壮健な者は絶えてしまうが、これこそは永遠の神も耐えることができぬ事態と言うべきじゃ」

彼が言葉を終えると全会衆は王のために主に熱心な祈りをささげた。

九

その間に、故キルペリクスの娘リグンティスは前述した財産（巻六、四五）を携えてトロサ（トゥールーズ）の町まで来た。ゴート人の国（スペイン）が近づくと彼女はいろいろと口実を設けて旅の進行を遅らせ始めた。

一行の者も口をそろえ、自分たちは旅に疲れて服もよれよれになり、履物も傷《いた》み、荷車に積んだ馬と馬車の装飾品もばらばらの状態のままだなどと不平を並べ、かくなる上は一度したくをしっかりやりなおしてから改めて出発して婿殿の歓迎に答えられるようにした方が良い、さもないとみじめな有様でゴート人の国に到着し、とんだ笑いものになりかねない、と言うのだった。

こうして一行が行きなやんでいると、デシデリウス将軍の耳にキルペリクス王死去の知らせがそっと入って来た。将軍は屈強の武人を集めるとトロサ（トゥールーズ）の町に入り、王娘の財産を捕えて押収し、とある家に収容し、かたく戸を閉ざして厳重な見張りを立てた。王女には町に戻るまでの間、ひもじい思いをするほどの物しか与えなかった。

一〇

それからデシデリウスは、二年前に盟約を結んだムモルスの所へ行った。ムモルスは当時、私が前巻で述べておいたグンドヴァルドゥス（クロタカリウス王の子と称する者。巻六、二四）と一緒にアヴェニカ

（アヴィニヨン）の町にいた。

グンドヴァルドゥスはこの両将を擁すると、一緒にレモヴィキヌム（リモージュ）に行き、われらのマルティヌスの弟子であるという聖マルティヌスが眠っているブリヴァ・クレティア（ブリブ・ラ・ゲイヤルド）という村に行って、円盾の上に立って王位につく儀式を行なった。しかし三度目に回った時、彼は円盾からすべり落ち、かろうじて周囲の兵たちに支えられたという。それから彼は近隣の諸都市を訪問して廻った。

リグンティス（キルペリクス王の娘）はトロサ（トゥールーズ）の、聖マリアの聖堂にとどまっていた。この聖堂にはあのラグノヴァルドゥスの妻（巻六、一二）も滞在していたが、ヒスパニアから戻ったラグノヴァルドゥスは自分の妻と財産を取り戻していった。この将軍はグントゥクラムヌス王の用件で、使者としてヒスパニアに赴いていたのだ。

この不安定な時期、ブリヴァ村のマルティヌスの聖堂が、侵入した敵の放火で焼失した。祭壇も、色々な大理石を組み合わせて造られていた円柱も倒壊した。しかしこの建物はフェレオルス司教の手で、完全にもとの状態に再建された。この司教の多くの徳行を見聞した住民は非常に彼を崇めたたえた。

一一

以上の事件は一〇番目の月（一二月）中の出来事だった。このころ葡萄畑では幹から奇形な房を付けた蔓が伸び、木に花が咲いた。天空を巨大な灯火が駆けぬけてゆき、夜明け前の世界を広範囲に照らした。空には光線も現れた。また北の空には天からぶら下がっているような火柱が二時間のあいだ見えた。その上に大きな星が出ていた。アンデカヴス（アンジェ）では地震があった。他にも色々な異変があったが、私が思うに、これらのことは、かのグンドヴァルドゥスの没落の予兆だった。

一二　グントゥクラムヌス王は、かつてシギベルトゥス王が兄弟のカリベルトゥスからうけ継いだ諸都市に配下の領主たちを派遣した。これらの諸都市から誓約を取って自分の勢力下に置こうという腹であった。

しかしトロニキー（トゥール）人とペクタヴィー（ポワティエ）人は、シギベルトゥスの子のキルデベルトゥスに属することを望んだので、ビトリクス（ブールジュ）の町から軍隊が派遣され、トロニクム（トゥール）領内で放火を始めた（ビトリクスはかつてグントゥクラムヌス側に立ってキルペリクスに激しく抵抗した。巻六、三一）。

聖マルティヌスの遺物が安置されているトロニクム領内のマロヤレンシス（マリュイユ）の教会にも火の手がまわった。しかし聖者の徳力が働き、祭壇をおおっていた布は激しい炎の中で焼けなかったし、祭壇に集めて置かれてあった薬草類も焼失をまぬがれた。この惨たる放火にあうとトロニキー人は和睦の使者を派遣した。炎と剣ですべてが滅ぶよりしばらくはグントゥクラムヌスに従属していた方がましだと彼らは考えた。

一三　キルペリクス王が亡くなってまもなくガラリクス将軍がレモヴィカス（リモージュ）に現れ、キルデベルトゥス王の名の下に臣従の誓約を受け取った。彼はその後ペクタヴス（ポワティエ）へ行き同市に迎えられてそこに腰を据えた。

彼はトロニキー人がこうむった厄災を聞くと使者を送ってよこし、我々（トロニカの住民）が自分の身の為を考えるならば、グントゥクラムヌス王の側には寝返らぬよう、そしてキルデベルトゥス王の父であったシギベルトゥス王の恩顧を思い出すようにと説得してきた。

我々はこれに対し返事をペクタヴスの市民と司教にあて、この時節柄、そちらもグントゥクラムヌ

♔暦Ⅱ　古代の暦は農耕暦であり，農閑期の1月・2月には，はじめは名がなかった。そこで1年の月は3月から名前で呼ばれた。このため［7，11］の冒頭「10番目の月」のように「何番目の月」という言い方では，実際とは2か月のずれが出る。

ス王に従属しないならばこちらと同様の目にあうだろうと言い送り、同王は今や彼が引き取ったシギベルトゥスとキルペリクスの両方の息子の父なのであり、彼こそはかつてはクロタリウス（クロタカリウス）がそうであったように王国の宗主権を保持している人物なのだとつけ加えた。

ペクタヴス側はこれを聞いておさまらず、ガラリクス将軍はキルデベルトゥス王の侍従のエベロを町に残して、自分は軍勢を呼び寄せるために町を出た。

これに対しシカリウスと、当時トロヌス（トゥール）をも領していたアウリリアネンシス（オルレアン）の領主ウィラカリウスはペクタヴスに向けて軍を発し、一方の側からトロニキー人が、他方の側からビトゥリギー人が、一切を荒廃にゆだねるべく襲撃した。こうしてペクタヴスの境界が突破され、家々への放火が始まるとペクタヴィー人は敵軍に使者を送り、

「グントゥクラムヌス王とキルデベルトゥス王の間で調停が行なわれるまでお待ちいただけまいか。我々の領域がグントゥクラムヌス王のものと決まれば我々は抵抗いたし申さぬ。しかしそうでなければ我々が忠勤を励むべき我々のあるじが誰かは我々が決め申す」

と言った。これに対し攻撃軍側は答えた。

「それは我々の知ったことではない。我々は主君の命令を実行するのみ。もしそちらがこちらの要求を呑まないのならこちらはやりかけた破壊を実行するのみ」

こうして彼らは攻撃を続行し、至る所に放火して物品を略奪し人間を捕えていった。そこでペクタヴスではキルデベルトゥス王側の人々を町から追放し、グントゥクラムヌス王に誓約をささげた。彼らがそれを守ったのは短い期間だったが。

一四

さて、両王調停の運びとなって、キルデベルトゥス王の使者としてエギディウス司教（巻六、三一）、グントゥクラムヌス・ボソ、シギヴァルドゥスその他大勢の面々がグントゥクラムヌス王のもとを訪れた。彼らが王の面前に進み出ると、くだんの司教が口を開いた。

「全能の神には感謝を。おお、最も敬虔な王よ、あなたは幾多の苦節を乗り越えてあなたのご領地と王国を回復なさいました」

すると王は答えた。

「神には感謝するのが当然である。神は『もろもろの王の王、もろもろの主の主』（テモテ前書、六、一五）なのじゃが、いつもその憐れみをあたえたまうお方じゃからな。だが汝には感謝などせんぞ。昨年は汝の悪だくみと偽証のお陰でわが領域が戦火の巷となった（第六巻、三一）。汝はいかなる人間にもまともな誠実を示したことがなく、汝の欺瞞は世界中にまき散らされておる。汝はもはや司教ではなく、われらが王国の敵じゃと自分で公言してはばからぬようなご仁なのじゃ」

この言葉に司教はむっと腹を立てて黙った。使者の一人が言った。

「あなた様の甥、キルデベルトゥス王は、今あなた様が持っておられる、もともと彼のお父上のものだった諸都市をご返却下さるよう願っております」

王はこれに答えて言った。

「前にもあなた方に言ったように、これは正式の手続きを経てわがものとなったのであり、こちらに返却の意志など毛頭ない」

更に使者のひとりが言った。

「あなた様の甥は、極悪非道のフレデグンディスの引渡しを願っております。この女のために多くの王が命を落としました。われらがあるじの父、伯父、従兄弟たちの仇を討つため、この女の引渡しをお命じください」

すると王は答えた。

「それもならん。かりにも王者の母上にあらせられるお方じゃぞ。汝の今言った言葉が本当とは信じられぬ」

その後、グントゥクラムヌス・ボソが何か言いたげに王に接近した。例のグンドヴァルドゥスが公式に王に推戴された（巻七、一〇）話が王の耳にも入っていたので王は彼の言葉をさえぎった。

「きさまはわが領土、我が王国の敵じゃ。きさまは過ぐる年にかのバロメリス（ガリア人の言葉で「王の僭称者」の意とも言われる）」――王はグンドヴァルドゥスをこう呼んだ――「を我らの王国に迎えんとてオリエントへ赴いた男じゃ。きさまはいつも人を裏切り、約束を守ったことがない」

するとボソは言った。

「玉座にましますわがあるじの王よ、あなた様のお言葉に口答えできる人物などこの世にはおりません。ですが私はこの件に関してはこの身が無実だと主張して憚らぬ者です。私に似た誰かがひそかにこの犯罪を企んだものに相違なく、私はその者の面が見たく、その者の釈明が聞きとうございます。その者が現れますれば王よ、その者と私とは神の裁きを待つべく対等の地面で決闘をいたしたき所存にございます」

これを聞いて皆は黙ったが、王は言った。

「誰しもわれらの領土からあの外人を追放するよう努めるべきじゃ。あいつの父親は粉挽番《こなひきばん》だった奴じゃ。いや本当のところ、あれの父親は機織櫛《はたおりぐし》で羊毛を梳《す》いていた男なのじゃ」

ひとりの男がこの両方の技術を身につけている事はありえないことではないのだが、王を中傷するために、その場にいた誰かが言った。

「お言葉ですとその方のお父上は粉屋であり同時に羊毛梳きだったようですな。王よ、たわごとも大概にされよ。霊的な親であればともかく、一人の人間に同時に二人の父親がいるなど聞いたことがありませぬわ」

これを聞いて多くの者がどっと笑い声をあげた。更に別の使者がつけ加えて言った。

「おさらばです、王よ。あなたがあなたの甥の諸都市を返却なさろうとしないのですから、われらと致しましても、あの王たちの首をはねた斧はまだ健在ですぞと申し上げる他はありますまい。あの斧が速やかにあなたの脳漿を粉砕することでしょう」

こうして彼らは王を罵倒しながら退出して行った。王は彼らの言葉に怒り狂い、出て行く彼らに馬糞、朽ちた木片、腐った乾草やもみがら、町の路上の汚れ泥まで投げつけるよう命じた。これらの物を注がれて黒く汚れた彼らは、散々な扱いを受け、屈辱にまみれて去って行った。

一五

王妃フレデグンディスがパリシアカ（パリ）の教会に身を寄せて暮らしていたころ、トロサ（トゥールーズ）の町に行った（リグンティス王女の婚礼の旅に同行した）元執事のレオナルドゥスが彼女を訪問した。彼は王女が受けた不正や屈辱の話をし始めた。

「あなた様のご命令でリグンティス王女様に同行させていただきましたが、私は王女さまがひどい目におあいになるのをこの目で見てしまいました。宝物や全ての調度品も略奪されてしまいました。私はわがご主人様に起きたことを物語るため、やっとこさ逃げ出してきた者です」

これを聞いていた王妃はにわかに怒りの発作にとらわれた。彼女は教会の中で彼を身ぐるみはぐように命じ、彼の衣服も彼がキルペリクス王から拝領した剣帯も取り上げて、彼に自分の目の前から失せるよう命じた。また料理人やパン焼き職人、その他この旅から戻って来た者たちを知ると、苛責を加え身ぐるみはいで不具の身体にした。

また彼女は、卑劣にも、バデギシルス司教（巻六、九）の兄弟のネクタリウスをグントゥクラムヌス王に向って告発して破滅させようと試み、彼が故王の宝物から色々の横領を行なった、貯蔵庫からは獣肉やワインなどを盗み出したとして、彼を縛り暗い牢獄へ監禁するよう求めた。ただ王の慎重な措置と

剣帯 balteus　通常右肩から左腰へかけて斜めに締め，腰の所に剣を吊るす。

兄弟の援助で彼は王妃の毒牙を逃れたのだった。このように王妃は、神の教会で神の援助を求めながら神を恐れずさまざまな悪事に身をやつしていた。

このころ王妃のもとには裁判官のアウドがいたが、彼はキルペリクス王存命のころには王妃と手を組んで色々な悪事を行なった人物だった。彼は、先代のキルデベルトゥス王（クロタカリウス王の兄）のころには重きをなした自由人の多くのフランク人たちに、地方総督ムモルス（巻六、三五）と一緒になってさまざまな重税を課していた。このため王（キルペリクス）が亡くなると逆に彼らに剝奪され、身につけているもの以外は全部奪われてしまった。家もすべて焼かれ、王妃と一緒に教会に身を寄せていなかったら命も失っていただろう。

一六

王妃（フレデグンディス）はプレテクスタトゥス司教（巻五、一八）の帰還を承認せざるを得なかった。王（キルペリクス）の死後ロトマゲンシス（ルーアン）の市民たちは追放された彼の復帰を切望し、熱烈な歓迎で彼を町に迎えた。

彼は復帰するとパリシアカ（パリ）の町へ行き、グントゥクラムヌス王のもとへ出頭して自分の件（巻五、一八）を再吟味してほしいと願い出た。王妃は、その時もなお四五人の司教の判定で聖なる公職から追放されたのだから彼は復帰すべきではないと主張していた。王はこの件に関し公会議の開催を望んだ。

しかしパリシウスの司教ラグネモドゥスが全司教の意見を代弁して答えた。

「彼に対して司教団の求めたのは悔悛の心を示すことだけでした。彼が司教職から解任された訳ではありませんでした」

そこで司教は改めて王に迎えられ宴席に招かれた後、自分の町に帰って行った。

一七

シギベルトゥス王によってドゥネンセ（シャトーダン）の砦の司教に任じられ、王の死後解任されていたプロモトゥスも王のもとに現れてこの砦に司教として復帰したい旨を述べた。しかしこの砦はカルノテナ（シャルトル）司教区内にあり、彼は単なる司祭にとどまるべきであるという判決が出ていた。実際カルノテナの町の司教パポルスはプロモトゥスの申し出に反対し、「これは私の司教区です」と言った。司教たちの判決が下ったのでプロモトゥスは王に願い出ても何も得るところがなかった。ただ彼は砦内の自分の所有地は返却してもらった。彼はまだ存命していた母とともにそこにとどまった。

一八

王がまだパリシアカ（パリ）の町に住んでいたころ、とある貧しい男がやって来て言った。「わが口の語ることに耳をお貸しください。あなた様のご兄弟（キルペリクス）の侍従だったファラウルフスという男があなた様を殺そうとつけねらっています。私は彼の計画を聞いたのです。あなた様が教会の早朝ミサにお出かけの際にナイフで刺すか槍で突くかすると」

王は驚いてその元侍従を呼ぶよう命じた。彼は計画を否定したが王はことを恐れ、身をしっかりと武装し、教会へ行くにも他のどこへ行くにしても、兵士や見張りに厳重に警護させて進んだ。ファラウルフスはそれからまもなくして死んだ。

一九

キルペリクスが生きていたころ羽ぶりが良くて、不正に他人の館やその他の財産を横領していた人々への怨嗟の声があまりに喧《かまびす》しいので、グントゥクラムヌス王はそれらをすべて返却するよう命じた。このことはすでに触れた（巻七、七）。

王妃フレデグンディスに対しても、ロトマゲンシス（ルーアン）領内のロドヤレンシス（ヴォードリュイユ）の館へ退去するよう命じた。キルペリクスの王国で重きをなした生まれの良い人々も皆彼女に従って行った。しかし彼らは同所に、ロトマゲンシスの司教を解任になったメランティウスと彼女を残して、彼女の息子の所へ移って行った。彼らは彼女に、王子は自分たちの手で立派に育てると約束した。

二〇

王妃フレデグンディスは、この館に隠棲してから、自分の権勢が衰え、今やかのブルニキルディス（シギベルトゥスの王妃）にも劣る存在になってしまったと考えてまったく面白くなかった。彼女は自分が親しく使っていたある僧侶を、ブルニキルディスを欺いて殺すように派遣した。彼はまず女王に巧みに接近して彼女の信頼を得、それから彼女をひそかに片づけてしまおうという魂胆であった。実際彼は彼女に近づくとさまざまな工夫をこらして彼女に取り入って行った。そして、

「私はフレデグンディス王妃のもとから逃げて来た者です、どうぞあなた様のご庇護にあずからせてください」

などと告白し、誰に対しても謙譲で愛想がよく従順で、彼女の身辺に欠かせぬ存在になりはじめた。しかしまもなく彼が陰謀のために派遣された者であることが露呈した。彼は捕縛され、鞭打たれて秘密を漏らし、自分の女主人の所へ送り返された。そこで彼は起きた事柄を物語り、命令の実行は不可能だったと告白した。このため彼は手足を切断される処罰を受けた。

二一

その間、グントゥクラムヌス王はカビロヌム（シャロン）に帰り、兄弟王（キルペリクス）殺害の真相を追及し始めた。王妃は犯人は侍従エベルルフスであると主張した。その理由は王の死後彼女が彼に自分と一緒にいてほしいと頼みそれが叶わなかったからであった。このことから両者の間がぎくしゃくし、王妃は、王は彼の手で殺され、また彼はあまたの財宝を強奪してトロニクム（トゥール）へ退去したのだと言い張り始めた。そしてもしも王（グントゥクラムヌス）がその兄弟王の死の復讐をしたいのであればその張本人はエベルルフスであると知るべきだと言った。

王は重臣たちを集めて、これ以上王が殺害される悪習を断ち切るためには、エベルルフス本人のみならずその子々孫々九代に至るまで殺しつくしてその血であがなってもらわねばならぬと断言した。エベルルフスはこれを耳にすると、自分がしばしば略奪行為を働いた聖マルティヌスの聖堂（著者の管轄下にある）に避難所を求めた。

こうして彼を見張る必要が生じた。アウリリアネンシス（オルレアン）の住人とブレセンセス（ブロワ）人が交代でその任にあたったが、彼らは一五日の期間が過ぎるとたくさんの略奪品を持ってさっさと帰ってしまった。彼らは荷獣や羊その他奪える物はすべて奪って行った。

幸多きマルティヌスの聖堂の荷獣を盗って行った者たちは、喧嘩を始め、互いに槍で突き合った。そこで騾馬《らば》を引っ張っていたふたりの男がもよりのある人の家に入って何か飲ませてほしいと頼んだ。家の者が飲物はないと断ると彼らは槍を突き出して彼を刺そうとした。するとその人は剣を抜いて両人を刺した。二人は倒れて息を引き取った。荷獣の方はマルティヌスの聖堂に戻された。

このようなことが当時アウリリアネンシスの住民によって行なわれたのだが、その全部を書くことはとうてい不可能である。

二二

こんなことが行なわれている間に、エベルルフスの財産はさまざまな人の手に渡ることになった。金銀その他彼が保持していた高価な品物は公売に付され、彼に委託されていた不動産は国庫に没収された。たくさんの馬や豚、役獣も持ち去られた。彼が教会から横領した市内の家には農作物、ワイン、獣肉、その他価値あるものが満ちていたが、全て簒奪されて家の壁以外には何も残らなかった。

彼はこんなことになったのは我々のせいではないかと疑っていた。我々は彼の件では誠実に事に処していたが、彼は、もし自分が王の寵愛を取り戻したあかつきには我々に目に物見せてやろうなどと再三にわたりうそぶいた。心の秘密をすべてご存知の神は我々が彼をかくまうにあたっては可能な限り「清い心で」（テモテ前書、一、五）ことに当たったことを知っておられる。

彼は以前、我々の聖マルティヌスの聖堂にかなりの不正を働いたのだが、私にはそれらを忘れ去る理由もあった。すなわち彼の息子に洗礼を施したのは他ならぬこの私であった。しかしこの不幸な男は聖なる神のしもべ（聖マルティヌス）の御前にあっても少しも身をつつしもうとはしなかった。彼はしばしば聖者の墓前の大広間《アトリウム》でも酔っ払って大騒ぎをし、流血の暴行を行なった。ひとりの司祭は彼がすでにへべれけに酔っているのを見て彼に酒を注ぐのをためらい、長椅子の上に投げ倒されてこぶしなどで散々になぐられた。この司祭はほとんど息絶えたように見えたが医者の吸子玉治療でかろうじて救われた。

エベルルフスは王を恐れ、幸多き聖堂の応接間に身をひそめていた。司祭が入口の鍵を保管していたが、彼がその他の入口の鍵は全て閉めて退出した後、この応接間の入口からエベルルフスの従僕と女中が中へ入り、壁の絵を見上げたり、聖者の墓の飾り物をいじくり廻したりした。それはまったくこの聖なる場所にふさわしくない振舞いだった。司祭はこれに気づき入口を塞いで内側から閂《かんぬき》を下ろしてしまった。

エベルルフスは食事のあと、酒に酔ってこれを知り、我々が晩禱の斉唱をしている聖堂にあつかましく踏み込んで来て、大声をあげて私をののしり始めた。彼は、私が聖者の墓の覆いの房に彼が触れるのを嫌がっていると言って私を非難した。私は何という狂気が彼をとらえたことかと呆れ、おだやかな言葉で彼をなだめようとした。しかし彼の狂暴さは弱い言葉で収まるようなものではなかったので私は黙った。

彼は私が返事をしなくなったことに気づき今度は司祭に向って悪口を吐き散らした。こうして彼は司祭と私に屈辱的な非難の洪水をあびせた。我々は、敢えて言うならば、彼が悪霊にとり憑かれているのを見て聖堂を出て行った。我々は口論と夜の勤行を同時にやめた。慎みなく聖者の墓の前で争いを起こすのは非常に良くないことだと思ったからである。

こうした日々を送っていたある時私は夢を見た。私は夢の内容を聖者の聖堂に逗留しているエベルルフスに物語った。

「私は、いとも聖なるこの聖堂の中でミサ・ソレムニス（正式ミサ）を挙行しているようでした。祭壇にはすでにお供え物が絹の布でおおわれて置かれていました。すると突然グントゥクラムヌス王が入って来るのが見えました。王は大声で、『わが一族の敵を引き渡していただきたい。人殺しを聖なる神の祭壇付近にいさせてはならない』と叫びました。私はこれを聞いてあなたの方に身を向け、『祭壇のお供え物の布につかまりなさい。ここからつれ出されないように』と言いました。

するとあなたは布をつかみましたがその手に力が入らず、ちゃんと持っていられない程でした。私は両手を広げ、王の胸に自分の胸をあてて、『この人間を聖堂から出してはなりませぬ。そんなことをなさればご自身のお命にかかわります。神の聖なるしもべの威力は王といえど容赦しません。ご自身の槍はお身体《からだ》へとはね返って行きますよ。そうなれば、この世の命ばかりか永遠の命まで失ってしまいますよ』と言いました。

しかし王が私に抗議している間にあなたは布を離して私のうしろに来ました。私はあなたに腹が立ちました。あなたは再び祭壇の所に戻り、布を手にしたかと思うとそれを離し、そしてまたそれを力なくつかみました。その間私は王に対して立ちはだかっていましたが、ここで目が覚め、恐ろしさに身体が震えました。この夢がどんな意味を持っているのかさっぱり解りません」

私が語り終えると彼は言った。

「あなたが見た夢はほんとうだ。それは私の考えとまったく一致する」

私は尋ねた。

「で、あなたのお考えとは何ですか」

すると彼は答えて言った。

「おれはこう決めたのだ。もし王がおれをここから連れ出すよう命じたら、おれは片一方の手で祭壇の布をつかみ、もう一方の手でまずあなたを殺し、それから見つけ次第、坊主という坊主を殺しまくるのだとな。こうして聖なる坊主どもに仕返しをしておけばたとえあとで自分が殺されたとて恨みには思うまい」

私はこの言葉に呆れ、彼の口から悪魔がものを言うのはどうした訳かと訝《いぶか》った。

彼が神を畏れたことは一度もなかった。まだ自由の身でいたころには馬や家畜を貧しい人々の畑や葡萄畑に放ち、畑仕事が滅茶苦茶にされるので人々が家畜を追い出すと彼の手下がやって来て人々をひどい目にあわせた。また彼は、運勢が傾いてからもしばしば、自分がいかに幸多き聖者の財産を横領したかなどを吹聴するのだった。

つい先年にも彼はとある軽薄な市民を煽り立てて教会の管理者に難癖をつけさせ、まったくの不条理を貫いて、教会が所有していたものを見せかけ上は購買して、その実まんまと横領してしまった。そしてその軽薄者には自分の剣帯の金の部分を分け与えた。彼は自分の生涯の最後まで色々このようないかさまを行ない続けた。これについては後に語ろう（巻七、二九）。

一三

今年、アルメンタリウスというユダヤ人が一人のユダヤ人従者とふたりのキリスト教徒をつれてトロヌス（トゥール）にやって来た。彼は以前当地の領主であったエウノミウス（巻五、四七）とその代官だったインユリオーススから公に納めるものの肩代わりを頼まれていたので、それを証書の通り支払ってもらう目的を持っていた。

アルメンタリウスがこの件を持ち出すとふたりは借りた分は利子をつけて返却すると約束して言った。

「もしも我々の家へ来ていただけるならば、借りた分をお返しし、その他にもしかるべき贈物をお渡ししてご足労に報いたい」

そこで彼らは出発してインユリオーススの家に迎えられ、宴のもてなしを受けた。さて食事が終わり夜も近づいてきたので場所を変えることにしてその家を出立した。

そこでこのふたりのユダヤ人とふたりのキリスト教徒はインユリオーススの手の者に殺され、彼の家の横にある井戸に投げ込まれた、ということである。

被害者の親戚がこれを聞いてトロヌスに到着し、事情を知っている人の案内で井戸を見つけて遺体を引き上げた。インユリオーススは、この件に関しては自分は何もしていないと言い、関与を否認し続けた。裁判になったが彼は今言ったように否認をつらぬき、告発者側は、彼の有罪を証明するものを何も提出できなかったので、彼は誓約によって身の潔白を示すようにという判決を受けた。

この判決を不服とした告発者側は事件をキルデベルトゥス王の所に持って行った。しかし殺されたユダヤ人の金銭も証書も発見されなかった。多くの人はこの卑劣な犯罪には押領使《トリブーヌス》のメダルドゥスも関与している、彼もユダヤ人からお金を借りていたのだから、と言った。インユリオーススは王の御前で弁明を行なうために出かけて行き、三日待って日没まで待機していたが告発者は姿を見せず、誰からも告発を受けなかったのでそのまま家に帰った。

二四

キルデベルトゥス王の統治一〇年目、グントゥクラムヌス王は配下の諸族を糾合して大軍を編成した。その主力部隊はアウリリアネンシス（オルレアン）勢、ビトリクス（ブールジュ）勢とともにペクタヴス（ポワティエ）を目指した。同市は、一旦は王に誓約をさしだした（巻七、一三）もののその後そむいていた。攻撃軍は同市が服従を受け入れるか否かを知るため、まず使者を派遣した。しかし当地の司教マロヴェウスはこの使者を手荒くもてなした。このため攻撃軍はペクタヴスの領界を侵し、略奪、放火、殺人を繰り返した。彼らは戦利品を携えて方向を変え、トロニクム（トゥール）の領域に侵入し、同市が王に忠誠を誓っていたにもかかわらずここに同様の暴虐を加え、教会に放火し目に止まるものはすべて運び去った。ペクタヴスの王への忠誠が疑わしかったためにしばしばこんなことが起きた。

軍勢がペクタヴァ（ポワティエ）の市壁に接近しその大部分の領域が荒廃したことを知ると、市側は使者を送りグントゥクラムヌス王への忠誠を告げた。しかし攻撃軍は城壁内に入ると、同市の司教は不誠実だと言って彼を襲った。司教は身に危険が迫ったのを知り、聖器物の黄金の杯をこわして金貨に鋳造し、わが身と市民とをあがなった。

二五

キルペリクス王の家の主治医だったマリレイフス（巻五、一四）もこの時さんざんな目にあった。彼はすでに一度ガラリクス将軍（巻七、一三）の暴虐の犠牲になっていたのだが、今回の攻撃軍は容赦なく彼から強奪して何ひとつ残してくれなかった。彼の馬、金銀をはじめ目ぼしいものはすべて持って行かれ、彼の身柄も教会にゆだねられた。

これで彼は教会の使用人として粉挽きの仕事をしていた彼の父の身分へ戻ったことになる。なお彼の兄弟、従兄弟その他の親戚筋は王家の台所でパンを焼いている身分だった。

二六

グンドヴァルドゥス（巻六、二四）はペクタヴス（ポワティエ）に行きたがったが恐れた。彼はすでに自分に向けて攻撃軍が用意されたことを聞いていたのだ。

彼は以前にシギベルトゥス王に属していた諸都市からはキルデベルトゥス王の名によって忠誠を求めた。しかし、グントゥクラムヌスとキルペリクスの下にある諸市には自分の名によって忠誠を誓うよう命じた。その後彼はエコリシナ（アングレーム）に行って忠誠の誓いを受け、当地の有力者に贈物を贈った。それからペトロコリクム（ペリグー）へ行って、そこの司教が彼の栄誉にふさわしいもてなしをしなかったので、司教にひどい危害を加えた。

二七

その後グンドヴァルドゥスはトロサ（トゥールーズ）へ行き、その市の司教マグヌルフスに使者を立てて自分を受け入れるよう求めた。しかし司教は以前にシグルフスという者（巻四、四七）が王国をわがものにしようと企てて働いた狼藉を思い出し、市民たちに呼びかけた。

「グントゥクラムヌスとその甥が王であることは誰でも知っています。が、この人物の素性ときたらさっぱりわからんものです。皆さん、おさおさ準備を怠りなく。デシデリウス将軍（グンドヴァルドゥスに同行。巻七、九、一〇）といえどもわれらに危害をもたらそうとすればシグルフスと同じ運命をたどることになります（シグルフスの運命に関しては記述なし）。この事件によって、外国人がフランク人の王国をのっとろうなどはどだい不可能だということを誰の目にもはっきりさせねばなりません」

こうして皆は抵抗のかまえを見せ戦争の準備をした。しかしグンドヴァルドゥスが大軍をひきいて現れると、彼らは抵抗は不可能だと見て取り、彼を受け入れた。

その後教会の家でこの司教はグンドヴァルドゥスと同じ宴席に連なった。司教は彼に向って言った。

「あなたはご自分がクロタカリウス王のご子息だとおっしゃるがそれが本当なのかどうか我々にはわかりかねます。あなたのお始めになったご事業がうまく成り行くとは私どもには信じられないのです」

すると彼は言った。

「私は間違いなくクロタカリウス王の子で、これから自分の王国の分け前をうけ取るつもりです。私はこのまままっすぐにパリシウス（パリ）を目指します。そこに王座を置くつもりなのです」

これに対し司教は言った。

「あなたのお言葉が実現しようものなら、フランク王家の血筋が絶えてしまう、というのが真相なのではないですか」

するとこの会話を聞いていたムモルスが手をあげて司教に平手打ちを喰らわせ、

「偉大な王に対し非礼なり。おろかな返事をして恥ずかしく思わんか」

と言った。この時デシデリウスも司教の言葉からその心根を察して怒りに燃え、こぶしをあげて司教を襲った。

こうして二人は、槍とこぶしと拍車で司教をさんざん痛めつけ、縄で縛って追放し、司教の私物と教会の財産を全て取り上げた。

リグンティス王女（キルペリクスの娘）の家宰だったワッド（巻六、四五）も彼らの一味に加わっていた。しかし彼と一緒に婚礼の旅（スペインへの）に同行した他の人々は脱出して逃亡していた。

二八

その後、ペクタヴァ（ポワティエ）の町に駐屯していた軍隊がグンドヴァルドゥスを追って動き始めた。この軍隊には利益を求めるトロニキー（トゥール）人もおおぜい加わった。しかしペクタヴィー勢が彼らを襲撃し、少なからぬ人々が命を落とし、多くの人が略奪を受けて自国へひきあげた。この時、以前から軍に同行していた人々の中にも帰国する者が出た。

とはいえ軍はドロノニア（ドルドーニュ）川に至り、そこでグンドヴァルドゥスの動向を探るため一時停止した。グンドヴァルドゥスのまわりには既述のように、デシデリウス将軍、ブラダスティス（巻六、一二）、リグンティス王女の家宰だったワッドらが集まっていた。彼らの首謀者は司教のサギッタリウス（巻五、二〇）とムモルスだった。サギッタリウスにはすでにトロサ（トゥールーズ）の司教職が約束されていた。

二九

そんな事が行なわれている間、グントゥクラムヌス王はクラウディウスという者に、

「行ってエベルルフス（巻七、二二）を聖堂（トゥールのマルティヌス聖堂）から外に出せ。そこできゃつを剣で殺すか捕縛するかしろ。そうすればたっぷりの報酬を約束しよう。ただし言っておくが聖堂内で悪事を働いてはならんぞ」

と言って送り出した。

クラウディウスは空虚と貪欲の風に吹かれてパリシウス（パリ）へ飛んで行った。メルデンセ（パリ東郊のモー）

は彼の妻の出身地だった。彼は王妃フレデグンディスにも会った方が良いのではないかと考え、

「もし彼女に会えばなんらかの報酬にありつけるのではないか。なにしろ彼女はおれがこれから向う男にとっては敵なのだから」

などと言った。それから彼は彼女に会ってその場で多大な贈物をもらい、エベルルフスを聖堂から追放して殺すか罠にかけて逮捕するか、さもなくば聖堂内の大広間《アトリウム》でも彼を片づけましょうと言って、色々な約束をとりつけた。

それから彼はドゥネンセ（シャトーダン）の砦に行き、当地の領主にトロニカ（トゥール）の町の入口の警護に当たる三〇〇人の番兵を出すように話をつけた。彼はこの兵力を連れて行き、エベルルフスを倒すつもりだった。しかし領主がその兵力を手配している間にクラウディウスは早くもひとりでトロニカに出発した。そして蛮人の風習に従って吉兆を占い、予言には凶と出ているが、不誠実な行ないに対しては幸多きマルティヌスの徳力はただちに示されるのだろうかとか、もし誰か聖者の力を頼む者に不正を働いたら、すぐに報いが下るのだろうか、などと尋ね回った。

さて、彼は先に述べたように、援軍の兵を待たず一人で聖者の聖堂に赴いた。そこで彼はただちに不幸なエベルルフスに接近し、彼の一件での王へのとりなしを自分ほどに誠実にやり通す人間を見つけることは不可能だと、何度も断言し、保証を与え、そこに祀られている聖者の徳にかけて誓った。しかしこれがこの憐れな男の企みだった。

「偽証で騙すのでなければとうてい彼を倒せない」

と彼は考えたのだ。エベルルフスの方はクラウディウスが聖堂の内部や歩廊上で、また大広間《アトリウム》の尊重すべき処々の個所に立ち止まってこんな約束をするのを見て哀れにもこの嘘つきを信頼してしまった。

次の日我々（著者）は町から三〇ミリア離れた館に赴いた。この日聖堂ではエベルルフスやその他の市民たちが会席に招かれた。この時クラウディウスはエベルルフスを従僕から遠ざけて彼を剣で殺すつもりだった。浅慮なエ

ベルルフスはこのことにまったく気づかなかった。

宴会が終るとすぐにエベルルフスとクラウディウスは聖堂内大広間《アトリウム》の散歩を始めた。二人は互いに誓いの言葉をかけ合って信頼と友情を交わした。話が進み、クラウディウスがエベルルフスに向って言った。

「あなたのお部屋に行って飲み直ししませんか。あなたほどのお方の所でならば、香りの素敵な、いいお酒がいただけるのではありませんか」

するとエベルルフスは喜んで答えた。

「あなたがお望みのものは何でもわが部屋でご用意いたしますよ。ま、むさ苦しいわが部屋へなどお越しいただければですが」

こうしてエベルルフスはラティキナ（シリアのラオディケア産）、ガジティナ（パレスティナ地方のガザ産）など、銘柄ものの強いワインを求めてひとりまたひとりと従僕を使いに出した。

さてエベルルフスの従僕がいなくなるのを見届けるとクラウディウスは聖堂に手をさしのべて言った。

「幸多きマルティヌスよ、わが妻とわが一族とに早く再会させて下さい」

哀れな男だった。彼はこの大広間《アトリウム》で殺人を犯すつもりだったが、聖者の威徳を恐れていたのだ。この時もっと胆のすわったクラウディウスの従者の一人がエベルルフスを背後から捕まえて羽交い絞めにし、彼の胸を刺せるように体をぐっと前へ突き出した。クラウディウスは剣帯から剣を抜いて彼を狙った。しかしエベルルフスも捕えられてはいたがベルトから短剣を抜いて構えた。クラウディウスが右手をあげて剣を彼の胸に突きさすと、エベルルフスもすかさず短剣を敵の脇腹にさし込み、抜き戻して振り回し、クラウディウスの親指を切り落とした。この時クラウディウスの従者たちが駆けこんで来て剣でエベルルフスを滅多刺しにした。エベルルフスは彼らの手を逃れて、意識朦朧となりながら逃走を試みた。しかし剣の打撃が彼の頭を直撃し、脳漿が飛び散り彼は息をひき取った。彼が信頼を寄せ得なかった聖者はついに彼に救いの手をさし伸べなかった。

この時クラウディウスは恐怖に襲われて僧院長の小房を訪れ、庇護を求めた。彼は院長の守護聖者への畏敬を全く欠いていたのだが、院長が在宅しているのを確かめると言った。

「ひどい悪業を働いてしまいました。あなたのお助けがなくては助かりそうもありません」

彼がこう話している間に、エベルルフスの従僕たちが剣や槍を持って襲撃して来た。彼らは小房の扉に閂《かんぬき》がかかっているのを確かめると、窓ガラスをたたき割り、壁の窓から、すでに生きた心地のなかったクラウディウスを槍で刺した。

クラウディウスの従者たちは戸口の後ろや寝台の下に身をひそめていた。僧院長は二人の僧に抱きかかえられ、白刃の中を通りぬけて外へ運ばれて行った。入口がこじあけられて、剣士たちは房内に乱入した。教会被扶養人《マトリクラリウス》（常に教会の施しを受けるために名簿に登録された人）たちやその他の貧者たちが犯された非道に対し立ち上がり、僧房の屋根をとり壊そうとしていた。また悪霊に取り憑かれた人々やさまざまの渇望に苦しむ人々がこの聖堂でかつてなされたことのない仕打ちに激怒し、石や棍棒を持って復讐のために押し寄せて来た。

ひどい結果になった。隠れていた人々はひきずり出され、残虐な暴行を受けた。僧房の床は血で汚れた。彼らは全員殺され、外へ運び出されて素裸のまま冷たい土の上に放置された。殺人者たちは夜になると略奪物を持って去って行った。

こうして幸多き大広間《アトリウム》を人間の血で汚した者たちに神の復讐が速やかに下った。ただ、幸多き聖者のご利益《りやく》にまったくあずかれなかった人物（エベルルフス）の非道も決して小さくはない。

このことを知った王の怒りは大きかった。しかし事情を詳しく知るに及んで王は何も言わなくなった。この不幸な人物が先祖から受け継いだ諸々の動産と不動産は王が臣下たちに分け与えた。エベルルフスの妻は無一物のまま聖者の聖堂にとり残された。クラウディウスとその他の人々の遺体は近しい親戚の人たちがひき取って葬った。

三〇

グンドヴァルドゥスは自分の盟友たちに二人の使者を送った。このふたりの使者は僧侶だった。そのうちひとりはカドゥルキナ（カオール）の僧院長で、彼は受け取った書簡を、内側を中空にした書き物板の中に入れて隠し、蠟で封をした。しかしこの僧院長はグントゥクラムヌス王の手の者に捕えられ、手紙も発見され、彼は王の御前に引き出された。そしてひどく暴行を加えられて牢につながれた。

三一

グンドヴァルドゥスは当時ブルデガレンシス（ボルドー）の町に滞在し、司教ベルトラムヌスの庇護を受けていた。彼が自分の企てを好転させるきっかけを探していると、誰かが、東方に住むある王が殉教者セルギウスの親指を自分の右腕にくくりつけた話を物語った。この王は敵を打ち倒す必要が生じた時この聖者の加護を信じ、右腕を振り上げるやただちに敵の大軍が聖者の威徳に打たれたように退散してしまったという。この話を聞くとグンドヴァルドゥスはいよいよ熱心に誰かこの殉教者セルギウスの聖遺物を手に入れ得る人物はいないかと尋ね始めた。

かかる折、彼は司教ベルトラムヌスから商人エウフロンの名を聞いた。かつて司教はこの商人の財産をねらい、彼を無理矢理剃髪させたことがあり、この商人とは険悪な間柄になっていた。エウフロンの方も剃髪を嫌がり、他の町へ移って頭髪が生えそろうとまた舞い戻ってきた。司教は、

「当地にシリアの生まれのエウフロンという者がいます。この男は自分の家を教会にしてこの聖者の遺物を集めました。そしてこれまでに色々この殉教者の援助をうけたしるしを見ています。たとえばブルデガレンシスに恐ろしい火事があった時も彼の家は炎に包まれながら燃えることがありませんでした」

などと言うのだった。この話を聞くとムモルスはただちに大急ぎでベルトラムヌス司教と一緒にこのシリア人の家へ行った。そしてこの人を左右からとり囲んで聖遺物を見せるよう迫った。彼はそれを拒んだが、何か落し穴が用意されているかもしれないと疑い、言った。

「老人をいじめないでください。また聖者の遺物に不正を働いてはいけません。金貨一〇〇枚をさしあげますから、どうぞお引き取りください」

しかしムモルスがあくまで聖遺物を見ることにこだわったので、彼は金貨二〇〇枚を提案した。が、ムモルスは、遺物を目にするまでは決して去ろうとしなかった。そして彼は壁に梯子《はしご》を立てるよう命じた。

祭壇の向い側の壁の高い所に小さな箱が隠されていた。ムモルスはひとりの助祭に梯子にのぼるよう命じた。助祭は梯子を一段一段のぼって行き、小箱を手にしたが、恐怖にふるえ、生きて地面にたどり着くとは思えなかった。とは言え、今述べたように壁にかかっていた箱を取ると、それを下へ降ろした。

ムモルスは箱の中をさがし聖者の指の骨を発見した。彼はそれに小刀を当てることを恐れなかった。彼は骨の上に小刀を置きぐっと押し、角度を変えて押し、いろいろと押してみたが骨はなかなか砕けなかった。最後に骨は三つの部分に分かれたがあまりに小さくなって、どこかへすべって見えなくなってしまった。私は彼がこれに触れたことを殉教者が許さなかったのだと信ずる。

エウフロンは泣き出し、皆、床に身を投げ出して人間の目の前から消えたものを神が示したまうよう懇願しつつ祈った。するとこの祈禱の甲斐あって小さな骨は再び見つかった。ムモルスはそのひとつを取り上げて持ち去った。しかし殉教者のご利益《りやく》はなかったものと私は思う。それはこの話の続きが明らかにしている。

彼らがブルデガレンシスの町に滞在していたころ、彼らは司祭のファウスティアヌスをアクインシス（ダクス）の司教に叙任するよう命じた。そのころアクインシスの司教が亡くなり、当地の領主ニケティウスが、剃髪して司教職を受けるようキルペリクス王の指令をもらっていた。この人はウィークス・ユリエンシス（エール）の司教ルスティクスの兄弟だった。

グンドヴァルドゥスはこの決定を覆すよう努め、司教たちを呼び集めファウスティアヌスを聖別するよう命じた。ベルトラムヌスは彼らの首座司教だったが、将来を案じて、彼を聖別する役目をサンクトナス（サント）のパラディウスに任せた。ベルトラムヌスはこの時ちょうど重い眼病を患っていた。この聖別式にはヴァサテンシス（バザ）の司教オレステスも臨席していたが彼は王の前ではその事実を否認した。

三二

この後、グンドヴァルドゥスは二人の使者を今度は王（グントゥクラムヌス）に派遣した。彼らにはフランクの風習に従った聖杖を持たせてやった。これは誰にもさまたげられずに用向きを述べて返事をもらって帰るためである。

しかし使者たちはへまをやり、まだ王に会わない先に要求すべき用件を多くの人に洩らしてしまった。この話はすぐ王の耳に入った。使者たちは捕縛されて王の面前に引き出された。そこで彼らは何の用件で、誰の所へ誰から派遣されたのか、しゃべらざるを得なかった。彼らは言った。

「最近東方からご帰還になったグンドヴァルドゥス殿下はご自分もあなた方のお父上のお子であると主張され、王国のご自分の取り分を受け取るためにわれらを派遣したまうたのです。もしもこのことお聞き届けにならずば、彼自ら軍を駆りこの領域に侵入するであろうことをとくとご承知願いたい。ドロノニア（ドルドーニュ川）のかなたのガリアに属する大地の勇敢な兵士たちはことごとく結束しています。グンドヴァルドゥス殿下は、『もしもわれら戦野に相まみえんか、神、われがクロタカリウスの子なるか否かを決めたまうべし』と述べておられます」

王は怒りに燃え上がり、彼らを滑車板にはりつけて強く鞭打ち、彼らの言うことが事実かどうかをはっきり述べさせ、その胸の奥に何か陰謀を隠していないかどうか、うんと絞り上げて白状させるよう命じた。

こうして拷問が加えられ、彼らは、王の姪（リグンティス）が、トロサ（トゥールーズ）の司教マグヌルフス（巻七、二七）とともに追放され、その財宝ことごとくグンドヴァルドゥス自身が取り上げてしまったこと、キルデベルトゥスの下にある生まれの高貴な者たちは皆グンドヴァルドゥスを王に推挙していることなどを白状した。さらに彼らは、数年前にコンスタンティノポリスへ赴いて彼をガリアへ招いたのはグントゥクラムヌス・ボソだと言った。

三二

使者たちが拷問を受けて牢獄につながれると、王は甥のキルデベルトゥスを呼び寄せた。ふたり一緒にこの使者たちの言い分に耳を傾けるためである。両王が並んで彼らに問いただすと、彼らは先にグントゥクラムヌス王がひとりで聞いたことを繰り返して述べ、先述の如く、このことはキルデベルトゥス王の領内では有力者全員の知る所であるとつけくわえた。この理由から、この陰謀に加担していると思われたキルデベルトゥス王の重臣たちはこの招きに同行することを恐れたのだった。

その後グントゥクラムヌス王はキルデベルトゥス王の手に一本の槍をさずけて言った。

「これはわしが自分の王国の全てをそなたに贈ったしるしじゃ。これで安心するが良い。わしに所属する全都市はそなたの諸都市とひとしくそなたの支配下に入れてよいぞ。わしは色々過失を犯し、今ではわが弟の子のそなたより他に身寄りのない人間になってしもうた。そなたをわが全王国の後継者に任ずる。これにより他の者は相続の権利を失う」

それから王はすべての者を去らせ、まだ少年の甥だけを側に残し、これから述べることは秘密であり何人にも漏らしてはならぬ事だとまずきっぱりと確認させ、それから少年の頼るべき人物は誰々で、斥けるべき人物は誰々か、誰を信じ、誰を避け、誰に栄誉を贈り誰には与えてはならぬかなどを示して、彼に常に敵対して来たエギディウス司教には絶対信頼を寄せたり相談を求めたりせぬように、彼は自分や少年王の父（シギベルトゥス）にはしばしば偽証を行なった人間なのである、と言った。

次いで宴会になった時、グントゥクラムヌス王は全諸将をはげまして言った。

「見られよ、わが息子キルデベルトゥス殿はすでに立派な大人になっておられる。よくよくご覧あれ、彼はもはやいとけなきものではござらぬぞ。この方に対しゆめゆめ非礼、傲岸な振舞いをなさらぬように。このお方こそかたがたがお仕えすべき王にあらせられる」

こんなことをしゃべりながら宴会は三日続き、皆良い気分になり、あまたの贈物を交し合い、かたい絆に結ばれて解散した。この時グントゥクラムヌス王は、少年の父シギベルトゥスの持っていたものをすべて少年に返してやった。ただし、母親（ブルニキルディス）には接近しないようにと念を押した。彼女がグンドヴァルドゥスに連絡をとったりグンドヴァルドゥスから書簡が寄せられたりする機会がないようにである。

三四

グンドヴァルドゥスは自分に軍隊がさし向けられたことを知ると、サギッタリウス司教、ムモルス、ブラダスティスの両将、ワッドと共にガロンナ（ガロンヌ川）を越え、コンヴェネ（コマンジュ）を目指した。このころにはデシデリウス将軍は彼らとは袂《たもと》を分かっていた。

コンヴェネの町は山の頂上に建てられ、そこに隣接する山はなかった。山の麓には泉がわき出ており、塔で囲まれて保護されていた。人は地下道を伝って町からこの泉に下りて誰にも見つからずに水をくみ上げた。

グンドヴァルドゥスは四旬節の初めにこの町に入り、住民に向って言った。

「わしはキルデベルトゥスの王国に住む者全員から王に選出され、少なからぬ兵力を持っているのじゃが、兄弟のグントゥクラムヌスがわしに向い大軍をさし向けたので、かたがたはご自分の食料や家材道具を全部城内に収納する必要がござる。神のご加護をいただけるまで、欠乏で身の破滅を招かぬようにじゃ」

住民たちはこの言葉を信じ、運べる物はすべて町に入れ、抗戦の準備を始めた。

そのころ、グントゥクラムヌス王はブルニキルディス女王の名でグンドヴァルドゥスに書簡を送り、彼に、軍から離れ、兵に故郷への帰還を命じ、自身はブルデガレンシス（ボルドー）の町へ赴いて冬を過ごすようにと伝えた。これは、グンドヴァルドゥスの動向をよりはっきり把握するための策略であった。しかしグンドヴァルドゥスはコンヴェネ滞在を続け、住民に向って言った。

「かたがたよ、はや敵軍は迫り申した。いざ出陣して防御に当たられよ」

さて住民が出て行くと一味は市門を占領して門をかけ、住民軍と当地の司教を町からしめ出してしまい、市内で目に止まるものはすべて手中に収めた。そこにはおびただしい農作物とワインがあった。もし彼らが勇敢に戦っていたら、多年にわたり食料に不足することはなかっただろう。

三五

そのころグントゥクラムヌス王軍の諸将は、グンドヴァルドゥスがもとリグンティスの持っていた財宝を保持し、かつ大軍を擁してガロンナ（ガロンヌ）川の対岸に陣取っていることを聞いて軍を進め、勢いよく騎馬のまま川に乗り入れて少なからぬ兵が流れに飲まれた。対岸にたどり着いた兵はグンドヴァルドゥスを捜し求め、おびただしい金銀を積んだ駱駝《らくだ》と乗りつぶされて棄てられた馬とを発見した。そこで彼らは敵の一味がコンヴェネ（コマンジュ）の町に入ったことをつきとめ、荷車や雑多な荷物を疲労した兵とともに残して、対岸に渡った強兵のみで賊の追撃を続行することに決心した。

こうして彼らは道を急ぎ、アゲニンシス（アジャン）の町の領域にある聖ヴィンケンティウスの聖堂に至った。ここでこの殉教者はキリストの御名においてその戦いを終えたのだと言われている。さて彼らはこの聖堂に町の住人の財産が一杯集められていることを知った。住民たちは敵の軍勢もキリスト教徒ならばこの殉教者の聖堂は荒らすまいとの希望を抱いていたのだ。聖堂の入口は非常に厳重に閉じられていた。

襲来した軍勢は、寺院の建物の扉が何としても開かなかったので、火を放った。扉は燃え上がり、軍勢は建物の中で見つけられる限りの物品や什器を運び出した。彼らは儀式用の聖器類も持って行った。

しかし多くの者がただちに神罰に苦しんだ。手の焼けてしまった兵は大勢いたし、皆火事場からあがるような煙をもうもうとあげていた。何人かの者は悪霊に取り憑かれて空しくわめき散らし、聖者を罵倒した。多くの者が同士討ちを始めて各々の槍で突き刺し合った。

残りの者は不安を感じつつもとにかく先へ進んでみた。さてどうなったのか。先にも述べたコンヴェネという町に到着したのだが、全軍は町の郊外の野に陣を敷き、天幕を広げ、周辺を巡回して荒らし回った。軍勢の中には、物欲の刺激が強すぎたのか、遠出をし過ぎて住民に殺される者もいた。

三六

さて多くの者は小高い所に登り、グンドヴァルドゥスに呼びかけを行なった。彼らは彼に悪口雑言を浴びせて言った。

「おまえはクロタカリウス王の御世《みよ》に礼拝堂の壁や天上に絵を描いていた絵師ではないか。おまえはガリアではバロメリス（巻七、一四）の名で呼ばれていた男だろう。おまえはあまり変なことを言うので何度もフランクの王様たちから坊主にされて追放されたんじゃなかったっけ。一体おまえのような不幸な男を誰がこの地につれて来たんだ、言ってみろ。全体、われらがあるじの王たちの領土を求めるなんて大それたことを、誰がおまえに吹き込んだのだ。おまえは誰に呼ばれてやって来たのか、はっきり大声で述べるがいい。それともおまえの目の前に死をみせつけてやろうか、おまえが長いこと捜し求めている破滅の穴の中へまっさかさまにお前を突き落としてやろうか。おまえの一味は誰々か、ひとりひとり名をあげてみよ、誰に招かれて来たのか、さあ述べてみろやい」

これを聞いたグンドヴァルドゥスは間近な門の上に姿を見せて答えた。

「わが父クロタカリウス王がわしを憎んでいたことは誰一人知らぬ者はない。わしは父、続いて兄弟たちの手で坊主にされた。これも隠れもなき事実じゃ。

わしはこのためにイタリアの地方総督ナルシスのもとへ走り、そこで妻を得、ふたりの息子をもうけた。妻が死んだ後、わしは子供たちをひき取ってコンスタンティノポリスへ行った。そこで歴代の皇帝たちから気持ちよくもてなされて今日までを過ごして来た。

数年前にさかのぼるが、グントゥクラムヌス・ボソがコンスタンティノポリスを訪れ、故郷の様子を聞きたがるわしにわが兄弟たちのありさまを事細かに教えてくれた。そこでわしはわが一族がやせ細り、わしの兄弟のグントゥクラムヌス王とわが甥のキルデベルトゥス王以外には一族の末がいないことを知ったのじゃ。キルペリクス王の息子たちは王とともに死に絶えてまだ稚《いとけな》き子がひとり残るのみ。グントゥクラムヌス王には子がなく、われらが甥のキルデベルトゥス王はまだ無力じゃ。

そこでグントゥクラムヌス・ボソは熱心にわしを説得し、こちらへ来るよう誘い、『キルデベルトゥス王下の有力者全員があなたを望んでいます。こちらへおいで下さい。あなたに向って舌を鳴らすものはひとりもおりますまい。あなたがクロタカリウス王の子であることは我々は皆知っています。あなたがおいで下さらないと、彼の王国を束ねる者がガリアからいなくなってしまいます』と言ったのじゃ。

そこでわしは彼にたくさんの贈物を送り、彼は一二の聖なる場所に誓ってわしを無事この王国に送り届けると約束してくれた。そこでわしはマッシリア（マルセイユ）に到着し、そこの司教から熱烈歓迎を受けた。彼はわが甥王の王国の有力者たちの書き物を持っておった。わしはそこからムモルスの計略に従ってアヴェニオ（アヴィニョン）に行ったのじゃが、グントゥクラムヌス・ボソめは自分の誓約を反古《ほご》にしてわしの財産を横領して自分の懐に入れてしまった（巻六、二四）。こういう訳で、わしは、兄弟のグントゥクラムヌスとまったく同様に、王たる者なのじゃよ。

しかし、あなた方の心がわれらへの憎しみに満ちているならわしをあなたがたの王の所へ導かれよ。王はわしが自分の兄弟だと知ればわしを良いようにするじゃろう。じゃが、それも叶わぬならば、いっそこのわしを、もと来た所へ返してくれい。さすればわしは立ち去ってもはやあなたがたに害はなさぬ。わしが述べることの真偽を確かめたくば、ペクタヴァ（ポワティエ）のラデグンディス様（巻六、二九）か、トロニカ（トゥール）のインギトゥルディス様（巻五、二一）にお尋ねあれ。彼女たちはわしがのべることの真実をあなたがたに確証してくれるじゃろう」

だが彼の言葉は多くの者の罵詈雑言によってかき消されてしまった。

三七

城を取り囲んで一五日目が明けた。攻撃軍の将レウデギセルスは町を破壊する新兵器を導入した。それは破城槌を備え、粗朶《そだ》と板でおおわれた軍車で、兵士はその陰に隠れて壁を破壊すべく前進した。しかし壁に接近した兵は石をあびせられて倒れた。彼らの上には燃える樹脂や獣脂のつまった樽が飛来し、石を満載した桶がふって来た。やがて夜になり攻撃軍は戦闘を中止して陣営に戻った。

グンドヴァルドゥス側にはカリウルフスという金持ちの勢力家がついていた。町には彼の貯蔵庫や備蓄室がたくさんあって兵士たちはそれで身を養っていた。

ブラダスティス（巻七、二八）は、事態の進行を見てレウデギセルス側の勝利は動かないと判断し、自分たちが殺されるのを恐れ、教会の建物に火を放ち、皆が消火に気を取られているすきに逃亡した。

夜が明けた。攻撃軍は戦闘を再開した。今回は東側の谷を埋めるべく木の枝の束を用意したがこのしかけも何の役にも立たなかった。司教のサギッタリウスは軍装をととのえて何度も城壁を回って歩き、敵に向かい壁の上から自分の手で投石を繰り返した。

三八

攻撃軍は、事態が進捗しないのを見ると、ひそかに使者をムモルスのもとへ送って言った。

「あなたの本当の主人が誰なのかよくお考え下さい。こんな馬鹿げたことはいつか終わりにすべきです。どうしてまた見も知らぬ男に従おうなどという気になったのですか。あなたの奥さんも子供たちも捕えられてしまったではありませんか。そして男のお子様たちはもはや殺されてしまいました。これからどうなさるおつもりですか。このままではあなたを待ち受けているものは破滅しかありますまい」

するとムモルスはこの言葉を受け入れて言った。

「我々の企てが失敗し、もはや我々に何の力もなくなったことはよくわかっている。たったひとつ希望があるとすれば、もし私があなたがたの仕事を随分省いてご覧に入れたら、私の安全が確保されるかどうかということです」

この言葉を聞いて使者たちは一旦退去した。そこで司教のサギッタリウスとムモルス、カリウルフス、ワッドの面々は教会に集まり、もしも生命の安全が約束されるのならばグンドヴァルドゥスとの盟約を見限り、彼を敵の手に引き渡そうと誓い合った。

さて使者たちが戻って来ると彼らは一味に生命の保証を与えた。そこでムモルスは言った。

「わかりました。事ここに至っては、私は彼をあなたがたにゆだね、王をわがあるじと認め、王のお目文字が叶いますよう努める所存です」

そこで使者たちは、もしもそうしてもらえるのならムモルスは丁重に迎えよう、もしも王に対し釈明ができなかったら、ムモルスを教会へ入れ、決して命をなくすような事態にはさせまい、と言った。こうした約束をした上で彼らは帰って行った。

ムモルスはサギッタリウス司教とワッドとともにグンドヴァルドゥスの所へ行き、こう言った。

「我々があなたに行なった誓約と忠誠は、ここにおられるあなたご自身よくご存知のことと存じます。そこで今も我々の助言をどうかお聞き下さい。今はこの町を出て、ご兄弟の王のもとへお出で下さいませ。あなたもしばしばそれを望んでおられました。我々はすでに向うの方々と話し合ったのです。向うでは、王はあなたというお味方がなくなることを望んではいないとか。これはご一族のご子孫が余りに少ないためです」

グンドヴァルドゥスはこの言葉の背後にひそむ欺瞞に気づきはらはらと涙を流して言った。

「私はあなたがたの誘いに乗ってこのガリアにやって来たのです。私は自分の財産の大量の金銀その他の貴重品を、一部はアヴェニカ（アヴィニヨン）の町に残してきましたが、一部はグントゥクラムヌス・ボソに横領されてしまいました。私は神のご加護を頼んですべての希望をあなた方にかけ、私の決断をあなた方にゆだね、常にあなた方を通じて事を行なってきました。今もしもあなた方が私をだまそうとして物を言うのであれば、私はあなた方の裁きを神にゆだねます。神が私の件を引き受けて下さるようお願い申し上げる」

彼が話し終えると、ムモルスがそれに答えて言った。

「あなたをだまそうなどというつもりは毛頭ありません。ですがご覧の通り、すでに屈強の男たちが門の所に立ってあなたを待っています。ところであなたが身に着けている私の金の剣帯を外して行ってはいただけまいか。大体その服装では威を張りすぎです。どうぞご自分の剣をお使い下さい。そして私のは戻して行ってください」

それに答えて、彼は言った。

「なるほど、いままではあなたのご好意に甘えて使わせてもらっていたものを今は返せという訳ですな」

ムモルスはなおも誓って、グンドヴァルドゥスに不利なことは何も起きないと言った。

彼らが門を出るとビトリクス（ブールジュ）の領主のオロと、ボソ（グントゥクラムヌス・ボソとは別人）がグンドヴァルドゥスの身柄を受け取った。ムモルスは護衛の兵と一緒に町へひきあげ、門は固く閉ざされた。グンドヴァルドゥスは、自分が敵の手に落ちたことを知ると、目と手を天に向けた。

「永遠の裁判官、罪なき者の復讐者、神よ。すべての正義はあなたに由来し、あなたは嘘をお許しにはなりません。どんな欺瞞も策略もあなたには役には立ちません。私はあなたに私の件をゆだねます。無実の私を敵の手に渡したやつらに速やかにあなたの復讐がくだりますように」

彼はこう言い終えると主の十字架を切り、自分の身を前述の人々にゆだねた。彼らは門から離れていった。町の周辺を険しい谷が取り巻いていた。オロはいきなりグンドヴァルドゥスをつき落として叫んだ。

「王の兄弟で息子だとほざいているが、こやつはただのバロメリスじゃないか」

そして彼を突き刺すために槍を投げた。しかし槍は胴回りの甲冑に当たってはね返った。するとグンドヴァルドゥスは坂をよじ登り始めた。今度はボソが石を投げると彼の頭に命中した。彼は倒れて死んだ。それからおびただしい兵士が殺到し、彼を槍で滅多刺しにし、足に綱をくくりつけて、陣中を引き回した。そして遺体の髪と髯をそり落として彼が殺された場所に放置した。

続く夜の間、一味の主だった人々は町中に見つかる限りの財宝を教会の聖器類もろともひそかに運び去った。朝になり門の閂が外されると攻撃軍がどっと押し入り、中の兵たちを片っ端から刃の犠牲にして行った。聖職者たちも使用人と一緒に教会の祭壇の前で殺害された。全員が殺されるともはや「壁に小便を引っかける者（男性の意）は残っていなかった」（サムエル前書、二五、二二のウルガタ訳）。教会の建物も含めて全市に火がかけられ、最後には空地が残っただけだった。

三九

レウデギセルスは、ムモルス、サギッタリウス、カリウルフス、ワッドをつれて陣営に戻った。そしてひそかに使者を王の所へ派遣して彼らをどう処理したらよいか尋ねた。すると王は彼らに死刑を定めるように命じた。この時ワッドとカリウルフスは子供たちを人質に残して立ち去っていた。

さて彼らの最期が確定すると、ムモルスはこれに気づき、武装を整えてレウデギセルスの小屋を訪ねた。ムモルスを見るとレウデギセルスは訊ねた。

「おや、まるで逃げる時のような装いでお出でになった訳は」

そこでムモルスは言った。

「約束はまるで守られてないじゃありませんか。私は死刑になるようだ」

そこで司令官は言った。

「では外へ行ってなだめて来よう」

彼は小屋を出、ただちに小屋を包囲してムモルスを殺すように命じた。しかしムモルスの方も襲来者に対し長く抵抗した。彼はようやく出口にたどり着いた。そこを出た時、二人の兵がムモルスの両脇腹を槍で刺した。ムモルスは倒れて死んだ。

これを見ていた司教（サギッタリウス）は恐怖でふるえた。彼の近くに立っていた誰かが司教に言った。「ご自分の目で、この成り行きをよくご覧なさい。そして気づかれぬよう頭を覆って森へ逃げなさい。しばらく身をひそめていて、大騒ぎが一段落したらどこかへ逃げれば良いでしょう」彼は助言どおり頭を覆って逃亡を試みた。しかし誰かが剣を抜いて彼の頭を覆いと一緒に切り落とした。その後、各々の兵は自分の故郷へ帰って行った。彼らは道々ひどい略奪と殺人を繰り返した。

さてフレデグンディスはそのころ自分の娘（リグンティス）を何とかつれ戻すためにクッパ（巻五、三九）をトロサ（トゥールーズ）へ派遣した。しかし彼が派遣されたのは、もしグンドヴァルドゥスが生きていたら、色々な約束で誘惑して彼女の所へつれて来るためだとあちこちで噂された。ただこの事はもはや不可能であったので、クッパは、さまざまな屈辱や恥辱を受けたリグンティスをとにかくその潜伏先からつれ出したのだった。

四〇

レウデギセルスは前述（巻七、三八）の財産をすべて押収して王の所へ戻った。後に王はこの財宝を貧しい人々と教会に寄贈した。捕えられたムモルスの妻に対しては、王は彼らがたくわえた財産はどこへやったのかと尋ねた。妻は夫が殺され、彼らの高い誇りが完全に打ち砕かれたのを知ってすべてを白状し、王がまだ知らない大量の金銀がアヴェニカ（アヴィニヨン）の町にかくされてあると言った。

王はこれを収めるべくただちに人をつかわした。ムモルスがこの財産を託した彼の使用人も、この時一緒に送られた。彼らは町に到着すると、残されていたこれら一切を押収した。銀は二五〇タレンタ（タレントゥムの複数形）、金は三〇タレンタ以上あったという。これらは皆ムモルスが見つけた古い財宝庫から横領したものだという話である。

♔貨幣Ⅱ　タレントゥム talentum（複数形タレンタ talenta）は，ギリシャの重量の単位でありかつ貨幣の単位でもあった。時代と場所によりその値は異なった。

王はこれを甥のキルデベルトゥス王と分けて自分の取り分は大部分貧しい人々に施した。ムモルスの妻には彼女が両親からもらった分以上のものは与えなかった。

四一

そのころムモルスの配下だった巨大な身体の人間が王の前につれて来られた。彼は最も背の高い人間より更に二、三ペデスも高かった。彼は指物師《さしものし》であったがまもなく亡くなった。

四二

その後、各裁判官を通じ、今回の遠征に参加しそこねた者を処罰するよう王令が出された。これに応じてビトリクス（ブールジュ）の領主は、自分の領内にある聖マルティヌス聖堂の該当者を略奪するよう人をさし向けた。

地所の管理人はこの措置に強く抗議して言った。

「ここの人間は皆聖マルティヌスにお仕えしております。彼らにはご無体をなさいませぬよう。彼らにはこのような要求に応ずる習慣がございません」

すると追手は言った。

「いつもくだらぬご託宣を並べおって、きさまらのマルティヌスなど知ったことか。とにかく王の命令を無視した代価は支払ってもらうぞ」

こう言いながら彼は聖堂内の大広間《アトリウム》に入り込んだ。すると彼は直ちに激痛に襲われて倒れ、ひどく苦しみ始めた。彼は管理人に向い悲痛な声をあげて言った。

「私の上で主の十字架を切って下さい。聖マルティヌスの御名を呼んでください。今わかった、聖者の徳力は偉大だ。私がこの大広間《アトリウム》に入って来ると、ひとりの老人が手に木を持っているのが見えたのです。木の枝はやがて広がってこの大広間《アトリウム》全体を覆い尽しました。その枝の一か所が私に触れるとその一突きで私はこけてしまったのです」
それから彼は部下たちに自分をこの大広間《アトリウム》からつれ出すよう合図した。彼は外へ出ると熱心に幸多きマルティヌスの御名を唱えはじめた。こうして彼は元気を回復し、健康体に戻った。

四三

デシデリウス（巻七、三四）は、各地の砦を固めて自分の身と財産を守っていた。リグンティスの家宰のワッドはブルニキルディス女王の庇護を求め彼女に迎え入れられた。彼は贈物と彼女の愛顧をもらって退出した。カリウルフスは聖マルティヌスの聖堂の庇護を求めた。

四四

このころ、「占いの霊に憑かれて占いをなし、その主人らに多くの利を得さする女」（使徒行伝、一六、一六）がいて、このわざによって主人たちの好意を得、自由の身になって自分の意思で暮らしていた。誰か窃盗とか悪事を働く者があると彼女はただちに、その泥棒はどこへ行ったか、盗んだ物を誰に渡したかあるいはどう処分したかなどを話した。

彼女は毎日金銀を集め、身体中に飾りをつけて町を歩いた。このため彼女は人々には何か神がかった存在のように思われていた。

ヴィレドゥネンシス（ヴェルダン）の司教アゲリクス（巻三、三五）は、この話を聞いて人をつかわして彼女をとらえて自分の前へつれて来させた。彼は、我々の読む『使徒行伝』によって占いの霊が汚れたものであることを知っていたのだ。

彼は彼女に向って除霊の言葉を唱えその額に聖油を塗りつけた。すると悪霊が叫び声をあげ、自分が何者であるかを司教に告げた。しかしそのものはそれでも女から出て行こうとしなかったので司教は彼女を帰した。彼女はもといた場所にいられなくなり、王妃フレデグンディスの所へ行き、そこに隠れ住んだ。

四五

この年には飢饉がほとんど全ガリアをおおった。多くの人々が葡萄の種やはしばみの花、しだの草の根を干してすりつぶし、それにわずかな小麦粉を混ぜてパンを焼いた。また少なからぬ人々がまだ青い作物を切って同様のものを作った。小麦粉がまったくない多くの人はさまざまな草を集めて食いつくし、ふくれあがって死んだ。絶食から弱りはてて死ぬ者もおおぜい居た。

商人たちは人々を容赦なく絞りあげた。一モディウス（古代ローマの枡量）の作物や半モディウスのワインに一トリエンス（コラム「貨幣Ⅰ」、一一八頁参照）の値をつけて売った。貧しい人々は何とかして食物にありつくために奴隷に身を落とした。

四六

このころ商人のクリストフォルスがアウリリアネンシス（オルレアン）の町にやって来た。彼はそこにおびただしいワインが集積されているのを聞き及んだのだ。彼はワインを買い集めて舟に積み、義父から多大な金額を受け取った。

それから彼はふたりのサクソネス人の使用人をつれて馬で出発した。この使用人たちは時々ひどく鞭打たれることがあって主人を憎んでおり、何度も逃亡を試みていた。

さて一行がとある森にさしかかるとひとりの使用人が、先を行く主人の背後から槍を突きさした。主人が転落するともうひとりが投槍で彼の頭を打ち砕いた。その後ふたりは主人をずたずたに引き裂いて殺して放置し、金を奪って逃走した。

クリストフォルスの兄は遺体を葬ると復讐の追手を使用人にさし向けた。若い方は捕えられて縛《ばく》についたが年長の方は金を持って逃げた。その帰路、縛られた使用人は縄目がゆるんだすきに槍を奪って自分を護衛している男の一人を殺した。しかし他の者たちが彼をトロヌス（トゥール）まで連行し、さまざまな拷問にかけて手足を切断し、絞首台につるして殺した。

四七

このころトロヌス（トゥール）の住民たちの間でひどい流血騒ぎがあった。

故ヨハンネスの息子のシカリウスという者がモンタロマギンシス（マントラン）の村でアウストリギセルスその他の村人たちと一緒に主の降誕を祝っていた時、当地の司祭が自宅に酒を飲みに来るように幾人かの人々を招こうと従僕を走らせた。

この従僕がやって来ると招待を受けたひとりの男が、あろう事か、剣を抜いて従僕を刺した。従僕は倒れて息を引き取った。

司祭と親しかったシカリウスは、司祭の従僕が殺されたと聞いて武器を手に取って教会へ行き、アウストリギセルスを待ち受けた。アウストリギセルスの方もこれを聞き、武装を整えてシカリウスに向って行った。

こうして大勢が入り乱れ、双方激しい打ち合いになった。シカリウスは僧侶たちと一緒に乱闘場からのがれ出て自分の村へ逃げていったが、傷を負った四人の従僕と銀や衣類が司祭の家に残された。

シカリウスがいなくなるとアウストリギセルスは再度襲来して従僕たちを殺し、金銀その他の物品を奪い去った。

この件は市民の法廷に持ち出され、殺人を犯し、従僕を殺し、許可なく物品を略取したアウストリギセルスが、法の規定に従って有罪の判決を受けた。

こうして一件は落着したが、数日後、アウストリギセルスの奪い去った物品がアウノとその息子とその弟のエベルルフス（巻七、二一の侍従とは別人）の所に保管されているのを聞いたシカリウスは、アウディヌスと徒党を組んで、判決をふみにじって騒乱を起す計画を立て、武装した一団を率いて夜にアウノを襲い、彼らが寝ている家に押し入ってアウノとその弟と息子を殺害し、従僕を殺して物品と家畜を奪い去った。

我々はこの事件を聞いてひどく憂慮し、裁判官の側に立って使者を関係者に派遣し、我々の所におもむいて事情を話し、これ以上騒乱が広がらぬよう和解を結んで行くようにと勧告した。さて、関係者が集まり市民たちも同席したところで私は言った。

「みなさん、これ以上こんなひどいことが続かぬよう、暴力沙汰はきっぱりお止めください。亡くなったのは教会の息子たちです。こんなことが続くと、さらに死者が出ないかと心配になります。どうか心を平和に保って下さい。悪いことをしてしまった方々は愛の原則に立ち戻ってつぐないをしてください。どうぞ平和の子であり、主のお計らいをいただいて、神の王国にふさわしくあって下さい。主は、『幸いなるかな平和ならしむる者、その人は神の子と称えられん』（マタイ伝、五、九）と述べておられます。でももし悪事を犯してしまいつぐないの資産が足りないという人がいた場合には、その分は教会の銀であがないます。もうこれ以上人の命が失われてはいけませんから」

私はこう言って教会の銀を提供した。しかし父（アウノ）と叔父と兄を殺されてその仕返しを求めて止まぬクラムネシンドゥスたちはその受け取りを拒否した。

彼らが立ち去った後、シカリウスは王への面会を求めて旅仕度にかかり、この件で妻に会うべくペクタヴス（ポワティエ）に足を運んだ。ところが同地で仕事に促すべく奴隷を叱り、鞭《むち》でたたいたところ、奴隷は剣帯から剣をひきぬいて自分の主人に切りつけた。シカリウスが地面に倒れると彼の同輩たちが奴隷を捕まえてひどく切り刻んで手足を切断し絞首台にさらした。

トロニクム（トゥール）ではシカリウスが死んだという噂が流れた。これを聞いたクラムネシンドゥスは親戚と同輩を誘って彼の家へ急行し、狼藉のかぎりを尽くし、数人の奴隷を殺し、シカリウスの家も、同じ館の彼の一味の人々の家も全て焼き払った。彼らは家畜など運べる物は全部持ち去った。

裁判官は対立する双方の側の人々を町へ呼んで、両者の言い分を聞いた。そして前につぐないの受け取りを拒否して家の放火を行なった側から、もらうべき価格の半分を削除した。これは法に反したやりかただったが和解を結ぶためにはやむを得ない措置だった。またシカリウスはつぐないの半分を支払うよう定められた。定められたつぐないは教会から与えられ、シカリウスは支払いを済ませて身の安全を確保した。双方はこれ以上は決して相手に不満を抱かないという誓いを交互に交わした。こうして紛争は終わった。

第七巻を終わる。

第 8 巻

フレデグンディス王妃とその息子クロタカリウス（『フランス大年代記』の写本画，14 世紀末，リヨン市立図書館）

第八巻目次始まる

ここに第八巻目次終わる、神に感謝、アーメン

キリストの御名により第八巻始まる

一　グントゥクラムヌス王はその統治二四年目カビロヌム（シャロン）を発《た》ってネヴェルネンシス（ヌヴェル）の町に来た。彼はキルペリクスの息子を再誕の泉から取りあげるべくパリシウス（パリ）へ行くところであった。この子はクロタカリウスの名で呼ばれていた。

王はネヴェルヌス（ヌヴェル）を出発し、アウリリアネンシス（オルレアン）の町に至り、その壮麗な姿を市民の

前に現した。彼は市民の邸宅に招待されては饗宴のもてなしをうけ、たくさんの贈物をもらい、自らも惜しみなく贈物を与えた。

彼がアウリリアネンシスの町へ来たのは、ちょうど第五の月（七月）のノーナ四日前の日（七月四日）の幸多きマルティヌスの祭礼の日だった。王は大勢の民衆から盛大な出迎えを受けた。市民たちは紋章や旗を立て賛歌を歌いながら進んだ。その声の中にはシリア人の言葉とラテン語が混じっていた。またさまざまな言語の賛歌の中にはユダヤ人の言葉も響いていた。それらの声は、

「王様万歳、王の王国が民衆のなかにとこしえに続きますように」

とうたった。ユダヤ人もこの賛歌に唱和した。

「すべての種族があなたをたたえ、あなたに膝を屈し、あなたに従いますように」

さて、ミサが済んで王が宴席に着くと、彼は言った。

「ユダヤ人の奴らめ、嘘といつわりの精神でこり固まっていやがる。今日も口ではわしを賛え、全種族があるじとしてわしを拝むように、などと調子の良いことをぬかしおって、こないだキリスト教徒に壊されたシナゴーグ（ユダヤ教徒の礼拝堂）をわしが正式に再建を命ずるように持って行きたいのだ。神のお指図に忠実なこのわしがそんなことをすると思うか」

おお、賢明な王の智恵よ。彼は異端者のずるさをよく知っていて、ユダヤ人たちの下心などとっくに見抜いていたのだ。食事が半ば過ぎたころ王は列席した司教たちに向って言った。

「明日はわが家であなたがたの祝福にあずかりたい。あなたがたのご来訪はわが家に福を運んでくれるだろうし、わしは背を低く屈《かが》めてあなたがたのあふれる祝福のお言葉を身に浴び、さわやかになりたい」

彼がこの言葉を言い終わると我々全員、礼を述べて席を立った。

翌朝、王は聖者たちのゆかりの場所を参拝する途次、我々の宿所にやって来た。この地には僧院長アヴィトゥスの聖堂があり、私は彼のことを奇蹟に関する本（告白者の栄光の書、九七）の中で述べておいた。

二

さて私は王を喜んで迎え、祈りをささげ、我々の住居で幸多きマルティヌスの聖餐のパンをお受けいただきたいと頼んだ。王はそれを拒まず、わざわざ中へ入って杯をお受けになり、我々を宴席に招待して帰宅した。当時ブルデガレンシス（ボルドー）の司教ベルトラムヌスと、サンクトナス（サント）の司教パラディウスは、ともに王の不興を招いていた。前述のように（巻七、三一）ふたりの司教はグンドヴァルドゥスを受け入れたし、パラディウスの方はしばしば王に不誠実を働き、王の怒りを買っていた。


彼らは少し前、グンドヴァルドゥス支持の件と、そのグンドヴァルドゥスの軽率な指示に従ってアクイス（ダクス）の司教ファウスティアヌスを任命した件について、他の司教たちと王の重臣たちから取り調べを受けていた。パラディウスは自分の上司のベルトラムヌス司教に代わってこの件の責任を引き受け、

「あの当時私の首座司教は目の病に悩んでおられ、私のほうは脅かされたり屈辱を受けたりしながらやむを得ず彼の側につきました。まもなく全ガリアを制圧すると公言していた彼の意向にそむいては何もできなかったのです」

と言った。この言葉が王の耳に入ると王は激怒し、王がまだ招いていない二人を宴席への招待から外さないようにするため、我々はさんざん苦労した。


さて、ベルトラムヌスが入ってくると王は、

「この者は誰じゃ」

と尋ねた。王はもう長いこと彼に会っていなかった。

「この方はブルデガレンシスの町のベルトラムヌス司教です」

と教えられると、王は言った。

「ご一族への義理を果たされたことは実に結構ですな。しかし司教殿よ、かりにもあなたはわれらの母方の血縁であられますぞ。外国のペストをあなたの一族にお迎えになるなど言語道断です」

ベルトラムヌスがこれらの言葉を聞き終わると、今度は王はパラディウスに身を向けて言った。

「あなたにも、パラディウス司教よ、感謝申し上げるという訳には参りませんな。司教ともあろうお方にこんなことを申しあげるのは残念だが、あなたは三度も我らを愚弄し、惑わしに満ちた手紙を送ってこられたからな。あなたはわしを手紙で手玉に取っておいてわが兄弟を別の書簡でご自分の所にお招きになった（キルペリクスの子クロドヴェクスがサンクトナスへ軍を進めたこと。巻五、一三）。神がこのことの証人じゃが、わしは常に教会の長老方には敬意を表して来た。なのにあなた方はいつもわしに陰謀を企んでおられた」

さらに王は、ニカシウスとアンティディウスの両司教に向って言った。

「聖なる方々よ、あなたがたはわが国土の幸いと安全のためにどんなことをなさったか、おっしゃってほしい」

しかし彼らも何も言わなかったので、王は手を洗い清めて聖職者たちの祝福を受け、自分が受けた屈辱の話など全くしなかったかのような晴れやかな顔つきで宴会の席についた。

三

食事の半ばごろ王は、前日のミサのレスポンソリウムの賛歌（かけあいで歌う賛歌）を歌った助祭に、私から歌うように命ずるよう要求した。彼が歌い終えると、

首座司教座　当時，ブルデガラ（ボルドー），トロヌス（トゥール），ルグドゥヌム（リヨン），アレラテ（アルル），ビトゥリカ（ブールジュ），ヴィエンナ（ヴィエンヌ），レムス（ランス），ロトマグス（ルーアン），ナルボナ（ナルボンヌ），セノニカ（サンス），トゥレヴェルス（トリーア）の 11 諸市に首座司教座が置かれて，一般の司教座を束ねていた。ダルトン（Dalton）の解説文によれば，6 世紀半ばにはこれら首座司教の下に 118 人の司教がいたという。

今度は出席している全司教が自分の使っている僧を一人ずつ出して王の面前で歌わせるよう私に命じた。この王の要求に従って私が促すと、各人は王の御前で力のかぎりを尽してレスポンソリウムの賛歌を歌った。全員歌い終えると食器が運ばれて来た。王は言った。

「これはすべて銀製で、ご承知の通り、裏切り者のムモルスのものだったものです。主のおぼしめしにより今はわれらの所有になっています。この皿のうち、今ご覧のものと同じ大きさの一五枚をわしはすでに壊してしもうた。そこで残っているのはここにあるものの他には一七〇リーブレのもの一枚を所有しているだけです。日用のためにはわしにはこれ以上のものはいりません。残念ながらわしには息子もキルデベルトゥス以外にはなく、彼には父上から遺贈されたものの他、アヴェニオ（アヴィニヨン）でみつかったかの悪党の財産からすでにわしが分けてやった分があります。残りの物は貧しい人々と教会の必要のために使われるべきだとわしは思う」

四

「ただひとつ、あなたがたにお頼みしたい。それはわが息子のために神の慈悲をいただきたいということです。あれは賢明で有能な男です。何年さがしてもこれほど用心深く、ねばり強い男はまず見つからんじゃろう。

神がこの人をわがガリアに授けたまうたのであるならば、衰えはてたわが一族が彼によって栄え行く希望が与えられたも同様だと思う。わしはこのことが神のお慈悲によって行なわれることには露ほどの疑いも持ってはおりませぬ。なぜならば彼の誕生の折には不思議な前兆が見られたからです。

聖なる復活祭の日にわが弟のシギベルトゥス王（キルデベルトゥスの実の父）は教会におりましてな、助祭が聖なる福音書を手に進み出ますと、ちょうど使者が王のところへ到着し、福音書の朗読と使者のしらせがぴったり声を合わせて、『あなたに男の子が誕生しました』と告げたのです。この同時の告知に全会衆も声を合わせ、『全能の神に栄えあれ』と叫んだのです。

彼は五旬節の日に洗礼を受け、主の聖誕生日に王に選ばれました。これにもし皆様方のお祈りが加われば彼が主のご加護の下で統治の業にはげむことは確実に保証されたも同じです」

王がこのように述べると全聖職者が、ふたりの王に神のご加護が恵まれるよう、主に心からの祈りを捧げた。王はつけ加えて言った。

「わが息子の母ブルニキルディスがわしを殺そうと狙っているのは本当じゃ。しかしわしには恐れることは何もない。わしを幾多の敵の手から救いたまうた主が、彼女の企みからわしを救いたまうのだから」

五

この時王は、テオドルス（マッシリア司教。巻六、一一、二四）をさかんに罵倒し、もしも彼が公会議に来るようであればもう一度追放しなければならぬと言った。

「彼らのせいでわが兄弟のキルペリクスは殺されたのです。今年中に彼の死の復讐ができないようなら、われらは男とは言えぬ」

と王は言った。私はそれに答えて言った。

「しかしキルペリクス王は、自分自身の悪業とあなたの祈りによって身を滅ぼしたのではないでしょうか。彼はあなたに対しいろいろ陰謀をしかけました。これが彼の滅亡の原因でした。私はこんな夢を見たのを覚えています。キルペリクス王はまず剃髪され、司教に選ばれたようでした。それから煤《すす》で黒くなった粗末な肘掛椅子で運ばれてきました。彼の前にはランプと蠟燭があかあかと灯っていました」

すると王は私をさえぎって言った。

「実はわしも彼の死を告げる夢を見ているのです。そこで彼は鎖でしばられ、三人の司教によってわしの前へ連行されて来ました。この三人とは、テトリクス、アグロエクラ、それにルグドゥネンシス（リヨン）の司教ニケティウス（巻五、二〇）でした。彼らのうちふたりは『かれのいましめを解いて、しかるべく罰を与えた後は自由にしてやって下さい』と言ったのですが、テトリクスは彼らとは反対にやけに辛辣で、『そうは行きません。彼の罪業は火で焼きつくすべきものです』と言い張ります。そこで彼らはまるで大喧嘩の状態で長いこと言葉を投げ合っていました。

するとわしは遠くから、火にかけられた銅鍋がぐらぐら煮えたぎっているのを目にしました。わしは泣かずにいられませんでした。キルペリクスは捕まえられ、手足を粉砕されて鍋の中へほうり込まれました。そしてただちに沸き立つ煮え湯の中でばらばらに溶け去りました。あとには全く何も残らなかったのです」

我々は王の話に大いに驚いたが、宴会は終わり、我々は席を立った。

六

翌日王は狩に出かけた。彼が帰ってくると、我々はブルデガレンシス（ボルドー）の領主ガラカリウスとブラダスティスを彼の所へつれて行った。彼らは既述のようにグンドヴァルドゥスに味方した後、聖マルティヌスの聖堂に身をひそめていた人物だった。私は以前にも彼らのために色々とりなしをしたのだが何の効果も得られなかった。そこで今回は次のように口を開いた。

「お聞き下さい、全能の王よ、わがあるじが使者として私をあなたの所へおつかわしになりました。ご返事がいただけぬのなら、私はわがあるじに何と答えたものでしょうか」

すると王は怪訝《けげん》な顔をして尋ねた。

「あなたをおつかわしになったあるじ殿とは？」

「幸多きマルティヌスです」

と私は微笑んで答えた。すると王は二人を自分の面前につれて来るよう命じた。そしてふたりの顔を見ると王は彼らの数々の陰謀と偽証を非難して、貴様らは正真正銘の狐どもだと何度もののしった。しかしその後機嫌をなおし、彼らから取り上げたものを返してやった。

七

主の日（日曜日）が来ると王はミサ・ソレムニス（正式ミサ）に列席すべく教会を訪れた。我々司教の兄弟団は、祭典挙行に当り、パラディウス（巻八、二）に進行役を与えていた。そこで彼が聖書の預言を読み始めると、王はあれは誰だと尋ねた。皆が、今始めたのはパラディウス司教ですと答えると、王は怒りをあらわにして言った。

「何？ いつもわしにうそをつき、偽証を行なう奴が聖なる言葉を述べんとするか。わしは今すぐ教会を出るぞ。わが敵の説教など耳にしたくない」

王はこう言いつつ教会を去るしたくを始めた。聖職者たちは兄弟のひとりをけなされてひどく混乱し、王に向って言った。

「私どもは彼があなたの宴のお招きにあずかったのを見ていますし、あなたはかれの手から祝福をお受けになったではありませんか。それなのにどうして彼をおしりぞけなさいますか。私どもがあらかじめ彼があなたに不都合だと知っておりましたなら別の者をお役につけたでしょう。ですが今はもう始まったのですからどうぞこのままお役を続けさせて下さい。ご異論がおありになるならば後ほど教会法に則って吟味することにいたします」

この間にパラディウスは恭順の意を表して内陣へ引き下がっていた。王は彼を呼び寄せお役を最後まで続けるよう命じた。

さてこのパラディウスとベルトラムヌス（巻八、二）は、再び王の宴席に招かれると、お互いに口を極めて相手の不品行と放蕩をののしり合った。また彼らは自分たちの偽証についても非難し合った。多くの者はこれを聞いてくすくす笑っていたが、心ある者は、なぜ主の聖職者の間に悪魔の雑草がはびこるのかと嘆いた。王の御前を去るにあたり、ふたりは、九番目の月（一一月）の一日の一〇日前の日（一〇月二三日）の公会議に出席する約束と誓約をした。

八

そのころしるしが現れた。それはこれまでにもしばしば見られた北空の光線で、瞬《またた》く光が天をかけ抜け、同時に木に花が咲いた。それは五番目の月（七月）のことだった。

九

その後、王はパリシウス（パリ）に行き人々を前にして語った。

「わが兄弟キルペリクスが亡くなりひとりの男の子が残された（クロタカリウス。巻七、七）という話じゃが、母の願いもあり、その後見人どもは、主の誕生日の祝いの際にわしがその子を洗礼の泉から取り上げるようにと願った。しかし彼らは来なかった。その後今度は聖復活祭の日にその子を洗礼するよう頼んでおきながら、その子はまたも現れなかった。三度目に、聖ヨハネスの祝日（六月二四日）に来ると言いつつやはり彼は現れなかった。この暑いさなかわしを住み慣れた所からわざわざ呼び出しておいて、今回もあの子は行方をくらましてわしに姿を見せぬとはな。これではこれまでの話も全部うそにちがいないとわしは考えざるを得んな。その男の子は定めしわしらの配下の諸将のうちの誰かの子なのじゃろう。われらが一族の末ならばとっくにわしの前に姿を見せているはずだ。わしはこの子の出自につき確かな情報をもらうまではこの子には会わんぞ」

王妃フレデグンディスはこの話を聞くと自分の王国の有力者たち、三人の司教と三〇〇人の重臣たちを集め、この子が確かにキルペリクス王の子であることを一緒に誓わせ、王の心の疑念を取り除いた。

一〇

王はかねがね死んだメロヴェクス（キルペリクスの子。巻五、一八）とクロドヴェクス（同。巻五、三九）のことを気にかけていたが、彼らが殺されたあとどこに葬られているのかを知らずにいた。すると、ある男が王の所に来て言った。

「もしもあとで私に面倒なことさえ起きなければ、クロドヴェクス様のご遺体がどこにあるのかお教えいたしましょう」

王は、何も面倒はかけない、むしろ褒美をどっさりやろうと言った。そこで男は言った。

「私の言うことが真実であることは、事実が示してくれるでしょう。クロドヴェクスは殺されて、とある礼拝堂の軒下に埋められていました。ところが王妃（フレデグンディス）はいつか誰かがこれを見つけてきちんと葬ることもあるのではないかと恐れ、遺骸をマトロナ（マルヌ川）の川床に沈めるよう命じました。ところが私が生業《なりわい》で魚を捕えるためにこしらえた簗《やな》の中にご遺体が入っていたのです。私はそれが誰だかわかりませんでしたが、あとで長く伸びた髪からそれがクロドヴェクス様とわかりました。私はかれを肩に背負って岸に運び、そこに埋めてその上を芝土で覆いました。彼の身体には傷んだ所はありませんでしたよ。王よ、どうぞお好きなようになさって下さい」

王はこれを知ると狩に行くふりをして出かけ、芝土を取り除けて彼の傷んでいない完全な小さな遺体を発見した。下になっていた部分の頭髪は抜け落ちていたが他の部分の波打つ毛は完全に保たれていた。王はこれが彼が熱心に捜し求めていた人だと知り、土地の司教と僧たちと人民を呼び、おびただしい蠟燭で飾って彼を聖ヴィンケンティウスの聖堂に運んで葬らせた。王はすでに葬った自分の息子たちにも劣らず自分の甥たちの死を悲しんでいたのだ。その後王はカルノテナ（シャルトル）の町の司教パポルス（巻七、一七）を派遣してメロヴェクスの遺体を求めさせ、それをクロドヴェクスの傍らに葬った。

一一

ある門番が別の門番について言った。

「王よ、この男は報酬を受け取ってあなたを殺す陰謀に加担しました」

訴えられた門番は捕えられ、鞭打たれ、さまざまな拷問を受けたが、尋問された事柄に関しては何も白状しなかった。多くの人々は、この嫌疑を受けた門番は王からいろいろ可愛がってもらったので、反感と嫉妬からこんな目にあったのだと語った。

アンソヴァルドゥス（巻七、七）は、何に疑念を抱いたのか知らないが、別れも告げずに王のもとを去って行った。

王はカビロヌム（シャロン）に帰還すると、常に自分に対し不実を働くボアントゥスを剣で刺し殺すよう命じた。この人物は自分の家にいるところを王の追手にとり囲まれ、殺害された。彼の財産は国庫へ没収された。

一二

さて王は再びテオドルス司教（巻八、五）の追及に心を砕き始めた。マッシリア（マルセイユ）はすでにキルデベルトゥスの支配下に入っていたので、キルデベルトゥス王の側からラタリウスが真相究明のため、将軍として派遣された。

しかし彼は王から課せられた任務を自分の手では行なわず、司教を捕縛し、保証人を取ってグントゥクラムヌス王のもとへ送り出した。これは、将来マティスコ（マコン）で開かれるはずの公会議に司教を出席させその場で司教たちの判断を仰ごうという意図からであった。

ところが、この神のしもべを狂暴な犬どもの牙から遠ざける神の復讐が行なわれた。司教が町を出ると教会の財産が強奪され、その一部はラタリウスが横領し、その他の物は封印して差し押さえられた。こうしたことが行なわれると、急に恐ろしい病がラタリウスの家来たちを襲い、彼らは高熱に倒れていった。彼の息子もこの病で死に、ラタリウスは自らの手で泣く泣く彼をマッシリア郊外に葬った。彼の一族はこんな憂き目を見、彼が町を出た時には誰も彼が無事故郷にたどりつけるとは思わなかった。

テオドルス司教はグントゥクラムヌス王の所に抑留されたが王は彼に危害は加えなかった。司教は聖性に優れ、いつも熱心に祈った。

私はトゥレヴェルス（トリーア）のマグネリクス司教から彼のこんな話を聞いた。数年前、テオドルス司教は厳重な警護の下にキルデベルトゥス王の所へ護送された。彼らが町を通過する時には、町の司教も市民も彼に面会を許されなかった。

さて一行がトゥレヴェルスを通過した時、マグネリクス司教は、テオドルス司教がすでに船に乗せられひそかに運び出されるとの話を聞いた。そこで司教は悲しみに包まれて立ち上がり急いで後を追ってみると岸辺に彼が見えた。司教は、信仰の兄弟が互いに会うことを妨げられるとは何という不敬虔な事態ですかと警護の兵に文句をつけ、やっと面会を許されてテオドルス司教に接吻し、彼に着る物を与えて立ち去った。

そして、聖マクシミヌスの聖堂まで来ると、「いやされんがために、相互いに祈れ」(ヤコブ書、五、一六)という使徒の言葉を思い出し、墳墓の前に身を投げ出して、兄弟が主の援助にあずかれるよう、泣きながら一心に祈り、聖堂を出た。

するとそこに迷った霊に憑かれた女がいて、司教に向って悪態をつき始めた。

「おお、『不徳に日々を重ねる者』(ダニエル書、一三、五二、ウルガタ訳)よ、きさまは我々の敵テオドルスのために主に祈りをささげるのか。我々はあいつをこのガリアから追放するために日夜心を砕いているのだぞ。あいつは毎日我々に火を焚きつけてくるのだが、おまえは彼のために援助の手をゆるめない。だがおまえはそんなに熱心にあいつを助けるよりも貧しい人々への施し物を失わないように教会の財産管理に没頭する方が良くはないのか」

女は最後に、

「糞《くそ》、こいつをやっつけられないとはな」

とわめいた。悪魔の言葉など信ずべきではないが、悪魔からこんなに悪態を吐かれる人物の聖性は明らかだった。とはいえ我々はもとの話に戻ろう。

一三

王は甥のキルデベルトゥスのもとへ使者をつかわした。この時キルデベルトゥス王はコンフルエンティス（コブレンツ）の砦に滞在していた。ここはムセラ（モーゼル川）とレーヌス（ライン川）が合流《コンフルエンテス》する地点であるのでそう呼ばれていた。両王の司教団の間にはカムパニア（シャンパーニュ）のトレカス（トロワ）に集合する取り決めがあったが、これはキルデベルトゥス側の司教たちには不都合だった。使者のフェリクスは書状を示して言った。

「王よ、あなたの伯父王は、一体誰があなたに約束を破らせているのかとお尋ねです。あなた方も承知した会合にあなたの司教団は来ようとしないではありませんか。悪い人間がいて、王様たちの間に不和の根をはびこらせているのでしょうか」

王が何も言わないので私が答えた。

「人々の間に雑草がはびこるのは驚くにはあたりませんが、この王たちの間には雑草が根を張る余地はありません。キルデベルトゥス王にはご自分の伯父様の他に父上はありませんし、かの王の方もこの方の他に息子を持っておられません。このことをかの王が今年はっきりとおっしゃった（巻七、三三）のを我々は聞いていますし、これは天下に隠れもなき事実です。お二人がお互いに支えあい愛し合って、ここに不和の根が張らないようにしなければなりません」

キルデベルトゥス王はひそかに使者フェリクスを呼びよせて言った。

「わが父にしてあるじの王が、テオドルス司教に危害を加えないようにひとつよろしく頼みます。そんなことになればたちまち我々の間に衝突が起こり不和が始まり我々は争わなくてはならなくなります。我々はお互いを愛し合い平和を保たねばならないのです」

使者は他の用件の返事ももらって帰って行った。

♔コンフルエンテス　コンフルエンテス Confluentes はラテン語の動詞 confluere（「一緒に流れる」）の現在分詞複数形（分詞は名詞でもある）である。接頭辞 con-が「一緒に（同時に）」の意味を加えることは英語などを通じてよく知られている。このままの形でコブレンツの古地名になるが，ここで Confluentis とされているのは作者独特の訛りである。

一四

我々が王（キルデベルトゥス）とともに前述の砦に滞在していた時、ある日、君主の宴席に招かれて夜がふけた。宴が終わり我々は席を辞し、川辺まで来て用意してあった船を見つけた。ところが、我々が船に乗ると、おおぜいの他の人たちまで乗り込んできて船は人であふれ水が入ってきた。しかしこの時主のお力が働いて、水は船の縁まであふれていたが船は沈まなかった。我々は幸多きマルティヌスとその他の聖者の遺物を身につけていたので、その徳力で救われたのだと信ずる。船は我々が出発した岸辺へ逆戻りした。そこで人々と水を船から出し、よその人々には乗るのを遠慮してもらって我々は無事向う岸へ渡った。翌日、我々は王に別れの挨拶を告げて去った。

一五

旅の途中我々はエポシウム（カリニャン）の砦に立ち寄った。そこで助祭のウルフィライクスの出迎えを受け、彼の僧院に案内された。

この僧院は砦（エポシウム）から約八ミリア離れた山の頂上に建てられていた。彼はこの山に大きな聖堂を建て、そこを聖マルティヌスやその他の聖者の遺物で飾っていた。

我々はここに滞在している間に、彼が改宗した事情や聖職についた経緯などを語ってくれるよう頼んだ。というのも彼はランゴバルディーの出身だったから。彼は自分をひけらかすことを嫌い、これに関してはなかなか口を開こうとしなかった。しかし私は聞いたことは絶対他言しないと最初にかたく誓って、自分の尋ねることを教えてほしいと懇願した。彼は長いこと躊躇していたが、ついに私のねばり強い頼みに折れて口を開いた。

「子供のころに幸多きマルティヌスの名は聞いていたのですが、彼が殉教者なのか告白者なのかも知りませんでしたし、どんな善行をこの世でなさった方なのか、どの地方が彼のご遺体を安置するにふさわしかったのかも知りませんでした。

でも私はそのころもう彼の栄誉をたたえて夜の勤行《ウィギリア》をし、お金が手に入ると施しをしていました。年長になると文字を学びましたが、書き方の規則を覚える前に自己流に書き始めていました。

その後僧院長のアレディウス（巻一〇、二九）について学び、一緒にマルティヌスの聖堂に行きました。そこから帰る時、彼は祝福のために墓所の砂を少し取って容器に入れて私の首にかけてくれました。我々がレモヴィキヌス（リモージュ）の境界内にある彼の僧院に戻ってくると彼はこの容器を取って礼拝堂に安置しました。すると砂がふくれあがり容器をすっかり満たしたばかりか、容器のあわせ目から外へこぼれて来ました。この不思議な出来事で私の魂はさらに点火され、私は自分の全希望を聖者の威徳にかけることにしたのです。

その後私はトゥレヴェリカ（トリーア）の町の領域へ行き、今皆さんがおいでになるこの山に、わが手でご覧の家を建てました。私はここで信仰のない土地の人々が神として崇めるディアナの像を発見しました。そこで私は一本の柱を立てて足に何もはかずにその上に登って苦行に入りました。そして冬がやって来ると私はこの地方の厳しい寒さに凍え、足の爪は襲い来る寒気にひび割れ、髯には凍った水が蠟燭のように垂れ下がりました。この地方の冬の厳しさは非常に有名なのです」

我々が、食物、飲物はどうしたのか、山の偶像はどうやって壊したのかと、興味津々《しんしん》に尋ねると、彼は続けて言った。

「少しのパンと野菜、それにわずかな水が私の飲食物でした。このころ近隣の村や館のおおぜいの人たちが私の所へやって来るようになりましたので、私はたえず説教して聞かせました。ディアナも偶像もあなたがたがなさっている礼拝も何の役にも立たないものです。またあなたがたが宴会の席で酒を飲んで歌うのも良いことではないのです。大切なことはただひとつ、天と地とを創造したまうた神に称賛の贈物をささげることです。

私はしばしば主が偶像をうち壊して人々を迷いの道から導いてくださるようにと祈りました。すると主の憐憫の心が野蛮人の心を動かし彼らは私の言葉に耳を傾けてくれました。彼らは偶像をすてて主に従ったのです。

私は自力ではあの巨大な像を打ち倒すことができませんでしたので、彼らの助力でそれを破壊しようとしました。その他の偶像は私ひとりで簡単に壊せたのですが。

さて援助の人が大勢集まると私たちはディアナの像に縄をかけてぐいと引っ張りました。でも像はぴくりとも動きません。そこで私は自分の聖堂にもどり、床に身を投げて涙を流して神のお慈悲にすがりました。人間の力ではどうしようもないものを神のお力で壊していただこうと思ったのです。

祈った後、私は彼らの所へ戻り綱をつかみました。すると最初のひと引きで像はただちに地面に倒れました。私は金槌で像を粉々に壊しました。さてこの時私が食事にもどると、頭の天辺から足の裏まで私の身体中に悪い腫物が出ました。おできのない所は指一本さす隙間もない位でした。私はひとりで聖堂に入り聖なる祭壇の前で服を脱ぎました。私には聖マルティヌスの聖堂から持って来た聖油の瓶がありました。私は自分の手で瓶の油を身体中に塗ったのです。するとすぐに眠くなり私は身を横たえました。そして深夜、私が恒例のお祈りのために身を起すと、身体はすっかり元通りになっており、腫物などは初めから全然なかったような有様でした。そこで私はこれが敵の悪意のしわざであることを知ったのです。

実際、この敵は常に主を求める者を嫉《ねた》み、害しようと狙っています。そこで司教たちが私の所へやって来て、本来ならば私が始めた苦行をしっかりとなしとげるように励ますはずのところ、私に向い、こう言いました。

『あなたの進もうとしている道は正しくありません。立柱の苦行の創始者であるアンティオキアのシメオンと較べられるほどあなたは偉人ではありません。第一この地の気候があなたにこの難行を許しません。はやくそこから降りて、あなたが集めた兄弟たちと一緒に暮しなさい』

聖職者に逆らうことは罪になりますから、私はこの言葉を聞いて下に降り、彼らと一緒に歩き、共に食事をとりました。さてある日、司教が私に遠い館まで行くように言いました。その間に彼は楔《くさび》や槌や鎌を持った人々を派遣して私が苦行に励んだ柱をこわしてしまいました。私は翌日そこへ行ってすべてが壊されたことを知ったのです。

私は激しく泣きましたがこわれたものを立てなおすことは遠慮しました。聖職者の命令にそむいたとは言われたくなかったからです。それ以来私はここに住み、兄弟たちと一緒に暮すことで満足しているのです」

一六

幸多きマルティヌスのこの土地でのご利益《りやく》について何か話して欲しいと私が頼むと、彼はこんな話をした。

「とある非常に身分の高いフランク人に、耳の聞こえない、口の利けない男の子がいました。その子が両親に連れられてこの聖堂にやってきた時、私は彼に、私の助祭ともうひとりの使用人と一緒に聖なる寺院の寝床で休むよう言いました。彼は昼間はお祈りに専念し、夜は言われたとおり寝室で休みました。するとあわれに思った神が幸多きマルティヌスのお姿で私の前に立ち、

『子羊を聖堂から放て。彼はもう健康なのだから』

と言いました。朝になってその夢のことを考えているとその子が私の所へ来て声を出して神に感謝しはじめ、私に向い、

『ぼくに言葉を聞こえる耳を下さった全能の神にお礼を言います』

と言いました。彼は健康を取り戻して家に帰って行きました。

別の人間のことですが、しばしば盗みやその他の悪事に加担しては嘘の証言を繰り返していた男がある時窃盗で訴えられ、

『幸多きマルティヌスの聖堂に行って誓約をして身の潔白を明かして帰って来ます』

と言って聖堂に入ると彼の手から斧が落ち、彼はひどい心臓の苦痛にうめいて戸口に倒れました。そして偽証ですり抜けようとやって来たのにあわれにも自分の言葉で真実を述べるはめになったのです。

また別の男は隣人たちから家を放火したと訴えられ、

『そんなら聖マルティヌスの寺院へ行くまでだ。誓いを立てて身の潔白を証明し嫌疑をはらして帰ってくる』と言いました。しかし彼が家を燃やしてしまったことは明らかでした。さて彼が誓いを立てにやってくると、私は彼に言いました。

『ご近所の方々が言っておられるようにあなたはしたことの罪を免れないでしょう。神はあまねき存在ですから、その威徳は堂内でも堂外でも変わりません。神やその聖者たちが偽証の罪を大目に見てくれると思うのでしたらあなたの目の前の聖なる寺院をよく見て、お好きなように誓ったらいいでしょう。あなたは聖なる場所の敷居をまたぐことはできないでしょうがね』

すると彼は両手をさし伸べて言いました。

『全能の神とその神官の幸多きマルティヌスの威徳にかけて私は放火はしていない』

しかし彼が誓約をして戻ってくると彼はまるで火にとり巻かれたような具合になりました。そしてすぐに地面に倒れ、自分は幸多き神官の手で激しく焼かれると、叫び始めました。あわれにも彼は、

『神に誓って、私は火が天から降ってくるのを見た。火は私を取り巻いて焼き殺してしまう』

と言いながら息を引き取りました。多くの人にとってはこれが教訓になりそれからここで偽証をする人がいなくなったのです」

彼は徳力についてもっとたくさんのことを話したが、長くなるので省く。

一七

我々がそこに滞在していた時、二晩にわたって天にしるしが現れた。それはこれまでに見たこともないほど明るく輝きわたる北空の光線だった。東西両側にも血のように赤い雲が現れた。三日目には日没後の第二時にこの光線が現れた。そして驚いたことに同じような光線が世界の四方に立ち現れ空全体をおおった。空の中心には輝く雲があって、光線はテントのようにこの雲の所に集まっていた。低い所では光

線は横に広がり、高くなるにつれて狭くなり天辺では頭のとんがり帽子のように一点に集中していた。この光線の真ん中に別の雲ないし稲妻があってひどく明るく輝いていた。この大いなるしるしは我々に恐怖を吹き込んだ。我々は天から与えられる何らかの災難を待ち受けていたのだ。

一八

キルデベルトゥス王は、先年受け取った金（ランゴバルディー人をイタリアから追い出す約束で東ローマからもらった。巻六、四二）の返還を要求する帝の使者に促されイタリアへ軍勢を送った。噂では王の姉のイングンディス（ヒスパニアのヘルミニキルドゥスに嫁いだ。巻五、三八）がコンスタンティノポリスに送られたということであった。しかし、将軍たちは互いに争って何ら成果なく引き返して来た。

ウィントゥリオ将軍は任地在郷の住民たちに追い出されて将軍職を失い、逃亡してからくも命拾いをした。しかし後に住民たちと和解して将軍職を回復した。

またニケティウスはエウラリウスという者のためにアルヴェルヌス（クレルモン）の領主職を解かれたが、将軍職を求めて王に莫大な贈物をした。かくて彼はアルヴェルナ（クレルモン）、ルテナ（ロデズ）、ウケティカ（ユゼス）の諸都市の将軍職に任ぜられた。彼は年若く、鋭い感覚を持ちアルヴェルナの領域やその他の自分の配下の諸市を良くまとめた。

サクソン人クルデリクス（巻七、三）は他にも追放者を出した前述の理由（グンドヴァルドゥスの与党であった）でグントゥクラムヌス王の不興を買い、マルティヌスの聖堂に逃亡していたが妻はグントゥクラムヌス王の領域に残してきた。王は彼女に、夫が自分と和解せぬ限り夫に会うことはならぬと言い渡していた。

将軍 dux と領主 comes　この時代にはどちらも終身の称号ではなかった。dux は，英語の duke（公），comes は英語の count（伯）にあたる。dux は，本来軍隊の指揮をその任とするが，しばしば広域の行政長官（通常 comes より上位）でもあった。comes は日本語のカミ（守）のようにさまざまなセクションの長官の呼称であり（たとえば comes　stabuli「厩の別当」），任地，領土と結びつくばあいこれを「領主」と訳したが，終身の地位でなく更新する必要があったことが［4，42］の記述に見える。

そこで我々は再三王に使者を送り、クルデリクスが妻の身柄を受け取ってリゲル（ロワール）川のこちら側（トゥールの側）に住むのをお許し願いたいと申し出た。ただその場合彼をキルデベルトゥス側につかせることはないと条件をつけた。

ところがクルデリクスは妻をわが手にする自由を得るとひそかにキルデベルトゥスのもとに走り、この王の支配下にあるガロンナ（ガロンヌ）川対岸の諸都市の将軍職を得て当地へ赴いて行った。

グントゥクラムヌス王は、自分の甥で故キルペリクスの息子クロタカリウスの領地をわがものにせんと、テオドゥルフスをアンデカヴス（アンジェ）の領主に任命した。テオドゥルフスは同市に入ったが、市民たちとりわけドメギセルス（故キルペリクス王の重臣。巻六、一八）から屈辱的に排斥された。彼は急ぎ王の所へ戻り、改めて指令をいただき、シグルフス将軍の支援をうけて町の支配権を確保した。

グンドヴァルドゥス（巻七、三八のグンドヴァルドゥスとは別人）はウェルピヌスに替わりメルデンシス（モー）の領主になり、町へ入るとすぐに行動を起し、近隣の村々を巡回中、とある館でウェルピヌスに殺された。グンドヴァルドゥスの親戚一同は集まってウェルピヌスを襲撃し、彼を家の暖房室に閉じ込めて殺した。こうして二人とも死んで領主職を失った。

一九

僧院長ダグルフスは窃盗や殺人を重ねて人から告発をうけていたが、とりわけ女性問題にだらしなかった。ある時近隣に住む人の妻に懸想《けそう》しこれと交わった。この女の夫は僧院の敷地内に居を構えていたが、院長は何とかして彼を殺そうと機会を窺っていた。そこでついに夫は院長に、これ以上妻に近づいたらただではおかんぞと言い渡した。

しかし院長は、ある夜、夫が家を空けたすきに、一人の僧を伴って女の待つ家へやって来て長時間酒を飲み、酔って女と同じ寝床についた。彼らが寝てしまうと夫が戻ってきて藁に火をつけて両刃の斧をふりあげて両人を切断した。
この一件は、僧が外部の女性と交際することは規則違反なのだということを示している。さしつかえない場合を除きこれは教会法に違反するばかりかあらゆる聖なる規則に反した行動なのである。

二〇

会議（巻八、七、一二）の日が来て、グントゥクラムヌス王の命令で司教たちはマティスケンシス（マコン）の町に集合した。

グンドヴァルドゥスからアクインシス（ダクス）の司教に任じられていたファウスティアヌス（巻七、三一）はその職を解かれた。彼を聖別したベルトラムヌス、オレステス、パラディウスが交代で彼を養い、一年ごとに彼に金貨一〇〇枚を与えることになった。

前もってキルペリクス王の指令をもらっていた俗人出身のニケティウス（巻七、三一）が同市の司教職を得た。

グンドヴァルドゥス支持を公然と表明したカドゥルケンシス（カオール）のウルシキヌスは追放に決し、三年間の悔恨に服し、そのあいだ髪と髯をそらず、ワインと肉をとらず、ミサを挙げず、僧を叙任せず、塗油を施さず、聖餐のパンを与えぬことを守ることになった。ただ彼はその他の教会行事は慣例通り行なうことを許された。

この会議に集まった司教の一人が女を人間と呼ぶのは適切でないのではないかと意見を述べたが、他の司教たちの説得を受けて自説を撤回した。『旧約聖書』の教えによれば、「神は彼らを男女につくりたまい、彼らの名をアダムと呼びたまうた」（創世記、五、二）のであり、アダムとは大地の人という意味なのである。男も女もこう呼ばれているからには、神は両者を人間とお呼びになったことになる。

また、主イエス・キリストは人の子と呼ばれたが彼は処女、つまりは女から生まれた子であった。主は水をワインに変えようとして、「女よ、われと汝と、何の関りあらんや」（ヨハネ伝、二、四）などと言われた。その他にも様々な引証がなされてこのことは決着した。

ロトマゲンシス〔ルーアン〕の司教プレテクスタトゥス〔巻七、一六〕は追放の地で作った祈りの言葉を司教たちの前で披露した。ある人はこれを気に入り、別の人は技術的な欠陥のゆえにこれをけなした。しかし内容は教会の信仰に沿ったものだった。

この間、プリスクス司教の従僕とレウデギセルス将軍〔巻七、四〇〕の従者が流血騒ぎを起し、プリスクス司教は多大の金銭を支払って事を穏便に収めた。

会議の日々、グントゥクラムヌス王はひどい病にかかり、もはや立ち上がれないのではないかと考えた人も多かった。今から考えるとこれは神意であったのだ。なぜなら王は多くの司教を追放しようと考えていたので、このなりゆきのお陰でテオドルス司教は自分の町〔マッシリア〕に帰ることができたのだった〔巻八、一二〕。彼が戻ると民衆は喜び、歓乎の声で彼を迎えた。

二一

公会議が行なわれている間、キルデベルトゥス王は配下の貴族たちとアルドエネンシス〔アルデンヌ〕の森のベルソナクス〔ルクセンブルグのニーダー・ベスリンゲン〕の館に滞在していた。ここでブルニキルディス〔王の母〕は、まだアフリカに留め置かれている娘のイングンディス〔巻八、一八〕のことを全貴族に訴えたが、はかばかしい結果は得られなかった。

この時、グントゥクラムヌス・ボソに対して訴訟が起こされた。

数日前ボソの妻の親戚の女が子供を残さず死んでメテンシス〔メス〕の町の聖堂に豪華な装飾や黄金と一緒に埋葬された。数日後、第八番目の月〔一〇月〕のはじめ、幸多きレミギウス〔巻二、三一〕の祭日が祝われておおぜいの市民たちが司教と町の長老連、将軍と一緒に町を出ると、グントゥクラムヌス・ボソの手下たちがこの女の葬られている聖堂にやって来た。

彼らは建物に侵入して入口をふさぎ、墓をあばいて死んだ人の装飾品をすべてはぎ取った。聖堂の修道僧たちがこれに気づき入口にやって来たが中へ入ることはできなかった。これを見て彼らは事態を司教と将軍にしらせた。この間、手下どもは略奪物をまとめて馬に乗り逃亡をはかった。しかし途中で捕えられ色々な罰をくらうと思うと恐ろしくなり聖堂へひき返し、奪った物を祭壇にささげ、あえて外へ出ようとはしなかった。彼らは口々に叫んだ。

「我々は、グントゥクラムヌス・ボソに派遣されたにすぎません」

キルデベルトゥスが貴族たちと前述の館に集まった時、グントゥクラムヌス・ボソは釈明を求められ、何も答えず逃亡した。そこで彼がアルヴェルヌス（クレルモン）で国庫から拝領したものは全て差し押さえられた。その他悪事を重ねて貯めた色々なものを彼は混乱のうちに残していった。

二二

この年、ヘロシンシス（オーズ）の司教ラバンが亡くなり俗人デシデリウス（巻七、四三の将軍とは別人）があとを継いだ。王は、俗人は司教には任じないとあれほど誓っていたのだが、やはり、「いまわしき黄金への飢餓が人の心を駆り立てぬこと」（アエネーイス、三、五六）はないらしい。

ベルトラムヌス（巻八、二）は、公会議から帰ると熱に襲われた。彼は助祭のワルドをかたわらに呼んだ。ワルドは洗礼の時すでにベルトラムヌスの名をもらっていた。司教はこの助祭に司教の権限をゆだね、自分の遺言の管理と、自分がこれまでお世話になった人々への配慮を頼んだ。助祭が去ると司教は息を引き取った。

助祭は、戻って来ると、市民たちの決議書と贈物をたずさえて王の所へ赴いたが王の承認は得られなかった。王はサンクトナス（サント）の領主でドドとも呼ばれるグンデギシルスを司教に任ずるよう命じ、実際、事はそう行なわれた。

すると、公会議の前にベルトラムヌスと一緒になって自分の所の司教のパラディウス（巻八、七）を誹謗する書面を作成していた多くのサンクトナスの僧たちが、ベルトラムヌスの死後司教（パラディウス）の手で逮捕され、拷問を受け、略奪された。

このころキルデベルトゥス王の養育者だったワンデレヌス（巻六、一）が死んだ。しかし彼の後継者は置かれず、母の王妃（ブルニキルディス）がわが手で息子の面倒を見ることを望んだ。国庫から彼に支払われていたものは、規則により再び国庫へ戻された。同じころ将軍ボディギシルスが日満ちて亡くなったが彼の財産はすべて息子たちが受けついだ。

アウスケンシス（オーシュ）の司教ファウストゥスのあとは司祭サイウスが継いだ。またこの年、聖サルヴィウス（巻七、一）の死後、デシデラトゥス司教がアルビギス（アルビ）の人々に与えられた。

二三

この年は雨が多かった。川水はあふれ、船はしばしば難破した。水は岸に上がって畑や牧草地に広がり、種々の損害を与えた。春と夏の月は湿っぽくて夏でも冬のようだった。

二四

同年、海上のふたつの島に天から火が落ちて七日間人間と家畜を焼き殺し続けた。海へ逃げた者は波の底へ呑み込まれ、水中でもがき、息絶えた。すぐに死ななかった人々は徐々に焼かれ、もっと悲惨な目にあった。

こうしてすべてが火の粉に包まれ一切が海の藻屑となった。多くの人が言うには、我々が八番目の月（一〇月）に見たと先に述べた（巻八、一七）天が燃えるしるしはこの炎の輝きだったのだ。

二五

ヴェネティカ（ヴァンヌ）の町の近くの別の島には魚に満ちた巨大な沼があり、一ウルナ（前腕の長さ）の深さの水が血に変わった。そこへ連日、おびただしい数の犬と鳥が集まって来て血をすすり、夕方腹一杯になって去って行った。

二六

トロニキー（トゥール）人とペクタヴィー（ポワティエ）人の所にはエノディウス将軍が赴任した。これ以前にこの諸都市を支配していたベルルフス（巻五、四九）は、一味のアルネギシルスとともにシギベルトゥス王（キルデベルトゥス王の父）の財宝をひそかに持ち出した嫌疑をうけていた。彼は今述べた諸都市の将軍職回復を求めたが、ラウキングス将軍（巻五、三）の策略にひっかかり一味と一緒に捕えられた。すると間髪を入れず彼らの家に捕り手がおしかけて来て一切合切を持ち去った。そこには正当な財産もたくさんあったが少なからぬ前述の財宝が発見された。それらはすべてキルデベルトゥス王の所へ運ばれた。さて一味の者は剣で首をはねられるところ、司教たちの介入によって命拾いをし、釈放された。しかし取り上げられた財産は返却されなかった。

二七

デシデリウス将軍（巻七、四三）は、何人かの司教たち、僧院長アレディウス（巻八、一五）、アンテスティウスという者といっしょにグントゥクラムヌス王の所へ出頭した。王は彼を快くは出迎えなかった（将軍はグンドヴァルドゥス一味だった）が、司教たちの懇願が功を奏し、彼は王の愛顧を取り戻した。するとそこへエウラリウス（巻八、一八）が姿を見せ、自分の妻が自分を見捨ててデシデリウスの所に走ったことを訴えようとした。しかし彼は嘲笑と冷やかしの言葉を浴びて黙りこんだ。デシデリウスは王から贈物をもらい、王の好意を得て辞去した。

二八

しばしば言及した（巻六、四〇、四三）ようにイングンディス（シギベルトゥスの娘）は夫の手で皇帝（東ローマ）軍にゆだねられていた。彼女は幼い男児を連れてその君主（東ローマ帝）のもとに移送される途中、アフリカで亡くなり葬られた。

彼女の夫ヘルミニキルドゥスは父のレウヴィキルドゥス（ヒスパニア王）の手で殺された。この事件に怒ったグントゥクラムヌス王は軍勢をヒスパニアに向けて発進させた。軍はまず、まだガリアの領域内であるセプティマニア（ガリア南西。「地図1」参照）を支配下に置いてから先へ進む予定だった。ところが軍が前進している間、どこかある怪しい素性の人々の所で一通の手紙が発見されてグントゥクラムヌス王に見せるために送られてきた。それはレウヴィキルドゥスがフレデグンディスに送ったもので、何としてでも軍のヒスパニア侵攻を妨げるようにと述べ、こう書いていた。

「我々の敵はキルデベルトゥスとその母親（ブルニキルディス）です。早く彼らを殺してグントゥクラムヌス王と和を結んでいただきたい。このためにはいかに多くの費用がかかろうとかまいません。万一そちらのお手許が不如意ならば、われらの目的を達する費用はひそかにお送りします。さて首尾良くわれらの敵への復讐が成就したあかつきにはアメリウス司教とレウバ夫人にお礼をしておいていただきたい。彼らの手引きでわれらはあなたと接触できたのですから」

レウバという婦人はブラダスティス将軍（巻六、一二）の義母にあたる。

二九

この手紙はグントゥクラムヌス王の所へ届けられ、彼の甥のキルデベルトゥスも事情を知った。

他方フレデグンディスは、二本の鉄の小刀を作りそれに深い溝を彫り毒を染みこませるよう命じた。もしも小刀の一撃が命の糸を切断出来なくても、染みこませた毒がすばやく生命を奪うであろう。彼女はこの小刀を二人の僧に手渡して言った。

「この小刀を持って、乞食の姿に身をやつし、早速キルデベルトゥス王の所へお向かい。そして王の足許に身を投げ出し、ほどこしを請《こ》うふりをし、王の両脇を小刀でえぐりなさい。この王がいるからブルニキルディスはつけあがるのです。この子が死ねば彼女は力を失い私に屈服するでしょう。しかしもし警護が厳重で少年王に近づけない時には、それで憎たらしい彼女を殺しておしまい。

たといおまえたちがこの仕事のために死んだとしてもおまえたちゆかりの者には褒賞が出ようぞ。その者たちは贈物をもらい、わが王国で最高の地位に取り立てられよう。したがっておまえたちはふるえないで、死の恐怖を心から追い払うべきじゃ。魂に勇気を与え、勇士といえど戦場で倒れることもある事を思うべきじゃ。そうなってもゆかりの者たちは高い地位につき莫大な富を手にして万人の上にそびえ立ち、すべての人に優越することになるのだから」

王妃がこう言うと、命令を実行することは困難であると考えた僧たちはふるえはじめた。しかし彼女は彼らの疑念を見ぬいてある薬物を用い、彼らを意のままに操った。ただちに彼らは気持ちを昂ぶらせて、命ぜられたことはすべて実行しますと約束したのだった。すると彼女は同じ飲物を入れた小さな容器を取るよう命じて言った。

「わらわの命令を実行する日の朝、仕事にかかる前にこれを飲みなさい。仕事に対し、しっかり腹がすわるはずじゃ」

こう教えて彼女は彼らを送り出した。彼らはセシオナス（ソワソン）の町に向ったがラウキングス将軍（巻八、二六）に捕まって取り調べを受け、すべてを白状して牢獄につながれた。

数日後、フレデグンディスは、すでに命令したことは実行されたと信じて、キルデベルトゥスが殺されたという噂が飛び交っていないか、誰かそれについてしゃべっている人はいないかを調べるために従僕を派遣した。従僕は出発してセシオナス（ソワソン）に行き、そこで刺客はすでに牢につながれていると聞いて入口まで行って衛兵と話し始めたが、自分も捕えられて牢に入れられた。

彼らは一緒にキルデベルトゥス王のもとに送られ、取り調べを受けて、真相を打ち明けた。そしてフレデグンディスが王を殺すために自分たちを派遣した旨を述べて言った。

「王妃は私たちに乞食の格好をせよと命じました。そしてあなた様の足許で施しを求めながら、あなた様を剣でえぐるように命じたのです。剣の一撃が弱くても剣に塗られた毒がすばやくあなた様のお命を奪うということでした」

言い終ると、彼らは種々の拷問を受け、手をもがれ、耳と鼻を削がれ、さまざまな形で死んで行った。

三〇

グントゥクラムヌス王は、ヒスパニアへ軍勢を発進させて言った。

「まずセプティマニア（ガリア南西）を手中に収めよ。この地方はガリアに隣接しているが、恐るべきゴート人どもの支配がガリアにまで及んでいるのはいかん」

そこで彼の王国全域の軍勢がそこを目指した。アラル（ソーヌ川）、ロダヌス（ローヌ川）、セークァナ（セーヌ川）諸河のむこう岸の諸部族はブルグンド勢と一緒になりアラル、ロダヌス沿岸の作物や家畜を荒らしまわった。彼らは自分の故国でも殺人、放火、強奪を繰り返し、教会を略奪して僧や司教やその他の人々を祭壇の前で殺しつつネマウスス（ニーム、南ガリアのゴート人支配の町）に接近した。ビトゥルギー（ブールジュ）人、サンクトニキー（サント）人、ペトロコリキー（ペリグー）人、エコリシネンセス（アングレーム）人、その他の王国内の諸地域の住民はカルカソナ（カルカソンヌ、南ガリアのゴート人の町）へ行って同様の悪事に没頭した。

彼らがこの町に近づくと、都門は住民の手によって開けられ攻撃軍は抵抗なく市内へ入った。ところがいかなる事情かわからぬがカルカソナ人と軋轢《あつれき》を生じた攻撃軍は町から出て行った。その時、以前レモヴィキナ（リモージュ）の町の領主だったテレンティオルスは壁から投げられた石にあたって倒れた。彼の首は切られて敵へのみせしめとして町へ送られた。このため攻撃軍全体が恐怖にとらえられて自分の故郷に帰ることに決め、遠征中に強奪したものも自分で持ってきたものも棄ててしまった。するとゴート人が彼らを待ち伏せして襲い、大勢を殺した。別の一隊は、自分たちがやりたい放題の悪業を加えたトロサ（トゥールーズ）勢の手に陥り、惨々な返報をくらい、強奪されたり殺されたりし、ほうほうの体《てい》で故国にたどりついた。

ネマウスス（ニーム）を目指した軍勢は領内一帯を荒らしつつ家々に放火し、作物にも火を放ち、オリーヴ畑、葡萄畑を刈り取って行ったが、市壁内に籠った人々を攻撃することはできず、別の町へと進んで行った。しかしこのあたりでは食物やその他の生活物資は完全に防備されていたので攻略軍は町々の郊外は荒らすことができても市内へ突入することはできなかった。

この時アルヴェルニー（クレルモン）勢を率いて攻撃に参加していたニケティウス将軍（巻八、一八）は、他の軍勢と一緒にやはり別の町へ向ったが、はかばかしい成果をあげられずにとある砦に向った。そこで誓約をして、立てこもった人々に城門を開かせた。和睦が結ばれたと信じた人々は攻撃軍を迎え入れた。すると侵入してきた軍勢は誓約をやぶり捨ててすべてを略奪して住民を捕虜にしてしまった。

しかし彼らも遠征を中止し、それぞれ故郷に帰ることにした。彼らは帰路、殺人、強奪、窃盗などあらゆる悪事に手を染めた。それらを一々記すことは煩雑に耐えない。ただ彼らは自分の手でプロヴィンキア（プロヴァンス地方）の作物を燃やしてしまった後だったので、道の途中で飢餓に倒れ、放置されて死んで行った。少なからぬ者が川に溺れて死に、多くの者が小競り合いを起こして亡くなった。この総崩れで命を落とした者は五〇〇〇人を下らないと言われている。

しかし他者の滅亡は生存者の教訓にはならなかった。アルヴェルナ（クレルモン）の領域では、公道の近くに建っていた諸教会の聖器類が略奪され、帰還兵の悪業は、彼らが自分の家へ帰るまで終わらなかった。

軍勢が続々と帰還する中、グントゥクラムヌス王は苦い気持ちに襲われた。軍の将軍たちは殉教者シムホリアヌスの聖堂に集まったが、王はミサ・ソレムニス祝典の折にそこへ行き、将軍たちが後日このことの釈明を果たすことを条件に彼らの目通りを許した。

実際それから四日後、司教たちと俗界の有力者も交え、将軍たちの取り調べが行なわれた。王は言った。

「自分の先祖たちの行ないを守らないような我々に、今時どうして勝利が恵まれようぞ。ご先祖様がたは、教会を建て、すべての望みを神に置き、殉教者をたたえ、司教《サケルドス》を敬ってよく勝利を保持したのだ。そして神のご加護にあずかり、敵の種族をわが刃と盾の下に従えた。ところが我々は、神を恐れず、神の領域を荒らし回り、神に仕える者を殺し、聖者の遺物をあざけって粉々にうち砕いて喜んでおる。こんなことを行なっていて、勝利を得られる訳がない。我々の手がひ弱になり、剣がなまくらになり、盾ももはや我々を援護してくれなくなるのも道理じゃ。もしもこのことの責任がこのわしにあるのなら、神はわが頭上に罰を下されるべきじゃ。しかしもしおまえらが王たるこのわしの言いつけをあなどり、わしの命令にそむくのならば、おまえらの頭上に斧が振り下ろされねばならん。指揮官が成敗されるのを見れば全軍が心を改めるだろう。我々はなすべき事柄をわきまえねばな。いったん正義に従おうと決めた者は正義に従わねばならんし、正義をあなどる者の頭上にはすでに神罰が迫っておる。つまりは、神の怒りが罪のない地域全体の上に降りかかるよりは、少数の不心得者を取り除いた方がましなのじゃ」

王のこの言葉に対し将軍たちは答えて言った。

「王よ、私たちにはあなたの広大な善意に対し、何の疑いもありません。あなたは神を恐れ、教会を愛し、司教をうやまい、貧しい人々には敬虔なお心で接し、困窮する者には惜しみなく施しをなさいます。ですが、あなたに栄光をもたらすこれらの事がいかに真実で正しいことだといたしましても、人民どもが過ちに陥り、誰しもが不正を働くことを喜んでおるようでは、我々にも一体何ができましょう。

誰も王を恐れず、誰も将軍や領主をうやまわないのです。もし誰かがこうした事は良くないと思い、あなたの長生を願って善行に励もうといたしますと、たちまち人民との軋轢に巻き込まれ、混乱を引き起こしてしまうのです。誰もが目上の者に逆らってやろうと待ち構えているのです。口を噤《つぐ》んでいることができなければ命がいくつあっても足りません」

これに対し王は言った。

「正義を行なう者が生き延び、法律や我らの指示に唾《つば》する者は速《すみや》かに滅ぶべきじゃ。悪徳の追求を放置はできぬ」

そんな話が続いていると、使者が到着して告げた。

「レウヴィキルドゥスの息子リカレドゥス（故キルペリクス王の娘リグンティスの夫になる筈だった）がヒスパニアから侵入し、カプト・アリエティス（「雄羊の頭」の意、現カバレ）の砦を占領、トロサ（トゥールーズ）領内の村々を荒らしまわって人々を捕えて連行し、更にアレラテンセ（アルル）のウゲルヌム（ボケール）の砦に襲いかかり、あらゆる物品を強奪し人民を連行し、その後ネマウセンシス（ニーム）の町の城塞内にたてこもりました」

これを聞くと王は、アエギラの異名を持つカロムニオススに代えてレウデギセルス（巻七、四〇）を将軍に任じ、彼に「アレラテンシス（アルル）のプロヴィンキア」をゆだね、四〇〇〇人以上の兵力で国境付近の警戒にあたらせた。アルヴェルニー（クレルモン）人の部隊を率いたニケティウス将軍も同様に兵を率いて出発し、国境付近を巡回した。

三一

フレデグンディスはロトマゲンシス（ルーアン）に滞在していた（巻七、一九）が、司教のプレテクスタトゥス（巻五、一八、巻七、一六）と激しい言葉のやり取りを交わした。

彼女が、司教がまた追放の憂き目にあうに違いないと言えば、司教も応じた。

「私は追放されていてもそこから戻ってきていても、常に司教でしたし、今も、将来も司教です。しかしあなたには王権が常に与えられている訳ではありません。我々は神のご加護をいただいて追放

♔プロヴィンキア　クロタカリウス王の死（[4，21]）後，プロヴィンキアは二分され，グントゥクラムヌス王に属した方を「アレラテンシスのプロヴィンキア」，シギベルトゥス王に属した方を「マッシリエンシスのプロヴィンキア」と呼んだ。

から神の王国へと戻って行くのですが、あなたはこの王国を離れれば深淵に沈んでしまうのですよ。ですから、あなたは愚行悪行ときっぱり縁を切って、もっとましなことに心を向けねばいけません。いつもそんなにお高くとまっておられるのでなくて、永遠の命にあずかれるようにあなたがお産みになった坊ちゃんを一人前にしてあげなくてはなりません」

彼がこう言うと王妃は苦々しくこの言葉を受け取り、司教は憮然《ぶぜん》として彼女の前から退いた。

主の復活の日（日曜日）、プレテクスタトゥス司教は教会の聖務を執行するためいつもより早い時間に教会へ行き、慣習の通り頌《アンティフォナ》歌を歌い始めた。そして賛美歌の合い間に席について休んでいたが、そのすきに恐ろしい暗殺者が接近し、剣帯から小刀を抜いて席で休んでいる司教の脇腹を刺した。司教は声をあげ、列席していた僧たちの助けを求めた。が、誰も間に合わなかった。司教は血にまみれ祭壇に手を伸ばして祈りの言葉を唱え神に感謝しつつ、親しい人々の手で寝室に運ばれ自分の寝台に横たえられた。

すぐにフレデグンディスがベッポレヌス将軍（巻五、二九）、アンソヴァルドゥス（巻六、一八、巻八、一二）と一緒にやって来て言った。

「祝典の最中に難にあわれるとは、聖なる司教よ、こんなことがわれらやあなたの信徒の間に起こってはなりませぬ。こんなことをしで

♔主の復活の日 dominicae resurrectionis dies　キリストは金曜日に亡くなり，3日後の日曜日に復活したと信じられてきた（[1, 23]）。そして「復活の日 dies resurrectionis」は，毎年の復活祭の日のみならず毎週の日曜日のことでもあった。

プレテクスタトゥス司教が殺されたのはまさに「復活の日」であった。本訳原書の校訂者クルシュ（Krusch）はここに長い注をつけ，諸説がその日を586年4月14日の復活祭にあてているが，作者の記述から，この日はキルデベルトゥスの統治10年目の出来事（本書［7, 24］～［8, 37］）であり，ほぼ585年にあたる，しかし同司教は同年10月23日のマティスケンシス（マコン）公会議（[8, 20]）に出席しているので，その日が585年末頃であったことを疑う理由はないと言い，しかし自分は不確かながらその日を586年2日24日の日曜日に推定したいと述べている。独訳付原テキストの編者ブーフナー（Buchner）はクルシュと同じ論拠からその日を585年末頃とし，ボルディエ（Bordier）の仏訳本は他の古文書から586年2月23日の日曜日と推定する（日はクルシュ説と1日ずれている）。またラトゥーシュ（Latouche）仏訳の注はブーフナー説を紹介しつつも，「586年復活祭の説が正しいと思われる」としている。

かした人間はこの蛮行のむくいを受けねばなりません」

しかしこの言葉に含まれたずるさを見抜いていた司教は答えた。

「私を刺した者は、王様たちを殺し、しばしば無実の人々の血を流し、この王国でさまざまな悪事をしでかした人間です」

すると王妃は言った。

「わらわにはこの傷をなおすことができる名医が何人もいます。彼らをよこしましょう」

司教は答えた。

「もう神が私をこの世から呼び戻すように命じておられる。あなたはこれらの悪事の張本人だとばれております。あなたがこの世で救われることはありますまい。神はわが復讐の血をあなたの頭に注ぐでしょう」

彼女が立ち去ると司教は、家の整理をなし終えて息を引き取った。

彼の弔いのためにコンスタンティナ（クータンス）の町の司教ロマカリウスが到着した。大きな悲しみがロトマゲンシス（ルーアン）の全市民、とりわけこの地の有力なフランク人たちの心を襲った。

彼らのひとりがフレデグンディスの所へ行ってこう言った。

「あなたは実に色々な悪事をなさってきました。でも神のしもべを殺すよう命じるなんてこんなひどい事はあなたといえど今回が初めてだ。無実の血に対する神の復讐よ、すみやかなれ。あなたがこんな惨事を二度と引き起こさないために我々全員がこの事件の調査人になるでしょう」

彼はこう言うと王妃の前から立ち去った。すると彼女は人に後を追わせ、彼を食事に招いた。彼が断ると、彼女は、食事がお気に召さないなれば、せめて一杯のお飲物を召し上がれ、王妃の家で何のもてなしも受けなかったという事にならないように、と尋ねた。こうして彼は少し待ち、杯を受け取って、蛮人の飲物であるワインと蜂蜜を混ぜたアブサン酒を飲んだ。しかしこの飲物には毒が入っていた。彼は飲むや否や心臓にひどい痛みを感じ、身体中切り刻まれるような苦痛を受けて、「『逃げろ、おお、憐れな者らよ逃げろ』（アエネーイス、三、六三九）、この悪の館から。君らは俺と一緒にやられないように」と叫んだ。まだ飲んでいなかった家来たちは急いで立ち去った。彼はすぐに目が見えなくなったが、とにかく馬に乗って、この場所から三スタディア進んで落馬して死んだ。

その後レウドヴァルドゥス司教（巻六、三）は全司教に書簡を送って事を審議し、共同の調査でこの悪事の張本人が見つかるまではロトマゲンシス（ルーアン）の諸教会を閉鎖し、そこではミサ・ソレムニスの祝典を行なわないことを取り決めた。

やがて犯人が検挙され、拷問の末に、フレデグンディスのさしがねによって犯行が行なわれたと白状した。しかし彼女がしらを切りとおしたために復讐はできなかった。ただ彼レウドヴァルドゥスがこのように粘り強く事件を追及したために彼の所へも刺客が放たれたという話だ。ただ彼はしっかりと護衛に守られていたので彼を害することはできなかった。

この事件がグントゥクラムヌス王に伝えられ、王妃に嫌疑がかけられると、王は故キルペリクスの息子と目される人物に三人の司教をさし向けた。このクロタカリウスと呼ばれる人のことは前にも（巻八、一）書いた。この三人の司教は、シノニカ（サンス）のアルテミウス、カヴェリオネンシス（カヴェヨン）のヴェラヌス、トレカス（トロワ）のアグリキウスで、彼らはこの王子の後見人と一緒にこの事件の首謀者を探し出して王の所へ連行する任務を帯びていた。そのことを司教たちが伝えると、王子の側近たちは答えた。

「我々にとってもこれは実に嫌な事件であり、犯人を処罰したい気持はこちらとておさおさ劣るものではありません。ですが犯人が見つかったとてあなた様方の王に引き渡す訳にはまいりません。我々の不祥事はわが王国の法によって処罰できるのです」

すると司教たちは言った。

「もしもこの事件の犯人をおおやけにできないとあらば、われらが王は軍勢を率いて襲来し、この地方を剣と炎の餌食になしたまうでしょう。あのフランク人を毒殺するよう命じた人物が剣で司教を殺したことは明々白々なのですからな」

司教たちはこれに対してはなんら納得のいく返事を得ないまま立ち去った。ただし彼らはプレテクスタトゥスの後釜に座ったメランティウス（巻七、一九）の聖務執行を明白に否定して去った。

三二

この時代、他にも多くの悪事が行なわれた。レドネンシス（レンヌ）の司教ヴィクトリウスの娘ドムノラはブルゴレヌス（巻五、二五）の未亡人だったが、ネクタリウス（巻七、一五）と再婚した。さて彼女はフレデグンディスの伝奏のボボレヌスと葡萄園の所有をめぐって争った。

この葡萄園が彼女の所有に帰したことを聞いた彼は彼女の所に人をつかわして、この所有地に足を踏み入れないように申し送った。彼女はこの忠告を無視し、これは自分の父のものであったと公言して、この葡萄園に入った。そこでボボレヌスは理性を失い、武装した男たちに彼女を襲わせた。彼女は殺され、葡萄園がボボレヌスの手に落ちたばかりか、彼はその他の財産も奪い取った。この時、ドムノラと一緒にいて、逃げおくれた男女は皆殺された。

三三

このころパリシアカ（パリ）の町に一人の女がいて住民に向って叫んだ。

「皆この町から逃げて、この町は火事で丸焼けになるわよ」

多くの人はこれをあざ笑い、彼女は予言をもてあそんでいるとか、むなしいうわ言を口走っているのだとか、「白昼の悪魔」（詩篇、九一、六）に取りつかれているのだとか言った。すると彼女はそれに答えて言った。

「それは間違いよ。私の言うことは真実です。私は夢の中で一人の男が光に包まれて聖ヴィンケンティウスの聖堂から歩み出て来るのを見たのです。彼は手に蠟燭を持っていて商人たちの店に次々と放火して行きました」

彼女がこう言ってから三日目の夜、たそがれが始まったころ、市民の一人が灯《あか》りを手に持って納戸《なんど》に入り、油とその他の入用物を持ち出したが、この時、灯りを油桶の近くに置き忘れた。この家は、南側を向いた市門に一番近い家だった。家はこの灯りから点火されて焼け落ち、火は他の家々にも燃え広がって行った。

やがて牢獄の囚人たちの上に炎がせまった時、彼らの前に幸多きゲルマヌス（巻四、五一）があらわれ、牢屋をこわし、彼らを縛っていたいましめを解き、牢獄の戸口を開いて彼らを無事に外へ出してやった。助かった囚人たちは、この聖者の墓のある聖ヴィンケンティウスの聖堂に集まった。

炎は折から吹いてきた風にあおられて町中をかけ抜けて猛威をふるい、町の別の市門に迫った。ここには幸多きマルティヌスの礼拝堂があった。これはこの聖者がこの場所で癩病患者に接吻して病をなおした記念としてここに建てられていた。木材を天高く組み合わせてこの礼拝堂を建立した男は主を信じ、幸多きマルティヌスの威徳をつゆ疑わなかったので、自分の身と財産を堂の壁の中に置いて平然として言った。

「これは私の堅い信念です。これまでにもしばしば火事を遠ざけて下さり、ここで癩病人の皮膚を接吻で清めたまうたあの方がこの場所を炎から守って下さいます」

火事は近づいて来て、恐ろしい炎のかたまりが礼拝堂の壁をおびやかすところまで来て、そのまま勢いを弱めた。人々はこの男とその妻に向って叫んだ。

「『逃げろ、憐れな者らよ』（アエネーイス、三、六三九）。早くしないと助からぬぞ。火のかたまりが落ちてくる。火の粉と煤が雨のように降り注いでいるぞ。火事に巻き込まれないよう礼拝堂から出ろ」

だが二人は祈りの言葉を唱えつつ彼らの呼びかけに応じようとはしなかった。妻の方も炎が時折吹き入って来る窓際を去ろうとはしなかった。確かな希望を幸多き司教の聖徳に置いていたからだった。そしてこの聖者の力によって、礼拝堂や聖者の弟子の家にばかりか、その付近に建つ他の人々の家にも、荒れ狂う炎は何の損害も与えなかった。火事は橋の一方の端の所で勢いを失って止まった。橋の別の側では火が川端までのあらゆる物を焼きつくした。とはいえ教会とその付属の建物は焼けなかった。

この町は太古からの聖なる所と言われている。ゆえに昔はここには火事などなかったし、蛇や鼠も出たことがなかった。ところが最近橋の下水溝を清掃し、詰まっていた汚物を取りのぞいた時、そこに青銅の蛇と鼠が発見された。それを持ち去ると、そのあとそこに夥しい鼠、次いで蛇があらわれ、そしてその後、火事が起きるようになった。

三四

闇の帝王は「われらを害する一〇〇〇の手段」(アエネーイス、七、三三八)を持っている。ここでは隠者と神に身をささげた者の上に起きた出来事を話そう。

司祭のほまれを受けたブリトン人ウィノクスのことはすでに語った(巻五、二二)。彼は禁欲生活を徹底し、毛皮以外の衣服を用いず、生の野菜を料理せずに食べ、壺が口に運ぶだけのワインを飲むにとどめた。それは飲むというよりは唇をうるおすと言った方が当っていそうな飲み方だった。

しかし、信者たちがよく彼になみなみと飲物を注いだ容器をお布施したので、悪いことに彼は過度の飲酒を覚えてしまい、しばしば酔っているところを人に見られた。そして時とともに飲酒の度合いが進み、やがて悪霊に取りつかれ、怠惰に身を崩し、そのうちに小刀や投槍の類、石や棒切れを持って荒れ狂い、人をつけ回すようになった。このため、彼は縛られて小房に監禁された。このひどい状態でなお二年間狂っていたが、それから死んだ。

ブルデガレンシス(ボルドー)のアナトリウスという少年は、とある商人の使用人だったが、一二歳で、隠者になるために暇を申し出たという。主人は、放って置けばやがて熱もさめようし、どだいこの若さでは求めていることは得られまいと、暫くは許さなかったが、やがて少年の熱心さに負けて思うことを実行する自由を与えた。

この土地には太古より伝えられた優雅な丸天井を持つ地下聖堂《クリュプタ》があった。その一角に四角い石でふさがれた小房があり、そこはひと一人がようやく入れるほどの広さだった。少年はこの小房に入って八年かそれ以上の年月、わずかな飲食物で祈りと徹夜の勤行に没頭して暮した。その後ひどい恐怖に悩まされ、身体の内部がひどく苦しいと叫び始めた。そして私が思うには悪魔の軍勢が彼に加勢したに違いないが、彼は小房をふさいでいた四角い石を取り外し、壁を床に倒し、手をうち鳴らして神の聖者たちが自分を責めさいなむと叫んだ。彼は長くこの狂気をつづけ、聖マルティヌスの名を頻繁にあげて、他の聖者よりも、彼がひどく自分をいじめるのだと言った。そこで彼はトロヌス（トゥール）に運ばれた。私が思うにここでは聖者の威徳と偉大さが悪霊を押さえつけていたに違いない。男はずっとおとなしくしていた。こうして一年が過ぎ、彼の身にも変わったことが起きなかったので、彼は故郷へ帰ったが、そこでまた昔の生活に逆戻りしてしまった。

三五

ヒスパニアからの使節が贈物を一杯持ってグントゥクラムヌス王を訪れた。彼らは和平を求めたがはっきりした返事はもらえなかった。前年、軍勢がセプティマニア（ガリア南西）を侵した時、何隻かの船がガリアからガリキアへ向ったが、レウヴィキルドゥス王（西ゴート）の命令でとり押さえられ物資は略奪され、人間は暴行を受けて殺されたり連行されたりした。少数の者が命からがら小舟で脱出してこの惨状を故国へ伝えた。

三六

キルデベルトゥス王の所ではマグノヴァルドゥスなる者が理由不明のまま王命により次のように殺された。王がメテンシス（メス）の町の宮殿に滞在した折、一匹の動物を犬が追い回す見世物が行なわれ、マグノヴァルドゥスが呼ばれた。

彼は参上すると身に起きることを予感せず、他の人々と一緒に楽しそうに笑っていた。この時、命令をうけた者が、一心に見世物を見物する彼の頭に斧を打ちこんで殺した。彼は倒れて死に、建物の窓からほうり投げられ、彼の部下たちの手で葬られた。ただちに彼の財産は、見つかる限りすべて国庫に没収された。何人かの人は彼が殺された理由として、彼の兄が死んだ時、彼が自分の妻にさまざまな虐待を加えて死に至らしめ、その後兄の妻と情交を交わしたことを挙げている。

三七　この後、キルデベルトゥス王に男児が誕生し、トゥレヴェルス（トリーア）のマグネリクス司教によって洗礼を受け、テオドベルトゥスと呼ばれた。グントゥクラムヌス王はこのしらせを聞いて非常に喜び、さっそく多大な贈物を持たせて使者を送り、こう言わせた。

「もしもこの父がこの子のために生き、この子がこの父のために生きるならば、この子によって神がその威徳の力をふるいたまい、フランクの王国を栄えさせたまいますように」

三八　キルデベルトゥス王の統治一一年目、またしてもヒスパニアの使節が到来し、和平を求め、成果なくして帰国した。するとレウヴィキルドゥスの息子リカレドゥス（巻八、三〇）がナルボナ（ナルボンヌ）に襲来し、ガリア領内を強奪してひそかにひきあげていった。

三九　この年にはおおぜいの司教が亡くなった。キノマニス（ル・マン）の司教バデギシルス（巻六、九）は他人に対しては意地の悪い人物で、さまざまな方面の財産をとり上げたり横領したりした。元来強情で残虐な彼の性魂は妻の悪い影響でその度合いを一層強めた。妻は彼をそそのかして色々と碌でもない悪事を行なわせた。

彼が市民の財産に手をつけなかったり、争い事にかかわったりしない一日も、一瞬もない位だった。彼は毎日裁判官と事件を討議し、世俗の業務を追求し、他人につらく当り、他人を傷つけてやまなかった。彼は自分の手でなぐり自分の足で蹴った。そして、

「俺が僧侶だからと言って、自分に対する不正の仕返しをせいでか」

などと言うのだった。彼は自分の兄弟たちも容赦しなかったし、彼らをもひどく痛めつけたので、他の件につい

ては言うにおよばない。彼の兄弟たちは父の財産も母の財産も全部彼に取られてしまった。彼は五年間は無事司教職を務めた。しかし六年目に入り市民たちと盛大な宴会の準備をしている時熱に冒され、始まったばかりの年を死によって閉じた。

そのあとをパリシアクス（パリ）の主助祭のベルトラムヌス（巻八、二の司教とは別人）が継いだ。彼は亡き司教の未亡人と随分争ったと言われている。バデギシルスの時代に教会に寄付されたものを未亡人が私物化し、

「これは夫の収入だった」

などと言い張った。結局彼女はそれをしぶしぶ返却した。彼女には口には出し難い悪癖があった。彼女はしばしば男性の陰部を下腹部の皮膚と一緒に切り取ったり、女性の恥部に焼きごてをあてて焼いたりした。その他にも悲惨な話があるがこれは言わない方がいいと思う。

アレラテンシス（アルル）のサバウドゥスも亡くなった。そのあとを継いだのはグントゥクラムヌス王の伝奏のリケリウスだった。このころこのプロヴィンキアを悲惨な疫病が襲った。

ヴィエネンシス（ヴィエンヌ）のエウアンティウスも亡くなり、元老院出身のヴィルス司祭が、王の推挙を得て、後継者に選ばれた。この年、多くの聖職者がこの世からみまかったが、他は省略したい。それぞれの都市には彼らの記録が残されている。

四〇

トロニカ（トゥール）の町にペラギウスという男が住んでいた。彼はあらゆる悪事に手を染め裁判官を少しも恐れなかった。なぜなら彼は王室の馬の番人たちを監督する立場にあったから。

このため彼は窃盗、強盗、侵入、暴行などを水路陸路で繰り返した。私は時々彼を呼んで、たしなめたり宥めたりしながら、悪業から手をひくよう勧めたが、もらったのは正義の果実でなくて憎しみだった。ソロモンの箴言が「愚者を責むるなかれ、彼なんじを憎まん」（箴言、九、八より）と述べる通りだった。

あわれにも彼は私への怒りからか、しばしば教会の人間を襲い、半死半生の状態にして放置し、いつも聖マルティヌスの聖堂と諸教会にどんな悪事を働いてやろうかなどと画策していた。

ある時、我々の関係者が海栗《うに》を籠に入れて運んでいると彼が襲来して乱暴を働いて籠を持ち去った。このしらせを受けると私は、不正を罰するためではなく、彼を改心させて正道に戻そうと思い、彼を共同体から追放した。すると彼は一二人の立会人をつれて悔悛を誓うために現れた。私は彼の宣誓をうけ取るのは嫌だったが、わが市民たちのとりなしもあり、他の者には帰ってもらい、彼の誓約だけはうけ取って彼を共同体へ戻した。

それは年の最初の月（三月）の事だった。五番目の月（七月）になり、牧草の刈り入れが始まると彼は自分の牧草地に隣した尼僧院の地所に侵入した。しかしそこへ鎌を入れた途端、彼は熱に襲われ、三日後に息を引き取った。彼はコンダテンシス（カンド）の村の聖マルティヌスの聖堂内に自分の墓を持っていたが、彼の部下たちはそれが粉々に壊されているのを発見した。そのため彼は同聖堂の歩廊のところに葬られた。彼が悔悛の偽証をした原因となった海栗《うに》は、彼の死後彼の家の貯蔵庫から取り戻された。したがってこの憐れな男が偽りの宣誓を行なった聖堂の聖者、幸多きマリアの威徳は明らかである。

四一

プレテクスタトゥス司教を殺害（巻八、三一）したのはフレデグンディスだとのうわさは全世界をかけ巡った。彼女は嫌疑を逃れるために従者を捕まえてひどく懲らしめるよう命じ、

「お前はロトマゲンシス（ルーアン）の司教プレテクスタトゥスを剣で刺し、その咎《とが》をわらわになすりつけたのじゃ」

と言い、彼をくだんの司教の甥にひき渡した。甥が従者を拷問にかけると、彼はすべてを明白に白状した。

「フレデグンディス王妃からソリドゥス金貨一〇〇枚を受け取ってこの仕事をひきうけました。メランティウス司教（巻八、三一）からは五〇枚、町の主助祭からも五〇枚もらいました。その他に私と妻は自由人の身分をもら

う約束でした」

これを聞いた司教の甥は剣を鞘《さや》から抜き放つとこの囚人をばらばらに切り刻んだ。フレデグンディスは前に選出してておいたメランティウスを教会の司教にすえた。

四二

ベッポレヌス将軍（巻八、三一）はフレデグンディスから邪魔者あつかいされ、その地位にふさわしい名誉を得られず、自分が軽視されていると判断してグントゥクラムヌス王の所へ走った。

王は彼に、故キルペリクス王の子クロタカリウス（フレデグンディスの子）の勢力下にある諸都市の将軍職を与えた。将軍は強力な軍勢をととのえて任地に赴いたが、レドニクム（レンヌ）の住民は彼を拒絶した。そこで彼はアンデカヴス（アンジェ）へ行き、そこでさまざまな乱暴を働いた。農作物、干草、ワイン、その他彼が市民の家で見つけたものはすべて自分の所へ持って行った。鍵のかかっている家の戸口はおし破って侵入し、おおぜいの住民に暴行を加えて虐待した。

彼はかのドメギセルス（巻八、一八）にも恐怖を吹き込んだ。しかし彼との間には和平が結ばれた。

ベッポレヌスは町へ入り家の三階で各方面の人々と宴会を開いた。その時家の床が抜けて彼は半死半生の状態で脱出した。多くの者がこの時不具になった。それでも彼はこれまでの悪業を止めなかった。

フレデグンディスは自分の息子（クロタカリウス）の領内の多くのベッポレヌスの財産を差し押さえた。ベッポレヌスはレドニカ（レンヌ）に戻り、同地をグントゥクラムヌス勢力下に置こうとし、そこに自分の息子を残しておいた。ところが暫くするとレドニカの住民が襲撃し、この息子とおおぜいの高位の人々を殺した。

この年には色々なしるしが現れた。七番目の月（九月）に木に花が咲いた。一度実をつけた木がもう一度実をつけて、それは主の生誕日（クリスマス）のころまで残っていた。空に蛇のようにうねって走る光が見えた。

四三

キルデベルトゥス王の統治一二年目、アルヴェルヌス（クレルモン）のニケティウス（巻八、一八）が「マッシリエンシス（マルセイユ）のプロヴィンキア」と、同地のこの王に属する諸都市の総督《レクトル》に任じられた。

アンテスティウス（巻八、二七）はグントゥクラムヌス王によってアンデカヴス（アンジェ）に派遣され、同地でネクタリウスの妻ドムノラ殺害（巻八、三二）にかかわった人たちに迫害を加えた。この事件の首謀者だったボレヌス（巻八、三二）の財産は国庫に没収された。それからアンテスティウスはナムネティカ（ナント）に行き、司教のノニキウス（巻六、一五）に難癖をつけ始めた。

「この事件にはおたくの息子殿も一枚かんでおられた。その行ないに対しては正当な罰を受けるのが自然のなりゆきですぞ」

身に覚えのある息子は恐怖を感じて、故キルペリクスの息子クロタカリウスのもとへ逃亡した。アンテスティウスは司教から保証人を取って王の所へ出頭する約束をさせ、次いでサンクトナス（サント）へ向った。そのころフレデグンディスが使者を内密にヒスパニアに派遣し、サンクトナスの司教パラディウス（巻七、三一）がひそかにこの使者たちを迎えてかの地へ送り出したとの噂が各地に飛び交っていた。この時はちょうど聖四旬節にあたり、司教は祈りをささげるために海中の島に赴いていた。さて司教は、習慣にしたがって市民の待つ主の晩餐の祝宴（復活祭の前の木曜日）に帰る途中、アンテスティウスの一団に包囲された。アンテスティウスは事実は詮議しないでこう言った。

「町へ入る事はならん。おまえは追放されることになった。我々の王の敵をもてなしたからだ」

司教は答えた。

「何をおっしゃっておられるのか見当がつきかねます。聖なる祝日が迫っています。どうぞ我々を町に戻していただきたい。聖行事が全部終りましたならば、何なりとお望みのことをおっしゃってください。その時には申し開きを致しましょう。あなたがお考えのようなやましいことを私は何もしておりません」

だがアンテスティウスは続けた。

「おまえの教会の敷居をまたいではならん。きさまがわれらのあるじの王に不実を働いたことは明白なのじゃ」

それから司教は捕縛され、教会の建物は査定にかけられ、物品は差し押さえられた。市民たちはせめてこの司教のもとで復活祭の祝典だけは済ませたかったが許されなかった。彼らは嘆願を重ねたがアンテスティウスははねつけた。しかしついに「胸にかくれた傷があらわれた」（アエネーイス、一一、四〇）。アンテスティウスは言った。

「ビトゥリカ（ブールジュ）の領域内の彼の家を私にゆずってもらい、それをわがものとできたら、そちらのお望みかなえなくもない。でなければ彼を追放にするまでわが手が容赦することはない」

司教は拒む勇気が出ず、文書を作成して署名し、地所を譲って、保証人を立て、王のもとへ出頭する約束をしてようやく町への帰還が許された。

さて諸々の聖務をとどこおりなく済ませ、司教は王のもとへおもむいた。そこにはアンテスティウスも姿を見せた。しかし、この司教に関する件でアンテスティウスの提示した事柄は何一つ証明することができなかった。司教は帰還を命じられた。もしも今回提示された件につき後にあきらかにすべき事由がでてきたら、それは将来の公会議でとりあげることとされた。ノニキウス司教も王のもとに出頭し、たくさんの贈物をささげて退出した。

四四

フレデグンディスは息子の名前でグントゥクラムヌス王に使者を派遣した。彼らは用件を述べ、返事をもらい、別れの挨拶を述べて退出した。しかし理由は不明だが、彼らは宿に帰るとしばらくそこに留まった。

さて朝になり王は蠟燭の明かりを先頭に立てて早朝ミサにおもむいた。すると酔払いのような男が礼拝堂の隅で寝ていた。彼は剣を帯び、槍を壁に立てかけていた。王は彼を見ると叫び声をあげ、こんな恐ろしい夜にこんな場所で人が寝ているなどただごとでないと言った。そこで男はとりおさえられ革紐で縛られ、何が目的で何をしようとしていたのかと尋問された。

男はただちに拷問を受け、自分は、今回の使者たちのまわし者で、王を殺すように言われたのだと白状した。そこでフレデグンディスの使者たちも捕縛されたが彼らはしらを切りとおして言った。

「我々は、公式の用件を果たすべく派遣されただけです」

そこで王はまわし者には種々の暴行を加えて牢に閉じ込めるよう、また使者たちは別々の場所に監禁しておくように命じた。彼らが王殺害のかくれた任務を帯びてフレデグンディスから派遣されたことは明白だったが、神の英慮によりことは成就しなかった。一味の首領はバッドだった。

四五

ヒスパニアからの使者が再三グントゥクラムヌス王のもとを訪れたが、彼らは和平の目的を達することができず、両者間には敵対感情がたかまった。こんな情勢下にグントゥクラムヌス王はアルビゲンシス（アルビ）を自分の甥のキルデベルトゥスに返還した。

この町の領域にたくさんの財産をたくわえていたデシデリウス将軍（巻八、二七）は、以前に、栄光の思い出の故シギベルトゥス王の軍勢を手ひどく叩きのめして随分怨みを買っていたためにここで復讐されるのではないかと恐れ、全財産をまとめ、アルヴェルヌス（クレルモン）の領主エウラリウスから奪った妻テトラディア（巻八、二七）をつれて、トロサ（トゥールーズ）の領域へ移った。そこで将軍はゴート人に対する遠征軍を起こす決心をし、自分の財産を息子たちと妻とに分配したという。

彼は領主のアウストロヴァルドゥスと協同してカルカソナ（カルカソンヌ）の町を目指した。しかしこの町の市民たちはあらかじめこのことを聞いて抵抗を試みるべく準備を整えていた。

さて、戦いが始まるとゴート勢はくびすを返して退散し、デシデリウスとアウストロヴァルドゥスは背後から敵を倒した。将軍は逃げる敵兵を追ってわずかの手勢をひきいて町に迫った。味方の騎兵は疲れて追随出来なかった。こうして将軍は市門近くで、壁の中にひそんでいた敵兵に取り囲まれて討たれた。彼に従っていた将兵もすべて討ち死にし、ほんのわずかの者だけが血路を開いて脱出して、異変を仲間に伝えた。アウストロヴァルドゥスはデシデリウスの死を知ると遠征から引き返し、王のもとへ出頭して、デシデリウスのあとを継いで将軍の地位を得た。

四六

その後、ヒスパニア人の王レウヴィキルドゥスは病を得た。伝えられるところでは彼は邪教の信仰の後悔にとりつかれ、誰ももはやこのような邪教を信じないよう、みずからカトリックの信仰に入った。そして七日間、神に対して行なった不正を恥じて泣き通した後、息をひきとった。彼に代わって息子のリカレドゥス(巻八、三〇)が統治した。

第八巻を終わる。

第 9 巻

悪魔憑きの女を治すラデグンディス（『ヴェナンティウス・フォルトゥナトゥス』の写本画，11 世紀，ポワティエ市立図書館）

第九巻目次始まる

目次終わる

キリストの御名によりキルデベルトゥス王の統治第一二年から第九巻始まる

一

ヒスパニアの王レウヴィキルドゥスの死後あとを継いだリカレドゥスは、父の未亡人グンスインタ（巻四、三八）と誼《よしみ》を通じ、彼女を自分の母として受け入れた。この女性はキルデベルトゥス二世の母ブルニキルディス女王の母にあたる。リカレドゥスを産んだのはレウヴィキルドゥスの別の妻だった。彼はこの継母の助言をいれてグントゥクラムヌス、キルデベルトゥス両王に使者を送って言わせた。「和平のことをいたしたく存じます。あなた様がたのご支援を賜って盟約を結び、まさかの折にはわれらが同等の条件で助け合い、身の安全を保持できればと存じます」

グントゥクラムヌス王の所へ向った使節団はマティスケンシス（マコン）の町に留まるよう指示され、王はそこへ人を派遣して用件を聞いたが、使節団の要求を受け入れようとはしなかった。このためやがて彼らの間に敵意が芽生え、セプティマニア（ガリア南西）地方の諸都市はグントゥクラムヌス王の領域の人間を受け入れなくなった。キルデベルトゥス王の所へ向った一行は快く受け入れられ、贈物をさし出し、和平を結び、また贈物をもらって退出した。

二

この年に幸多きラデグンディス（巻六、二九）がこの世を去り、彼女が設立した尼僧院に大きな悲しみを残した。私は彼女の埋葬に立ち会った。彼女は六番目の月（八月）一三日に亡くなり、三日間の通夜の後葬られた。その日にいかなる不思議があらわれ、彼女がいかに葬られたかを私は奇蹟の書（告白者の栄光の書、一〇四）の中で詳しく述べた。

三

さて、聖マルケルスの祝日がやって来た。その祭典は九月にカビロネンシス（シャロン）の町で挙行され、グントゥクラムヌス王も臨席した。ミサ・ソレムニスが滞《とどこお》りなく行なわれ王が聖体拝受のためにいとも尊き祭壇に近づいた時、誰かが何かを嘆願するように王に接近した。彼は王に向って走り寄ったがその手から小刀が滑り落ちた。すぐにとり押さえられた彼の手には、鞘を放ったもうひとつの小刀が握られていた。

彼はただちに教会からつれ出され、拷問にかけられて、王を殺す目的で派遣されたことを白状した。

「私をつかわした者は、こう考えたのです。王は大勢の人々のうらみを買っていて用心深いので、暗殺を恐れいつもしっかり身辺を警護させ、剣を持って王に近づくことなどできない、しかし教会でならば王も心を油断させて恐れなく立っていて殺す機会がある、と」

この自白によって多くの逮捕者が出て処罰された。しかしこの実行犯は鞭でひどく打たれただけで釈放された。教会から出て来た者を殺すのは不吉だとされたのである。

四

この年にキルデベルトゥスに二人目の男児が誕生した。カヴェロネンシス（カヴェヨン）のヴェラヌス司教が洗礼を施し、テオドリクスの名前をもらった。そのころこの司教は偉大な徳性を備えていた。しばしば身体の弱い人々に十字架のしるしを授けて、神のお恵みをいただき、健康を回復してやった。

五

このころまた怪奇現象が現れた。各家の容器類には何だかわけのわからないしるしが刻み込まれ、削っても拭いても取れなかった。この怪異はカルノテナ（シャルトル）の領域から始まりアウリリアネンシス（オルレアン）へ移り、ブルデガレンシス（ボルドー）の領域に達した。その中間にある諸地域にも皆この現象が現れた。

葡萄摘みの終った八番目の月（一〇月）の葡萄園に奇形な房をつけた新しい枝が見られた。他の木々にも新葉がついて実が生《な》った。

北の方角に光線が現れ、ある人々は雲から蛇が落ちてきたのを見たと言い、他の人々は、ひとつの館が建物も人も突然かき消すようになくなったと断言した。その他にもまだ種々の怪異現象が見られたが、それらは王の死もしくは王国の没落の時に出現する性質のものだった。この年、葡萄の収穫は少なく、水量は多くて雨がよく降り、川水は増大した。

六

この年、トロニカ（トゥール）の町にデシデリウスという名の者が現れて「自ら大いなる者ととなえ」（使徒行伝、八、九）、自分は色々な奇蹟を起こすことができると言った。そして、自分と使徒ペトルス、パウルスとの間にはちゃんと連絡が取れているのだなどと言いふらした。

私はその場にいなかったが、おおぜいの田舎の人々が「不具者、盲人をつれ来たり」（マタイ伝、一五、三〇）、彼の所におしよせた。彼は彼らを聖なる力で治すのではなく、いかがわしい降神術でもてあそんだ。彼は身体の麻痺した人や虚弱な人を横たえさせ、神のお力には与かれないので、その場で適当に処置した。たとえば助手が患者の手をひっぱり、別の助手が足をひっぱって患者の身体を四方にのばし、筋を痛め、なおるどころか患者が気絶することもしばしばだった。極度の苦痛におおぜいの者が命を落とした。それにもかかわらずこの男は、かの幸多きマルティヌスも自分にはかなわないとか、自分は使徒たちにも等しい存在だなどと言い張った。

世の終末にはこうした欺瞞の総元締めが自分をキリストだと言い張るわけだから、こんな男が自分を使徒と比較するのも、別に不思議ではないのかもしれない。

前述のように、彼が降神術を使ったことは疑いない。なぜならば、目撃者の談によると、誰かが彼に隠れて遠く離れた所で彼の悪口を言うと、彼は公衆の前でそれを非難して、

「あんたはわしのことをかれこれ話したね。それはわしの聖性から言ってあり得ない」

などと言うのだった。悪霊が知らせるのでなければどうして彼はそんなことを知ったのか。彼は頭巾をかぶり山羊の毛で編んだトニカ（下着）を身につけていた。

表向きは飲み食いに節制を保っていたが、彼はこっそり隠れて居酒屋を訪れ、給仕が注文に応じ切れないほど、次々と口に頬張《ほおば》った。しかしついに彼の欺瞞はあばかれて、彼は我々の手で捕えられ、市外追放となった。彼がどこへ去ったか我々は知らない。彼はよく自分はブルデガレンシス（ボルドー）の市民だと話していた。

七年前にも別の誘惑者がいて、詐欺行為でおおぜいの人をだました。彼はコロビウム（エジプトの僧服）の上にモスリンの布を引っかけ、十字架を持ち歩いた。その十字架には聖なる油が入っていると称する小瓶がいくつもぶら下がっていた。彼は、自分はヒスパニアの出身で、いとも幸多き殉教の助祭ヴィンケンティウスと、殉教の聖人

フェリクスの聖遺物を持っていると称した。

彼がとある夕べ、トロニカの聖マルティヌスの聖堂にやって来た時、我々はちょうど食事中だった。彼は使いをよこして言った。

「聖遺物にご挨拶いただきたい」

しかしもう晩《おそ》い時間だったので、我々は、

「幸多き聖遺物は祭壇に置かれるがよろしかろう。我々は翌朝ご挨拶申し上げる」

と返事をした。さて次の日の夜が明けると彼は起き出して、我々を待たず、十字架を持って、我々の小房へやって来た。私は彼の大胆さに驚き、どんな用件ですかと尋ねた。すると彼は傲慢さで上ずった声で言った。

「もっとましな出迎えをすべきでしたな。わしはこのことをキルペリクス王（存命中であった）のお耳に入れますぞ。王は必ずやこの無礼をとがめたまうでしょう」

それから彼は礼拝堂に入り、私をさしおいて、経典の一句を唱え、別の一句、三番目の一句を唱えて、祈禱の言葉を述べ、それを終えてから、十字架をかかげて出て行った。彼の言葉にはひどい訛《なま》りがあり、汚い卑猥な言葉がたくさん混じっていた。彼からは理性的な言葉はまったく聞かれなかった。

彼はそれからパリシウス（パリ）へ行った。それは主の昇天日（復活祭後四〇日目）の前の公祈願の日々の出来事だった。ラグネモドゥス司教が民衆をひきつれて聖地巡回を行なっていると、この男が自分の十字架を持って見慣れぬ服を着て公衆の前に姿を現した。彼のまわりには娼婦や田舎女たちが合唱隊を形成し、この多数で聖地巡回を行なおうとしているようだった。

事に気づいた司教は主助祭を走らせ、

「もしも聖遺物をお持ちでしたら、ひとまずそれを聖堂にお置きなさいませ。そして我々と共に聖なる日々を祝おうではありませんか。式典が終ったらご自分の道を行かれるが良い」

と言わせた。するとこの男は主助祭の言葉を軽視して司教にののしりや非難の言葉をあびせた。そこで司教は彼を誘惑者だと見抜いて小房に閉じ込めるよう命じた。彼の所持品を全部調べると、色々な草の根、もぐらの歯、鼠の骨や熊の爪や油などが一杯つまった大きな袋が見つかった。これらをとんでもないものと思った司教は全部川へ捨てるように命じた。

それからこの男は十字架を取り上げられてパリシアカ（パリ）の町の領域から追放になった。しかし性懲りもないこの男はまた別の十字架を作って以前の悪業を繰り返し始めた。しかし主助祭に捕まり、鎖でしばられて厳しい監視下に置かれた。

そのころ私はパリシウスに出かけ幸多き殉教者ユリアヌスの聖堂に宿を取った。すると続く夜に厳しい監視を逃れたこの男がつないだ鎖をひきずったままこのユリアヌスの聖堂まで走って来て、私が立ち慣れた場所の石の床の上に倒れて酒と眠気に身を委ねて眠り込んだ。

最初我々はこのことに気づかなかったのだが、真夜中に神に感謝をささげるために起きて行き、眠っている彼を発見した。この男からはひどい臭気が漂っていて、それは下水道や便所のにおいを上回る強烈さだった。この臭気に圧倒された我々は聖堂に入ることができなかった。

僧の一人が鼻をつまんで彼を起こしに行ったがうまくいかなかった。それほどひどく酔っていた。そこで四人の僧が近づいて彼を手で持ち上げ、聖堂の片隅に移動させた。それから水をまいて床を洗い、香りの良い薬草をふりかけてやっと我々は中に入り、勤めを果たした。

我々が賛美歌を歌う間彼は起きなかったし、やがて夜が明けて太陽が高く登ってもまだ寝ていた。我々は司教に彼を許してやるよう頼んで引き渡した。

さて司教たちがパリシアカの町に集まっての食事中にこのことが話題になって、みせしめのために彼が呼ばれた。彼が入って来ると、目を向けたベオレタナ（シュータ）の町の司教アメリウス（巻八、二八）が、彼を逃亡した自分の家僕だと認めた。彼は男の罪を許して自分の故郷へつれて行った。

多くの者がこのような幻術を使って無教養な人々を迷妄の道に誘惑してやまなかった。私の意見では主が福音書の中で、この世の終わりには「にせキリスト、にせ預言者おこりて選民をも迷いに誘わんとする」(マタイ伝、二四、二四)と述べておられるのは彼らのことなのである。しかしこの話はこれで十分であろう。我々はもとの話に戻ろう。

七

エノディウスはトロニカ(トゥール)とペクタヴァ(ポワティエ)の町の将軍職を持っていた(巻八、二六)。彼はさらにウィークス・ユリエンシス(エール)とベナルナ(レスカー)の宗主権も手に入れた。しかしトロニカとペクタヴァの町の領主たちはキルデベルトゥス王の所へ行き、彼を免職させてもらった。エノディウスは自分の免職の動きを感知すると、これらの都市へ急いだ。しかし彼はそこに滞在している間に、同地を去るようにという指示を受け取った。彼は地位を失うと自分の家へ帰り私生活に没頭した。

ウァスコネス(バスク)人が山から姿を現し、平原に下りて葡萄園や畑を荒らしまわり、家に放火し、人民や家畜を捕え、拉致していった。アウストロヴァルドゥス将軍(巻八、四五)はしばしば彼らと刃を交えたがはかばかしい効果をあげられなかった。

また、先年グントゥクラムヌス王の軍勢にセプティマニア地方を荒らされた(巻八、三〇)ゴート人が、「アレラテンシス(アルル)のプロヴィンキア」へ姿を見せ、略奪と拉致をくりかえし、町まで一〇里塚の距離に迫った。彼らはウゲルヌムという名の砦(ボーケール)を襲い物品や住民に損害を与えた。誰も彼らに抵抗できず、彼らは去った。

八

グントゥクラムヌス・ボソ（巻八、二一）は、女王（ブルニキルディス）に憎まれていたので、司教たちや有力者の間を往来して、遅まきながらこれまで軽視していた愛顧を得ようと努めた。

彼はキルデベルトゥス王がまだ幼かった時分には、ブルニキルディス女王に対し罵詈雑言をほしいままにし、彼女に対してなされる不正には積極的に加担してきた。王は自分の生母に対する悪事を糺《ただ》すべく、彼を捕えて殺すよう命じた。

彼は自分の立場が危うくなったのを察知し、ヴェレドゥネンシス（ヴェルダン）の司教アゲリクス（巻七、四四）を頼った。彼は王の洗礼の父であったから、この人を通じて王の愛顧が得られると彼は信じた。司教は王のもとへ急行し、ボソのために嘆願した。王はそれを拒み得ず言った。

「我々の前へ彼をつれて来てください、保証人を取って彼をわが伯父王（グントゥクラムヌス）の前へ立たせます。私は伯父の決定に従いたい」

そこでボソは、武器を外され、手枷《てかせ》をはめられた姿で司教に導かれて、王の滞在する所に出頭した。彼は王の足許に身を転がすと言った。

「私はあなたとお母上に過ちを犯しました。私はご命令には従わず、あなたのご意志とおおやけの利益に反した行動を取りました。しかし私が行ないました諸悪業に対しどうぞお慈悲をくださいますようお願い申しあげます」

しかし王は彼に床より身を起こすよう命じ、彼を司教の手にゆだねて言った。

「聖なる司教よ、彼をあなたにお任せします。グントゥクラムヌス王の所へお連れください」

そして王は彼に退出を命じた。

九

ラウキングス（巻八、二九）は、故キルペリクス王の子クロタカリウス王の側の有力者たちと結託した。彼らは、双方の王国に緊張関係や暴力沙汰が生じないように和平を取り結ぶふりをし、その実、キルデベルトゥス王を殺し、ラウキングス自身がキルデベルトゥスの長子テオドベルトゥスを擁してカムパニア（シャンパーニュ）の王国を手に入れ、ウルシオとベルテフレドゥス（巻六、四）が最近生れた弟王子テオドリクスを擁してグントゥクラムヌス王を追放して残りの王国を手に入れるという陰謀を企てた。

また彼らは女王ブルニキルディスに向って種々の嫌がらせを行ない、彼女が寡婦《かふ》になったばかりのころに行なわれたような屈辱を彼女に与えた。

ラウキングスは自分の強大な権力に有頂天になり、言わば王笏そのものの威力に酔っている様子で、始めた陰謀を実際に果たすために、キルデベルトゥス王の所へ向う旅支度をはじめた。しかし神のお慈悲が働いて、ことは事前にグントゥクラムヌス王の耳に入り、王はひそかに使者を立てて陰謀の全容をキルデベルトゥス王に伝えて言った。

「ことは急を要します。一度お目にかかり善後策を協議しましょう」

キルデベルトゥスは伝えられた事柄を熱心に追求し、それが事実であると認識してから、ラウキングスを呼ぶよう命じた。さて彼がやって来ると、王は彼に会う前に、書状を発行して従者たちに公特権を与え、あらゆる場所におけるラウキングスの所有物を差し押さえるよう命じてから彼を居間に呼び寄せた。それからあたりさわりのない四方山《よもやま》話《ばなし》をして、彼に居間から退出するよう命じた。

さて彼が部屋から出て来ると二人の番兵が彼の足をつかみ、彼は出口の階段の所で転んで身体の一部が室内に残り、一部が外に出た格好になった。この時、殺害の実行を命じられた者たちが剣をぬいて彼に襲いかかり、彼の頭を粉々にうち砕き、全身が散乱した脳漿でおおわれた。彼は即死だった。衣服をはがれて窓から投げ出された後、葬られた。

彼は軽薄な性質で、人間の限度を超えた欲望の虜であり、たえず他人の財産をつけねらい、自身の富を自慢して、没落が迫っている時でさえ、自分はクロタカリウス王の子であるなどとほらを吹いていた。彼の所持品からもおびただしい金が発見された。

彼が殺されると彼の従者のひとりがただちに急行して彼の妻にことの次第を告げた。この時、この妻は、派手な装身具と高価な宝石を身にまとい、全身を金の輝きで包み、前後に従者を従えて、馬にゆられてセシオニカ（ソワソン）の町の路上を進んでいた。彼女は、この日行なわれるふたりの幸多き殉教者の受難のミサに臨席するために、聖クリスピヌスとクリスピアヌスの聖堂へ急いでいた。しかし知らせをうけ取ると、彼女はくびすを返して別の道路に走り、装身具を路上に投げ捨てて聖メダルドゥスの聖堂に逃げ込んだ。ここで聖告白者の庇護にあずかろうと思ったのだ。

ラウキングスの財産確保のために王から派遣された従者たちは、彼の宝物庫の中に、国庫にもありえぬ程のおびただしい富を発見して、すべてを王の御前に運んで来た。また彼が殺された日にトロニカとペクタヴァの町のおおぜいの人が王の所に集まったが、彼らは、陰謀が成就したあかつきには拷問にかけられる予定になっていた。一味の者たちは、「きさまらの誰かが王を殺害したのだ」などと言って彼らを処刑し、王の死の仇をとったと吹聴するつもりだった。しかし全能の神はこの不当な企てを粉砕したまい、「穴を掘るものは自らこれに陥らん」（箴言、二六、二七）という諺どおりの結果を招きたまうた。ラウキングスの後継にはマグノヴァルドゥスが将軍に選ばれた。

ウルシオとベルテフレドゥスは、ラウキングスが打ち合わせ通りにことを運ぶのは確実と判断して軍勢を集めて進撃した。一味の者らはラウキングスの最期の模様を聞かされると、仲間に加える人間をますます多く募り、全財産を持ってウルシオの所有する村に隣接するヴァブレンセ（ヴォエヴル）の砦にたてこもった。彼らはもしもキルデベルトゥス王が彼らに対し攻撃をしかけるならば全力をつくして敵軍と闘うつもりだった。

彼らの首領で悪巧みの張本人はウルシオだった。しかしブルニキルディス女王はベルテフレドゥスに書状を送り、「悪い人間から離れ、お命をまっとうされるように。さもなくばその人間と一緒に滅亡しますよ」と言ってよこした。ベルテフレドゥスの娘は女王ブルニキルディスの手で洗礼の泉から取り上げられたので彼女は彼に憐れみの心を持っていたのだ。しかし彼は言った。

「死以外にわしをウルシオから離すものはありません。わしは彼を見捨てません」


一〇　この事件の間に、グントゥクラムヌス王はふたたび甥のキルデベルトゥスに使者を送って言った。

「もはやぐずぐずしている場合ではありません。私に会いに来なさい。我々が会うことが御身たちの生命の安全にとっても、おおやけの利益のためにも絶対に必要です」

キルデベルトゥスはこれを聞くと母親（ブルニキルディス）と妹、そして妻を伴って伯父王を迎えに出かけた。会合の場所にはトゥレヴェリカ（トリーア）の町の司教マグネリクス（巻八、三七）が来ていた。ヴェレドゥネンシス（ヴェルダン）の司教アゲリクスに身柄を預けられたグントゥクラムヌス・ボソ（巻九、八）もやって来たが、彼の身柄を保証した司教自身は現れなかった。ボソは誰の庇護も受けないで王の前に出るよう定められていた。もし彼に死刑の判決が下るのならば彼には司教の弁護も無駄であるし、彼にもしも命が許されるのならば彼は自由に立ち去って良いのだ。しかし王たちは彼の種々の軽率な行為は許し難いとして、彼を殺すよう命じた。これを知るとボソはマグネリクス司教の宿に逃走し、入口を閉じ、僧たちと使用人を遠ざけると、司教に向って言った。

「あなたがどんなお力を王たちにお持ちか、幸多き司教よ、私はようく存じております。私は命を助かりたいがためにあなたの所へ逃げて来たのです。戸口には殺害者どもが迫っています。お聞きあれ、もしもあなたの庇護が得られないならば、私はあなたを殺し、外へ出て死にます。よくよくお聞きあれ、我々は死ぬも生きるも一緒です。聖なる司教よ、あなたは王と並んで、王の子の父（洗礼の父）であり、王はあなたの願いなら何でも叶えてくださり、あなたの聖性により、あなたが何を頼もうと、王はそれを拒むことはできないのです。したがって我々は、命を助かることが叶わねば、一緒に死ぬ事になるのです」

ボソはこの言葉を抜身の剣をつきつけて言い終えた。司教はこれを聞いてふるえて言った。

「ここであなたに捕えられていては私に何ができますか。私を放し、王の所へ行って憐れみを乞わせて下さい。もしかしたら王は哀れみたまうかも」

するとボソは言った。

「あなたが行ってはならぬ。僧院長か、あなたの信頼できる人物をやって、私の言うことを述べさせなさい」

しかしことは事実通りには王に報告されなかった。王は、ボソは司教に庇護されているという報告を受けた。そこで王は怒って言った。

「もしも司教が出て来るのを拒むならば、裏切り者と一緒に滅ぶがいい」

これを聞いた司教は王に使者を送った。使者たちが事情を話すとグントゥクラムヌス王は言った。

「家に火を放て。もしも司教が出て来ることができなくば、一緒に灰になるまでだ」

これを聞いた僧たちは必死に扉をこじ開けて司教を外へ連れ出した。

さて、あわれな極悪人は自分が八方火に取り囲まれたのを見て取ると、剣を帯びて戸口に姿を見せた。彼が家の敷居をまたいで外へ第一歩を踏み出すと、ただちに追手の一人が槍を投げた。槍は彼の額を直撃した。この一撃に動揺した彼は、度を失い、剣を抜こうとした。しかしまわりの追手から投げられたあまりにもたくさんの槍が両脇に突き刺さり、その柄が支えとなって地面に倒れることもできずに息を引き取った。彼と行動をともにした少数の者も殺されて一緒に屍を野にさらされた。君主たちから遺体の埋葬許可が下りるまでかなり手間取った。

ボソという男は、行動が軽薄であり、物欲が強くて度外れに他人の財産を欲しがり、誰にも簡単に約束をして、それを決して守らなかった。彼の妻子は追放に処せられ、彼の財産は国庫に没収された。おびただしい金銀と物品が彼の宝物庫から発見され、彼が良心のやましさから地中に埋めた物も掘り出された。彼は未来を知りたいという欲望に駆られてしばしば占い者や籤《くじ》に頼った。しかし常にそれらにだまされていた。

一一　グントゥクラムヌス王は、甥王と王妃女王たちとの和平の絆を固め、贈物を取り交わし、国家間の取り決めを結び、食事を共にした。グントゥクラムヌス王は神をたたえて言った。

「全能の神よ、私の限りない感謝の心をお受け取りください。あなたのお陰で、私は今ここにわが息子キルデベルトゥスの子供たちを見ることができます。あなたのお陰で私の息子の息子たちを見ることができる私は、あなたにしっかりと守られていることを確信します」

キルデベルトゥス王は、（グントゥクラムヌスの側へ移っていた）ディナミウス（巻六、一一）とルプス将軍（巻六、四）を返却してもらい、彼らを迎え入れた。またキルデベルトゥスは女王ブルニキルディスの手にカドゥルクス（カオール）の領域を与えた。こうして和睦が実現し、喜びと神への感謝のうちに約定の署名（約定の本文は巻九、二〇）がおこなわれ、贈物と接吻がとり交わされてそれぞれ自分の町へ帰って行った。

一二　キルデベルトゥス王は軍勢を徴集して、ウルシオとベルテフレドゥスがたてこもる所（巻九、九）へ向うよう命じた。それはヴァブレンシス（ヴォエヴル）の田舎にある館で、そこにはけわしい山がそびえていた。山頂には幸多き聖マルティヌスの聖堂が建っていた。それは太古の砦の跡だと言い伝えられている。そこは人間の手による修復はなされておらず、自然の天険のままだった。

彼らはここに財産と妻や家族と一緒にたてこもっていた。さて既述の如くキルデベルトゥス王は軍を徴発し、同所へ向わせたのだが、彼らは敵に向う前に、敵の館やそれに付属する物を発見すると、片っ端から放火して略奪を繰り返した。それから同所に向い山に登り、聖堂を軍勢で包囲した。この軍勢の指揮者はゴデギセルス（巻四、五〇）で、ルプス将軍（巻九、一一）の婿《むこ》だった。

攻撃側は、一味を聖堂から外へ出せないので、建物に火を放とうとした。ウルシオはそれに気づき、剣を持って外へ出て来た。彼は視野に入る限りの包囲軍の兵士をなぎ倒し、彼らは皆命を落とした。廷臣トルドゥルフスもこの時倒れ、軍勢は大損害をこうむった。しかしウルシオが殺戮に疲れた時、誰かが彼の足をはらった。彼は弱りはてて地面へ倒れた。おおぜいが彼に突進し、彼は命を奪われた。これを見たゴデギセルスは大声で叫んだ。

「もはやいくさは終わりじゃ。われらがあるじの最大の敵は倒れた。ベルテフレドゥスは殺すまでもないぞ」

彼がこう言うと、兵士たちは全員、聖堂に運び込まれていた財産物を狙って殺到した。

ベルテフレドゥスはこのすきに馬に乗り、ヴェレドゥネンシス（ヴェルダン）の町へ逃亡し、当地の教会の礼拝堂を目指した。特に彼はその建物に住んでいるアゲリクス司教（巻九、一〇）の庇護を求めた。しかしベルテフレドゥス逃亡の知らせをうけ取ったキルデベルトゥス王は激しい心痛に襲われて言った。

「か奴が死を逃れるのならば、ゴデギセルスもわが手を逃れられぬと心得よ」

王はベルテフレドゥスが教会に逃げたとは知らず、異国の地に逃亡したのだと思ったのだ。ゴデギセルスは王の言葉を大いに恐れ、教会の建物を兵士で包囲した。しかし、司教はベルテフレドゥスを出さず、彼を庇護する姿勢を見せたので、兵士たちは屋根に登り、建物をおおっている屋根や梁《はり》を砕いてベルテフレドゥスをおしつぶした。彼は三人の家人とともに殺された。

司教は、自分が彼を守ってやれず、また自分が常に祈りをささげ、そこに諸聖人の遺品の納められている建物が人間の血で汚れたのを見て、ひどく嘆いた。キルデベルトゥス王は司教の悲嘆を取り去るべく贈物をおくった。しかし司教の悲しみは終らなかった。このころ王を恐れていた者は大勢いた。彼らは異国へ移って行った。また何人かの高位の人が将軍職を失い、その地位を他人に譲った。

一三

グントゥクラムヌス王は前述のように大逆罪で捕縛されたバッド（巻八、四四）を面前に呼び寄せて言った。

「この者が告発を受けている嫌疑の潔白を、フレデグンディスが信用出来る人たちと一緒に証明してくれるならば、この者はどこへ行こうが自由だ」

王はこうして彼をパリシウス（パリ）へ送り出した。しかしパリシウスに着いても、彼の無実を証明できる王妃ゆかりの人物はいなかった。そこで彼は捕囚の身に戻り、鎖につながれて厳重な警護の下にカヴィロネンシス（シャロン）の町まで護送された。しかし後に彼のために奔走する使者が現れ、特にバイオカシヌス（バイユー）のレウドヴァルドゥス司教（巻八、三一）の尽力が功を奏し、バッドは釈放され、故郷へ帰って行った。

当時ひどい赤痢がメテンシス（メス）の町を襲った。そのころ我々は王に呼ばれて旅に出ていたが、その途中でこの病気に苦しむペクタヴス（ポワティエ）の市民ウィリウルフスという人物に出会った。我々が出会った場所はレメンシス（ランス）の町だった。そこを発ってまもなく彼は病に倒れた。

彼はパリシアカ（パリ）の町まで妻の連れ子と一緒に来たが、リゴイアリンシス（リュエイユ・マルメゾン）の館で、遺書を作成して息を引き取った。ところが連れ子の方もこの病にかかり死んでしまった。二人は一緒にペクタヴァの町に運ばれて葬られた。

その後、このウィリウルフスの妻は三度目の結婚をし、その相手は将軍ベッポレヌス（巻八、四二）の息子だった。この人物はまだ生存中の二人の妻を捨てたとのもっぱらの噂だった。彼は軽薄な放蕩者で、常に淫欲の炎に燃えて妻を捨てては女奴隷と枕を交わしていた。彼は正式の結婚を軽蔑し切り、刺激を求めて止まなかった。彼は、第二の妻にも第三の妻にもこのような仕打ちをし、「朽ちるものは朽ちざるものを持つことなし」（コリント前書、一五、五〇）という言葉を知らなかった。

一四

前述（巻九、一二）の反逆者たちが滅んだ後、一味の嫌疑を受けていたレメンシス（ランス）の司教エギディウス（巻七、三三）は、聖レミギウスの聖堂で道中の安全を保障する誓約を受けてから、たくさんの贈物をたずさえて、キルデベルトゥス王の所に、王の愛顧を求めて旅立った。彼は王との面会を得、王と和解して別れた。

この時司教はまたルプス将軍とも和解した。将軍は前に述べた（巻六、四）ようにカムパニア（シャンパーニュ）の将軍職を失ったことがあったが、これはこの司教が教唆《きょうさ》した事件であった。グントゥクラムヌス王はこの知らせを受けて不快な思いを抱いた。ルプス将軍はグントゥクラムヌス王の不倶戴天の敵であるエギディウス司教とは決して和解しないと、王に約束していたのだ。

一五

そのころヒスパニアではリカレドゥス王が神のお慈悲により良心の呵責に苦しんでいた。彼は自分の宗派の司教たちを呼び寄せて言った。

「なぜあなた方と、カトリックを自称する僧たちとの間に争いが絶えないのか。そしてカトリックの聖職者たちが信仰の力でさまざまな不思議を示すのにあなた方にそうした力がないのはなぜなのか。かくなる上は一度双方集まって、それぞれの信念を討論しあい、本当のところを知るようにしたらどうだろうか。そうすれば、彼らがあなた方の言い分を認めてそれを信ずるか、あなた方の方が彼らの真実を知って彼らの説に従うか、どちらかになる」

実際ことはその通りに行なわれ、異端者たちはすでに本書でも色々な個所で述べて来たようなことを述べ、これに対しわが宗教の司教たちも、すでに本書が、再三異端者に対して勝利を収めた経緯を物語った（巻五、四三、巻六、四〇）説を展開した。

王が特に問題にしたのは異端の司教たちが病弱な人々に対しまったく治療の力を発揮しないということだった。王は、父の時代に、その間違った信仰の力で盲人を治せると豪語した司教が、盲人に触れて、彼を永遠の盲目にしてしまい、混乱して去って行ったことを語った。この話は我々も奇蹟の本（告白者の栄光の書、一三）の中でとり上げた。

王は神のしもべの聖職者（カトリック）を特に自分の所に招いて討論を重ね、父と子と聖霊は、三者の区別を保ちつつひとりの神であり、子は父と聖霊に劣らず、聖霊も父と子に劣らず、三者は同等にして全能なひとりの神であると告白するすべを知った。かくてリカレドゥスは真実を知って討論を打ち切り、カトリックの掟に従い、幸多き十字架を受け取って塗油の式を行ない、父と聖霊に等しい永遠に現世を支配するイエス・キリストの信仰を得た。アーメン。

それから王はナルボネンシス（ナルボンヌ）地方に使者を派遣し、ことの次第を知らせて、かの地の住民に同じ信仰を課した。

そのころそこにはアタロクスというアリウス派の司教がいて、空しい企てと聖書の間違った解釈で神の教会を混乱させていた。彼は、便所で臓器を下したと歴史家のエウセビウスに書かれた（本書、巻二、二三）かのアリウス自身のように思われていた。アタロクスは自分の宗派の人々がカトリック信仰におもむくのを許さなかったが、彼の御機嫌を取って同じ信仰を保持する者はごく少数にとどまった。そこで彼は怒りにかられて自分の小房に閉じこもり、寝台に頭を横たえ、その邪悪な生涯を終った。こうしてこの地方の異端の人々は、誤った信仰を離れて分かちがたい三位一体の信仰の告白者になった。

一六

その後リカレドゥスはグントゥクラムヌス王とキルデベルトゥス王とに使者を派遣して和平を求め、自分たちは信仰において同じになったので、友愛においても結ばれたい旨を伝えた。しかしグントゥクラムヌス王はこれを拒否して言った。

「あなた方が約束を守るなど信じられない。わが姪イングンディスを捕虜にした（巻五、三八）者たちにどうやって信を置けと言うのか。あなた方は卑怯な仕方で彼女の夫の命を奪い、彼女もまた放浪のはてに亡くなってしまった（巻八、二八）ではないか。神がわしに彼らへの復讐をお命じにならないかぎり、リカレドゥスの使者は受け入れられぬ」

これを聞いて使者たちはキルデベルトゥス王の所へ向い、快く迎えられた。そこで彼らは言った。

「われらのあるじは、あなた様の姉上様（イングンディス）が亡くなられたことで立たされた難しい立場の釈明を心から望んでいます。こちらは、身の潔白の証明なり何なり、そちら様のお望みのことを果たす所存です。そして、もしもそちら様のお許しがいただけましたら、ソリドゥス金貨一万枚をさし上げましてあなた様のご愛顧にあずかりたい所存です。さすればわれらがあるじはあなた様との同盟を恃《たの》むことができ、あなた様の方ももし必要とあらばわれらがあるじの援助をお使いいただけることになります」

彼らが言い終わると、キルデベルトゥス王とその母（ブルニキルディス）は和平を約束し、好意をもってこの同盟を完全に守ろうと述べた。そこで贈物の交換がなされ、使者たちはさらにつけ加えて言った。

「われらがあるじは、ご母堂様の姫君にして王様の妹君クロドシンダ様との結婚の申し出を、そちら様のお耳にお入れするようお命じになりました。これはわれらが果たした同盟の絆を固めるためでございます」

これに対し王側は答えた。

「われらとしてはこの約束をするのにやぶさかではないが、われらが伯父グントゥクラムヌス王の承認なしにこれをなす訳には参りません。我々は重大事件は必ず伯父の承認の下で行なう約束をしましたので」

この返事をもらって使者たちは帰った。

一七

その年の春は雨が多かった。木々や葡萄園の新緑が萌えても、雪が降って地上を覆いつくした。葡萄の蔓やその他の果樹が凍りついて傷み、寒冷がひどくて例年外国から訪れる燕が死んだ。決して寒さの被害を受けたことのない地方が激しい冷害をこうむり、毎年冷害に悩む地方はさほどでなかった。

一八

ブリタニー人がナムネティクス（ナント）の領域に侵入し、略奪を繰り返し、館を破壊し、人間を捕えて拉致した。

この知らせが届くとグントゥクラムヌス王は軍勢を整える一方、使者をブリタニー人に派遣して、犯した乱暴の全てに対するつぐないを求め、さもなくば王軍の刀の錆になる事を覚悟せよと宣言せしめた。

ブリタニー人は恐れて、犯した狼藉のつぐないはきれいに果たすと約束した。それを聞いたグントゥクラムヌス王は改めて使節団を派遣した。それはアウリリアネンシス（オルレアン）の司教ナマティウス、キノマニス（ル・マン）の司教ベルトラムヌス（巻八、三九）、その他領主たちと高位の人々であった。これには故キルペリクス王の子、クロタカリウスの重臣たちも参加した。

彼らはナムネティクスの領域に入るとワロクス（巻五、一六）とヴィディマクリスに向って王の命令をすべて伝えた。すると彼らは、答えて言った。

「これらの諸都市が故クロタカリウス王の息子たちのものであることはわれらも存じております。われらとてこの王たちには従わねばなりません。われらの行ないはまことに軽率でした。さっそくこの罪のつぐないをいたします」

彼らは保証人を立て、文書を作って署名し、グントゥクラムヌス王とクロタカリウス王のそれぞれに賠償金としてソリドゥス金貨一〇〇〇枚を支払う約束をし、二度と再び領域内の諸都市には侵入しないと誓った。

事がこのように収まったので他の使節団は帰還して、王に交渉の経緯を説明した。しかしナマティウス司教は、ナムネティカ（ナント）の町の領域で両親がかつて失った館を返還してもらい、そこに留まった。すると彼の頭にはれものが三つ出来た。彼はこの障害に苦しんで自分の町へ帰ろうと思ったが、アンデカヴェンシス（アンジェ）の領域で息を引き取った。彼の遺体はアウリリアネンシスの町に運ばれ、告白者アニアヌスの聖堂に葬られた。彼のあとを故パストルの子アウストリヌスが継いだ。

さてワロクスは誓った約束と署名した文書のことを忘れ、誓約をすべて投げ捨ててナムネティクム（ナント）の葡萄園を略奪し、葡萄の収穫物とワインをヴィニティクム（ヴァンヌ）へ運び去った。この知らせを受けたグントゥクラムヌス王は烈火の如く怒り、軍勢を整える命令を出したが、出動は見合わせた。

一九

前に本書で述べた（巻七、四七）トロヌス（トゥール）の住民同士の争いが再燃した。シカリウスはクラムネシンドゥスの肉親を殺した後、彼とひどく仲良くなり、お互いに気が合って何度も食事を共にし、同じ寝台で休んだりしたが、ある日の夜更けにクラムネシンドゥスは食事を用意してシカリウスを自宅に招いた。シカリウスはやって来て宴席を共にし、ワインに酔ってクラムネシンドゥスに色々とからみ、あげくのはてにこう言ったという。

「おまえはおれに一杯感謝せねばならんぞ。おれがおまえの肉親を殺してやったお陰で、おまえは賠償金をうけ取り、今おまえの家には金銀がうじゃうじゃ転がっているのだからな。もしこの焼け太りがなかったら、お前は一文なしのすっ裸なんだ」

腸《はらわた》が煮えくり返る思いでこのシカリウスの言葉を聞いていたクラムネシンドゥスは、心中思った。

「わが亡き肉親の仇を討たねば男の名がすたり、おれは女の腐ったのとかわりない」

彼はただちに灯りを消して、短刀でシカリウスの頭をたち割った。シカリウスは生涯の最後にのぞんで小さな声を発し、倒れて息を引き取った。彼と一緒にやって来た従僕たちは逃亡した。

クラムネシンドゥスは死者の衣服をはぎ取り、遺体を垣根の杭に吊るした（殺害の正当性を証明する行為）。それから彼はシカリウスの馬に乗り、王（キルデベルトゥス）の所を目指した。彼は教会に入ると王の足許に身を投げ出して言った。

「私はわが肉親を殺してその財産を横領した人間をあやめました。寛大な王よ、どうぞお慈悲を下さいませ」

彼はことの次第を順序よく話したが、シカリウスを自分の保護下に置いていたブルニキルディスにはこの話が面白くなく、彼女は彼に向って、歯をきりきりと鳴らして怒りの表情をあらわした。彼は王妃が立腹したのを目にするとビトゥリグム（ブールジュ）の領域のヴォサゲンシス村へ行った。そこには彼の肉親が暮しており、そこはグントゥクラムヌス王の王国に属していた。

シカリウスの妻トランキラも、トロニクムとペクタヴス（ポワティエ）領内の財産と子供たちを捨ててマウリオペス村の両親の所へ戻った。彼女はそこで再婚した。

こうして約二〇年の生涯を終えたシカリウスの人生は軽く、酒と殺人に満ちていた。彼はどこででも不正を働いた。クラムネシンドゥスは再度王のもとを訪れ、事件の正当防衛を証明すべしという判決を得た。彼はそれを果たした。しかし前述のごとく王妃ブルニキルディスがシカリウスの保護人だったので、彼女はクラムネシンドゥスの財産を没収するよう命令を下した。しかしこの財産は後に王室執事のフラヴィアヌスによって返却された。クラムネシンドゥスはアギヌスを頼り、彼から身柄の安全を保障する書状を得た。すでに彼の財産は王妃のもとからアギヌスの所へ移されていた。

二〇

キルデベルトゥス王の統治第一三年に我々は王に呼ばれてメテンシス（メス）へ赴いた。そこで我々はグントゥクラムヌス王のもとへの派遣団の役を仰せつかった。我々はカヴィロネンシス（シャロン）の町でグントゥクラムヌス王に会い口上を述べた。

「あなた様の甥のキルデベルトゥス王があなた様に心よりのご挨拶を申し上げます。偉大な王よ、あなた様が常にキルデベルトゥス王に対し、神の御心にかない、あなた様の心にもかな

♔歯を鳴らす frendere　怒りの表現として，「frendens（歯を［きりきりと］鳴らして）」という表現が本書には時折（138，163，168，258，259，314 頁）見える。ただの一語だが，この表現に出会うたび訳者は見事な彫りの能面から受けるような，あざやかでぞっとする恐怖をおぼえる。中世人特有の強烈な表情であろう。上記［9，19］の個所では，frendere coepit（She began to gnash）とある。

い、民衆の利害とも一致する行ないをするよう勧めたまうことを、キルデベルトゥス王は限りない感謝の念でうけ取っておられます。王はあなた様が仰せになった事柄はすべて忠実に実行し、お互いの間での取り決めには何一つ違反しない決意でおられます」

するとは言った。

「わしも同じ感謝の言葉を述べる訳には行かんな。わしとの約束は守られておらんぞよ。わしはシルヴァネクテンシス（サンリス）の町のわしの取り分をまだいただいておらん。わしとの仲が面白くないのでこちらの都合でそちらへ行かせたい人間どももまだそちらで受け取ってくれぬ。これでは文書にした約束をわが最愛の甥殿がきちんと守るご意志があると言えようか」

そこで我々は答えた。

「キルデベルトゥス王には全く約定にそむくご意志はありません。すべてお約束通りに実行するおつもりです。もしもあなた様の方から人を派遣して下さいますれば、シルヴァネクテンシスのそちら様の分はすぐにお引渡しいたします。また仰せになった人間についてですが、名前を書き上げてお渡し下さればこちらで善処いたします」

すると王は文書にした約定（巻九、一二）を今一度、並居る人々の面前で読むように命じた。

約定の本文

「キリストの御名により、いとも気高きグントゥクラムヌス王とキルデベルトゥス王、および栄光に輝くブルニキルディス女王は、アンデラウス（アンデロ）の地において誠意ある努力を重ね、この三者間に想定されうる争乱の因をあらかじめ十分に追求し、諸司教、高位の面々、神の立会いのもとに、誠意ある努力をもって、神が末永く現世における三者を守護したまうよう、この三者が純正なる信仰と愛の営みに励むことを、心をひとつにして決意した。

さて、グントゥクラムヌス王がうるわしき思い出の故シギベルトゥス王との約定に従って同王が故カリベルトゥス王よりうけ継いだ取り分は完全に自分のものであると主張し、キルデベルトゥス王の側が父（シギベルトゥス）の所有であった物は全く自分の取り分であると主張する現状に鑑み、約定によりカリベルトゥス王よりシギベルトゥス王へ所有の移ったパリシウス（パリ）の町の領土と人民の三分の一は、ドゥヌム（シャトーダン）の砦、ヴィンドキヌム（ヴァンドーム）の砦、および同王の持っていたスタムペンシス（エタンプ）とカルノテヌス（シャルトル）の領域に属する両砦への通路の部分とその人民と共に、すでにグントゥクラムヌス王がシギベルトゥス王の生前より故カリベルトゥス王から受け継いだものと共に、正当にまた永遠にグントゥクラムヌス王が所有すべきものである旨が三者間で十分な考量の末、決定された。

また同様、メルドゥス（モー）市および、シルヴァネクテンシス（サンリス）の三分の二、トロヌス（トゥール）、ペクタヴス（ポワティエ）、アブリンカティス（アヴランシュ）、ウィークス・ユリイ（エール）、コンソラニス（サン・リジェ）、ラプルドゥス（バヨンヌ）、アルビギス（アルビ）の諸市はその領域と共に今後はキルデベルトゥス王が領有権を主張するものとする。

さて、両者のいずれの王であれ、神が長寿を恵みたまうた王は、子なくしてこの世を去る王の王国の領有権を正当に完全かつ永遠に主張し、神が許したまうならば子々孫々に伝えるべき旨がここに定められ、確認された。特に、グントゥクラムヌス王が自分の娘クロティヘルダに与え、今後、神のお許しを得て与えるであろうものは、品物であれ、財物であれ、都市であれ地所であれ収入物であれ、一切彼女の所有にとどまるべき旨が定められた。同女はこれら公地、物品、財産の一部を自己の裁量で処分し、第三者に譲る場合、神が許したまうならば、それは尊重され、何時《なんどき》においても何人《なんぴと》の干渉も排除される。同女がその父の死後に所有するもの一切はキルデベルトゥス王の庇護の下に名誉と尊厳をもって同女が所有するものとする。

同様、神がかかる不条理を許したまわぬよう心より願い、グントゥクラムヌス王はかかる想定を決して好まぬが、人間が砕け易いものである故、もしも不幸にしてグントゥクラムヌス王の存命中にキルデベルトゥス王がこの世をみまかる事がある場合、その御子《みこ》テオドベルトゥス王とテオドリクス王、および今後神がキルデベルトゥス王に与えたまう王子たちはグントゥクラムヌス王が慈父として引き受けて庇護し、父の王国はその王子たちが全き確実さをもって所有する事になる旨、グントゥクラムヌス王はここに再確認する。かかる場合にはキルデベルトゥス王の生母ブルニキルディス女王、またその娘にしてキルデベルトゥス王の妹クロドシンダ（巻九、一六）――彼女についてはフランクに留まる限り――、およびキルデベルトゥス王の王妃ファイレウバを、グントゥクラムヌス王は自分の妹および娘として庇護し、心より慈《いつく》しむ。

同女たちが名誉と尊厳をもって所有するすべての品物、諸都市、地所、収入物、諸権利と諸財産はすべて、現に所有するものであれ、キリストの御計らいにより将来正当に増加するものであれ、同女たちにより確実に問題なく所有される。同女たちがこれら公地、物品、財産の一部を自分の裁量で処分し、第三者への譲渡を望むならば、その意志は確実かつ永遠に尊重され、何時においても何人の干渉も排除される。

ブルニキルディス女王の姉のガルスインタ（巻四、二八）がフランキア（フランク王国）に嫁入りした際に贈与物、或いは「朝の贈物《モルガネギバ》（morganegyba＝Morgengabe＝結納。これは本書に現れる稀少なゲルマン語の一語）として受け取り、後に栄光のグントゥクラムヌス王およびフランク人たちの裁定により、キルペリクス王およびシギベルトゥス王の生存中にブルニキルディスが受け取った事が知られるブルデガラ（ボルドー）、レモヴィカス（リモージュ）、カドゥルクス（カオール）、ベナルノ（レスカー）、ベゴラ（シュータ）の諸都市のうち、カドゥルクスはその領土と人民と共に今後、ブルニキルディス女王が所有し、今述べられた残りの諸都市は、グントゥクラムヌス王が、在世の限り、これを保有する旨が定められた。

これらの諸都市は全き確実さと神の庇護の下に王の死後はブルニキルディスおよびその後継者の所有に戻るのであるが、王の在世中はブルニキルディス女王であれ、息子のキルデベルトゥス王であれ、その息子たちであれどんな理由にせよこれらの諸都市への要求は却下される。

また同様、キルデベルトゥス王はシルヴァネクティス（サンリス）を完全に領有せんが為に、グントゥクラムヌス王に帰属すべきその三分の一の取り分の補償としてキルデベルトゥス王領ロソンティンセ（レソン）の三分の一をグントゥクラムヌス王側に譲り渡す旨が定められた。

同様、グントゥクラムヌス王と麗しき思い出の故シギベルトゥスとの間の約定により、クロタカリウス王の死後、最初はグントゥクラムヌス王に誓約をさし出して後に他国への移住が確認されたその配下の諸将（leudes）は、現在居住の場所を去るべき旨が確認された。同様、クロタカリウス王の死後最初シギベルトゥス王に誓約をさし出しながら他国へ移住した者も同じく場所を移されるべきである。

同様に、前述の諸王が、何であれ、教会ないし臣下に譲渡し、もしくは神のご加護を頂いて今後譲渡するものの権利は確実に保障される。いずれの王国に於いても法に従い或いは正当に臣下に譲り渡したものは何ら損害を蒙《こうむ》らずに所有され保持されるべき旨が確定された。王の空位期間に何ら落度なくして取り上げられたものは調査の結果返却されるべきである。栄光ある思い出の故クロタカリウス王の逝去以前の諸王よりの賜物は確実に保証される。臣下にしてそれ以降、それらを召し上げられた者は、ただちに返却を受ける。

今、前述の諸王の間で神の御名に於いて議論の余地のない一致が実現した以上、いずれの王国の臣下も、公的であれ私的であれ旅をする必要ある者の通行は何時《なんどき》でも拒否されてはならない旨、確定される。同様、両国の何人《なんぴと》も他王の配下の諸将を招き寄せ、また自ら来たる他国の者を引き取ってはならない旨が定められた。仮に何らかの咎により他国を求める理由のある者は、事情によっては罪を免除されて送還されるべきである。

さて以上の条件に加え、いずれの側であれこの確定した規定に何らかの意図を以って何時であれ違反する者は、全ての約束された諸権利と現今所有する諸権利を失い、代わってすべてを何らの違反なく規定通り守った者が利益を受け取るべき旨、追加確認された。後者は誓約の縛めを解除される。以上の諸件が確定し、全能の神の御名において、不可分の三位一体において、あらゆる聖なるものにかけて、恐るべき最後の審判の日にかけて、ここに誓約される。上に書かれし件は悉く《ことごと》悪意と欺瞞なく完全に遂行されねばならない。

グントゥクラムヌス王の統治二六年目、キルデベルトゥス王の統治一二年目の一〇番目の月（一二月）の一日の四日前（一一月二八日）締結」

この条文が読み上げられると、王は言った。

「もしもわしがここに書かれた約定に違反するようなことがあったら神の裁きがわしに下るように」

それから王は、我々と一緒に会合に参加した使者（ヒスパニアからの）フィレクスに向って述べた。

「フィレクス殿よ、ご辺らはすでにわが妹のブルニキルディスと、神と人間の敵とも言うべきフレデグンディスとの間の交流の仲介をなさったそうじゃな」

フィレクスがそれを否定したところで私が口をはさんだ。

「お二人の王妃様がたが年来固い友好の絆で結ばれておられることは王もよもやお疑いではありますまい。つまりは、お二人の間の激しい競い合いは、まだまだ終るどころではないのです。栄ある王よ、あまりフレデグンディス様とお親しみにならぬ方が良いのではありませんか。あなた様が我々の使者よりも彼女からの使者の方を尊重しておられることは我々もよく承知しております」

すると王は答えた。

「さにあらずじゃ、神の司教殿、わしがあの方の使者をもてなすとしても、わが甥のキルデベルトゥス王をないがしろにする意志などわしは毛頭持ちませんぞ。どだい、何度もわしの命を狙う刺客を放つようなお方とどうして本当の友情などあり得ようか」

王がこう言うと、フィレクスが口を開いた。

「栄ある王よ、わがあるじリカレドゥス王が使者をあなた様の甥のキルデベルトゥス王に派遣したまうたことは、お聞き及びかと存じます。わがあるじはあなた様の弟王（シギベルトゥス）の娘のクロドシンダ様に結婚を申し込まれました。しかしキルデベルトゥス王はあなた様の承諾なしに事を進める訳には行かないとおっしゃる（巻九、一六）のです」

王は答えた。

「その姉（イングンディス）が殺された土地へ大事な姪をやるわけには行かん。わしはイングンディスの仇を取ってやれぬことが無念でならぬ」

「それにつきましては、こちらも皆申し訳なく思い、そちらでお命じになるどんな誓約や条約も受け入れる所存です。どうぞ、クロドシンダ様をわが君の思いのままにいただけますような条件をお申しつけください」

「わが甥が文書に誓った誓約を守るかどうかじゃな。それができればわしも彼の望みをかなえてやろう」

我々は、キルデベルトゥス王がすべてを守ることを請け合った。するとフィレクスはつけ加えて言った。

「王のご好意にもうひとつ甘えさせてはいただけまいか。当方はわがあるじの父王が目指したイタリアの一部を征服したく、またその他イタリアの地は当方とそちら様のお力で皇帝陛下（東ローマ）の支配下に戻したく存じます」

「それは駄目じゃ。わが軍をイタリアに派遣するのはみすみす兵を殺しにやるようなものじゃ。今イタリアでは疫病が猛威をふるっておる」

と王は答えた。こんどは私が言った。

「陛下《あなた》は、キルデベルトゥス王に、王の全王国の司教たちを一か所に集めるようにおおせになりました。討議すべき議題がたくさんあるとのことでした。ですが陛下《あなた》の甥王は、それぞれの地方の問題は、教会法に基づいて、首座司教がそれぞれの管区下の司教と話し合って解決すれば良いとのお考えです。一体今、大勢の司教たちが一か所に集まる必要があるのでしょうか。さし迫っては教会の信仰にはどんな危険もありません。新たな異端も生じてはおらず、そんなにおおぜいの神のしもべが一か所に集まる必要はないと思われます」

するとと王は言った。

「我々の間の問題や僧の堕落の問題など、討論すべき不正の件は多い。しかしとり分けてそちらで討議すべきは神に対してなされたかの一件であろう。一体どうしてプレテクスタトゥス司教が教会の中で剣で殺されねばならなかったのか（巻八、三一）。また放蕩に沈んでおる僧どももきっと糺《ただ》されねばならぬ。彼らは聖なる掟で是正されるか、または無罪が証明された場合には、正式に告発が取り下げられるべきじゃ」

それから王は公会議を四番目の月（六月）一日に延期することを命じた。

話し合いが終ると我々は教会へ行った。その日はちょうど主の復活の大祭（日曜日もしくは復活祭。四二一頁参照）にあたっていた。ミサが終ると王は我々を食事に招待した。それはぜいたくな皿と豊かな喜びに溢れた宴会だった。王は雄弁に、神について、教会の建物について、貧者への施しについて喋り、冗談を聞いては笑い、自らも軽口を飛ばして我々を楽しませた。そしてこんなことを言った。

「わしはわしの甥殿が約束を守ってくれることを本当に願っておる。なんと言ってもわしのものはすべて彼のものなのだから。しかしわしが別の甥のクロタカリウス殿（故キルペリクス王の子）の使者を歓待することがキルデベルトゥス王の気に触るのであろうか。わしは両者の間に確執がはびこるような、余計なお世話しか出来ぬほどの馬鹿者では決してない。そんな気の使いようならばないほうがましじゃ。だがわしはクロタカリウス殿が本当にわしの甥に間違いないのならば、彼にどこかの地方の二、三の都市を与えるつもりなのじゃ。あいつがわが王国の中でのけ者に見られぬようにだ。わしがキルデベルトゥス王に残してやるものが彼の不満の種になってはならぬ」

お喋りは続き、王は我々に完全にうちとけた。そして王は我々に贈物をはずみ、常にキルデベルトゥス王のためになる助言をしてほしいと頼み、そして我々に去るように命じた。

二一　しばしば述べたようにグントゥクラムヌス王は、いつもたくさんお布施をし、夜の勤行《ウィギリア》にも断食にも熱心だった。

そのころマッシリア（マルセイユ）を下腹部ペストが襲い、この疫病がルグドゥネンシス（リヨン）のオクタヴス村（サン・サンフォリアン・ドゾン）にも達したという。その時王は、さながら有能な司教が罪を得た民衆をいやすように、全住民に教会へ集まり、心からの帰依心をもって神に祈りをささげるように命じ、また大麦パンと清らかな水の他には何も摂らずに徹夜の勤行に励むよう指示した。事はその通りに行なわれた。

王自身、三日間の勤行の間、いつもよりたっぷりとお布施をし、全民衆のために心を砕いたので、誰でも彼を単なる王ではなくて神に仕える神官だと思った程だった。彼はすべての希望を神の憐れみにかけて、心に浮かぶ思いを全て神に向けた。全霊をもって信ずれば神がこの思いに良い結果を恵んでくださると考えたのだ。

信者たちの間では次のような話が広まった。四日熱（四日毎に発熱を繰り返す）にかかってベッドで苦しんでいる子供を持つ女が群集の中から王の背後に忍び寄り、こっそりと王の上着の房をむしり取り、水に浸して子供に飲ませた。するとただちに熱が引いて、子供は健康を取り戻した。私はこの話を疑わない。なぜなら私自身しばしば悪霊にとり憑かれた者が王の名を呼んで王の徳力を受け、自分の悪業を白状するのを聞いたからである。

二二　今述べたマッシリエンシス（マルセイユ）の町の疫病のことをやや詳しく話したい。そのころテオドルス司教（巻六、一一）は、パトリキウスのニケティウス（マッシリア総督。巻八、四三）に何か不満を持ち、王の所へ出かけた。しかしキルデベルトゥス王がこの訴えをしりぞけたので司教は自分の町へ戻ることにした。

このころヒスパニアからの一隻の船が、通常の荷物と一緒に病気の種を持ってマッシリアの港へ入った。おおぜいの市民が色々な商品を買い入れたが、八人家族のある家は全員がただちにこの病にかかり、皆死んでしまった。

それから暫くこの病気は広がる気配を見せなかったが、ある時、「畑に点火した炎のように」（アエネーイス、二、三〇四）燃え広がって全市を包んだ。

市の司教（テオドルス）は、病の現場へ帰り、彼と行動を共にする少数の人々と一緒に聖ヴィクトルの聖堂にこもり、破壊された町のために日夜祈り続けた。彼はこの滅亡が終わり、人民に平安が戻って来るように神の慈悲を願った。すると疫病は止んだ。二か月経ち、人々は安心して町へ戻ってきた。すると疫病は再発して帰還した人々も倒れた。このようにしてこの災いは何度も人々を苦しめた。

一二三

ヴェレドゥネンシス（ヴェルダン）の司教アゲリクス（巻三、三五）は、滅亡したグントゥクラムヌス・ボソの後見人になったり（巻九、八）、さらに例のベルテフレドゥスが自分の教会の礼拝堂内で殺されたり（巻九、一二）したために、種々苦い思いを重ね、ついに病気になった。彼はグントゥクラムヌス・ボソの子供たちを引き取って、毎日泣きながら嘆いていた。

「孤児のおまえたちを引き取って苦労が絶えないよ」

このようなたくさんの悩みを抱えて気分が鬱屈して苦しみ抜き、ついには物を食べなくなって弱り果てて死んで葬られた。

彼の下で僧院長だったブッキオヴァルドゥスが司教職を求めたが得られなかった。市民の決議書を得た伝奏のカリメリスが、王の裁断によって司教に選ばれた。ブッキオヴァルドゥスは斥けられた。彼は人から傲慢だと言われ、「悪《ウァリドゥス》ブックス」などと呼ばれていた。

アレラテンシス（アルル）のリケリウス司教も亡くなり、そのあとをアウグスティドゥネンシス（オータン）の僧院長ヴィルギリウスが継いだ。これはシアグリウス司教（アウグスティドゥネンシスの）の推挙による。

二四

ヴィンキエンシス（ヴァンス）の司教デオテリウスも亡くなりフロニミウスがあとを継いだ。このフロニミウスという人物はもとビトゥリガ（ブールジュ）の住民で、理由はわからないがセプティマニア（ガリアのゴート人の領域）へおもむいてアタナギルドゥス王（巻四、八）の死後、当地を継いだレウヴァ（巻四、三八）に重用せられ、アガテンシス（アグド。セプティマニアの町）の司教に任ぜられた。

しかしレウヴァの死後（その領土を併合した）レウヴィキルドゥスは邪悪な異端の信仰に凝り固まり、既述のように（巻五、三八）シギベルトゥス王の娘イングンディスを嫁に迎えた時、この司教が彼女に決して異端の信仰の毒に心を染めぬようにという忠告をしたと聞き、何とかこの司教を追放しようと色々と陰険な罠をしかけた。しかし司教がなかなか罠にはまらぬので、王はついに彼の所に刺客を放った。ところがこの情報を司教に知らせる人がいて司教はアガテンシスを離れてガリア（フランク人の領域）へ逃亡した。

そこで彼は多くの司教たちに迎えられもてなしを受け、やがてキルデベルトゥス王の所へ来た。そして前述の町（ヴィンキエンシス）の司教位が空いた時、前の司教座を離れてから九年目に、そこの司教に迎えられた。

ブリタニー人はこの年、ナムネティクム（ナント）とレドニクム（レンヌ）の領域を激しく荒した。彼らは葡萄園の収穫物をさらい、畑を踏みつぶし、村の人民を捕えて連行した。彼らは以前に交わした約束（巻九、一八）をまったく無視した。約束を無視したにとどまらず我々の王たちに甚大な被害をもたらした。

二五

キルデベルトゥス王は以前、ランゴバルディー人から贈物をもらってその求めに応じ、妹（クロドシンダ）を彼らの王に嫁がせる約束を交わしていたが、ゴート人の使者が来るに及んで、彼らのカトリックへの改宗の事実を知り、改めて彼女をゴートへ嫁がせる約束をした。

王は皇帝（東ローマ）に使者を派遣し、以前には果し切らなかった（巻六、四二、巻八、一八）対ランゴバルディー遠征を行ない、帝の承認の下に今度こそはランゴバルディー人をイタリアから駆逐してみせますと言い送った。そしてかの地征服に軍勢を送り出した。

将軍たちは軍と共にかの地へおもむき、戦闘が行なわれた。しかしわが軍は散々打ちのめされて大勢が戦死し、少なからぬ捕虜を出し、残りの者は逃亡して辛うじて故郷へ戻って来た。フランク勢はイタリアでかつてなかった程のひどい敗北を喫した。

二六

キルデベルトゥス王の統治一四年目、カリベルトゥス王（シギベルトゥスの兄）の未亡人インゴベルガ（巻四、二六）が亡くなった。彼女は実に堅実で敬虔な婦人だった。常に徹夜の勤行や、祈り、布施などに心を砕いた。恐らく神意に促されてだと思われるが、ある時私に使いをよこして、自分が思うところ――それは心の癒しなのだが――について助言がほしいので、自分の所へ来てくれないだろうかと言って来た。私と相談して決めたことを文書に残したいとの由だった。

私は出かけて行き、そこに神を畏れる人間を見出した。彼女は私を温かく出迎え、書記を呼んで、前述のように私と相談し、何がしかのものをトロニカ（トゥール）の教会と聖マルティヌスの聖堂に、また何がしかのものをキノマニカ（ル・マン）の教会に寄贈した。それから数か月経って彼女は突然病を得、この世を去った。彼女は文書で多くの人を自由人にした。私の推測では彼女の歳は七〇歳で、娘を一人残した。カンティア（ケント）のとある王の息子がこの娘と結婚した（巻四、二六）。

二七

アマロ将軍は妻を用事にかこつけて他所《よそ》の館へ送り出し、そのすきにある自由人の娘に対する思いをとげようと思った。

夜、彼は酒に酔い、彼女を誘拐して自分のベッドへ連れてくるよう人を派遣した。彼女は抵抗したが、力ずくで将軍の家へつれ込まれ、鼻血がふきだすほどひどくなぐられた。このために将軍の寝床もまた血で汚れた。将軍自身が拳骨《げんこつ》を丸めて彼女をなぐり、その他さまざまな暴行を加えて彼女を腕に抱き上げた。しかし彼はすぐに眠気に圧倒されてしまった。すると彼女は、手探りで、眠る男の頭越しに一振りの刀を見つけた。彼女は剣の鞘を払うと、ホロフェルネスを殺害したユデト（ユデト書）のように将軍の頭を力いっぱい刺した。男が悲鳴をあげると従者たちが走りこんで来て彼女を殺そうとした。すると、将軍はあえぎつつこう言った。

「頼む、殺さないでくれ、この子を無理矢理汚そうとしたわしが悪かった。彼女は貞操を守ろうとしただけだ。決して手をつけてはならぬ」

彼はこう言って息を引き取った。従者たちが集まって主人の死を嘆いているうちに彼女は逃げて家を出た。そしてそのまま夜中走り通して、約三五ミリア離れたカヴィロネンシス（シャロン）の町に来、聖マルケルスの聖堂に入り、王（グントゥクラムヌス）の足許に身を投げ出して、起きた出来事をすべて物語った。王は同情し、命を許したばかりか、彼女を自分の保護下に置き、彼女は亡くなった将軍の縁者の誰からも仕返しをうけてはならぬという王令を下した。我々は彼女が神の庇護をうけて残酷な誘拐者から純潔を守ったことを知る。

二八

ブルニキルディス女王は、金と宝石で巨大な盾を作らせ、これに、民衆がバキノス（bacchinos＝Becken［独語］・bassin［仏語］の語源）と呼ぶ、金と宝石で飾った木製の器《うつわ》を二つ添えてヒスパニア王に贈った。この輸送の役を仰せつかったのは、しばしば使者としてかの地へ赴いたエブレギシルスだった。ところが彼が出発すると、誰かがグントゥクラムヌス王の耳に、あれは王妃ブルニキルディスがグンドヴァルドゥスの息子たちに贈物をするのだとささやいた。そこで王は王国内の街道に厳重な警護を置き、誰も検閲なしに遠方へ移動できないようにした。旅人は書簡などを隠し持っていないかどうか、身につけた衣服、履物の中、その他あらゆる所持品を検査された。エブレギシルスは贈物を持ってパリシウス（パリ）まで来て、エブラカリウス将軍に捕えられ、王の前へ連行された。王は言った。

「不幸な男よ、おまえはあのグンドヴァルドゥスと自称したバロメリス（巻七、一四）に結婚話を持ちかけたが、まだ懲りないのか。か奴《やつ》は我々の王国を支配下に収めようとしてすでにわが手で成敗された。なのにおまえはその息子たちへの贈物を届けようとするのか。奴らをガリアへ呼び寄せてわしを殺そうというのだな。そうは問屋がおろさないぞ。おまえの使命はわが一族の利益に反するがゆえにおまえは死なねばならぬ」

エブレギシルスはこれを否定し、自分はおっしゃることとは関係ありません、自分の任務はこの贈物を、キルデベルトゥス王の妹のクロドシンダと結婚するリカレドゥスに届けることですと述べた。王はこの言葉を信じ彼を解放した。そこで彼は旅を続け、贈物を持って本来の目的地に向った。

二九

キルデベルトゥス王はモモティアケンシス（マインツ）の町の司教シギムンドゥスに招かれ、復活祭をかの地で祝う決心をした。このころ彼の長男のテオドベルトゥスは咽喉に腫物ができて苦しんでいたが、容態は好転した。

また同じころキルデベルトゥス王はランゴバルディー人を平定するために軍勢をイタリアに派遣していたが、ランゴバルディー人の方ではこれを聞いて贈物を持った使者を派遣してこう言わしめた。

「我々は和平を守るべきです。こちらは滅びたくありませんし、あなた様の支配を認めて貢物をお納めします。また敵に対処する必要ある所へはどこへでも援軍をお送りする所存です」

キルデベルトゥス王はこれを聞くと使者をグントゥクラムヌス王へ送って、その内容を王の耳に入れた。王は異存なくこの件を認め、和平を結ぶ同意を与えた。そこでキルデベルトゥス王は軍隊に停止を命令し、使者をランゴバルディー人のもとへ派遣して、そちらが誓約を守るならばこちらも軍を引くと告げた。しかしこのことは実行されなかった。

三〇

キルデベルトゥス王は司教マロヴェウス（巻七、二四）の招きでペクタヴス（ポワティエ）に税査定人を派遣した。これは女王の家宰のフロレンティアヌスと廷臣ロムルフスで、彼らは先代の王の時に行なわれた人民への課税の査定を、その後の事情の変化に基づいてやりなおす任務を帯びていた。被課税者の多くが亡くなり、未亡人、孤児、不具者に税の重荷がのしかかっていた。彼らは事情に応じて査定をしなおし、貧者と弱者から課税を取り除き、正当な被課税者には納税の義務を課した。

こうして彼らはトロヌス（トゥール）に足を向けた。しかし、彼らが、先代の諸王時代に支払われた額を示した課税台帳を入手したと称して、ここの人民に納税の義務を課そうとした時、我々は抗議して言った。

「クロタカリウス王の時代には確かにトロニカ（トゥール）の町の課税は行なわれており、台帳も王のもとに届けられました。しかし王は聖なるマルティヌス司教を畏れ敬うあまりこの台帳を燃やしてしまったのです。そしてクロタカリウス王の死後はここの人民はカリベルトゥス王に誓約をさし出し、カリベルトゥス王の方でも、人民に新しい法律や習慣を課することはせず、人民がその父王（クロタカリウス）の支配下に暮していたそのままの状態で今後も暮せる事を約束して下さいました。今後は人民に負担を強いるような課税はここではなされない約束ができているのです。領主のガイソがかつての査定人たちの作成した今述べた台帳を手に入れて課税を開始したのですが、司教のエウフロニウス（巻四、一五）に抗議され、わずかを集めたに過ぎませんでした。彼は課税の詳細を記した台帳を王の御前に供しましたが、王は溜息をつき、聖マルティヌスの威徳を顧慮して自らこの台帳を焼き捨て、集金した金貨は聖マルティヌスの聖堂に戻し、今後一切トロヌスの住民には課税しないと明言したのです。この王の死後、シギベルトゥス王がこの町を保持しましたがどんな課税もなさいませんでした。そして今日のキルデベルトゥス王は父王（シギベルトゥス）の死後の一四年間、ここに何も課さず、この町はどんな税の重荷にもあえいだことがないのです。そんな訳ですがあなた方はご自分の裁量でここに、改めて課税の査定をなさるおつもりですか。しかしもしもカリベルトゥス王の約束にたがうようなことが起きますれば、どんな災いがあなた方にふりかかるでしょうか」

私がこう述べると、彼らは答えた。

「我々が手にしている台帳によればここの人民にも課税はなされておるのですがね」

そこで私は言った。

「その台帳は王の出納庫から出たものではありませんし、もう長年無効なものです。ここの市民たちにはもめごとが絶えないのですからそんな台帳がどこかの家で見つかっても不思議はありません。しかしこんなに長い間無効だったものを人民から収奪するために持ち出した人間には神罰が下りますよ」

こんなやりとりが行なわれた同じ日、この台帳を引っ張り出したアウディヌス（巻七、四七）の息子が熱を出して三日後に死んでしまった。その後我々は王に使いを送り、この件に関する王命の真意を糺《ただ》した。するとただちに聖マルティヌスに敬意を表してトロヌスの人民には課税しない旨を保証する書簡が届いた。我々がそれを読み上げると、派遣された税務官たちは引き上げた。

三二

グントゥクラムヌス王は軍隊をセプティマニア地方に派遣した。すでにアウストロヴァルドゥス将軍（巻九、七）がカルカソナ（カルカソンヌ）に行き、誓約を取って住民を王の支配下に置いていた。王は他の諸都市を制圧すべくボソ（故グントゥクラムヌス・ボソとは別人。ボソの名で既出。巻七、三八）とアンテスティウス（巻八、四三）両将を派遣した。

ボソは、アウストロヴァルドゥス将軍が単独でカルカソナに入ったことが面白くなく、彼を非難し、自らサンクトニキー（サント）人、ペトロコリキー（ペリグー）人、ブルデガレンシス（ボルドー）勢、アゲニンシス（アジャン）勢、トロサ（トゥールーズ）勢を率いて同市へ乗り込んで来た。彼の傲慢な振舞いはゴート勢の知るところとなり、彼らは伏兵を用意した。

ボソは町に近い小川のほとりに布陣し、宴を張り、酔いに身を任せ、大声を張り上げてゴート人をののしった。この時ゴート勢が飛来し、何も知らずに酔い痴れている者たちを襲った。しかしフランク勢は喚声を挙げて反撃した。ゴート勢は少しだけ闘う振りをしてさっさと退却して行った。フランク軍はそのあとを追跡した。すると待ち伏せしていた伏兵が立ち上がりフランク勢を包囲殲滅した。かろうじて包囲を逃れた者は馬にしがみついて遁走した。彼らは什器類を戦場に置きざりにして何一つ持ち帰らなかった。生きていただけでも幸運な方だった。追跡したゴート人は彼らの道具をことごとく発見して収容し、歩いている兵を捕えて連行した。この戦いで約五〇〇〇人の兵が倒れ二〇〇〇人以上が捕虜になった。しかし多くの者は解放されて故郷へ帰った。

三一

グントゥクラムヌス王は怒りにかられ王国中の通路を閉ざすように命じた。これはキルデベルトゥス王国の者が自国の領域を通過できないようにする措置だった。王はぼやいて言った。

「あの馬鹿者がヒスパニア王と同盟しおったためにわが軍は殲滅の憂き目に遭い、あちらの諸都市はわしに従おうとはせん。あいつがやらせているのだ」

王の怒りに油を注いだのは、キルデベルトゥス王が長男のテオドベルトゥスをセソナス（ソワソン）に派遣したことだった。王は、

「あいつが自分の息子をあそこへやったのは、パリシウス（パリ）に入城させてわが王国を乗っ取る腹に違いない」

などと言うのだったが、キルデベルトゥス王にそんな大それた考えなどあろう筈もなかった。グントゥクラムヌス王はまたブルニキルディス女王にも色々非難の言葉を向け、キルデベルトゥスのうしろで糸を引いているのは女王だと言い、かの女は故グンドヴァルドゥスの息子を呼び寄せて結婚しようとしているなどと邪推していた。

このために王は一一月《ノヴェムブリス》の一日に司教たちの公会議を開くように命じ、大勢の司教たちがガリアの涯《はて》からも旅に

出発した。しかしブルニキルディス女王が誓約によって事の嫌疑を晴らしたので、司教たちは旅の途中で引き返した。街道の封鎖が解かれてキルデベルトゥス王の国へ行く旅人の通路が復活した。

三三 そのころ聖マルティヌスの大広間《アトリウム》に尼僧院を設立したインギトゥルディス（巻五、二一）が自分の娘（ベルテグンディス）を訴えるために王のもとへ向った。またこの尼僧院には故カリベルトゥス王の娘のベルテフレディスが住んでいたが、インギトゥルディスが留守の間に、彼女はそこを出てキノマニクム（ル・マン）に赴き、食道楽と睡眠にうつつを抜かし、神への勤めを忘れ果てた。

さて、インギトゥルディスとその娘の確執をそのそもそもの発端から話したい。インギトゥルディスが前述のように聖マルティヌスの大広間《アトリウム》に尼僧院の経営を始めた時、彼女は自分の娘に使者を送って言った。

「夫を捨ててこちらへ来て、私が集めた娘たちの世話をする院長になっておくれ」

娘はこの安易な計画に乗って夫と一緒にトロヌス（トゥール）に来た。そして自分は尼僧院に入り、夫に向って言った。

「故郷へ帰って家と子供たちの面倒を見て下さい。私はここに残ります。結婚に縛られた人間は神の王国を見ることができないのですから」

そこで夫は私の所へやって来て、妻から聞いたことをすべて私に打ち明けた。私は尼僧院へ出かけ、ニカエア会議の規定を読み上げた。そこには次の一節が含まれていた。

「恵み多き結婚生活を送りながら、『結婚に縛られた者は天上の王国の栄光には与れぬ』などと妄想し、夫を捨てて結婚生活をないがしろにする者は破門すべし」（ニカエア会議の規定として流布されたガングラ会議の規定より）

娘のベルテグンディスはこれを聞くと、司教たちが自分を神の共同体から追放するのではないかという恐怖にとらわれ、尼僧院を出て夫とともに故郷へ帰った。

それから三、四年経って、彼女の母は再び使者を立てて娘を招いた。今度は彼女は、夫の留守中に自分の財産と夫の財産を一緒に船に積んで男の子をひとり連れ、トロヌス（トゥール）へ脱出した。

すると母は、娘が夫に対して取った行動は度を越していたと思い、あとでこの不正に難癖をつけられるのではないかと考えて娘を手元には置かず、自分の息子で娘の兄の、ブルデガレンシス（ボルドー）の司教のベルトラムヌス（巻八、二）の所に預けた。彼女の夫がそこまで彼女を追跡して行くと、司教は言った。

「この結婚は親の承諾なしに行なわれた。ゆえに彼女はあんたの妻じゃない」

この時、この夫婦はすでに三〇年の結婚生活を送った後だった。夫は何度もブルデガレンシスの町を訪れたが、司教は妻を返そうとはしなかった。

前巻で述べた（巻八、一）が、そのころグントゥクラムヌス王はアウリリアネンシス（オルレアン）の町に来ていた。夫は王の御前でもはげしく司教を面罵した。

「あんたはわが妻をその使用人ごとさらって行った。悪い奴だ。あんたはわしの妻の女中どもと、わが妻はあんたの使用人たちといいちゃついている。司教にあるまじき行為じゃないか」

これを聞いて王は司教に対し怒りを発し、妻を夫に返すように強要して言った。

「彼女はわしの血筋じゃ。その夫の家庭に不都合があればわしは黙ってはおらん。そちらに落度がなくばどうして夫が屈辱を感じ、妻を奪われるはめなどになろう」

そこでベルトラムヌス司教は王のおおせに従う約束をし、言った。

「実の所、何年も会わなかった妹が来たので、つい情にほだされて、向うの望むまま、引き止めてしまいました。ですが彼女はもういません。どうぞお望みの所で彼女を探しておつれ戻しください。私は何も邪魔しません」

司教はこう言いながら、他方ではひそかに使いを妹のもとへ走らせ、俗服を脱ぎ捨てて悔悟の手続きをし、聖マルティヌスの聖堂に入るよう言い送った。彼女はためらわずにそうした。夫は、聖堂から彼女をつれ出すために、おおぜいの男たちを連れて行ったが、彼女はすでに尼僧服に身を包み、自分はもう悔悟の手続きをすませたと言って、夫をすげなく追い返した。

だがそのうちにベルトラムヌス司教が亡くなり（巻八、二二）、彼女はわれに返った。

「なんということをしたのでしょう。馬鹿な母の勧めにうかうかと乗ってしまったとは。今や兄も亡くなり、夫にも捨てられ、子供たちとも会えなくなってしまった。これから先、どこで何をして暮して行けば良いのやら」

それから彼女は意を決して、ペクタヴス（ポワティエ）へやって来た。彼女の母は彼女を引き止めたが無駄だった。それ以来二人の間には争いが絶えなくなった。ふたりはしばしば王の御前で争い、一方が父の財産を守ろうとし、他方が夫の財産を手放すまいと努める有様だった。またベルテグンディスは兄ベルトラムヌスの財産を生前譲り受けたと主張してはばからなかった。

「これらは兄が私に譲渡したものです」

しかし母親はその譲渡を認めず、全相続権は自分にあると主張し、人を送り、娘の家をこじ開けてその譲渡分も含めて一切を差し押さえた。もっとも母はあとで自分のやり過ぎを認め、娘の要求に応じて一部を返却した。

私とわが信仰の兄弟のマロヴェウス（ペクタヴァの司教）はしばしば、彼女らの争いを鎮めるようにという王からの書簡を受け取った。ベルテグンディスはトロヌス（トゥール）に足を運び、裁判に臨んだので、我々は彼女にはある程度は道理に従うよう説得できた。しかし彼女の母親に言うことを聞かせるのはまったく不可能だった。彼女は怒りに燃えて王の御前に進み出て、娘の父の財産の相続権剝奪を申請した。

こうして娘不在のまま、王の審議が開始され、娘には財産の四分の一が渡り、母親には、とある息子から生まれた孫と一緒に四分の三が渡ることに決した。王の判決を実行するため、もとシギベルトゥスの伝奏で最近僧籍を得たテウタリウス司祭が派遣された。しかし娘の抵抗にあって財産分割にてこずり、争乱は収まる気配を見せなかった。

三四

故キルペリクス王の娘リグンティス（巻七、三九）は、しばしば自分の母（フレデグンディス）をあざけり、自分こそがここの主人であり、母は元の奴隷の身分に戻るがいいなどと言い、種々さまざまな嫌味をわめき散らした。このため二人はよく拳骨や平手でなぐり合った。母は娘に向い言った。

「何で私にそうつらくあたるのだえ。私が持っているお前の父親の財産はお前が自由に取って使えばいいじゃないか」

それから彼女は宝物庫へ行って首飾りや高価な装飾品の詰まった箱を開き、その中に手をつっこんで手当たり次第に宝物を取り出しては傍らに立っている娘に渡していった。しばらくすると彼女は言った。

「疲れた。自分で手を入れて何でもお取り」

そこで娘が腕を伸ばして箱の中の物を取ろうとすると、母はいきなり箱の蓋《ふた》をつかんで娘の首に一撃を与えた。蓋は強く娘にあたり、その角《かど》が娘の咽喉《のど》を砕き、目が飛び出しそうになった。この時、同じ室内にいた侍女の一人が大声で叫んだ。

「助けて、助けて、私のご主人様が母上にひどい目にあいます」

ただちに戸の外でふたりが出て来るのを待っていた人々が中へ駆け込んで来て、迫る危険から娘を救出した。その後は二人の間の確執は激しさを増した。特にリグンティスが男漁《あさ》りを止めないために、ふたりは常にいがみ合い、暴力をふるい合っていた。

三五

ベレトゥルディスは死に際し自分の娘を相続人に指定し、自分が設立した尼僧院や、諸教会、告白者たちの聖堂にも何がしかの物を残した。

ところが本書にも度々登場したワッド（巻六、四五）は、ベレトゥルディスの娘婿が彼の馬を横領したなどと不

平を述べ、彼女が娘のために残したペクタヴス（ポワティエ）領内の館をとりあげようと考えて、

「あいつはよその国からやって来てわしの馬を奪ったのだから、わしはあいつの館を取ってやるのだ」と言った。そしてこの館の管理人に使いを送って、自分がそちらへ行くから必要な準備を全て整えておくように言った。管理人はこれを聞くと家の人間を呼び集めて戦いに備え、

「おれが死なないかぎりワッドをあるじの家には入れないぞ」

と言った。ワッドの妻は、自分の夫にいくさがしかけられていることを聞くと、夫に向い、

「あちらへ行かないで下さい、行けば殺されますよ。そしたら私と子供たちは大変に困ります」

と言い、手をのべて夫を行かせないようにつかまえた。そこへ息子も言葉を添えた。

「もしも、おとうさんが出かけるならば、いっしょに行って死にますよ。母はやもめになり弟たちは孤児になります」

しかしワッドは聞く耳を持たず、怒り出して息子を意気地なしの臆病者とののしり、息子の脳天に斧を投げつけた。息子は脇へ身を逸らして危うく一撃をのがれた。

それから彼らは馬に乗って出かけ、ワッドは再度管理人に使者を立て、家を箒で掃き清め、椅子には敷布をかけておくよう命じた。しかし管理人はこんな命令は無視し、今述べたように男や女の群れをあるじの家の入口の前に集めて、彼らの到来を待ち受けた。さてワッドの一行が到着すると、ワッドはすぐに家に入り、

「なぜ椅子に敷布がかかってないのだ。また掃除もしてないぞ」

と言って、刀を持った手をふりあげ、男の頭に一撃を食らわした。男は倒れて息を引き取った。これを目撃した死んだ男の息子はワッドに向って槍を繰り出し、槍はワッドの腹に突き刺さり、背中から切先が出て来た。ワッドが地面に倒れると、集まっていた群集が殺到して石を投げ始めた。ワッドと一緒に来た人々が石の雨の中を突入してワッドをサグム（軍用マント）で包み、群集をなだめた。息子は泣きながらまだ息のある父を馬に乗せて家まで

つれ戻した。ワッドはまもなく、妻子の涙の下で息を引き取った。彼はこうして不運な人生を終えたが、息子は王のもとへ出頭して財産の保証を得た。

三六

同年、キルデベルトゥス王は妻と母と共にストラテブルグス（ストラスブール）と呼ばれる町の領域に滞在した。この時、セシオニカ（ソワソン）とメルデンシス（モー）の町の有力者たちが王を訪問して言った。

「お子たちの一人を私どもに頂戴いたしたく存じます。謹んでご奉仕申し上げ、王の血縁をいただいてわれらも安心を得、敵を平らげお国の町の領域を安んずる覚悟でございます」

この申し出に王は喜び、年上の王子テオドベルトゥスをさし向けることに決めた。王子には廷臣たち、執事、諸長官《マヨル》、養育者、その他王室の給仕に必要なすべての職員がそえられた。こうして六番目の月（八月）、王に懇願する人々の願い通り王子は送り出された。住民たちは歓喜して彼を迎え、神のお慈悲が働いて王子とその父に長寿が恵まれるよう祈った。

三七

そのころセシオニカ（ソワソン）の町にドロクティギシルスという司教がいた。噂によれば彼は過度の飲酒のために正気を失ってかれこれ四年になろうとしていた。町の多くの人々は、これはその職を解かれた主助祭の呪いによるものだと言った。彼は町の城壁内では激しく狂気をつのらせたが、町を出た時には普通に振舞った。

さて上に述べたように王（テオドベルトゥス）がこの町にやって来た時、彼は比較的まともに振舞っていたが、王の到着を憚《はばか》って彼が市内に入ることは禁止された。彼は食い意地が張っていて極度の酒飲みであり、これらのことは司教としての慎みを欠いた所業だったが、別に彼の悪徳を非難する人間は出て

♔ストラテブルグス　「グレゴリウスはこの町のゲルマン名を我々に伝えた最古の著者である」（B. クルシュ）。

来なかった。そこでサウリキアクスの館で公会議が開かれた時、彼は町に入って良いという結論が出た。

三八

キルデベルトゥス王の妃ファイレウバは、生まれた子供が死んで身体をこわし、病の床についていた。そのころ彼女の耳に、誰かが彼女と王妃ブルニキルディスに対し陰謀を企んでいるとの噂が入って来た。彼女は健康を回復すると王のご前に赴いて、王とその母に、聞いたことをすべて打ち明けた。その内容は、彼女の子供たちの養育係のセプティミナが、王を説得して母と妻を捨てて新しい妻を迎えるように仕向けるというものだった。この体制の下で、一味は王を操って好き勝手な振舞いに及び、願い事は何でも得られるようにし、そしてもしも王がこの説得に応じなければ、王を呪い殺して、王子たちに国を継がせ、その母と祖母を追放して自ら国家を操る算段だった。この陰謀の一味とは、厩の別当スンネギシルス、伝奏のガロマグヌスと、幼い王子たちの養育のためにセプティミナにつけられていたドロクトゥルフスだった。

セプティミナとドロクトゥルフスはただちに逮捕されて杭に縛られて激しく鞭打たれた。セプティミナは、ドロクトゥルフスとの恋情をとげるために夫のヨヴィウスを呪い殺し、ドロクトゥルフスと肉体関係を持ったと白状した。また二人は前述の陰謀も白状し、企てに加担した今述べた人物たちの名を明かした。すぐにこれらの人々への捜査が開始されたが、良心のとがめにおののいた彼らは教会の建物の中に隠れ家を求めた。

すると王自ら教会に接近して言った。

「出て来て裁きに従いたまえ。我々も君たちにかかっている嫌疑が本当なのかどうか知りたいのだ。しかし私が思うのに、もしも君たちの心に疚しい所がなかったら、君たちも教会に逃げ込むことはしなかっただろう。私は君たちの有罪が証明されたとしても君たちの命の保障は約束する。我々はキリスト教徒だ。教会から出て来る犯罪者を罰するのは神への冒瀆に他ならない」

そこで容疑者たちは教会から出て来て王とともに裁きの場所に向った。訊問が開始され、彼らは容疑を否認して言った。

「セプティミナとドロクトゥルフスから話を持ちかけられたことは認めます。しかし我々はとんでもない話だと拒否し、この話に乗ったなどとは絶対に言っていません」

すると王は言った。

「そうか、だが君たちがこれを黙認しなかったならば、この話はとっくに我々の耳に届いていたはずだ。君たちがこれを我々に隠していたということは、君たちがこの事件に加担していたということではないのかね」

それから容疑者たちはすぐに釈放され、彼らはまたしても教会に逃げ込んだ。セプティミナとドロクトゥルフスは激しく鞭打たれ、真っ赤に燃えた焼き鏝《ごて》を顔に当てられた。セプティミナは所持品を全て取り上げられてマリレギウス（マルレンハイム）の館に送られ、そこで婦人の作業部屋で働く女のために臼《うす》を回し、毎日生活のための粉を挽《ひ》く身となった。

ドロクトゥルフスは髪の毛と耳を落とされて葡萄園に送られそこで重労働に従事した。しかし彼は数日後には逃亡し、管理人に捕えられて再び王の所に送られた。そこで彼はひどく鞭打たれ、自分が逃亡した葡萄園に戻された。スンネギシルスとガロマグヌスは国庫から支払われた物を取り上げられて追放された。しかし、司教を含む使節団がグントゥクラムヌス王から派遣されて来て、彼らのためにとりなしをした。そこで彼らの追放は解除された。しかし彼らには親譲りの財産以外の物は何も残らなかった。

三九

ペクタヴェンセ（ポワティエ）の尼僧院で、故カリベルトゥス王の娘であることを自慢するクロディエルディスの心に悪魔が住みついて争乱が勃発した。

彼女は、王の親族であることを恃《たの》み、尼僧たちと結託して院長のレウボヴェラに罪を着せて尼僧院から追放し、自分が尼僧院を仕切ろうと企んだ。そこで彼女は自分の従姉妹《いとこ》で、故キルペリクス王の娘のバシナ（巻五、三九）

を含む四〇人かそれ以上の尼僧たちを連れて尼僧院を出た。

「私の王様たちの所へ行って、私たちの受けた屈辱を訴えます。私たちは王家の娘なのにまるで卑しい奴隷の娘のような扱いを受けているのですもの」

とクロディエルディスは言った。憐れにも軽率な彼女は、この尼僧院を建設したラデグンディス（巻九、二）が、どんな謙虚な人柄だったかを忘れていた。彼女はそこからトロヌス（トゥール）へ移って来て我々に挨拶をして言った。

「お願いがあります。この尼僧たちはペクタヴァの尼僧院長にいじめられ、ひどい目に会いました。私が私たちの王様の所へ行って、私たちが受けた事実をお話しして戻って来るまで、この娘たちを預かって食物の世話などしていただけないでしょうか」

これに対し私は言った。

「もしも院長が間違いを犯し、何か僧院の規定を無視するようなことがあるのなら、私がわが兄弟のマロヴェウス司教（ペクタヴスの司教。巻九、三三）の所へ行き、一緒に彼女を告発します。それで事態が一段落したら尼僧院へ戻って下さい。ラデグンディスが、断食と絶えざる祈りと盛んな施与で築き上げたものを、軽率な行動で台なしにしないようにお願いします」

すると彼女は言った。

「そんなつもりは毛頭ありません。ですが私は王の所へ行きます」

「訳のわからないお言葉ですね。どうして司教の忠告に従えないのですか。そんなことをなさっていると、教会の司教たちが団結してあなたを共同体から追放するはめになりかねませんよ」

と私は言った。実際、ラデグンディスがこの尼僧院を設立したころにわが先任者たちが幸多き彼女に宛てた書簡によればそうすべきところだった。私はその手紙の文言をここに挿入しようと思う。

手紙の写し

「キリスト教会の娘、最も幸多きラデグンディスへ。エウフロニウス（巻四、一五）、プレテクスタトゥス（巻八、三一）、ゲルマヌス（巻五、八）、フェリクス（巻六、一六）、ドミティアヌス、ヴィクトリウス、ドムノルスの諸司教より。

偉大なる神意は絶えず人間について心を砕き、いかなる場所、いかなる時代にあっても、神の配慮が欠落することはあり得ません。なぜならば、敬虔な万物の裁定者は、教会が遺産として受け継いだ耕地の至る所に、信仰の鋤《すき》で熱心に耕す人々を送り出しているからです。神の穏やかな気候の恵みを受けてこの種はやがて百倍の実を結ぶことになるでしょう。

裁定者のこの有益な作用は、世界中あまねく行き渡ります。多くの人々に役立つことならば、それが与えられないような所はどこにもないのです。裁定者が裁きを行なうために到着する時には、これら種子たる人々の最も神聖な模範の力で、多くの人々が頭に王冠をいただくことになるでしょう。

さて、カトリックの宗教が起こりわがガリアの地に偉大な信仰の種子が芽吹き、この地においても、言葉では表わしにくい主の三位一体の秘蹟が少数の人に知られるに至った時、使徒の説教で潤った地上の他の都市に較べ、この地の得るものが少ないことのないように、主はこの祖国を照らすべく外国種の幸多きマルティヌスをこの地にさし向けたまうたのです。これは神の慈悲心の表われでした。マルティヌスは、もはや使徒の時代の人ではありませんでしたが、その心は使徒の愛で溢れていました。

彼には地位がありませんでしたので、彼は自力で補いました。働きのすぐれた者には低い地位も何ら妨げにはならないのです。最も尊敬に値する娘よ、このマルティヌスの天上の愛の手本が、神のお力添えを得てあなたの中によみがえったのを、私たちは喜ばずにはいられません。世界が老い、時代が黄昏《たそがれ》に向って傾きつつある今、あなた方の心を尽した努力によって信仰が若返ろうとしています。凍りついた老年の無気力にさらされたものが沸き立つ魂の熱気で生気を取り戻そうとしているのです。

あなたが幸多きマルティヌスと同じ地方の出身の方なので、あなたがあなたの導きの星――と我々は見るのですが――を手本になさろうとしておられるご様子は、我々には余りにも自然に思えるのです。あなたはご自分がそのあとを追いかけた人を実に立派にご自分のお手本になさったのです。またあなたは世俗の喜びは一顧だにせずにかの幸多き人の道づれになられたのです。

そしてかの人の名声が高まるにつれて、あなたの言葉に耳を貸す人々の心にも天上の火花が輝き始め、至る所で少女たちの心は揺り動かされ、神の炎に点火され、キリストの愛に促されて、熱心にあなたの心の泉に浴しようと急ぎ、両親を捨ててあなたに従い、生母ではないあなたを恩寵の母と仰いだのです。

この熱心な誓いを目にした我々は、人間の意思を天上の意思に結びつける寛大な天の心に感謝せずにはいられないのです。主はあなたのもとに集まれとお命じになった娘たちをご自身の抱擁で守ろうとなさっているのだと我々は信じています。

我々は、娘たちが神の慈悲のもとに自ら進んで我々の領域からあなたの施設へ移って行ったことを知っていますし、あなたが我々に対して希望を述べられたお便りを受け取って読ませていただきました。その結果、キリストのお力と援助をいただいて結論を述べたいと思います。

そもそも神の愛のもとにそちらに集まった娘たちは、一度心に誓ったことを永遠に守るべきです。なぜならば天を証人にしてキリストに約束したことを破るのは間違っており、神の神殿を汚すのは重い犯罪であり、あってはならないことだからです。そんなことをすれば破壊的な神の怒りに点火する事態を招くでしょう。

ですが我々はここで今一度、このことを決めておくべきでしょう。すなわち、今述べたように神意により我々に委ねられた場所からペクタヴァの町のあなたの尼僧院に参加するに値する女性には、幸多き思い出の主、アレラテンシス（アルル）の司教カエサリウスの規定により、いったん規定に従って自分の意思によって参加した以上、いかなる脱退も許されるべきではありません。全員が輝かしい名誉に浴しているのに、たった一人の信仰のゆるみで不名誉な屈辱が加えられてはならないのです。

そうならないように神の配慮が働いてほしいのですが、もし仮に、一人の尼僧が弱い心で悪魔の誘惑に負け、敵の企てに従って修行も栄光も名声も堕落の汚辱にまみれさせ、楽園を逐《お》われたイヴのようになんらかの道をたどって尼僧院の敷居を越えて天の王国から離れ去り、巷の塵芥に身を沈め雑踏につまづくようなことが起きるならば、その女はわれらの共同体から切り離され厳しい追放の鞭に打たれねばなりません。

もしもそうした女性が悪魔にとらわれてキリストを捨て、どこかの男と結ばれようとでもするならば、逃亡した当人ばかりか、夫というより姦夫と言うべき彼女と結ばれた男も、その仲立ちをして援助ではなく害毒をまき散らした人間も、彼女に帰せられるのと同じ責めを負って、天の裁きによる我々の判断に従って罰を受けねばなりません。彼らが関係を解消して呪わしい犯罪を心から悔いなければ、彼らが捨てた場所に再び迎えられ結ばれることはないのです。

我々はさらに付け加えます。我々の後に続く司教たちも罪を犯した者に対しては同じ厳しさを保持しなければなりません。そんなことはあり得ないのですが、もし仮に未来の司教たちがわれらの考慮するところよりも少しでも緩《ゆる》いようなことがあるならば、彼らは永遠の最終審の裁判者の前で我々に釈明しなければならないと知ることになるでしょう。キリストへの約束は間違いなく守られねばならない、これは救済の普遍的な教えです。我々の最終判断がキリストの証人の下に我々によって永遠に守られるように、この決定を固めるために我々は自分の手で署名をすべきだと信じます」

この手紙が読み上げられてもクロディエルディスは、

「ひき止めても無駄です。私たちは、どうしても私たちの親戚である王様たちの所へ行きます」と言って聞かなかった。彼女たちはペクタヴスから馬を使わず歩いてここまで旅行して来た。このため全員疲れ果ててあえいでいた。途中で彼女たちに食料援助をした者もいなかった。彼女たちが我々の町に来たのは最初の月（三月）の一日だった。雨の日が続き、道は水浸しになって傷んでいた。

四〇

クロディエルディスたちは、自分の司教（マロヴェウス）に対する不満を述べた。彼女たちによれば、一連の騒ぎは司教の悪だくみが原因であり、彼女たちが尼僧院を出たのもそのせいなのだという。ここでこの騒動の起源に遡ってみたい。

ラデグンディスがこの尼僧院を設立したのはクロタカリウス王の時代だった。彼女は自分の尼僧たちとともに当時の司教たちには従順かつ誠実に従った。ところがシギベルトゥス王の御世になりマロヴェウスがペクタヴァ（ポワティエ）の町の司教職をあずかった後、シギベルトゥス王の書簡をいただいたラデグンディスは、信仰と従順のためにキリストの十字架の木材と聖なる使徒や殉教者たちの遺物を求めて僧団を東方（東ローマ帝国）に派遣した。この派遣団ははるばると旅をして聖遺物を持ち帰った。

それがもたらされると王妃はこれをふさわしい栄誉と盛大な賛美歌で尼僧院に安置するようにとマロヴェウス司教に依頼した。ところが司教はこの依頼に応じず、馬に乗って田舎の館へ出かけてしまった。そこで王妃は今度はシギベルトゥス王に、誰か司教を選んで、これらの聖遺物をふさわしい栄誉と自分の誓約に応じて尼僧院に安置してくれるようにしてほしいと頼んだ。この任務はトロニカ（トゥール）の町の司教エウフロニウス（巻九、三九）に下された。そこで司教は僧団をひき連れてペクタヴスに赴き、盛大な賛美歌をあげ、蠟燭をともし、薫香を焚《た》いて聖遺物を尼僧院へ安置した。これは当地の司教不在の状態で行なわれた。

その後ラデグンディスは何とかマロヴェウス司教との仲を回復しようと努めたが得られず、やむなく、自分の任命した尼僧院長（アグニス。巻九、四二）と一緒にアレラテンシス（アルル）の町に赴いた。そこで彼女は聖カエサリウス（巻九、三九）と幸多きカサリアの戒律を受け入れ、王の庇護に頼ることとなった。これは本来彼女たちを牧すべき司教の援助が全く得られなかったためであった。

このような反目状態のまま歳月は流れやがて幸多きラデグンディスがこの世を去る時が来た。彼女が亡くなると尼僧院長（アグニス）は再び本来の司教の下に入ることを求めた。司教ははじめはこれを拒否していたが、人々の説得を受け入れて本来あるべきように彼女たちの父となり、必要な時には援助の手をさしのべる約束をした。彼はキルデベルトゥス王に頼んでこの尼僧院も他の自分の通常の司教区と同じように自分の指図に従うべきだとの命令をもらった。それでも、この尼僧たちの話では争乱の種になるような何かがずっと司教の心に残ったらしい。

先に述べたように（巻九、三九）、彼女たちはどうしても王の所へ行くというので、我々は助言を与えた。

「なさろうとしていることはまともではないですよ。それではあとでいろいろ非難を受け困ったことになってしまいます。でもまっとうな忠告に耳をお貸しにならず、あくまで常識を無視なさろうとするのでしたら、せめてこの春の時節に到来した冬の天候が終るまでお待ちになったらいかがでしょう。空気がもう少し暖かくなってからどこへでもお好きな所へ行かれたらよろしかろう」

彼女たちは賢明にもこの忠告をうけいれた。そして夏が来、クロディエルディスは他の尼僧たちを従姉妹《いとこ》（バシナ）に預け、自分はひとりトロヌスを離れてグントゥクラムヌス王の所へ向った。そして彼女は王に迎えられ、贈物を受ける栄誉に与り、トロヌスに戻って来た。

彼女はブルゴレヌス（巻八、三二）の娘コンスタンティナをアウグスティドゥネンセ（オータン）の尼僧院に残し、王の命令で、彼女たちと尼僧院長の確執を取り調べるためにやって来る司教たちを待ち受けた。ところが彼女が王の所から戻ってくる前にこの尼僧たちの中のかなりの人数が色々な人物にだまされて結婚してしまった。

彼女たちは司教たちの到来を待っていたが、それが到着しそうにないのでペクタヴスに戻り、聖ヒラリウスの聖堂に逃げ込んで、泥棒、人殺し、女たらしなどあらゆる犯罪者を集めて戦闘をも辞さない決意を固め、口々に叫んだ。

「私たちは王族の娘よ。あの尼僧院長を追い出すまでは尼僧院には戻らないわ」

そのころその尼僧院にある女隠者が住んでいた。彼女は数年前、市壁から飛びおりて聖ヒラリウスの聖堂に逃げこみ、尼僧院長の悪口をあることないこと言いふらしたが、我々はそれが根も葉もないことであるのを知っている。暫くすると彼女は飛び降りた場所から綱を使って引き上げてもらい、尼僧院へ戻って、小房に隠居したいと申し出た。

「私は主とわがあるじのラデグンディス様に悪いことをしてしまいました」

と彼女は言った。そのころにはまだラデグンディスが生きていた。彼女は続けた。

「私は他の尼僧たちと離れて自分の過ちの懺悔の日々を過ごしたいのです。あわれみ深い主はおのれの過ちを認めた人間を許してくださることを私は知っていますから」

こうして彼女は小房の隠者になった。しかし今回の騒動が勃発してクロディエルディスがグントゥクラムヌス王の所から戻って来ると、彼女は小房の扉を蹴破って、尼僧院を脱出し、クロディエルディスの一味に加わって、以前のように尼僧院長の中傷を始めた。

四一

この騒ぎが大きくなると、ブルデガレンシス（ボルドー）の司教グンデギシルス（巻八、二二）が、エコリシネンシス（アングレーム）の司教ニカシウス（巻八、二）、ペトロコリクム（ペリグー）の司教サファリウス、ペクタヴェンシス（ポワティエ）の司教マロヴェウス（巻九、三九）と一緒に聖ヒラリウスの聖堂に乗りこんで来た。このグンデギシルスは、ペクタヴァの町の首座司教だった。彼らは尼僧たちを説得して尼僧院へ戻らせるつもりだった。

しかし彼女たちは説得に応じず、頑強に抵抗し、首座司教が他の司教たちとともに、前（巻九、三九）に述べた手紙を示して彼女たちに破門を言い渡すと、この愚かな女たちは矢庭に騒ぎ始め、聖ヒラリウスの聖堂内で暴力をふるい、僧たちを床に叩きつけて足腰を砕き、助祭たちや他の僧たちは頭を割られ血に塗れ、散々な目に遭って聖堂から逃げ出した。

悪魔が煽動したのだと私は信ずるのだが、僧たちはあまりの恐怖に打ちのめされて別れの挨拶も忘れてそれぞれ思い思いの道をたどって帰って行った。

アウグスティドゥネンシス（オータン）のシアグリウス司教（巻九、二三）の助祭デシデリウスもこの災難に遭遇した。彼はクレヌス（クレン）川の浅瀬を探さず、最初に到達した岸辺からいきなり馬を乗り入れ、そのまま馬を泳がせて向う岸へ渡った。

クロディエルディスは人を雇って尼僧院の所有する村の館へなぐりこみをかけた。尼僧院の職員は見つかるやいなや、殴る蹴るの暴行を加えられて言うことを聞かされた。彼女は、自分が尼僧院へ帰還したら尼僧院長を市壁から放り投げてやるなどとうそぶいていた。

この知らせがキルデベルトゥス王にもたらされると彼はただちに手を打って領主（ペクタヴス）のマコに、全力をつくして騒動をしずめるように命じた。グンデギシルス首座司教は、先述のように、他の司教たちとともに彼女たちに破門を言い渡して退去していたが、集まった同僚たちと自分の名前で、書簡を、当時グントゥクラムヌス王のもとに集まっていた司教たちに送った。彼はこの司教たちから以下のような返書をうけとった。

手紙の写し

「親愛なる、かつ使徒の座におわしますグンデギシルス司教、ニカシウス司教、サファリウス司教へ。アエテリウス、シアグリウス、アウナカリウス、エシキウス、アグロエクラ、ウルビクス、フェリクス、ヴェラヌス、もうひとりのフェリクス、そしてベルトラムヌスの諸司教より。

お健やかにお過ごしのご様子をうかがい、何よりも嬉しく存じました。しかし私どもは、皆様がお受けになった苦しみのご様子を拝読し深い悲しみに包まれもいたしました。

何と守るべき規則は蹂躙され、宗教の畏敬は全く顧みられていないことでしょうか。お知らせによれば、悪魔の先導によってラデグンディスの尼僧院を抜け出した尼僧たちは、皆様がたの説得に全く応じず、出て行った尼僧院へ引き返さないばかりか、皆様がたおよびそのお身内の方々への無体な狼藉に及んで聖ヒラリウスの聖堂を冒瀆したとのこと。そのため皆様がたはかの女たちから共同体の恵みをお取り上げになり、智恵のない我々に、ご処置の是非についてお尋ねになりました。

私どもは皆様がたが教会法の隅々までご参照になり、かかる過失を犯したと認められる者は、単に破門させられるのみならず、心よりの悔悟の懲罰に服さねばならないとした規則をまっとうなさったことを承知いたしますがゆえに、心よりの尊敬の念と最大の熱意を込めた親愛の情を持ちまして、皆様がたのご決定に関し、皆様がたのご判決と私どもの心情が完全に一致する旨をお伝え申し上げます。

さて来《きた》る一一月の一日には公会議が予定されている訳でございますが、その席上で、私どもは皆様がたと相並びまして、高慢の風に吹かれてかかる不祥事を惹き起こす輩《やから》が二度と現れぬためには、この愚昧の者どもにはいかなる手綱をあてがうべきか、忌憚なく討議いたしたき所存でございます。

とは申せ、『よき日にも悪しき日にも』（テモテ後書、四、二）われら熱心な指導もてすべての逸脱者を導くべしと、また『敬虔はすべてのことを益する』（テモテ前書、四、八）と、われらの先達のパウルスは常に私どもを戒めておわしますれば、私どもも、皆様がたが熱心に神のご加護を求められますように、また彼女たちの内に良心の苦しみの炎が点火され、彼女たちが犯した過ちを素直に認め、皆様がたのお説教に従いキリストのお慈悲をいただいて、失われた魂が戻るようにもとの尼僧院に戻るように切望して止みません。

迷える子羊を肩に担いて羊舎に戻したまうたお方（キリスト）が彼女たちの帰還を、戻った一匹の子羊（ルカ伝、一五、五）のように喜んで下さることを、私どもは願ってやみません。特にお願い申し上げます。私どものために絶えずとりなしと祈りをささげて下さいますように。そうしてくださることを固く信じております。

いとも卑しき皆様がたの罪人アエテリウスがあえてご挨拶申し上げます。

皆様がたに保護されるエシキウスが尊敬の念を込めてご挨拶申し上げます。

皆様がたの崇拝者シアグリウスが尊敬の念を込めてご挨拶いたします。

皆様がたを敬愛する罪人ウルビクスが平伏《ひれふ》してご挨拶申し上げます。

皆様がたの崇敬者ヴェラヌスが尊敬の念を込めてご挨拶いたします。

皆様がたにお仕《つか》えするフェリクスがあえてご挨拶申し上げます。

皆様がたの卑しい崇拝者フェリクスが熱心にご挨拶申し上げます。

皆様がたの卑しい従順なベルトラムヌス司教があえてご挨拶申し上げます」

四二

さて尼僧院長（レウボヴェラ。巻九、三九）は、ラデグンディスがまだ存命中に司教たちにあてた書簡を読み上げた。院長はまたこの手紙の写しを近隣諸都市の司教たちに送った。以下がその手紙の写しである。

手紙の写し

「聖なる皆様、キリストにおける使徒の座に最もふさわしき方々、全ての司教様がたへ、罪深きラデグンディスより。

全ての父なる方々、医師である方々、牧舎をあずかる牧師の方々のお耳に達し、その御心に委ねられてこそ、よい企てもその発端から力強く効力を発揮できるものと思われます。皆様がたの温かいお心のご助言をいただきたく、そのお力のご賛同に与りたく、そのお祈りの功徳にあやかりたい所存でございます。

かねてより俗世の絆を離れ、神のお導きに従い、そのお慈悲にあずかり、キリストのお導きを受けて修道の道へ心を傾け、また他の女性たちの企てのことを真剣に考えるにつけ、その女性たちの力にならばやと望んで神の同意を得、いとも優れたあるじクロタカリウス王の発案と喜捨に従い、私はペクタヴァ（ポワティエ）の地に尼僧院を設立いたしました。またその設立後は、同王の布施のままにこの尼僧院を拡充して参りました。

キリストのお力を得て私の所に集まった女子たちのためには私は、幸多きアレラテンシス（アルル）の司教カエサリウス（巻九、四〇）が心を尽して聖なる父祖たちの教えの中から適宜選出し、かの聖女カサリア（巻九、四〇）がそれに従って生活を組み立てた戒律を採用致しました。

またこの町と他の諸市の幸多き司教様がたのご賛同を得て、尼僧たち自身の選択により、私が幼少より自分の娘として慈しみ育てましたアグニスを選んで尼僧院長として選任し、私自身も神の次にはその指図に従うべき地位につけたのです。私も尼僧たちも、使徒たちの先例（使徒行伝、四、三二）にならい、文書を作成して、個人で所有していると思えるこの地上の物をすべて尼僧院にゆだねました。私たちはアナニヤとサッピラ（使徒行伝、五、一〜）の悪しき先例を恐れて、この尼僧院には個人の所有物は何も貯えませんでした。

しかしながら人間の事柄と時間には安定がなく、この世は終末に傾き、多くの人が神意よりも我意を優先しているありさまですので、私は神の熱意に促され、まだ私の命あるうちに私の志しますところを文書に託し、キリストの御名において使徒の座にふさわしい皆様がたに謹んで捧げさせて

♔ラデグンディス　彼女は孤児として登場し（[3，4]），数奇な運命が語られ（[3，7]），その活動が伝えられ（[6，29]），その名が聞こえ（[7，36]），その死が語られ（[9，2]），影のように作品のなかをよぎって行くが，ここにその手紙が引用される。その内容には厳しいものがあるが，時代を生きぬいたひとりの女性の存在を示している。

いただく次第でございます。本来ならば皆様がたお一人お一人にお目にかかり、お足許に平伏《ひれふ》してお願いいたさねばならないのですが、今は文書に代え、まずは父と子と聖霊および恐るべき審判の日にかけて、その日に皆様がたに暴君が襲いかかることのないよう、正義の王が皆様がたに戴冠して下さいますようお祈り申し上げます。

そして、もしも私の死後に誰か、当地の司教様か君主の代理人、もしくは別のどなたかが、――そうしたことはありえないと信じてはおりますものの――この尼僧団に悪意の勧告を行なったり判決を強制したりして混乱をひき起こし、もしくは規則を破壊し、あるいは幸多きゲルマヌス（巻四、五一）が兄弟団臨席のもとに祝福を与えて聖別したアグニス以外の人間を院長に選出したり、またありえないことですが、尼僧団そのものが不平を言って変更を望んだり、あるいは当地の司教様かどなたかが尼僧院管理や尼僧院の財産に関して、私の生存中に先任者の司教か他のどなたかが入手なさった以上の新しい特権を望んだり、もしくは誰かが規則に反して尼僧院を去ろうと試みたり、更にはまた、いとも優れたあるじクロタカリウス王、あるいはいとも優れたそのお子の王たちが私に下さり、私がお許しをいただいて尼僧院の所有に移した物、またいとも優れたあるじカリベルトゥス、グントゥクラムヌス、キルペリクス、シギベルトゥスの諸王が誓約をもって、お手ずから署名して私が確かにいただいた物、また他のどなたかが魂の救済のために、あるいはここの尼僧たちが自分の財産から寄進した物、そうした諸物を、君主のどなたか、司教様あるいは尼僧の誰かが、減らそうとしたりあるいは呪わしい誓いの下に私物化しようと試みるならば、神罰が下るのは当然といたしましても、私の願いとキリストのご意思により、皆様がたおよび皆様がたの後継者の方々の聖なる抵抗にあい、簒奪者もしくは貧者の略奪者として皆様方の恩寵から遠ざけられ、そして皆様がたのお力添えのもと、私どもの規則が守られ、尼僧院の財産が保持されますように。

さて、神が前述の私どもの姉妹の院長アグニスをこの世よりお移しになることを望みたまう時には、その後継者には私どもの尼僧団の中から、神と尼僧団の心にかない、規則をまもり聖なる企てにそむかない者が、選ばれるべきです。選ばれる人が自分の意志や他人の意思によって身を亡ぼすことがあってはならないのです。

あってはならないことですが、もしも誰かが、神のご命令と王たちの権威に逆らって、皆様とともに主とその聖者たちに懇願して誓った前述の事柄に手を加え、人事に介入したり財産を損なったり、今述べた私の姉妹のアグニスに争乱の種をしかけるような振舞いをするならば、神と聖なる十字架と幸多きマリアの正義がこれを糺《ただ》して下さいますように。そして神に次いで私の姉妹の身を委託されている幸多きヒラリウスとマルティヌスがそのような不正者に立ちはだかり彼を追及して下さいますように。

そして司教の皆様並びにその後継者の皆様、神事の守護者であられます皆様に心よりお願い申し上げます。あってはならないことですが、もしも誰かが良からぬ変更を企てますならば皆様は、どうぞためらわず、主の御前で皆様に託された事柄を守るべく、神の敵を打ちこらしめるために、その時この地をおさめておられる王の所かペクタヴァの町へ赴いて、持ち込まれた不正に対し、正義の執行者かつ守護者となってくださいますようにお願い申し上げます。神と私と諸王の意志が一致して決めた事柄が踏みにじられることのないよう、いかなる瀆《とく》神もカトリック王の治世の下で見過ごされることがあってはなりません。

同時に私は、永遠に治めたまう王（ルカ伝、一、三三）、その方の承認のもとに諸王国が栄えその方が諸王に命と支配を与えて下さるのですが、その王に誓って、神が私の死後に人民の統治をお委ねになる君主の皆様にも心よりお願い申し上げます。私が諸王やその父ないしその祖父にあたる王の承認と援助をいただいて設立し、秩序正しく運営し拡充して参りましたこの尼僧院をどうぞ守護し監督して下さり、院長のアグニスとともにそこを治めるべく御指示を下さいますように。そして何度も述べましたこの私たちの尼僧院長と私たちの尼僧院に関する事柄に屈託事や争乱の種を持ち込み、何かを損ねたり、変更を加えたりすることを誰にも許さないようにお願い申し上げます。

そして私が諸民族の救済者の前に身を投げ出して君主の皆様にお願いするとおりに、神の洞察と主の司教たちと心をひとつにし、尼僧院を守り支えよとお命じ下さいますようにお願い申し上げます。皆様がたがその救済者の名誉にあやかり、神のしもべたちをお守りくださいますように。そして貧者の守護者、娘達の花婿のあの方とともに永遠の王国の中で同盟者となられますように。

さらに、皆様がたが洗礼をお受けになって教会を守っておられますカトリックの信仰にかけて、皆様がた、司教様がた、偉大な王様がた、全世界のキリスト教徒のかたがたにお願いがございます。私どもは主の生母聖マリアをたたえる聖堂建設に着手したのですが、ここにはすでに私どものおおぜいの姉妹が葬られて安らかに眠っています。この聖堂が完成しようがしまいが、神が私にこの世を去るようお命じになる時にはどうぞ私の小さな遺体をここに葬って下さいませ。もしも誰かがこれと異なることを望んだり試みたりした場合にはキリストの十字架と幸多きマリアが力を与えたまい、神罰が下りますように。そして皆様のお力添えで私が尼僧団の姉妹たちと一緒にこの聖堂の中に埋葬の小さな場所をいただけるようお許らい下さいませ。

私が自分の手で署名いたします私のお願いのこの手紙がどの教会の書庫にも保存されますように私は熱い涙を流してお願い申し上げます。これは、もしも何らかの不正に対して、私の姉妹の院長のアグニスないしその尼僧団が皆様がたの御力を頼る必要が生じました時には、皆様がたの牧者の愛から出た清らかな慈悲心のご援助が彼女たちを救い、彼女たちが私に見捨てられたなどと叫ぶことがないようにするためでございます。神は彼女たちの庇護を皆様のご好意に委ねたのでございますから。

私は、十字架の上から栄光の処女であるご自分の生母を幸多き使徒ヨハネに託した主ご自身（ヨハネ伝、一九、二七）に誓って、皆様のお目の前にこれら一切をさらけ出します。そして使徒ヨハネが主の委託に立派に答えたまうたのと同じように、価値のない卑しい私が、私のご主人様がた、教会の父たち、使徒の座を守る方々に託させていただきますものに皆様がたが、必ずや立派に答えてくださることを、私は信じて止みません。

皆様がたがこの委託に応じてくださり、皆様がたが果たされる委託の主の栄光をお受けになる時、皆様がたによって、使徒の先例がもう一度繰り返されることになるでしょう」

四三

この尼僧たちからのさまざまな非難に耐えかねた司教マロヴェウス（巻九、三九）は、幸多きヒラリウスの聖堂の僧院長プロカリウスをグンデギシルス（巻九、四一）とその管区内の司教たちの所へ派遣した。彼の提案は、この尼僧たちの破門を解いて、彼女たちの言い分を聞いてやったらどうか、というものであった。しかしこの提案は受け入れられなかった。

キルデベルトゥス王は、尼僧院と尼僧たちとの双方から持ち込まれる絶えざる苦情に耐えかねて、この非難の応酬合戦をなだめるために司祭のテウタリウス（巻九、三三）を派遣した。彼はクロディエルディスと尼僧たちを釈明のために呼びよせてみたが彼女たちは、

「私たちは破門されている身ですもの、参るわけにはまいりませんわ。ただもし破門を解いていただけるのでしたら、すぐにでもお伺いいたしますが」

と言って応じなかった。これを聞いたテウタリウスは所轄の司教たちの所へ赴いて相談してみたが、彼女たちの破門を解くことに関しては何の成果も得られなかった。そこで彼はペクタヴァ（ポワティエ）の町へ帰った。

このころには尼僧たちもかなり散り散りになり、ある者は両親の所へ帰り、ある者は自分の家に入り、また少なからぬ尼僧たちが一度は捨てた尼僧院へ戻って行った。燃料の薪が不足して、厳しい冬を乗り切れなかったのだった。ごくわずかの者がクロディエルディスとバシナの所に留まった。しかしこのふたりの間にも不和の種は尽きなかった。彼らは互いに相手を自分に従わせようとして絶えず争っていた。

四四

この年の復活祭が過ぎると、霰《あられ》を含んだ大量の雨が降った。わずか数時間の間に狭い川床が水でふくれ上がった。秋に木々が花を持ち、一度実をつけた果樹が再び実をつけた。第九番目の月（一一月）に薔薇が咲いた。川は極度に増水して岸をこえて氾濫し、いつもは乾いている所までおおいつくして、農作物に甚大な被害を与えた。

第九巻を終わる。

第 10 巻

民衆とともに悔悟の行をおこなう助祭時代のグレゴリウス大教皇（『ベリー公の美しい時禱書』のランブール兄弟による写本画，15 世紀初め，ニューヨーク，メトロポリタン美術館）［10, 1］

キリストの御名により第一〇巻目次始まる

第一〇巻の目次終わり。

われらが主イエス・キリストの御名において第一〇巻始まる

キルデベルトゥス王の統治第一五年目、聖者の遺物をたずさえてローマから戻ってきた我々の助祭は、以下のような話を物語った。

一

前年の第九番目の月（一一月）にローマのティベリス川が氾濫して古代の邸宅を流し去り、教会の貯蔵庫も倒壊して何千モディウス（古代ローマの枡量）もの小麦が失われた。おびただしい蛇と、それに混じって太い木材のような龍が川床を海へ下って行った。彼らは混濁した塩水にまき込まれて命を失い岸辺に打ち上げられた。これに続いてイングイナリア（下腹部ペスト）と呼ばれる疫病が襲った。それは一一番目の月（一月）の半ばにはじまり、『エゼキエル書』が「わが聖所より始めよ」（エゼキエル書、九、六）と予言するごとく、まず教皇ペラギウスがこれにかかりすぐに亡くなった。彼の死に続いておおぜいの人民がこの病に冒された。

しかし神の教会に指導者がいなくては困るので、全住民は助祭のグレゴリウスを選出した。彼は第一級の元老院議員の家の出で、若い時から神に身をささげ、自費でシシリアに六つの僧院を建て、七つめの僧院をローマの市壁内に建てた。そして修行者の日用の生活を十分満たすに足るほどの不動産を僧院に寄付し、残りの財産は、一切の家財道具とともに売り払い、貧しい人々にわけ与えた。

かつては絹の衣服を身にまとい、宝石をちりばめた正装で町を闊歩《かっぽ》したこの人物は、やがて粗末な衣服を着て主の祭壇に奉仕するために聖別され、教皇の助手として七番目のレビ人（ローマ教会の七番目の地区の助祭）の地位についた。

彼は節食を徹底し、祈りに身をささげ、断食を繰り返してやせ衰え、かろうじて身を支えているほどだった。文章に熟達し弁証法と修辞学に通じ、この点でローマ広しといえど彼にかなう人物はいなかった。

しかし彼は、身に迫る栄達から何とかのがれようとした。この世で名誉に輝くことによって一度捨て去った慢心が自分に戻って来るのではないかと恐れたのである。そこで彼は、自分がその王子の洗礼を引き受けたマウリキウス帝（東ローマ帝）に手紙を送り、民衆が彼を輝く栄光の（教皇の）座に引き上げようとしてもどうかそれには軽々しく同意を与えないでくださいと切に懇願した。

しかしローマの地方総督のゲルマヌスは先回りをしてその使者を捕えさせ、手紙をやぶり捨てて、民衆の決議書を皇帝に送った。助祭に好意を寄せていた帝は彼の栄誉にふさわしい地位を与え得ることを神に感謝し、勅令を発して彼をその地位につけるよう命じた。

彼がまだその地位につく前、疫病が猖獗《しょうけつ》を極めていたころ、彼は民衆に悔悟の生活を送るよう勧め、以下のように話しかけた。

教皇グレゴリウスの民衆への言葉

「愛する兄弟たちよ、われらは来るべき神の笞《しもと》を畏れるべきであった。しかしこうなってしまった以上、われらは少なくとも今味わっているこの現実を恐れようではないか。

この苦痛がわれらの心を転回させねばならない。そしてひどい罰を味わって自分の心を柔らかくせねばならぬ。それは、『剣、命にまでおよべり』（エレミア記、四、一〇）と預言者が述べている通りじゃ。

見よ、今民衆は天の怒りの刃《やいば》をうけて苦しみ、突然の災難に次々と人が死んでいる。長患いが死に先立つことなく、皆のご覧の通り、死が患いを追い越して行く。倒れる者は、涙の悔悟に心を転ずる暇なく倒されてゆく有様じゃ。

自分のなした行ないを歎く暇なき者がいかに厳しい裁判官の前に行かねばならぬかをよく考えるべきじゃ。住民たちは、部分的に引き抜かれるのではなくて、根こそぎ持って行かれようとしてる。家には住む人がなくなり、両親は息子の葬式に立会い、相続人が被相続人を追い越して死んで行く。

今こそわれらは、滅亡を待ちながら嘆いている暇に、悔悟の涙にくれるべきなのじゃ。誤って犯した事柄を心の目の前に思い浮かべ、歎きつつ行なった悪事の罰を受けよう。『神の御前へおもむいて告白し』（詩篇、九五、二、ウルガタ訳による）ようではないか。また預言者の言うごとく、『天にいます神に向い手とともに心をあげ』（エレミア哀歌、三、四一）ようではないか。『神に手と心をあげる』とは、われらが善き行ないの功徳をもって祈りに励むことじゃ。

実に、預言者を通じて、『われ悪人の死を喜ばず、悪人その道を離れて生くを喜ぶなり』（エゼキエル書、三三、一一）と叫んだお方が、われらの恐怖心に対し信仰を与えて下さるのじゃ。それゆえ、誰も自分の悪が大きいからといって絶望することはない。ニネベの住民の救いがたい咎《とが》も三日の悔悟で拭い去られた（ヨナ記、三）し、改心した盗賊は、死の宣告を受けながらも命の恵みを得た（ルカ伝、二三、三九～）ではないか。

それゆえわれらの心を改め、われらの求める所をわれらがすでに得ていることを確信しようではないか。求める者が自分の過ちを訂正するならば裁判官は必ずや彼の願いを聞き届けて下さる。したがって、譴責《けんせき》の巨大な刃がわれらの頭上に迫る今、われらはとことん歎きつくそうではないか。このような執拗さは人間には好まれぬが、真実の裁判官には気に入られよう。愛と慈悲に満ちた神は懇願する者に好意を寄せることを好まれる。また神はわれらがいかに神の怒りに値しようとも怒りは好まれぬのじゃ。それはご自身が『詩篇』作者を通じて、『なやみの日にわれを呼べ、我なんじを助けん、しかしてなんじわれをあがむべし』（詩篇、五〇、一五）と述べておられる通りじゃ。神が助けを求める者を憐れみたまうことの証人は、神ご自身である。神は助けを求めるようにとわれらに警告したまうておられるのじゃ。

それゆえに、愛する兄弟たちよ、われらは心を砕き、力をつくして、四番目の週日（水曜日）の

改心した盗賊　イエスと共に磔にされた盗賊のひとりが「汝が真にキリストならわれらを救え」と言った。別の一人は「我々は当然の報いを受ける。しかしこの人は何の悪も行なっていない」と言い，イエスに「御国に入りたまう時，われを憶えたまえ」と呼びかけた。するとイエスは「今日汝はわれと共にパラダイスにあるべし」と言った（ルカ伝，23）。

明け方、これから述べる配置に従って、精神を涙で濡らして七重の連禱に出かけようではないか。そうすればさしも厳しい裁判官もわれらの咎《とが》に罰を与えることを控えてくださり、罪の宣告を和らげてくださるかもしれぬ。

僧侶は第六地区（当時ローマ教会は七つの地区《レギオー》に分かれていた）の司祭たちと一緒に殉教者聖コスマと聖ダミアヌスの教会から出発する。

僧院長は全員が修道僧を率い、第四地区の司祭たちと共に殉教者聖プロタシウスと聖ゲルヴァシウスの教会を出発する。

尼僧院長は全員が尼僧団を率い、第一地区の司祭たちと共に殉教者聖マルケリヌスと聖ペトルスの教会を出発する。

子供たちは全員が第二地区の司祭たちと共に殉教者聖ヨハネスと聖パウルスの教会を出発する。

俗人たちは全員が第七地区の司祭たちと共に殉教者の元祖聖ステファヌスの教会を出発する。

未亡人たちは全員が第五地区の司祭たちと共に聖エウフィミアの教会を出発する。

妻たちは全員が第三地区の司祭たちと共に殉教者聖クレメンスの教会を出発する。

それぞれの教会を出発した諸隊は懇願し涙を流しつつわれらが主イエス・キリストの産みの母、永遠の処女、幸多きマリアの聖堂に集合する。同所に長時間留まって歎き悲しみつつ主に、われらの過ちに好意を寄せてくださいと懇願する」

彼はこのように述べて僧侶たちを集めて賛美歌と三日間の主への憐れみの懇願を命じた。昼の第三時（昼間は一二の時間に区分される）に、聖歌の合唱隊が、「キュリエ・エレイソン（主よ憐れみたまえ）」と歌いながら市内の道路を行進して両側から教会に近づいて行った。我々の助祭は、自分もその場に居あわせたが、民衆の懇願の声が主に向ってあげられた一時間の間に、八〇人の人間が地面に倒れて息を引き取ったとつけ加えた。しかしながら、この未来の教皇は、決して祈りをやめないようにと民衆に説教し続けた。

すでに述べたように我々の助祭がこの人から聖者の遺物をいただいたのは、この人がまだ助祭の地位に留まっているころのことだった。この人は、何とか隠れ家を用意して逃れようと思ったが、発見されて連れ出され、幸多き使徒ペトルスの聖堂に運ばれてそこで司教の職務へ聖別され、ローマ教皇になった。我々の助祭は帰途にあったが、教皇の聖別式を自分の目で見たくてたまらずポルトゥス（ローマ近郊の港町）から引き返した。

二

皇帝（東ローマ帝）マウリキウスの所から帰還した使者のグリポは、次のように報告した。彼は前年船便を得て同僚とともにアフリカの港に渡り大カルタゴ（ヒスパニアの新カルタゴに対しこう呼ばれた）に入り、そこに逗留して皇帝へのお目通りがかなうよう在郷の地方総督（当時北アフリカは東ローマ帝国の版図に入っていた）の指図を待っていた。

するとグリポの同僚のエウアンティウスの従者の一人がさる商人のものである商品を奪い去って自分の宿に持ち帰った。商品の所有者は彼を追いかけて来て自分のものを返してくれるよう求めた。しかし従者は言を左右して手放さず、情勢は日に日に険悪になった。

ある日路上でこの従者を見かけた商人は彼の服をつかんで離さず、

「あなたが無理矢理持って行ったものを私に返すまでこの手を離さない」

と言った。従者は逃げようとして剣を抜き躊躇せず商人を殺して自分の宿に帰りこのことを誰にも打ち明けなかった。

そこでは前述した使者たち、セシオニクス（ソワソン）のムモリヌスの息子ボディギシルス、アレラテンシス（アルル）のディナミウス（巻六、七）の息子エウアンティウス、それにフランク人のグリポといった面々がちょうど宴会を終えて休息の眠りについたところだった。

当地の市長は使者たちの従者の所業のしらせをうけ取ると、兵士を集め、市民にも武器を持たせて一行の泊まる宿へ押しかけた。使者たちは突然眠りからたたき起こされ、降ってわいた争乱に驚いた。進攻した一団の指揮官は叫んで言った。

「武器を持たずに外に出られよ。我々が殺人の捜査をするのを邪魔しないように」

まだことの次第を何も知らない使者たちはこれを聞いて恐怖にふるえ、丸腰でも安全に外へ出られることを保証してほしいと頼んだ。進攻した人々はそれを約束したが、昂奮していたために実際には約束を守らなかった。ボディギシルスが出て来ると彼らは剣で彼を斬殺した。エウアンティウスも同様の目にあった。二人が遺体となって宿の入口に横たわるとグリポは武器を持ち、従者たちを連れて出て来て言った。

「何が起きたのか当方は何も知らないままです。それなのに何ということですか、私の道連れである皇帝への使者が剣で切り殺されるとは。我々がこうむった不正とこの人たちの死は神の審判を受け、あなた方は滅びますぞ。我々は何も悪意なくおとなしくやってこんな目にあわされたのですからね。こうなったら我々の王とあなた方の皇帝との間の和平ももはやおしまいですな。我々は和平のために来て、国家間の相互援助を申し出ているのです。君主の間で約束した和平が守られなかったのはそちらの過失です。今日は神ご自身がその証人ですぞ」

グリポがこのように述べると、カルタゴ人たちはおとなしくなって戦闘のしたくを解いて自宅へ帰った。あとで地方総督がグリポを訪ね、行なわれた不始末の詫びを入れて彼の心をなだめ、皇帝へのお目通りの労を取ってくれた。グリポは皇帝の前で使節の用向きを済ませると、自分の同僚の最期について述べた。すると皇帝はひどく狼狽し、キルデベルトゥス王側の出す判決に従って事が処せられる旨を約束してくれた。グリポは皇帝から贈物をいただいて和平を結び帰還した。

三

　グリポの報告をうけ取るとキルデベルトゥス王はただちに軍隊をイタリアへ送るよう命じ、ランゴバルディー人を平定すべき二〇人の将軍を派遣した。

ここにその全員の名を順次書き記す必要は認めないが、アウドヴァルドゥス将軍はウィントゥリオ将軍（巻八、一八）とともにカムパニア（シャンパーニュ）勢を率い、遠征の路上に横たわるメテンシス（メス）の町に接近し、略奪、殺人、暴行を繰り返し、まるで外敵が侵入したような様相を呈した。他の将軍たちも軍陣を張って同様の行動に出て、敵に打撃を与える以前に、自国の領域とそこの住民に甚大な損害を与えていった。

　イタリアに接近するとアウドヴァルドゥスは六人の諸将とともに右方に進路を取ってメディオラネンシス（ミラノ）の町に向い、そこで町から距離を置いた野に布陣した。この時、オロ将軍は、カニニの野中に設置された町側のビリティオ（ベリンツォナ）の砦に不用意に接近し、乳首の下を打ちぬかれて倒れて死んだ。兵士たちは食料を求めて略奪に出かけ、至る所でランゴバルディー人の襲撃を受けて屍を野にさらした。

　さて、メディオラネンシスの町の領内に、ケレシウムと呼ばれる小さな湖（ルガノ湖）があり、そこから、幅は狭いが深い川が一筋流れ出ていた。ランゴバルディー人がこの湖の畔に陣取っているという情報が届き、フランク勢が接近すると、ランゴバルディーのひとりの兵が胸当てを締め、革兜を被り、手には投槍を持って立ち、フランク勢を迎え、フランク勢がその川を渡る前に大声で呼びかけた。

「今日こそは、どちらの側に神が勝利をもたらしてくれるか知ろうではないか」

これはランゴバルディー側の戦闘準備が整った合図だったと思われる。少数のフランク戦士が川を渡り、このランゴバルディー戦士に決戦を挑み、彼を倒した。するとランゴバルディー全軍が方向を変えて逃走し始めた。残りのフランク兵も川を渡って来たが、彼らは敵兵には遭遇せず、陣営のあとに竈や天幕などの用具を発見したのみだった。

　フランク勢が、戦果むなしく自陣に戻ると、皇帝（東ローマ）の使者が現れて、フランクへの加勢軍が到着したと述べて言った。

「三日後に我々はこの加勢軍と一緒にやって来ます。そのしるしは、山上の館に火を放ちますので、建物が焼けて煙が高く昇ったら、我々がお約束した軍勢が到着したのだと思って下さい」

フランク軍はこの言葉を信じて六日待ったが彼らはまったく姿を見せなかった。

ケディヌスは、一三人の将軍とともにイタリア左方向に侵入した。五個の城塞を占領して彼らから誓約をうけ取った。しかし慣れない外国の空気が災いしてかひどい赤痢が軍隊を襲い、大勢の兵が命を落とした。

その後、風が雨を運んで来、まもなく熱気が収まり、弱った軍隊が健康を回復した。結局、フランク勢は三か月イタリアを徘徊し、たいした成果をあげず、敵が堅陣に頼ったためにこれを成敗することができず、ティキネンシス（パヴィア）の壁から一歩も出なかった彼らの王を捕えこらしめることも叶わなかった。

おまけに前述のように彼らの軍は慣れない気候に悩み飢えに苦しみ、ついに自国への帰還を決心した。彼らは誓約を取って、昔の王に帰属していた所は確保することができたし、そこからは捕虜と戦利品を取ることもできた。しかし、帰還の途中で空腹に苦しんだ軍隊は、武器も衣料品も、自国へ到着する前に食料品と交換せねばならなかった。

ランゴバルディー人たちの王アプタカリウスはグントゥクラムヌス王に使者を送り、以下のような言葉を伝えた。

「最も敬虔な王よ、我々はあなた方のご先祖様にお仕えして来ましたようにあなた方とあなた方の国民にお仕えする所存です。我々は我々の先祖があなた方のご先祖様にした誓いを今更、ゆめ破ろうとはいたしません。したがってなにとぞわれらへの懲罰は中止してくださるようお願い申しあげます。我々は一致して平和の下で暮すべきです。さすれば我々もまさかの折には敵に対し援軍をさし向けることができます。われらの周囲でうるさく騒ぐ敵が、もしもわれらの間には一致した平和が保たれていると知ったならば、彼らはふえあがり、もはやわれらの不一致から得る利益を味わうことができなくなりましょう」

グントゥクラムヌス王はこの使者の言葉を受け入れ、使者たちを甥のキルデベルトゥス王の所へ送った。使者たちはそこでも同様の提案を繰り返したが、彼らの滞在中に別の使者団が到着してアプタカリウス王の死と、後継ぎパウルスの戴冠の次第を伝えた。この新しい使者たちも前に記したのと同様の提案を述べた。しかしキルデベルトゥス王は即答せず、決定は後日知らせると伝えて彼らを去らせた。

四

皇帝マウリキウス（巻一〇、二）は前年キルデベルトゥス王の使者を殺害したカルタゴ人に手枷をはめ、鎖で縛って王の所へ送ってよこした。それは計一二人の男たちで、もしも王が処刑を望むならばそうして良く、また、王の方で彼らの返還に応ずる場合には一人につき金貨三〇〇枚であがない戻すという条件が付いていた。王がどちらを望むにせよ皇帝の方はことを穏便に済ませ、双方の間に争乱の種を植えたくないということであった。

しかしキルデベルトゥス王はこの囚人たちの受け取りを躊躇して言った。

「あなた方がつれて来たこの男たちが本当に例の殺人者なのか、あるいはまったく別人で、誰かの奴隷の類なのかこちらには見分けがつかぬ。あなた方の所で難にあった我々の使者たちは家柄の良い自由人ばかりだったのだが」

この時、殺された使者たちと一緒に派遣されたグリポも同席し、こう発言した。

「あの町の地方総督が二、三〇〇〇人の人間をかき集めて我々を襲撃し、私の同僚を殺したのです。この修羅場には私も居て、男らしく抵抗しなければ私も殺されていましたよ。あそこへ戻れたら私は誰がその場にいたのかわかると思います。もしもあなた方がおっしゃるように、皇帝がわれらのあるじとの和平を守る決意であるのならば、その真犯人たちこそ処罰されるべきです」

そこで王はこの囚人たちを送り返し、皇帝には改めて使者を派遣する決心をして彼らを去らせた。

五

昔キルペリクス王の厩の別当だったクッパ（巻七、三九）が、そのころトロニカの町の領域に侵入し、家畜やその他の物品を略奪しようとした。

住民たちはこれを察知して彼を追跡した。その結果彼は略奪物を取り上げられ、従僕を二人殺され自分は何も持たずに逃走した。この時彼の別の二人の従僕が捕えられ、捕縛されてキルデベルトゥス王に引き渡された。王は二人の投獄を命じ、クッパが追跡者の手をのがれられたのは誰の援助によるものか訊問するよう指令した。すると二人はそれは当地の裁判権をあずかる代官アニモドゥスのさしがねによると白状した。そこで王はただちに書状を当地（トロニカの町）の領主に送り、アニモドゥスを捕えて王の面前に引き出すことを命じ、もしも当人が抵抗した場合には力で押さえつけて殺すよう指示し、もしも王の寵愛を失いたくなくばその通りに実行すべしと付加した。

しかしアニモドゥスは抵抗せず、保証人を立てて指定された場所に赴き、執事のフラヴィアヌス（巻九、一九）に会って釈明し、仲間（クッパ）とともに無罪だと裁定された。こうしてアニモドゥスはフラヴィアヌスとうまく話をつけ、帰宅の許可をもらった。彼は前もってこの執事に贈物を送っていたのだ。

クッパは自由になるとまたも仲間をかき集め、今度はキノマニス（ル・マン）の今は亡きバデギシルス司教（巻八、三九）の娘を誘拐して結婚しようとした。彼は一味で徒党を組み、夜、マロヤレンシス（マリュイユ）の館に侵入し、おのが欲望を満たそうとした。

しかし一家の女主人でこの娘の母のマグナトゥルディスがクッパの悪だくみをあらかじめ察知し、家人をひきつれて彼をむかえ撃ち、力で撃退した。クッパ側は大勢の怪我人を出し、屈辱を受けて退却した。

六

アルヴェルヌス（クレルモン）で、ある夜、神の合図で囚人の縛めがとけ、牢獄の門がはずれて彼らが外へ出て来た。彼らは教会へ逃げこんだが、領主のエウラリウス（巻八、一八）は、彼らに重い鎖を課するよう命じた。しかし鎖が彼らに課せられると、たちまちそれは脆いガラスのように砕け散った。司教アヴィトゥス（巻五、一二）の周旋により、囚人たちは解放されてそれぞれの戻るべき所へ帰った。

七

キルデベルトゥス王は、この町（アルヴェルヌス）の教会、僧院、教会に関係する僧侶と教会の用をつとめる者全員に対する課税を気前良く免除した。そもそもここの収税吏たちは税の徴収で大きな損失を蒙っていた。長年にわたる世代間の財産遺贈の繰り返しで財産が細分化された事例が多く、税の徴収がかなり困難になっていたのだ。そこで神から発案をいただいた王は次のような修正を命じた。それは、これら国庫に入るべき課税に関し収税吏がその損失を償うべきではなく、また教会の畑の耕作者からの納入物の遅延の代償を求めてはならない、というものだった。

八

アルヴェルヌス（クレルモン）、ガバリタヌス（ジャヴォル）、ルテヌス（ロデズ）の境界で、故デシデリウス将軍の未亡人テトラディア（巻八、四五）を告発する公会議が開かれた。領主のエウラリウス（彼女の前の夫）が、彼女が自分のもとから逃走する際に運び出した財産返却を彼女に求めたのである。一体なぜ彼女がエウラリウスを捨ててデシデリウスのもとへ走った（巻八、二七）かを少し詳しく述べねばなるまい。エウラリウスは若さにまかせてかなり無茶苦茶な生活を送り、たびたび母から注意を受けて、本来ならば愛すべき母を憎んでいた。彼女はしばしば自宅の礼拝堂で、家の者たちが寝静まった後、涙にくれつつ祈りながら夜を明かす習慣があったが、ある時、彼女はこの礼拝堂内でキリキアの粗衣（勤行の時に身につける）を着たまま絞殺死体で発見された。誰のしわざか確たる証拠のないまま母殺しの罪が息子に帰せられた。

このことを聞いたアルヴェルヌスの司教カウティヌス（巻四、七）は彼を共同体から追放した。さて、幸多き殉教者ユリアヌスの祭礼の日、大勢の市民が司教の所に集まったが、この時エウラリウスは司教の足許に身を投げ出して、自分は、取り調べを受けないで追放されたのだと訴えた。司教は彼に他の人々と共にミサ・ソレムニスにあずかることを許した。さて聖体拝受の時が来てエウラリウスが祭壇に近づくと、司教は言った。

「あなたが母上を殺害したとの噂が広がっていますが、私はあなたがそれを犯したのかどうか本当のところは知りません。私はこの判決を神と幸多き殉教者のユリアヌスにゆだねます。あなたが、ご自分で主張なさるように実際に無罪であれば、どうぞ祭壇に寄って聖餐のパンの一切れを取ってお食べください。神があなたの良心の証人になります」

そこで彼は聖餐のパンを受け取り、それを食べて退出した。

彼の妻テトラディアは、貴人の母と身分の低い父との間の子だった。彼女の夫は、家では妻をないがしろにして女中たちに手をつけ、愛人の所から帰宅すると、しばしば妻にひどい暴力をふるった。そして放蕩に明け暮れて借金を作り、その穴埋めに妻の装身具や金を持ち出して蕩尽した。このため妻はひどい困窮状態に追い込まれ、夫の家で保って来たあらゆる名誉を失った。

そして夫が王の所へ出かけて留守の間、彼女は夫の甥のヴィルス――これはその男の名前なのだが（原文では、「ヴィルスから a Viro」は「夫から a viro」と同形になるため、作者は「名前」であることを強調している）――から、激しい恋慕の情を寄せられた。たまたまこの男は妻を失っていたので、彼女を自分の妻にしたく思った。しかし伯父の仕返しを恐れたヴィルスは、テトラディアをデシデリウス将軍の所に預けた。彼は時が来たら彼女と結婚する決心だった。彼女の方は家を出る時、夫の金銀や衣類など持ち出せるものはすべて運び出し年上の男の子もつれて来た。

年下の子は家に残した。

さてエウラリウスは旅から帰り、行なわれたことを知った。彼は、最初の昂奮が収まりやや冷静さを取り戻すと、自分の甥に襲いかかって、アルヴェルヌスの山間の隘路で彼を殺した。ヴィルスが殺されたことを耳にしたデシデリウスは、自身も妻をなくしたばかりだったので、テトラディアを自分の妻にしてしまった。

エウラリウスはルグドゥネンセ（リヨン）の尼僧院から少女を誘拐して自分のものにした。しかしエウラリウスの愛人たちが、噂によると、嫉妬にかられて魔術で彼の心を惑わせた。後になって彼は誘拐した少女の従兄弟のエメリウスを襲って殺害した。また、義母の兄弟で、父親の妾腹の子のソクラティウスをも同様に殺した。その他彼の悪事は枚挙にいとまがない。

テトラディアと一緒に逃亡した彼の息子ヨハネスはデシデリウスの所を脱出してアルヴェルヌスに戻った。ちょうどそのころイノケンティウスがルテヌス（ロデズ）の司教職を求めている最中だった（巻六、三八）が、エウラリウスは彼に書状を送り、彼の町の領域内の自分の財産を司教の尽力で取り戻していただきたいと述べた。するとイノケンティウスは言った。

「息子さんをひとりいただき、僧にして手許に置いて重宝させていただきたい。それが叶えられたらあなたの望みも叶えましょう」

そこでエウラリウスはこのヨハネスをイノケンティウスの所へ送り、自分の財産を取り返した。イノケンティウスはヨハネスをうけ取ると彼を剃髪し、自分の教会の主助祭の地位を与えた。この少年は禁欲に励み、小麦のかわりに大麦を食し、葡萄酒のかわりに水を飲み、馬ではなくて驢馬を用い、最も粗末な衣服を着ていた。

こうした事情のもとで前述の会議が、前に述べた諸都市の境界線上で、主な俗人も交えて開催された。テトラディアはアギヌス（巻九、一九）につき添われて現れた。エウラリウスが進み出て彼女を告発し、自分の家から彼女がデシデリウス将軍の所へ持ち出したものの返還を要求した。判決が下り、彼女は、運び去ったものを四倍に弁償し、デシデリウス将軍の所で生んだ子供たちは庶子とすると定められた。しかし彼女が、課せられた額をエウラリウスに弁済すれば、彼女のアルヴェルヌス帰還は彼女の自由とし、彼女が父方から受け継いだ財産は全く自由に処分して良いことになった。実際、その通りに事が運んだ。

九

この間、ブリタニー人はさかんにナムネティカ（ナント）、レドニカ（レンヌ）の町の付近を荒し回った。グントゥクラムヌス王は彼らに対し軍勢をさし向けるように命じた。ベッポレヌス（巻九、一三）とエブラカリウス（巻九、二八）が将軍として軍をひきいた。しかしエブラカリウスは、ベッポレヌスと勝利をともにすれば、彼が自分の将軍領をも欲しがるのではないかと邪推して彼に敵意を抱いていた。

二人は道中、非難し合い、大声でののしり合い、口論をくり返した。彼らは行く先々で、放火、殺人、略奪などあらゆる悪事を重ねた。かくて軍勢はヴィキノニア（ヴィレーン）川に至り、そこを越えて、ウルダ（ウスト）川のほとりにたどり着いた。彼らはそこの近隣の家々をとり壊して川に橋をかけ、全軍が対岸へ渡った。

この時ベッポレヌスの下に従軍していた一人の司祭が言った。

「私について来てくださるならば、ワロクス（巻九、一八）のところへご案内いたします。ブリタニー人を一か所に集めて御覧に入れましょう」

フレデグンディスは、かねてから敵意を抱いていた（巻八、四二）ベッポレヌスがこの遠征に参加することを聞くと、バヨカシニー（バイユーの住民）のサクソネス人にブリタニー人のように髪を刈らせ、ブリタニアの服装をさせてワロクスの加勢をするように命じていた。

さてベッポレヌスは、志願者を募って前進して戦闘に入り、二日間の戦いで多くのブリタニー人とこのサクソネス人を殺した。しかしエブラカリウスは大部隊を擁してベッポレヌスから離れ、彼が戦死したと聞くまでは戦闘に加わるまいと決めていた。戦闘は三日目に入り、ベッポレヌスに従った者は討ち死にし、将軍自身も傷を負いながら槍をふるって闘っていた。ワロクスと例の加勢の軍がどっと彼に襲いかかって彼を討ち取った。ワロクスは敵を隘路に誘い、沼地に追い込んだのだ。そこで兵士たちは剣というよりむしろ泥沼のために命を落とした。

エブラカリウスはヴェネトゥス（ヴァンヌ）の町に接近した。当地の司教レガリスが配下の僧侶に十字架を持たせ賛美歌を歌わせて彼を出迎え、彼らを町へ案内した。

そのころワロクスが海上の島へ逃げようとして船に金銀その他の財宝を積んで沖へ出たが、大風に出遭って船が沈み、積み込んだ物を失ってしまったとの噂が流れた。やがてワロクスはエブラカリウスの所へ出頭して和平を乞い、人質とたくさんの贈物をさし出した。彼は自分はもはや決してグントゥクラムヌス王の安寧を脅かすようなことはしないと約束した。ワロクスが去ると、司教のレガリスが僧団と土地の人々とともに同様の誓いをして言った。

「私たちは私たちの上に立つ王様たちに対し何らやましいところはありませんし、王様の安寧を脅かすような傲慢な気持は露程もありません。ですが私たちはブリタニー人の脅威にさらされていて彼らに従わざるを得なかったのです」

ワロクスとエブラカリウスとの和議が祝われると、ワロクスは言った。

「お帰りになったらこうお伝えください、私は王の命じたまうところはすべて実行する所存です。このことをもっと確実に信じていただくために、私は私の甥を人質にさし出します」

実際そのように事が運び、戦争は終った。この戦いでは王の軍勢にもブリタニー人の側にも大勢の犠牲者が出た。軍勢はブリタニー人の国から引き上げて行った。壮健な兵は川を渡ったが、弱兵と、彼らと行動を共にしていた貧しい者たちは即座に川を渉ることができなかった。彼らはヴィキノニア（ヴィレーン）の川向うに取り残されていた。するとワロクスはさし出した誓約と人質のことを忘れ、自分の息子カナオに軍勢をつけて送り出した。

彼らは川岸の兵を見つけると、逮捕して捕縛し、抵抗する者は殺した。馬で川を渡ろうとした少なからぬ兵は川に押し流されて海へ運ばれて行った。後にワロクスの妻が自由を保障する板札と蠟燭を持たせて多くの者を解放してやり、彼らはそれぞれ故国へ帰って行った。

先に川を渡ったエブラカリウスの軍勢は、以前に進んだ道を戻れば自分たちが往路に行った狼藉の仕返しを受けるのではないかと恐れ、アンデカヴァ（アンジェ）の町に向った。彼らはメドゥアナ（マヤンヌ）川の橋を目指した。しかし先に橋を渡った少数の部隊は橋のたもとで略奪をうけて倒れ、あらゆる屈辱にさらされた。トロニクム（トゥール）の領域を通過した兵は強奪を行ない、多くの獲物を探し出した。土地の住民たちは突然の襲撃に対し何の対策も用意していなかった。

この軍の将兵の多くは、グントゥクラムヌス王のもとへ出頭すると、将軍エブラカリウスと領主ウィラカリウス（巻七、一三）はワロクスからお金をうけ取って軍勢を破滅に導いたと述べた。このためエブラカリウスは出頭すると、王からさんざん叱責の言葉を浴びせられて退出を命じられた。領主のウィラカリウスは逃げ回って出頭しなかった。

一〇

キルデベルトゥス王の統治一五年目、グントゥクラムヌス王の統治二九年目、グントゥクラムヌス王は、ヴォサグス（ヴォージュ）の森で狩をして野牛が倒されたあとを見つけた。王の森でかかる厚かましい行為を行なった者は誰か、森番を厳しく問い詰めると、それは王の侍従のクンドだと森番は白状した。これを聞くと王はクンドを逮捕し捕縛してカヴィロヌム（シャロン）に連行するよう命じた。

さて森番とクンドが王の御前に出頭すると、クンドは、非難されているようなことは身に覚えがないと言った。そこで王は両者に決闘を命じた（神の裁きを見るため）。そこで侍従は自分の身代わりに甥を立ててこの決闘を引き受けさせた。

さて両者が決闘場に現れると、甥は森番に向って槍を投げ、槍は森番の足を砕き、彼はあお向けに倒れた。すかさず甥は剣帯から短剣をひき抜いて敵の首を取ろうと駆け寄った。しかし森番は傷を負いながらも短剣で相手の腹を突いた。両者は倒れて共に息をひき取った。クンドはこれを見て聖マルケルスの聖堂に逃げた。しかし王は彼が聖域に足を踏み入れる前に彼を捕縛するようにと叫んだ。彼は捕えられ、杭に縛られて石投の刑に服した。しかし王はそれからすぐに、自分が逆上して些細な過失で自分に忠実に仕えたかけがえのない人間を簡単に殺してしまったことを後悔した。

一一

故キルペリクス王の息子クロタリウス（クロタカリウス）は、重い病気にかかった。病状は思わしくなく、このためグントゥクラムヌス王の所には、王子が死んだという知らせが届いた。そこで王はカヴィロヌム（シャロン）を離れパリシウス（パリ）へ向い、シノニカ（サンス）の領域に入った。しかし王子の病状が回復したと聞いて引き返した。

王子の母フレデグンディスは、息子の病状が重いのを見て、聖マルティヌスの聖堂に多額の喜捨を行なった。このことが子供の命を救ったようである。

また彼女は、ワロクス（巻一〇、九）の所へ使者を派遣し、グントゥクラムヌス王の兵士でいまだにブリタニー人の所に留置されている者達を、自分の息子の回復祈願のために解放するよう言い送った。ワロクスはその通りにした。このためベッポレヌスの死と軍勢の総崩れ（巻一〇、九）にはこの女（フレデグンディス）も陰で関与していたことが明らかになった。

一二

前の諸巻（巻五、二一など）で述べたように、尼僧インギトゥルディスは聖マルティヌスの大広間《アトリウム》に尼僧院を建てていたが、病気になり、自分の姪を院長に任命した。

尼僧たちはこの事にひどく不平を述べた。しかし我々が介入してこの不和は収まった。インギトゥルディスは自分の娘とも争っていた（巻九、三三）。娘が自分の財産を横領したと彼女は言い、彼女を自分が創立した尼僧院にお参りさせたり、自分の墓参りをさせないようにと頼んで回った。

さて、彼女は八〇歳だった、と私は思うが、やがて息を引き取り、最初の月（三月）のイードゥースから七日前の日（三月九日）に葬られた。彼女の娘のベルテグンディスはトロヌス（トゥール）まで来たが、参入を拒否されてキルデベルトゥス王の所へ行き、母に代わってこの尼僧院を支配する許可を求めた。

王は、母と交わした誓約を忘れ、手ずから署名して効力を強めた別の特許状を彼女に与えた。これは、彼女の父母の全財産を彼女の所有に帰せしめ、インギトゥルディスが尼僧院に残したすべてのものを彼女の支配下に置くものだった。彼女はこの書状を持って乗りこんで来て、尼僧院の家具一切を持ち去って行った。僧院内には白い壁以外の何も残らなかった。

また彼女は自分の周りにあらゆる種類の犯罪者を集め、暴力沙汰に備えていた。彼らは敬虔な人々が農園から奉納した収穫物を持ち去ろうと狙っていた。彼女はこうした種々の悪だくみを行なったがそれらを一々書き記すことはとてもできない。彼女は今述べたように財産をかき集めてペクタヴス（ポワティエ）へひき上げて行った。そして自分に一番近い血縁者の尼僧院長に色々でっちあげた嘘の罪をかぶせていた。

一三

このころ我々の司祭のひとりがサドカイ人の悪い影響（「復活なしと主張するサドカイ人ら」マタイ伝、二二、二三）をうけて、未来に復活などないのではないかと言った。

そこで我々が、聖書の文言や伝承された使徒たちの証言を示して反論すると、彼はこう言った。

「一般にお説のように言われていることは知っていますが、だからと言って復活が確実にやってくる保証にはなりません。特に神は、お手ずから創造したまうた最初の人間（アダム）をお怒りになり、『なんじは顔に汗して食物を喰らい、ついに土に帰らん。そはその中より汝は取られたればなり。なんじは塵なれば塵に帰るべきなり』（創世記、三、一九）とおっしゃって、いかなる神のお言葉もこの塵に帰った人間の復活は約束してはいません。未来の復活を主張する皆さんはこれにどうお答えになるのでしょうか」

そこで私は言った。

「この件に関して我々のあがない主（キリスト）ご自身、また我々の先達《せんだつ》の先祖の方々がどう述べておられるか、カトリック教徒ならば知らぬ者はいないと思います。『創世記』では始祖の方々が亡くなる時には、神は、『汝は齢《よわい》高齢におよんで葬られその民に加えられるべし』（創世記、二五、八など）と述べておられますし、カイン（巻一、二）に向っては、『汝の弟の血の声、地よりわれに叫ぶ』（創世記、四、一〇）と語りかけておられる。ですから、魂が肉体を離れた後にも生き続け、未来の復活を待ち続けていることは明らかです。ヨブについても、彼が死者の復活の日によみがえるだろうと書かれています（ヨブ記、一九、二五）。また預言者ダビデも神のペルソナをかりて復活を予見し、『眠れる者、復活を望まんや』（詩篇、四一、九。ウルガタ訳による）と歌っています。これは、死の眠りに圧《お》しつけられた者もやがて復活に達することを述べているのではありませんか。

さらに、イザヤも死者の墓所からの復活について述べ（「汝の死者は生き、わが民の屍は起きん」イザヤ書、二六、一九）、預言者エゼキエルも、枯れた骨が皮膚でおおわれ、たくましく筋肉をつけ、血管を備え、魂を吹き込まれて人間として再生される、と述べて（エゼキエル書、三七、四〜）、確かに未来の復活のことを教えているのです。

エリシヤの骨に触れて、その徳力で生き返った死者の話（列王紀略下、一三、二一）も復活の明白な証言です。『死人の中よりまっさきに生まれたまいし』（ヨハネの黙示録、一、五）主（キリスト）は、死をうちくだいて、墓所から死者に命を与えたまうた方ですが、ご自身、明白に復活を遂げられました」

すると司祭は言った。

「主が人間となり、死んで復活を遂げたまうたことは私も疑いません。ただ、他の死者たちも復活するのかどうか、ここが疑問なんです」

これに対し私は、

「神が創造したまうた人間を永遠の死にうち捨てておかないためでなければ、一体何の必要があって神の子は天から下り、肉をまとい、死に赴き、下界へ降って行かれたのですか。その下界では主の受難の時まで閉じこめられていた正しい人々の魂が、主の降臨によって解放されたのです。主は、下界へ下り、暗黒に新しい光をもたらし、この人々の魂がこれ以上苦しみを受けることがないように、彼らをご自身と一緒に引き上げてくださったのです。それは、『また死者たちその墓より甦えり』（未詳）と歌われた通りです」

と言った。すると司祭は尋ねた。

「一体どうやって灰になるまで焼かれた骨がまた命を得、生きた人間としてよみがえることができますか」

これに対し私は答えた。

「たとえひとりの人間が、粉々に打ち砕かれ、大風に吹かれて大地や水上にばらまかれても、これに命を返してよみがえらせることは神には容易なことだと我々は信じています」

すると司祭は言った。

「私は皆さんはとても間違っていると思う。獣に引き裂かれ、水に沈み、魚の口に喰らわれ、糞になって投げ出され、原形をとどめず消化しつくされ水中に拡散されて漂い腐敗して大地に紛れてしまった肉体が復活するなどと言うのは、甘い言葉で人を籠絡《ろうらく》しようとしているのと同じではありませんか」

これに対し私は答えた。

「お忘れのようですね。福音作者のヨハネは主の胸にもたれて（ヨハネ伝、一三、二三）、神秘に満ちた聖なる秘密を探求し、『黙示録』中で、『海はその中より死人を出だし』（ヨハネ黙示録、二〇、一三）と語っています。つまり、いかに魚が人間の肉体をのみこみ、鳥の翼が引き裂き、獣がそれをくらっても、神はちゃんとそれを元にもどして復活へ導いてくださるのです。いまだ生れざるものを無から創造したまうた神には失われたものをつぐなうことなどまったく簡単なのです。神が肉体を元通り完全に復元して下さるので、かつて地上にあった肉体は、その功罪に従った賞罰をうけることになるのです。

主自ら、聖書の中で、『人の子は、父の栄光もて、み使いたちとともに来たらん、その時、おのおの行ないにしたがいてむくゆべし』（マタイ伝、一六、二七）とのべておられます。

あのマルタ（ヨハネ伝）は、兄弟のラザロが亡くなってすぐに生き返ることを信ずることができず、『（ラザロは）終わりの日、復活の時に甦るべきを知る』（ヨハネ伝、一一、二四）と言ったのですが、主はこれに、『我は復活なり、生命なり（同、一一、二五）、真理なり生命なり（同、一四、六）』と答えておられます」

すると司祭は尋ねた。

「それではどうして『詩篇』は、『悪しき者は裁きの場に立たず』（一、五）などと歌うのですか」

私は答えた。

「悪しき者が裁きを行なうことはあり得ませんが、彼らも裁きを受けるためにはやはりよみがえるのです。しかし無論彼らの行為を審議する裁判官が彼ら悪しき者と同席することはあり得ません」

司祭はなおも食い下がり、

「主は『福音書』では、『信ぜぬ者はすでに裁かれたり』（ヨハネ伝、三、一八）と述べておられます。これは、そんな人は復活するまでもなく滅びるということなのではありませんか」

と尋ねた。私は答えた。

「いやそんな人は、神のひとり子を信じなかったがゆえに永遠の苦しみを受けるべく裁かれるのです。しかし、肉体を持っていた時に犯した過ちの罰をうけるためにはまず肉体の中に復活する必要があります。死者たちは復活せずに裁きをうけることは不可能です。

聖者たちは、亡くなって墓に入っていても、しばしば徳力を発揮して盲人には光を与え、足の利かぬ者には健脚を恵み、癩病患者を清め、その他の病弱な人々にも様々な恩恵を与えて下さるのですが彼らは皆天上に留まっているのです。同じように、咎《とが》のある人々は下界の牢獄の中に審判の時まで留置されているのだと我々は信じています」

これに対し司祭は尋ねた。

「『詩篇』では、『風すぐれば失せてあてどなく、その生《お》いいでし所に問えどなお知らざるなり』（一〇三、一六）と歌われていますが」

私は答えて、

「それは地獄の業火で焼かれた富める人々のたとえ話なのです。主は『なんじは生ける間、なんじの良き物をうけ、ラザロは悪しき物をうけたり』（ルカ伝、一六、二五）とおっしゃいました。この富める人々は、死後にはもはや紫色の華美な衣服も上等な布も、空、山、海の恵みの、宴のおいしい食物も知りません。同じように貧しかったラザロも富める人の家の門口に身を横たえていた時に得た傷や汚物のこと（ルカ伝、一六、二〇）をもはや知らないのです。そしてラザロがアブラハムの膝に休らっている間、富める人々は紅蓮《ぐれん》の炎に焼かれるのです」

と言った。司祭は食い下がって、

「また『詩篇』の文句ですが、『その気息《きそく》いでゆけば、彼、土に還る、その日かれがもろもろの企ては滅びん』（一四六、四）とあります」

と言った。私はそれに答えて言った。

「その通りですとも、人間から気息が出てゆけば、死者の肉体は残りますが、それはもはや地上に残してきたもののことなど何も考えません。あなたのおっしゃる通りです。彼はもはや家を建てることも、木を植えることも、畑を耕すことも考えませんし、その他のこの世の富のこともまったく念頭にありません。こうした考えは死者の肉体からは消え失せるのです。『その中に魂なければなり』（エレミア記、一〇、一四）です。

そもそも自分の中で『キリストが語りたまう』（コリント後書、一三、三）と述べたパウロスが明確に示した復活を、なぜあなたは疑うのですか。『われらは洗礼によりて彼とともに葬られ、その死にあわせられたり。これキリストの死人のうちより甦りたまいしごとく、われらも新しき生命に歩まんためなり』（ロマ書、六、四）と彼は述べていますし、また、『ことごとく甦る、されどことごとく化すにあらず。ラッパの響きとともに死者は朽ちずに甦り、われらは化す』（コリント前書、一五、五二より）とも述べています。

さらにまた彼は、『この星はかの星と栄光を異にす、死人の復活もまたかくの如し、朽ちる物にてまかれ、朽ちぬものに甦る』（同、一五、四一～四二）とも述べ、『われらはみな必ずキリストの裁きの座の前にあらわれ、善にもあれ悪にもあれ、おのおの自身のなしたることについて報いをうくべし』（コリント後書、五、一〇）とも述べています。

彼はまた、テサロニケ人に向けて、未来の復活を明白に示しました。彼は述べています、『すでに眠れる者のことは、なんじら知らざるべからず。望みなき他の人のごとく歎かぬためなり。われらの信ずるごとく、イエスもし死して甦りたまいしならば、神は眠りにつきたる者を、イエスの導きによりてイエスとともに連れ来たりたまうなり。われら主の言葉もてなんじらに言わん。われらのうち主の来たりたまう時に至るまで生き残れる者は、すでに眠れる者よりも先には行かず。主は、号令と、み使いの長の声と、神のラッパとともに自ら天より降りたまわん。その時、キリストのもとにある死人まず甦り、後に生きて残れるわれらは彼らとともに雲の内に取り去られ、空中にて主を迎え、かくて永遠に主とともに居るべし。さればこれらの言葉もて互いに相慰めよ』（テサロニケ前書、四、一三～一六）と。これを証明する事例は幾らでもあるのです。それなのになぜあなたが復活を疑うのかわかりません。聖者たちは功績のゆえに復活を待ち望み、罪人たちは悪事のゆえにそれを恐れるのです。

我々が目にする自然界もこの復活を示してくれます。夏には葉におおわれた木々も冬には葉を失い、春の訪れとともに、まさに復活する人々のように、以前に身につけていた葉の衣服でおおわれるのです。地面にまかれる種もまたこのことを示しているではありませんか。畦《あぜ》にまかれたものは、一旦は死んで後に何十倍もの実をつけてよみがえる（ヨハネ伝、一二、二四）のです。パウルスも、『愚かなる者よ、汝の蒔《ま》く所のもの先ず死なずば生きず』（コリント前書、一五、三六）と言っています。

これらのことはすべて世界に向って復活の信仰を説いているのです。もしも将来に復活が待っていなければ、良い行ないをしても得るところがなく、悪い行ないをしても別に不都合はありません。そうなれば誰でも自分の欲望のままにしたいことをすれば良いということになります、もしも復活が将来に待っているのでなければ。

主ご自身が幸多き使徒たちに述べておられる所を読んで怖くならないとすれば、あなたは不信心者ですよ。それは、『人の子、その栄光の座に来たる時、その前に諸々の国人集められん。これを互いに別つこと、牧羊者が羊と山羊を分かつごとくして、羊をその右に、山羊をその左におかん。彼、彼らに言わん、祝されたる者よ、来たりて国を継げ。また別の者に言わん、わが前より去れ、悪しき働き手よ』（マタイ伝、二五、三一～三三）という言葉です。『聖書』には、『これらの者は去りて永久の刑罰にいり、正しき者は永遠の生命に入らん』（同、二五、四六）と確かに書かれているのです。

主ご自身がそれをなさる時に、死者たちの復活と彼らの仕事の裁きが行なわれるのだと、考えていいのではありませんか。使徒パウルスが他の不信心者に、『もしキリスト甦りたまわざりしかば、われらの説教も空しく、なんじらの信仰もまた空しからん』（コリント前書、一五、一四）と答えた言葉は、あなたへの答えでもあります」

これを聞いて司祭は心悲しみ、私が述べた『聖書』の文言に従って復活を信ずることを約束して、我々の前から去って行った。

一四

パリシアカ（パリ）の町の助祭テウドゥルフスは自分は諸事に関して博識だと思い込んでいて、このため争いごとが絶えなかった。

彼はパリシウス（パリ）を離れてアンデカヴス（アンジェ）へ赴き、当地の司教アウドヴェウスと親交を結んだ。

二人はともにパリシウスで暮したことがあり旧知の間柄だった。パリシアカの司教ラグネモドゥス（巻九、六）は、テウドゥルフスが助祭をつとめる教会へ滅多に足を向けぬため、再三彼を破門に処していた。この男は前述の司教（アウドヴェゥス）にべったりの有様だったが、司教は善良な人柄で性格が穏やかだったので厚かましい助祭を遠ざけることができなかった。

さて、この司教が市壁の上に見晴台《ソーラーリウム》を設置して宴会を催したことがあったが、降りる時にこの助祭の肩に手をかけて身体を支えた。助祭はワインに酩酊していて足許がおぼつかなかった。何が原因かわからないのだがこの時、助祭は、自分の前を灯《あか》りを持って進んでいた従僕の首を拳骨でなぐりつけた。ところが彼は、打った反動で身体の平衡をくずし自分の力にふり回され、壁からまっ逆さまに墜ちて司教の帯から下がっていた手ぬぐいをつかんだ。大急ぎで僧院長が司教の足を支えなければ司教も墜落するところだった。助祭は舗石に激突して胸郭と肋骨を砕き、胆汁と血を吐いて息を引き取った。彼は酒に明け暮れて放蕩に身を任せていた。

一五

悪魔が種をまいたペクタヴェンセ（ポワティエ）の尼僧院の争乱（巻九、三九〜）は、日に日に混迷の度を増して行った。クロディエルディスは先に述べたように人殺し、魔術師、女たらし、逃亡者、その他あらゆる種類の犯罪者を集めて良からぬ企みに没頭した。

彼女は、彼らに夜、尼僧院に侵入し、尼僧院長を外へひきずり出すよう命じた。院長は気配を察し、自分を聖なる十字架（キリストの聖遺物）のおさめられた箱の所へつれて行ってほしいと頼んだ。彼女はひどい痛風に悩まされてこの聖遺物のご利益《りやく》にすがっていた。

さて、ならず者たちは蠟燭に火をともして侵入し、武器をかざして尼僧院中を徘徊し、院長を探しまわった。彼らは礼拝堂に侵入して聖十字架の箱の前の床に横たわる院長を発見した。この時、この無礼な一団の中でも特に乱暴なひとりが剣で院長を害しようとし、何らかの霊力の関与だと思うが、別の者から短刀で刺された。血が噴出し、この乱暴者は床に倒れ軽薄な気持で行なおうとしたことを果せなかった。その間に主席尼僧のユスティナが他の尼僧たちと一緒に、蠟燭の火を消して、主の十字架の前の祭壇の垂幕で院長を覆った。

しかし抜身の剣や槍を持ったならず者たちは尼僧たちの衣服を裂き彼女たちの手をしりぞけ、暗がりだったので院長と間違えて主席尼僧をつかまえ、彼女の服を切りさき髪をかき乱し、監禁するため聖ヒラリウスの聖堂（巻九、四〇）へ連行した。ところが聖堂近くまで来て空が白んできて、連行したのが院長でないとわかると、すぐに彼女に尼僧院へ帰るように命じた。

彼らは尼僧院へ引き返し、院長を捕縛すると、聖ヒラリウスの聖堂に接したバシナ（巻九、三九〜）の宿へ連れて行き、誰も彼女を救出できないように入口に見張りを立てた。それからまた、夜闇に紛れて尼僧院へ侵入し、明りをともす手段がなかったので納戸から瀝青《れきせい》を塗ってすでに乾いていた桶を運び出して火を放ち、その明りの下で尼僧院の家具類を略奪した。あとに残ったのは運び出せないものばかりだった。事が起きたのは復活祭の七日前の日だった。

司教（マロヴェウス）はこうしたことを苦々しく思っていたが、この悪魔のしくんだ争乱をしずめることができなかった。彼はクロディエルディスの所へ人をつかわして言った。

「しばらくの間だけでも院長を解放してもらえませんか。でないと主の復活祭の祝いに支障をきたします。院長が監禁されたままでは、洗礼（復活祭に行なわれる）を希望する人もこの町では受けられなくなります。もしも願いを聞いてもらえないようならば、市民たちを集めて院長を奪回します」

これを聞くとクロディエルディスはただちに刺客を指定して、

「もしも誰かが院長を奪おうと試みるならば、すぐに剣で彼女を殺せ」

と指図した。しかし偶々このころ、最近、王室執事の地位を得たばかりのフラヴィアヌス（巻九、一九）が当地に滞在し、彼の尽力によって院長は監禁を解かれて聖ヒラリウスの聖堂に戻った。

この間、聖ラデグンディスの墓地で人が殺された。また、幸多き十字架の箱の前でも争乱のあおりを食って流血騒ぎがあった。こうしてクロディエルディスの思い上がりのせいで、狂乱は日に日にひどくなっていった。殺傷が日常化し、暴徒たちはこれまで述べたのと同様な災難を続けた。

クロディエルディスは傲慢にふくれあがって従姉妹のバシナを上から見下すようになってきたので、バシナは後悔の念に襲われ、言った。

「思い上がったクロディエルディスに従ったのは間違いだった。くやしい、私は彼女に馬鹿にされながら院長に逆らっているのだ」

バシナは心を入れ替え、謙遜な態度で院長の前へ進み出て彼女の許しを乞うた。こうして二人は同じ心と魂を得た。しかしそれからまたも厄介事が勃発した。クロディエルディス一派のひき起こした不和のために院長の従僕たちがこの和平になじめず、バシナの従僕を刺し、この従僕は倒れて死んだ。ことを起こした従僕たちは告白者（ヒラリウス）の聖堂の院長の所へ逃げこみ、このためバシナは院長のもとを離れた。しかし従僕たちが逃亡するとふたりは元の和平を取り戻した。

それからも、両派の間には争いが絶えなかった。これらの災難や殺戮を一々述べて行ったらきりがない。殺人なくしては一日も過ぎず、口論なくしては一時間も過ぎず、涙流れずしては一瞬も過ぎなかった。

ことを耳にしたキルデベルトゥス王は使者をグントゥクラムヌス王の所へ派遣し、双方の王国の司教を集めて、この事態を教会法の制裁の下で鎮圧しようとした。このためにキルデベルトゥス王はアグリピネンシス（ケルン）のエベレギセルスとペクタヴァの町の司教マロヴェウス自身、それに役立たずのこの私などに事に当るよう命令を下した。グントゥクラムヌス王の方は、ブルデガレンシス（ボルドー）の司教グンデギシルス（巻九、四三）に、彼が問題の町（ペクタヴァ）の首座司教だったので、管区下の司教たちと一緒に出るよう命じた。しかし我々はこの命令に抵抗し、言った。

「クロディエルディスによってひき起こされたこの争乱が行政官の裁定で鎮められなければ、我々の出る幕などはありません」

このため当時の領主であったマコ（巻九、四一）に、もしも相手が逆らうのであれば兵力を用いてでも、この争乱を鎮圧せよ、という命令が下った。この知らせを聞いたクロディエルディスは、礼拝堂の扉に武装した殺人者どもを立たせ、行政官が無理矢理侵入して来るようならこちらも戦えと命じた。

そこで領主は軍勢をひきつれて赴き、逆らう者を棍棒でなぐり倒し、槍で刺し、さらに激しく抵抗する者たちを剣で鎮圧せざるを得なかった。これを見るとクロディエルディスは、今まではその威力を見下していた主の十字架を手に取り、一行を出迎え、言った。

「わらわを力で鎮圧してはならぬ。わらわは女王なるぞ。王の娘にして、別の王の従姉妹なのじゃ。あとでわが復讐が及ぶような無体なまねはすまいぞ」

しかし一般の平民は彼女の言葉などにはかまわず、今述べたように抵抗する者たちに襲いかかり、一味を縛り上げて尼僧院からつれ出して杭に縛りつけて激しく打ちさいなんだ。ある者は髪を切られ、ある者は手を切断され、別の者は耳を、また他の者は鼻をそがれた。こうして争乱は手荒く鎮圧された。

その後、聖職者たちが教会の高壇に陣取り、クロディエルディスが連行されて来た。彼女は尼僧院長に対する種々の非難を大声でわめいた。彼女は、院長は尼僧院内に女子の服装をさせて女の仕事をさせている男を使っている、その人物は明らかに男性なのだが常に院長にはべっている、と言って指でその人物をさして叫んだ。

「これがその当人だ」

その男は、確かに女子の服装をしていて、皆の前に立つと、自分は男性としては役立たずなのでこんな姿をしているのですと言った。尼僧院長のことは名前しか聞いたことがなく、彼女を見たこともなければ彼女と話をしたこともない、と言い、自分はペクタヴァ（ポワティエ）の町から四〇ミリア以上も離れた所に住んでいるのだと述べた。これで院長を非難することはできなかったのだが、クロディエルディスはなおも食い下がった。

「院長は、皇帝気取りで男子たちを去勢し、宦官《かんがん》として使っているのです。こんな人物にどんな聖性がありましょうか」

このことを問われた院長がこの件についてはまったく身に覚えがないと答えると、去勢された従僕の名前が告げられた。すると、侍医のレオヴァリスが口を開いて言った。

「この子はまだ小さかったころに股間をいためて絶望的な状態になったのです。そこでこの子の母がラデグンディス様の所を訪問し、この子の面倒を見てはもらえないだろうかと頼みました。ラデグンディス様は私を呼んで、何とかならないかと尋ねました。私は昔コンスタンティノポリターナの都におりまして、そこの医者たちのやり方を見ておりましたので、この子の睾丸を除去して、悲しむ母のためにこの子の健康を回復してやったのです。院長はこのことは何もご存知ありません」

クロディエルディスは、またも院長に罪を着せることに失敗したが、さらに他のひどい非難を口にし始めた。その非難とそれに対する答弁は、彼女たちに対する判決文に記載されてあるが、それはそのままこの本に挿入するのが良いと思う。

一六　判決文の写し

「いとも栄えある支配者たる両王に、集合した司教連がお答えする。慈悲深き神意により民衆の上に君臨し、現世の国土の司《つかさ》たる君主に対し、宗教界は自己の領域の判決を正しく下さねばならない。我々は、聖なる精霊の関与によって支配者の意志と結びつき、それによって強化を受けていることを自覚している。

我々は両王の指令に応じ、聖なる思い出の故ラデグンディスの尼僧院の状況を考察すべくペクタヴァ（ポワティエ）の町に集まり、当院長と、不健全な思惑から当僧団を離脱した尼僧たちの軋轢に関して、自ら訊問調査に当り、真相究明にあたった。

さて、両者が召喚され、まずクロディエルディスとバシナが、かくも大胆に規定にそむいて尼僧院の扉を蹴破って出、かくして尼僧団に対し甚大なる損失をもたらした理由を訊問された。

すると彼女らは答えて、飢えがひどく、着る物にも事欠き、あまつさえ流血の危機もあり、もはや耐えることができなかった、と言った。彼女らはさらにつけ加え、自分たちの浴室で色々な男性が身を洗い、院長は賽子《さいころ》を振って遊び、俗人がやって来ては院長と宴をはり、尼僧院内で婚約が結ばれた、と述べた。院長は厚かましくも純絹製の祭壇幕で自分の姪の服を作った。あろうことか、祭壇幕の縁飾りの黄金の葉を取り外して自分の姪の首にかけてやりもした。さらにおまけに金で飾られたリボンをこの姪に作ってやった。また尼僧院内で髭剃り式（barbaturia＝古代ローマの成年になる儀式）まで挙行される有様だった。

これらの事柄に対し弁明を求められた尼僧院長は述べた。飢えがひどいとのことですが、なにせ時期が悪うございました。ですがその範囲内では何とか我慢できる程度にやって来たつもりでございます。着る物のことは、どうぞ娘たちの櫃《ひつ》の中をお調べ下さい。彼女たちは必要以上のものは持っています。浴室の件が言われましたが、それが作られたのは四旬節のころで、カルキの臭いがひどくてこの新浴室の利用者には不快だったのです。そこでラデグンディス様が尼僧院内の従僕たちに、この不快な臭いの取れるまで浴室をお使わせになりました。この特別使用は四旬節から五旬節の日にまで及びました。

するとクロディエルディスは、『いいえ、そのあとでもおおぜいの男がずっと使っていました』と言った。

これに対し院長は、そんなことはありません、言われるようなことは自分は知らない、第一、それを自分の目で見たと言うのならば、なぜそのことを院長の自分に言わなかったのか、と反問した。また、賽子遊びについては、院長は、主人のラデグンディスの存命中に遊んだことがあったが、自分はそれをさほど悪いとは思っていない、というのはこのことは規定には書かれておらず教会法もそれに言及していないから、と述べ、とは言え、自分は司教たちの命令であれば、すなおに頭をたれて悔悛のためになすべきことは何でもするつもりであると言った。宴会の件については、新たな慣例をもうけたのではなく、主人のラデグンディスの時に行なわれていたようにキリスト教徒に聖餐のパンを与えただけであり、彼らとは何ら特別な会食をしたことはありません、と彼女は答えた。

また、婚約に関しては、院長は、孤児である自分の姪のために、司教、聖職者、そして有力市民立会いの下で結婚仕度金をうけ取ったと白状し、これが咎めに値するならば、どうぞ皆様の前でお慈悲をいただきたいと述べた。ただし自分はこのためにも決して尼僧院内で宴会などは開いておりませぬ。さて、祭壇幕の件でございますが、あれは高貴な出身の尼僧が両親の所から持って来た頭巾用の純絹の布で自分が贈物としてうけ取ったものです。私はその一部を切り取って自分のために使いましたが残りの部分は必要なだけ祭壇飾りの幕にこしらえました。幕の残りの切り取った部分で、姪のトニカ（古代ローマ人の下着）の紫の縁を作りました。したがってこの布は尼僧院のためにはちゃんと用いられている、と院長は述べた。

この院長の発言はすべて布の贈り主のディディミアによって確証された。また、黄金の葉飾りと金のリボンに関しては両王の臣下のマコ（巻九、四一）を院長は証人に立てた。前述の院長の姪の婚約者からの支度金としてソリドゥス金貨二〇枚が、マコの手を通じて院長に渡され、自分はここから諸々の飾りを調達したのであり、尼僧院の財産には全然手はつけなかったと院長は述べた。

さてクロディエルディスとバシナに対し、あってはならぬことだが尼僧院長が、姦淫、あるいは殺人、もしくは呪い、その他重罪とみなされるような罪を犯したのかとの尋問がなされた。すると彼女らは、自分たちが今規則違反として言い立てたこと以外には申し述べることはないと答えた。ただ、最後に彼女らは、尼僧院の入口の鍵がこわれていて、あわれな尼僧たちは何か月も院長の訓戒を聞かずに好きなことに耽るという過ちを犯した、このため無垢だと思われている尼僧たちが実は妊娠しているのだ、と述べた。

しかし我々は徹底的に事実を確認した結果、尼僧院長を罪するような何物をも発見しなかった。我々は、些細な過失に関しては、父としての訓戒を与えて将来そのようなことで人から後ろ指をさされることのないよう注意するにとどめる。

次に我々は、より重大な罪を犯した側（クロディエルディスら）の調査にとりかかった。彼女らは、尼僧院から出てはならないとの院内での司教の訓戒を無視して司教を足蹴にし、彼を散々あざけって院内に残し、閂と扉を粉砕して争乱をひき起し、他の尼僧たちを自分たちの罪にまき込んで院を脱出した。

さらにグンデギシルス司教（巻九、四一）が、両王の命を受け事件調査のために管区下の司教たちとともにペクタヴスを来訪し、彼女らを聴取すべく尼僧院へ召喚すると、彼女らはこの要請を拒否し、司教たちが牧者の心遣いから自ら彼女らの立て籠る幸多きヒラリウスの聖堂へおもむき説得に努めると、棍棒で司教やその従僕に暴行を加えて聖堂を聖職者《レーウィータ》の血で汚したのである。

次いで、両君主の命を受けたテウタリウス司祭（巻九、四三）がこの件のために派遣され、裁判の期日が定められたが、彼女らはこれを守らず、尼僧院を襲撃して庭で桶に火を放ち、棒杭や斧で裏門を破壊して放火し、院の敷地内、あまつさえ礼拝堂内においても尼僧たちに流血の暴行を加え、尼僧院を略奪し、院長の衣服をはぎ取り髪を切り、彼女をさんざん笑いものにして辻々を引き回し、縛りはしなかったが自由を奪って監禁した。

復活祭が来ると司教が、洗礼に立ち会ってもらうために院長をあがない取ろうとしたが、どんなに辞を低くして懇願してもことは成就しなかった。これに関してクロディエルディスは、自分はかかる事は承知していないし何か指図した覚えもないと言ったが、ただ、院長が自分の配下の者に殺されないように自分の裁量で保護を加えていたのだと述べた。

しかしこの発言から彼女の意図が奈辺《なへん》にあったかが汲み取れよう。そもそも幸多きラデグンディスの墓所に逃げた尼僧院の従僕が残虐に殺害されたり、非道な行為はいかなるとりなしにもかかわらず増大していったのであり、院長殺害の意図はあったものとせねばならない。

一味は、尼僧院を占拠して、狼藉者をおおやけの裁きの場へさし出すようにという君主の命令に対しても矛《ほこ》を収めずして王の指令には武器をもって答え、弓矢、槍をふるって領主と役人に対峙した。さらに一味は、一度はおおやけの聴聞席に望むに際し、いとも聖なる十字架をひそかに持ち出すという目に余る所業を行なって恬《てん》として恥じなかった。しかしこれは後で教会へ返すことになった。

彼女らはかかる顕著な悪業を犯しつつも何ら反省の色なく、さらに罪を重ねようとする態度がありありである。我々は、彼女らに、院長の咎は許し、自分たちが不当に行なった事にはつぐないをするよう勧告した。しかしながら彼女らにはこれを行なう意志がなく、むしろ院長を害するべく努めると公言して憚らぬ有様である。ゆえに我々は教会法に照らし、彼女たちが心よりの悔悛を行なうよう、彼女たちを共同体から追放し、尼僧院長はもとの位置に留まるよう判決を下す。

以上、我々は両王の委託に答え、教会に所属する事柄に関しては教会法を渉猟し、当該人物の地位などには左右されずに判断を下したことを申し述べる。しかしながら彼女たちが横領し、目下これを所有すると公言する尼僧院所属の物品と王室贈物目録文書に関しては、彼女たちは我々の指図に従う気配は毛頭なく、これを君主の威光の下に旧の位置へ復せしめることは、もはや両王の敬虔な責務に属する。王室歴代の功績は、永遠の栄光にあずかるべきものだからである。ただしこれ以上の混乱を避けるためには、彼女たちを、かくも恥ずることなく悪辣に破壊してしまった場所へ戻し、もとの生活に復帰せしめることは王室といえど避けるべきであろう。

主のお導きにより、昔の状態が快復し、カトリックの王のもとで神の平和が戻り、宗教は健全を保ち、父祖の法とわが教会法が昔ながらの礼拝の下で栄えますように。キリストが両王をはぐくみ指導したまい、幸多き長生のうちに王国の支配を叶えたまうように」

一七

さて、判決が下り、彼女らは共同体から追放され、院長は尼僧院へ戻ったが、その後彼女ら（クロディエルディス達）はキルデベルトゥス王を訪問して、さらに悪事を重ねた。すなわち彼女らは、尼僧院長と一緒に悪徳に耽った人物の名をあげ、彼らはそれだけにとどまらず、王の宿敵フレデグンディスと日々連絡を取りあっていたと述べた。これを聞いた王は捕り手を派遣してその人物たちを連行させたが、取り調べの結果、悪事の証拠は発見できず、彼らは釈放された。

一八

これより先、王（キルデベルトゥス）がマリレギウス（マーレンハイム）の館の礼拝堂に入ったところ、王の従僕たちが見知らぬ人物が離れて立っているのを見つけて話しかけた。

「きさまは誰で、どこから来た。ここで何をしているのだ。我々はきさまを知らぬ」

すると男は答えて、

「私もお仲間です」

と言った。言い終わるとただちに礼拝堂から外へ出され、訊問を受けた。彼はすぐに白状し、自分は王妃フレデグンディスから王を殺すために派遣されたのだと告げ、

「王妃が送り込んだのは一二人です。六人はここへ来ましたが、残り六人は、王の王子（テオドベルトゥス）を狙ってセシオナス（ソワソン）にとどまりました。私は礼拝堂でキルデベルトゥス王を殺害しようとここで待ち伏せしていたのですが、恐ろしさにふるえて志をとげられませんでした」

と言った。彼は言い終わると、ただちに残酷な拷問にかけられて、他の仲間の名前を白状した。そして一人一人逮捕されて、ある者は監獄につながれ、ある者は両手を切断されて釈放され、別の者は鼻や耳を切られておかしな姿にされて解放された。他方何人かの者が、拷問を恐れて、牢獄の中で自分の剣で自死した。拷問で命を失った者もいた。こうして王は復讐をとげた。

一九

スンネギシルス（追放された厩の別当。巻九、三八）は再び拷問をうけ、連日、鞭や木の枝でなぐられ、傷口がただれ、膿《うみ》が流れた。傷口が塞《ふさ》がると再び拷問がくり返された。

彼はついに、自分は、キルペリクス王の殺人に関与しただけでなく、さまざまな陰謀の一味であったと白状した。そして、キルデベルトゥス王殺害を企てたラウキングス、ウルシオ、ベルテフレドゥスの陰謀（巻九、九）にはレメンシス（ランス）の司教エギディウス（巻九、一四）も一枚かんでいたと言った。ただちに司教は逮捕され、長患いで弱っていたが、メテンシス（メス）の町に連行され、そこに監禁された。

王は、彼の取り調べのために司教たちを招集し、八番目の月（一〇月）の上旬にヴィリドゥネンシス（ヴェルダン）の町に集まるよう命じた。ところが他の司教たちから、司教が事情聴取を受けないで逮捕監禁されたことに対する非難の声があがり、司教は自分の町にもどされた。

王は改めて書簡を諸司教に送り、彼の王国の全司教が前述の町に、九番目の月（一一月）の中旬に集合するよう命じた。そのころになると雨が降りやまず、至る所に水があふれ、寒さは耐えられず、道は泥でぬかり、川は岸辺をおおい尽くした。しかし王の命令は否みがたく、司教たちは集合するとメテンシスの町へ連れて行かれた。同所には前述のエギディウスも来ていた。

王は、司教を自分の敵《かたき》にして王国の裏切者と宣告し、先に将軍職を解かれたエノディウス（巻九、七）に司教告発を行なわしめた。エノディウスはこう切り出した。

「おお、司教よ、任地の町が栄あるキルデベルトゥス王の領内にあるにもかかわらず、あなたはキルペリクス王と誼《よしみ》を通じた。キルペリクス王は常にわが王に敵対し、わが王の先代王（シギベルトゥス）を殺害し、わが王の母君（ブルニキルディス）を追放し、わが王国を侵略し去った御仁《ごじん》じゃ。そもそもこの王が侵略して自国の領土に編入した諸都市の公領からあなたが土地をもらっておられるのはどうした訳でござるか」

すると司教は、

「キルペリクス王と親しくいたしておりましたのは事実ですが、それは決してキルデベルトゥス王に敵対する意図から出たものではございません。また、いただいた館のことをお尋ねですが、それにはキルデベルトゥス王の許可状がついております」

と答え、その書状を皆の前に提示した。すると王が発言して、自分はそんな許可状を与えた覚えはないと言った。また許可状にその署名が記された書状発行時の伝奏のオットーが召喚され、これは自分の署名ではないと述べた。すなわち書状の署名は偽造されたものであった。ここで初めて司教の不実が明るみに出た。

この後、ブルニキルディスへの非難中傷に満ちた手紙が提示されたが、これはキルペリクス王に宛てた手紙だった。同様にキルペリクス王から司教へ宛てた書簡も提出された。その中には、「根を切り取らねば、地面から伸びた茎が枯れる道理はありません」などという文言が書かれてあった。これがブルニキルディスを取り除いてその息子王を処分しようという意図であることは明白だった。

彼はその手紙を自分の名で送ったことも、キルペリクス王からの返事をうけ取ったことも否定したが、司教の側近の従僕が呼び出され、司教の署名のある書簡の保存用速記写しが提示されたために、それが司教の手になる文書であることは誰の目にも明らかになった。

次いで提出されたのは、キルデベルトゥス王とキルペリクス王の名で取り交わされたかに見える約定だった。この条文中には、グントゥクラムヌス王を除去して、王国と諸都市をふたりの王の間で分けよう（巻六、三）などと書かれてあった。しかし王はこの約定への関与を否定して言った。

「あなたは、わが伯父たちをそそのかして互いに争わしめ（巻六、三一）、そのために軍隊が出動してビトゥリカ（ブールジュ）の町、スタムペンシス（エタンプ）の村、メディオラネンセの砦が破壊され荒されることとなった。この戦いでおおぜいの人が死んだが、その魂は神の裁きの時にはあなたの所業の証人として呼び出されるのだ」

司教はこれを否認することができなかった。なぜならばこの約定は他の文書類と一緒にキルペリクス王の文庫から発見されたのだが、それはキルペリクス王が亡くなって、彼の宝物庫がパリシウス（パリ）の領域のカレンシス（シェル）の館から運ばれてキルデベルトゥス王の所有に帰した際（巻七、四）に一緒に王の手に入ったものであったのだ。

論争は長引いた。この時出席していた聖レメギウス聖堂の僧院長エピファニウスが発言を求め、司教がキルペリクス王との情誼を保持するため二〇〇〇枚の金貨とたくさんの品物を受け取った旨をのべた。また、司教と一緒にキルペリクス王の所まで使者として派遣された人々（巻六、三、三一）は言った。

「司教は、我々とは別にひとりで王と長いこと話していました。その内容を知ることはできませんでした。我々は後になって今お話しになった戦災のことを知ったのです」

司教はこれらの証言を否定したが、常にこれら企ての秘密に参画していた僧院長は、場所と人名を具体的に挙げて、誰がどこへ上述の金貨を運んできたか、国土とグントゥクラムヌスを転覆させるためにどんな取り決めがなされ、行なわれたのかを事細かに物語った。ここまではっきり述べられると司教もそれを認めざるを得なかった。

集まった司教たちはこれを聞いて、神のしもべがかかる悪事の加担者であったことを残念に思い、討議のための三日間の猶予を求めた。この間にエギディウスが告発されている罪状を逃れる良い方法を思いつかないかと期待したのである。しかし三日目の夜が明けて司教たちが教会に集まり、なにか弁明の余地があれば言うようにとうながされると、司教は憔悴して言った。

「弁明の余地はありません。私には有罪の判決が下されるのです。私は常に王とその母君の安寧に反した行動を取りました。この大逆罪が死に値することはよく存じています。私の助言によって幾多の戦争が行なわれ、少なからぬガリアの土地が荒廃をこうむったのです」

これを聞くと司教たちは兄弟の犯した不祥事のために悲嘆にくれた。しかし生命を奪うことはせず、教会法の規の他の教会に正当に所属するものについてはそのままにされた。

司教の宝物庫からおびただしい金銀が発見された。これらのうち出所の疑わしいものは王庫に没収され、税収そ

であったロムルフスがすわった。聖レメギウスの聖堂をつかさどっていた院長エピファニウスもその職を解かれた。司祭

ントラティンシスへ移送され、追放処分を受けた。彼の後釜には、ルプス将軍（巻九、一一）の息子ですでに司祭

定に照らして彼を僧籍から除外した。彼はただちに、今はストラテブルグス（巻九、三六）と呼ばれているアルゲ

二〇

この公会議で、我々が先にクロディエルディスと一緒に共同体から追放されたと述べた故キルペリクス王の娘バシナは、司教たちの前の床に身を投げて許しを乞い、もしも尼僧院長のお慈悲がいただけるならばまた院に入り、二度と決して間違いは犯しませんと約束した。クロディエルディスの方は、院長のレウボヴェラがあの尼僧院にいる限りは、決してそこへは戻らぬと断言した。

王は二人が許されるようにと切望し、かくて両者の共同体復帰がかなえられた。ふたりはペクタヴス（ポワティエ）に戻るよう指示された。バシナは前述したように尼僧院へ、クロディエルディスの方は一時ワッドのものになったと述べた（巻九、三五）あの館をあてがわれ、そこに住むことになった。

二一

ワッド（巻九、三五）の息子たちはペクタヴス（ポワティエ）の領域を徘徊し、殺人、窃盗など様々な悪事を働いていた。以前から彼らは日が暮れると商人の家へ押し入って人を殺し、その家の物を奪うなどしていたが、ある時、押領使《トリブーヌス》の任にあるある男を罠にかけて殺し、その財物を奪った。

領主のマコ（巻一〇、一五）は何とかして彼らの悪事を取り締まろうとしていたが、彼らの方は王に目通りしてその後ろ楯を得ようと思っていた。さて領主が定期の税物納入のために王のところへ出立すると、彼らの方も王の御前に現れて、金や高価な宝石類で飾られた剣帯と、柄《つか》にヒスパニアの宝石と金のはめ込まれた美しい剣を献上し

た。

しかし王はこの献上物からかねて耳にしていた彼らの悪業をはっきりと悟り、彼らを監禁して拷問にかけるよう命じた。しめあげられると彼らは、自分たちの父親が以前述べたグンドヴァルドゥス（巻七、三八）からとりあげた、父の秘密の財宝のありかを白状した。

ただちに人を派遣して捜索した結果、大量の金銀と宝石や黄金で飾られた様々な品物が発見された。これらは王庫へ没収になった。その後彼らのうち兄は打首になり弟は追放処分になった。

二二　サクソン人のクルデリクス（巻八、一八）は、殺人、暴行、その他あらゆる悪業に身を染めた末に、妻の地所のあるアウスキエンシス（アウシュ）の町へ来た。王は彼の良からぬ噂を聞いて彼を殺すよう命じ、彼はとある夜酒をのんで酔っ払い、絞殺死体となって自分の寝台で発見された。噂によるとこの人物は、前に述べた（巻九、四一）聖ヒラリウス聖堂内での聖職者暴行事件の扇動者だったという。もし本当なら、神がそのしもべに対してなされた不正の復讐をしたまうたことになる。

二三　この年には夜に輝かしい光が大地を照らしまるで真昼のようであった。しばしば夜に燃える火の玉が天空を駆けぬけ世界を煌々と照らした。
ヴィクトリウスの周期表（「復活祭周期表」Cursus Paschalis, A.D. 457）では新月から数えて一五番目の月の日と書かれている復活祭予定日に疑念が生じた。同表には、キリスト教徒がユダヤ人と同じ月の下で復活祭を祝わないように、「ラティーニー（ラテン）人は二二番目の月の下で」という但し書きがついていた。

これによって一般にガリアでは新月の後の一五番目の月の日に復活祭を祝ったが、我々は二二番目の月の日に祝ったのである。我々はこのことを厳密に検討した。神意によりその日水の溢れるヒスパニアの泉（巻五、一七）

は我々の祝った復活祭の日にあふれた。
五番目の月（七月）の一日より前へ数えて一八番目の日（六月一四日）第四週日（水曜日）の早朝、夜が明け初めるころに巨大な地震が襲った。八番目の月（一〇月）の半ばに日蝕が起こり、新月から数えて五日目の角《つの》形の月の光のような、か細い光が照らすのみになった。秋に激しい雨が降り雷鳴が轟いた。水量は異常に多かった。ヴィヴァリエンシス（ヴィヴィエ）とアヴェニカ（アヴィニヨン）の町を悲惨なイングイナリア（下腹部ペスト）が荒らしまくった。

二四

キルデベルトゥス王の統治一六年、グントゥクラムヌス王の統治三〇年目、ひとりの司教が海を渡ってトロニカ（トゥール）の町へやって来た。彼は名をシモンと言った。

彼は我々にアンティオキアの町の滅亡を伝え、自分はアルメニアからペルシアへ捕虜として連行されたと物語った。ペルシアの王（巻四、四〇ではペルシア帝）がアルメニア人の領域に侵入して略奪を行ない、教会に放火し人民とこの司教を捕虜にして連行したのだった。

この時彼らは、私が奇蹟の本（殉教者の栄光の書、九五）の中で述べたかの地の四八人の聖殉教者の聖堂をも、瀝青と豚の脂身を混ぜた木材をつみ上げ、火を放って焼こうとした。しかしながら集められた燃料は点火せず、そこに「神の大いなるみ業」（使徒行伝、二、一一）を見た敵兵はこの聖堂から去って行った。

とある司教がこのシモン司教の連行のことを聞いて自分の従僕に賠償金を持たせてペルシア王のもとに派遣した。王は金を受け取り監禁されていた司教を釈放した。かくて彼は故国を離れ、信者から慰めを得るためにガリアへ来た。さて、彼の話の中には以下のようなことがあった。

アンティオキアのある人は、妻子ある身だったが布施に身をささげる信仰心あつい人物だった。彼が何がしかの財産を得て以来、貧しい人と食事を共にしない日は一日もなかった。

ある日彼は町を回って夕方になったが食事を共にできるような貧しい人には出会わなかった。夜闇が落ちるころ彼は市門の外へ出て、白い服を着た人が別のふたりの人と佇んでいるのを見た。彼は古代の物語のロト（創世記、一九）のように恐怖にふるえて言った。

「見知らぬお方よ、貧しい下僕のわが家で良ければおいで下さい。食物をさしあげましょう。また家でお休みください。翌日にお好きな所へお出かけになればよろしいのでは」

すると白服の人は手巾《ハンカチ》を手にして言った。

「あなた方のシメオン（巻八、一五）の力でも、この町の滅亡を防ぐことはできなかったのですか」

そして手をあげると、手巾を町の半分の部分に向けてふった。するとただちにそこの家々や建物がすべて崩れ落ち、子供も老人も、男も女もその下敷きになり、誰彼の区別なく皆死んでしまった。これを目にすると、くだんの男は白服の人物の威力と倒壊の凄まじい音に魂消《たまげ》て地面に倒れ、死んだように動かなくなった。白服の男はまたも手巾を持った手をあげて、町の残り半分に向けて振り下ろそうとした。

すると彼とともにいた二人の男が彼を阻止し、町をこわさないようにと必死に懇願した。そこで白服の人物は気持を和らげ、自分の手をとめ、地面に倒れた男を起こして言った。

「恐れず、ご自分の町へ戻りなさい。お子たちも奥方も、あなたの家の人は全員無事です。誰一人死んだ者はいません。あなたの不断の祈りと貧者への日々の布施があなたを救ったのです」

それから三人は彼の目の前から消え、再び現れなかった。彼は町へ戻り、町の半分が人間や家畜とともに倒壊したのを目にした。ほとんどの人が相次いで瓦礫の下から遺体となって発見され、不具になって生き延びた者は小数だった。

しかし天使が――と言っていいと思うのだが――彼に語った言葉は嘘ではなかった。家に帰ると家族全員無事だった。彼はただ不幸にも亡くなった近隣の家の人の死を歎くのみだった。「神の右手」（詩篇、一〇八、一六）は、不正に取り囲まれた彼を家とともに保護したまうたのだった。彼は、今述べたソドムのロトのように死の危険から救われた。

二五

ガリアの「マッシリエンシスのプロヴィンキア」に、これまでにもしばしば述べた疫病が襲来した。アンデカウス（アンジェ）、ナムネティクス（ナント）、キノマニス（ル・マン）の諸地方の人々はひどい飢饉に苦しんだ。

主は『福音書』で、「所々に疫病、飢饉、地震とあらん、これらは皆、産みの苦しみなり」（マタイ伝、二四、七、八）と述べ、「にせキリスト、にせ預言者ら起こりて、しるしと不思議を行ない、なし得べくば、選民をも惑わさんとする」（マルコ伝、一四、二二）と述べておられるが、この時もまったく同じことが起きた。

ビトゥリグム（ブールジュ）出身のある男は、後に本人の語ったところでは、とある仕事の必要から森で材木を伐採していた時に蝿の大群に襲われ、このために二年間正気を失っていたという。この話からだけでもこれが悪魔の所業であることは明らかだが、彼はその後様々な都市を経巡り、「アレラテンシスのプロヴィンキア」へ来、そこで毛皮に身を包んでいかにも宗教聖者のような姿を現した。

邪悪な何かが彼をからかうために彼に予言の能力を与えていた。彼は場所を移動するごとに次第に大胆な悪業に耽り、今述べたプロヴィンキアを去って、ガバリタナ（ジャヴォル）の領域に入った。そこで自分を偉人だと言い、あげくの果て、自分はキリストだと言って憚らなかった。彼には妹と称する女がついていたが、彼女はマリアと呼ばれていた。

おびただしい人民が彼について行った。人々が彼に病人をさし出すと彼は病人に手を触れて健康を与えた。彼の周りに集まる人々は、彼に金銀、衣服などを持って来た。彼は、人民を信じ込ませるために、貧者には施しを行ない、大地に身を投げ出して、かの女と一緒に熱心に祈りをささげ、それから身を起こして、周囲の人民に自分を拝ませた。

彼は未来を予言した。ある者には病気になると言い、別の者には失敗が待っていると言い、時には幸福を予言した。しかしこれらすべては悪魔の所業であり、不可解なインチキ技だった。おおぜいの人民がこれに惑わされ、無教養な人々ばかりか、教会の聖職者もまんまと騙された。彼に随行した人の数は三〇〇〇人を下らなかった。

そのうちこの男は路上で出会った人間を脅して物品をまき上げ始めた。彼は奪ったものは貧民に分け与えた。司教や市民で彼をあがめない者がいると死の予言で脅した。

彼がヴェラヴァ（ル・ヴレ）の町の領域に入り、アニキウス（ピュイ・アン・ヴレ）という名の場所へ向った時、土地の司教アウリリウスに戦《いくさ》をしかける勢いで近隣の諸聖堂に部隊を配置して戦線を敷き、先に素裸で踊り狂う人間を使者に立てて送り出し、彼の到来を告げしめた。

司教は驚いて、屈強な人物を数人彼の所へつかわし、奇矯な行動の真意を探らしめた。この派遣団のかしらは、男の前に身を乗り出して膝に接吻をして男の行動の自由を奪い、男が彼をとり押さえて所持品をとり上げるよう命ずると、間髪を入れず自ら剣を抜いて、男をずたずたに刺した。このキリスト、否むしろアンチ・キリストと呼ばれるべき者は倒れて死んだ。「共にいた者は皆、散り散りに離れけり」（列王紀略、二五、五）。かのマリアは、拷問を受けて、全てが幻影でありインチキであったと白状した。

しかしこの悪魔の詐欺に惑わされ、彼を信じた者たちは、その後も正気に返らず、このキリストとマリアには神の威力があったのだと言い続けた。ガリアでは、多くの者が、自分を聖者だとあがめてくれる女を同伴してかかる詐術を行ない、人民の間で自分を偉大な人物に見せかけていた。我々はこんな人物をおおぜい知っていた。彼らを正気に戻すのには並大抵の苦労では済まなかった。

二六

パリシアカ（パリ）の町の司教ラグネモドゥス（巻一〇、一四）が亡くなった。彼の兄弟のファラモドゥス司祭がそのあとを継ごうと努力したが、シリア出身のエウセビウスという商人が贈物攻勢をかけてまんまとその地位を手に入れた。彼は司教になると、先任者ゆかりの聖職者全員を追い出して、教会の経営をシリア出身者で固めた。

ビトゥリカ（ブールジュ）の司教スルピキウス（巻六、三九）もこの世を去った。そのあとにはアウグスティドネンシス（オータン）の助祭エウスタシウスがすわった。

二七

トルナケンシス（トゥルネー）のフランク人の間に深刻な対立が生じた。ある人の息子が別の人の息子に非難を繰り返した。この息子がかの息子の妹を妻としながら売春婦通いをやめなかったからである。この男が行ないを改めないのでかの男の怒りは頂点に達し、ついに彼は自分の義弟を襲撃し、この男をその一族もろとも殺害した。その際かの男の方も同行したこの男の一味との乱闘に倒れ、あげくの果てには双方あわせてたったひとりが、彼を殺す者がいなくなったために生き残った。

双方の親戚筋は王妃フレデグンディスから再三にわたり、これ以上事態を悪化させず、争いをやめて仲良く暮すよう勧告をうけた。しかし王妃の方もそれを穏やかな言葉でさとしたのではなく、最後は斧をふるって鎮圧した。おおぜいの人が宴に招待された時、この対立の関係者が三人、同じ長椅子にすわるように按配された。宴は長引いて夜の帳《とばり》が世界をおおい、フランク人の風習に従ってテーブルが片づけられたが、三人はもとの椅子にすわって呑み続け、彼らの従僕は全員酔っぱらって部屋の片隅に横になって寝てしまった。

すると王妃の命を受けた三人の男がそれぞれ斧を手にしてこの三人の背後に立った。そして、しゃべり続ける三人に対し、同時に斧をふり下ろし、彼らを切断した。こうして宴は終った。この三人の名は、カリヴァルドゥス、レオドヴァルドゥス、ヴァルデヌスであった。

この知らせが親戚にもたらされると、彼らはより一層フレデグンディスを警戒するようになり、キルデベルトゥス王に使者を派遣して王妃を捕えて殺すよう頼んだ。そこでカムパニア（シャンパーニュ）で兵の動員が行なわれたが、これが手間取るあいだ王妃は味方の援助を得て逃れ、他の場所へ移動した。

二八

その後王妃は使者をグントゥクラムヌス王に派遣してこう言わせた。

「わが君の王自らパリシウス（パリ）へお出ましになり、王の甥のわが息子をお手許にお呼びくださり、洗礼の儀式を執行していただきたく、また聖なる灌頂《かんじょう》が終りましたならば、御自らの養子としていつくしんでいただきたく存じあげます」

これを聞くと王は司教たちをパリシウスへ呼び寄せた。この時の顔ぶれは、ルグドゥネンシス（リヨン）のアエテリウス（巻九、四一）、アウグスティドゥネンシス（オータン）のシアグリウス（巻九、四一）、カヴィロネンシス（シャロン）のフラヴス（巻五、四五）の他、王選出の司教たちで、王もまもなく到着するという連絡があった。

この機会には王室の出費を支えるために、王の領内のおおぜいの執事と領主たちも集められた。王は程なく行くと宣言したものの足の痛みが原因で動けなかった。暫くして痛みが和らいだのでパリシウスへ向い、同領内のロトイアリンシス（リュエイユ・マルメゾン）の館に入り、甥を呼び寄せネムプトゥドルス（ナンテル）村で洗礼の仕度をするよう命じた。

事が順調に運んでいると、キルデベルトゥス王の使者が到着し、王に向って言った。

「あなたの甥のキルデベルトゥス王に対してはその敵と誼《よしみ》を通ずるなどお約束になってはおられない筈。が、どうやら王はわれらとの約束を守らず、先言を翻してかの少年をパリシアカ（パリ）の町の玉座に王として据《す》えるご所存とお見受けいたす。神はあなた自らお約束になったことをお守りあそばさぬことを裁くでしょう」

使者たちの申し状に王は答えた。

「わが甥のキルデベルトゥス王との約束を破るつもりは毛頭ない。もしもわしがかの方の従兄弟《いとこ》、わが兄弟の息子を聖なる洗礼の湯浴《ゆあ》みから取り上げたとしてもこれがわが甥殿（キルデベルトゥス）の躓《つまず》きの石になってはならぬ。わしはキリスト教徒ならば拒むことの出来ぬ義務を果しおるだけなのじゃから。わしは神もご存知のごとく、何ら下心なく、清い心でこれを引き受けたのじゃ。わしは神意にそむくことを恐れておるだけじゃ。わしがこの子に洗礼を施したとしても、わが一族の恥辱にはならぬぞよ。あるじというものは一家の者を洗礼の泉へ導くものじゃ。わしだけに自分の一族の子供をひきうけて洗礼の縁を結びその子を霊的息子とすることが許されぬ訳はない。帰ってなんじらのあるじに告げるが良い、あなたとの約束は間違いなくお守り申す、たとえそちらでお破りあろうとも、こちらで破るなどはあり得ませぬとな」

彼の言葉を聞いて使者が立ち去ると王は聖なる湯浴みの場に赴き、少年を洗礼に導いた。そして彼を湯浴みから取り上げると、改めてクロタリウス（クロタカリウス）という名で呼んで言った。

「この子がこの名に恥じぬ立派な大人になり、先代のクロタリウス王に劣らぬ威力に恵まれるように」

秘蹟が終了すると王は少年を宴席に導いて多くの贈物を与えた。王の方もお返しの招待を受け、たくさんの贈物をうけとって退出し、カヴィロネンシス（シャロン）の町へ帰ることにした。

二九　**僧院長アレディウス**（巻八、一五）**の徳力とその死の物語はじまる**

彼はこの年、神に呼ばれてこの世を去り、天へ帰った。彼はレモヴィキナ（リモージュ）の町の住民で、それも賤民の出ではなく自由人の両親から生まれた。

彼はテウドベルトゥス（巻三、三七）の王国へ移り王室の家臣団のひとりになった。このころトゥレヴェリカ（トリーア）の町のニケティウス司教は聖性にすぐれ、素晴らしい説教をしただけでなく、自ら立派な仕事や奇蹟を行なって民衆に慕われていた。彼は宮廷でアレディウス少年を見ると、彼の顔にどんな神性の兆候を認めたのか、自分について来るよう命じた。

こうしてアレディウスは王の宮殿を離れてニケティウス司教に従った。二人は僧房に入ると神にかかわる話をしはじめ、少年は幸多き司教に、自分を矯正し、教育し、道を示し、神の書物の勉強を教えてくれるよう頼んだ。こうして彼はこの司教の下で燃えるような熱心さで修行の日々を送り、やがて剃髪の日を迎えた。

さてある日、教会で僧たちが賛美歌を歌っていると丸天井から一羽の鳩が舞い降りて、軽やかに彼のまわりを飛び回り、彼の頭にとまった。私はこれは彼がすでに聖霊の祝福をうけていたしるしだと思う。彼はこの時には少しむっと来て鳩を追っぱらおうとしたのだが、鳩はしばらく飛び回るとまた戻って来て、彼の頭や肩にとまった。鳩は、司教の僧房にもいっしょに入って来て、ずっと彼から離れようとしなかった。そしてこれが何日も続いたので司教は本当に驚いたのだった。

神のしもべになったアレディウスは、聖霊に満たされて故郷へと帰って行った。すでに父と兄が亡くなり、自分の他には頼る係累《けいるい》のなくなった母ペラギアの面倒を見るためだった。彼はかの地に着いても断食と祈りに身をささげた。彼は、従僕の面倒、畑の手入れ、葡萄畑の世話など一切を母に任せ、自分は何の家事も引き受けず祈りに専念した。

彼がただ一つひきうけた仕事は教会の建物を建てることであった。こうして彼は聖者の栄光をたたえる神の神殿を設立し、聖者たちの聖遺物を求め、家の従僕たちを剃髪して僧とし、僧院を設立した。この院ではカシアヌス、バシリウス、その他修道生活を設立した院長たちの規律が守られた。

幸多き院長の母が個々の僧の食物衣服一切の面倒を見た。彼女は家事をすべてひきうけながらも声高く神を称える営みを怠らなかった。どんな仕事もきちんとなしとげつつ、あたかも薫香のような祈りに身をささげた。

その間に身体の弱い者たちが聖アレディウスの所に集まり始めた。聖者は彼らの一人一人に十字を切り、手を当てて健康を取り戻してやった。彼らの一々の名前をあげることはとてもできない。何人が癒されそれが誰々なのかをすべて書くことは不可能である。ただ、病んで彼を求めた人が皆、健康になって帰って行ったことは確かなのである。たくさんの奇蹟の中からほんの少しの事例を記しておく。

彼が母とともに旅に出て殉教者聖ユリアヌスの聖堂を目指していた時、夕刻になってとある所にたどりついたが、そこは乾いた土地で、流水のない不毛の場所だった。母は息子に向って言った。

「ねえ、お前、ここには水がないようだがどうやって休もうかね」

するとアレディウスは身を投げ出して長いこと主に祈りをささげ、身を起こすと、手にした小枝を地面に刺し、二、三度くるくる廻して楽しそうに引き抜いた。するとそこから滾々《こんこん》と水がわき出、当座の用を満たしただけでなく、その後の旅馬の分まで十分くみ出すことができた。

最近のことだが彼が旅に出ていると雨雲が彼に接近してきた。それを認めると彼は、馬上、やや身体を傾けて手を主に向けてさし出した。こうして祈りをささげると雲は二つに裂けて、周囲には激しい雨を降らしたのだが、彼らの上には一滴の雨も落ちなかった。

またの名をタットと言うウィストゥリムンドゥスは、トロニカ（トゥール）の町の市民だったが、ひどい歯痛に悩まされ、顎がぷっくりと膨れ上がった。そこで彼は幸多き聖者を頼り、アレディウスが患部に手を置くと痛みはただちに引いてもはや彼を悩ますことがなかった。この話は体験者本人の口から聞いた。殉教者聖ユリアヌスや幸多き告白者マルティヌスの徳の働きを通じて、彼の手にいかに主の力が現れたか、私は、奇蹟について書いた本（聖マルティヌス司教の徳力、巻二、三九、巻三、二四など）の中に、彼自身から聞いた通り、いくつか書いておいた。

キリストのお力添えを得てこんな諸力を発揮した後、彼はトロヌス（トゥール）を訪れた。それはちょうど聖マルティヌスの祭典の終わったあとだった。そこにしばらく滞在し、彼は我々に、自分はもう長くはこの世に留まらぬ、速やかにあの世へ召されるであろうと述べた。そして別れの言葉を告げ、死ぬ前に幸多き聖者の墓に接吻することができたことを神に感謝すると述べた。それから自分の小房に帰って遺書を作成し、聖マルティヌス、ヒラリウス両司教を遺産相続人に指定して、病を得、ひどい下痢に苦しみはじめた。

病の床に伏して六日目、しばしば汚れた悪霊に悩まされた女を、聖者は清めることができなかった。彼女は両手を背中で縛られ、大声を上げて叫んだ。

「市民の皆さん、お出でよ、急いでお出で、殉教者たちと告白者たちが、幸多きアレディウスのお迎えに来ているよ、あそこにはブリヴァテ（ブリュード）のユリアヌスがいる。あれ、ミマテ（マンド）のプリヴァトゥスもいる。トロヌス（トゥール）のマルティヌス様もお出でだ。マルティアリス様もご自分の町からお出でになった。トロサ（トゥールーズ）のサトゥルニヌス（巻一、三〇）、パリシウス（パリ）のディオニシウス（巻一、三〇）も居る。まだまだ大勢おいでになったが、皆、天にいた人たちばかりだ。皆さんが、告白者だの神の殉教者だのと敬っているお方ばかりだ」

彼女が叫び始めたのは夜の帳《とばり》のおりるころだった。彼女の主人は彼女を固く縛ったのだが彼女をとめることはできなかった。彼女は縛めを破り捨てるとそのまま大声をあげて僧院へ走って行った。

やがて幸多き聖者は息を引き取ったが、彼の魂が天使に迎えられた真実の証拠がある。この女は彼の葬式の時、もっと汚れた悪霊に取り憑かれた女とともに、彼が埋葬されたその時に、邪悪な霊から解放されたのだった。私は、この聖者が生前彼女らを清めることができなかったのは、こうした瑞祥《ずいしょう》をあらわして彼の埋葬に栄光あらしめようという神の意図ではなかったかと思う。埋葬が終ると、口をぽっかり開いて声の出ない女が彼の墓にやって来て、墓に接吻した。するとたちまちよくしゃべるようになった。

三〇

この年（五九一年）の二番目の月（四月）、トロニクム（トゥール）とナムネティクム（ナント）の領域をひどい疫病が襲った。これにかかった者は頭痛に苦しみ、しばらくすると死んだ。人々は身をつつしんで断食を実行して祈願行をおこない、布施にはげみ、ようやく神の狂乱は和らいでいった。

レモヴィキナ（リモージュ）の町では主の日（日曜日）におおやけの仕事が行なわれたため、何人もの人が天からの火に打たれた。この日（日曜日）は最初に創造された光の目撃者であり、主の復活の証人でもある神聖な日なのだ。キリスト教徒たる者、おおやけの仕事はつつしみ、心を込めてこの日を守らねばならない。トロヌス（トゥール）でもこの火に焼かれた者が何人か出たがそれは主の日（日曜日）のことではなかった。

激しく乾燥した日がつづき秣《まぐさ》が全滅し、家畜や役獣が病にたおれ、種獣もあまり残らなかった。これは預言者ハバククが、「羊には食物無く小屋には牛なかるべし」（ハバクク書、三、一七）と述べている通りである。家畜ばかりか、野獣もこの病気にかかった。森に入ると道なき所に鹿その他の獣の死体がたくさん横たわっていた。乾草《ほしくさ》は長雨と川の氾濫でまったく駄目になった。畑の収穫はごくわずかだった。葡萄は豊作だった。柏の木は実をつけたが大きくならなかった。

三一

キリストの御名によりはじまる章

トロヌス（トゥール）の司教たちについてこれまでの諸巻の中でも折にふれて述べてきたが、ここで最初の説教者がトロニカ（トゥール）の町を訪れた時点にさかのぼり、順番に数えなおす必要があると思われる。

初代カティアヌス司教（巻一、三〇）は、デキウス帝の最初の年（A.D. 249）ローマ教皇によって派遣されて来た。この町にはまだ偶像を崇拝する大勢の異教徒がいたが司教は説教によって幾人かの人々の心を神に向けた。しかし有力者たちの迫害は激しく、見つかれば侮辱や妨害をうけるので彼は逃げ回った。そして洞窟や隠れ家にひそんで、彼が改宗したわずかなキリスト教徒たちと一緒にひそかに主の日（日曜日）の神秘を祝った。彼は非常に信仰心があつく、神を畏れる人物だった。もしそうでなかったら、彼が主への愛の事業ゆえに自分の家、両親、故国を捨てることはなかったに違いない。こうして彼は、伝えられるところでは、この町に五〇年間しっかりと留まり、平和のうちに世を去り、キリスト教徒の村の墓地に葬られた。その後三七年間、司教のいない年が続いた。

二代目リトリウス（巻一、四八）が司教に選出されたのはコンスタンス帝の最初の年（A.D. 337）だった。彼はトゥロニクス（トゥール）の市民で非常に信仰心があつかった。彼はトロニカ（トゥール）市内に最初の教会を建てた。そのころにはすでに大勢のキリスト教徒が同地に住んでいた。彼はある元老院議員の家を最初の聖堂にした。また同じころに聖マルティヌスがガリアを訪れ説教を始めた。リトリウス司教は三三年の在職の後、平和に世を去り、前述の聖堂に葬られた。この聖堂は今なお彼の名で呼ばれる。

三代目聖マルティヌスはウァレンス帝とウァレンティニアヌス帝（共同統治。巻一、三九）の八年目の統治年（A.D. 371）、司教に任じられた。彼はパンノニア（ハンガリー）のサバリア（ソンバトヘイ）出身だった。神への愛ゆえに彼は最初、イタリアのメディオラネンシス（ミラノ）の町に僧院を設立した。しかし恐れることなく聖三位一体を説いたために異端者から鞭打たれイタリアを追われてガリアへ来た。

そこで多数の土着の異教徒を改心させ、彼らの寺院と偶像を破壊し、人民の間にたくさんのしるしを出現させ、司教就任以前に二人、以後にはただ一人の死者をよみがえらせた。彼は幸多きカティアヌスの遺体を運んで来て、聖リトリウス司教の墓の横に葬った。この墓は先に述べたリトリウス司教の名にちなんだ聖堂内にある。

彼はマキシムス（巻一、四三）が異端者征伐の刃をヒスパニアに向けるのをはばみ、異端者たちをカトリック教会から遠ざけて共同体から追放するだけで十分とした。

彼は現世を生き抜いてコンダテンシス（カンド）村で八一歳の生涯を閉じた。その遺体は船でトロヌス（トゥール）へ運ばれて（巻一、四八）葬られた。彼の墓には今も参詣者が絶えない。彼の生涯はセヴェルス・スルピキウス（マルティヌスの弟子）の著した三巻の著作に見ることができるが、彼は今も多くの人々のために様々な徳力を発揮している。彼は今マヨル（大）院と呼ばれる僧院内に、使徒聖ペトルスと聖パウルスを祀る聖堂（マルムティエ修道院）を建立した。アリンガヴィエンシス（ランジェー）、ソロナケンシス（ソネー）、アムバキエンシス（アンボワーズ）、キソマゲンシス（シラン・ラ・ラット）、トルノマゲンシス（トゥルノン）、コンダテンシスの村々で、彼は異教の寺院を破壊し、諸種族を洗礼し、教会を建立していった。彼は二六年四か月一七日司教の職にあった。彼の死後二〇日間司教職は空位に置かれた。

四代目司教には、アルカディウス帝とホノリウス帝共同統治の二年目（A.D. 397）、ブリクティウス（巻二、一）が就任した。彼はトゥロニクス（トゥール）市民だった。在職三三年目にトロニカ市民から姦淫の罪を着せられて追放され（巻二、一）、後釜にはユスティニアヌスが選出された。

ブリクティウスは教皇の町（ローマ）を目指し、ユスティニアヌスもそのあとを追って出立したがヴェルケレンシス（ヴェルチェリ）の町で世を去った。トロニキー人たち（トゥールの住民）は、またも性懲りなくアルメンティウスを司教に立てた。

ブリクティウスは教皇の町（ローマ）で七年間を過ごし、自分の無実を証明して故郷の町へ帰る許可をいただいた。彼はマルティヌスの遺体が眠る土地の上に小さな聖堂を建立したが自分もそこに葬られた。彼が門をくぐって故郷の町に入った時、アルメンティウスの遺体が別の門から運び出されて行った。この司教が亡くなってブリクティウスがトロニカの司教に復帰したのである（巻二、一）。彼は、カラトヌス、ブリッカ（ブレシュ）、ロトマグス（ポン・ド・リュアン）、ブリオトゥレイディス（ブリゼー）、カイノ（シノン）の諸村に教会を建てたと言われている。また、彼の在職年数は、都合四七年に及んだという。彼は、死んで、聖マルティヌスの墓の上に建立した聖堂に葬られた。

五代目司教にはエウストキウス（巻二、一）が就任した。彼は元老院の家柄で、神を恐れる聖なる人物だった。彼は、ブリクシス（レニャック）、イキオドルス（イジュール）、ルカス（ロシュ）、ドルス（ドリュ）の諸村に教会を建立したという。彼はまた市壁内に教会を建て、二人の殉教者聖ゲルヴァシウス、聖プロタシウスの遺物を安置した。この聖遺物をイタリアから運んで来たのは聖マルティヌスだった。これについては聖パウリヌスがその書簡の中で述べている。エウストキウスは在職すること一七年、ブリクティウス司教が聖マルティヌスの墓の上に建立した聖堂に葬られた。

六代目司教にはペルペトゥウス（巻二、一四）が選出された。彼も元老院の家柄で、前任者の親戚であり、裕福で、多くの町に不動産を持っていたという。彼は以前にブリクティウスが聖マルティヌスの墓の上に建てた聖堂をとり壊して、そこにはるかに立派で壮麗な別の聖堂を建立し、その後陣《アプシス》の下にかの畏怖すべき聖者の遺体を納めた。彼は年間を通じて行なわれる断食と夜の勤行《ウィギリア》の予定表を作成したが、これは今日でも我々が保持しているものである。その次第は次のとおり。


「**断食表**」

五旬節の日以降、聖ヨハネスの誕生日（六月一四日）までの第四週日（水曜日）と第六週日（金曜日）。

九月《セプテムベル》一日から一〇月《オクトベル》一日まで週二回の断食。

一〇月《オクトベル》一日から聖マルティヌスの命日（一一月一一日）まで週二回の断食。

聖マルティヌスの命日から主の誕生日（クリスマス）まで週三回の断食。

聖ヒラリウスの記念日（一月一三日）から二月《フェブルアリウス》中日まで週二回の断食。

「夜の勤行表《ウィギリア》」

主の誕生日、於教会。

主の公顕日（一月六日）、於教会。

聖ヨハネスの記念日（六月二四日）、於主マルティヌス聖堂。

聖ペトルスの記念日（二月二二日）、於彼の聖堂。

四月《アプリリス》一日の六日前（三月二七日）、われらの主イエス・キリストの復活の祝日、於主マルティヌス聖堂。

復活祭日（春分後の一四日過ぎの日曜日）、於教会。

昇天日（復活祭後四〇日目の木曜日）、於主マルティヌス聖堂。

五旬節の日（復活祭後五〇日目）、於教会。

聖ヨハネス受難日（八月二九日）、於聖堂の洗礼の間。

使徒聖ペトルスと聖パウルスの記念日（六月二九日）、於彼らの聖堂。

聖マルティヌスの記念日（司教叙任日＝七月四日）、於主マルティヌス聖堂。

聖シムフォリアヌスの記念日（八月二二日）、於主マルティヌス聖堂。

聖リトリウスの記念日（九月一三日）、於彼の聖堂。

聖マルティヌスのふたつめの記念日（命日＝一一月一一日）、於彼の聖堂。

聖ブリクティウスの記念日（一一月一三日）、於主マルティヌス聖堂。

聖ヒラリウスの記念日（一月一三日）、於主マルティヌス聖堂。


ペルペトゥウス司教はまた聖ペトルスの聖堂を建て、これに旧マルティヌス聖堂の丸天井を転用した。これは我々の時代まで残っている。さらに彼はラウディアクスの山（モン・ルイ）に聖ラウレンティウスの聖堂を建立した。彼の時代に教会が設立された村々は、エヴィナ（アヴォアーヌ）、メディコヌス（モーヌ）、ベラウス（バル）、バラテディニス（バラン・ミレ）、ヴェルナウス（ヴェルヌ）である。彼は遺書を作成して、財産を各諸市に配分した。トロニカ（トゥール）の教会がもらった分も決して少なくなかった。彼は三〇年在職し、聖マルティヌスの聖堂に葬られた。

七代目司教ヴォルシアヌス（巻二、二六）も元老院の出身で、聖人であり、非常に裕福で、先任司教ペルペトゥウスの親戚だった。彼の時代にはすでにガリアのいくつかの都市を、あのクロドヴェクスが支配していた。しかし彼はゴート人から、フランク人の支配を望む者との嫌疑を受けてトロサ（トゥールーズ）の町に追放になりそこで亡くなった。彼の時代にマントロマウス（マンテラン）の村が作られ、マヨル（大）院内に、聖ヨハネスの聖堂が建立された。彼は七年二か月在職した。

八代目司教にはヴィルス（巻二、二六）が選出された。彼も先任者と同じ理由からゴート人の嫌疑を受け、追放されたまま生を終えた。彼の財産は諸教会、および功績のあった人々に分配された。彼は一一年と八日在職した。

九代目司教、アンデカウス（アンジェ）の市民リキニウス（巻二、三九）は、神に対する愛からオリエントに旅をして聖なる土地を巡礼した。そこから帰還して、私財を投じてアンデカウスの領域内に僧院を設立した。そして、聖ヴェナンティウスが祀られた僧院の院長を務めたのちに司教に選出された。彼の時代、クロドヴェクスがゴート人を撃破してトロヌス（トゥール）に凱旋（巻二、三七）した。彼は一二年二か月二五日在職し、聖マルティヌスの聖堂に葬られた。

一〇代目の司教は幸多き女王クロトキルディス（巻二、二八）が任命した。それは彼女がブルグンディア（クロトキルディスの故郷）の実家からすでに司教としてつれて来たテオドルスとプロクルス（巻三、一七）だった。彼らはもといた場所の諸都市からは好感を持たれておらず、追放されていた。ふたりともかなり高齢だった。二年間いっしょにトロニカ（トゥール）の教会を治め、聖マルティヌスの聖堂に葬られた。

一一代目ディニフィウス（巻三、二）も、ブルグンディアの人だった。やはりこの女王の口利きで司教に選ばれた。彼女は彼に国庫からの援助を与え、それを自由に裁量する権限を与えた。彼はその大部分を自分の教会に残したが多少のものを功績のあった人々に贈った。彼の在職期間は一〇か月だった。彼は聖マルティヌスの聖堂に葬られた。

一二代目オムマティウス（巻三、一七）は、アルヴェルヌス（クレルモン）の元老院の出身で、たくさんの地所を所有しており、遺書を作成し、自分が不動産を所有する諸都市の教会に財産を遺贈した。彼はトロニカ（トゥール）の市壁内の聖ゲルヴァシウスとプロタシウスを祀る教会を改築した。この教会は市壁に接して建っている。彼はまた、市壁の内側に聖マリアをまつる聖堂を建て始めたが、この聖堂は未完のまま残された。彼の在職期間は四年五か月。死んで聖マルティヌスの聖堂に葬られた。

一三代目レオ（巻三、一七）は聖マルティヌス聖堂の院長だった。彼は元々は指物師で、黄金の聖体顕現台をたくさんこしらえた。その一部は今も我々の所に保存されている。彼は他の仕事にも有能だった。在職すること六か月、聖マルティヌスの聖堂に葬られた。

一四代目司教には、ペクタヴス（ポワティエ）の市民で元老院の家柄のフランキリオ（巻二、一七）が就任した。彼にはクララという名の妻がいたが、二人の間に子供はなかった。二人とも地所をたくさん所有しており、それらの大部分は聖マルティヌス聖堂のものになったが、若干のものは近親者にも分け与えられた。彼は二年六か月在職した。死んだ後は聖マルティヌスの聖堂に葬られた。

一五代目司教に就任したインユリオースス（巻三、一七）は、トゥロニクス（トゥール）の市民で、家は貧しかったが、自由人の出身だった。彼が司教の時にクロトキルディス女王が世を去った（巻四、一）。彼はトロニカの市壁内の聖マリア教会を完成させた。また彼の時代に聖ゲルマヌスの聖堂も建設された。このころノヴィリアクス（ヌイエ）とルキリアクス（リュジレ）の村が創立された。彼は教会の第三時と第六時（正午）の祈禱日課を定め、それは神の御名において今日も守られている。彼は一六年一一か月二六日在職し、死んで聖マルティヌスの聖堂に葬られた。

一六代目司教には、クロタカリウス王の伝奏（巻四、三では執事）だったバウディヌスが就任した。彼は子持ちで、たっぷりと布施を行なった。先任者が残した二万枚を下らないソリドゥス金貨を、彼は貧しい人々に分け与えた。彼の時代にもうひとつのノヴィリアクス（ヌイエ）村が創立された。彼は僧たちの共同食卓のことを定めた。在職すること五年一〇か月、彼は死んで聖マルティヌスの聖堂に葬られた。

一七代目司教のグンタリウス（巻四、四）は、以前は聖ヴェナンティウス僧院の院長だった。彼は院長在職中は賢明な人物でしばしばフランク諸王間の使者を務めた。ところが司教就任以来、酒に溺れて愚人のようになってしまった。彼は酩酊すると我を忘れ、よく知っている食卓仲間たちの見分けもつかなくなった。そんな折にはよく彼らに罵詈雑言を浴びせた。在職すること二年一〇か月と二二日、彼は死んで聖マルティヌスの聖堂に葬られた。その後一年の司教空位期間があった。

一八代目司教には、司祭のエウフロニウス（巻四、一五）が選出された。彼は我々がこれまで元老院と呼んで来た階級の出で、聖性に卓越し、若いころから僧籍に身を置いてきた。彼の時代にトロニカの町はその全教会とともに火災に襲われて灰燼に帰した。二つの教会は後に再建されたがもうひとつの最古の教会は修復されなかった。その後、クラムヌスの叛乱で逃げこんで来たウィリアカリウスによって聖マルティヌスの聖堂までもが火に焼かれた（巻四、二〇）。司教は後にクロタリウス（クロタカリウス）王の援助をいただいてこれを再建し、錫でおおった。彼の時代には聖ヴィンケンティウスの聖堂が建てられた。また、タウシリアクス（トワズレー）、ケラテ（セレ）、オルバニアクス（オルビニー）の諸村に教会が建設された。彼は一七年間在職し、七〇歳の高齢で世を去り、聖マルティヌスの聖堂に葬られた。その後一九日間、司教職は空位に置かれた。

一九代目の司教には無能な私グレゴリウスが選出された。トロニカ（トゥール）の教会は、幸多きマルティヌスをはじめ、おおぜいの主の聖職者たちが司教職を務めてきた所だが、当時は火災にあって破壊されたままの状態だった。私は司教職をひき継いで一七年目にこれを修復し、以前よりも大きく高い教会を建立した。古老の司祭たちの語るところではここにはアカウネンセス（巻三、五）の幸多き殉教者たちの遺物が安置されているはずだった。ある時私は聖マルティヌス聖堂の宝物庫に小さな箱を見つけた。これには腐りはてた聖遺物が入っていたが、これはそのご利益《りやく》を奉じて保管されていたものだった。この事を祝って夜の勤行が行なわれたが、私はその時ふと、宝物庫は明かりをつけてもっとよく調べてみる必要があると思った。そこで注意深く調査をしてみたが、建物の堂守は言った。

「ふたのついた石があるのですがその中味は全くわかりません。私の前任者の堂守たちも知らなかったと聞いています。今それをお出ししますから、何が入っているのかお調べください」

私がそれをうけ取ってふたを開けるとそこに小さな銀の箱があった。それを開いてみると何と中には、あの聖なる軍団（アカウネンセスの殉教者）の聖遺物ばかりか、他のおおぜいの殉教者たちや告白者たちの遺物が納められていた。また他にも中のくりぬかれた石がいくつも見つかった。その中にも同様な聖使徒たちや殉教者たちの聖遺物が保管されていた。

私は驚いてこれを神からの贈物として感謝していただくことにした。そこで夜の勤行を挙行しミサをあげてこれを教会の中へ安置させていただいた。

教会に隣接した聖マルティヌスの小房には聖コスマ、聖ダミアヌス両殉教者の遺物を納めた。聖マルティヌス聖堂の壁にはまだ焼け跡が残っていたので私はそこを彩色させ、我々の時代の職人技で以前と同様美しく荘厳《しょうごん》した。また聖堂内に洗礼室を建て増しさせ、そこに聖ヨハネスと殉教者セルギウスの遺物を安置した。古い洗礼室には殉教者聖ベニグヌスの遺物を置いた。私はトゥロニクム（トゥール）の領域内のたくさんの場所に教会や礼拝堂を建てて聖者の遺物を安置した。それらを一々述べることは不要であると思う。

私は一〇巻の歴史の書を著した（本書）。また奇蹟に関した本を七冊書

♔アカウネンセスの殉教者たち　A.D. 287，反乱鎮圧のためガリアに派遣されたテーバイ軍団は司令官マウリティウス以下キリスト教徒であった。彼らが異教徒的行事に参加することを拒んで殉教死した宿営地のアガウヌム Agaunum に，後にブルグンドの王シギムンドゥスが僧院を建てた（[3，5]）。

♔トゥールのグレゴリウスの著作

1.『歴史』（本書）
2.『殉教者の栄光の書』Liber in gloria martyrum
3.『告白者の栄光の書』Liber in gloria confessorum
4.『聖マルティヌス司教の徳力』（4 巻本）Libri I–IV de virtutibus sancti Martini episcopi
5.『殉教者聖ユリアヌスの受難と徳力』Liber de passione et virtutibus sancti Iuliani martyris
6.『教父伝』Liber vitae partum
7.『星の動き』De cursu stellarum ratio

2〜5 が「奇蹟に関した本」であり，4 の 4 巻本を 4 冊に数えれば合計 7 冊になる。

き、教父たちの生涯の書（『教父伝』）を一冊書いた。また『詩篇』の注釈書を一冊書き（この書は伝わっていない）、教会の聖務日課に関した本（『星の動き』）を一冊ものした。

これらの著作物は田舎《いなか》くさい筆致で書かれているが、私は、か弱い私の後にこのトロニカ（トゥール）の教会を運営して行く未来のすべての司教の方々に、われらの主イエス・キリストの再来とあらゆる罪人に対する恐るべき裁きの日にかけて、これら著作を損なったり書きかえたりなさらぬようお願いする。著作の部分が取捨選択などされないで私が残してゆくそのままの形で未来の読者であるあなたがたの前にあるように。あなたがたが悪魔とともに有罪の判決を受けて裁きの席から立ち去ることのないよう、以上のことをお願いする。

そして、たといあなた、おお、神のしもべのあなた、私はあなたがどなたなのかは存ぜぬが、たといあなたにあのマルティアヌス（前世紀の文法家）が七自由学科を教え、あなたに読書のための文法を教え、論争の問題提起の方法を指導し、修辞学における韻律の作り方、幾何学における地面や線の割りふり方、天文学の星の運行の観察、代数学の数の性質、音の調べをうつくしい言葉の抑揚にぴったりあわせる術《すべ》をすべて教え込み、あなたがそれを十分に学んで、私のものなど実に田舎臭紛々《ふんぷん》だと思ったとしても、どうぞ私の書き残したものを破り捨てては下さらないようお願いする。

もしもこの中にお気に召したものがあったら、中身を変更しなければ、それを韻律に組むことはかまわない。私は本書を叙任以来二一年目に書き終えた。

以上私はトロヌス（トゥール）歴代の司教の年代を書いたが、それを年代順に正確に数えた訳ではない。彼らの叙任の期間を間違いなく算出することは不可能だった。

この世の全年月は以下の通り。

天地創造から大洪水までは、二二四二年。

大洪水からイスラエルの子らの紅海渡海までは、一四〇四年。

紅海渡海から主の復活までは、一五三八年。
主の復活から聖マルティヌスの逝去までは、四一二年。
聖マルティヌスの逝去から、前述の私の叙任二一年目、ローマのグレゴリウス教皇の五年目、グントゥクラムヌス王の統治三一年目、二代目のキルデベルトゥス王の一九年目、この年までは一九七年。
都合五七九二年。

キリストの御名において第一〇巻を終わる。

最後の年　ここにブーフナー（Buchner）本の注を写しておく。「グレゴリウスの 21 年目は，A.D. 593 年 8 月から 594 年 8 月まで。キルデベルトゥス王の統治第 19 年は，593 年 12 月から 594 年 12 月まで。グレゴリウス大教皇の 5 年目は 594 年 9 月 3 日に始まる。おそらくしかしここでは彼の叙任からではなく，590 年 4 月の彼の選出から計算されているのであろう。それならば，この三つの期間の一致するのは 594 年の 4 月から 8 月までとなる。グントゥクラムヌス王の 31 年目（591 年 12 月〜592 年 12 月）はこれらとは合致しない。」

なおクルシュ（Krusch）本のこの個所の注は以下のごとし。「グントゥクラムヌスの 31 年目は，A.D. 592 年である。この年の 3 月 28 日に王は亡くなった。しかしその死をグレゴリウスが記すことはなかった。おそらく彼自身すでに病んでいたのであろう。」

解題

【解題目次】

はじめに

古来『フランク史』と呼ばれ、本訳書の原書の校注者ブルーノ・クルシュ（Bruno Krusch）から『一〇巻の歴史』というタイトルを与えられたトゥールのグレゴリウスのこの作品は、後世にしばしば熱心な賛嘆者を見出して来た。

二〇世紀に本作品のテキストを編集したドイツのルードルフ・ブーフナー（Rudolf Buchner）は、「トゥールのグレゴリウスの『一〇巻の歴史』は、我々のヨーロッパの発展の不可欠の証人である。ひとつの世紀をかくもあざやかに、生き生きと、具体的に語った資料は他にない」と述べ、またイギリスの一般読者向けの中世文集の編集者デイヴィド・ハリヒー（David Herlihy）は、「グレゴリウスの『フランク史』は、ベーダの『イギリス国民の教会史』と並んで初期中世の最も価値ある面白い読み物である」と述べている。これらの評言は、作者とは遠く隔たった時代に属する読者と作品との間で通い合った共感の証言である。

しかし他方、そのラテン語が同じハリヒーから「変なラテン語」（odd kind of latin）と評され、作品の構成や記述に関しては『ミメーシス』の作者アウエルバッハが、（この作家の現実感覚の鋭さを指摘しつつも）その「混乱」と「曖昧」について語ったように、本作品ほどその欠点や弱点において話題にされる書物も少ないだろう。ラテン文学史上では、本作品は、その「衰退期」の代表作とされる（松平千秋・国原吉之助『新ラテン文法』）。

こうした両極端の評価の歴史を見るとき、まさに本作品は、文学史上の「お墨付き」によらず、独力で賛嘆者を獲得してきた観がある。既成の尺度をあてはめては測りがたい何かを認めた時、人は本作品の熱心な支持者となるのだ。

当然のことながら本作品とフランス文学ないしフランス史との関連も重要である。「トゥールのグレゴリウスの『フランク史』は我々の文学のなかで最も貴重な、最も賛嘆に値するもののひとつである」と最大の賛辞を惜しまないアンリ・ボルディエ（Henri Bordier　一九世紀の本書の仏訳者）は、「気高い」トゥールのグレゴリウスは、その欠点がいかに際立つものであれ、「我々の原始時代」を活写した唯一の歴史家であることにより、古代史と「我々の現代史」とを結びつける「黄金の環輪」となったのだ、と述べている。

一　作者について

作者は俗名をゲオルギウス・フロレンティウスと言い、ガリア（今日のフランス）のアルヴェルヌス（クレルモン・フェラン）の名門の家に、父フロレンティウスと母アルメンタリアの三番目の子として生まれた（五三八年）。

作者の一門からはガリア聖俗の名士が輩出している。本書に記されたルグドゥヌム（リヨン）の殉教者ウェクティウス・エパガトゥス（巻一、二九）は彼の父方の遠い先祖にあたる。またビトゥリカ（ブールジュ）のレオカディウス（巻一、三一）はこのエパガトゥスから下った子孫である。このレオカディウスからさらに下った子孫の娘のレオカディアは、本書に登場するアルヴェルヌスの司教ガルス（巻四、五）と作者の父フロレンティウスの母にあたる。

また本書に記されたリンゴニカ（ラングル）のグレゴリウス司教（巻三、一五）は作者の母の父にあたり、同じくリンゴニカ司教テトリクス（巻五、五）は作者の母の父の弟にあたり、さらにグンドゥルフス将軍（巻六、一一）とルグドゥヌムの司教ニケティウス（巻四、三六）は、作者の母の母の兄弟にあたる。そして作者の前任者のトロニカ司教エウフロニウス（巻四、一五）は、作者の母の父の兄の子にあたる（巻頭の「系図2　トゥールのグレゴリウスの家系図」参照）。

作者が一〇歳になる前に亡くなった父と同様、病弱であった作者は、若いころから聖者の聖堂や聖遺物に親しみを覚えていた。自分が病気に苦しんでいたとき聖イリディウスの墓前で、もしも健康を取りもどすことができたらすぐに聖職の道に入ることを誓ったという挿話を、彼の最古の伝記作者のクリュニ僧院長オド（Odo　一〇世紀前半の人）は伝えている（この話はトゥールのグレゴリウスの著作『教父伝』［二、二］にもとづく）。兄のペトルス（巻五、五）が聖職に指定されていたので、作者が聖職を選んだのは家族的な決定ではなく本人の自発意思によるものであろうと、『トゥールのグレゴリウス「一〇巻の歴史」Gregor von Tours „Zehn Bücher Geschichte“』（ダルムシュタット、一九九四年）の著者ハインツェルマン（Martin Heinzelmann）は推測し、父の兄が聖職に就き父が結婚して子孫を残したように、作者の兄が聖職に就き、作者は本来ならば、世俗の道をあゆむ筈であったとしている（作者には他に姉がいた）。

作者は順調に聖職の道を進んだ。オドの伝えるところでは、トロニカ（トゥール）の町の司教エウフロニウスが亡くなると市民たちはただちに町の聖者マルティヌスへの帰依心のあつい作者を後継者に指定した。この選定が聖職者と貴族の賛同を得、この決定を伝える使者がフランクの王（シギベルトゥス）のもとに着いた時には、すでに王の御前に作者がいたという（五七三年）。

本書の校注者クルシュによれば、故エウフロニウス司教の下で司祭職にあったリクルフスではなく、グレゴリウスが選ばれたのは、王と王妃（ブルニキルディス）が彼を支持していた上、元老院の家柄がこうした事柄には断然有利に働いたのだという。あるいは既述のごとく、作者が故エウフロニウスの遠縁にあたったことも作者に有利に働いたであろう。一方、リクルフス司祭はのちにレウダスティスと手を組んでいろいろ悪事を働くことになる（巻五、四九）。

当時トロニカ（トゥール）の町はフランクの王シギベルトゥスの版図に入っていた。トロニカの町とその司教となった作者グレゴリウスはシギベルトゥス王に、そして王亡き後はその息子キルデベルトゥス王に誓約をさし出した。しかし彼もトロニカの町も他のフランク諸王と複雑な関係にあったので、作者は他の多くの司教区を束ねる首座司教座のトロニカの司教として、時として難しい立場に身を置くこととなった。

トロニカの町を巻き込んでシギベルトゥス、キルペリクスの両兄弟王が争った時、キルペリクスの子テオドベルトゥスが戦死した（巻四、五〇）。その殺害者グントゥクラムヌス・ボソは追われる身をトロニカの聖堂に託した。作者たちが、教会の庇護権を行使して、冷静正当に彼を保護している様子が本書の短い記述に見える（巻五、四）。

シギベルトゥス王が亡くなると、後継王がまだ幼かったため、町と司教の身の処し方には細心の注意を要した。その後、キルペリクス王と険悪になった王子メロヴェクス（巻五、一四）、王殺害の嫌疑をうけたエベルルフスなどがトロニカの聖堂に隠れ家を求めて来た。教会が彼らを必ずしも喜んで庇護した訳ではないことは、本書の記述の随所に見て取ることが出来る。しかしそれでも教会は断固として無条件に彼らを保護した。この努力があってはじめて教会の庇護権は存在感を持ったと言える。本書には、教会の庇護下にあるエベルルフスの不安定な心理状態、それを反映して作者が見た夢、その夢の内容を聞いたエベルルフスの共感の言葉、そして彼を庇護したことで教会が抱えることになった種々の厄介事が詳細に描かれている（巻七、二二）。

シギベルトゥス王亡き後におのずから重みを増し、あらゆる事柄にくちばしを突っ込んでくるキルペリクス王への対処は、作者にとって難しい問題だった。新しい神学説を押しつけてくる王に対し、作者があっさりと、

「お説に従おうというような御仁《ごじん》は賢者ではなく馬鹿者ですよ」（巻五、四四）

と答える場面が本書に見える。この王と作者は、プレテクスタトゥス司教へかけられた嫌疑の一件（巻五、一八）や、レウダスティスの讒訴《ざんそ》の一件（巻五、四九）を通じ、しばしば危険な関係に陥った。

このキルペリクス王も死に、キルデベルトゥス王が成長し、グントゥクラムヌス王がフランクの諸王国を束ねはじめるころ、フランク王国の中での作者の存在も安定し、重量感を増してくる。作者は、ガリアの政治情勢のなかでキルデベルトゥス王を代弁し、ある時にはグントゥクラムヌス王に向か

い、

「栄えある王よ、あまりフレデグンディス様（故キルペリクス王の妃）とお親しみにならぬ方が良いのではありませんか」

などと極めてデリケートな問題にくちばしをつっこんでみる。王のほうも

「さにあらずじゃ、神の司教殿云々」

とじつにわだかまりなく答える（巻九、二〇）。このあたりのやりとりのひとつひとつは、何気ないが、深淵に架かった橋であり、芝居の台詞を読むように面白い。

作者はキルデベルトゥス王に対しても、王がトロニカの町に新たな税を課そうとした際には町の側に立ってこれを拒否する（巻九、三〇）など、およそ何ものにも遠慮ない自在さを得ているように見える。

本書の最後の章の最後の部分に、司教としての作者の公的な業績が要領よくまとめられている（巻一〇、三一）が、彼がその司牧一七年目にトロニカの教会を修築し、その際に、長く行方の知れなかったアカウネンセスの殉教者たちの聖遺物を発見するくだりがある（五六二頁）。この世での地位に心から満足している、作者のしずかな喜びにあふれた章である。

オドの伝記によれば、作者は聖遺物をかざして嵐や火事をしずめ泥棒を追い払い（これらの挿話をオドはしばしば作者自身の著作のなかから再構成しているのだが）、一種のヒーローのような大活躍をしたあと、ローマへおもむいて自分と同名のグレゴリウス大教皇に迎えられたという。もっとも、この両グレゴリウスの邂逅は確かに面白いテーマだが、作者のローマ旅行はありそうにないこととされている。

なお巻一〇、三一章の最後の記述は、彼が自分の死の年（五九四年）まで本作品に手を入れていたことを示している。

『フランク史』の読者で、作者が特に自分のことを語っているというような感想を持つ人は居まい。『フランク史』の作者にとって自己自身は、わざわざ筆を費やして述べるほどの興味の対象ではなかったようである。彼は自分の置かれた環境とあまりにも一体であり、別に示すべき何物も自己の中には見出してはいなかった。とは言え書くべき関心の対象と作者自身があまりにも深くかかわっているために、作者の姿が読者の目にあざやかに映るような場面も多い。

それゆえまた、グレゴリウスの著作のなかではこの作品のみが、「彼を生きた個人《パーソナリティー》として示している」という英訳者ダルトン（O. M. Dalton）の言葉も真実なのである。この作品においてのみ、「彼の好き嫌い、偏見、迷信、男らしさと親切さ、真実への気高い責任感、自身の属する階級と教会への忠誠心」（ダルトン）が隠すことなく示されている。もちろんそれは、「我々が彼の物語とともに進むにしたがって、彼の筆からこぼれるように（stroke by stroke）、随所に（point by point）、無意識に示される」ものであり、「意図的な芸術家の

自画像とは性質を異にする」（ダルトン）ものではあるのだが。

二　作品の面白さ

古代世界の残像　本訳原書の校注者のクルシュは、このアルヴェルヌスの元老院議員の子グレゴリウスは、自分の言葉であるラテン語が古代ローマの優雅さをもはや失っていることをよく知っていたが、文化的習慣的に、自らをローマの継承者として示しているのだ、と言う。「フランク人は彼にとっては〈野蛮人〉だった。フランク人の言葉はごくわずかフランク人の歴史に採録されているにすぎない」（クルシュ）。

ガリアがローマ帝国の版図に編入されてからすでに数百年を経ていた前世紀に、政治権力としての西ローマ帝国は消滅していた（四七六年）。以来、ここにはフランク、ブルグンド、西ゴートなどゲルマン諸族が蟠居《ばんきょ》して不安定な統治をつづける一方、マッシリア（マルセイユ）を通じて東方《オリエント》やギリシャからの文物が流入し、各地にひ弱な花のような都市文化が咲き乱れていた。すでに古代世界は存在しなかったが、その残像はいまだ人々の心に強烈な影をおとしていた。

他方、この地域にはまるでワーグナーの楽劇の世界そのもののような原始ゲルマンの世界がつい昨日まですぐ身近に息づいていた。左のくだりは、まさに「ニーベルングの指輪」の歴史的相関物である。

「ブルグンド人の王グンデヴェクスは、既述（巻二、四）のアタナリクスの系統の者で、四人の男子、グンドバドゥス、ゴディギシルス、キルペリクス、ゴドマルスがいた。グンドバドゥスは兄弟のキルペリクスを剣で殺し、その妻の首に石を結びつけて水中に沈めた。ふたりの娘は追放された。姉は俗世の服を脱いで名をクロナと言い、妹はクロトキルディスと言った」（巻二、二八）。

またこれらの世界と並んで、そこでは永遠のガリア的平安も連綿と続いていた。本書によればキリスト教徒から自分の家を教会にするよう頼まれた元老院議員レオカディウスは、「もしビトゥリカ（ブールジュ）の町のわが家がそれにふさわしいならば私は否やは申しますまい」（巻一、三一）と言って対価としてさし出された三〇〇枚の金貨は受け取らなかったという。彼はまったく町内づきあいの気安さで、キリスト教改宗という、古代と現代を分かつ大変革を終えてしまう。

ガリアの地ではキリスト教がしだいにこの地の土壌に硬質の根を張り始めていた。そして作者グレゴリウスはカトリック・キリスト教の強固なイデオローグ（擁護者）であった。またこのキリスト護教的世界観の背後にはユダヤ教的旧約聖書の世界が牢固として横たわっている。

作品中にはこうした諸世界が重層的に重なって見え隠れする。しかし、これらを取りまとめて物語を進行させる原動力はどこまでも単純素朴な作者の好奇心であり、そこにこの作品の不思議な魅力がある。

カトリック・イデオロギーと「語り」の力　グレゴリウスの他の作品はすべてカトリックのプロパガンダであり、それぞれ信仰と結びついた固有のテーマのもとに物語を集めているのだが、この『フランク史』においては信仰のテーマはひとまず措き、通常であれば彼にとって信仰のための道具に過ぎない「物語る」ということそれ自体の力が、作者を捉えて離さない。

作者が言うには、本作品は、現在自分のまわりで進行しているさまざまな出来事が忘却にゆだねられるのを惜しみ、「未熟な言辞をもってではあるが」（最初の前言）、それらを紙に書き留めておこうとしたものである。彼はこの進行中の出来事を歴史の中に位置づけるようなことを試み、さらにこれらの出来事に、場合によっては哲学的（彼の場合には神学的と呼ぶべきであろうが）考察を加える。こうして本書は種々雑多な内容を含んだ、作者最大の作品となった。

我々読者は、本書に関しては作者のイデオロギーなどにあまり拘泥せず、作品そのものを楽しむことができる。そこにはいつの世でも共感を得られるような「愛するふたり」の珍しい話（巻一、四七）がある。我々はまた、ヴィンゲンナ（ヴィエンヌ）川やリゲル（ロワール）川を、聖者の遺体を船ではこびながら、人々が賛歌を歌いつつ故郷の町へ帰ってゆく妙に心高まる場面（巻一、四八）に遭遇したり、助祭から「頓珍漢」よばわりされる聖者の話（巻二、一）へ導かれたりする。

これらの話にもすべてどこかにキリスト教のプロパガンダが仕掛けられてはいる。たとえば右の「愛するふたり」の話は、折角の初夜をむかえた花婿が、キリストを愛するあまり男性を受け入れようとしない花嫁に拒絶される物語である。しかし花婿はこの「愛の危機」を、独自の知恵で乗り切ってゆく。作者は心からこの夫婦に共感を寄せているようであり、行間に滲み出る生への肯定的なまなざしは、キリスト教のイデオロギーをひとまず忘れさせ、読者の興味を喚起する。川をくだり波に身をまかせつつ大自然の息吹にふれるさわやかさ、聖者を「頓珍漢」扱いする滑稽さ。こうしたものには、たとえそこにキリスト教的味つけがなされていても、同じ人間として関心を共有できる契機が秘められているのだ。

もともとこうした個々の短い奇譚は、この作者のなかではキリスト教のイデオロギーと対立するものではなかったろうから、色々な作品のなかに偶然のように紛れ込んでいても別に不自然ではない。しかし、『フランク史』において真に特異なことは、これら小さな点のような物語が粘り強く、大量に集められたことで、個々の点の集合がひとつの「面」へと変質し、そのエピソードの集積群によってひとつの社会を写し出す鏡となり、もはや一定の価値尺度をもってしては図りがたい、底知れぬ人間の深淵を表現する一大絵巻となっていることではないだろうか。そしてこの深淵のなかにさまざまなタイプの人間がひそみ、また同一人物がくり返し登場することで個々の短話を有機的につなげ、時の流れを作り出しているることではないだろうか。

トゥールのグレゴリウスと同様に正統信仰の強固な擁護者だったエウセビウスの大作『教会史』（四世紀の作品）と読み比べてみれば、作品の課題が要求する事とは言え、概して信仰という側面からしか人間を見ることのないエウセビウスのこの作品と、人間の多面性への好奇心に貫かれている本書との違いは、まさに圧倒的である。この両作品は、作者の観察眼の違いをこえて、現代の我々にとってはほとんど別ジャンルの作品のように見える。ひと言でいえば、『フランク史』は、我々の考える文学というジャンルのさまざまな性質を豊かに備えているのだ。

たとえば『フランク史』の中で描かれるアルヴェルヌスの聖ガルス司教の後継者と目されていたカトー司祭は、おそらく諸々の能力を備えた逸材だったのであろうが、過度に名誉心が強く嫌味な存在であり、それが災いして司教になる機会を二度ものがしている（巻四、六、一二）。こうした人物の弱点にスポットをあてる時の作者は露悪的ですらある。しかし作者はこのカトーには貧しい人々に対する真実の献身の心があったことも見逃さずに記している（巻四、三二）。もし作者が単に興味本位の人物像を描いていたのなら、ただ司祭の嫌味な面のみを述べるだけで済んだであろう。あるいは作者の筆が単純なキリスト者プロパガンダのそれであったならば、逆にカトーの聖性について述べるだけでよかったであろう。カトーのこの二つの面を表す挿話が、（章をかえて配置されているとはいえ）ひとつの作品のなかに共に収められることで、全体として人間性への深省を発せしむるものになっている。この両面をともに記録し得た作者は、作家としてまことに偉大であった。

人間観察　グレゴリウスは、この作品のなかにおいてのみ、自分の宗教的イデオロギーからすれば過度とも思える好奇心の虜になっているように見える。彼は、王の暗殺の場面にたまたま遭遇し、まきぞえを食って殺された侍従のカレギセルスについて、

「カレギセルスは、処世は軽く、欲望は大きいといった男だった。卑賤の出だが、おべっかを通じ王のもとで重きをなした」（巻四、五一）

と記している。この侍従は単にここで殺されたことが伝えられるだけの人物である。それなのに作者はなぜその人物の負の面までを、かくも露骨につたえる必要があったのであろうか。そもそもこうした観察、あらゆる人間的側面への好奇心は、あのオドの伝記に描かれた、どこまでも謙虚な神の奉仕者グレゴリウスの、一体どこにひそんでいるのであろうか。この書き方は、まるでこのカレギセルスなる人物の「軽さ」が、彼の災難の原因であるといわんばかりである。

こうした記述は『フランク史』のいたるところに見られる。

恐怖のあまり馬首にしがみついて逃亡する司教（エギディウス）の姿を描くときには、その片一方の足の長靴が脱げても彼は駆け続けたといった風に、細部へのこだわりも見られる（巻六、三一）。

およそどんな高位の重要人物も彼のするどい観察眼をのがれることは難しかった。本書の後半のいたる所で描かれるキルペリクス王の王妃フレデグンディスの非道卑劣な悪女ぶりには、『不思議の国のアリス』のハートの女王もとうていかなうまい。このフレデグンディスの描写にはほとんどこうしたタイプの「王妃の原型」ともいうべき造形が与えられている。ただ作者は、ここでもこの王妃の心中のあらゆる不安や弱さも見逃さずに記しており、単純なフィクションとは断然異なる、人間の複雑なリアリティーを捉えている。

本書の作品世界はまた、当時のあらゆる不気味な事件に満ち満ちている。そのひとつひとつの挿話は大量に集められることによってのみ、それらがいかに治安の悪い社会の物語であるかを伝える。市民たちはたえず諍いを起こしていたし、それはかならず流血さわぎをともない、しばしば果てしない復讐の連鎖を生み出した。王妃がこうした騒乱に介入して当事者を宴席に招き、関係者が酔いつぶれたところを背後から斧でたたき殺してしまうといった手荒な解決法も記されている（巻一〇、二七）。

作者はこうした話を通常はきわめてすばやい筆致で語り抜ける。アウエルバッハが詳しく分析しているトロニカ市民の騒乱の話（巻七、四七）には確かに不明瞭でわかりにくい部分があるが、複雑な人間関係の説明は最少限にとどめ、起きた事柄が人々に与える強烈な印象を、生々しい衝撃とともに読者に伝えることに作者の関心は集中している。

本書の登場人物たちは皆、現代の我々に較べるとどことなく粗野で、欲望をむき出しにした人々であり、「グレゴリウス的人間」とでも呼びたくなるような人間類型を示している。これらの人物像は人類学的にも貴重な資料を提供しそうである。他方、こうした人物たちを写実的に描く作者の筆使いには、一九、二〇世紀の偉大なフランス文学の遠い源流のようなものも感じることができる。

飢饉、天変地異、疫病。こうした事柄も作者はつぶさに報告している。戦争がおきればかならず兵の略奪についての言及がなされる。王娘がヒスパニアに嫁入りする際には、娘には「手元には何も残らぬ」ほど「莫大な財産」をつけてやった父王に関し、作者は次のコメントを忘れない。

「王はこの（輿入れの）旅のためには国庫からは鐚《びた》一文出さず、（中略）彼ら（お伴の人々）は旅の途中で、言うも憚られる略奪と搾取を繰り返した」（巻六、四五）。

これが麗々しく仕度されたフランク王女の結婚行列の実情であった。

他方で作者は、悦楽的とも言うべき美しい命の輝きにもきわめて敏感であった。はるかヒスパニアから嫁してきたブルニキルディスは、

「物腰優美で、見目愛らしく、一挙一動に威儀と典雅さが溢れ、思慮深く、会話に愛嬌があった」（巻四、二七）

と述べられるほかには格別の描写はあたえられていないが、常に作品中にエキゾチックな雰囲気をふりまいている。彼女の武勇の美女としてのシルエットは後世の伝説に伝えられ、ワーグナーの楽劇の中にまで（ブリュンヒルデとして）その面影を残している。彼女の夫シギベルトゥス亡き後、寡婦となった彼女の身柄を引き取りに来て恋に落ち、結局身を滅ぼすシギベルトゥスの甥のメロヴェクス王子の物語（巻五、二、一八）は、粗野ではあるが何か『平家物語』の一節を読むような胸痛むものをもっている。王子の廉直さと武人としての有能さがほのみえるだけにこの一節はいたましいが、ここには抗いがたい「性の魅力」といったテーマもそれとなく挿み込まれているのである。『フランク史』の中には性を邪悪なものとする視点、たとえば、

「『わたしを娼婦とお言いだね』と彼女は言った、『それならお前のみだらな欲望を散々に試してやろうよ』」（巻二、二二）

などと司教を誘惑する悪魔の話のたぐいは多いがそればかりではなく、メロヴェクス王子とその叔母のように、静かで、ある意味ではまっとうな「性の営み」にも作者の目が確かにそそがれている。

それにしても、若くしてあたら命を落とした若者の話を作者はなんとたくさん挿入したことか。クラムヌス（巻四、二〇）、テオドベルトゥス（巻四、五〇）、メロヴェクス（巻五、一八）、クロドヴェクス（巻五、三九）。これらの死のなかには父子関係という共通のテーマが隠れている。偉大な父を克服して自己を確立してゆくことは、この時代の王家の子供たちには至難のわざであった。またエベルルフス（巻七、二九）やグンドヴァルドゥス（巻七、三八）の最期など、社会を震撼させた大規模で凄惨な殺戮の場面も冷静沈着な筆致で描かれている。

しかし『フランク史』全体のトーンは決して詠嘆調でもなければ悲劇的でもない。むしろここには、人間性へのあかるい信頼のようなものが一貫して流れている。死後の復活が信じられないある司祭に対して作者は、自然の四季の移り変わりになぞらえて、死と復活の物語を諄々と説いてゆく（巻一〇、一三）。これは日本人にも理解しやすい話であろう。

三　構成とテーマ

一〇巻の概要　『フランク史』は一〇巻から成り、それぞれの巻には四三～五一の短話が集められている（巻三と巻一〇のみがやや少なく前者は三七、後者は三一である）。

巻一は、天地創造からトロニカの町の司教聖マルティヌスの死までをおさめる。この巻の四三章まではほぼ旧約聖書とローマ史の要約にあたり、本書のなかで特異な位置を占める。本格的な『フランク史』の内容にはいるのはこの巻の四四章

以降であると思われる。

巻二は、まずマルティヌスの後継者の話、キリスト教迫害の話、クニー（フン）人の侵入とフランクの勃興の話を並べ、後半にクロドヴェクス王のカトリック改宗とガリア征服の物語を置く。

巻三は、クロドヴェクス王の庶子テウドリクス王とその子テウドベルトゥス王の王朝史。

巻四は、クロドヴェクスの正嫡の子たちの物語だが、巻途中でこの世代の王たちは相次いで世を去り、後半はクロタカリウス王の子供たちの物語になる。この世代が始まる五六一年は作者が成年に達してまもなくのころであり、この巻の最後にシギベルトゥス王が亡くなる（五七五年）。作者は五七三年トロニカ司教に叙任されるが、ここまで作者は作品中にはまったく登場しない。

クルシュによれば、一般に本書は巻四までで一段落しているとされる。巻四の終わりには巻一〇、三一章（最終章）と同様、天地創造以来の年月計算が付加されている。

巻五は、わずか五歳で即位した故シギベルトゥスの子キルデベルトゥス王のもと、この巻の四章で初めて作品中に一人称で登場する作者自身と、幼い王の王国に不安な影をおとすキルペリクス王との交渉を重要なテーマとする。

巻六は、作品の背後でグントゥクラムヌス王が徐々に実力を増していく中、彼とキルペリクス、キルデベルトゥス両王との確執を語り、他方でキルペリクス王とゴートとの交渉の進展を話題にする。この巻の最後でキルペリクスの娘リグンティスがヒスパニア嫁入りの旅に出発し、キルペリクス王が急死する。

この巻六と前の巻五は作品の第二の部分を構成する。ハインツェルマンはこの両巻を「キルペリクスの巻」と呼んでいる。

巻七は、故キルペリクス、故シギベルトゥス両王の家族を自分の力の保護下に置き、さらにグンドヴァルドゥスの乱を鎮圧してフランク王国の主導権を握るグントゥクラムヌス王の姿を描く。

巻八は、次第に真の王者の威風をそなえるグントゥクラムヌス王の下のガリアの情勢を物語る。グントゥクラムヌス王はシギベルトゥス、キルペリクス両王とは異なりヒスパニアに対してはつねに強硬な態度を示し、それが元で好結果にめぐまれない。

巻九は、成人してグントゥクラムヌスとほぼ対等の王になる潜在力を持つに至ったキルデベルトゥス（故シギベルトゥスの子）と、グントゥクラムヌスとの交渉を話題とする。グントゥクラムヌスはシギベルトゥスとキルペリクスの両家系から等距離に身を保つ。巻末でトロニカとペクタヴァの町の尼僧院の紛争が語られる。

巻一〇はふたつの尼僧院の紛争の結末を語り、全巻の最後にトロニカの教会の歴代司教名を列挙し、ここに至って作品はようやく作者自身を直接話題にする。

「世界史」としての『フランク史』　先のクルシュの見解に従えば、司教就任以来「時折、あちこちの個所を書き増し、書き続けてきた」作者は、「書き加え書き直し、努力を尽くしつつ死に追いつかれて、『歴史』を完成しないまま（Historias non completas）後世に残した」。

この「完成しないまま」というクルシュの言葉はおのずから、では作者がこの後、どれほど長生きすればこの作品を書き終えることができたのか、という問いを誘う。しかしそもそも、「歴史」というジャンルの作品に、文字通りの意味での完成などあり得ようか。無論恐らくは、近づく自分の最期を知って書き加えられた巻一〇の三一章が、形式的にはこの作品に打たれたピリオドなのである。

本書は、当時の知識で書かれた「世界史」と言ってよい。それは極端に「現代」「現地」を拡大した「世界史」である。過去の大部分の時代を天体望遠鏡で天空を一覧するように最初の巻のなかにおしこめ、現代に近づくにつれて双眼鏡で近隣を見渡すように縮尺を拡大し、作品の半分以上を現職司教である自身の同時代史として、物語る自分を堂々と物語の中に登場させる。後半は虫眼鏡で身辺を拡大するように現物の書簡、条約文、判決文の全文を引用する。だが、それでもやはり本書は「世界史」なのである。

「世界史」は、時間と空間の全体を描写し考察の対象とする。それは本来人間にはおよそ不可能な試みへの挑戦である。したがってこれを、「完成しないまま後世に残した」というクルシュの言葉は、むしろ本書のこの「世界史」的性格を指し示している。またこの言葉は、長年テキスト校訂に携わってきたクルシュならではのものだろう。彼の作業もまた、ひとつの世代で為《おお》し果せるものではなかった（「解題」の「四書誌」参照）。

物語のしかけ　巻一の過去の時代の要約部は他の部分に較べ若干異質だが、構成上独自の重要な役割をも担っている。この部分があってはじめてこの作品が「世界史」となるということに加え、この部分はこの作品独特の世界観を積極的に読者に印象づける。すでに最初のアダムとエヴァの話からして作者独自の色に染め上げられており、ピラミッドや紅海渡海の話なども特殊な視点から作り直されている。この部分はまた、作品全体にいわば旧約聖書の一変種の性格を与え、この作品を伝統的な教養世界へと属せしめる。

作品の中に世界全体をつくり出し世界全体のなかに作品を置く。このしかけの上でかろうじて、トロニカの聖者の話とアフリカのキリスト教迫害の話と、クニー（フン）人の侵入と英雄アエティウスの活躍という、きわめて異質な物語が、さして違和感なく読者の心に並べられるのだ。

このような複雑で、一貫したストーリーで結びつけにくい世界を描くには、もともと本書のような短話の集積は極めて有効な手段である。

およそ特定の時代を描く時、それが変革期であれば、変革の過程を追うことで一貫したストーリーを構成しやすい。しかし平和な時代を描く場合はそうした手法ではなく、作者は『徒然草』のように短文を寄せ集め、目は鏡に徹し、前をよぎる風景を時に応じてこの鏡にうつしだせばよい（『徒然草』の生まれた時代は激動の時代であったが作者は永遠の相といったもののみを筆のテーマとした）。時代はゆるやかに流れ、我々の印象も断片的になってくる。

我々の作者が描いた時代は、不安の時代ではあったが、クロドヴェクスの大変革以降は時の流れはまことに遅かった。巻二の後半、クロドヴェクスの諸章で、前後の章を貫いてストーリーの流れが最もよく走るのは、こうした変革の時期を表現している証である。しかしその後は、不気味な犯罪事件や天変地異が話題にされるなど、しだいにまた断片の挿入が多くなる。

そのなかで、まるでターナーの絵を見るような鮮やかさでタウレドゥヌムの砦の大洪水が語られる章（巻四、三一）や、『方丈記』の京の都の災上と比較してみたいパリシアカ（パリ）の大火災の描写（巻八、三三）などは、世界文学の白眉と言って良いだろう。他にも巻六、三二章にちらりとあらわれる当時のパリシウス（パリ）の商店街への言及など、興味深い断片は少なくない。

「徳 virtus」のテーマ

さて、ではここに集められた多彩な挿話を貫いて流れるひとつのテーマといったものが考えられるであろうか。グレゴリウスの諸作品のなかで、この作品に限って作者がカトリック的イデオロギーを大きく逸脱してしまっていることは、先に見たとおりである。ではこの作品は単なる作者の好奇心に発した挿話の寄せ集めに過ぎないのであろうか。

私はこの作品の基調には「徳 virtus とは何か」というかくれたテーマが流れているのではないかと思う。もともとこのテーマは我々の作者が他の作品の中でもとくに重視したテーマであり、この作品においても、独自の作用を発揮している。作者はこの作品世界のなかでも働きつづける「徳 virtus」を追い求めてやまない。ホスピキウス（巻六、六）やサルヴィウス（巻七、一）など、「徳」を発揮しつづける聖者の話は、煩をいとわずいたるところに挿入されていて、かれらの姿は、カトリックの公式的なイデオロギーには無縁の読者にも何か感銘深いものを与える。そしてこれら聖者たちの生き様は、他宗教の聖者たちのそれと本質的に異なるものだとは訳者には思えない。そこには個々の聖者の徳のありよう（具体）によって開かれる「徳 virtus」の普遍の姿が見出される。このように、「徳 virtus とは何か」という課題を通じてはじめて、作者はカトリックのイデオロギーを超えた、「具体的かつ普遍的に宗教的なるもの」を読者に伝えることができたのではないか。

巻一〇の最後、話がトロニカの教会へ戻ってくる直前になって突然僧院長アレディウスの生涯に触れる（巻一〇、二九）のも、やはりこの作品とこのテーマとの強い絆のためである。僧院長の死の直前、悪霊にとり憑かれた女が叫ぶ。

「市民の皆さん、お出《い》でよ、急いでお出で、殉教者たちと告白者たちが、幸多きアレディウスのお迎えに来ているよ、あそこにはブリヴァテ（ブリュード）のユリアヌスがいる。あれ、ミマテ（マンド）のプリヴァトゥスもいる。トロヌス（トゥール）のマルティヌス様もお出でだ。マルティアリス様もご自分の町からお出でになった。トロサ（トゥールーズ）のサトゥルニヌス（巻一、三〇）、パリシウス（パリ）のディオニシウス（巻一、三〇）も居る。まだまだ大勢おいでになったが、皆、天にいた人たちばかりだ。皆さんが、告白者だの神の殉教者だのと敬っているお方ばかりだ」

なんという叫びだろうか。だがこの正気を失った女の叫びは、この作品に中世という時代の刻印をくっきりと押しながら、大交響曲のフィナーレのテーマの全奏のように、高徳の聖者たちの名前を連呼することでこの作品のテーマが奈辺《なへん》にあるのかを大声で知らせ、この底知れぬ深淵のような作品に、構造的な纏まりを与えてもいるのだ。

言葉と伝統　さて、この作者にあっては「徳 virtus」という用語は、カトリックのイデオロギーとしっかり結びついている（「訳語対照表」参照）。しかしこの語自体にはもともとそうした宗教的限定はなく、語源的には「徳 virtus」とは、単に「男 vir らしさ」を意味するに過ぎない。それは古代社会においては、まさに戦場の勇気に他ならなかった。またキケロー（Cicero）があらゆる高貴さ（omne honestum）の成分として挙げる四つの徳（『義務について』De officiis）などは、すべてローマ人としての理想像と分かち難く結びついている。

グレゴリウスは、キケローがその存在を想像だにできなかったキリスト教化したガリアの一都市の司教という立場から、この言葉に古典古代とは全く異なる意味を込めているのだが、同じ「徳 virtus」という言葉を用いる限り、そこにはこの言葉を使い続けてきた古代作家たちのあらゆる意味合いがニュアンスとして失われることなく存在している。グレゴリウスは古代の作家たちと同じ言葉を使うことによって、同じ文学的伝統を共有していると言うことができるのである。

ひとつの作品にテーマがあるように、芸術のジャンル全体にも共通のテーマがある。たとえば日本の古典文学のほとんどすべてに「もののあはれ」という共通テーマが流れている。同様にホメーロスから現代に至るまでの西洋の重要な文学作品には、「徳 virtus」のテーマが、たとえ露骨に表面には出ていなくても、必ずどこかに潜んでいるのである。このことは、西洋文学が「文学」というひとつの閉じたジャンルの壁のなかに閉塞するものではないことを意味する。「徳 virtus とは何か」とは、人生のテーマそのものだからである。

本作品は、「徳 virtus とは何か」という問いに対する、我々の作者の回答でもある。作者は virtus のありかたを通じ、

「人間であることhumanitas」（この語については「訳語対照表」参照）を、さらにはhumanitasを超えて神の領域へ入ってゆくものを探求している。

「最初の前言」　最後に、この作品の「最初の前言」についてひとこと述べたい。他の巻の前言とは異なり、巻一の目次の前に置かれたこの前言は、この作品全体のライトモチーフとして、ちょうど『平家物語』の「祇園精舎」のように、その長大な内容の個性を、手短かに告知する。

「祇園精舎」が「諸行無常」という四文字によって永遠の時間相を定式化しているのに対し、この「最初の前言」は、常に永遠の時間を思わざるを得なかったであろうカトリックの司教である作者が、永い歴史の流れの中に現れるこの時代のみに特有な色彩を、「文芸のわざ」によってあざやかに捉えたものとして印象深い。この「最初の前言」に耳を傾けていると、囂々《ごうごう》と音立てて吹き流れる時間の大風に身をさらしているような気分になる。

四　書誌

写本時代　『フランク史』の写本、断片はおよそ五〇の存在が知られ、それらの保管場所はフランス、イタリア、スペイン、スイス、ドイツ、ベルギー、オランダ、デンマークに及んでいる。

これらの手書き写本にはその由来を直接作者にまで辿れるものはない。これら諸写本と諸断片は筆写原本の異同などからA、B、C、Dおよび補助的なE、Fのグループに分けられる（次頁「写本系図」参照）。A、B、C、Dの諸写本はひとつの原写本から派生したものと言われている（ボンネ『トゥールのグレゴリウスのラテン語』）。そこから少なくともふたつの写本が作られた。そのうちのひとつは何らかの理由で巻七以下を欠き、B、C諸写本の原本になった。もうひとつの全巻を含んだ写本はA、D諸写本の原本になった。

それぞれの写本と断片は各グループ内においてA_1、A_2…と枝分かれしている。本訳原書の校訂者クルシュは、自身の版のテキストによせたラテン語の「前書き praefatio」のなかで、これら諸写本と断片のひとつひとつを解説している。以下それにもとづいて（ハインツェルマン、ブーフナー、ボンネの諸説を参照しながら）概要を述べておく。

●A諸写本のうち、欠落個所はあるものの唯一ほぼ完璧なA_1（モンテ・カシノ、以下地名は保管場所を示す）は、筆写年代が一一世紀と比較的新しく、単語の綴りなどに筆写した時代の影響が強く見られるが、他のA諸写本がすべて断片であるためその存在はかけがえがない。

A諸写本のなかで最も古いA_2（コペンハーゲン、ライデン、ヴァティカン）は、アンシアル体（筆写用の丸味を帯びた文字）で書かれ、それぞれ遠く隔たった場所に保管された三つの断片で、巻五（一―三章コペンハーゲン、四三―四七章ライ

【写本系図】

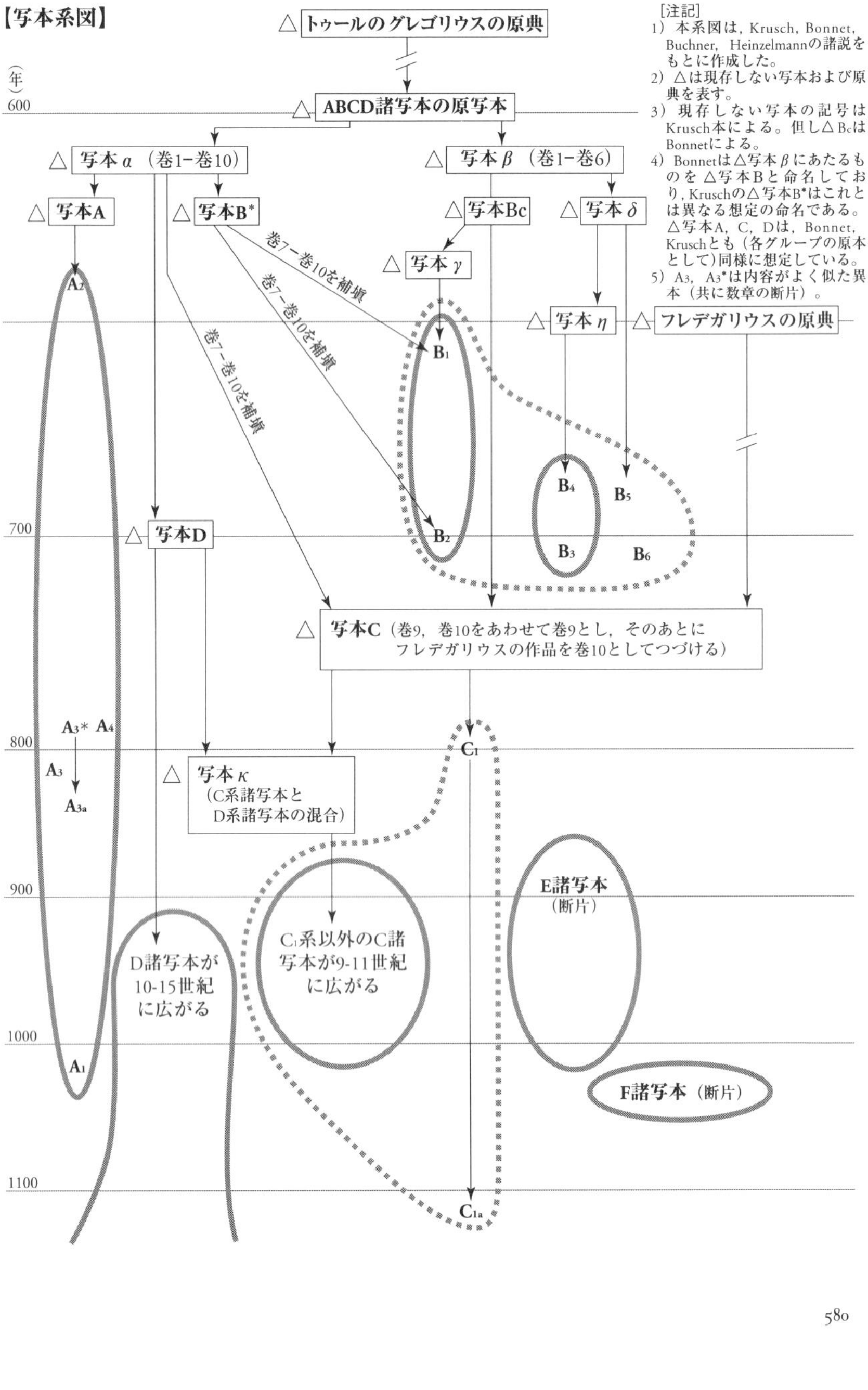

［注記］

1）本系図は，Krusch，Bonnet，Buchner，Heinzelmannの諸説をもとに作成した。
2）△は現存しない写本および原典を表す。
3）現存しない写本の記号はKrusch本による。但し△B_cはBonnetによる。
4）Bonnetは△写本βにあたるものを△写本Bと命名しており，Kruschの△写本B*はこれとは異なる想定の命名である。△写本A，C，Dは，Bonnet，Kruschとも（各グループの原本として）同様に想定している。
5）A_3，A_3*は内容がよく似た異本（共に数章の断片）。

デン）と巻九の一部（二七―三一、三三、三五―三七章ヴァティカン）以外は失われてしまったが、三断片合わせて写本A_2とされる。ハインツェルマンは、このA_2こそが、作品が書かれてからほんの一、二世代あとの七世紀中葉もしくはそれ以前に筆写された最古のテキストであるとしている。クルシュは、キルペリクス王の発案による巻五、四四章の変則文字をこのA_2（ライデン）から補って、そのままテキスト中に挿入している（本訳書二六〇頁）。

●B諸写本は筆写年代が古く、クルシュは、「欠落や書き誤りはあっても、ここには確実に作者に由来するものがたくさん含まれている」と述べている。B諸写本には巻一～巻六までのみのものが多い。しかし、クルシュが最古（七世紀）の写本と断定する（これは前述のハインツェルマン説とは異なる）B_1（カンブレー）と、同じく七世紀のB_2（ブリュッセル）には、後世の筆写による巻七～巻一〇がつけ加えられている。

●C諸写本はB_1、B_2の原本と類似する原本（△写本B_C）に由来する。C諸写本には一二の写本が属しているが、これらは筆写年代が比較的新しく（八〇〇年頃～一二世紀）、C_1（ハイデルベルグ）以外のC諸写本にはD諸写本からの混入も推定されている（△写本κ）。C諸写本は、巻九と巻一〇をあわせて巻九としてまとめ、そのあとに七世紀の歴史家フレデガリウス（Fredegarius）の作品を巻一〇として置いている。

●D諸写本はA諸写本と共通の原本（△写本α）が想定されるかなり新しい（一〇～一五世紀）筆写だが、ここに一五の写本が属しており、欠落が少ないために古写本の補塡源として有用である。

●E諸写本は巻一、四八、巻二、一、巻一〇、三一など数章の断片だが、クルシュによれば、巻一〇、三一章の、第一一代トロニカ司教ディフィニウスが「女王の口利きで」選出された、という記述は、ただE_{1a}、E^*_{1a}、E_{1b}にしか出てこないとのことである（この個所では「女王」で正しいのだが）。ちなみにこの個所は、一九世紀のボルディエのフランス語訳では「王によって選ばれ」、二〇世紀のダルトン英訳では「女王に選ばれて」になっている。

●F諸写本はグレゴリウスのわずかな章を含むものである。

●写本のタイトルについて。C_1から派生したC_{1a}（ブリュッセル）には『フランク人の教会史』のタイトルがあり、A_1には『教会史』のタイトルがあり、また、有名な『フランク史』のタイトルはD諸写本に由来する。ハインツェルマンは、これらのタイトルは誤解を与えるものだと述べている。つまりこれらはこの作品が中世には〈教会史〉ないし〈王国史〉としていわば宗教的・政治的に利用されたことの証左であり、作品の解釈にとって有害だという。実際、二〇世紀に後述するクルシュの校訂したテキストが出版されるまでは主に『フランク史』として知られた本作品は、このタイトルのみを見るならば、パウルスの『ランゴバルディー史』、ヨルダネスの『ゴート史』などと同じ〈初期中世王国史〉のジャンルの作品の外観を呈していた。

印刷時代　本作品の最初の印刷は一五一二年、バディウス（J.Badius）とパルウス（J. Parvus）によってパリで行なわれた。使用写本は不明だが、この最初の印刷版の巻四、三一章には、現存するどの写本にもない「in monte（山に）」の二語が文中に含まれている。二〇世紀のドイツのテキスト編者ブーフナーはこの二語を本来あるべきものと考えて、それと断った上で自分のテキストに採用した。本訳書の「ロダヌス川畔にそびえて」（一七二頁）というくだりは、この二語を補えば「ロダヌス川畔の山にそびえて」となる。

その後この作品は一六、一七世紀にフランスで繰り返し出版された。しかし『トゥールのグレゴリウスの価値 De l'autorité de Grégoire de Tours』（パリ、一八六一年）という著作をあらわしたルコワ・ド・ラ・マルシュ（A. Lecoy de La Marche）はその中で、一七世紀のフランスの学界にはこの作品の「評価に関し」て、「一致した意見がなかった」と述べている。

一六九九年、ベネディクト修道会のリュイナール師（Dom Ruinart）がトゥールのグレゴリウスの全作品を出版、その『年代記』を、冒頭の「前書き」において絶賛し、初めて学界に波紋を広げた。この『年代記』とは『フランク史』のことである。この作品はここで初めて高い完成度を持った形で提示された。

ルコワ・ド・ラ・マルシュによれば、「『フランク史』のスタイルや構造の欠陥を知悉していた『文学史』（サン・モール修道会のベネディクト修道士によるフランス文学史、一二巻 Histoire littéraire de la France par des religieux bénédictiens de le Congrégation de S. Maur, 12 vol. パリ、一七三三～一七六三年）の著者たちも仰々しくこれをたたえ、その出版人に次のような賛辞をおくった。『ル・P・ルクワントが欠落の多いこの歴史書のいくつかの写本を例に挙げ、後世の手によって省略され、書き加えられ、補修されたものとしてこの作品を酷評したのに対し、リュイナール師は正確で説得力のある論拠をあげてこの取るに足りない先入観を否定した』（第三巻、三三七頁）」。

さらにルコワ・ド・ラ・マルシュは、「今日（一九世紀中葉）ではリュイナールの見解は広く一般の承認を得ており、『フランク史』はこれまで以上に我々にとって不可欠の作品となっているのである」と述べている。

このリュイナール版のテキストはながくこの作品の規範となった。一八世紀には、ブーケ師（Dom Bouquet）編纂の『ゴールとフランスの歴史家選集　第二巻 Recueil des historiens des Gaules et France II』（パリ、一七三九年）が、ほぼ同じ水準でこの作品を収録し、また下って一九世紀にもリュイナール版にもとづくテキストが印刷された（ミニュ I. P. Migne 版、パリ、一八五八年）。二〇世紀前半に『フランク史』を英訳したダルトンは、リュイナール版を今なお価値を失わないものと呼んでいる。

ただ一九世紀中葉の仏訳者ボルディエは、このリュイナール版について、最良の版ではあるが、「彼も、〈野蛮な〉原テキストにいささか手を入れたい気持ちをおさえることができず、周知のごとく、この版も古代の写本に忠実とは言えない。信頼できる本当の『フランク史』のテキスト出版は将来に期されねばならない」と述べている。

さらに下って一八九〇年、ボンネ（M. Bonnet）の『トゥールのグレゴリウスのラテン語 Le latin de Grégoire de Tours』がパリで出版された。この書は、音声論、語彙論、品詞論、統語論、文体論を含み、グレゴリウスのテキストの多くの不明の個所に光をあてた浩瀚な文法書であり、後述のクルシュ版のテキストにも多くの影響を与えた。

テキスト編集のふたつの方法とそれにもとづく諸版　ブーフナーは、多数の写本を持つこの種の作品のテキスト編集におけるふたつの方法を挙げている。ひとつは特定の写本を完全に信頼してそのまま再現することであり、もうひとつは諸写本を比較校合、足らざるを補いあって、総合的（synthetisch）にテキストの形を決定してゆくことである。

オモン（H. Omont）とコロン（G. Collon）によるパリ版（一八八六〜九三年）は前者の方法を採り、巻一〜六を写本B_5（パリ）、巻七〜一〇をB_2（ブリュッセル）に拠り、写本の欠落個所のみをすでに出版されていた他の版から補った。タイトルは『フランク史』とした。

ドイツのブルーノ・クルシュによるハノーファー版（本訳の原本）は後者の「総合的」方法により、すべての写本を参照し、校合した写本の記号番号を各章ごとに明記し、校合写本の単語や綴りの異同、文章欠落の有無、場合によっては文字の状態などをも注記しつつ、全テキストを編集した。

クルシュ版の巻一から巻五までは一九三七年に出版され、残りの部分はクルシュ亡き後、第二次世界大戦の最中の一九四二年に出版された。しかしこの時点ではまだ、編集責任者クルシュの名でつけ加えるべき「前書き praefatio」と索引が未完のままであった。目の悪くなった晩年のクルシュを補佐したレヴィゾン（W. Levison）がこの仕事を継続したが、彼はそれを果たさず一九四七年に亡命先のイングランドで亡くなった。その後クルシュ版は、ホルツマン（W. Holzmann）の手で最終的な形を与えられ、彼の新たな序文（ラテン語）を加えられて一九五一年、改めて一冊本として出版された。

クルシュはその「前書き」の中で、自分は「今や、ついに（nunc tandem）」、古い諸写本には見られないタイトル（『フランク史』等）を排除し、作者自身に由来する（巻一〇、三一。本書五六二頁）タイトルを与えたと言い、作品の表題を『一〇巻の歴史』とした。この一九五一年版は巻末に完璧な地名・人名・民族名索引と、羅・羅辞典を付録する。

このクルシュ版は、「ゲルマニア歴史資料典 Monumenta Germaniae Historica」（略称ＭＧＨ）シリーズの一冊として刊行されたが、このシリーズからはすでに一八八四年、アルント（W. Arndt）校訂により『フランク史 Historia Francorum』

が刊行されていた。クルシュ版『一〇巻の歴史』（一九五一年）のなかのクルシュの「前書き」によれば、レヴィゾンが目の悪い自分を補佐してくれたように、若かった自分もかつてこのアルントの索引作りを補佐したという（前述のオモンとコロンのパリ版が写本の欠落個所を補足したのはこのアルント版からであった）。

アルント版『フランク史』は、MGHシリーズのなかの、アルントとクルシュ校訂による『トゥールのグレゴリウス作品集 Gregorii Turonensis Opera』の第一部を構成するものであった。そしてその第二部は一八八五年、クルシュが『フランク史』以外のグレゴリウスの残存作品をまとめて完成させた。この『作品集』の第二部は、頁番号の改変（一九六九年）がなされた以外は内容には変更を加えず、今日に至るまで版を重ねている。『フランク史』の最初の英訳本（一九一五年）の訳者ブレオーは、このMGH版『作品集』を、過去の出版物を一掃するものと評している。

クルシュは、この一八八四〜八五年版『作品集』において は自分が直接手掛けなかったグレゴリウスの代表作を、『一〇巻の歴史』として校訂・編集し直し、MGHのアルント版『フランク史』と置き換えたのであった。

ところでこの古書シリーズMGHの創刊は、一九世紀の初期にさかのぼる。対ナポレオン戦争と国内改革に活躍したプロイセンの政治家シュタイン男爵がウィーン会議後政界引退を余儀なくされ、ヴェストファーレンに隠棲して一八一九年に設立した「ドイツ中世資料学会 Gesellschaft für Deutschlands ältere Geschichtskunde」が企画したのがこのMGHシリーズであった。

MGHシリーズの最初の一冊は一八二六年ハノーファーの「ハーン書店 Hahnsche Buchhandlung」から出版された。その後同シリーズは、企画母体を変えながら膨大な冊数の出版を果たし、いまなお新刊を出し続けている。創刊以来複数の出版社が担当しているが、二〇〇一年以降の新刊はすべてハーン書店により刊行されている。

このクルシュよりのちにテキストを編集したブーフナーは、完璧に依拠できる特定の写本は皆無として第一の方法をしりぞけ、第二の「総合的」方法に関してはクルシュらの作業をほぼ完璧と評し、内容に関して異論のあるところのみ、その旨をことわりつつ変更を加え、字句に関してはクルシュ版をほぼ踏襲してブーフナー版を完成させた（ダルムシュタット、一九五五年）。タイトルはクルシュ版（一九五一）に準じて『一〇巻の歴史』とし、地名・人名・民族名索引を付録する。

彼はクルシュ版についておおむね次のように述べている。クルシュ版には、一つの語句に関し正しい語形と誤った語形の両方の形が伝わっている場合、理由なく誤った形の方をもとの形により近いものとして採用する傾向があり、もっと正しいラテン語に修正したテキストを新たに作ることは不可能ではないが、しかし、「テキストのつづりや文法形の多少の変更があってもグレゴリウスの言語の全体像はそれほど変わるものではない」。

なおこのブーフナー版を含む「シュタイン男爵記念刊行物・ドイツ中世資料選集 Freiherr von Stein-Gedächtnisausgabe, Ausgewählte Quellen zur deutschen Geschichte des Mittelalters」（略称FSGA）は、すべての原文テキストに現代ドイツ語対訳を添えたもので、第二次世界大戦後の創刊以来これまでにかなりの点数を出版し、いまなお盛んに刊行を続けている。

各国語訳について　以下、仏・独・英および和訳の経緯を概観する。

●本作品の最初のフランス語訳は、グルノーブルの高等法院の検事ボンネ（Claud Bonnet）により一六一〇年に行なわれた。アンリ・ボルディエによれば、つづいて一六八八年にマロル（Marolles）、一七八五年にB・ド・ソヴィニ（Bill. De Sauvigny）、一八二三年にギゾー（M. Guizot）、一八三八年にガデ（Guadet）とタランヌ（Taranne）により仏訳が出され、彼自身は六番目の仏語訳者である（二巻本、一八五九〜六一年）。ボルディエの訳書は、タイトルを古格な『フランク人の教会史』（翻訳書の原文タイトルは本書「参考文献」参照）とし、クリュニ僧院長オドによる『聖グレゴリウス伝』の仏語訳を添える。

ボルディエの後の一八六二年、ギゾー訳がジャコブ（A. Jacobs）により手を加えられて改訂出版された。

二〇世紀にはロベール・ラトゥーシュ（Robert Latouche）による新訳（二巻本）がパリにおいて『フランク史』のタイトルで一九六三〜六五年に出版された。ラトゥーシュはその序文のなかで、原作の姿が写本時代に失われてしまったので、原文のラテン語にフランス語対訳を付す形にすることを断念して訳文のみを掲載したこと、またドイツのクルシュらによって復元されたテキストの使用なども受け入れ難いことを述べた上で、将来の学者の手による「われわれの世襲財産（notre patrimoine）」のよりよい新しい原文テキスト作成の希望を表明している。

その後一九六五年、ボルディエ古訳が再版された。さらに二〇〇一年にはギゾーとフジェール（R.Fougère）による訳がクレルモン・フェランにおいて、『フランク史』のタイトルで刊行された。この本は各巻目次と各章番号を省略する他、注も原テキスト名も訳の来歴等もすべて省略されているため、訳者にはいささか正体不明の本である。

●本作品最初のドイツ語訳は、ギーゼブレヒト（W. Giesebrecht）によって一八五一年に行なわれた（ベルリン）。その後一九一三年にヘルマン（S. Hellmann）によって出されたこのギーゼブレヒト訳の改訂版は、前述のブーフナー版のベースとなった。ブーフナーはこの古訳を、原文対訳形とするに際し、より原文の構文に沿うよう改めた。

●最初の英語全訳は一九二七年、ダルトン（O.M. Dalton）によって『フランク史』のタイトルで出版された（オックスフォード）。この訳は、オモンとコロンのパリ版テキストにもとづく二巻本だが、第一巻は独立した歴史書と言うべき、訳者によるきわめて長大な解説文であり、第二巻がテキストの全訳となっている。本書は同じ体裁で一九七一年に再版された。

それより前の一九一五年にブレオー（E. Brehaut）が刊行した英訳本（ニューヨーク）は『フランク史』のタイトルで抄訳であった。この本はグレゴリウスの他の著作からの抄訳も含んでおり、その後しばしば再版された。

一九七四年にはルイス・ソープ（Lewis Thorpe）の英訳がオモンとコロンのテキストにもとづき、『フランク史』のタイトルで、ペンギン・ブックスの一冊として出版された（ロンドン）。

●初の日本語訳は一九七五年、『トゥールのグレゴリウス歴史十巻（フランク史）Ⅰ』として東海大学出版会から出版された。これは左ページにクルシュ版のテキスト原文を、右ページに兼岩正夫、臺幸夫による和訳文を載せて巻一～巻五を収め、タイトルをクルシュ版に準じている。一九七七年には巻六～巻一〇を収めた『Ⅱ』が出版された。

五　本訳について

●本訳は、訳者の知るかぎり右の東海大学出版会版につづく二番目の和訳である。しかし本訳は和訳の課題を、したがってまた訳文の性質を右東海大版とは異にする。東海大版はテキスト対訳であり、原文の一語一句、接続詞やひとつの副詞、間投詞に至るまで、対応する和語による置き換えが行なわれ、原文の構造がかなり忠実に和文で再現されている。巻末には膨大な訳注が付加されており、諸家や先行訳者の説が紹介される。このような対訳は、テキストを原文で読むための助けとなるものであり、各文、各語ごとにじっくり立ち止まり、原文と訳注を比較考量するという使用方法が想定されている。それは原文を生かす学術書としての責務を負っている。

一方本訳にはそのような制約はなく、この古典をできるかぎり多くの人々に知ってもらい読んでもらうべく、単純明快な和文を置くよう心がけた。原文が掲載されていない場合、言語環境の全く異なるラテン語の構文を忠実に和文に置き換えることは、いたずらに読者を混乱させることに終わり、結果としてこの作品の面白さを伝えることができないことになる。そこで本訳では、原作者が自分の言語でそうしたように、訳者＝仲介者として咀嚼した本作品の内容を、もっぱら自分の言葉で読者に語りかけることに心を砕いた。

●本作品の他の「原文をともなわない訳」を見ると、たとえばソープの英訳には、原文からもっと自由に、言葉を惜しまず丁寧に意味を限定し、説明してゆく傾向が見られる。これは一面では原文に対する訳者の思弁と苦闘の結果でもあろう。巻一冒頭の「最初の前言」の書き出しからして、同訳は他訳とは大きく異なっており、ソープ訳から和訳すると一読したただけでは同じ原文からのものとは思えない（「あまたの出来事が生じ、良いことも悪いこともおこなわれた…」）。原文に従えば文頭に置かれるべきあの有名な「自由文芸衰退」の嘆きは、ソープ訳ではページの半ばに達してようやく聞かれる。

●しかし他方また、このソープのかなり自由な英訳が、比較的忠実にグレゴリウスの原文のにおいをとどめているような印象を与えるのは、訳語が原文のラテン語からも大きな影響をうけた英語であるゆえの、一種の言語的な親和力によるとも言えよう。

この六世紀に書かれた原文のラテン語は、もはや古典ラテン語のような、複雑精緻な語形変化をもとにした、堅固な建造物のような文体を形成し得ず、語順や副詞、前置詞によって文意を精密化してゆく、ある意味では現代の英・仏語に近い、流れるような文章の感覚を持っている。

時代による文体の変化は、そこに新しい世界や人間たちが生まれていることの文芸による証しでもあるのだが、英語やフランス語にとってはこの作品は、自分たちと同じような言語感覚を持った最初期の作品であり、そうした意味からも、自らの直接の古典と言ってよい作品なのである。

これに対し、日本語のように、ラテン語とは遠く隔たった関係にある言語への翻訳には、構文上の問題に加え、語彙にも様々な困難がひそんでいる。例えば社会的地位や身分をあらわす referendarius, cubicularius（「訳語対照表」参照）といった言葉については、近代ヨーロッパ諸語にはその言葉の意味をあれこれ詮索しなくても、その語彙のなかに自然にこれらの語の訳語が存在している。だが日本語の語彙のなかにはそうした訳語は存在しない。しかし言わば自分の値打ちを表わすこれらの言葉は単なる記号ではなく、古代には現代人の想像を絶する重さを持っていたことであろう。翻訳は所詮原作の代用品に過ぎないとはいえ、そこに原作への興味を引き起こさせるような一貫した世界を感じてもらうためには、本訳においてもなるべく訳者の勝手な造語を避け、日本語として由緒や重みを感じさせる言葉を捜さねばならなかった。また宗教や政治に関する特定の用語に関しては、原文のひとつの語には可能な限りひとつの訳語をあて、逆にひとつの訳語を複数の原文の語にはあてないよう努めた。巻末には「訳語対照表」を加えて読者の一覧に供した。

●本訳では地名・人名・民族名など固有名詞はつとめて原文そのままをカタカナで音写するよう努めた。しかし原文のラテン語のガリアの地名表現は現代人の感覚からすれば非常に複雑である。

たとえば今日の「パリ」の町は原文では、単独の「パリシウス」という表現の他に、「パリシアカの町」などと「～の町」のついた形容詞的な表現がある。しかし、ラテン語の形容詞は後続の名詞に従って語尾変化を起こす（「パリシアクスの領域」二九七頁）のに加え、ひとつの土地の地名に二つの形容詞形がある場合もあり、今日の「トゥール」や「ポワティエ」の町や領域など、グレゴリウスの綴りに対する自由な感覚も加わって、極めて多様な表記になっている。地名に関する原理的な説明はコラム「ガリアの地名」（六〇二頁）を参照されたいが、これを訳文で忠実に再現すれば読者にはあまりにも煩雑なものになろう。

この理由からか、あるいはヨーロッパにあっては歴史的地名と現代諸国語による地名とを別のものとする習慣があまりないのか、この作品の場合、訳者の知る限りすべての諸現代語訳が、地理的に場所の特定が可能な地名（それは作品の中の大部分の地名だが）を、現代語の地名に置き換えている（ボルディエ仏訳はフランスの古地名を使う傾向があるため訳の世界全体が古色蒼然とした古フランスの世界に一変しているような趣がある。またダルトン英訳は巻末地名索引にラテン語名の代表形を添えている）。だがそもそも、地名の場合、歴史的地名と現代語地名が同じ場所を指しているというだけで、それを equivalent（置き換え可能）なものとして良いかどうか、慎重な考慮を要するであろう。

たとえばラテン語名コローニア Colonia の町が、英仏語の Cologne、独語の Köln、日本語のケルンと同一であることは、この名が各国語の語彙に存在する以上自明である。しかしこれほど著名でない場所の名は各国語の語彙としては揃っておらず、その地名は現在その土地が存在する国の言語で表記するしか方法がない。結果、原文では全てラテン語である地名が、諸現代語訳では様々な言語で表記されることになる。

たとえば巻四、一六章で、サクソネス人の襲撃をうけるディヴィティア Divitia の町の名を、既訳においては、独訳のみならず英・仏・和訳においても、一八八八年ケルンと合併したドイツの小邑名 Deutz（東海大版では「ドイツ市」）で表わしているのだが、この場合、せっかく Deutz（ドイツ）と現代語に訳しても、それほど有名な地名ではないため、その所在地の特定にはやはり注が必要となる（ボルディエ訳には vis-à-vis de Cologne「ケルンの対岸」、ダルトン訳には subordinate to Cologne「ケルンの一部」の注あり）。またこのような訳文では原文のディヴィティア Divitia という美しい町の名を読者に伝えることはできないことになる。

さらに、たとえばアルヴェルヌス Arvernus のようにラテン語ではひとつの地名だが、現代語に置き換えると、町の名としての「クレルモン・フェラン」なのか、地域名としての「オーヴェルニュ」なのか、訳者の解釈が必要な場合も生ずる。

本訳書では地名の現代語への置換は全く行なわなかったが、原文の複雑多様な地名表現はいくらか整理し、また、ab Indis「インド人たちの所から」など民族名による表現を、「インドから」と地名に置き換えるなどして、表現を簡略化した。しかしなお再現される地名構成の複雑さは、「パリシウス（パリ）」など、可能なかぎり直下のカッコ内に現代地名を添えることで緩和した。また暦や度量衡の現代化も本書では全く行なわなかった。

●地名・人名・民族名のうち「キリスト」「ユダヤ人」「フランク人」など日本語として定着したものは例外的に定着形を採用した。また旧約聖書中の族長や預言者の名は、文語訳『舊新約聖書』の表現に準じた。

●音写の際、ラテン語の発音は古典ラテン語に準拠した。しかしvとaeの綴りの音写には、以下のように当時の発音の事情をできるだけ反映するよう努めた。

vの音は古典ラテン語にあっては母音uの音を子音として用いた音（たとえばveは「ウェ」）であった。しかしボンネ（『トゥールのグレゴリウスのラテン語』）は、グレゴリウスの作品にあっては、「fとvの関係はtとd、cとgの関係と同じである。すなわちfは硬音（無声音）、vは軟音（有声音）である」と説明している。確かに、動詞の活用語尾や地名表記において、グレゴリウスはvとbを混用しており、vはおおむね英仏語に準じた有声音（「両唇音であれ唇歯音であれ」ボンネ前掲書）を表わすものと思われる。

しかし非ラテン語系固有名詞語頭においてはvとw（ボンネはそれを二重のuとよんでいる）の混用も行なわれている。ボンネは古典には無い新字wの表わす音は、その当時においては不明確ではなかったであろうが、現在は不明としている。あるいはそれはボンネが示唆するように、vがbと同化したため、vの強調として用いられたのかもしれない。

しかし本訳書では便宜的に、wとの混用のないvは有声音（たとえばVirusは「ヴィールス」）、wとの混用のあるvないしwは無声音（Visigardis, Wisigardisは「ウィシガルディス」）として示した。また語頭のVu-はwと同じ扱い（Vulthrogothaは「ウルトゥロゴタ」）とした。しかしローマ史上の名の中のvはおしなべて無声音（Valensは「ウァレンス」）とした。

また本来二重母音を表すaeは時に「エ」と表記した（Praetextatusは「プレテクスタトゥス」）。ボンネが、「（グレゴリウスの作品には）aeが二重母音を表わしているケースはない」と断言する以上、固有名詞においてもこの事情をある程度反映させざるを得ない。しかし、固有名詞の場合、その綴りには各時代の発音の反映を超えた性格もあり、古典発音に準拠してaeを「アエ」としたケース（Caesarは「カエサル」、Aetiusは「アエティウス」）も多い。

●ゲルマン人名中、第一音節と第二音節の間に、Chrotchildis（クロトキルディス）のtchのように、数個の子音字が連続して置かれている場合がある。この場合、作者が同じ名をChrodechildisなどとも綴っているように（グレゴリウスが特に固有名詞において、固定した綴りを用いる正書法の感覚を持たなかったことは、原文の読者には確かに奇妙［odd］な印象を与えるが、当時の発音を推定する助けともなっている）、tchという綴りは、現代ドイツ語綴りのtsch（チ）などのようには、ひとつの破擦音（日本語の「ち」「つ」の中の子音のように破裂音に摩擦音が付加された音）として融合せず、ふたつの破裂音（口腔内の一部位を一旦閉鎖して、エネルギーを貯

本書の表記	日	英	仏	独
クロドヴェクス	クローヴィス	Clovis	Clovis	Chlodwig
クロトキルディス	クロチルド	Clotild	Clotilde	Clotilde Clothilde Chrodechilde　等

め、それから息を吐いて出す音)、rとchが別個の音節の一部(第一音節の終結と第二音節の開始)として連なっていたと推定される。連続する子音を正確にカタカナで表現することは不可能だが、本訳ではこの推定に基づいた表記を行なった。

　また作者グレゴリウスは、このクロトキルディス女王の娘で、ゴートへ嫁いだクロトキルディス(一一五頁)の名の方は、Chlotchildisと表記している。母の女王の名の綴りの方には幾つかのヴァリエーションがあるが、作者はその語頭を必ずChr-としている。その一方で作者がその娘の名の語頭にはChl-という綴りを用いたことは、単に彼特有の綴りに対する自由な感覚からなのか、或いはそこに使い分けるべき区別が存在するからなのか、判断がつかない。このふたつの名前はカタカナではともに「クロトキルディス」と表記した。

　綴りに対する作者の自由な感覚は、訳文中の人名では(地名の場合には多少反映させたが)、「クロタカリウス Chlothacharius」を時に「クロタリウス Chlotharius」とも表記した以外には、原則として反映させなかった。しかし本来同じ名である二人、テウドリクス王の子は「テウドベルトゥス王 Theudobertus rex」(巻三)、キルペリクス王の子は「テオドベルトゥス Theodobertus」(巻四、五〇で戦死)として使い分けた。この使い分けは原文には由来しないが、原文中の同一人の名の様々な表記の中から、訳者がひとつを代表として選ばなければならない以上、許される小さな作為ではないかと考えた(以上「系図1」参照)。

　なお参考のため、作品中の最も有名な二人、クロドヴェクス王とクロトキルディス女王の現代日本語および英・仏・独語の標準的な表記を上の表に示しておく。

●巻末の地名、民族名索引作成にはクルシュ版の索引をはじめ、利用できるかぎりのものを参照したが、古地名に現代地名を添える際には、乏しい力のおよぶかぎり、今日の最新の情報にもとづき、ドイツ、フランスの諸市を始め、可能な限り現地名の音写に努めた。

●本訳書では凡例に述べたように『フランク史』のタイトルを採用し、クルシュの選んだ『一〇巻の歴史』をサブタイトルとした。作者グレゴリウスはフランク人ではなく、クルシュの言葉を借りるなら、本書は「天地創造から始めてフランク人の歴史のみならず、ローマ帝国、ブルグンド、ゴート、ランゴバルディー、さらにはヴァンダルの王国に至るまでおよそブリタニア(イギリス)以外の地上の知りうる限りの世界を渉猟した」作品である。したがって本書を『フランク史』と呼ぶことには、ハインツェルマンの言うように、あるいは誤解を招く恐れがあるのかもしれない。

しかし人々は長い間「トゥールのグレゴリウス」と『フランク史』とをむすびつけて親しんで来た。本書が存在するかぎりこのタイトルも人々の記憶に残ってゆくに違いない。また現時点から一五〇〇年昔のガリアをふりかえれば、あの時代のガリアをもっとも象徴的にあらわす言葉として「フランク」以外のものがあろうとは訳者には思われない。

おわりに

本訳書は新評論の山田洋氏のご助言とご尽力の賜物である。氏との出会いがなければ本書はまったく異なった形になったか、あるいは全然日の目を見なかったに違いない。そもそも訳者は訳稿をただ印刷して綴じる以外、書物に対しては何のイメージも持たなかった。二〇〇五年夏に初めて氏にお目にかかり、手直ししたりつけ加えたりする作業の指示をいただいて自宅でそれにとりかかった時、それらの共同作業によって目指される本のイメージがぼんやりと目の前に浮かんできた。このため訳者は、改行を現代風に改めるなどして、訳文のスタイルをかなり変更した。また別丁扉裏に掲げた『古事記』と『聖書』（ウルガタ訳）からの言葉（「そして神は光あれと言った」）は訳者がこの本のイメージにあわせて選んでみたものである。

このような出版人を紹介してくださったのは早稲田大学大学院ドイツ文学研究科志波一富ゼミの先輩、菊池良生明治大学教授である。

また新評論の吉住亜矢氏は、訳者の初校提出後のあわただしい再考や訂正に対しても、連日のようにメールの交換をしながら丁寧な対応を続けてくださった。そのきめ細かな作業振りには頭が下がる思いがする。

お三方に深く感謝申し上げる。

訳　者

新訂にあたって

訳者の若い頃、小さな文庫本（『教養人の世界史』社会思想社）の中にトゥールのグレゴリウスの『フランク史』からのエピソードが載っていた。僅か二頁の短文だったが、その異様な雰囲気と、人物たちの名前のエキゾチックな響き（シジュペール、フレデゴンド等）は、長く訳者の心に残った。一九世紀まで『フランク史』は、「フランス文学史」の中に一定の地位を占める、名作のひとつと見做されていた。

二〇世紀中葉、本書の決定版ともいうべきB・クルシュの校訂本がドイツで刊行されたが、この時、長い間親しまれた『フランク史』というタイトルが『一〇巻の歴史』に変更された。以来本書は、ヨーロッパ草創期を知る必須不可欠の歴史資料として不動の地位を獲得しながらも――あるいはむしろそれゆえに――「歴史学上の一資料」としてのイメージが強くなり、一般読書人の興味の対象ではなくなってしまった観がある。

二〇世紀のふたつの英訳本『フランク史 The History of the Franks』の原本には、依然として一九世紀の古いフランスの刊行本が用いられている。また二〇世紀唯一の現代フランス語訳者ラトゥーシュも、クルシュにあえて逆らい（「解題」参照）、『フランク史 Histoire des Francs』というタイトルを採っている。日本では本書のタイトルは『歴史十書』（佐藤彰一『ポスト・ローマ期フランク史の研究』）という呼び方でほぼ定着しているようだが、これにはクルシュ校訂本以前の、わが国における本書受容史の欠如によるところも大きいのではないだろうか。

『一〇巻の歴史』こそ、著者に由来する本書唯一のタイトルなのだ、とするクルシュの主張には、徹底的に実証主義的なドイツ人のこだわりがふくまれていよう。ただトゥールのグレゴリウス本人は作品のなかで「私は一〇巻の歴史の書を著した」と書いているのみで、それを作品のタイトルだと明言している訳ではない。

『一〇巻の歴史』とは、一著作物のタイトルとしては一般的過ぎる気がする。それは精々作品のジャンルとして、つまりは自著の形容として言及されただけではあるまいか。

本書が「小説的な面白さすら具えている」（佐藤、前掲書）ことは歴史家がこぞって認めるところである。だが歴史家にとっては事実の解明こそが最大の関心事であり、「おもしろい」ことがそのまま事実とはかぎらない。たとえば本書第二巻27にはセクソナス（ソワソン）の壺の逸話が印象深く描かれているが、その事件は、「さまざまな性格や状況を誇張する傾向のあるグレゴリウス」が描いたほど「血腥いものではなかった」（ルネ・ミュソ＝グラール『クローヴィス』）という説もある。壺は後にレミギウス（ランスの司教）の所有に帰したことが他の資料から確認できるという。「グレゴリウスの著作は完璧な技巧の所産なのである」（同右）。

グレゴリウスは自分の筆の下に事件や人物が活々とよみがえることを楽しんでいた。その筆の運びが読者をよろこばせる。もしそうであるのなら、それはグレゴリウスの作家的才能のなせるわざというべきだろう。「歴史」がまだ厳密な学問として定着する前、「おもしろさ」が書物の第一の価値であった頃、本書は『フランク史』のタイトルで愛読されていた。一九世紀まで本書には多くのフランス語訳があったことは「解題」に記したとおりである。

一冊の書物の受容史もまた、忘れられてはならない歴史的事実である。本書を、そのなかに描かれた時代を読み解く資料として使うだけではなく、「文学」として読み継ぐことは、そのまま生きた歴史の継承なのではあるまいか。グレゴリウスの時代にも文芸活動は行われていた。シドニウス、フォルトゥナトゥスといった本書に登場する聖職者たちは、それぞれ今日に伝わる作品を残した作家たちでもあった。彼らと共に、トゥールのグレゴリウスは「書く」という責務を己に課しながら、人物や事件の造形を楽しんでいたのだ。この司教の楽しみが後世に、重要な歴史資料であるばかりか貴重な文芸的宝をも残したのである。

こうした作品を歴史家の引用文の中だけではなく、作品そのものとして読者に提供することが日本でもっと行われて然るべきではないだろうか。

二〇〇七年九月に当拙訳が最初に出版されてから数か月後、橋本龍幸著『聖ラディグンディスとポスト・ローマ世界』（二〇〇八年三月）が出版されている。「ラディグンディス」は『フランク史』の登場人物のひとりであり、名前のカタカナ表記が拙訳と完全に同じであったので筆者には懐かしく感じられた。外国人物名の日本語表記が一致するということは、ヨーロッパのこの時代に限ってはそれほどあたりまえのことではない（「解題」参照）。この橋本氏の著作にはフォルトゥナトゥスとバウドニウィアのふたつの『聖ラディグンディス伝』（全文）が原文対訳付きで掲載されている。

質の高い文学作品は必ず歴史の資料としての高い価値をあわせ持っている（逆は必ずしも真とはいえないが）。古い時代のヨーロッパの作品を掘り起し翻訳することは、日本における文学的財産の増大に資するとともに、我々のヨーロッパ観を検証するために必要なことであると信ずる。

拙訳『フランク史』（二〇〇七年版）は、幸い好評のうちに広く読者に迎えられた。以来一〇年以上が経過した。その間、世界が次第に狭くなる一方、日本から見たヨーロッパはむしろだんだん小さく、遠くなっていったような気がする。ここに改めて本書を世に問い、近代日本の源泉のひとつとしてのヨーロッパの重要性を強調したいと思う。

今回新訂を機に全体を見直し、誤訳や不適切な表現を一部改めた。

二〇一九年九月

訳　者

rex　王☆（王の息子が rex「王」と呼ばれる場面がある　155, 156, 463）
sabbatum　安息日（土曜日）　265, 299
sacerdos（**episcopus**, **presbiter**, **clericus** の項参照）　聖職者☆. 祭司　21. 司祭　30, 204. 司教　33, 207, 419. 神官　29, 57, 67, 212, 468. 聖職にある者　192. 神にお仕えするみなさん　223. 坊さん　258. 神のしもべ　333
Avitus Dei sacerdus　僧院長アヴィトゥス　223
sacrarium　内陣　145, 173, 190, 397
salutatorium　応接間　75, 294, 358
secretarium　納堂（聖器類保管所兼会議室）　222
senator　元老院議員／元老院☆
senior urbis　市長　509
servitium / servitus　奴隷／奴隷の身分　121, 124, 383, 480. 役職　205. 給仕　482
servus　奴隷　29, 124, 133, 188, 233, 262, 267, 385, 512
solarium　ソーラーリウム（屋上日光浴室）　36. 見晴台　528
subdiaconatus　副助祭の職　149
subdiaconus　副助祭　214, 264, 265, 266, 268
synodus / sinodus / synodale consilium　公会議☆
thesaurarius　内蔵丞（財務担当者）　251. 内蔵寮の役人　343
tribunus　押領使　361, 541
tyrannus　簒奪者　7, 60, 63, 64, 65
ventosa　吸子玉　210, 243, 358
vicarius　代官　360, 513
pro me vicarias　私の代理として（エウゲニウスの手紙）　50
vigilia（コラム「夜の第一時」297 頁参照）　前夜　91. 夜の勤行／徹夜の勤行　32, 56, 125, 149, 159, 168, 174, 215, 217, 235, 342, 358, 404, 426, 468, 471, 556, 562
matutinae vigiliae　早朝の勤行　173
nocte tota in vigiliis excubans　夜通し勤行して　291
orationibus ac vigiliis vacans　日夜祈り続けた　469
villa　館☆. 別荘　240. 別邸　337
virtus　有徳／徳力／徳行／威徳／徳性／聖徳☆. 善行　23, 31. 力／お力　53, 85, 323, 403, 405, 425. 霊験　71, 159. 奇蹟　176. 強さ　188. 不思議　441. 追撃　280. 武力　289. ご利益　145, 406, 561. 瑞祥　552
falsa vertute（falsa virtute の訛り）いつわりの力で　11
divina virtute　神のご加護により　30
virtutem magnam　大なる義心が　170
virtute　全力をつくして　449

た　23
magister officiorum　事務長官　65
maior domus regiae / maior domus　家宰　291, 331, 364, 382, 474
mancipium（**servus** の項参照）　奴隷　116
matricularius　教会被扶養人　367
metropolis　首座司教　167, 322, 369, 392, 466, 491, 492, 530
ministerium　聖器類／聖器物　81, 115, 192, 293, 302, 322, 362, 373, 379, 418．奉仕　504
monachus　修道僧☆
monasterium　僧院☆．尼僧院☆
morganegyba（ゲルマン語で，現代ドイツ語の Morgengabe［結納］にあたる）「朝の贈物《モルガネギバ》」 463
nigromantia / nigromanticum ingenium　降神術　443
notarius　書記　65, 471
nutricius / nutritor / nutrix（nutrix は女性単数形）　養育者　126, 260, 413, 482．後見人　398．養育係（女）　483
oratorium　礼拝堂☆
papa　ローマ教皇／教皇　47, 48, 167, 232, 502, 504, 505, 508, 553, 564
　quae papa poscit　司教の要求　81
　papa urbis　首都の大司教　240
parasceve passionis dominicae　主の受難の金曜日　174
parrochia（**dioecesis** と全く同義。同項参照）　司教区　322, 323, 490
pascha　復活祭☆．過ぎ越しの祭　218
　solemnitas paschalis　復活祭の祝典　91, 433
patriarcha（**metropolis** の項参照）　首座司教　232
pentecoste　五旬節の日（復活祭後 50 日目）　213, 395, 533
phalanga / falanga　集団　39．軍陣　48, 82, 510
　inter falangas hostium　敵軍に包囲されて　59
　omnes falanga　全軍　374
　Langobardorum phalangae　ランゴバルディー陣　187
pincerna　酌人　78, 261
pontifex（**episcopus** と同義）　司教☆．祭司長　21
porticus　歩廊（屋根と円柱のついた屋外の廊下）　156, 270, 365, 430
praefectus　地方総督　65, 75, 240, 249, 276, 289, 293, 316, 317, 354, 374, 505, 508, 509, 512
praepositus monasterii / praeposita（praeposita は女性単数形）　主席僧　288．主席尼僧　529
praesul（**episcopus** と同義だが，本書でただ二度，聖マルティヌスに対してのみ用いられている）　教主　30, 267
　Christo praesole　キリストの御計らいにより　463
presbiter / praesbiterii honor　司祭☆
princeps　君主　64, 65, 118, 168, 181, 238, 242, 245, 313, 403, 414, 451, 496, 509, 532, 535, 536．親分　309．主君　350．（悪事の）張本人　422
　heretiquorum principes　異端を代表し　26
principatus　宗主権　350, 446
provincia　管区（首座司教の管轄区域）　167．諸州　182．地方　135
provincialis　管区下の司教　270, 322, 466, 530, 535
quadragesima　四旬節（復活祭前の 40 日）　75, 148, 155, 176, 206, 284, 372, 432, 533
quinquagesimus（**pentecoste** の項参照）　五旬節の日　556, 557
rector（フランク王国内プロヴィンキアの praefectus にあたる地位）　総督　186, 187, 289, 292, 294, 390, 432．指導者（教会の）　504
referendarius　伝奏　205, 239, 253, 260, 275, 308, 424, 429, 469, 479, 483, 539, 560
regia　教会の建物の玄関　155．聖堂の入口　373
regina　王妃☆．女王☆（「女王」の訳語は原則として寡婦となったクロトキルディスとブルニキルディスに対してのみ用いたが，例外的にクロディエルディスがそう自称する場面もある　531）．王娘　267．王族の娘　491
regio　地区（ローマ教会の）　507

consensus 決議書 158, 167, 177, 298, 412, 469, 505. 意見の一致／賛同 310. 同意 149, 505
crisma / chrisma 聖油 51. 塗油 86, 213, 410, 456
oleo sancto perunctus 聖油を塗ってもらい 34
crismari / chrismari 聖油を塗られた 87. 塗油をうけて／塗油の式をうけて 90, 169, 249
crypta / cripta 洞窟 29, 553. 地下聖堂 33, 34, 74, 153, 426
cubicularius 侍従 46, 196, 350, 355, 356, 502, 519
cuneus 楔形陣形 185. 軍団 192. 戦線 279. 徒党 513
cura palatii 宮殿の大夫 60, 61
dedicatio 献堂式 72, 295
dedicavi （私は）建てて 562
descriptor / discriptor 税査定人 439, 474
desenteria / dysenteria / desentericus morbus 赤痢 200, 235, 243, 316, 317, 438, 454
diaconus / diaconatus honor 助祭☆
dies dominicus / dies dominica 主の日（日曜日） 22, 37, 71, 78, 121, 122, 124, 160, 173, 177, 252, 299, 305, 314, 346, 397, 553
dominicae resurrectionis dies 主の復活の日（日曜日） 421
dies solis 日曜日（「太陽の日」という異教徒の言い方で，英語の Sunday のようにゲルマン語では今もこの言い方がされている） 121
dioecesis 司教区 33, 37, 71, 162, 207, 209, 322, 355
domesticus 執事／王室執事 146, 293, 353, 460, 482, 513, 529, 548
ducatus 将軍職☆
dux 将軍☆. 統率者 61, 64. 指揮者 452
Moyse duce モーセに導かれて 15
ecclesia 教会☆
epifania / epiphania 主の公顕日（1月6日） 206, 557
episcopatus 司教職／司教の職☆. 司教座☆
episcopus 司教☆
eulogia 聖餐のパン（ギリシャ語 εὐλογία「祝福のことば」より） 177, 214, 314, 339, 392, 410, 534
eucharistiae particula 聖餐のパンの一切れ 515
exorcismus 除霊の言葉 382
fidelis 臣下 263, 346, 367, 464. 股肱の臣 279
heresis 異端（教説として） 25, 31, 55, 77, 91, 182, 467
hereticus 異端／異端者☆
historia 歴史 7, 11, 60, 61, 180, 342, 562. 歴史書 44, 45. 物語 73
res gestae 歴史 156
humanitas 教養 260
humanitatem, non deitatem subacuisse passione 受難せしは神性でなく人性たりしこと 8
imperator 皇帝／帝☆. 帝位 182. インペラートル（命令者） 20
ingenuus 自由人 153, 354, 430, 471, 549, 560
ingenua gens 自由民 318
bene ingenui generatione esse 家柄の良い自由人 512
inguinaria イングイナリア（下腹部ペスト） 147, 504, 543
inguinarius morbus 下腹部ペスト 298, 468. 下腹部の病 342
iudex 裁判官 78, 161, 189, 190, 253, 270, 289, 290, 291, 354, 378, 381, 384, 385, 428, 429, 505, 506, 507, 524. 行政官 531
iudiciaria potestas 裁判権 513
legio 軍団 63
leudes（ゲルマン語で，現代ドイツ語の Leute［人々］のラテン語の中での古形） 配下の諸将 99, 130, 398, 464
levita（**diaconus** の項参照） 助祭 24, 57. レビ人 504. 聖職者 535
magister 軍司令官（magister militaris） 62, 69, 70, 188. 師 34
omnes magicae artis argumento magister 正真正銘すべての魔術を使いこなすことができ

訳 語 対 照 表

＊　数字は掲載ページを表す。
＊　頻出語の「定訳」はページを挙げず☆印で示した。
＊　／をはさんで並べてある語は同義語である。

abba　僧院長／院長☆

abbatissa　尼僧院長／院長☆

antiphona　頌歌（合唱隊と指揮者とが交互に歌うもの）　94, 421

antistes（**episcopus** と同義）　司教☆

archidiaconus　主助祭☆

archipresbiter　主司祭　207

aries　破城槌　58, 376

ascensio / ascensio dominicae　昇天日／主の昇天日（復活祭 40 日後の木曜日）　92, 444, 557

　die beato, quo Dominus ad caelos ascendit　キリストが天へ召された幸多き日　212

atrium　大広間（建物の前面に設置され，柱などで装飾された屋外空間）　96, 123, 271, 358, 365, 366, 367, 381, 382, 477, 520

augusta　帝妃　230．皇太后　240, 310

aulicus　家臣　223, 317, 549

balteus　剣帯　99, 353, 360, 366, 378, 385, 421, 541

barbarus　蛮人（古代ギリシャ人が非ギリシャ人に対して用いた βάϱβαϱος が語源。ラテン語形は非ローマ人，ひいては非キリスト教徒に対し，非文明人の意を込めた蔑称として用いられた。現代英語の civilization の反対語 barbarism はその派生語）　121, 122, 124, 176, 365, 422．異教の方　192

basilica　聖堂☆

basterna　駕籠《かご》（ラバに引かせる）　125, 131

caesar（**imperator** の項参照）　皇帝／帝　60, 63．副帝　182, 230, 231, 240

camerarii　近習　150, 168, 331

canon / sanctio canonica / lex canonica / sanctio sacerdotalis / statuta canonum　教会法　167, 202, 222, 225, 226, 228, 267, 298, 397, 410, 466, 493, 530, 534, 536, 540

　canonica instituone　教会法の定めに従って　149

　canonice　教会法による　167

　rigorem canonicum praeteriens　教会法にはやや抵触する　177

　contestatam causam canonicam　教会法には抵触しないことを確認し　214

　canonum Nicenum decreta　ニカエア会議の規定　477

　canonica regula　僧院の規定　485

catholicus　カトリック☆

　me esse catholicum　私の信仰の正しさ　7

cenobium（**monasterium** の項参照）　僧院　550

cilicium　キリキアの粗衣（質素の象徴の着物）　132, 174, 212, 284, 285, 515

clericus　僧侶／僧☆．坊主　360

cliens　子分　65．保護される　494

comes　領主☆．軍司令官（軍司令官としては magister militaris と同義）　73．同道者　295．番役人　305．廷臣　482

comes domesticorum　親衛隊長　61, 66

comes palatii　廷臣　229, 453, 474

comes stabuli（英語 constable の語源）　厩の別当　135, 251, 483, 513

comitatus　領主職☆

comitatus stabulorum　厩の別当の地位　262

communicare　聖体拝受　323, 441, 515

　ne communicaret　共同体から追放する　228

　communicatur　共同体へ戻った　247

　a communione suspensae　共同体から追放され　537

concubina　妾　83, 166, 516

conprovincialis（**provincialis** の項参照）　その管区内の司教　499

1979
- 仏訳　Guizot, M., et Fougère, R., Grégoire de Tours HISTOIRE DES FRANCS, 2 tomes,Editions paleo,Clermont-Ferrand, 2003 pour la seconde édition

②参考図書

- Lecoy de La Marche, Arbert, DE L'AUTORITÉ DE GRÉGOIRE DE TOURS, Paris, 1861
- Bonnet, Max, LE LATIN DE GRÉGOIRE DE TOURS (Reprografischer Nachdruck der Ausgabe Paris 1890), Hildesheim, 1968
- Herlihy, David (edited by), MEDIEVAL CULTURE AND SOCIETY, Harper Torchbooks, 1968
- Krusch, Bruno (edidit), GREGORII EPISCOPI TVRONENSIS MIRACULA ET OPERA MINORA, Monumenta Germaniae Historica, Scriptorum rerum Merovingicarum Tomi I Pars II,Hannover, Revidierter Nachdruck 1969
- BIBLIA SACRA iuxta VULGATAM CLEMENTINAM, nova editio logicis partitionibus allisque subsidiis ornata a Alberto Colunga et O.P.Laurentio Turrado, sexta editio, Madrid, 1977
- Krusch, Bruno (edidit), FREDEGARII ET ALIORVM CHRONICA. VITAE SANCTORVM, Monumenta Germaniae Historica, Scriptorum rerum Merovingicarum Tomus II, Hannover, Unveränderter Nachdruck 1984
- Mynors, R.A.B. (recognovit), VERGILI OPERA, Oxford, reprinted 1985
- Eusebius von Caesarea, KIRCHENGESCHICHTE（Phillip Haeuser の独訳), München, Nachdruck 1989
- Vergil, AENEIS, Lateinish-deutsch (herausgegeben und übersetzt von Johannes Götte), Wissenschaftliche Buchgesellschaft, 1994
- Caesar, C.Iulius, DER GALLISCHE KRIEG, Lateinish-deutsch (herausgegeben von Otto Schönberger), Wissenschaftliche Buchgesellschaft, 1994
- Célébration nationale du 1400ᵉ anniversaire de la mort de Grégoire de Tours (594–1994), GRÉGOIRE DE TOURS (538–594) père de l'histoire de France. Catalogue réalisé pour l'exposition au Musée départemental des antiquités de Rouen en 1994
- Heinzelmann, Martin, GREGOR VON TOURS (538–594) „ZEHN BÜCHER GESCHICHTE" Historiographie und Gesellshaftskonzept in 6. Jahrhundert, Darmstadt, 1994
- Eusebius, ECCLESIASTICAL HISTORY, 2 volumes（book I〜V は Kirsopp Lake, book VI〜X は J. E. L. Oulton による英文対訳付原テキスト）, Harverd University Press (1926–1932), Reprinted 2000–2001
- Cicero, ON DUTIES（Walter Miller による英文対訳付原テキスト）, Harverd University Press (1913), Reprinted 2001
- Hartmann, Martina, AUFBRUCH INS MITTELALTER, die Zeit der Merowinger, Darmstadt, 2003

③辞書

- Lewis & Short, A LATIN DICTIONARY, Oxford, Impression of 1975
- Pons, GLOBALWÖRTERBUCH LATEINISCH-DEUTCH, Ernst Klett Verlag, Nachdruck 1986（度量衡，貨幣，暦に関しては主として本辞書を参照した）
- Georges, AUSFÜHRLICHES LATEINISCH-DEUTSCHES HANDWÖRTERBUCH 2 Bände, Hannover, Nachdruck 1988
- DTV-BROCKHAUS-LEXIKON in 20 Bänden, Deutscher Taschenbuch Verlag, 1988
- Liddel & Scott, AN INTERMEDIATE GREEK-ENGLISH LEXICON, Oxford, Impression of 1997
- Niermyer, J. F. & Van De Kieft, C. (revised by J.W. J.Burgers), MEDIAE LATINITATIS LEXICON MINUS, 2 volumes, Wissenschaftliche Buchgesellschaft, 2002
- Passow, HANDWÖRTERBUCH DER GRIECHISCHEN SPRACHE, 4 Bände, Wissenschaftliche Buchgesellschaft, Sonderausgabe 2004

参 考 文 献

■原テキスト

Krusch, Bruno et Levison, Wilhelmus (curaverunt editionem alteram), Monumenta Germaniae Historica, Scriptorum rerum Merovingicarum Tomi I Pars I, GREGORII EPISCOPI TVRONENSIS HISTORIARVM LIBRI X, Hahnsche Buchhandlung, Hannover (1937-1951), Unveränderter Nachdruck 1993

■翻訳のための参考文献

【Ⅰ．和文】

- キケロー／泉井久之助（訳）『義務について』岩波文庫　1961
- ジョセフ・ヘルマン／新村猛・国原吉之助（訳）『俗ラテン語』文庫クセジュ　白水社　1971
- 日本聖書協会訳『舊新約聖書』1972
- E. アウエルバッハ／篠田一士・川村二郎（訳）『ミメーシス』（上）筑摩書房　1972
- トゥールのグレゴリウス／兼岩正夫・臺幸夫（原文対訳と注）『歴史十巻』（Ⅰ・Ⅱ）東海大学出版会　1975
- タキトゥス／田中秀央・国原吉之助（原文対訳と注）『ゲルマーニア』（第3版）大学書林　1980
- 『アポクリファ―旧約聖書外典』（改訂版）聖公会出版　1981
- H. コンツェルマン／田中勇二（訳）『原始キリスト教史』日本基督教団出版局　1985
- 下津清太郎『世界帝王系図集』（増補版）近藤出版社　1987
- 松平千秋・国原吉之助『新ラテン文法』東洋出版　1992
- オーギュスタン・ティエリ／小島輝正（訳）『メロヴィング王朝史話』（上・下）岩波文庫　1992
- C. ドーソン／野口啓祐・草深武・熊倉庸介（訳）『ヨーロッパの形成』創文社　1995
- 谷岡武雄（監修）『コンサイス　外国地名辞典』三省堂　1998
- 佐藤彰一『ポスト・ローマ期フランク史の研究』岩波書店　2000
- ルネ・ミュソ＝グラール／加納修（訳）『クローヴィス』文庫クセジュ　白水社　2000
- 福井憲彦（編）『新版 世界各国史　フランス史』山川出版社　2001
- フラウィウス・ヨセフス／秦剛平（訳）『ユダヤ戦記』（全3巻）ちくま学芸文庫　2002
- K.-H. ビーリッツ／松山與志雄（訳）『教会暦』教文館　2003
- 佐藤彰一『歴史書を読む「歴史十書」のテクスト科学』山川出版社　2004
- 橋本龍幸『聖ラディグンディスとポスト・ローマ世界』南窓社　2008

【Ⅱ．欧文】

①ラテン語テキストの異本と諸近代語訳

- 仏訳　Bordier, Henri, HISTOIRE ECCLÉSIASTIQUE DES FRANCS PAR SAINT GRÉGOIRE et prédédée de sa vie écrite au Xe siècle par Odon, Abbé de Cluni, 2 tomes, Paris, 1859-1861
- ラテン語テキストとドイツ語対訳　Buchner, Rudolf, GREGOR VON TOURS, ZEHN BÜCHER GESCHICHTEN, 2 Bände, Darmstadt (1955), Nachdruck 1986-1988
- 英訳　Dalton, O. M., THE HISTORY OF THE FRANKS, 2 volumes, Oxford (1927), Reprinted 1967
- 英訳（抜粋）　Brehaut, E., HISTORY OF THE FRANKS, New York, Reprinted 1973
- 英訳　Thorpe, Lewis, GREGORY OF TOURS THE HISTORY OF THE FRANKS, Penguin Books, 1974
- 仏訳　Latouche, Robert, GRÉGOIRE DE TOURS HISTOIRE DES FRANCS, 2 tomes, Paris, 1975-

形］　21, 24, 27, 154, 176, 198, 210, 212, 213, 274, 275, 280, 281, 282, 283, 299, 337, 360, 361, 391, 542
　ヘロデ　Herodes　6, 20, 23, 154, 245, 332

ラ行

ラケダイモン人　Lacidaemonii　20
　フィストゥス　Fistus　20
ラティーニー人　Latini　20, 542
　シルウィウス　Silvius　20
ランゴバルディー人／勢／軍　Langobardi／ランゴバルディーの出身　Langobardus［Langobardus は男性単数形］　144, 146, 183, 184, 187, 233, 284, 305, 327, 403, 439, 466, 470, 473, 510, 511
　アプタカリウス　Aptacharius　511, 512
　アモ［将軍］　Amo　187
　アルボエヌス　Alboenus　144, 146, 183, 219
　ザバン［将軍］　Zaban　187, 188
　パウルス　Paulus　512
　ロダヌス［将軍］　Rodanus　187

リュディア人　Laedi　20
　ギュゲス　Cyces　20

ローマ人／軍／勢　Romani　20, 32, 41, 43, 59, 62, 66, 69, 74, 81, 90, 278
　アヴィトゥス　Avitus［皇帝，以下同］　42, 69, 75
　アウグストゥス　Augustus　20, 23
　アウレリアヌス　Aurilianus［Aurelianus］　128
　アエリウス・ハドリアヌス　Helius Adrianus　6, 24
　アナスタシウス　Anastasius　96
　アルカディウス　Arcadius　37, 555
　アントニヌス　Antoninus　25
　ウァレリアヌス　Valerianus　28
　ウァレンス　Valens　7, 31, 32, 554
　ウァレンティニアヌス　Valentinianus　31, 32, 554
　ウァレンティニアヌス［Ⅱ世］　Valentinianus　64
　ウァレンティニアヌス［Ⅲ世］　Valentinianus　60, 61
　ウェスパシアヌス　Vispasianus　24
　ガリエヌス　Gallenus　28
　クラウディウス　Claudius　23
　グラティアヌス　Gratianus　32, 33
　コンスタンス　Constans　31, 554
　コンスタンティウス　Constantius　31
　コンスタンティヌス　Constantinus　30
　コンスタンティヌス［Ⅱ世］　Consantinus iunior　31
　セルウィウス　Servius［王］　20
　ソフィア［帝妃／皇太后］　Sophia augusta　230, 240, 310
　ディオクレティアヌス　Dioclicianus［皇帝，以下同］　29, 30, 192
　ティベリウス　Tiberius　21, 22
　ティベリウス　Tiberius［東ローマ帝］　182, 199, 230, 231, 240, 275, 277, 278, 300, 310
　テオドシウス　Theodosius　7, 32, 33
　テオドシウス　Theodosius［東ローマ帝］　60, 188
　デキウス　Decius　26, 553
　ドミティアヌス　Domicianus　24
　トラヤヌス　Traianus　6, 24
　ネロ　Nero　6, 23, 24, 154, 332
　ハドリアヌス　Adrianus　6, 24
　ホノリウス　Honorius　37, 60, 65, 555
　マウリキウス　Mauricius　310, 311, 327, 502, 505, 508, 512
　マキシムス　Maximus　7, 32, 33, 61, 63, 554
　ユスティニアヌス　Iustinianus　182
　ユスティヌス　Iustinus　144, 182, 230, 240
　ユリウス・カエサル　Iulius Caesar［イムペラートル］　20

ナ行

ナイルの民　Niliculae　14
ナムネティキー勢　Namnetici　311

ニネベの住人　Ninivitae　506

ハ行

バヨカシニー人　Baiocassini［サクソネス勢の一派］　238, 517

東ゴート［この種族は「イタリアの　Italiae」という形で表現される］　105, 133
テウドリクス　Theudoricus　105, 110, 133
ヒスパニア人　Hispani／スペイン人　Spani　220, 301, 435
ビトゥリギー人　Byturigi　350, 417

フランク人／勢／側／兵／の諸将／の武人たち／軍　Franci／Francus［Francus は男性単数形］　42, 59, 61, 62, 63, 64, 65, 66, 67, 69, 70, 74, 79, 81, 89, 92, 99, 112, 113, 116, 131, 137, 147, 151, 157, 161, 165, 170, 182, 184, 201, 222, 277, 304, 327, 330, 331, 354, 363, 406, 422, 424, 471, 476, 508, 510, 511, 547, 558
エギディウス　Egidius　69, 70, 73
ゲノバウデス　Genobaudes［統治者？］　62
スンノ　Sunno［統治者］　62, 63, 64
テウドメリス　Theudomeris［リキメリス Richimeris の子］　66
マルコメリス　Marcomeris［統治者］　62, 63, 64
メロヴェクス　Merovechus の子孫たち（メロヴィング家）については系図参照
ブリクテリー人　Bricteri　64
ブリタニー人／勢　Brittani／ブリトン人　Britto［Britto は男性単数形］　32, 74, 142, 147, 162, 163, 199, 220, 234, 239, 241, 252, 263, 426, 439, 458, 470, 517, 518, 520
ヴィディマクリス　Vidimaclis　458
カナオ　Chanao　147
コノオベル　Chonoober　162, 163
コノモリス　Chonomoris　147
テウデリクス　Theudericus　220
ボディクス　Bodicus　220
マクリアヴス　Macliavus　147, 220
ワロクス　Warochus　220, 238, 458, 517, 518, 519, 520
ブルグンド人／勢　Burgundiones　65, 66, 79, 82, 90, 95, 111, 112, 184, 417
キルペリクス　Cilpericus　82
グンデヴェクス　Gundevechus　82
グンドバドゥス　Gundobadus　43, 44, 82, 83, 87, 88, 89, 90, 91, 107, 110
ゴディギシルス　Godigisilus　43, 82, 87, 89, 90, 107
ゴドマルス　Godomarus［グンデヴェクスの子］　82
ゴドマルス　Godomarus［グンドバドゥスの子］　107, 111, 112, 116
シギムンドゥス　Sigimundus　104, 110, 111, 112
ブルデガレンシス勢　Burdegalenses　475
ブレセンセス人　Blesenses［ブロワ Blois の住民］　342, 357

ペクタヴィー人／勢　Pectavi　38, 39, 238, 311, 349, 350, 364, 414
ペトロコリー人　Petrocori／ペトロコリキー人　Petrocorici　71, 417, 475
ヘブライ人　Hebraei／Hebraeus／Hebraea［Hebraeus は男性単数形，Hebraea は女性単数形］　14, 15, 19, 20, 30, 299
ペルシア人　Persi／Persae　11, 182, 241

マ行

マケドニア人　Macedonii　20
アルゲウス　Argeus　20

モアブの女たち　Moabites　67

ヤ行

ユダヤ人　Iudaei／Iudaeus［Iudaeus は男性単数

ガリア人　Gallei　284
ガリキア人［の使者］　legati Gallicienses　200
ガリラヤ人　Galilei　23
カルカソナ人　Carcasonenses　417
カルタゴ人　Cartaginenses　201, 509, 512

キノマニキー人　Cinomannici　238

クニー［フン］人／軍　Chuni　42, 56, 57, 58, 60, 61, 143, 165, 170, 171
　アッティラ　Attela　58, 59, 60

ゴート人／勢　Gothi／Goti／Gothus［Gothus は男性単数形］　32, 55, 58, 59, 64, 66, 74, 80, 81, 92, 93, 95, 96, 129, 130, 133, 168, 207, 277, 329, 330, 347, 417, 434, 435, 446, 470, 475, 476, 558
　アギラ　Agila　133, 150
　アタナギルドゥス　Athanagildus　150, 169, 180, 248, 470
　アタナリクス　Athanaricus　42, 55
　アマラリクス［アラリクスⅡ世の子］　Amalaricus　95, 105, 107, 115, 133
　アラリクス［Ⅰ世］　Alaricus　61
　アラリクス［Ⅱ世］　Alaricus　44, 81, 90, 92, 93, 95, 96, 106, 107
　エオリクス　Eoricus　43, 74, 75, 80
　テウダ　Theuda　133
　テウデギシルス　Theudegisilus　133
　テウドル　Theudor　58, 60
　リカレドゥス　Richaredus　420, 428, 435, 438, 439, 440, 455, 456, 466, 473
　レウヴァ　Leuva　180, 470
　レウヴィキルドゥス　Leuvichildus　180, 248, 249, 253, 300, 308, 315, 316, 323, 328, 329, 390, 415, 420, 427, 428, 435, 440, 470
コリントス人　Corinthii　20
　オクシオン　Oxion　20

サ行

サクソネス人／勢／側　Saxones／サクソン人 Saxo［Saxo は男性単数形］　43, 73, 74, 142, 143, 151, 156, 157, 158, 160, 161, 184, 185, 199, 219, 220, 343, 383, 408, 503, 517, 542
　オドヴァクリウス　Odovacrius　73, 74
サドカイ人［の悪い影響］　Sadducea malignitas　521
サンクトニキー人　Sanctonici　417, 475

シガムベルの方　Sibamber　86
シキョニア人　Sicionii　19, 20
　エオロプス　Eorops　19
　マラティス　Maratis　20
シリア人／シリア出身の　Syrus／Syri［Syrus は男性単数形］　368, 391, 547

スアヴィー人➡アラマニー人
スエビー人➡アラマニー人
スペイン人➡ヒスパニア人

タ行

テイファリー人　Theifali／Theifalus［Theifalus は男性単数形］　162, 211
テサロニケ人　Thessalonicenses　526
テーベ人　Thebei　20
デーン人　Dani　104, 108
　クロキライクス　Chlochilaichus　108

トゥリカスティニー人　Tricastini［ドローム県のサン・ポール・トロワ・シャトゥの住人 Saint-Paul-Trois-Châteaux Dép.Drôme］　232
トゥレヴェリー人　Treveri　34, 66
トゥングリー人　Tungri　56
トリンギー人／勢　Thoringi／Thoringus［Thoringus は男性単数形］　66, 82, 104, 112, 113, 151, 213
　バデリクス　Badericus　109
　ビュシヌス　Bysinus　70
　ベルタカリウス　Berthacharius　109, 113
　ヘルメネフレドゥス　Hermenefredus 104, 109, 112, 113, 114
トロサ勢　Tholosani　417, 475
トロニキー人　Toronici　37, 38, 39, 46, 47, 48, 142, 238, 311, 349, 350, 364, 414, 555

民 族 種 族 と そ の 支 配 者 名 索 引

ア行

アウストラシアの人々　Austrasii　219, 229
アゲニンシス勢　Agenninses　475
アッシリア人　Assirii　19, 20
　アガタディス　Agatadis　20
　エウトロペス　Eutropes　20
　ニヌス　Ninus　19
アテナイ人　Athinienses［Athenienses］　20
　アガサトゥス　Agasatus　20
アムプシヴァリー人　Ampsivarii　64
アラニー人　Alani　60, 64, 65
　レスペンディアル　Respendial　64
アラマニー人　Alamanni［スエビー人 Suebi／スアヴィー人 Suavi］　28, 29, 43, 48, 49, 65, 74, 85, 199, 219, 253
　アウディカ　Audica［ガリキアの王］　328
　エウリクス　Eurichus［ガリキアの王］　328
　クロクス　Chrocus　28, 29
　ミルス　Mirus／ミロ　Miro［ガリキアの王］　252, 328
アルヴェルニー人／勢　Arverni　35, 36, 418, 420
アルギウィー人　Argivi　19
　トロパス　Tropas　20
アルメニア人　Armeni／Armini　182, 543
アンデカヴィー人／勢　Andecavi　238, 311

イシマエル人　Isimaelitae　14
イスラエルの子ら　filii Israhel／イスラエル人 Israhelitae／イスラエルの民　Islaeliticus populus　5, 13, 14, 16, 17, 45, 67, 196, 563
　サウル　Saul　17
　ソロモン　Salamon　5, 17, 18, 20, 195, 196, 216, 256, 257, 340, 429
　ダビデ　David　5, 17, 18, 44, 67, 106, 152, 163, 234, 255, 257, 265, 281, 282, 522
　ヒゼキヤ　Ezechiel（クルシュ版のこの綴りは預言者「エゼキエル」と混同され易く，同書巻末索引見出しは，B_5，C_2，D_3，D_4 諸写本の Ezechias の綴りを採っている）［ユダ王国］　18, 45
　モーセ　Moyses　14, 15, 16, 19, 67, 106, 212, 257, 280, 299, 324, 325
　レハベアム　Roboa／Roboam［ユダ王国］　18
イタリア人　Itala［女性単数形］　61

ウァスコネス人　Wascones［バスク人］　438, 446
ヴァンダル人　Wandali　42, 48, 49, 50, 64
　キルデリクス　Childericus　55
　グンデリクス　Gundericus　48, 49
　ゲレシメリス　Gelesimeris　55
　ゴディギセルス　Godigyselus　64
　トラサムンドゥス　Trasamundus　49, 50
　ホノリクス　Honoricus／Honericus　50, 54, 55

エコリシネンセス人　Ecolisinenses　417
エジプト人／軍　Aegyptii　14, 15, 20
　ウァフレス　Vafres　20
　センクリス　Cencris　20
エドミ人　Idomei　13

カ行

カッティー人　Chatti　64
カドゥルキー人　Cadurci　70, 200
カマヴィー人　Chamavi　64

レモヴィキナ　Lemovicina（リモージュ Limoges）302, 417, 549, 553
レモヴィキヌス　Lemovicinus（リモージュ Limoges）239, 404
レモヴィキヌム　Lemovicinum（リモージュ Limoges）159, 163, 191, 214, 348

ロヴォラウトゥルムの砦　Lovolautrum castrum（ヴォロール・ヴィル Vollore-Ville）104, 117
ロソンティンセ　Rosontinse（レソン Ressons）464
ロダヌス　Rhodanus（ローヌ川 Rhone）66, 87, 171, 172, 185, 207, 242, 306, 417
ロトイアリンシス　Rotoialinsis（リュエイユ・マルメゾン Rueil-Malmaison）548
ロドマグス　Rodomagus（ルーアン Rouen）202, 203
ロトマグス　Rotomagus［上とは別］（アンドル・エ・ロワール県のポン・ド・リュアン Pont-de-Ruan Dép.Indre-et-Loire）555
ロトマゲンシス　Rothomagensis／ロトマギンシス　Rothomaginsis（ルーアン Rouen）195, 202, 221, 226, 312, 354, 355, 356, 411, 420, 422, 423, 430
ロドヤレンシスの館　Rodoialensis villa（ヴォードリュイユ Vaudreuil）355
ローマ　Roma／ローマのグレゴリウス教皇 Gregorius papa Romanus／ローマの帝位　Romanum imperium／ローマの町　urbs Romana／教皇の町　apud papam Urbis　23, 24, 28, 30, 32, 47, 48, 56, 59, 60, 64, 69, 74, 167, 232, 286, 287, 502, 504, 505, 508, 553, 555, 564
ローマ側　Romanum［ローマ帝国領］62
ロマニアクスの野　Romaniacus campus　163

♔ガリアの地名　ラテン語の名詞には性別があり，多くの場合，男性-us，女性-a，中性-umの語尾で性の区別を表す。地名も同様である。「ロマニアクスの野 Romaniacus campus」は，campus（野）が男性名詞であるのに応じ，地名 Romaniacus にも-us 語尾が付いている。

「レモヴィキヌスの境界 Lemovicinus terminus」，「レモヴィキナの町 Lemovicina urbs」，「レモヴィキヌムの領域 Lemovicinum territorium」のように，男・女・中の三性を備えた地名もある。その際添えられる名詞の語尾は女性名詞 urbs のように，必ずしもこの語尾と一致しないが，地名は常にこの語尾を保持し，名詞が省略された場合にも意味の推測を可能にさせる（単なる「レモヴィキヌム Lemovicinum」［163頁］は「領域」を表すと考えられる）。

他方上述の場所には「レモヴィカス Lemovicas」という無活用形の地名があり，この形は通常，名詞を添えず単独で使われる。

「トロニカ Toronica」「ペクタヴァ Pectava」「パリシアカ Parisiaca」。これらの形は女性形であり，「トロニカの教会 Toronica ecclesia」「ペクタヴァのラデグンディス Pectava Radegundis」「パリシアカの町 Parisiaca urbs」など，原文では，「町 urbs/civitas」（女性名詞）の他、様々な女性名詞ないし女性の人名が添えられている（単独で使用されている少数のケースでは何らかの女性名詞が省略されていると考えられる）。

「トロヌス Toronus」「ペクタヴス Pectavus」「パリシウス Parisius」。これらは単独使用が多い。またこれらの地名は，そこに名詞が添えられている場合でも，「ペクタヴスの町 Pectavus civitas」［236頁］など，添えられた名詞の性とは無関係の無活用形である。

他に「ペクタヴェンシス Pectavensis」など-ensis で終わる地名がある。この形には男・女形の区別がなく，中性形は「ペクタヴェンセの尼僧院 Pectavense monasterium」などと，-ense 語尾に終わる。原文においてはこれらの形には名詞が添えられるのが原則であるが，添えられる名詞が「町 urbs/civitas」など地理概念に限り，ごく稀に省略される場合がある（「カマラケンシス Camaracensis」［274頁］）。ただ「ブルデガレンシスの市民 Burdegalensis civis」［443頁］などの表現は「町」の省略形なのではなく，Burdegalensis が直接 civis（市民［男性］）にかかっている。

また-a で終わる地名でも，「エコリシナ Ecolisina」，「マッシリア Massilia」などは単独使用形であり，これらの地名に urbs（町）などの名詞が添えられる時には「エコリシネンシス Ecolisinensis」「マッシリエンシス Massiliensis」という形を用いる。

メルデンセ　Meldense（モー Meaux）　364
メルドゥス　Meldus／メレドゥス　Meledus（モー Meaux）　202, 462
メロリアケンセの砦　Meroliacense castrum（シャステル・マルラック Chastel-Marlhac）　104, 117

モゴンティアクス　Mogontiacus（マインツ Meinz）　62
モモティアケンシス　Momotiacensis（マインツ Meinz）　473
モンタロマギンシスの村　Montalomaginsis vicus（マントラン Manthelan）　384

ヤ行

ユダ王国　Iuda　18

ヨクンディアケンシス荘　Iocundiacensis domus　217
ヨルダン川　Iordanes　16, 283

ラ行

ラウディアクスという村／の山　Laudiacus vicus／mons（モン・ルイ Mont-Louis）　48, 557
ラッタの僧院　Latta monasterium　144, 192
ラティウム　Latium［イタリア中部］　130
ラティキナ　Laticina［Laodicea 産ワイン］（シリアのラーディキヤ Ladikiya）　366
ラピデウスの野　Lapideus campus（ラ・クロ La Crau）　187
ラプルドゥス　Lapurdus（バヨンヌ Bayonne）　462
ランダネンセの僧院　Randanennse monasterium（ランダン Randan）　174
ランブルス　Lambrus（ランブル・レ・ドゥエ Lambres-les-Douai）　196

リカニアケンシス村　Licaniacensis vicus（サン・ジェルマン・ランブロン St.German-Lembron）　74
リクソエンシス　Lixoensis（リジュ Lisieux）　318
リゲル　Liger（ロワール川 Loire）　39, 66, 92, 191, 205, 206, 216, 242, 253, 409
リゴイアリンシス　Rigioalinsis（リュエイユ・マルメゾン Rueil-Malmaison）　454
リンゴニカ　Lingonica（ラングル Langres）　79, 121, 128, 198, 207, 208, 209

ルカス　Lucas（ロシュ Loches）　556
ルキリアクス　Luciliacus（リュジレ Luzillé）　560
ルグドゥヌム　Lugdunum（リヨン Lyon）　5, 6, 20, 25, 28, 66, 93, 111, 144, 174, 207, 208, 277
ルグドゥヌム・クラヴァトゥム　Lugdnum Clavatum（ラーン Laon）［リヨンとは別の町］　280
ルグドゥネンシス　Lugdunensis（リヨン Lyon）　80, 178, 232, 242, 395, 468, 548
ルグドゥネンセ　Lugudunense（リヨン Lyon）　516
ルテナ　Rutena（ロデズ Rodez）　92, 93, 95, 107, 260, 408
ルテヌス　Rutenus（ロデズ Rodez）　129, 322, 514, 516
ルテネンシス　Rutenensis（ロデズ Rodez）　207

レゲンセ領　Regense territurium（リエーズ Riez）　184
レドニカ　Redonica（レンヌ Rennes）　239, 241, 517
レドニクム　Redonicum（レンヌ Rennes）　431, 470
レドネンシス　Redonensis（レンヌ Rennes）　424
レーヌス　Rhenus（ライン川 Rhein）　62, 64, 66, 97, 193, 402
レマニス［アルヴェルナの］　Lemanis Arverna（リマーニュ Limagne）　115, 242
レムス　Remus（ランス Reims）　161, 165, 194
レメンシス　Remensis（ランス Reims）　85, 124, 161, 165, 229, 278, 311, 313, 454, 503, 538
レモヴィカス　Lemovicas（リモージュ Limoges）　26, 198, 349, 463, 503

pidum］ 20
ベナルナ Benarna（レスカー Lescar） 446
ベナルノ Benarno（レスカー Lescar） 463
ベラヴェンシス Berravensis（バル Barrou） 296
ベラウス Berraus（バル Barrou） 558
ペルシア Persis 182, 543
ベルソナクスの館 Belsonacus villa（ルクセンブルグのニーダー・ベスリンゲン Nieder-Beßlingen） 389, 411
ヘロシンシス Helosinsis（オーズ Eauze） 412

ボノーニア Bononia（ボローニャ Bologna） 73
ポルトゥス Portus（ポルト Porto） 508
ポンティコの館 Pontico villa（ポンティオン Ponthion） 165, 321

マ行

マウリアクスの野 Mauriacus campus［トロワ付近］ 59
マウリオペス村 Mauriopes vicus［オーブ県のポン・シュル・セーヌ付近 Pont-sur-Seine Dép. Aube］ 460
マウリタニア Mauritania［アフリカ北岸中央部］ 49
マカオの館 Machao villa 187
マッシリア Massilia（マルセイユ Marseille） 87, 207, 213, 293, 294, 295, 303, 304, 305, 311, 315, 375, 400, 439, 468, 469
マッシリエンシス Massiliensis（マルセイユ Marseille） 144, 186, 187, 188, 277, 292, 293, 299, 468
マッシリエンシスのプロヴィンキア Massiliensis provincia（プロヴァンス地方［マルセイユの］） 432, 545
マティスケンシス Matiscensis（マコン Mâcon） 389, 410, 441
マティスコ Matisco（マコン Mâcon） 400
マトロナ川 Matrona fluvius（マルヌ川 Marne） 251, 305, 399
マナテンシス Manatensis（メナ Menat） 213
マリレギウスの館 Marilegius villa（マーレンハイム Marlenheim） 484, 537
マルティウスの野 Martius campus［ローマの］ 61
マロヤレンシス Maroialensis（ロワール・エ・シェル県のマリュイユ・シュル・シェル Mareuil-sur-Cher Dép.Loir-et-Cher） 349
マロヤレンシス Maroialensis（サルト県のマリュイユ・シュル・ロアール Mareuil-sur-Loir Dép. Sarthe） 513
マントロマウス Mantolomaus（マンテラン Mantelan） 558

ミグドル Magdalum 16
ミマテ Mimate（マンド Mende） 552
ミンティウス河 Mintius（ミンチオ川 Mincio） 65

ムスティエ・カルメス Mustiae Calmes 184
ムセラ川 Musella fluvius（モーゼル川 Mosel） 123, 402

メクレドネンセ［の砦］ Mecredonense［castrum］（メラン Melun） 312, 314
メディオラネンシス Mediolanensis（ミラノ Milano） 38, 510, 554
メディオラネンセの砦 Mediolanense castrum（シェル県のシャトメアン Châteaumeillant Dép.Cher） 312, 539
メディコヌス Mediconnus（モーヌ Mosnes） 558
メテンシス Mettensis（メス Metz） 42, 57, 58, 150, 177, 411, 427, 454, 460, 510, 538
メドゥアナ川 Meduana torrens（マヤンヌ川 Mayenne） 519
メマティンシスの山 Memmatinsis mons（マンド Mende） 29
メリタ Merita［スペイン西南部の町］（メリダ Merida） 300
メリテンセの僧院 Melitense monasterium（カンタル県のメアレ Méallet Dép Cantal） 211
メルデンシス Meldensis（モー Meaux） 343, 409, 482

258, 275, 300, 301, 308, 315, 316, 323, 326, 327, 328, 330, 348, 389, 390, 415, 417, 420, 427, 428, 432, 434, 440, 443, 455, 468, 472, 476, 541, 542, 554
ビテリス　Biterris（ベジェー Béziers）　129
ビトゥリガ　Bituriga／ビトゥリカ　Biturica（ブールジュ Bourges）　6, 27, 28, 74, 116, 198, 243, 274, 312, 433, 470, 539, 547
ビトゥリグム　Biturigum（ブールジュ Bourges）　211, 251, 268, 270, 296, 322, 460, 545
ビトリクス　Bitoricus／ビトレクス　Bitorex（ブールジュ Bourges）　174, 210, 311, 312, 349, 361, 378, 381
ヒバヒロテ　Phiahiroth　16
ピュレニー　Pyrenii／ピリネイの山々　Pirinei montes（ピレネー山脈）　66, 243
ビリティオの砦　Bilitio castrum（ベリンツォナ Bellinzona）　510
ピリネイの山々➡ピュレニー

ファルス島［の大理石］　Pharium marmor　153
ブコニアの森　Buconia silva［フルダ Fulda 付近の森］　97
フラヴァリス川　Flavaris flumen［エラクリスの異名を持つ quem Elacrem vocitant］（アリエ川 Allier）　242
プラケンティア　Placentia（ピアチェンツァ Piacenza）　69
フランキア　Francia／フランクの王国　regnum Francorum　62, 156, 161, 428, 463
ブリヴァ・クレティア　Briva Curretia（ブリブ・ラ・ゲイヤルド Brives-la-Gaillarde）　348
ブリヴァテ　Brivate（ブリュード Brioude）　552
ブリヴァティンシス村　Brivatinsis vicus（ブリュード Brioude）　69, 155
ブリオトゥレイディス　Briotreidis（ブリゼー Brizay）　555
ブリクシス　Brixis（レニャック・シュル・アンドル Reignac-sur-Indre）　556
ブリタニア　Brittania（ブルターニュ地方 Bretagne）　162, 163, 220, 238, 240, 502, 517
ブリッカ　Bricca（ブレシュ Bréches）　555
ブリナクスの館／王館　Brinnacus villa（ベルニー・リヴィエール Berny-Rivière）　165, 190, 236, 245, 250, 267, 271
ブルギアテンシスの館　Bulgiatensis villa（ボンジェア Bongheat）　125
ブルグンディア　Burgundia［ブルグンド人の本拠地］　43, 79, 83, 90, 104, 111, 112, 116, 125, 160, 214, 223, 559
ブルデガラ　Burdegala（ボルドー Bordeaux）　70, 191, 463
ブルデガレンシス　Burdegalensis（ボルドー Bordeaux）　96, 144, 167, 191, 243, 246, 267, 292, 302, 318, 368, 369, 372, 392, 396, 426, 442, 443, 478, 491, 530
プロヴィンキア　Provincia（プロヴァンス地方 Provence）　105, 186, 289, 292, 390, 418, 429, 545
フロリアクムの館　Floriacum villa（フリュレー・シュル・ウーシュ Fleurey-sur-Oushe）　137

ベオレタナ　Beorretana（シュータ Cieutat）　445
ベゴラ　Begorra（シュータ Cieutat）　463
ペクタヴァ　Pectava（ポワティエ Poitiers）　39, 162, 252, 337, 361, 364, 375, 439, 440, 446, 449, 454, 485, 487, 491, 495, 497, 499, 503, 530, 532
ペクタヴェンシス　Pectavensis（ポワティエ Poitiers）　113, 262, 270, 275, 491
ペクタヴェンセ　Pectavense（ポワティエ Poitiers）　316, 484, 503, 528
ペクタヴス Pectavus（ポワティエ Poitiers）　31, 93, 94, 95, 159, 188, 191, 199, 202, 206, 216, 236, 252, 331, 336, 343, 349, 350, 361, 362, 385, 454, 460, 462, 474, 479, 481, 489, 490, 521, 535, 541, 560
ペトレウスと呼ばれる橋➡岩橋
ペトロコリカ　Petrocorica（ペリグー Périgueux）　289, 302
ペトロゴリクム　Petrogoricum／ペトロコリクム　Petrocoricum（ペリグー Périgueux）　295, 362, 491
ベツレヘム　Bethleem［ダビデの町 David op-

ナ行

ナイル　Nilus　14
ナムネタス　Namnetas（ナント Nantes）　298
ナムネティカ　Namnetica（ナント Nantes）　147, 206, 241, 298, 432, 458, 517
ナムネティクス　Namneticus（ナント Nantes）　458, 545
ナムネティクム　Nanmeticum（ナント Nantes）　459, 470, 552
ナルボナ　Narbona（ナルボンヌ Narbonne）　26, 428
ナルボネンシス　Narbonensis（ナルボンヌ Narbonne）　297, 315, 456

ニヴィシウムの砦　Nivisium castellum（ノイス Neuss）［デュッセルドルフ近郊］　62
ニカエア　Nicaea（トルコのイズニク Iznik）　8, 477
ニケア　Nicea（ニース Nice）　185
ニゲルの山　Niger mons（サン・ジョルジュ・ニグルモン Saint-Georges-Nigremont）　159
ニケンシス　Nicensis（ニース Nice）　284, 288
ニシビス　Nisibis（トルコのヌサイビン Nusaybin）　6, 31
ニヌス　Ninus［ニネヴェとも呼ばれる quam Nineven vocant］（ニネベ Nineveh）　12
ニネベ　Ninivitae／Ninnivitae（ニネベ Nineveh）　133, 506

ネヴェルヌス　Nevernus（ヌヴェル Nevers）　390
ネヴェルネンシス　Nevernensis（ヌヴェル Nevers）　390
ネマウスス　Nemausus（ニーム Nîmes）　417, 418
ネマウセンシス　Nemausensis（ニーム Nîmes）　420
ネムプトゥドルス村　Nemptudorus vicus（ナンテル Nanterre）　548

ノヴィゲントゥムの館　Novigentum villa（ノジェン・シュル・マルヌ Nogent-sur-Marne）　277
ノヴィリアクス　Noviliacus（ヌイエ・ル・リエル Neuillé-le-Lierre またはヌイエ・ポン・ピエール Neuillé-Pont-Pierre）　560
ノヴィリアクス［もうひとつの］　Noviliacus alter（ヌイエ・ル・リエル Neuillé-le-Lierr とヌイエ・ポン・ピエール　Neuillé-Pont-Pierre のうち上ではない方）　560
ノヴェムポプラナ　Novempopulana（ガスコーニュ地方 Gascogne）　80
ノキトという名の館　Nocito villa（ノワジ・ル・グラン Noisy-le-Grand）　251

ハ行

バアルゼボン　Belsephon　16
バイオカシヌス　Baiocasinus（バイユー Bayeux）　454
パトモス島　Pathmos insula［ギリシャ南東］　24
バビロニア　Babilonia［この町はバベルと呼ばれる vocatum est nomen civitatis Babel］　5, 11, 14, 18, 19, 20, 196
バラテディニス　Balatedinis（バラン・ミレ Ballan-Miré）　558
パリシアカ　Parisiaca（パリ Paris）　167, 214, 222, 242, 250, 301, 317, 330, 353, 354, 355, 389, 424, 445, 454, 527, 528, 547, 548
パリシアクス　Parisiacus（パリ Paris）　297, 429
パリシウス　Parisius（パリ Paris）　26, 96, 100, 101, 115, 125, 126, 144, 145, 161, 162, 165, 178, 191, 193, 194, 195, 198, 202, 211, 221, 222, 228, 241, 245, 252, 268, 275, 280, 284, 291, 305, 307, 311, 312, 314, 316, 329, 330, 331, 332, 334, 336, 343, 344, 345, 346, 354, 363, 364, 390, 398, 444, 445, 454, 462, 472, 476, 520, 527, 528, 540, 548, 552
パンノニア　Pannonia［ハンガリー辺の古名］　30, 57, 66, 247, 554

ヒスパニア　Hispania　49, 65, 80, 105, 107, 115, 132, 133, 142, 144, 150, 169, 180, 248, 249, 252,

ジョン Dijon) 87, 93, 128, 137, 143, 174
ディヴィオネンセの砦　Divionense castrum（ディジョン Dijon） 79, 105, 160, 161, 208
ディヴィティアの町　Divitia civitas（ケルンのドイツ Köln-Deutz） 161
ティキヌム　Ticinum（パヴィア Pavia） 135
ティキネンシス　Ticinensis（パヴィア Pavia） 511
ディスパルグムの砦　Dispargum castrum 66
ティベリス川　Tiberis fluvius（テヴェレ川 Tévere） 504
デインシス　Deinsis（ディ Die） 187
デハスの砦　Dehas castrum（ディヨ Dio） 129
テルノデリンセの砦　Ternoderinse castrum（トネル Tonnerre） 207

トゥスキア　Tuscia（トスカナ Toscana） 134
ドゥヌム　Dunum（シャトーダン Châteaudun） 462
ドゥネンセ　Dunense（シャトーダン Châteaudun） 194, 342, 343, 355, 365
東方➡オリエント
トゥルビアケンシスの町　Tulbiacensis civitas（チュルピヒ Zülpich） 114
トゥルビアケンセの要塞　Tulbiacense oppidum（チュルピヒ Zülpich） 95
トゥレヴェリカ　Treverica（トリーア Trier） 137, 404, 450, 549
トゥレヴェリクム　Trevericum（トリーア Trier） 121
トゥレヴェルス（トリーア　Trier） 31, 32, 34, 62, 63, 400, 401, 428
トゥロニクス　Turonicus／トロニクス Toronicus（トゥール Tours） 48, 100, 191, 269, 554, 555, 560, 562
トゥロニクム➡トロニクム
トゥングルス　Tungrus（ベルギーのトンゲレン Tongeren. 仏名トングル Tongres） 56
トラキア　Thraciae［ブルガリア辺の古名］ 32, 64
トラドゥクタ　Traducta（タンジール Tangier） 49
トリドゥム　Tolidum（トレド Toledo） 250
トリンギア　Thoringia（チューリンゲン Thüringen） 66, 69, 70, 109, 113, 114, 115, 151
ドルス　Dolus（ドリュ・ル・セク Dolus-le-Sec） 556
トルナクス　Thornacus（トゥルネー Tournay） 196, 235
トルナケンシス　Thornacensis（トゥルネー Tournay） 194, 268, 547
トルノマゲンシス　Tornomagensis（トゥルノン・サン・ピエール Tournon- Saint-Pierre） 555
トレイエクティンシス　Treiectinsis（マーストリヒト Maastricht） 56
トレカス　Trecas（トロワ Troyes） 402, 423
トレトゥム　Toletum（トレド Toledo） 329
ドレンシス村　Dolensis vicus（デオル Déols） 74
トロサ　Tolosa／Tholosa（トゥールーズ Toulouse） 26, 70, 81, 90, 96, 295, 347, 348, 353, 362, 364, 370, 380, 417, 420, 434, 552, 558
トロニカ　Toronica（トゥール Tours） 38, 39, 45, 71, 80, 92, 107, 125, 145, 146, 151, 152, 163, 191, 215, 216, 261, 263, 265, 266, 269, 274, 296, 305, 312, 336, 365, 375, 390, 429, 439, 442, 444, 446, 449, 471, 474, 489, 513, 543, 551, 553, 554, 555, 558, 559, 561, 563
トロニクス➡トゥロニクス
トロニクム　Toronicum／トゥロニクム［の領域］Turonicum［territurium］（トゥール Tours）
93, 194, 213, 221, 242, 261, 269, 296, 302, 313, 349, 356, 361, 385, 460, 519, 552, 562
トロヌス　Toronus（トゥール Tours） 26, 43, 48, 96, 101, 105, 125, 144, 152, 158, 159, 164, 167, 188, 191, 198, 202, 205, 210, 213, 219, 224, 234, 236, 253, 262, 263, 266, 268, 269, 270, 293, 323, 338, 350, 360, 361, 383, 384, 427, 439, 459, 462, 474, 475, 477, 478, 479, 485, 490, 502, 503, 521, 551, 553, 554, 558, 563
ドロノニア川　Dorononia fluvius（ドルドーニュ川 Dordogne） 364, 370

317

サ行

サウリキアクスの館　Sauriciacus villa　483
サバリア　Sabaria（ハンガリーのソンバトヘイ Szombathely）　30, 554
サンクトナス　Sanctonas（サント Saintes）　213, 247, 331, 369, 392, 412, 432
サンクトニカ　Sanctonica（サント Saintes）　167

シゴナ　Sygona（セーヌ川 Seine）　305
シシリア　Sicilia［イタリア，カラブリア半島の先の島］　135, 504
シスキエンシス　Sisciensis（クロアチアの町シサク Sisak）　30
シナイ山　Sina mons　15, 106
シナル　Senachar　11
シノニカ　Sinonica（サンス Sens）　423, 520
シモイス川　Semoes［Simois］　172
小イタリア　Italia minor［イタリア北部］　135
シリア　Siria　182, 368
シルヴァネクティス　Silvanectis（オワーズ県のサンリス Senlis Dép.Oise）　464
シルヴァネクテンシス　Silvanectensis（オワーズ県のサンリス Senlis Dép.Oise）　333, 461, 462
シルヴァネクテンセ　Silvanectense（オワーズ県のサンリス Senlis Dép.Oise）　297

スカルディス川　Scaldis fluvius（フランスからベルギーへ流れるスケルデ川 Schelde. 仏名エスコー川 Escaut）　97
スカロヌム　Scalonum［Ascalo 産ワイン］（イスラエルのアシュケロン Ashqelon）　128
スキュキア　Scycia（スキタイ）　61
スタブロの館　Stablo villa（エストゥブロン Estoublon）　184
スタムペンシス　Stampensis（エタンプ Etampes）　462, 539
ストラテブルグス　Strateburgus（ストラスブール Strasbourg）　482, 541
スペイン　Spania　34, 48, 95, 200, 220, 243
スメナ川　Sumena fluvius（ソンム川 Somme）　66

セークァナ川　Sequana fluvius（セーヌ川 Seine）　193, 417
セグシウム　Segusium（北イタリアの町スーザ Susa）　188
セクソナス　Sexonas／セソナス　Sessonas（ソワソン Soissons）　81, 82, 476
セシオナス　Sessionas（ソワソン Soissons）　162, 164, 165, 196, 203, 205, 221, 245, 297, 302, 416, 440, 537
セシオニカ　Sessionica（ソワソン Soissons）　449, 482
セシオニクス　Sessionicus（ソワソン Soissons）　316, 508
セソナス➡セクソナス
セプティマニア　Septimania［ガリア南西地方］　389, 415, 417, 427, 439, 441, 446, 470, 475
セレンセの砦　Sellense castrum（シャントソー Champtoceaux）　162

ソドム［の火災］　Sodomae incendium　282
ソドム［のロト］　Loth in Sodomis　545
ソロナケンシス　Solonacensis（ソネー Sonnay）　555

タ行

大イタリア　Italia maior［イタリア中南部］　135
大カルタゴ　Carthago magna［アフリカのカルタゴ］　508
タウシリアクス　Tausiriacus（シャティヨン・シュル・アンドルのトワズレー Toiselay de Châtillon-sur-Indre）　561
タウレドゥヌムの砦　Tauredunum castrum 143, 172
タラブランネンシス　Tarabrannensis（テルアンヌ Thérouanne）　229

ディヴィオ［の砦］　Divio［castrum］（ディ

カルノテヌス　Carnotenus（シャルトル Chartres）　243, 462
カルノテンシス　Carnotensis（シャルトル Chartres）　193
カルピタニア　Carpitania［トレド周辺］　315, 329
カルボナリア　Carbonaria［アルデンヌの森の一部］　62
カレス　Cares（シェル川 Cher）　253
カレンシスの館　Calensis villa（セーヌ・エ・マルヌ県のシェル Chelles Dép.Seine-et-Marne）　332, 343, 540
ガロンナ　Garonna（ガロンヌ川 Garonne）　372, 373, 409
カンタベネンシス　Cantabennensis（クレルモン・フェランのシャントワン Chantoin de Clermont-Ferrand）　33
カンティア　Canthia（ケント Kent）　471
ガンティア　Ganthia（ケント Kent）　166
カントベニクスの山　Cantobennicus mons（クレルモン・フェランのシャントワン Chantoin de Clermont-Ferrand）　75

キソマゲンシス　Cisomagensis（シラン・ラ・ラット Ciran-la-Latte）　555
キノマニカ　Cinomannica（ル・マン Le Mans）　318, 471
キノマニクム　Cinnomannicum（ル・マン Le Mans）　214, 477
キノマニス　Cinomannis（ル・マン Le Mans）　100, 202, 206, 274, 291, 428, 458, 513, 545
キリキア［の粗衣］➡訳語対照表 cilicium の項

グラキナという島［ペクタヴェンシスの］　Gracina Pectavensis insula　262
グラティアノポリターナ　Gratianopolitana（グルノーブル Grenoble）　187
クリュスマ　Clysma（エジプトのテル・コルズム Tell Kolzum）　15
グレドネンセの砦　Gredonense castrum（ロゼール県のグレーズ Grèzes Dép.Lozère）　29
クレヌス川　Clennus flumen（クレン川 Clain）　492
クロノネンセの僧院　Chrononense monasterium（クルノン・ドーヴェルニュ Cournon-d'Auvergne）　181

ケラテ　Cerate（セレ・ラ・ロンド Céré-la-Ronde）　561
ゲルマニア　Germania［ドイツ辺の古名］　62, 63, 65
ケレシウム　Ceresium（ルガノ湖 lago di Lugano）　510

紅海　Rubrum mare　5, 14, 15, 16, 563, 564
コティアの森　Cotia silva（キュイーズ・ラ・モット Cuise-la-Motte）　164, 250
ゴート　Ghotia　196, 470
コルヌティウスの村　Cornutius vicus（コル・ニュ Corps-Nuds）　239
コローニアの町　Colonia civitas（ケルン Köln）　97, 304
コロムナという村［アウリリアネンシスの］　Colomna vicus Aurilianensis urbis　112
コンヴェネ　Convenae（サン・ベルトラン・ド・コマンジュ Saint-Bertrand-de-Comminges）　338, 372, 373
コンスタンティナ　Constantina（クータンス Coutances）　228, 422
コンスタンティノポリス　Constantinopulis（イスタンブール Istanbul）　32, 303, 304, 306, 370, 374, 408
コンスタンティノポリターナ　Constantinopolitana（イスタンブール Istanbul）　91, 182, 240, 532
コンソラニス　Consorannis（アリージュ県のサン・リジェ St.Lizier Dép Ariège）　462
コンダテンシス村　Condatensis vicus（カンド・サン・マルタン Candes-Saint-Martin）　37, 38, 430, 554, 555
コンフルエンティスの砦　Confluentis castrum（コブレンツ Koblenz）　402
コンペンディウム［の館］　Conpendium［villa］（コンピエーニュ Compiègne）　164,

オネストゥルディス川　Onestrudis fluvius（ウンストルート川 Unstrut）　113
オリエント［東方］　Oriens　64, 96, 247, 274, 352, 368, 370, 489, 558
オルバニアクス　Orbaniacus（アンドル・エ・ロワール県のオルビニー Orbigny Dép. Indre-et-Loire）　561

カ行

カイノニンシス　Cainoninsis（シノン Chinon）　199
カイノネンセの砦　Caininense castrum（シノン Chinon）　296
カイノ村［トロニクムの領域の］　Caino vicus／CainoToronikus vicus（シノン Chinon）　221, 555
カヴィロヌム➡カビロヌム
カヴィロネンシス　Cavillonensis／カビロネンシス Cabillonensis（シャロン・シュル・ソーヌ Chalon-sur-Saône）160, 260, 441, 454, 460, 472, 548, 549
カヴェリオネンシス　Cavellionensis／カヴェロネンシス Cavellonensis（カヴェヨン Cavaillon）　423, 442
カエサルアウグスタ　Caesaraugusta（サラゴッサ Saragossa）　65, 132
カエサレア［エウセビウスの司教区］　Eusebius Caesariensis episcopi（イスラエルのカイサリエ Kaisariyeh）　9
ガジティナ　Gazitina［Gaza 産ワイン］（パレスティナ自治区のガザ Gaza）　366
カタラウネンシス　Catalaunensis（シャロン・シュル・マルヌ Châlons-sur-Marne）　252
カドゥルキウム　Caadurcium（カオール Cahors）　191
カドゥルキナ　Cadurcina（カオール Cahors）　322, 323, 368
カドゥルクス　Cadurcus（カオール Cahors）　116, 452, 463
カドゥルケンシス　Cadurcensis（カオール Cahors）　253, 410
カナン　Chanaan　14
カニニの野　Canini campi［イタリア，ミラノ付近の野］　510
ガバリタナ　Gabalitana（ジャヴォル Javols）　29, 180, 321, 545
ガバリタヌス　Gabalitanus（ジャヴォル Javols）　276, 322, 514
カビロヌム　Cabillonum／カヴィロヌム　Cavillonum（シャロン・シュル・ソーヌ Chalon-sur-Saône）　174, 238, 356, 390, 400, 519, 520
カビロネンシス➡カヴィロネンシス
カプト・アリエティスの砦　Caput Arietis castrum（オード県のラストゥールの城跡カバレ Cabaret de Lastours Dép.Aude）　420
カプラリアの砦　Capraria castrum（エロー県のカブリエール Cabrières Dép.Hérault）　129
カマラクス　Camaracus（カンブレー Cambrai）　66, 99
カマラケンシス　Camaracensis（カンブレー Cambrai）　276, 327
カムパニア　Campania（シャンパーニュ地方 Champagne）　123, 203, 402, 448, 455, 510, 548
カムパネンシス　Campanensis（シャンパーニュ地方 Champagne）　219, 279
カラトヌス　Calatonnus　555
カラの館　Cala villa（セーヌ・エ・マルヌ県のシェル Chelles Dép Seine-et-Marne）　250
ガリア　Gallia　6, 20, 25, 26, 27, 28, 29, 31, 48, 54, 56, 58, 59, 62, 64, 65, 66, 69, 75, 80, 92, 93, 100, 104, 106, 108, 133, 165, 170, 172, 182, 184, 187, 220, 240, 243, 250, 284, 303, 304, 306, 323, 327, 329, 370, 374, 375, 377, 383, 390, 392, 394, 401, 415, 417, 427, 428, 470, 473, 476, 486, 502, 542, 543, 545, 546, 554, 558
ガリキア　Gallicia／Gallitia［ヒスパニア北西部］　48, 200, 247, 248, 252, 276, 328, 427
カルヴァリア［髑髏］の丘　Calvariae mons［ゴルゴタの丘］　12
カルカソナ　Carcasona（カルカソンヌ Carcasonne）　417, 434, 475
カルタゴ　Cartago／Carthago　28, 50
カルノテナ　Carnotena（シャルトル Chartres）　336, 343, 355, 399, 442

ヴィトリー Vitry Dép. Marne） 119
ヴィクトゥリアケンシスの館 Victuriacensis villa（パ・ド・カレ県のヴィトリー Vitry Dép. Pas-de-Calais） 327
ヴィクトリアクスの館 Victoriacus villa（パ・ド・カレ県のヴィトリー Vitry Dép. Pas-de-Calais） 195, 202
ヴィゲナ Vigena（ヴィエンヌ川 Vienne） 94
ヴィソロンティア［ヴィエネンシスの町の］ Visorontia locus urbis Viennensis（ヴェズロンス Vézeronce） 112
ヴィニティクム Viniticum（ヴァンヌ Vannes） 459
ヴィラヴム Villavum（オト・ロワール県のル・ヴレ Le Velay Dép.Haute-Loire） 190, 306
ヴィリドゥヌム Viridunum（ヴェルダン Verdun） 106, 131
ヴィリドゥネンシス➡ヴィレドゥネンシス
ヴィルケリス Vircellis（イタリアのヴェルチェリ Vercelli） 48
ヴィレドゥネンシス Viredunensis／ヴェレドゥネンシス Veredunensis／ヴィリドゥネンシス Viridunensis（ヴェルダン Verdun） 136, 382, 447, 450, 453, 469, 538
ヴィンキエンシス Vinciensis（ヴァンス Vence） 470
ヴィンゲンナの川 Vingenna fluvius（ヴィエンヌ川 Vienne） 39
ヴィンドキヌム Vindocinum（ヴァンドーム Vendôme） 462
ヴェネティカ Venetica（ヴァンヌ Vannes） 147, 238, 239, 413
ヴェネトゥス Venetus／ヴェニトゥス Venitus（ヴァンヌ Vannes） 238, 518
ヴェラヴァ Vellava（オト・ロワール県のル・ヴレ Le Velay Dép.Haute-Loire） 546
ヴェルケレンシス Vercellensis（イタリアのヴェルチェリ Vercelli） 555
ヴェルナウス Vernaus（ヴェルヌ・シュル・ブレンヌ Vernou-sur-Brenne） 558
ヴェレドゥネンシス➡ヴィレドゥネンシス
ヴォグラデンシスの野 Vogladensis campus（ヴュイエ Vouillé） 95, 100
ヴォサグスの森 Vosagus silva（ヴォージュ Vosges） 519
ヴォサゲンシス村 Vosagensis pagus 460
ウケケンシス Ucecensis（ユゼス Uzès） 274, 288
ウケティカ Ucetica（ユゼス Uzès） 408
ウゲルヌムの砦［アレラテンセの］ Ugernum Arelatense castrum（ガール県のボケール Beaucaire Dép.Gard） 420, 446
ウルダ川 Ulda fluvius（ウスト川 Oust） 517
ウルビアの川 Urbia fluvius（オルジュ川 Orge） 275, 301

エヴィナ Evina（アンドル・エ・ロワール県のアヴォアーヌ Avoine Dép. Indre-et-Loire） 558
エコリシナ Ecolisina／エコリスナ Ecolisna（アングレーム Angoulême） 70, 96, 289, 362
エコリシネンシス Ecolisinensis／エコリネンシス Aecolinensis／エクオリシネンシス Equolisinensis（アングレーム Angoulême） 194, 246, 274, 289, 491
エコリスナ➡エコリシナ
エジプト Aegyptus 5, 14, 15, 16, 17, 19, 182, 196, 282, 330
エセラ川 Esera fluvius（イゼール川 Isère） 187
エナキム Enacim［かつてエブロンと呼ばれた quae prius Ebron vocabatur］ 10
エブレドネンシス Ebredonensis（アンブラン Embrun） 184, 185, 187, 232
エポシウムの砦 Eposium castrum（アルデンヌ県のカリニャン Carignan Dép.Ardennes） 403
エルサレム Hiersoliorum urbs／Hiersolima 8, 12, 22, 24, 32, 45, 96, 213, 234

オクタヴス村 Octavus vicus（サン・サンフォリアン・ドゾン Saint-Symphorien-d'Ozon） 468
オスカラ川 Oscara fluvius（ウーシュ川 Ouche） 87, 128
オセルの砦 Osser castrum 328

アリシテンシス村　Arisitensis vicus　207
アリンガヴィエンシス　Alingaviensis（ランジェー Langeais）　555
アルヴェルナ　Arverna（クレルモン・フェラン Clermont-Ferrand）　43, 104, 115, 116, 148, 173, 174, 235, 408, 418
アルヴェルヌス　Arvernus（クレルモン・フェラン Clermont-Ferrand）　6, 7, 26, 28, 33, 34, 42, 65, 69, 70, 71, 72, 74, 75, 76, 79, 93, 95, 104, 107, 108, 114, 115, 116, 118, 124, 130, 131, 143, 144, 150, 151, 155, 158, 159, 163, 171, 172, 173, 176, 177, 181, 182, 185, 189, 190, 211, 212, 214, 242, 266, 269, 305, 306, 307, 322, 408, 412, 432, 434, 502, 514, 515, 516, 517, 559
アルゲントラティンシス　Argentoratinsis（ストラスブール Strasbourg）　541
アルドエネンシスの森　Ardoennensis silva（アルデンヌ Ardennes）　411
アルビガ　Albiga（アルビ Albi）　70
アルビギス　Albigis（アルビ Albi）　413, 462
アルビゲンシス　Albigensis（アルビ Albi）　54, 95, 259, 308, 315, 342, 434
アルメニア　Arminia［Armenia］　543
アレラテ　Arelate（アルル Arles）　58
アレラテンシス　Arelatensis（アルル Arles）　26, 29, 130, 143, 147, 168, 171, 187, 429, 469, 487, 490, 495, 508
アレラテンシスのプロヴィンキア　Arelatensis provincia（プロヴァンス地方［アルルの］）　420, 446, 545
アンティオキア　Anthiocia　24, 26, 182, 405, 503, 543
アンデカヴァ　Andecava（アンジェ Angers）　302, 519
アンデカヴェンシス　Andecavensis（アンジェ Angers）　286, 458
アンデカヴス　Andecavus／アンディガヴス Andigavus（アンジェ Angers）　43, 73, 191, 213, 239, 252, 348, 409, 431, 432, 527, 545, 558
アンデラウス　Andelaus（アンデロ Andelot）　461
イェヌバ　Ienuba（ジュネーブ Genève）　172
イキオドルス　Iciodorus（イジュール Yzeures）　556
イシドレンシス　Isidorensis（イジュール Yzeures）　296
イスラエル／イスラエル王国　Israhel　5, 18, 19, 20, 44
イタリア　Italia　48, 60, 65, 73, 74, 105, 110, 131, 133, 134, 135, 144, 151, 183, 184, 185, 187, 219, 231, 276, 304, 327, 374, 389, 408, 439, 466, 470, 471, 473, 502, 510, 511, 554, 556
岩橋［ペトレウスと呼ばれる橋］　Pons Petreus（ヴォージュ県のポンピエール Pompierre Dép. Vosges）　221
インドから　ab Indis　15

ヴァサテンシス　Vasatensis（バザ Bazas）　299, 302, 370
ウァスコニア　Vasconia［ウァスコネス Wascones（バスク）人の本拠地］（ガスコーニュ地方 Gascogne）　296
ヴァピンシス　Vappinsis（ガプ Gap）　232
ヴァブレンシスの田舎　Vabrensis pagus（ヴォエブル Woëvre）　452
ヴァブレンセの砦　Vabrense castrum（ヴォエブル Woëvre）　449
ヴァレンティア　Valentia（ドローム県のヴァランス Valence Dép. Drôme）　187
ヴァンダル王国　regnum Wandalorum　55
ヴィヴァリエンシス　Vivariensis（アルデシュ県のヴィヴィエ Viviers Dép.Ardèche）　543
ヴィエネンシス　Viennensis（ヴィエンヌ Vienne）　112, 429
ヴィエンナ　Vienna（ヴィエンヌ Vienne）　64, 70, 88, 89, 90, 91
ヴィキノニア川　Vicinonia fluvius（ヴィレーン川 Vilaine）　238, 517, 518
ウィークス・ユリイ　Vicus Iulii（エール Aire）　462
ウィークス・ユリエンシス　Vicus Iuliensis（エール Aire）　369, 446
ヴィクトゥリアクス　Victuriacus（マルヌ県の

地　名　索　引

＊　（　）内は現代地名を表す。
＊　古地名表記が異なっていても現代地名表記が同一ならば同一の場所を表す。
＊　現代フランスに同一地名が複数ある場合，県名を挙げるなどの補足をした。

ア行

アヴァロキウス村　Avalocius vicus（アヴェリュ Havelu）193
アヴィニオ　Avinio／アヴェニオ　Avenio（アヴィニヨン Avignon）87, 306, 307, 375, 394
アヴェニエンシス　Avenniensis（アヴィニヨン Avignon）291
アヴェニカ　Avennica（アヴィニヨン Avignon）171, 172, 276, 304, 307, 347, 377, 380, 543
アヴェニクムの領内　Avennicum territurium（アヴィニヨン Avignon）185, 187
アウグスティドゥネンシス　Augustidunensis（オータン Autun）72, 208, 469, 492, 547, 548
アウグスティドゥネンセ　Augustidunense（オータン Autun）490
アウスキエンシス　Ausciensis（オーシュ Auch）542
アウスケンシス　Auscensis（オーシュ Auch）413
アウディシオドレンシス　Audisiodorensis（オーセール Auxerre）183
アウディシオドレンセの領内　Audisiodorense territurium（オーセール Auxerre）218
アウリリアニス　Aurilianis（オルレアン Orléans）43, 58, 73, 166, 388
アウリリアネンシス　Aurilianensis（オルレアン Orléans）111, 112, 165, 243, 336, 342, 343, 350, 357, 361, 383, 390, 391, 442, 458, 478
アエリア　Helia（エルサレム Jerusalem）24
アカウネンセス　Acaunenses（サン・モーリス修道院 St.Maurice）561
アカウネンセの僧院　Acaunense monasterium（サン・モーリス修道院 St. Maurice）110, 111
アガテ　Agathae（アグド Agde）277
アガテンシス　Agathensis（アグド Agde）277, 470
アギンヌム　Aginnum（アジャン Agen）295
アクイス　Aquis（ダクス Dax）392
アクイレイア　Aquileia［北イタリアの町］60, 61
アクインシス　Aquinsis（ダクス Dax）369, 410
アクエンシス　Aquensis（エクス・アン・プロヴァンス Aix-en-Provence）187, 295
アグスティドゥヌム　Agustidunum（オータン Autun）116
アクソナの川　Axona fluvius（エヌ川 Aisne）321
アグリピナ　Agrippina（ケルン Köln）62, 64
アグリピネンシス・コローニア　Agrippinensis Colonia／アグリピネンシス Agrippinensis（ケルン Köln）62, 304, 530
アゲニンシス　Agenninsis（アジャン Agen）338, 373
アジア　Asia　25
アッティカ　Attica　20
アニキウス　Anicius（ピュイ・アン・ヴレ Puy-en-Velay）546
アニンソラ　Aninsola［という名の僧院 monasterium qui vocatur］（サン・カレ St. Calais）214
アパミエ　Apamiae［シリアの都市］182
アフリカ　Africa　49, 50, 411, 414, 508
アブリンカティス　Abrincatis（アヴランシュ Avranches）462
アムバキエンシス村　Ambaciensis vicus（アンボワーズ Amboise）92, 555
アラル　Arar（ソーヌ川 Saône）87, 242, 417

訳者紹介

杉本正俊（すぎもと　まさとし）
1949年岐阜市に生まれる。早稲田大学第一文学部を卒業後，同大学大学院で志波一富教授に現代ドイツ文学を学ぶ。主要訳書：ウェルギリウス『アエネーイス』（新評論 2013年）。

[新訂]フランク史　一〇巻の歴史

2007年9月10日　初版第1刷発行
2019年10月25日　新訂版第1刷発行

訳　者　杉本正俊
発行者　武市一幸

発行所　株式会社　新評論

〒169-0051 東京都新宿区西早稲田3-16-28
http://www.shinhyoron.co.jp

TEL 03（3202）7391
FAX 03（3202）5832
振替 00160-1-113487

定価はカバーに表示してあります
落丁・乱丁本はお取り替えします

装訂　山田英春
印刷　神谷印刷
製本　松岳社

ISBN978-4-7948-1134-9
Printed in Japan

好評刊

ウェルギリウス／杉本正俊 訳

アエネーイス

知名度に比して未だ十全に味読されていないラテン文学の最高傑作を「われわれの古典」とすべく，その無比の味わいを再現し，従来のウェルギリウス像・ローマ叙事詩観を一新する散文形式新訳の挑戦。

A5 上製　484 頁　5500 円　ISBN978-4-7948-0955-1

ジャン・ドリュモー／西澤文昭・小野潮 訳

地上の楽園　《楽園の歴史Ⅰ》

アダムは何語で話したか？ アダムとイヴの身長は？…終末への不安に打ち勝とうと，先人たちはこの地上に存在するはずの「楽園」を知り尽くそうとした――心性史研究の第一人者畢生の三部作が開幕する。

A5 上製　396 頁　4200 円　ISBN4-7948-0505-5

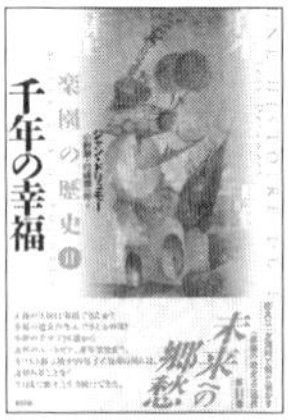

ジャン・ドリュモー／小野潮・杉崎泰一郎 訳

千年の幸福　《楽園の歴史Ⅱ》

「正義の夢」は実現したか？――中世の千年王国論から近代のユートピア思想，進歩思想まで，今日まで脈々と続くキリスト教異端の系譜を，膨大な一次資料と該博な知識を駆使して辿る壮大な心性史。

A5 上製　656 頁　7000 円　ISBN4-7948-0711-2

ジャン・ドリュモー／西澤文昭・永見文雄 訳

喜びへの希望　《楽園の歴史Ⅲ》

西洋的幸福感を強力に支配し続け，現代人にも受け継がれる「天国」のイメージ。その宗教的想像力は学芸と文化をいかに刺激し，近代を境にいかに変容してきたか。宗教的心性史研究の金字塔，堂々の完結。

A5 上製　724 頁　9000 円　ISBN978-4-7948-1123-3

ジャン・ドリュモー／佐野泰雄・江花輝昭・久保田勝一・江口修・寺迫正廣 訳

罪と恐れ

西欧における罪責意識の歴史／十三世紀から十八世紀

「原罪」に代表される罪の意識はどこからくるのか。なぜ人は自己を罰しようとするのか。「恐怖」を作り出す文化はいかに生産されるのか…西欧キリスト教文明の深層を究明する「意識の歴史学」。

A5 上製　1200 頁　13000 円　ISBN4-7948-0646-9

【表示価格：税抜本体価】